CS 比 较 译 丛 04

比 较 出 思 想

比较
Comparative Studies

人为制造的脆弱性

银行业危机和信贷稀缺的政治根源

[美] 查尔斯·凯罗米里斯 [美] 史蒂芬·哈伯◎著
廖岷 杨东宁 周叶菁◎译

FRAGILE BY DESIGN

The Political Origins of
Banking Crises and
Scarce Credit

中信出版集团 | 北京

图书在版编目（CIP）数据

人为制造的脆弱性：银行业危机和信贷稀缺的政治根源 /（美）查尔斯·凯罗米里斯，（美）史蒂芬·哈伯著；廖岷，杨东宁，周叶菁译 .--2 版 -- 北京：中信出版社，2021.5

书名原文：Fragile by Design: The Political Origins of Banking Crises and Scarce Credit

ISBN 978-7-5217-2949-8

Ⅰ．①人… Ⅱ．①查…②史… ③廖…④杨…⑤周… Ⅲ．①银行风险－风险管理－研究 Ⅳ．① F830.2

中国版本图书馆 CIP 数据核字（2021）第 048326 号

人为制造的脆弱性——银行业危机和信贷稀缺的政治根源

著　　者：[美] 查尔斯·凯罗米里斯　[美] 史蒂芬·哈伯
译　　者：廖　岷　杨东宁　周叶菁
出版发行：中信出版集团股份有限公司
（北京市朝阳区惠新东街甲 4 号富盛大厦 2 座　邮编　100029）
承 印 者：天津市仁浩印刷有限公司

开　　本：787mm × 1092mm　1/16　　印　　张：33.75　　字　　数：455千字
版　　次：2021年5月第 2 版　　印　　次：2021年5月第 1 次印刷
京权图字：01-2014-5674
书　　号：ISBN 978-7-5217-2949-8
定　　价：128.00元

服务热线：400-600-8099
投稿邮箱：author@citicpub.com

献给我们的女儿们

Eleni Sophia Calomiris

Zoi Nicoletta Calomiris

Natalie Camila Haber

目 录

第三篇　威权主义、民主转型和银行交易的博弈

第四篇　超越结构化陈述

“比较译丛”序

2002年，我为中信出版社刚刚成立的《比较》编辑室推荐了当时在国际经济学界产生了广泛影响的几本著作，其中包括《枪炮、病菌与钢铁》《从资本家手中拯救资本主义》《再造市场》（中译本后来的书名为《市场演进的故事》）。其时，通过20世纪90年代的改革，中国经济的改革开放取得阶段性成果，突出标志是初步建立了市场经济体制的基本框架和加入世贸组织。当时我推荐这些著作的一个目的是，通过比较分析世界上不同国家的经济体制转型和经济发展经验，启发我们在新的阶段，多角度、更全面地思考中国的体制转型和经济发展的机制。由此便开启了“比较译丛”的翻译和出版。从那时起至今的十多年间，“比较译丛”引介了数十种译著，内容涵盖经济学前沿理论、转轨经济、比较制度分析、经济史、经济增长和发展等诸多方面。

时至2015年，中国已经成为全球第二大经济体，跻身中等收入国家的行列，并开始向高收入国家转型。中国经济的增速虽有所放缓，但依然保持在中高速的水平上。与此同时，曾经引领世界经济发展的欧美等发达经济体，却陷入了由次贷危机引爆的全球金融危机，至今仍未走出衰退的阴影。这种对比自然地引发出有关制度比较和发展模式比较的讨论。在这种形势下，我认为更有必要以开放的心态，更多、更深入地学习各国的发展经验和教训，从中汲取智慧，这对思考中国的深层次问题极具价值。正如美国著名政治学家和社会学家李普塞特（Seymour Martin Lipset）说过的一句名言：“只懂得一个国家的人，他实际上什么国家都不懂（Those who only know one country know no country）。”这是因为只有越过自己的国家，才能知道什么是真正的共同规律，什么是真正的特殊情况。如果没有比较分析的视野，既不利于深刻地认识中国，也不利于明智地认识世界。

相比于人们眼中的既得利益，人的思想观念更应受到重视。就像技术创新可以放宽资源约束一样，思想观念的创新可以放宽政策选择面临的政治约束。无论是我们国家在 20 世纪八九十年代的改革，还是过去和当下世界其他国家的一些重大变革，都表明“重要的改变并不是权力和利益结构的变化，而是当权者将新的思想观念付诸实施。改革不是发生在既得利益者受挫的时候，而是发生在他们运用不同策略追求利益的时候，或者他们的利益被重新界定的时候”。[*] 可以说，利益和思想观念是改革的一体两面。囿于利益而不敢在思想观念上有所突破，改革就不可能破冰前行。正是在这个意义上，当今中国仍然是一个需要思想创新、观念突破的时代。而比较分析可以激发好奇心、开拓新视野，启发独立思考、加深对世界的理解，因此是催生思想观念创新的重要机制。衷心希望“比较译丛”能够成为这个过程中的一部分。

钱颖一

2015 年 7 月 5 日

---

* Dani Rodrik, “When Ideas Trump Interests: Preferences, Worldviews, and Policy Innovations,” NBER Working Paper 19631, 2003.

前言

书非偶得。本书写于2010年至2013年间，此前的三十年是全球银行业最糟糕的三十年，同时，美国也刚刚经历了大萧条以来最严重的银行危机。

我们的学术生涯主要致力于研究银行业及其背后的政治与历史，并就银行体系的缺陷向政府和监管部门建言。在过去数年中，公众和媒体经历并讨论银行业危机，我们和同事们作为学者思考银行业危机，但公众与媒体的讨论方式和我们的思考方式存在令人震惊的割裂。

大多数对银行业问题的通俗描述关注非常短期的考量（例如季度信贷增长、利润或丑闻），以及银行家和监管者职业生涯中的个人细节，包括个人的道德瑕疵。尽管公众意识到银行业问题已成为激烈的政治争论中的重要话题，将对经济形势和经济稳定产生重要影响，然而，媒体却很少讨论政治在决定银行体系运行中的系统性作用。上述欠缺使公众不得不处于一种奇怪状态：公众知道应高度关注银行业监管；知道政治和银行业之间相互关联；但并不确定关联性何在，更不清楚应该如何应对。

本书希望弥合这一割裂，同时在学术上有所贡献。我们将从政治根源的角度出发，解释不同国家不同时期银行体系运行的差异。为此，我们将综合使用来自三个独立学科的证据和分析工具：历史学、政治学和经济学。

我们认为，银行业的优势和劣势都是基于政治交易的可预期后果，而社会基本政治制度则决定了各类政治交易的形态。公众可能满足于将本国银行体系的缺陷归因为银行家或监管者的道德沦丧，或是与贪婪和恐惧相关的"市场失灵"，但若仅限于此，则错失了探寻银行业实质的机会，不论实质是好或坏：银行业是政治体系的制度化表现——某种镜像，而政治体系则是一个社会漫长历史的产物。

本书的写作计划发端于笔者参与斯坦福大学胡佛研究院的约翰和基恩德诺产权工作组（John and Jean De Nault Task Force on Property Rights）之时。两位作者相识已二十余载，学术生涯在多次会议和研讨中有过交集。正是在德诺工作组中，两位作者首次坐下来探讨关于银行业的三个基本问题，这三个问题也是本书的出发点：为什么一些社会能形成无危机的银行体系，而其他社会则不具有这种能力？什么原因导致一些社会宁愿限制普罗大众获得信贷的机会，也只向受青睐的少数机构发放银行牌照？为什么限制银行融资或放贷的能力有时并不能保护借款人、储户和银行股东的财产权？

历经四年，通过多次谈话和其后横跨东西海岸的多次互访，我们完成了全书写作。在这一过程中，我们欠下了永难偿还的学术恩惠。我们受教于全球众多学术机构同人对部分章节或全书初稿的宝贵意见，其中包括 Daron Acemoglu、Terry Anderson、Michael Bordo、Michael Boskin、Florian Buck、Forrest Capie、Gerard Caprio、Matthew Carnes、Latika Chaudhary、Isaias Chávez、Gustavo del Angel-Mobarak、Darrell Duffie、Roy Elis、Richard Epstein、Nick Eubank、Adriane Fresh、Alex Galetovic、Richard Grossman、James Huffman、Scott Kieff、Dorothy Kronick、Sandra Kuntz Ficker、Ross Levine、Gary Libecap、Jonathan

Macey、Noel Maurer、Allan Meltzer、Victor Menaldo、Joel Mokyr、Ian Morris、Aldo Musacchio、Larry Neal、Raquel Oliveira、Agustina Paglayan、Edward Pinto、Alex Pollock、Lucas Puente、Russ Roberts、James Robinson、Jared Rubin、Thomas Sargent、Henry Smith、Paul Sniderman、William Summerhill、John Taylor、Larry Wall、Peter Wallison 以及三位匿名评审人。我们还要感谢哥伦比亚大学和斯坦福大学选修我们课程的学生，我们在多个课程中教授本书的部分内容，学生们的互动让我们在搭建框架和组织内容上获益匪浅。我们的研究助理，Ishan Bhadkamkar、Ianni Drivas 和 Patrick Kennedy，帮助我们寻找数据，查找参考文献，并对各章节初稿提出了令人信服的意见。

我们有幸能在多个研讨和大会上提交章节初稿，并获得宝贵的反馈意见。我们感谢组织这些研讨和大会的机构，包括墨西哥银行、慕尼黑大学经济研究中心、墨西哥经济学研究与教学中心（Centro de Investigación y Docencia Económicas）、美国查普曼大学（Chapman University）、全芝加哥经济史晚餐会、亚特兰大联邦储备银行、哈佛商学院、胡佛研究所经济政策工作小组、国际货币基金组织、伦敦经济学院，以及世界银行。

我们感谢来自各方的研究支持。感谢胡佛研究所 John Raisian 主任和 Richard Sousa 副主任。感谢普林斯顿大学出版社 Seth Ditchik、Beth Clevenger 和 Terri O'Prey，以及普林斯顿编辑协会 Peter Strupp 在本书写作出版过程中的全程专业支持。特别感谢本系列丛书编辑 Joel Mokyr，他的热情、幽默和建设性批评意见极大地推动了本书内容的完善，帮助书稿按时完成。最后，衷心感谢我们的妻子 Nancy Calomiris 和 Marsy A. Haber，在我们历时四年跨越东西海岸的合作中，所给予我们的恒久耐心、支持和鼓励。

我们将此书献给我们的女儿们。希望阅读本书的青年人，包括我们的三个女儿，不要将书中对政治交易的讨论误读为对民主政治持犬儒主义态度。我们意在提倡研习历史、批判地思考，以及以幽默感应对政客之虚伪。在银行危机蔓延全球的当下，在寻求解决民主社会面临的深层问题的过程中，青年一代需要同时通过这三种途径予以应对。

第一篇

没有国家，无以成银行；
没有银行，无以成国家

第一章　如果稳健高效的银行是如此美妙的主意，为什么这样的银行如此稀少？

大多数经济学家……倾向于认为金融机构一般会与金融服务需求的增加同步发展——一个由需求创造供给的案例……这样的态度就把一个复杂的问题处理得过于简单化了。

——龙多·卡梅伦、休·帕特里克

《工业化早期的银行业》(1967)

每个人都知道生活是不公平的，即所谓“政治在起作用”。当最钟爱的电影痛失奥斯卡奖时，我们会这样说；当办公室最底层的蠢人陪领导打高尔夫而获得了本应属于我们的升职机会时，我们会这么说；当发现一座毫无用途的大桥得以建成，仅仅是因为某个很有权势的参议员将联邦基础设施建设资金带回了家乡时，我们会这么说；当发现一个有关系的企业家获得数百亿政府补贴去组建一个根本不可能有竞争力的公司时，我们也会这么说。

我们意识到政治无处不在，有时却认为银行业危机是去政治化的，就如同地震和冰雹灾害一样，银行业危机是一种无法预知的非常规情形。我们之所以相信这种观点，是因为它作为一种正式言论屡屡被央行和财政部官员提及，然后又被财经记者和电视台主播不断重复。在这一不断重复的故事里，那些有着良好意图且专业娴熟的人竭尽全力去建立高效的金融机构，有效分配信贷，并处理不断出现的问题。但他们不是全能的。他们不能预见每一个可能出现的意外事故，有时还会遭遇一连串噩运。“经济冲击”可能无法预见，它会动摇原本平稳运行的经济体系。在这个故事里，经济危机就如列夫·托尔斯泰所说的“不幸的家庭各有各的不幸”。

本书对这一观点不敢苟同，相反，本书认为，我们周边无所不在的政治同样决定了哪些国家会不断遭受银行业危机（例如阿根廷和美国），哪些国家从不遭受危机（例如加拿大）。我们说的政治并不是指个体结成的暂时的特殊联盟，例如从公司战略出发为将公司最蠢的人晋升为副总裁而形成的联盟。相反，我们说的政治是指社会基本政治制度使政客、银行家、银行股东、储户、债务人和纳税人形成联盟，联盟为其利益而影响法律、政策和监管，而这常常会牺牲其他所有人的利益。从这一观点出发，一个国家不是“选择”哪种银行体系，而是“获得”了某种银行体系，该体系适应该国的政治制度以及由此决定的政治权力分配格局。

银行业危机的非随机分布

像2007—2009年次贷危机这样的系统性银行偿付危机导致了一系列灾难性的银行失败，这种危机甚至使银行体系本身能否存续都成为疑问。这种现象的发生不是像地震或美洲狮的袭击一样毫无预警，而是银行体系作为一种政治选择的结果，其脆弱性是人为制造的。银行一方面暴露在高风险的贷款和其他投资之下；另一方面，表内资本又不足以吸收与这些高风险贷款和投资相关的损失，在这种情况下，银行体系自然容易崩溃。如果银行只把可靠的贷款借贷给可靠的借款人，那贷款组合几乎不可能出现突然变为不良的情况。如果银行把较高风险的贷款借给那些不太可靠的借款人，但提足拨备防范贷款违约，则银行股东可能遭受损失，但不会导致银行破产。银行危机的这些基本要素历久弥新，为银行家和监管者熟知。

与此相对照，让我们考虑若银行资本不足以抵御风险时会发生什么。银行损失如此巨大，其净资产已呈现负值，且该负值已相当于一国 GDP（国内生产总值）的较高比重。在这一情形下，信贷收缩，GDP 下降，国家由于银行危机而进入持续衰退。政府可以通过支持银行体系防范上述后果的出现。政府可以贷款给银行，收购其不良资产，购买银行股份以帮助其补充资本，或完全收购接管银行。

若这种灾祸是随机分布事件，那么所有国家遭受危机的概率是相同的。但事实是，一些国家常受危机困扰，另一些国家却极少或几乎没有经历过危机。例如，美国就极易遭受危机。美国在 1837 年、1839 年、1857 年、1861 年、1873 年、1884 年、1890 年、1893 年、1896 年、1907 年、20 世纪 20 年代、1930—1933 年、20 世纪 80 年代和 2007—2009 年都经历了重大危机。[1]也就是说，美国在过去的 180 年间发生了 14 次银行业危机！加拿大，不仅与美国在边境有 2000 英里的交汇，还拥有共同的文化和语言，在同一时期却仅有两次简短而温和的银行流动性危机，即 1837 年和 1839 年的危机，两次危机均不涉及重大的银行倒闭。此后，加拿大也有一些银行倒闭，但国家未遭受系统性的银行危机。加拿大的银行体系异常稳定，事实上，从 1867 年加拿大独立以来，银行业持续保持稳定，从不需要政府提供支持性干预。

自 1970 年以来，银行业危机的非随机分布模式在全球范围内也有明显体现。一些国家对危机免疫，另一些却易受危机影响。我们的研究对象为 117 个国家，这些国家人口均超过 25 万，现在和过去均不是共产主义国家，银行体系的规模足够大，并于 1990—2010 年在世界银行金融结构数据库中上报了至少 14 年的商业银行对私营部门的贷款数据。[2]在 1970—2010 年，117 个国家中仅有 34 国（29%）免于危机，62 个国家遭受一次危机，19 个国家经历两次危机，1 个国家遭遇了三次危机，其他的则经历了四次以上的危机。也就是说，经历过危机的国家数量是拥有稳定银行体系的国家数量的 2 倍以上，不可思议的是，世界上 18% 的国家都易于遭受危机的困扰。

世界上遭遇银行危机次数最多的国家是阿根廷，阿根廷长期治理不善，几乎就是政府管理不当的代名词。其次是刚果民主共和国，自 1970 年来遭遇了三次危机，该国残酷的被殖民历史也成为约瑟夫·康拉德《黑暗的心》（*Heart of Darkness*）的灵感来源，该国独立后又被世界上三大长寿暴君之一的蒙博托·塞科（Mobutu Sese Seko，统治时间为 1965—1997 年）统治，之后的历史也是悲剧的样板。

19 个发生过两次银行业危机的国家也并非随机分布。危机名单中包括乍得、中非共和国、喀麦隆、肯尼亚、尼日利亚、菲律宾、泰国、土耳其、玻利维亚、厄瓜多尔、巴西、墨西哥、哥伦比亚、哥斯达黎加、智利、乌拉圭、西班牙、瑞典和美国。这份名单的显著特征是缺少高收入和良好管理的国家。在我们观察的 117 个国家中约有 1/3被世界银行列为高收入国家。但是 21 个易发生危机的国家中仅有 3 个（14%）属于高收入国家。这就说明，在很大程度上，易发生危机的国家往往还具有其他不受欢迎的特征和结果。但这又带来了另一个疑惑，为什么美国会在这个名单中呢？

银行服务不足经济体的非随机分布

当然，拥有良好银行体系的意义不仅限于避免危机。若银行体系提供的信贷太少，与经济规模不匹配，这种现象被称为银行服务不足，这同样也是一个问题。而这一现象，似乎也并非随机分布。美国在《北美自由贸易协定》（NAFTA）中的合作伙伴加拿大和墨西哥在这方面形成了鲜明对比。从 1990 年到 2010 年，私人银行给公司和个人的贷款占加拿大 GDP 的 95%，但在墨西哥，这个比例仅为 19%。悬殊的差异意味着墨西哥家庭融资购买房屋、汽车和消费品更为困难，同时，墨西哥企业也比加拿大同行更难获得营运资本。其结果是经济增长放缓。为此，每年墨西哥有 50 多万人（约占该国新生劳动力的 50%）通过非法越境的途径前往美国，这也就不足为奇了。

如图 1.1 所示，加拿大和墨西哥间的显著差异只是全球银行服务不均衡中的一组案例。在世界上最贫穷的国家（位于图中最左侧），包括刚果民主共和国，银行信贷占 GDP 的平均比例只有 11%。而在最富裕的国家（位于图中最右侧），银行信贷占 GDP 的平均比例为 87%。

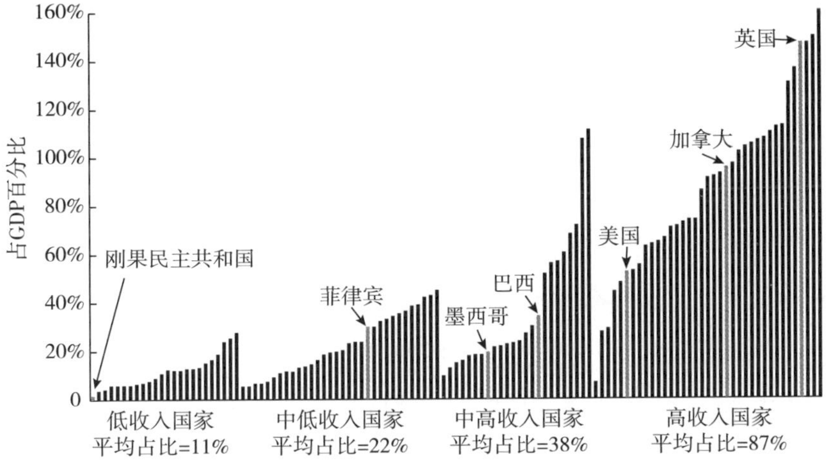

图 1.1 1990—2010 年吸收存款的银行向私营部门家庭发放信贷占 GDP 的平均比例

注：为方便阅读，仅标注了部分国家，国家收入分类根据世界银行分类标准。

资料来源：世界银行（2012）。

更重要的是，在四个收入组中的每个国家间也存在显著差异，这表明一国信贷规模不仅是信贷需求的函数，也反映了信贷供给的制约因素。换言之，处在同一收入类别的部分国家的信贷规模远远超过同一组的其他国家，甚至超过更高收入级别组中的国家，这意味着在各个收入组别中的很多国家都存在银行服务不足的现象。以墨西哥为例，相较于同收入组的其他国家，它似乎处于银行服务不足的状态，其信贷与 GDP 之比甚至比更低收入组别中的很多国家还要低（例如菲律宾）。

银行服务不足将带来巨大的社会代价。大量文献表明，银行服务不足的国家比其他国家经济发展更为缓慢。经济史学家也已证明，荷兰、英国及美国分别于 18 世纪、19 世纪及 20 世纪崛起成为全球经济霸主，三个国家在此前都经历了金融中介以及金融机构的变革。研究同样发现，俄罗斯、德国与日本在 19 世纪末和 20 世纪初经历了同样的金融革命后，缩小了同世界经济强国之间的差距。[3]金融经济学家利用统计方法分析当今各国经济增长情况，也得出了同样的结论。无论是研究不同国家间的差异，一个国家不同地区间的差异，一个国家不同时期的差异，还是不同产业间的差异，研究结果都表明，较高的金融发展水平将带来更快的物质资本积累、更快的经济增长、更迅速的技术进步，创造更多的就业岗位，并增加社会流动的机会。[4]鉴于经济发展水平与国家发挥国际影响力间的关系，银行服务不足的国家也会在捍卫主权及发挥海外影响力方面处于劣势。简而言之，相比于纺织、制糖及汽车等实体经济部门的能力欠缺，银行业服务能力不足的后果更为严重。因为金融促进了其他所有经济活动的有效运转，包括那些对国防至关重要的工业部门。

有多少高效和稳定的银行体系？

如果仅有非常少的国家能从 20 世纪 70 年代起免于银行危机，如果世界多数国家银行服务不足，那有多少国家能够保证信贷充足且银行体系稳定呢？要回答这个问题，需要界定银行信贷充足的经济体与银行服务不足的经济体。如果我们把高于我们数据库中 117 个国家均值 1 个标准方差的银行信贷占 GDP 百分比（83%）——刚好等于澳大利亚的水平——作为信贷充足国家的标准，把从 1970 年以来未发生系统性危机作为银行体系稳定的标准，那么我们得到了一个惊人的结果，117 个国家中，仅有 6 个国家的银行体系达到高效和稳定的标准，比例仅为 5%。[5]

为什么功能失衡的银行体系普遍存在

考虑到银行体系信贷不足且欠缺稳定性所造成的社会成本，人们会更加困惑为什么各国能容忍银行信贷的不稳定及稀缺性。除了银行服务不足导致的长期增长放缓外，不稳定的银行体系还会带来其他损失。银行业危机放大经济衰退，导致更多失业，纳税人被迫承担救助成本，为银行家个人的失误埋单。公民为什么会容忍这种现象发生？从世界范围看，成本相当高昂。1970—2011 年，救助银行危机的直接财政成本的中值为 GDP 的 6.8%，危机期间国家债务增加的中值为 GDP 的 12.1%。由银行业危机带来的 GDP 损失（由于信贷紧缩的影响，主权债务风险加剧，货币大幅贬值影响经济活动）往往相当惨重：从 1970 年至 2009 年，在银行业危机期间，损失中值接近 GDP 的 23%。[6]

在思考这一疑问时，我们不能认为纳税人一直乐于付钱救助银行。由纳税人承担银行救助资金是近年来才出现的现象。直至 20 世纪中叶之前，银行失败的代价往往都由银行家自己、银行股东和储户承担。但从 20 世纪中叶起，救助成本逐步转移到纳税人身上。银行家、监管者和政治家是如何将这些成本转嫁到纳税人身上的呢？为什么纳税人要忍受这种结果呢？

将救助代价转移到纳税人身上格外令人费解，因为这种模式相比于早期由股东及储户承受损失的体制，会带来更大的损失和更严重的经济衰退。金融经济学的大量文献表明，由股东和储户承担风险的体制对银行家行为构成了更严格的纪律约束：一旦出现危机迹象，股东抛售股票，储户则将资金转至偿付能力更强的银行。[7]由此，一些银行倒闭，一些银行负债的持有者（例如股东和储户）出局，同时随着银行家急于减少高风险贷款敞口，信贷规模收缩，经济增长放缓。这个结果虽然痛苦，但不是悲剧。其中最重要的是，银行家深知不审慎行为的后果，进而倾向于保留大量缓冲资本，并持有大量低风险资产组合。在这种情况下，系统性银行危机非常罕见。让我们将这一结果同 20 世纪中叶以来成为常态的救助模式进行比较。当损失由纳税人承担时，股东和储户约束银行家行为的动力大大减弱。银行家愿意承担更高风险，银行失败的概率迅速增加。这导致 1945 年后，大多数发达经济体银行的杠杆率大幅上升，并且只持有较少的低风险资产。[8]

更令人困惑的是，尽管银行体系受到政府的严密监管和监督，代价高昂的危机和持续的银行服务不足仍在发生。在大多数国家，银行像电力等公共部门一样受到监管：政府部门控制市场准入，以保证提供服务的公司保持盈利，并且政府通过监管其运营，确保银行既能为客户提供高效服务，又不至于不审慎地承担过高的风险。然而，为什么当银行贷款给有很高违约概率的公司和家庭时，政府常常未能监管到位？为什么有些国家允许这些不审慎的银行拒绝给信用优良的客户提供信贷服务，甚至在许多国家，银行只贷款给本行董事会成员控制的企业？

人为制造的脆弱性

稳定的银行体系能提供稳定的信贷给优秀的企业家和负责任的家庭，如果这是一个如此美妙的主意，那为什么稳健高效的银行体系如此稀少？为什么一个受到高度管制和严密监督的经济部门在这么多国家都表现得如此糟糕？我们对这个问题的回答是，银行的脆弱性和银行信贷的稀缺性反映了一个国家的根本政治制度结构。问题的核心在于，在银行体系运行方面，所有政府都面临着内在利益冲突，但某些类型的政府，特别是政治制度能限制民粹主义联盟影响力的民主国家，能够比其他国家更好地缓释这些利益冲突。

第二章将更深入地考察这些利益冲突。在此，让我们简单将利益冲突分为三种基本类型。第一，政府既监管银行又将银行作为资金来源。第二，政府强化信贷合同执行以规范银行债务人（借款人）行为并保护银行利益（如协助获得借款人的抵押品），但政府同样需要获得这些借款人的政治支持。第三，银行破产时，政府在债权人间分摊损失，但也必须寻求储户这个最大的债权人群体的政治支持。利益冲突的影响是无法避免的：作为银行业的立业基础，财产权制度不是消极地由市场效率原则决定的，而是政治交易的产物，政治交易决定了哪些法律可以通过，哪类个人可以获得许可，可以以何种条件与谁订立合同。这些政治交易是由政治逻辑而非市场逻辑主导的。

基于财产权制度的银行体系是政治交易的结果，这一事实意味着没有完全的所谓“私有”银行体系，因此最为恰当的描述是，现代银行业是政府和银行家之间的伙伴关系，这一伙伴关系被政治体系中决定权力分配的制度左右。政府的银行业政策体现了造就这一伙伴关系的政治交易，反映了利益集团的权力，而这些利益集团对交易的认同对政治当权者维持政治交易至关重要。银行依据一整套技术标准受到监管和监督，银行与客户订立的合同依据深奥难懂的法律执行，但是这些标准和法律不是由机器人制定和执行的，虽然人们可以通过编程制造出机器人造福社会；这些标准和法律是政治过程的结果，也可以说是政治博弈的结果，而它的赌注便是财富与权力。

我们将达成政治交易的过程称作“银行交易博弈”（Game of Bank Bargains）。[9]其中的玩家是银行体系运行的利益相关者：当权者、银行家、少数股东、借款人和储户。游戏规则取决于一国的政治制度，规则决定了哪些集团必须纳入政府和银行家的伙伴关系中，而哪些团体则可被有意冷落，因为政治体系的规则使它们处于弱势地位。在博弈过程中，玩家之间的联盟逐渐形成，这些联盟决定了银行业市场准入的规则（以及由此决定了银行业的竞争态势和规模）、信贷流及其条款、银行业务许可范围，以及银行破产时的损失分担办法。因此，在“银行交易博弈”中，核心是特许制银行体系中的利益分配。当权者总是从这些利益中分一杯羹，而与政府结成伙伴关系的联盟则可瓜分剩下的利益。

请注意，我们的重点并非监管的程度，而是催生监管的目标以及这些目标是如何由政治交易塑造形成的。在一些国家的制度和联盟下，监管提升了市场福祉。但在另一些国家，监管则旨在实现政府目标，同时服务特殊利益集团，尽管这样的安排一般来说会给社会带来灾难性后果。

政治联盟间的斗争决定了谁在金融体系中扮演什么角色，谁被授予哪一类的银行牌照，哪类借款人可以得到政府扶持获得信贷。因此，在“银行交易博弈”中，核心是决定银行业市场准入的规则。只有在极少数情况下，政府会选择完全开放的银行业准入。在大多数情况下，挑选谁可以成为银行家，决定和允许银行家的放贷规模以及放贷对象，都是博弈的关键元素。

本书旨在解释这一博弈。我们尝试解释不同规则为何会出现在不同国家，以及参与者在不同规则体系下如何博弈。我们的研究表明，不同时期和不同国家基本政治制度的差异导致了博弈规则的不同。政治决定了不同的博弈规则，有的规则导致稳定而充足的银行信贷，有的规则导致不稳定且稀缺的银行信贷，而有的规则（如美国的情况）导致不稳定但充足的银行信贷。哪些参与者支持信贷规模的快速放大，又是哪些参与者希望信贷收紧？在何种情况下，他们可以和银行的其他利益相关组织中的参与者形成持久的政治联盟？在这些联盟中，互相交易的条件是什么？在民主和威权的政治体系下，博弈方式是否有区别？这些区别是否会影响联盟的牢固度、银行体系的规模和结构，以及银行的脆弱性？

为理解这种性质复杂的博弈，我们分别详细研究了各国政治和银行业的长期共同演化过程。我们阐述了联盟是如何形成的，为何有些联盟恒久存在而有些逐渐消失，联盟如何给银行业政策带来具体而重要的改变，政策如何决定哪些群体可以或不可以获得信贷，其中的部分政策又是如何引起了灾难性的银行危机。

我们不是第一个追溯不同国家银行体系历史演进的研究者，也不是第一个关注政治对银行体系演变的重要影响的研究者；我们的成果建立在许多经济史的开创性研究基础上，其中特别包括哈蒙德（Bray Hammond，1957）、格申克龙（Alexander Gerschenkron，1962）、卡梅隆（Rondo Cameron，1967）、西勒（Richard Sylla，1975），以及更近的怀特（Eugene White，1983）、博登霍恩（Howard Bodenhorn，2003）和格罗斯曼（Richard Grossman，2010）。我们的研究还建立在对金融的政治经济学研究基础上，这方面的成果日益增多，最近的研究包括列文等人（James Barth、Gerald Caprio and Ross Levine，2006），以及拉詹（Raghuram Rajan，2010）。事实上，若不站在几代经济金融学家和经济史学家的肩膀上，我们无法完成此书。我们认为本研究的独特贡献在于建立了关于政治因素如何塑造银行体系的概念性框架。为阐明该框架，我们的详细叙述跨越数百年历史，并整合了来自多学科的论据和观点，其中包括政治史、经济史、金融经济学和政治学。

本书的研究对象和研究目的

明确银行体系为何是由政治交易塑造的，又是如何被塑造的，这是任何银行体系有效改革的关键第一步。本书将解释“银行交易博弈”如何进行，同时本书试图说明，人们在本国有意或无意地卷入某种形式的“银行交易博弈”如何对他们自身的利益带来潜在损害，却有利他人。

为实现这一目标，我们必须完成两大不同的任务。一是说明“银行交易博弈”的逻辑；二是阐述这一博弈如何在过去和当前的现实世界中展开。我们并不仅仅因为哪些国家最符合我们的研究目标而选择这些国家，虽然我们很想这样做。相反，我们选择了多个案例，用于说明政治制度的不同形式如何导致政府和银行家伙伴关系的本质差异，以及伙伴关系的不同形式如何导致各国银行体系在规模、竞争结构和稳定性等方面的区别。

本书开篇即回答了一个问题：为什么没有国家行政监管权就没有银行体系。第二章重点关注根本性的财产权问题，这是各国为建立银行体系必须解决的问题。那些认为银行体系能够存在于国家监管之外的观点都是自由主义的童话。

第三章主要阐述政府为什么需要银行。该章首先解释了为什么银行特许经营制度会出现在 17 世纪的欧洲，当时欧洲正经历从众多大公国、封邑、城邦和王国转型为若干现代民族国家的过程。我们关注统治者为何有强烈的动机，大力支持金融创新，当时的许多创新成了现代银行体系的基石，如特许的银行经营机构、可转让工具和主权债务工具。鼓励创新的统治者能够创造持久的民族国家和主导世界其他国家的全球贸易网络。未能鼓励金融创新的统治者最终会丧失其地位，统治的领土被并入其他国家。根据我们对政府和银行家伙伴关系演进的观察，随着世界政治体系在 19 世纪和 20 世纪变得更为复杂，政府和银行家伙伴关系又催生了大量半官方半私营的机构，其中包括中央银行、特殊目的金融中介机构等（如抵押贷款回购巨头房利美和房地美）。

为说明“银行交易博弈”在不同政治环境中如何运行，我们对过去几个世纪的多国历史进行了研究。我们关注不同国家间政治制度的差异，以及同一国家不同时期政治制度的变化，后一点尤为重要。

我们从英国开始我们的案例分析。在第四章，我们阐述了1688年光荣革命赋予议会凌驾于王权之上的权力后，英国政府如何赋予英国首家银行（英格兰银行）垄断性特许及其背后的原因。英格兰不再有可以随意没收资金的绝对君主，但由于当时获得特许的银行极其有限，一群富有的金融家得以与控制议会的政党形成持久联盟，从而给予英格兰银行一系列特权，交换条件就是给政府发放贷款。其结果是垄断的银行体系，其信贷分配范围狭窄，并存在内在的不稳定性。

在第五章，我们探究英国不列颠治世下如何在政府对高昂的战争经费需求下降的同时，扩大银行特许，从而形成新的政治联盟，而这一联盟又支持银行特许的进一步放开。英国于20世纪初形成了稳定、高效和竞争性的银行体系，但在“20世纪三十年战争”期间（即第一次世界大战、重整军备时期和第二次世界大战），银行体系再度被政府压制。1945年后，支持建立福利国家及国有产业的政治联盟使银行体系被边缘化。简言之，伦敦目前的银行体系不仅是英国银行业的中心，也是世界金融中心，但这仅仅是近些年才形成的现象。

第六章转向美国案例，时间跨度为18世纪70年代美国独立战争时期，到废除银行跨州经营禁令的20世纪80年代和90年代。将美国案例纳入本书讨论有很多原因，其中的关键理由就是美国银行业历史的解释力。如果有任何读者质疑本书关于银行监管一直与政治息息相关的观点，只需稍微了解美国银行业在最初两个世纪的发展历史，就会改变对本书观点的质疑。

今天，美国金融机构，如美洲银行的分行和自动取款机（ATM）似乎遍布每个角落。然而，直到最近之前，美洲银行以及目前其他所有美国市场中的主流大型银行，都被法律禁止在两个或两个以上的州设立分行：美洲银行在当时仅是一家加利福尼亚州内的银行。或许更让人惊讶的是，直到20世纪70年代，美国大部分州都禁止银行在该州内开设多家分行。由此造成的结果是，美国当时的银行体系是由成千上万的“单体银行”（不设分行的单体银行）构成，这些银行各自在几乎割裂的几千个本地市场中运作。当时，没有任何一个国家的银行体系与美国类似，理由非常简单充分：银行既不能跨地区分散风险，也不能实现资金的跨地区调动以解决流动性问题（例如银行挤兑），因此，由成千上万单体银行构成的银行体系本质上是不稳定的。同时，这一银行体系运营效率低下，因为银行不能在管理中实现规模经济效应。基于以上原因，相比于其他国家由总行和大量分行构成的银行体系，美国当时的银行业中贷款利率更高，储户获得的存款利率更低。

更令人惊讶的是，当时的银行体系绝对不是亚历山大·汉密尔顿在18世纪80年代和90年代首次设计美国银行制度时脑海中的美国银行业模式。汉密尔顿的愿景在几十年后被一个十分奇怪但十分坚定的联盟破坏，该联盟由农业民粹主义者（他们反对任何形式的企业以及控制企业的精英们）和小银行家（他们知道无法与可任意开设分行的大银行竞争）组成。这个看似不可能的联盟如此成功，原因在于它利用了美国政治体系中的一个根本制度：联邦制。因为银行业的立法权主要属于各州，而非联邦政府，所以民粹主义者和小银行家联盟可以在州议会走廊上斗争并获得胜利，而不用面对全国性的政治辩论。成功的州级联盟能够影响当地国会议员的选举从而将联盟支持的事业带往华盛顿。每当危机破坏了天性脆弱的单体银行体系，该联盟都会致力于推动改革朝着对其有利的方向发展，在《格拉斯—斯蒂格尔法》的出台过程中甚至战胜了富兰克林·罗斯福总统。正如第六章所示，这一联盟享受了一个半世纪的主导地位。最终，由于人口、经济和技术的变迁，这个联盟逐步瓦解，单体银行模式也不复存在。

无法摆脱“银行交易博弈”：政治总是介入银行监管。在第七章中，美国银行体系取消了与设立分行和市场竞争相关的限制，这一变化本应使银行体系更趋稳定，但在现实中，美国银行体系在经历这一变化后，20 世纪 90 年代的发展却指向了 2007—2009 年空前的银行业危机。第七章将通过描述这一过程如何发生，来有力地证明无法摆脱“银行交易博弈”的观点。单体银行家和小农户的政治联盟消失，取而代之的是由快速发展的超级银行及城市激进团体构成的新兴联盟。银行家对兼并扩张雄心勃勃。但他们的扩张计划受制于政治约束：他们需要被界定为所服务社区中的“好公民”，才能获得美联储的合并批准。激进团体希望可以帮助其成员和选民获得信贷，而“好公民”的标准使其获得了与合并方银行谈判的强大武器。银行家和激进团体形成联盟，使美国银行业成为由若干大而不倒的超大型银行构成的体系。该联盟形成的原因之一，便是双方达成明确约定，在 1992—2007 年，合并方银行向激进团体发放超过 8500 亿美元的信贷，以换取这些激进团体对银行合并的政治支持。

在与激进团体间的明确约定之外，银行还在这一期间做出了额外 3.6 万亿美元的承诺，以被界定为“好公民”。要实施这些安排需要很多步骤，本书后文将详细说明这些步骤，其中最重要的一点是，政府支持企业房利美和房地美（主要对抵押贷款进行回购和证券化）在克林顿政府的施压下，大幅降低信贷标准，从而使这些次级贷款成为房利美和房地美投资组合的一部分。一旦各方就此达成共识，逐渐弱化的贷款标准便适用于每一个人。以下这一点再怎么强调也不为过：监管部门对银行合并的批准，背后的政治博弈开启了一个进程，其最终结果是大量美国中产阶层能够利用宽松的房贷规则购买房屋，当时的美国住房抵押贷款政策相比世界上任何国家或美国本国早期的历史，宽松程度不可思议。由此产生的后果是，高违约风险的住房抵押贷款快速增加，借款人则是各阶层的美国人。简单引用一个数据，根据美国全国房地产经纪人协会 2006 年的一项调查，46% 的首次购房者为零首付，首次购房者的首付款中值仅为购房金额的 2%。[10] 简言之，之所以出现 2007—2009 年的次贷危机，是由于一系列蔚为壮观的政治交易扭曲了银行家和债务人的行为动机。

正如我们已经指出的那样，严重的银行偿付危机是由不审慎的放贷和银行资本不足以支持高风险贷款共同造成的。在第八章，我们集中讨论在什么情况下，美国各银行金融机构，包括两房等政府支持企业，被允许以明显不足的资本缓冲支持其高风险的浮动利率抵押贷款投资组合，这些按揭贷款首付要求低，对支持性证明文件的要求同样很低甚至根本无要求。这再次印证了魔鬼存在于细节中，但这也说明了监管部门决策受政治逻辑驱动，这一结论是无法回避的。

本书这一部分研究的目的并非为了指责“华尔街肥猫”或激进团体应当对美国 2007—2009 年的银行业危机承担责任。很多书刊持上述观点，但坦白说，我们认为它们在很大程度上偏离了目标。次贷危机仅仅是美国一系列银行业危机中的最近一次危机。我们必须解释一个问题：为何美国的银行体系总是容易发生危机。美国政治制度中的哪些要素导致银行家和民粹主义者寻觅到彼此，并结成如此强大的联盟关系？

还需要注意的是，我们关注的是影响个体和团体行动动机的政治制度，而不是个体和团体本身。无论何时何地，人们总是追求自身利益，其中的方式之一便是行使其政治权利。当政治制度鼓励人们结成同盟，即便是和不可能的合作者结盟，只要是为了追求共同利益，人们也会这样做。当政治制度带来的结盟动机较弱时，人们不会选择结盟。没有哪个个体或个体组成的团体应为发生的事情受到责备。事实上，责怪他人的行为本质上是不具建设性的，因为它会使人偏离问题的核心：如何改变政治制度，使人们不再有强烈的动机结成降低社会效率的联盟。

第九章通过美国与加拿大的比较，揭示了政治在美国银行体系架构中的关键地位。事实上，加拿大代表着与美国不同的实践：它与美国有着相似的殖民传统和文化传承，但加拿大并不存在形成美国单体银行体系的政治制度和环境。相反，在加拿大的政治制度下，几乎所有经济政策和监管政策，包括银行业政策，均由全国性的两院制立法机构决定，而其中的上议院成员通过任命而非选举产生。

尽管加拿大当然也有民粹主义者和希望建立单一制银行的银行家，但他们无法成功控制银行体系，因为他们必须在全国层面赢得所有政治斗争的胜利，但斗争的主战场——议会则被设计成一种不易被民粹主义控制的结构。因此，加拿大银行体系的结构与美国有显著差异：从形成伊始，加拿大银行业便由若干家在全国拥有众多网点的超大银行组成。银行所有者不会与民粹主义者建立联盟，通过牺牲其他所有人的利益来创造和分享租金。其结果是，信贷成本得以降低，同时银行体系更加稳定。从 20 世纪 20 年代开始，美国经受了三次系统性银行危机：大萧条期间影响广泛的银行破产危机、20 世纪 80 年代的储贷危机，以及 2007—2009 年的次贷危机，而加拿大没有经历任何银行业危机。

第十章和第十一章主要关注墨西哥案例，其中包括对民主和威权体制下的银行体系差异的分析。在英国、美国和加拿大，从几个世纪之前开始，选举便成为政治体系的一部分，在 19 世纪和 20 世纪早期选举权得到进一步扩大。与这些国家不同，墨西哥人民在 20 世纪 90 年代之前并不享有有效的选举权。在其大部分历史中，墨西哥均实行某种形式的威权统治，其中政府多次对银行体系进行了全部或部分的掠夺。因此，墨西哥案例不仅说明了威权国家的统治者如何与银行内部人士以及银行少数股东结成联盟来塑造本国银行体系，也有助于我们理解在何种情况下威权统治者会打破联盟关系，转而从这些内部人士和少数股东手中攫取财富。墨西哥案例提出了另一个问题，即政府如何在多次剥夺银行家财富后，仍能诱导银行家结成新的联盟，塑造新的银行体系。答案是，在墨西哥历史中，政府一直对银行准入施加严格限制，以提高回报率补偿银行内部人士和股东可能面临的财富被剥夺的风险。在墨西哥，正如其他地方一样，银行业和政治密切相关。墨西哥政治一直在混乱（如内战，其间银行体系完全崩塌）和相对平静之间摇摆，在这一过程中，裙带银行体系仅由若干家银行构成，仅在有政治影响力的内部人士之中分配稀缺的信贷资源。直到1997年，墨西哥开始民主化进程，政府向外资开放银行业，这一模式才得以改变。

若基本政治制度发生改变，“银行交易博弈”也会随之改变。要证明这一推论，大概没有比巴西更好的案例了，第十二章和第十三章主要讲述巴西案例。在巴西独立后的绝大多数时间里，巴西一直处于某种形式的威权统治中。事实上，直到1989年，巴西才第一次举行了所有成人均有选举权的总统直选。此后，巴西进入稳定的民主时期，但巴西一直受强烈的民粹主义思潮控制。事实上，巴西政治制度表现出很强的民粹主义特征：强权总统和弱化的立法机构；税收的集中化和政府支出的非集中化；政党集中化；16岁以上成人均有选举权；以及在宪法中规定了一系列“积极权利”（positive rights）。

接下来，我们能否发现银行在威权或民主制度下的运行和监管差异？事实上，差异不仅可辨，而且显而易见。在巴西历史上的大部分时间，威权统治者都能够将本国银行体系作为征收通胀税的工具。这一做法在当时也没有任何含蓄之处：20世纪80年代后期这一做法达到顶峰，通胀率接近2500%，银行和政府通过通胀税收入几乎瓜分了GDP增长的8%。在整个巴西历史中有两个例外时期：第一个例外时期是1831—1889年，当时地方性寡头政府甚至可以牵制巴西国王，几乎没有任何银行体系；第二个例外时期是从1989年巴西民主化以来，巴西的民选政府很快废止了通胀税，到20世纪90年代中期，通胀水平降为与美国基本持平，这一变迁迫使银行开始真正放贷，而非仅仅从支票账户的资金使用中获取收益（支票账户不向储户支付利息，因而银行通过资金运用获得收益）。

然而，民粹主义有着对银行体系的一整套要求。虽然巴西的银行不再是政府获取通胀税的机器，但部分银行成了创造就业的机器。巴西两家最大的银行由政府运营（尽管其中一家有私营股东）。这些银行不依据市场原则放贷，而是通过信贷确保候选人在其选区的商业盟友维持或提高就业率，从而帮助候选人赢得竞选职位。

第十四章总结了之前章节的主要研究发现，并将本书五个案例研究中的五国历史与其他国家的历史进程相联系，证明本书的研究路径在更大范围内的解释能力。

第十五章主要讨论本书的研究发现对于政治和银行业的意义，其中包括自由主义政策主张的可行性、监管改革的局限性、不同的银行危机理论模型的可靠性以及政治制度的持久性。

本书不涉及的研究领域及原因

有些读者可能好奇：为何本书重点研究银行，而不同时分析金融市场？诚然，金融市场及其专门机构（如股票交易所）的历史也是反映金融体系发展的重要方面，同时，金融市场也经常成为金融不稳定（如主权债务危机和股市崩溃）的策源地，因此，本书在叙述银行发展历史时，也关注了金融市场与金融发展和金融不稳定之间一些重要的关联性。然而，我们之所以重点研究银行体系，是出于一个简单的原因：金融市场总是由银行创造并维持的。没有一个国家的金融体系可以在银行体系发展之前就形成债券市场和股票市场。经纪商和交易商或本身就是银行，或依赖于银行信贷以管理其承销和交易活动，此外，金融市场的其他参与者之所以参与市场，也是因为与银行有长期业务往来后，积累了丰富经验，最有可能成为金融市场的参与者。从概念上说，有时很难区分银行中介活动和金融市场工具。例如，汇票是银行对外的借据，但它们也是可交易的金融工具。一些早期银行，例如英格兰银行，最初基本上只是主权债务重组的工具，持有这些银行股票类似于投资主权债务。无论在哪个时期哪个国家，银行业都是各类金融发展的生发中心。

此外，虽然金融市场能提供银行信贷之外的其他融资渠道，但这些融资渠道也同样受制于信贷供给的因素影响。在许多国家，政府没收资产的风险限制了公司通过股权市场筹集资本的能力。为降低这一风险，公司经理人参与到政府成员的寻租活动中，这一做法事实上降低了市场中能够流通的资本数量。[11]简言之，证券市场也是在政治背景下运行的，一些严格的政治约束会束缚银行的运营和绩效，这些约束也同样对证券市场产生影响。

也有读者会疑惑，为何本书重点研究特许银行（即通常说的商业银行，商业银行吸收储蓄，发放贷款，在任何能够租到的6平方英尺的地方放置自动取款机）而非私人银行（也称为商人银行或投资银行，如罗斯柴尔德家族、摩根大通银行）。私人银行自古代货币发明伊始便成立至今。然而，它们能动用的资本总是受到限制（详见第二章和第三章）。随着特许银行的出现，私人银行利用其专业技能和良好声誉成为金融网络中的协调者：它们组织银团贷款、为国际金融交易充当经纪、承销和分销证券、协助管理大型非金融机构。然而，现代经济中最核心的信贷供给方一直都是特许银行。

在本书写作过程中，常有同事、评审人或学生询问我们：为什么本书仅包括如此少量的案例研究。为何只选取5个国家，而非8个、10个或者20个国家？在实际研究中，研究一国制度的时代变迁，并不像办企业，收益随规模递增；相反，在案例数量和研究深度之间存在明显的权衡关系。更重要的是，本书的目的并非详细介绍各国银行业发展的政治经济历史，而是试图建立并阐述一个我们认为有强大解释力的通用框架。我们邀请其他研究者用其他国家的案例以及大型多国数据集检验这一框架。

此外，还有其他同事和学生询问，为何要研究数百年的历史，而不是仅仅研究过去几十年的历史？换言之，为何不简化本书研究，重点研究某一国家过去几十年的历史？事实上，许多学者在尝试解释美国次贷危机的根源时，都采用了这一研究策略，并取得了较好的研究成果。

对此，我们的回答原则上是简单的，但在实际研究中所需的研究方法并不简单：如果要理解影响复杂系统的各个因素，以及导致系统从一个均衡过渡到下一个均衡的因素，人们需要采取多维度分析方法，其中备受关注的一个维度便是时间。这类似于内科医师的诊断过程，例如当医生面对难以诊断的病情时，首先，她会从与时间无关的基本因素着手，例如从家庭病史推断病人是否拥有易患某类疾病的基因。然后，她开始了解病人的自身病史：过去得过什么疾病，接触过何种病原体，以及病人的健康习惯是怎样的？接下来，她开始询问短期内是否存在影响健康的因素：节食、锻炼或压力。同时，医生也从直接观察中获得信息：代谢功能检查、对器官的触诊，以及对症状的描述。最后，医师将病人信息和以往诊疗过的病人信息放在同一个逻辑框架内进行比较。

通过这种方法，医生得以排除一些假设，排除的原因包括事件时间顺序不符（例如，如果 A 在 B 之后发生，那么 A 不可能是 B 的原因），比较证据不符（例如，在其他情况下 A 不会导致 B，那么在本病例中即使 A 先于 B 发生，A 也不会导致 B），以及病人与时间无关的基本特性导致某些假设不成立（例如，病人家庭无 X 病史，且 X 有很强的基因依赖性，则 X 可能不是病人症状的原因）。医学中的有效诊断方法同样适用于依赖观察法且倚重准确因果陈述的自然科学（如流行病学、天文学和生物进化学）。同样，这一方法也适用于社会科学。

事实上，医学诊断的比方尤其适用于对全球银行体系的研究，在全球银行体系中，健康良好的银行业是一种意外，更多情况下出现的是银行业不稳定和信贷稀缺这一近乎病态的组合。正如医学经常发现，健康源于一些根本性的原因；同样，广泛分配信贷资源的稳定银行体系也是良好政治制度的产物，此类政治制度的特征包括广泛的选举权，以及限制银行家与民粹主义者结盟动机的制度。理解这一点需要对这些政治制度的起源和结果进行深入的历史探究。下文将开始这一探究。

第二章　银行交易博弈

当代的重大问题不是由演说与多数人决议决定的——这正是1848年和1849年的错误——而是由铁和血决定的。

——俾斯麦（1862年9月20日）

翻开本书的每位读者无疑都至少有一个银行账户。但大多数人几乎完全忽视账户安全问题及该银行的偿债能力。这种信任和自我满足，源于过去四个世纪不断推敲、设计并完善的一整套极其复杂的制度化安排。如果没有这些政府强制性的安排，我们很可能彻夜难眠，担心自己的财产不翼而飞，因为银行在设计之初就是一个潜在的不稳定企业。

不稳定的根源在于：银行的日常运营依赖于仅可由政府提供的三套财产权保障。[1]银行需要强大的政府。但除非银行家能够说服当权者和他们合作，否则政府权力的行使并不一定能够使银行家受益。

政府和银行家的伙伴关系无法回避。认为可以回避的想法无异于一个乌托邦之梦——这不禁让人想起约翰·列侬（John Lennon）的著名歌曲《想象》（Imagine），在这首歌里，列侬想象了一个可以在无国家情况下运行的人类文明。尽管列侬唱出了自己的心声，但那些想象自己可以在无国家情况下生存的银行家会发现这难以实现。银行家依赖于国家的行政监管权。而这一权力并不在银行家的控制之下：如果没有某种形式的伙伴关系，该权力可能并不会站到银行家一边。正如德国“铁血宰相”俾斯麦似乎曾经说过，无论是好是坏，成功的银行家希望解决财产权这一根本问题，为此，他们必须同拥有武器并可以发动战争的政府站在一起。

然而，政府是各不相同的。在某些政治体系中，决定权集中于一人，他有近乎绝对的权力和无限的自由裁量权。在另外一些体系中，决定权以选举权的形式分散至全体成人，而选举产生的官员的权威和自由裁量权受到严格约束。当然，还有一部分政治体系位于上述两极之间。政府与银行家伙伴关系的本质在不同政治体系中各有不同。本章有三重研究目的：阐述银行体系为什么无法脱离政府和银行家伙伴关系而存在；探寻在此类伙伴关系中，内在的基本利益冲突是什么；揭示决定各政体的制度差异如何缓和或激化其中的部分利益冲突。

试图同时缓和政府和银行家伙伴关系中的所有内在利益冲突是异常困难的。有些政治体系能够实现平衡，名义上是民主制度，却用强大且约束性的制度压抑民粹主义潮流；然而，这种政治体系较为少见。因此，政府和银行家伙伴关系中的内在利益冲突使大多数国家的银行体系呈现人为制造的脆弱性。

银行业的基础

要完全理解银行的潜在脆弱性有多大，对国家的依赖度有多广，有必要先不考虑银行和政府建立的制度安排（如法律体系对于权利的保护、股东的有限责任制、政府监督管理机构等），而是充分探究银行业务中一个内在的核心问题，即财产权问题。下文将讨论法律、监管以及政府机构的建立如何缓和这些财产权问题，但无法从根本上解决问题。我们的目的不是鼓励人们把存款取出并放到床垫下，而是希望提出对两个关键问题的看法：为什么没有政府积极参与的银行体系不存在？为什么在涉及银行体系的相关问题上没有政府能够成为完全中立的仲裁者？简言之，本书的研究目的就是探索银行为什么在过去和现在一直都与政治息息相关。

让我们从基本问题开始：银行能够产出什么，又需要投入什么。银行的主要产出，即银行的产品是债务合约，主要形式是借款人对银行的欠条。银行的主要投入也是合约，主要形式是银行对储户的欠条。尽管你可能并没有意识到，当你把工资存入银行时，你便向银行提供了一笔贷款。银行的基本商业模式因此变得非同一般：它的产出和投入均为贷款。

任何一家企业，若其主要产出和投入都是偿还债务的承诺，则这一企业必然是不稳定且高风险的。首先，银行家开始了一项困难的平衡操作：从储户手中借钱然后贷给借款人，但是银行家无法准确预测借款人是否会偿还贷款。即便是最诚实可信的借款人也可能由于不可预见的情况而违约，并可能让储户损失储蓄。[2]其次，银行家要将储户和借款人的合同期限一一匹配，即使存在这种可能性，难度也异常之大。银行储蓄通常可在短时间内迅速提取，但这些储蓄支撑的贷款则可能需要几个月、几年甚至几十年才能收回。事实上，银行家面临的风险是，即使银行并没有丧失偿付能力，忧心忡忡的储户也可能蜂拥而至提取存款，而银行金库里或许并没有足够现金来满足储户的所有提款需求。[3]

上述两个问题（在银行学著作中被称为信用风险和流动性风险）的公认解决方案就是在资产负债表中加入缓冲。第一种缓冲叫作股权资本，是股东投资在银行里的钱。借此，银行能在部分借款人违约时仍足额支付储户存款。第二种缓冲叫作现金资产。银行并不把所有钱用于放贷，而是将部分钱用作储备。[4]银行越大，其存款和贷款规模越大，也就需要更多的股权资本和现金资产实现审慎经营。

因此，银行业的逻辑是，通过吸收存款和筹集股权资本来支持运营，并将资金贷给可能偿还贷款的借款人，同时还需保留一部分现金形式的资产。只要储户和股权资本的提供者愿意给银行提供资金，银行保持充足的资本和现金缓冲，且贷款违约的风险不是太大，那么，银行家就可以运营一家兼具安全性、稳定性和盈利性的银行。然而，知易行难。

为什么投资者愿意提供资本缓冲？投资者面临的风险显而易见。因此，银行家，更多情况下是银行内部人士（通常是创立者，常常身兼经理和董事二职），需要获得股权投资者的信任。但是，用什么可以制约银行内部人士不过度冒险或挪用公款而造成投资者损失呢？[5]银行内部人士可能提供多种渠道，以便外部投资者监控银行内部人士的行为，但不可避免会存在漏洞。[6]而且，在银行合伙人关系中，银行内部人士要求投资者以所有财产承担责任：如果企业失败，每一个合伙人都对公司所有债务负有责任。[7]更糟糕的是，银行从制度设计上来说，便是杠杆率非常高的企业：它从一群人手里借钱再借给其他人。外部投资者因此承受了巨大的风险。简而言之，银行内部人士需要外部人的投资来稳定整个银行并吸引储户，但通过这种方式，银行内部人士将风险从储户身上转移到了股权投资者身上！

银行如何引诱外部投资者承受如此高的风险？有几种方式可以解决这个问题。银行内部人士通过将大量个人财富投资到银行作为股权资本，以使外部投资者确信，贷款组合是安全的。法律体系也可以提供保护，防止银行内部人士的贪污和欺诈行为损害投资者利益。最后，限制股东的责任会降低股东风险。有限责任意味着股权投资者不共同或单独对银行所有损失承担无限连带责任，他们作为少数股东的损失会被限制在其投资额的一定倍数之内。[8]

若缺乏上述外部股东保护措施，则吸引外部股权投资者将非常困难，而大幅拓宽银行仅作为中世纪放债者的角色也相当困难。所谓中世纪放债者是一个可以放债并收取利息但是无法大量吸收存款的中介。经过发展，最终有限责任制银行通过将股东风险和其投资资本挂钩的方式打破了规模的界限。毫无意外，这个理念迅速传播，已成为目前全球大型公司的基本组织形式。事实上，在大多数国家，第一家寻求给其股东颁发有限责任许可的企业便是银行：银行这种特殊的有限责任制比一般企业早出现了几十年。[9]

银行不能简单地宣布其股东承担有限责任，或者拥有其他法律保护方式。只有政府可以提供这些保护。政府通过银行许可给予其特权，之后再通过法庭强化执行。许可并不仅仅是执照，它还是银行和政府间的合同。合同规定了一系列银行责任，如银行所得税、资本税、银行必须持有充足的政府法定货币或国家债券，以及银行运营必须接受政府监管等。同样，双方的合同也保证了银行的一系列重要特权，如发行可用于对公或对私支付的法定货币的权利，持有政府存款的权利，当然还有股东的有限责任制度。

自然，政府可以使潜在的银行家为了许可而慷慨解囊——尤其是在政府限制许可数量的情况下。许可的稀缺性不仅使银行盈利增加，也有助于银行在许可期间的融资。如果许可具有稀缺性，那么银行便可获得垄断性利润，而潜在股东将在入股时为此支付溢价。少数股东愿意支付的溢价对于银行内部人士来说是一种免费的资金来源，也可减少实缴资本的缓冲资本，而这样更能吸引储户。

银行业面临的三大财产权挑战

颁发稀缺的银行许可有助于解决银行融资的问题，但它加重了三个基本的财产权问题。正是因为政府将银行定义为受制于政府控制的法人实体，所以基本的财产权问题显得尤为突出。

第一，银行和政府必须创造出相关机制，要么规定一旦银行成立，政府不得掠夺银行资产，要么补偿银行投资者和储户因政府可能掠夺银行资产而额外承担的风险。根据银行许可的相关条款，银行不可向政府隐藏财富：它给予政府检查、监督和规制其运营的权力。

第二，少数股东和储户必须创造出相关机制，要么防止银行内部人士通过欺诈或利益输送（将银行财产转移至银行内部人士拥有的公司）窃取资本；要么补偿少数股东和储户承担的资本被窃取的风险。政府的许可并未解决这个问题：它仅仅限制了股东对储户和其他债权人的责任。[10]

第三，银行必须创造出相关机制，要么防止借款人从银行贷款然后违约，以侵占银行内部人士、少数股东和储户的财产；要么补偿银行内部人士、少数股东和储户财产被借款人侵占的风险。

所有这三个根本问题必须得到解决，才能使银行家愿意将其资金投资在银行中，并且吸引储户和外部投资者的资金。这些问题是相互依存的。执行防范银行内部人士欺诈和利益输送的法律，履行与借款人的贷款合同，都必然牵涉政府的行政监管权。然而，任何能够实施上述职能的强大政府，其强权也必然足以掠夺银行资产。银行体系要实现高效运转，少数股东和储户需要政府颁布并执行禁止利益输送的法律，确保银行完全履行其合同义务，建立会计标准和监管机构，协助银行的潜在外部投资者和储户对银行进行评估。同样，银行需要法庭和警察执行贷款合同和其他合同：例如，没有法院和警察，抵押权可能无法执行。最后，储户和股东可能需要政府通过存款保险或救助银行来降低风险。如果一个政府拥有上述所有强制力，人们如何信任该政府不会剥夺合同各方利益并牟取政府的自身利益呢？

利益冲突中的政府

还有一个因素加剧了政府有效解决这三大关键财产权挑战的复杂性，即政府不是一个无相关利益的独立第三方。事实上，当权者在银行体系问题上常常面临多个利益冲突。最明显的冲突便是，一方面监管银行，声称要限制银行的冒险行为；另一方面视银行为公共资金的来源。也就是说，它同时监管银行并从银行获得资金或税收。这可以解释政府行为的动机，即塑造有利于政府（或政府代理人）融资的监管环境，而将有助于形成稳定和高效银行体系的环境建设放在第二位。

不那么明显的一个冲突是，政府当权者强化信贷合同执行以规范借方行为并保护银行利益（如协助获得借款人的抵押品），但政府也需要获得这些借款人的政治支持。如果有人把你赶出家门并将房门上锁，你是不会投票给这些人的。因此，当权者有动机拒绝执行借款合同或帮助借款人提前还款，这在短期内牺牲了银行体系的稳定性，从长期看则打击了银行提供贷款的意愿。

最后，当银行失败时，政府当权者在债权人之间分配损失，但政府同时也需要最大的债权人群体（银行储户）的政治支持。如果银行使选民的毕生积蓄化为乌有，而政府却告诉选民它无能为力，这样的政府很难继续当权。当权者也许会发现，银行不履行对高级债权人（非存款债务如债券的持有人）的合同义务在政治上更为可取。例如，政府可能做出决定，迫使高级债权人接受折价（减记对银行的债权价值），从而让银行继续运转，而不触动存款基础。然而，这样做也会带来道德风险问题：在资不抵债的情况下，银行股权资本的所有者（即股东）的全部投资理应遭受损失，然而，通过迫使高级债权人接受折价，让银行继续运转，政府保护了股东免遭损失，这也激励股东继续疯狂冒险。

利益冲突的出现是不可避免的。银行业经营就是在银行和政府之间、银行和银行债权人之间、银行和贷款人之间、银行内部人（创立者和主要股东）和银行少数股东之间订立合约并开展相关交易。最后，政府当权者必须仲裁所有的合同，并在合同无法履行时分配损失，与此同时，政府成员并非不相关的无利益方。简言之，政府官员可能有充分的动机，以机会主义的态度处理作为银行体系基石的财产权制度。[11]

更糟糕的是，政府有很多机会采取机会主义行为。它可以直接征用银行资产满足自身需求；可以从银行融资然后违约；可以通过开动印钞机来购入商品和服务从而攫取资源；可以强制银行持有政府债券、法定货币，或在中央银行存款作为“储备”，而其实际利率为负；可以强迫银行向国营企业或其他政府支持的借款人（它们会通过某种形式对政府支持予以回报）提供低息贷款。政府还有很多机会向特定人群施予恩惠。如果一些银行内部人士、储户或借款人被认为对政府保持权力十分重要，政府可以对这些人提供支持。政府此类行为的例子包括：对银行内部人士的监管“宽容”（即决定不实施某些监管规定），为储户提供超过法定界限的保护，以及强迫银行放弃债权。

更有甚者，为了应对银行巨额损失，当权者可能认定，政治阻力最小的解决路径就是支持所有相关群体——银行内部人士、少数股东、储户和借款人，而这需要实施由纳税人埋单的救助和纾困。方式之一就是为信贷市场参与者创造一道政府安全保障，主要是存款保险制度和问题银行处置制度，这些制度的建立旨在使救助的代价和损失的分配在公众视野中最小化。

具有讽刺意味的是，存款保险制度的存在，鼓励了当权者利用银行来回报政治上支持他们的选民。假如没有存款保险和政府对损失分配的干预，就会根据储户先到先得的规则，以及关于破产银行停业和接管的法律（由法庭执行），共同决定如何分配与不良贷款和银行破产相关的损失。换言之，储户存款是有风险的。因此，储户可以在银行内部人士从事不审慎的风险之举时提取存款，以约束内部人的行为。正是储户的这种能力赋予他们对银行的控制权。存款的优先权、储户提取存款的权利，以及在清算时对银行控制权的接管，都发挥着核心的社会效用，即鼓励银行家审慎而诚实地管理风险。[12]问题是，如果可以称之为问题的话，审慎的信贷实践可能与当权者将信贷输送给政治关键群体的愿望相背离。由纳税人承担成本的存款保险制度吸收损失，在事后“解决”了这一问题：储户不再有动机去约束银行内部人士的行为，因为储户资金不再有危险。[13]银行内部人士现在可自由冒更高的风险。上述对损失分配的安排会鼓励银行冒过大风险而产生不利后果，但它也可以将大量收益转给政客和银行家。

为什么常常由纳税人承担救助资不抵债银行的包袱？原因在于，负责制定风险承担和损失分配规则的人不需要获得纳税人的明确同意。因为少数股东必然是主动购买银行股份的，储户也是主动将资金存入银行的，他们都是交易中的利益相关者。而纳税人并非主动与银行发生关联。但这并不意味着纳税人的偏好可以被完全忽略。要求纳税人承担太多的损失会导致他们站起来反抗当权者。然而，这的确意味着由银行内部人士、少数股东和储户组成的联盟有足够多的余地去诈取纳税人。

三个因素造就了这一行动余地。第一，正如曼瑟尔·奥尔森（Mancur Olson，1965）和乔治·斯蒂格勒（George Stigler，1971）的著名论述，由于政治活动的交易成本，在牺牲多数人利益使少数人获益的计划中，很难协调对这一计划的反对意见。第二，纳税人不能轻易辨别银行救助的损失与收益的分配，这并非由法庭决定，而是由政府旗下的存款保险处置当局在不透明的环境和临时特殊约定下决定。第三，由于纳税人有时候也是储户，他们可能并不能判断政府的干涉对他们是好是坏。

这看起来似乎极度复杂，事实也的确如此！正是因为当权者实施各种活动影响大量不同的选民——银行内部人士、少数股东、借款人、纳税人兼储户以及非储户纳税人，所以对多数人而言，要计算这些活动对其福利的影响非常困难甚至没有可能。大多数人不能监控影响其财产权价值的每一项政府决策。政府金融政策的意图及其实际经济结果很难预测，尤其是在政府同时管理多个监管和法律机构的情况下，其中一些机构可能增加财产权价值，而另一些机构可能减少财产权价值。

金融财产权的政治逻辑

由此产生了不可避免的后果：财产权体系作为银行业的基础，并没有随着金融机构匿名“市场”的效率标准而同步演进。相反，财产权体系是交易的产物，而这种交易取决于现行政治制度，并在制度中得到实施，交易的发起方是市场参与者和当权者联盟。交易旨在提高联盟成员及当权集团的福利，而非社会大多数人的福利。因为银行内部人士、少数股东、储户、借款人和纳税人的经济动机在本质上并不是一致的，当权者有充足理由利用不同行为者的动机差异实现自己的政治和经济目的。特别值得一提的是，交易参与者知道达成交易不需要协调一致，政府只需简单拼凑一个成功的联盟。这一情形意味着很多人会被排除在有利的交易之外。

政治权力的分配决定了联盟的构成及其交易的形态。相应地，交易又决定着通过哪些法律，任命哪些法官，哪些群体可以获得哪些许可，从而以怎样的条款与谁订立什么目的的合约。交易也决定了税负的分配、公共支出的分配、准入监管、对银行的许可、上市公司的监管、信贷投放及其条件。这些交易异常复杂，涉及显性交易和隐性联盟，但从根本上看，都是为了创造和分配经济租金，并维护政治权力。简而言之，这些交易是策略性互动的结果，是一场博弈，即“银行交易博弈”。

考虑到对银行未来现金流有分配权或享有银行控制权的代理人数量、银行借款人的多样性以及政治体系的多元化，潜在的联盟和交易数量极为庞大。然而，“银行交易博弈”的特点呈现以下几个清晰的逻辑，后文各章也将有力地论证这一点。

第一，尽管银行内部人士、少数股东、纳税人兼储户、非储户纳税人、借款人和当权政党可能的组合数相当大，但不是每个组合都能形成联盟。所谓联盟，即同意经济租金的某种分配安排，且可以监控分配过程的一部分特殊群体，其中的经济租金取决于经济体系的主导规则。这一事实使许多可能的多方组合并不能形成有效联盟：与某个群体组成联盟会要求当权者同时对其他群体采取机会主义行为。

第二，相比于民主政治体制，威权政治体制会产生一系列不同的联盟。在威权国家，政府不可能向银行内部人士、少数股东及储户可信地（前后一致）承诺不会掠夺他们的财富。此外，在威权体制中，借款人（以及潜在借款人）不可能通过投票影响当权集团。对于希望获得信贷但无法获得信贷的潜在借款人和借款公司而言，他们很难推动政府放松发放银行许可的规则，以增加银行间竞争，提高信贷的自由可获得性。

第三，正是因为创造一个广泛分配信贷的稳定银行体系需要解决三大财产权问题，所以，虽然从威权到民主的转变最终能缓解信贷的稀缺，但是，并不会因为债务人拥有了选举权，就会自动且迅速导致银行体系的重构。有一点至关重要：银行体系特有的财产权问题都因相关制度的建立而有所缓和，但政治制度作为之前一轮又一轮政治交易所创造的法规和自由裁量权的总和，变化非常缓慢。例如，当借款人以违约来侵蚀银行资产时，银行如何实施处罚，这方面的制度建立就不是一蹴而就的过程。仅仅靠大笔一挥无法创造出高效的法庭、诚实的警察、准确的房地产和商业登记，这些制度安排的建立和完善需要大量的时间和成本。正如我们下文要讨论的，我们有充分的理由说明：为什么在威权政治体制下，这些制度安排一般无法建立起来。政体更迭或许会带来银行体系重构，但需要较长的时间。

第四，民主和威权制度中可能存在同样的一系列联盟，但这些联盟对银行业组织结构的影响不是中性的。也就是说，民主国家也可能产生破坏银行体系稳定和放贷能力的联盟。设想一下，当权集团和银行债务人结成联盟，政治支持可以换取暂缓债务偿还。威权国家也可以产生稳定的银行体系：设想一下，威权统治者、银行内部人士和少数股东结成联盟，通过给政府发放贷款以换取对新银行许可的限制，从而提高现有银行的回报率，补偿银行内部人士和少数股东资金可能被掠夺的风险。因此，在民主与威权制度之间，银行业结构并不是双峰分布。相反，每一种政治制度下会有不同的联盟，但总体而言，民主制度更有可能产生稳定的银行体系，其特征为相对开放的准入和对银行业的更少限制。而威权制度则更容易产生不稳定的银行体系，其特征为相对受限的准入和对银行业的更多限制。此外，不是所有威权制度都用同样的方式行事，民主国家当然也是如此。人们不能理所当然地认为某种类型的政府总是存在。在混乱状况下，银行不能存在：如果日常去银行取款也可能遭遇枪支袭击，可以想象银行在这样的环境下很难盈利。图 2. 1 列出了政体与银行体系的各个类别，以及“银行交易博弈”在其中的差异。

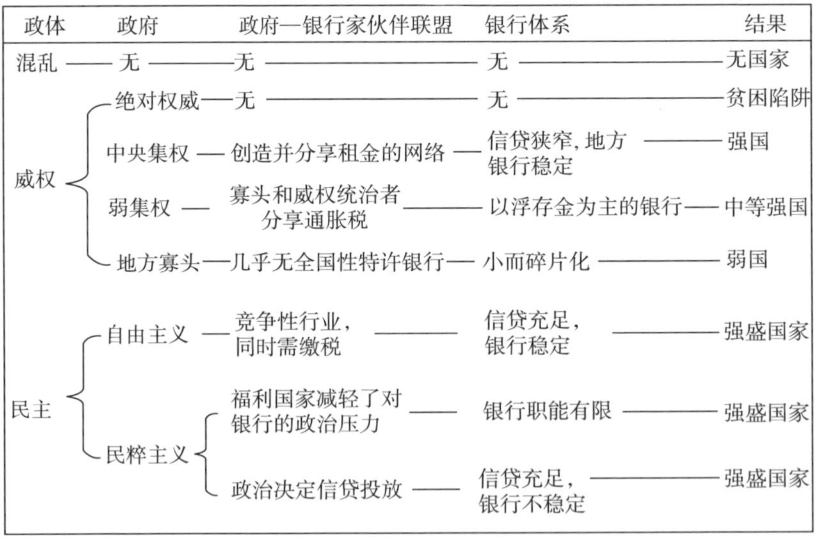

图 2. 1　政体和银行体系分类图

威权政体

图中的一种政体名为“威权”，指公民无法通过高效且具有显著政治意义的选举影响政策结果的政治体系，如军事执政团、独裁、绝对君主制、寡头政体等。[14]在威权政权下，银行通常比在民主政权下更容易被没收资产；威权统治者相比民选官员有更多的行为自由，而民选官员可能受到惩罚，在下次选举中落选。

拥有绝对权力的威权统治者

在拥有绝对权力的威权统治者统治下，银行业的结果最为简单。绝对权力创造了一个棘手的威权统治者问题：可能没有什么可以阻止威权统治者掠夺任何他选中的东西，这样也就无法组织起一个银行体系。几乎所有在明处的企业都有被掠夺的危险，其中银行尤其脆弱。首先，政府有大量政策可用于对银行的没收、征税或掠夺（如完全国有化、指定贷款的规定、准备金要求、交易税、对于高价值特权的许可或撤销）。其次，银行资产往往具有高度流动性。这一点显著区别于其他掠夺目标，例如农场、工厂或矿厂。如果威权统治者没收上述某一企业，其价值仅仅为未来收入流，而这还需要威权统治者的高效运营。当然，威权统治者可将没收来的资产变现，但出售时将不得不大幅打折，因为买家知道没有什么能阻止威权统治者再次没收它。因此威权统治者就像是小偷把赃物卖给邻居一样：只会得到赃物价值的一小部分，因为买家承受着巨大的被没收风险。然而，当被没收的资产是现金或其他流动性财富时，这一问题便不成为问题，因为这些资产可以毫无延迟地以百分之百的价值变现。

威权统治者不可能靠承诺不掠夺银行来解决承诺问题：威权统治者的绝对权力和自由裁量权意味着他做出的任何承诺都是不可靠的，

因此私人不会去成立银行、持有银行股票，或把自己的钱存于银行。由政府拥有和运营的银行可能存在，政府用以维持财政平衡，公众则在需要接入支付体系时使用银行服务，例如在伊拉克，萨达姆·侯赛因政府的资不抵债的国有银行，没有人疯狂到会认为可以通过它们储蓄或者贷款。[15]由此导致的结果就是贫困陷阱。人们明白政府贪得无厌；没有任何真正意义上的银行体系；对公司和家庭的信贷不足导致经济增长缓慢；政府缺乏私人部门的信贷来源。因此，当政府的财政需要超过税收收入时，就有很强的动机没收私有财产。这个循环可以无限往复。

中央集权的威权统治网络

当威权统治者缺乏绝对权力，却足够强大并占据主导地位，这样的威权统治者需要构建一个盟友网络以继续当权。银行家在这个网络中是重要节点。事实上，没有银行家，威权统治者没有能力为超出税收收入的支出融资，而对于加强与其他政治和经济上的重要团体的联盟而言，此类支出可能是必需的支出。

问题在于，威权统治者不得不诱惑银行家将资本投入银行，但银行家有充足的理由相信，威权统治者会在某些情况下掠夺他们的财产。威权统治者巨大的权威使他的每个承诺都不可信。这意味着威权统治者需要补偿银行家财产被掠夺的可能性，也就是说需要提高资本回报率，超过在无掠夺的充分竞争市场中获得的回报率，这就需要向银行家提供经济学家所谓的租金，即来自稀缺特权的收入流。典型做法是，威权统治者限制特许银行数量，使银行间竞争最小化，允许银行把贷款利率提高至完全竞争利率之上。威权统治者也可通过给予银行附加特权（例如代理政府收税的权力）提高回报率。银行家向威权政府提供贷款，从而与威权统治者分享由此获得的租金；也可通过给威权统治者的家庭成员运营的企业发放贷款，来强化联盟关系。简言之，威权统治者和银行家形成了伙伴关系网络，旨在创造并分享租金，这一体系有时也被称为权贵资本主义。

为充分利用银行特许，银行内部人士必须动员足够多的股权资本，以作为扩大资产和存款规模的基础。银行内部人士如何使少数股东购买银行股份？当然，内部人士有强烈的动机出售股份，通过出售股份，在威权统治者掠夺或收回特权导致租金降低时，内部人士承受的风险敞口得以下降。问题是，具有前瞻性的少数股东也知道这点！不仅如此，少数股东还知道银行内部人士在一些非金融企业有切身利益，因此更愿意放贷给这些公司（通常以优惠的条件），而不是借给这些公司的竞争者。此外，少数股东还知道，在经济危机时，银行不会严格执行对内部人士的借款合同，因此内部人士有很强的贷款违约动机，后文很快会再次讨论这个问题。简言之，少数股东不仅面临着被威权统治者掠夺的风险，还面临着被银行内部人士掠夺的问题，体现为优惠的内部贷款和对关联贷款违约的执行弱化。更糟的是，少数股东知道由于内部人士和威权统治者是盟友，威权统治者可能允许内部人士掠夺少数股东的财富而不受处罚！

这些问题是可预测的，根据游戏规则，少数股东会要求额外的“预期回报”，以补偿其遭受双重掠夺的风险。补偿的形式必然是更高的投资回报率。银行要能够向股东支付高回报，则威权统治者给予银行的特权必须非常有利可图。

在此情况下，不会出现竞争性的银行业，因为从威权统治者或银行家角度出发，这并不是最佳选择。由于存在较高的财富被掠夺风险，股东要求的高回报限制了市场进入和银行体系的增长。在此情况下，通常会形成这样一个银行体系：统治者选择向银行内部人士颁发特许和特权，并对银行业准入进行限制，以此作为银行内部人士和威权统治者的更大交易中的一个部分。这种交易向政府提供稳定的部分租金流，使威权统治者成为这些受优待银行中的既得利益者，从而减少银行资产被掠夺的危险。这一风险的下降使银行体系规模变大，风险降低（如果威权统治者没有既得利益在其中，银行体系风险会更大），盈利增加，其中部分盈利就成为银行内部人士和威权统治者分享的租金。

这些制约构成了中央集权式威权政体下的银行体系的特征，这些特征导致了威权统治者、少数股东和银行内部人士三方利益的结盟。威权统治者获得稳定的公共财政来源（指定信贷、存款准备金、贿赂和税收）以及偶发紧急状况下的资金来源（在财政紧张时不同形式的掠夺）。银行内部人士赚取租金：一是在无竞争市场中作为银行经理获得高工资，二是通过拥有非金融企业获得超常回报，因为这些企业受益于银行低息贷款和特殊的信贷获得渠道（这些优势也是对其他企业的竞争壁垒）。少数股东获得的回报高于正常的股市回报，从而补偿其面对的双重被掠夺风险。

在这一制度安排下，国家作为银行体系运营的监管者发挥着什么职能呢？如果联盟中仅有三方，受扶持的银行也只有几家，那威权统治者为什么还要在银行监管上费周折呢？答案是，银行业相关的法规框架避免了同盟各方在租金分配上的纠葛不清。同时，法规也在向潜在银行竞争者发出信号，告诉它们是无法与被支持的内部人士竞争的，因为根据法律条文，获得银行许可几乎不可能，即使获得了许可，监管者也有办法让他们对此感到后悔不已！

在中央集权的威权政体下，规模小、风险大的银行体系需要储户这个第三方的参与。银行储户寻求低风险、高流动性的储蓄方式。在成熟银行体系中，储户变得非常挑剔，要求存款的实际正回报，且风险容忍度极低。在民主制度下，充分竞争往往能带来银行存款的正回报和低损失的风险，尽管各国各时的风险和回报各不相同。然而，在中央集权的威权政体下，银行体系中股权持有者的回报必然很高，内部人士的公司的贷款得到补贴，政府和银行内部人士从中榨取可观的租金，阶段性财政危机导致对银行财富的掠夺——在上述情况下，银行想要为储户的低风险存款提供实际正回报，将极富挑战性。在这种情况下，如何才能吸引储户将现金存放在银行呢?

可选方案之一，就是政府尝试通过纳税人资助的存款保险制度来保护储户。但保护的规模从根本上受制于威权统治者的财政资源：依赖银行为主要财政收入来源的政府不能同时对储户征税，又补贴储户！因此，在中央集权的威权政体下，存款保险制度不可能创造出有深度的金融体系。

因此，在大多数情况下，中央集权式威权政体下的银行无法吸引储户。储户通常只能获得负收益，且承受较大的损失风险。于是很多储户选择远离正规金融体系，转而持有外币、商品或其他替代银行存款的财富形式。但有些存款资金仍存于银行。无论如何，公司需要维持银行账户以支付工资并管理应收账款，家庭也需保持最小的银行账户余额以完成一些支付。然而，对于不在本地银行支付的操作，政府故意设计了很高的交易费用和法律限制。例如，在实际操作中，津巴布韦制造商不能用加拿大安大略省某银行签发的支票支付工人工资，而工人也不能用纽约某银行的支票支付电话费账单。简言之，有些储户只能身陷储蓄的陷阱中（即经济学家描述的高度非弹性的需求情况)。

储户陷于陷阱之中，这又强化了银行将信贷发放给威权统治者和内部人士的趋向。正是由于存款收入低于储户其他可选择的投资收益，储户便把尽量少的流动资产存于银行体系中。和经济体规模相比，存款基础较小。其结果是，银行在将信贷发放给威权统治者和内部人士之外，几乎没有需求去寻求新的放贷。内部人士作为一个小群体，却控制了社会上所有的信贷。

非常糟糕的一点是，欠发达的银行和稀缺的信贷正在自我强化。公司有高回报的投资机会，但缺乏信贷，因为信贷供给并没有改善。

在这个受抑制的金融体系中，一些非正式的非银行放贷人的运营也十分困难，因为非关联的普通贷款业务要顺利开展，必须依赖一整套基础性法律，而中央集权式威权政体下通常无法形成此类法律。

是否会出现能确保执行非关联信贷的制度，取决于掌控银行体系的政治联盟的偏好。银行和放债人建立代价高昂的内部信用分析系统，仅在不得不向非关联人放贷时使用。信用报告服务只有在银行愿意支付其成本时才得以发展，即当借款人违约可能危及银行声誉，银行需要惩罚借款人的时候。可靠的贷款抵押意味着债权人能在借款人违约时取得抵押，其中的重要条件就是高效率的财产和商业登记，而这一制度安排必须获得足够的政治支持才能建立。同样的道理也适用于和诚实的警察及法官相关的制度安排。简言之，建立和维护保证合同权利实施的制度代价昂贵。如果银行不需要发放非关联贷款，则不需要这些制度，那这些制度便不可能出现。

中央集权式威权政体下的银行不仅不愿支付费用以促进非关联贷款业务的开展，还可能积极反对建立更加完善的法律和信息制度，因为此类制度有助于他人的非关联信贷。原因不难推断：任何促进非关联方融资的制度改进，都会侵蚀银行家自身的非金融公司因信贷特权而享有的租金。例如，1995 年，本书一位作者参与了墨西哥的一个项目，改善仓单质押和应收账款的抵押登记（这在美国统一商法典的登记流程中是一种常规操作）。该项目得到世界银行和其他顾问机构的支持，但并没有得到墨西哥那些主要从事内部人士放贷的银行的支持。直至这些银行垮台并被外国银行收购，抵押登记的重要改革才得以推进。

威权政体下的权贵银行体系导致信贷分配范围狭窄，供给不稳定。原因之一便是缺乏对威权统治者的绝对权力和自由裁量权的约束和限制。在正常情况下，威权统治者通过各种或明或暗的手段对银行征税，从银行体系中获得租金，包括强制向政府放贷以及在中央银行的无息存款准备金。然而，如果威权统治者需要的资金超过其税收总额，则会产生掠夺银行的行为动机。这是绝望的一步，因为威权统治者将今后的贷款变为一次性的现金。然而，也正是靠此，威权统治者才有可能继续掌权。

原因之二是银行内部人士倾向于给自己的非金融企业放贷。在经济危机来临时，内部人士可能有动机掠夺自己的银行以拯救自己的其他企业。原因很简单，对这一现象也有广泛的研究：内部人士对银行有完全控制权（因其是银行的实际运营者），但只有部分的现金流权（因为大多数收益分给少数股东和储户）。如果银行内部人士在其他非金融企业的现金流权大于其在银行的现金流权（这几乎是必然的，因为银行在架构设计上就已经将内部人士的投资敞口最小化），则他们倾向于在世道艰难时用银行拯救他们的非金融企业。也就是说，他们会给自己的其他企业发放贷款，然后违约。[16]不难理解，在法治不彰（即政府被威权统治者控制）、内部人士借贷和信贷缓慢增长之间可以观察到很强的相关性。[17]

若不考虑制度方面的复杂性，在中央集权式威权政体下，政治交易影响银行的冒险决策和银行损失分配安排，这种政治交易可被视为一种租金分配体系。租金分配一直处于变化之中。当威权统治者政权不稳，甚至生存都有危险的时候，财政需求将非常巨大，只能通过高赋税、给政府的指定贷款、高央行存款准备金率、对银行实施国有化等手段掠夺银行。在此情况下，银行所有股东、债权人，甚至是有政治影响力的内部人士，都成了政府攫取租金的潜在对象。因此，少数股东和内部人士一定要得到补偿。他们要在正常时期获得非常高的正回报，以弥补因可能被掠夺而承受的极大损失。

大量无法获得信贷的潜在借款人也一直是政府攫取租金的来源。由于准入壁垒（正常时期向银行股东提供高回报的必要条件），潜在借款人被排除在信贷体系之外，承受失去投资机会和处于竞争劣势的痛楚。

在中央集权式威权政体下，储户也是银行业博弈中其他玩家攫取租金的来源。无论存款保险制度存在与否，储户都处于陷阱之中，仅得到很低的收益甚至负收益。即使建立了法定存款保险制度，财政紧张的政府也常常掠夺储户财富。掠夺形式多种多样，包括扩大货币供应造成通胀从而降低存款价值，或对存款“重定币值”（见第十章）。

在存款保险制度或政府救助银行的情况下，纳税人也是政府攫取租金的来源。当这种情况发生时，纳税人承受巨大损失，财富转移至储户和威权统治者，其中的精确比例取决于威权统治者侵占储户权益的程度。

因此，威权国家的政治制度产生了毫无分配效率的银行信贷市场。其中信贷市场竞争有限，银行内部人士的关联公司有融资渠道和融资补贴。市场无法广泛配置信贷，因为银行在其中无利可图。天才的企业家和认真工作的家庭非常缺乏信贷，但银行内部人士中的一些权贵则获得大量资金。此类银行体系规模较小，且天然容易出现危机：周期性、内部人士剥削少数股东和储户，威权统治者有时掠夺所有人的财富。

如果读者是通过本书首次注意到威权权贵银行体系的现实，则可能对权贵政治交易以及其中脆弱、微小、低效的银行业感到愤怒。这些安排很可能与读者的公平意识格格不入，并刺激读者去谴责其内在的低效性，以及对经济增长和社会流动性的灾难性影响。但这些特征并非银行体系的失败。相反，它们是威权政治体制的内在必然。受压抑的银行体系远非最佳形式，但它可能是这种政治环境下能形成的最佳银行体系。

弱集权的威权政府和通胀机器

只有强大的中央政府才能掌控全国性的租金分享伙伴关系。这样的伙伴关系也意味着，只要他想这么做，威权统治者可以没收所有银行。然而威权统治者经常不具备这种权力。事实上，很多威权统治者需要社会中的富人，就像富人需要威权统治者一样，甚至威权统治者的需求更加强烈。如果没有法律制度确保合同执行，就不会有银行体系，当然，威权统治者可以轻易改变法律制度的建立和运行。在弱集权的情况下，威权统治者可以运用他对这些制度，特别是货币体系的垄断权，通过实施通胀税来维持威权政府的统治。

通胀税通过控制支付方式（现金或存款）对普通公民征税。通胀税是独特的，因为它并不直接对收入或财产征税，而是使政府能够对那些财产少、收入少的人征税。本书第十一章到第十三章将详细讨论通胀税，在此只简述它如何为政府和银行带来收益。

想象一下，政府只是印刷它所需要的钞票数量而不向任何人征税，随着时间推移，不断增加的纸币数量逐渐超过对应商品和服务的价值。其结果就是通货膨胀，通货膨胀自动使现金资产贬值。从本质上看，政府是在向公众征税，但以悄无声息的方式自动征税，使公众口袋里（或床垫下）的现金逐日贬值。昨天口袋里的钱能买一个面包，今天却只能买半个。通胀税更吸引威权统治者的一个原因是，纳税人意识不到他们正在缴税。事实上，政府以通胀税作为资金来源，实施政府福利项目并大加宣传，借此伪装成一直在帮助穷人的样子，其实却在无声无息地征税。

在那些与威权统治者分享权力的寡头看来，通胀税是一个相当巧妙的把戏。富人更愿意将财产变为资产而非现金，因为资产可以在通胀中保值。资产包括不动产、游艇、艺术品收藏、金币、外币、公司证券等等。与此形成鲜明对比的是，在穷人少得可怜的资产中，很大部分以现金形式持有。结果就是，通胀税的负担不恰当地落在了穷人身上。

这个把戏更巧妙的地方在于，银行家和银行股东常常分享通胀税的红利。社会中的支付中介在实际操作中有两种模式：现金（如人们口袋里的钱）和活期存款（支票账户里的钱）。政府与银行间对通胀税的确切分配取决于多个因素：通货膨胀率、货币发行主体是政府还是银行、央行向存入的准备金支付的利率、法律允许的活期存款利率，以及存款准备金率（银行必须存在央行的活期存款的比例）。第十一章到第十三章会以墨西哥和巴西的例子继续分析这些细节，在此仅初步讨论最简单的经济租金安排。设想一下，政府为应对其开支需求，开始印刷钞票。假设支票账户零利息（这在世界范围内非常普遍），政府不要求银行在中央银行存放存款准备金（这不切实际）。[18] 在这一简化假设下，政府任一时点的通胀税收入等于现金存量乘以通货膨胀率，银行的通胀税收入等于支票账户余额乘以通货膨胀率。

当通货膨胀程度较高时，商人和家庭会努力将现金持有量和存款余额压至最低的必需水平，以满足支付需要。当通货膨胀程度非常高时，人们只有在要签发支票用于支付时，才将钱短期转入支票账户。因此，通货膨胀仅仅在支票款项未达账的很短时期（称为浮存期）内，侵蚀了支票账户余额的价值。通胀税主要体现在支票托收过程中对账户余额征税（图2.1中称之为对银行浮存金的税）。然而，如果通货膨胀率足够高的话，这种做法也能产生惊人的收益。

这种特殊的银行和政府伙伴关系一定存在着缺陷，否则高通胀税将无处不在。事实上，确实存在与通胀税有关的问题。首先，高通胀损害了人们参与市场的能力，因此会阻碍经济增长：如果价格快速攀升，人们将很难订立合同，也很难理智采购（需比较价格后制订采购计划）。第二，高通胀将导致公众减少持有现金和存款。这减少了银行可放贷给企业和家庭的资金，进一步降低经济增长率。第三，当政府财政需求猛涨时，为增加它在通胀税分配中的份额，政府有动机通过将存款准备金率提到非常高的水平，以至于完全挤占了银行的存款基数，从而导致银行提供给企业和家庭的信贷骤减，甚至可能因此而剥夺了银行的重要收入来源，并把银行推向资不抵债的地步。

地方寡头

建立在通胀税基础上的威权统治者和银行家联盟意味着一定程度的政治集权：威权统治者必须要有能力把他的意志强加于决定银行业的制度之上，其中最重要的内容包括货币发行、存款利率及存款准备金率。如果威权统治者甚至都不能获得这一较低程度的政治集权，会发生什么？如果威权统治者非常软弱，以至于事实上国家几乎由若干地方寡头统治，这又会发生什么？地方寡头会更愿意保持对本地银行业的控制权（在完全没有必要的情况下，为什么要与威权统治者分享控制权?），因此无论采取何种形式的银行体系，都将被用于寡头的本地需求。其结果是支离破碎的银行体系，让人回想起中世纪的情形；地方寡头利用本地银行，但寡头之外的任何人，包括威权统治者都无法获得信贷。

民主政治

在“银行交易博弈”的开展方式上，民主政治与威权制度有三方面差异。第一，银行家、少数股东和储户被政府掠夺财富的风险比威权制度小。顾名思义，威权统治者比民选政府行动更为自由，因为民选政府要面对下一次竞选落选的惩罚。第二，在民主制度下，潜在债务人不再是被动的博弈旁观者，他们可以投票给那些承诺提高信贷规模并改进信贷条件的政客。他们可以成为创造并分配银行业租金的政治联盟中的一员。第三，通胀税将很少出现。当政府财政问题有更简单的解决方法可供选择时，选民不会愿意承担任何通胀税带来的损失，他们将投票给那些承诺向更富裕人群的收入和财产征税的候选人。

正如威廉·赖克（William Riker）的名言，不是所有民主国家都生而相同。基于自由主义选举观念的民主政治，与基于民粹主义选举观念的民主政治，在理念和实践上都有重要区别。在我们看来，这些区别对“银行交易博弈”的策略和结果都有重大影响。图2.1下方说明了这些区别，但在探讨这些区别前，我们必须简单介绍自由主义和民粹主义。

许多自由主义者认为其精神起源可以追溯到英国启蒙运动，而自由主义的影响在詹姆士·麦迪逊等人的著作中得到了体现。自由主义者认为选举职能仅在于控制官员，并无其他功能。选举使选民能够替换贪腐枉法的官员从而限制暴政。投票做出的选择本质上并不意味着好、明智或是公正的选择。它们只是一种选择，没有特殊的道德含义。正是因为大众投票做出的决定不是神奇的选择，甚至未必是足够明智的选择，所以自由主义者认为必须建立辅助性制度，民主制度才会取得最佳运行效果。辅助性制度包括多重立法机关、法官不由选举产生且不受任期限制、分散化的政党等。辅助性制度对暴政构成补充约束，其中包括“制约民主制下可能产生的多数人暴政”。这些辅助性制度要求立法必须通过“否决门”（在该决策点上，立法可被小群体阻止，如议会委员会或上议院），“否决门”的安排使少数派可能获得与其人数不相称的巨大权力。上述安排使多数人侵害少数人的权利变得更加困难，不管这些少数人是上次选举中反对多数派的人们，还是一个种族、民族、老年人、持有特殊宗教信仰之人或银行股东。[19]在自由主义的民主观念中，除非存在少数人得以否决多数人的制度，否则大规模选举会自相矛盾地违背民主的终极目标——创造一个自由和公平的社会。[20]

民粹主义者的哲学起源可以追溯到让-雅克·卢梭。民粹主义者有着非常不同的观点。他们认为选举的功能是允许社会获悉民意，满足民意是一种道德义务：民意在本质上是正确的，应当受到政府尊重并体现在社会政策中。按照这一逻辑，选民选出官员以代表民意。进一步扩展此逻辑，民选官员和集体概念中的选民都不可能是压迫者：自由主义关于多数人暴政的成见其实是精英主义编撰的虚构故事，以恐吓人民给予精英超出其少数地位本该对应的权力。在民粹主义观念里，民主国家不仅不需要“否决门”，相反，还应当尽可能减少对政府官员的限制，因为这些限制将阻碍政府官员在法律和政策中体现民意。因此，民粹主义与自由主义对自由有着截然不同的概念。自由主义认为，个人享有自由，自由不应有暴政；而民粹主义则认为，自由意味着能够通过政府行使人民的集体意志。[21]

所有民主政治体制中都同时含有自由主义和民粹主义两种要素。例如，美国宪法中包含了一些条款，作为抵御当政者暴政的壁垒（例如弹劾和定期选举）或抵御多数人暴政的壁垒（例如总统非直选、1913 年开始的参议员非直选、法官非民选、两院制的立法机构等）。绝对自由主义的宪法常常与强大的民粹主义逆流斗争。事实上，《联邦条例》废止，以及以宪法取代《联邦条例》的动因都源于 1786 年丹尼尔·谢司的民粹主义反抗。宪法的部分作者，包括其中最著名的托马斯·杰斐逊就对一些民粹主义观点有同感。19 世纪 20 年代，随着安德鲁·杰克逊当选总统，民粹主义更为显著（杰克逊甚至无视最高法院的裁决，因为裁决与试图没收印第安人土地的民意相违背）。许多政治运动和政治家自此踏入波澜壮阔的民粹主义潮流，以实现各种个人目标或意识形态目标。著名的例子有威廉·詹宁斯·布赖恩的平民党，富兰克林·罗斯福的新政，理查德·尼克松的“沉默的大多数”，前国会发言人（失败的总统候选人）纽特·金里奇逮捕“激进主义法官”的呼吁，以及奥巴马发表讲话谴责“华尔街肥猫”。这些政治家和政治运动的政治目标迥异，却有着相同的民粹主义核心：他们提出民众被精英置于弱势地位，民意具有道德上的优越性，而他们自己则可帮助推开精英设置的障碍，推动民意成为政策。

民主体系因其政治制度偏向自由主义或民粹主义民主概念的程度而有所差异。建立于18世纪和19世纪的较古老的民主政权中，自由主义要素占有相当重的分量，因为这些民主政权的建立取代了几乎等同于暴君统治的君主政体。在更晚建立的民主国家中，民粹主义要素占有更重的分量，因为这些民主国家往往取代了原先在人力资本、收入和财富等方面极度不平等的社会。对于生活中的各种机会受体制严重束缚的公民而言，他们有强烈的动机反对新制度给予精英超越其少数地位本该对应的权力。

自由主义

在民主国家中，如果自由主义政治制度强于民粹主义潮流，则执政党难以掠夺任何形式的财产。创造权贵银行体系的动机会变弱，不必向银行家和股东补偿其被政府掠夺的风险。此外，投票权允许选民剔除贪腐枉法的官员，因而裙带交易很难维持。[22]事实上，动机在向相反方向发展：如果竞选人承诺开放银行体系，提升竞争，从而增加信贷数量，降低信贷成本，则公民会投票给该竞选人。这最终将使银行体系趋于高效和稳定。如图2.1下方所示，该体系的积极影响是很显著的：充裕且稳定的信贷往往有利于维持经济增长和国力强盛。

民粹主义

在民主政治体制下，如果民粹主义压倒了自由制度，则将引发完全不同的博弈。如果某众议员承诺大幅增加信贷，改善信贷条款，并在还款困难时赦免债务，那还有什么因素可以阻止债务人根据自身利益投票给众议员呢？在民主制度建立的过程中，若民粹主义压倒了自由主义，执政党不太可能直接去掠夺银行，但他们可能有强烈的动机帮助债务人那么做。

事实上很难消除民粹主义的威胁。即使民选官员承诺将确保银行执行其对债务人财产的处置权，这种承诺也是不可信的：因为政客如不让银行免除债务就会落选的情形必然存在。更简单地说，政府官员可以运用一切有利于己的委婉语，如“抵押贷款纾困法案”“债务人保护法案”，这些委婉语表意模糊但貌似积极正面。无论怎么称呼，结果都是一样的：在短期内，救济债务人会损害债权人的财产权，从而破坏银行体系稳定。从长远看，银行会减少放贷，因为银行知道很容易受到债务人和政客联盟的掠夺。

本书将在第五章到第八章以及第十三章继续讨论历史上民粹主义对银行体系的影响。在此仅简要提及一个常被援用的解决方案，即执政党建立一个全面福利国家，实行国有住房、国有工业以及工人的终身就业保障。在此情况下，就不会出现要求执政党帮助债务人掠夺银行的需求。当然，这个解决方案也伴有一定成本，可能导致整体生产率水平下降，但从银行家的角度出发，该方案优于其他解决方案。至少银行家不再处于火线之中。[23]

当以福利国家方案解决民粹主义问题变得不可行时（例如在税收能力弱，或存在较强的联邦政治制度制约时，都难以出台福利国家政策），银行家会做出貌似相反的选择：他们可以与民粹主义者形成有利于救助债务人的联盟！采取这一做法，银行家必须在短期内寻求政府救助，长期则要求建立存款保险制度。两种措施都把与债务豁免相关的损失从银行家转移到纳税人身上。从更长远的角度出发，银行业和民粹主义者可以达成一笔精巧的交易，以创造并分配租金。在这一伙伴关系中，银行家与政治家分享关于以什么条款向谁放贷的决策权，政治家以此确保其选民得到想要的信贷。作为回报，政治家通过制定规则来提高银行资本回报率以补偿银行家。例如，通过法规限制竞争，允许银行以高杠杆运营（用政府管理的存款保险安全网代替股东出资的资本缓冲），向关键政治选区的高风险贷款提供纳税人资助的贷款补贴或担保。当然，这一伙伴关系将使社会中的每个人遭受损失，每个人都不得不支付更高的贷款利率，获得更低的存款利率，并且更难获得贷款机会。如果你认为所有这些只是抽象理论概念，那建议你跳至本书关于美国案例的章节。

关于国家及其银行：从静态比较到动态概念

针对银行为什么需要国家这一核心问题，本章基于银行业财产权和政治联盟形成的逻辑做出了解释，解释了第一章提及的关于银行功能失衡的一些关键疑惑。持续的信贷稀缺和银行不稳定可以理解为"银行交易博弈"产生的均衡结果，源于特殊的政治制度及从中发展出的银行体系。威权制度往往导致银行信贷供给的稀缺和银行的不稳定性。民主制度往往产生信贷充裕的银行体系，但该体系并不一定是稳定的。

当然，政体之间的静态比较并不能解释威权主义的现代国家为何以及如何建立，这些国家如何随着时间迁移转变为民主国家，以及银行如何推进这一历史进程。政治演化首先催生了威权主义的现代国家，而后又发展出民主版本的现代国家，然而重要的一点是，政治演化本身极度依赖于银行作为国家建设工具的存在：当权者过去和现在都在主动利用银行，以协助本国在与他国的竞争中胜出。银行业与现代国家结构的共同演化将是第三章的主题。

第三章　征服和生存的工具

为什么国家需要银行

抢劫皮特以偿还保罗的政府总能倚赖保罗的支持。

——萧伯纳（1944）

每个民族国家都有某种形式的政府特许银行。共产主义国家有，民主和威权国家有，甚至最低劣的盗贼统治也有。有个例外恰巧证明了这一规则：索马里在1990—2011年没有特许银行，然而当时索马里已不是一个正常运作的国家，在该国政治崩坏前，它也有特许银行。[1]甚至在没有军队的国家，例如哥斯达黎加，在不征收所得税、财产税和消费税的国家，例如科威特，都有特许银行存在。[2]

为什么银行对国家如此重要，甚至比军队和税收的存在更加普遍呢？特许银行和民族国家作为一种组织形式，大约在1600年后的同一时期出现。这绝对不是一个巧合。相反，这两类组织是共同演进的，因为三个群体的行为动机通过银行实现了良好结合，这三个群体分别为统治者、商人和金融家，他们对于一个独立国家的建立至关重要。商人需要一个强大的实体（国家）捍卫其日益扩大的贸易航线，执行日益复杂的合同。统治者需要商人建立商业网络，以使各国建立紧密联系，并维持统治者的海外帝国。商人和统治者都需要金融家。商人需要金融家创造并管理远程贸易所需的金融工具，统治者需要金融家提供战争资金，而为了建立持久的国家，战争似乎永无止境。对金融家来说，他们需要国家机器确保合同的执行，无论是金融家之间、金融家与商人之间还是涉及外国的合同。实现这三个群体行为动机的良好结合并非易事。待尘埃落定，就会看到其中一些卓越的金融创新。处在中心位置的便是特许经营的银行，即金融家拥有的股份银行，同时为贸易和国家提供融资，以此换取国家赋予银行的一整套有价值的特权。

现代特许银行创立伊始，统治者便知道如何利用银行整合其他群体的行为动机，这一点对维护政治秩序非常重要。19 世纪和 20 世纪，统治者深知如何让银行直接放贷给政治盟友旗下的企业，如何为关键选区雇主所处的行业提供融资，如何平滑商业周期引发的失业波动（以及由此造成的政治不满），以及如何补贴惠民项目，如小企业信贷、学生贷款、资助自有住房的住房抵押担保项目等，从而使公民的行为动机符合当下的政治秩序。简言之，现代特许银行伴随国家的演变而演变。17 世纪和 18 世纪的欧洲君主需要银行为战争和贸易融资，现代威权和民主国家需要银行协助维持政治秩序。

“现代世界”的起源

根据历史学家的定义，从 9 世纪到 15 世纪，中世纪封建制度统治欧洲，之后取而代之的欧洲社会的组织结构就是“现代世界”。封建制度是管理原始农耕经济的去集中化的政治结构。由于骑马披甲的贵族之间的亲缘关系，他们统治之下的地区建立了政治和军事联系。成千上万的当地欧洲贵族统治着小块领土，以城堡保卫领土，领土的产出盈余足够为封建统治和军队开支提供资金。

到 16 世纪，这种分散的组织结构逐渐消失，取而代之的是由几个主要欧洲民族国家构成的集中化结构。集中化率先出现在部分国家，例如英国、法国、西班牙、葡萄牙和荷兰共和国，而德国和意大利则晚几个世纪成为民族国家，德国和意大利的政治权力整合一直持续到 19 世纪下半叶。

封建制度的消亡和强大民族国家的出现，反映出两个平行且相辅相成的发展趋势：以军事实力征服并保卫领土和贸易线路；以经济实力建构并管理广泛的贸易网络。国家必须能够以中央集权控制领土，而此时的领土面积也达到了罗马帝国消亡后的最高水平；另一方面，国家必须跨越海洋去征服其他大陆并与之进行贸易，从而获得贵金属、糖类、咖啡、茶、烟草和其他有价值的商品。

触角遍及全球的民族国家的出现，是一个竞争白热化且异常暴力的过程，在这一过程中，耐心、中立和被动都无法获得回报。战争随处可见，崭露头角的国家要么征服邻国，要么被征服。例如，在 1568—1648 年，荷兰共和国为了政治独立与西班牙进行了八十年战争。荷兰同时还参加了 1618—1648 年的泛欧洲三十年战争。《威斯特伐利亚和约》（Treaty of Westphalia）虽然结束了这两场战争，却没有为荷兰带来和平。荷兰刚从西班牙获得独立，就与英格兰进行了一系列抢夺贸易线路控制权的战争。战争在 1652—1654 年爆发，延续至 1665—1667 年，而后又在 1672—1674 年重燃战火。巧合的是，对英国第三次海上战争时，荷兰不得不在 1672—1678 年的法荷战争中对抗法国及其盟国，其中包括瑞士和西班牙。1688—1697 年，荷兰与法国又爆发了奥格斯堡同盟（League of Augsburg）战争。很快荷兰又被卷入 1701—1714 年的西班牙王位继承战争，继而在 18 世纪 40 年代被拖入旷日持久的奥地利王位继承战。把这些数据相加发现，荷兰共和国断断续续参战的时间长达近 150 年。[3]

在欧洲异常暴力的民族国家建立过程中，大多数竞争者未能幸存。[4]早期的政治组织形式，如公国、君主国和城邦国家被夷为平地，留存到现在的或是由于该国法律特有的便利性而存在的政体（例如，摩纳哥公国的存在似乎主要是为了规避法国与博彩相关的法律），或仅仅是语言遗迹（例如 county 这个英语单词，本来指的是伯爵领地，但现在则指代多种实体形式，例如美国州下属的行政分支）。法兰西王国吞并了勃艮第和布列塔尼。卡斯蒂利亚（Castile）和阿拉贡（Aragon）王国联姻并吞并毗邻地区，创建了今天的西班牙。英格兰吞并了康沃尔（Cornwall）、威尔士和苏格兰，征服了爱尔兰，并最终通过1707年《联合法》（Act of Union）整合为单一议会，巩固了政治统治。俄罗斯从以莫斯科为中心的一个小地区发展为一个辽阔的民族国家，包括乌克兰、哈萨克斯坦、阿塞拜疆、格鲁吉亚和西伯利亚。相反，以陈旧低效的政治组织形式统治的国家都成为新兴世界强国的牺牲品，例如拉丁美洲、西非和中亚的王朝帝国、微型王国和部落。

是什么原因导致了这种巨大的政治和经济转型？从16世纪开始，出现了大量造船、导航和战争武器的创新，提升了陆军和海军实力，使全球范围内的征服和贸易成为可能。[5]主要的技术突破包括：指南针、星盘和四分仪（用于测量纬度）、大帆船（结合了三角帆和横帆优点的三桅船）的“伟大发明”、造船领域的平镶施工法、加农炮、火绳枪、滑膛枪、天文望远镜、导航领域的多个数学进步（尤其是三角学），以及在造船、地理知识和武器制造方面的诸多进步。[6]当时欧洲人的贸易规模在之前无法想象。他们也拥有了前所未有的战斗力。正是所有这些能力，使欧洲的政治经营者能实现中央集权，建立民族国家，并在之后使用国家的组织能力将其势力辐射到全球范围。

有野心的统治者想要建立国家或贸易帝国，这不仅需要技术，也需要大量人力和财力。他不仅需要为军事力量提供经费，也需要建立一个持续的行业和贸易网络。为战胜竞争者，统治者必须与多个长期伙伴结成联盟，例如军人、航海者、殖民者、商人和金融家，同时，统治者还必须以比竞争者更快的速度结盟。成功的统治者迅速将雄心转化为一整套有效持久的制度，助推长期伙伴关系的建立。行动迟缓的统治者则目睹其军队战败，贸易网络消失，统治的国家变为更睿智的统治者领导下的一个省。适应新环境特别缓慢的统治者甚至会命丧长矛之下。[7]

两个至关重要的因素决定了哪些国家能成为主导国家：一是进入大西洋的通道，二是是否有能力与一些社会和经济群体建立持久伙伴关系，这些群体或开展贸易，或能为国家提供融资。大西洋是利润丰富的国际贸易的入口，如奴隶、贵金属、香料、丝绸和其他商品贸易，这些贸易连接了欧洲、西非、美洲和亚洲。威尼斯和热那亚城邦曾是中世纪贸易和金融强国，缺乏进入大西洋的通道或许可以解释它们为何未能跟上西班牙、葡萄牙、法国及荷兰共和国创建民族国家或帝国的步伐。有些新兴民族国家，尤其是英国和荷兰共和国，通过建立与商人和金融家的伙伴关系，远远甩开了竞争对手。伙伴关系赋予商人和金融家群体相当大的政治权力；尤其是议会的建立，其中政府开支和征税都必须由议会决定。[8]英国和荷兰还赋予商人和金融家权力，使其能影响政府债务合约的性质，影响准许哪些企业从事贸易和帝国扩张的决策，这在很大程度上解释了荷兰和英国为什么在建立帝国方面虽起步较晚，却能在 18 世纪初取代西班牙和葡萄牙成为世界强国。

17 世纪晚期一系列金融创新同时出现，产生了第一个特许银行，该银行是在特许权下运作的私营股份制公司，为远距离贸易提供融资并管理政府债务。特许银行不是一夜之间发明的，它是长期一系列制度性试验的结果，包括新型合约的发明，如债务年金和汇票；新型所有制形式的出现，如股份制公司。下文将分别介绍上述制度性创新的发展轨迹，以及这些创新最终如何催生了特许银行。

主权债务合约的创新

在“现代世界”之前，君主依靠私人银行家的贷款为战争提供资金。当战争进展不顺时，统治者经常拖欠贷款不还，有时甚至导致放贷的银行家破产。到1672年，英国查尔斯二世的“国库止付”（stop of the Exchequer）还使很多借款给国王的伦敦私人“金匠银行家”破产。

现代战争规模和频率的不断上升使政府财政状况更加恶化。统治者必须找到新的途径使其债务能够吸引更多的持有者。这并不容易，主要是因为统治者过于强大。如何让那些控制着枪支和法律的政党在他们不想还钱的情况下还钱？预想到有这个问题，那为什么一开始还要借钱给统治者呢？随着债务额的扩大，以及作为偿债来源的税收制度受到的制约增加，这个问题变得愈加严重。考虑到战争融资对欧洲统治者的重要性，对偿还主权债务的可靠方式进行创新显得尤为重要。

新型年金债务的问世是解决这一问题的最初方法之一，所谓新型年金债务就是统治者承诺向债券持有人支付永续年金。在16世纪，西班牙哈布斯堡王朝似乎是建立永久年金式国家债务的第一个国家。这种实践反映了从中世纪晚期开始加泰罗尼亚（阿拉贡）和卡斯蒂利亚等西班牙早期政权的公共债务结构。1489年，斐迪南德国王和伊莎贝拉王后出售了一系列可继承的永久性可赎回公债来为战争筹资，而这场战争导致了卡斯蒂利亚、阿拉贡和纳瓦拉在1492年形成联邦。[9]在1542年的荷兰哈布斯堡王朝（南），查理五世大量依赖这种债务形式进行融资，其他国家纷纷效仿。为增加年金合约在购买者中的可信度，并强化其流动性，合约具备五个关键特征：永久、可继承、定期支付利息、赋予债券持有人（即使是外国人）更强的法律权利，并辅以财政改革，例如规定某些税收用于支付利息，从而使支付更具可能性。[10]

同时也出现了金融创新，在市场买方中生成了新的组织形式，特别是债券持有人网络的创建，便利了债权人在债券购买过程中的沟通协调。通过共享信息并共同惩罚违约，债权人能有效防范统治者的策略性违约。若统治者对单一债权人违约，则其他所有人会拒绝购买该统治者发行的新债。因为统治者必须面对联合起来的债权人联盟，所以必须坚守诚信。例如，西班牙国王菲利普二世不得不依靠热那亚银行家们的服务，利用热那亚银行遍布地中海周边以及在北欧的代理行网络支付部队和海军开支。当菲利普二世的国家收入不足以偿还债务时，出现了连续违约，但热那亚的银行家采取了一致行动，迫使菲利普二世以可转让长期公债（“*juros*”）作为短期债务（“*asientos*”）的抵押，而这些长期公债的偿债来源则是银行家或其代理人负责收缴的指定税种。银行家还强迫政府签订应急合约，以降低可能的违约损失。同时，热那亚的银行家将债券再出售给其金融网络中的众多参与者，从而只持有原有债权中的一小部分。然而，即便如此，三十年战争最后使西班牙中央财政受到严重损害，热那亚的银行家再有创造力和凝聚力，也拯救不了债权人。[11]

在充满挑战的 17 世纪和 18 世纪，在稳定公共债务市场方面，英国和荷兰比西班牙更成功。[12]在荷兰，成功的债务管理主要归因于税收的有效征收。在英格兰，1688 年光荣革命引发改革，议会控制了税收和支出，从而降低了主权债务违约的可能性。[13]这些变化反映了一个事实：债权人身处议会之中，并且能够与其他利益集团结成联盟。[14]然而，这只是故事的一部分，正如我们在第四章将详细讨论的一样，英国开始了另一个关键创新：将股份制企业作为一种公私合作形式，用于管理政府债务。英国把年金和股份制公司这两种金融创新整合，创造出一种新的制度，即银行特许制度，用于重组主权债务并降低债务成本。[15]

股份制公司

统治者有很强的动机去建立贸易帝国：帝国规模越大，统治者就可以控制越多的资源，也就越可能击败对手。然而，帝国的建构本身就是一项昂贵的事业。因此，欧洲统治者将众多的征服、殖民和贸易事务转包给私营公司，来完成其帝国的建立。事实上，征服阿兹特克和印加帝国是由私营公司完成的：征服者是股东，而其中大多数人之前从未舞过剑。[16]早期，这些公司本质上是短期的：一旦征服任务完成，股东结束分赃，公司就会迅速清盘。然而随着时间推移，统治者、商人和拥有领军征战能力的人优化了游戏规则，以便长期拥有财富。这催生了致力于探险和贸易的各种股份制公司，在世界特定地区拥有特殊垄断权。

统治者的特许帮助股东和公司经理保持公司垄断地位，而股份制的形式也使股东更容易分配利润、治理公司并交易股权。成立于 1600 年的不列颠东印度公司是此类贸易公司的头一家，之后其他具有特权的股份制公司纷纷效仿，如荷兰东印度公司和西印度公司（分别于 1602 年和 1621 年成立）、英格兰哈得孙湾公司（成立于 1670 年），以及法兰西密西西比公司（成立于 1684 年）。这些公司的股份成为世界首个股票市场的基础。在接下来的两个世纪，股份制形式的所有制逐渐演变为今天大多数大公司采用的结构，即有限责任公司。

随着统治者发现特许股份制公司可为建立海外帝国融资，他们进一步意识到，可以用垄断性特许为国家的许多其他活动融资。事实上，统治者可以将国家事务划分为多个独立特许权，赋予每一类特许权特定的高价值特权。可以赋权给公司发行彩票、征缴税款（这种行为通常被称为“包税”）、对桥梁或高速公路征收通行费，或者（对于本文而言尤为重要）运营一家银行，作为统治者的财政代理人，存放国内各地征缴的税款，支付统治者的账单，并管理其债务事宜。

特许银行和主权债务

正如支撑现代民族国家的各类金融创新一样，政府特许银行这一理念的出现也有深层次的原因，特许经营的银行享受独一无二的特权，作为交换，银行帮助推动国家目标的实现。自统治者和金钱出现伊始，统治者便开始向银行家借钱。在中世纪，当时各类政治实体（如王国、公国和城邦）的规模仍然很小，统治者向私人银行家借钱。然而，当借贷规模增大，主权违约的灾难性影响放大，私人银行在国家金融事务中的重要性逐渐下降。事实上，主权债务违约使一大批欧洲私人银行就此消失。当然，一些私人银行仍然存在，如罗斯柴尔德财团，直至今日仍然存在。然而，为了在现代社会的新环境下生存，幸存的文艺复兴式的私人银行必须适应环境：要么成为新的特许银行的股东，要么开始专注于新的金融中介活动（如非金融企业的并购经纪人），这类新中介活动更多依赖于人力资本作为网络组织者，对金融资本的依赖降低。随着时间推移，它们逐渐演变为今天的投资银行。[17]

特许银行作为国家财政工具的最早例子是热那亚的圣乔尔乔银行（1407 年成立）。尽管它名为银行，但既不吸收存款也不向私营部门提供贷款，也不是票据交换所。相反，该银行是管理并优化热那亚城邦财务状况的工具。确切地说，它是“一个法律实体，脱胎于公共组织，其成立旨在保护债权人权益，并降低热那亚共和国拒绝偿债的风险”。[18]该行具有在征税、债务管理和债务偿还等方面的巨大权力。在很长时间内，该行甚至直接管理热那亚的部分海外领地。从本质上说，由于该行的存在，热那亚政治领袖与国内商人和金融家的行为动机趋于一致，从而结成联盟，并且通过该银行将联盟关系制度化。该行的组织结构反映出精巧的利益协调。组织的顶层是 8 位管理者，即“保护者”，其中 7 人代表债权人，1 人代表政府。该行的运营与国家职责缠绕在一起，以至于马基雅维利称该行为“国中之国”。[19]

在 17 世纪晚期和 18 世纪早期的英国，以特许股份制公司的形式协调国家和国债债权人的利益，并将两者的伙伴关系制度化，成为当时英国公共财政的核心特征。1688 年光荣革命后，新国王威廉三世艰难地为其与法国路易十四的战争筹款。本书第四章将详细介绍英国的案例，当时英国公共财政计划中包括了数家特许公司的创立，这些企业向威廉及其继承人提供信贷，以此作为获得特许交易的一部分对价。这些公司包括，英格兰银行（1694 年）、百万银行（成立于 1695 年）、重获特许的不列颠东印度公司（1698 年），以及南海公司（1711 年）。[20]有权势的政治领袖创立并拥有这些特许公司，服务其商业和政治利益。这些公司不仅享受特殊商业优势，其特殊的政治关系还降低了公司面临的主权违约风险。更重要的是，公司资金来源是可交易的股权，是高流动性的金融工具。在实际操作中，个人可用国债换购特许公司股份，通过这种互换，公司资本得到了补充，国王债务也得到了整合。到 1720 年，英格兰银行、南海公司和东印度公司持有的公共债务比例已超过 70%。[21]

其他国家纷纷效仿英国，以特许公司作为政府融资工具。事实上，正如第六章所述，19 世纪早期美国政府也利用特许公司筹资。这些努力并不总是成功的。在结合国家财政利益与私营股份制公司利益方面，最糟糕的失败案例是法国约翰·劳（John Law）的密西西比公司。在 1720 年密西西比公司巅峰期，该公司（拥有多家收税机构和贸易公司，以及一家银行的企业集团）实际上拥有法国所有的税务权、所有的国际贸易权、几乎所有的国家债务以及印刷法定货币的垄断权。事实上，为进一步明确利益同盟关系，劳自己还担任了法国财政部长和密西西比公司总裁！然而法国的不幸在于，约翰·劳走得太远。他的一些商业计划已类似于金融炼金术，例如他尝试通过旗下银行印发的货币购买银行母公司股票，以维持公司股价始终处于超高价位。然而，密西西比公司的核心理念从根本上讲是合理的，即建立公私伙伴关系，协调双方利益，降低风险（如同时持有公共债务，并拥有收税权以偿付债务）。[22]事实上，由公司持有主权债务并征缴税款用于偿债的核心理念，是很多国家第一批特许银行建立和运营的基础。

汇票、全球贸易和资本流动

想象一下，为支付在各个国外港口采购的商品，如果只能用船只将金银运至交易地点，那么全球贸易体系的建立将会无比艰难。因此，汇票（借据，银行见票即按票面金额支付给持票人相应的金银货币）的发明使贸易变得更加便捷。而且，一旦银行开始担任票据交换所的角色，交易会变得异常方便：所有建立联系的银行的汇票都可以净额结算，因此只有极少量的金银需要易手。

汇票不仅仅是金银这一交换媒介的代替物；它也提供了一种信贷方式，为商人的异地采购提供融资。例如，阿姆斯特丹商人可以通过银行家背书的汇票从银行融资：阿姆斯特丹商人用该汇票支付从荷兰殖民地库拉索采购的货物，库拉索商人之所以愿意接受汇票作为付款方式，是因为他们充分信任为汇票背书的阿姆斯特丹银行家。阿姆斯特丹商人在销售库拉索商品后，将所得货款偿还给为其背书的银行家。他甚至可能以商品买家用以支付货款的另一张汇票偿还欠给阿姆斯特丹银行的债务。

随着汇票的发明，这一新型债务概念（即后来的可转让工具）必须具有法律执行力。这类工具现在已成为通用工具：支票就是一种可转让工具，通过在支票背面背书，即可根据正面的“凭指令付款”字样付款，从而完成了向另一方的转让。在可转让工具兴起之前，债务仅仅是一方对另一方的个人义务。根据可转让工具的相关法律规定，汇票上的所有背书人都承担支付义务（渊源可追溯至16世纪晚期在安特卫普趋于完善的“连续背书”案例）。当汇票被用于支付时，需要签名。任何接受汇票的一方只需信任汇票上的部分（甚至一个）签名。

可转让票据使相关方信息在全球网络内得到可靠的传递，因为背书代表着一种分担责任的意愿：如果 Z 方诚信正直名扬千里，愿意为 Y 方背书过的票据背书，实际上，Z 表达了对 Y 的最大信任，因为如果 Y 违约，那么 Z 将陷入其中。在票据不断转让的过程中，违约风险在事实上消失了：因为票据上的每一个签名，都代表着债权人可以向其求偿，而大量签名则意味着收款成功的可能性大为增加。[23]

票据代表的新型债务概念的社会接受度和执行度，需要国家的参与，国家必须通过法律规定和法庭判例，决定在该国法律范围内什么类型的合同在何种情况下是可执行的。现代统治者有很强的动机认可并强化可转让票据的合法性：这样做不仅有助于帝国之内的贸易便利化，还能鼓励金融家在其主要城市开设网点，从而为统治者提供更多融资机会。

特许银行——金融创新的核心

在现代国家和特许银行之间出现了不同形式的伙伴关系。特许银行的发展由两大基本需求驱动：为更遥远的贸易提供金融服务、为更漫长和血腥的战争融资。这两个驱动因素的相对强弱关系，决定了最初的特许银行的主要目的是贸易融资还是政府融资。

一类特许银行主要服务于贸易，推动汇票和其他债务形式的银行间清算的发展。其中最重要的机构是阿姆斯特丹的威瑟尔银行（成立于 1609 年），它作为全球票据交换所，连接全欧洲成千上万的账户持有者，通过该行网络对票据进行清算，大幅减少了本需用于支付的金银币数量。[24]该行的建立吸取了威尼斯国有特许银行的经验，即为城市商人提供账户清算服务的威尼斯黎多广场银行（1587 年成立）。威瑟尔银行推动了低成本高效率的国际贸易和资本流动，从而服务于阿姆斯特丹政府的利益。但该行并没有大量参与政府贷款。

另一类完全不同的特许银行以英格兰银行（成立于1694年）为代表，最初仅承担管理英国政府债务的职责，并不发挥票据集中清算的职能。伦敦的金匠银行家将英格兰银行视为一个高度政治化的机构，这一判断是正确的。因此他们并不将英格兰银行作为中央票据交换所，在英格兰银行成立很长时间后，金匠银行家仍选择继续在银行间实施双边清算。[25]

大多数国家的特许银行通常同时为政府和贸易融资。事实上，颁发特定许可的政府更加偏好同时扮演两种角色的银行：政府可以允许一些金融家从事垄断的特许银行业，银行对贸易中的汇票进行贴现获得利润，而作为交换，金融家通过向政府提供低利率贷款，与政府分享其开办特许银行获得的垄断租金。也可采取另一种形式，正像19世纪早期美国州特许银行的案例一样，金融家可将部分银行股权赠予政府，从而与政府分享垄断租金；或者金融家可以向政府提供贷款，政府以该贷款购买银行股份，而贷款将会以政府在银行的利润分成偿还。

特许银行的创立是现代国家的一项基本制度安排，它迅速催生了另一根本性创新——法定货币（纸币）。这一创新现在如此普遍，人们的钱包里总有或多或少的纸币。金银币构成了价值标准和计量单位，但阿姆斯特丹商人因金币和银币的贬值而大伤脑筋。有些贬值是统治者实施的，他们定期降低硬币中的金银成色。荷兰硬币和铸币厂的多样性，导致一些铸币厂提供低价值的硬币，而欠款人也乐于使用低值硬币偿还债务。假币——模仿全值硬币造出的低值硬币——也是一个问题。有人甚至将全值硬币的边缘切下，然后铸成有价金属锭块。简而言之，金币和银币导致了通货膨胀和价格的不确定。这个问题自从古雅典时期铸币发明之初便产生了，但随着贸易规模——也就意味着造币规模——扩大，这一问题尤为突出。荷兰威瑟尔银行解决了这个问题，该行创造了一个新的价值标准，完全基于其纸质的对外债务凭证。运营威瑟尔银行的商人从建立稳定的价值标准中获利，事实证明新的法定计价单位比硬币更稳定，更不易于发生通货膨胀或价格波动。[26]

任何人都可以打个欠条然后将它作为一种付款方式，但欠条（尤其是银行券或其他任何纸币）要成为用于清算债务且合法的价值标准，必须要在法律框架下赋予其法定货币的地位。作为“适用于公共或私人债务的法定货币”，银行券可用于偿付公共债务（税赋）和私人债务（汇票或其他）。并非所有特许银行从一开始就有权发行法定货币。例如，英格兰银行发行的银行券在1833年成为法定货币。[27]

特许银行的金融创新并没有随着法定货币的产生而终止。18世纪中期的苏格兰特许银行尤其具有创新性，到19世纪，苏格兰特许银行的创新在全世界范围内被效仿。这些创新包括：有息储蓄、作为交换中介而流通的小额银行券、用于银行间票据清算的联合管理的票据交换所、银行提前授予借款人信贷额度以供其按需提款、分行制度等。尽管苏格兰人并未发明有限责任的银行制度，却首先广泛使用了这一组织形式。有限责任制的优越性尤为突出，因为它消除了阻止投资者购买银行股权的一个限制因素：在此之前，银行股东必须一起或各自承担银行债务的无限责任。

商业银行、民主和工业化

虽然出现了成熟的特许银行，但国家间的达尔文式斗争，以及国家内部各企业间弱肉强食的斗争并不会随之终结。

事实上，在19世纪和20世纪，技术进步步伐加快，与此对应的是，催生单一民族国家和特许银行的两股关键力量——贸易和战争——继续变得更加强大。这两股力量在国内形成的政治压力，远非19世纪和18世纪的帝王所能想象。在此推动下，单一民族国家最终不仅将特许银行作为贸易融资和战争融资的工具，还广泛运用特许银行为一系列保持政治秩序的项目融资，如战略重要性行业的发展、通胀性的货币发行、稳定就业的政策导向、对居民购买住房的补贴等。在这一新时期，国家通过银行调动大规模资金，以服务于新兴的国内政治利益，国家在这一方面的能力是治国能力中的核心部分。简言之，“银行交易博弈”的重要性得到提升。

18 世纪晚期，正如伊恩·莫里斯指出的，人类正在完成一项重大发现。之前，所有可获得的能源都来自太阳。役用动物以草料为食，而后者依赖阳光下的光合作用；水车被太阳驱动的水循环所带动；因为太阳在地球的辐射不匀导致了可预测的风能，风帆推动船只穿越大洋。然而在 18 世纪末，人类发现了如何利用远古时代的太阳能：煤炭这一恐龙时代森林的遗留产物。煤炭可以燃烧产生蒸汽，提供似乎用之不竭的可靠能量。[28]

化石燃料的使用带来一系列发展，改变了国家和人民的关系。第一，它导致了交通和通信方式的革命，尤其是蒸汽船、铁道和电报的发明。这些改变使大规模转移人员和货物成为可能，从而加速拓展了贸易。19 世纪之前，只有冒险家才享用过热带食物，例如香蕉和菠萝，但此时，这些食物已出现在美国和欧洲城市居民的早餐餐桌上。过去因距离而隔绝的地区现在得以开拓欧洲的广阔市场：阿根廷牛排开始出现在英国人的厨房中。西西里岛、波兰、希腊或中国深陷贫穷的人们，现在可以移居到其他生产力更高的国家，提高生活水平。

第二，工业化进程提高了人类互相残杀的能力和潜在效率，因此各国面临更大压力，必须建设更强大的军事力量，否则便会被竞争对手吞并。19 世纪下半叶，国家要赢下战争必须拥有铁路和钢厂。没有铁路和钢厂，政府既无法生产高效的杀人机器——后膛榴弹炮、机枪和铁甲舰，也无法高效地部署武器，这些武器决定着军事冲突的胜负。工业化的意义不仅是饮用更多啤酒，或是穿上批量生产的衣服；

工业化关乎国家存亡。

然而，要赢得战争，国家不仅需要武器和战舰，还需要调动庞大的军队。这个问题并不是一个简单的物流问题：将足够多的人投放到战场上，配以足够的后勤补给，尽管这已是一个棘手的难题。这更是一个政治问题：除非有足够强的动机，否则人们不愿意用身体对抗杀人机器，士兵对长官枪决懦夫的恐惧只会产生非常有限的行为激励。欧洲精英发现了古希腊和罗马共和国在公元前 5 世纪发现的定律：拥有选举权的公民更能投入战斗，因为他们害怕失去拥有的一切。[29]当权者面临着压力：建立一个能够对财富进行再分配的国家。

这一根本性转变提高了公民的议价能力，从 19 世纪中叶至 20 世纪初，公民参与选举的权利大为拓展，选举权意味着能够要求政府制定政策保持充分就业、提供社会保障网、为经济和社会流动性提供便利等。[30]正如研究福利国家的一位领军学者这样描述英国历史："通过将选举比例从 40% 扩大到 70%，提高了社会转移支付总量、公共养老支出、小学教师支出，以及所得税。"[31]

现在国家有强烈的动机追求更宏大的目标，而特许银行提供了使之成为可能的途径。民主国家政府深知，通过扩大信贷受众可以在某种程度上满足经济和社会流动性的需求。事实上，正如后文将详细讨论的那样，自 19 世纪初，美国和加拿大一直致力于扩大信贷的可获得性——不仅面向商人，还面向农民和购房者。

通过商业银行体系助力国家新目标的实现，这一做法并不限于成熟的民主国家。事实证明，德国总理俾斯麦尤其善于利用新的"银行交易博弈"。在他的领导下，德国创立了银行体系和证券市场，为新的德国民族国家和新工业企业提供融资。[32]融资的可获得性使德国迅速在钢铁、化学和电力方面赶超英国的地位。事实上，德国银行家不仅为产业融资，还协助建立起强大的工业卡特尔，这是德国制造业的特征。德国铁血宰相不仅建立了强大的国家，拥有世界顶级的重工业和纪律严明的军队，德国还在养老金、公共医疗、失业和工业事故保险等方面领先全球。俾斯麦之所以这么做，并非因为他是工人的朋友，事实恰恰相反，因为俾斯麦理解，如果不这么做的话，社会主义者会当权，并颠覆他正在建立的政治秩序。

银行特许也是一些国家国防现代化项目的一部分。19 世纪晚期和 20 世纪早期的日本明治维新是非常经典的例子：建立强大的经济和军事力量，抵抗俄国和美国对亚洲的渗透，这是一个有意识的努力。其核心部分便是特许银行体系的建构。[33]在俄国和墨西哥，政治领袖有意识地创立银行体系，将其纳入铁路建设和工业发展的宏大项目中，希望能借此制约贪得无厌的邻国（分别为德国和美国）。[34]

政府特许新实体：中央银行和特殊目的银行

在单一民族国家最初出现时，世界绝大部分国家都是农业国家。大多数人在农田工作，食用自己耕种的食物，在自己亲手建造的房子里休憩。到 19 世纪中期，这一形态迅速瓦解。更多的人在工厂工作，用薪水购买食物，住在出租屋里，如果没办法付房租，房东会毫不犹豫地把他们赶到大街上。对统治者而言，一方面担心如何在军事实力和控制贸易路线方面不落后于竞争国家，另一方面还要操心如何维持社会和平。在一个城市化程度日益提高的世界里，经济下行不再意味着农民饿殍于孤野，而是意味着愤怒的暴徒在首都街头发动骚乱。

因此，政府逐渐将国内大型银行视为一种保持金融体系稳定和经济稳定的途径，大型银行通常持续经营政府发债业务，并承担银行票据的集中清算所职能。英格兰银行的转型是这一趋势的典型例子。该行成立之初主要负责管理政府财政事务，尤其是在看似没有尽头的英法战争期间，成功维持了英国政府债务的价值。1833 年，该行的银行券被议会认定为法定货币，这一举动明确赋予该行发行货币的权力，借此，英格兰银行在金融动荡时期可以帮助其他银行。19 世纪后期，英格兰银行已基本成为“银行家的银行”，主要业务为向其他银行提供贷款，行使最后贷款人职能，这一职能随时间逐渐演化（见第五章）。19 世纪末，英格兰银行在有效防范金融危机方面已声名鹊起。

20 世纪晚期，世界上几乎所有国家都接受了建立中央银行的观念，尽管形式各异。20 世纪，中央银行除了管理政府融资和行使最后贷款人职能，还逐渐承担了新的角色——货币政策管理者。在金本位下，由于各国承诺遵守本国货币与黄金的兑换比例，中央银行利用货币发行和放贷能力来影响价格水平和国内经济活动的能力受到了很大限制。在固定汇率时代，央行必须在外汇市场保持“外部平衡”，这使它不能通过积极增加或减少国内经济中的货币和信贷总量实现稳定的就业率和收入，即“内部平衡”目标。

大萧条时期国际金本位制度崩溃后，中央银行在稳定经济方面开始扮演更重要的角色。各国货币不再直接同黄金挂钩，法定货币供给由各国中央银行直接控制，法定货币也成为各国国内的账户单位和交换媒介。直到 20 世纪 70 年代，通过布雷顿森林固定汇率体系，各中央银行尝试建立“类金本位”制度，即将各国货币钉住美元，美元挂钩黄金，但是这个安排同样宣告失败。[35]政府愈加重视采取积极货币政策的能力，以促进就业并保持社会稳定，而不仅仅是使用消极货币政策，即保持本币的国际价值固定。对政府的政治压力日益增加，要求政府更加重视逆周期货币政策，对于这一趋势，巴里·艾肯格林曾有过非常精妙的评述，我们直接引用如下：

> 维持钉住汇率的关键是……保护政府免受牺牲汇率稳定以实现其他目标的压力。在 19 世纪的金本位制下，这种保护源于和国内政治的绝缘。20 世纪，政府受到以牺牲货币稳定实现其他目

> 标的压力，而在19世纪，这样的压力并未大范围出现。当时，中央银行为维持钉住货币汇率而提高利率，但受经济不景气影响最严重的普通劳动者由于选举权有限，难以反对中央银行的决策。工会和议会中的工人党派的发展还有待推进，还没有发展到工人可以要求中央银行追求其他目标而放松维护货币汇率的程度……在20世纪，这种情况发生了变化……普遍的男性选举权、工会的兴起，议会中的工人党派将货币和财政政策决策政治化。福利国家的兴起和二战后对充分就业的追求，加剧了如何在内部平衡和外部平衡之间做出权衡的矛盾。这一转变……削弱了当局决心维持货币钉住汇率的可信度。[36]

金本位的结束意味着一国中央银行有权做出决定，是支持稳定汇率还是推动充分就业，而无论中央银行还是政府都不能承担因漠视高失业率而带来的短期政治代价。

民主的兴起不仅推动了由中央银行积极管理的纸币的问世，还造就了新型中介机构，以服务于新福利国家的特殊职能。例如，创立了特殊信贷当局，由政府所有或出资，旨在向目标借款人群体提供信贷，例如行业性群体（例如农业或住房），或其他特征群体（例如小企业、退伍军人或中等收入购房者）。这种指向性贷款成为政客吸引特殊选民群体支持的有力工具。

所有民主国家政府都充分利用了这些工具。在美国，住房和农业一直以来都是发放补贴贷款的传统目标领域。如果补贴无须计入政府预算成本，则此类补贴极具吸引力，因为借此可以为支持者提供高价值的福利而又不必明显地体现为由纳税人承担相应成本。在第六章到第八章，本书将重点研究美国的政治进程如何推动政府出资的特殊目的银行的发展，最初为农场融资提供补贴，其后发展为向住房融资提供补贴。[37]

现代威权统治者也会同时利用商业银行和专业金融机构，直接为某特殊目的而发放信贷。威权统治下可靠政治联盟的形成需要防止更多小派别的出现。威权统治者将相关的政治交易设计成在有权势的联盟成员之间分享稳定租金的安排。他们把高价值的商业银行许可赋予盟友，从而将租金分享的安排制度化。此外，威权统治者也会发放特殊用途银行许可，以提供特殊目标信贷，这一做法将其向核心盟友（例如有组织的工人或农民）做出的长期承诺进一步制度化。

伙伴关系的可能性与必要性

现在，让我们回到本章伊始的问题。为什么不存在没有特许银行的国家？我们的答案是：民族国家的演化依赖于统治者、商人和金融家之间的伙伴关系。统治者需要商人构建商业网络，从而将整个国家黏合在一起，并缴纳税款。商人需要统治者提升实力，统治日益强大的国家，捍卫贸易路线，确保日益复杂的合同的执行。商人和统治者都需要金融家：商人需要金融家创新并管理金融工具，以支持完成远距离的贸易；统治者需要金融家为战争融资。对于金融家而言，需要国家确保其合同执行，无论是金融家之间的合同，还是与商人或外国签订的合同。三方不同的行为动机通过一系列关键的金融创新得到整合，而这些创新都体现在特许银行中。因此，我们或许可以将查尔斯·蒂利的名言“战争创造了国家，国家发动了战争”改为“国家创造了银行，银行创造了国家”。[38]

第四章　有负担的特权

战争、帝国及英格兰银行业垄断结构

我们生活的国家并不是一个民主国家，同时我确信，这个国家也不会成为一个民主国家。

——英国首相本杰明·迪斯雷利（1867）

今天，到伦敦参观的人一定不会忽略它是世界金融中心，这里坐落着500多家银行，其中包括许多世界金融巨头，如国民西敏寺银行（Natwest）、汇丰银行（HSBC）、巴克莱银行（Barclays）。伦敦拥有世界上最活跃的股票市场之一和几家最古老、最重要的保险公司，例如伦敦劳合社（Lloyd's of London）。英国央行英格兰银行，自1694年以来便在伦敦营业。每100个英国雇员中有4个在金融部门工作。金融业占英国国民收入的10%，是农业贡献度的10倍。

人们也许会得出一个结论：英国一直拥有庞大而复杂的银行体系。事实上，人们可能认为，英格兰在18世纪晚期领先世界进入工业革命，是因为银行信贷广泛投向众多发明人与制造商。这些推断或许是合理的，但也可能是错误的。英格兰银行建立之初作为一家垄断性银行旨在为入不敷出的政府融资，即英格兰政府用一套利润丰厚的特权与金融家做交换，换取对政府的贷款。从1694年到1825年，英格兰银行是英国唯一被允许以股份制公司形式存在的银行，其他银行必须采取合伙制的组织结构，并在规模上受到限制。这些银行还要遵守高利贷法的规定，该法限制银行拓展新的借款人：如果银行不能以更高的利率借贷给新客户，从而弥补对该客户了解不足的现实，那么根本无法贷款给该客户。政府不受高利贷法的限制，因此可以将信贷最终发放给政府，而不是发放给私营部门。英国工业化并不是因为制造商信贷充裕，相反，政府有意识地限制银行体系的发展，最终还是为了使政府本身和英格兰银行受益。工业革命的资金源于工匠和制造商的口袋，而不是银行贷款。

17 世纪晚期到 19 世纪早期，英国金融抑制的历史是“银行交易博弈”的产物。博弈的驱动力源于军事和帝国野心，英国的野心远超英国的人口数量与地理位置。从 1689 年到 1815 年拿破仑战败，英国与法国之间的战争几乎不断。英国的财政体系，包括特许银行政策，都是为了最大化地便利政府的战争融资。简言之，英国体现的理念是，特许银行源于国家对资金的需求，以支持国家在弱肉强食的达尔文式斗争中对抗敌国。

这样的安排在很长一段时间内都是稳定的，因为直到 19 世纪中期之前，英国仍实施有限的选举权。根据当时的财产所有权和性别标准，只有不到 10% 的人口有资格参与选举。正是在这样的选举限制下，17 世纪晚期才有可能达成政治交易，推动建立英格兰银行作为一家垄断银行。英国不是一个原始的威权国家，1688 年光荣革命创造了强大的代表制度，限制了国王的权威和自由裁量权，尤其是在税收和财产权方面；然而，英国当时仍然不是一个成熟的民主政体。

光荣革命和“银行交易博弈”

1688 年以前，英国政治和金融制度与西欧大部分国家并没有很大区别。国债是君主的个人债务。政府的财政权力被分割且不明确：国王通过议会获取一部分收入，而非全部收入。此外，君主可以在没有得到议会批准的情况下以惩罚方式威胁个人，并向个人提出“强迫贷款”的要求。从本质上说，税收和公债的权力在国王和议会间的分配是一种高度不稳定的安排，可能导致国王选择发行债券，议会则选择不偿还债务。这导致了 1672 年政府无法履行债务，暂停偿还债务，并部分否认自己的偿债义务（即所谓的“国库止付”）。

1688 年光荣革命的起因更多源于政治与宗教，而非金融，但光荣革命对金融也有深远影响。它推翻了英国不受欢迎的詹姆斯二世国王，取而代之的是他的女儿玛丽及其丈夫（即玛丽的表哥奥兰治亲王威廉，1694 年玛丽去世后，威廉单独统治英国）。詹姆斯二世不受欢迎的原因不难想象：他是天主教徒，是腐败浮夸的法国路易十四的同盟者，是君权神授的坚定信徒。[1]所以，光荣革命在广泛意义上可以理解为反抗绝对君权。反抗最初可以追溯到 1649 年处决查理一世（詹姆斯二世的父亲），到推翻詹姆斯二世的内战时达到高潮。由此产生了对绝对君权的限制，体现在 1689 年的宪法改变中，包括《英国权利法案》（English Bill of Rights）、《宽容法》（Toleration Act）以及《兵变法》（Mutiny Act）等法律的制定，其中规定君主必须尊重议会通过的法律。光荣革命也实现了君主制下的司法独立。

随着詹姆斯二世被迫流亡海外（后投奔路易十四），以及议会对国王权力的约束力不断加强，掌控英国金融的规则完全改变。新政体大致于 1697 年建成，在新政体下，国王若无议会允许，则不能征税或者借贷。[2]国债从君主的个人负债转变为整个国家的偿债义务。此外，新的政治体制使议会无法选择债务违约，因为许多国会议员都持有政府债券，并且在持有政府债券的企业中也有相关利益。议会也规定了税收的使用，使部分财政收入的支出不受制于君主，而其余的支出部分则接受审计。[3]

光荣革命在国外也有深远影响。君主对税收和支出的权力受到限制，但在其他方面，君主权力依然存在，尤其是在外交事务中。英国的野心和军事联盟发生了巨大变化。詹姆斯二世是荷兰共和国的敌人，法国的亲密盟友，主要原因是宗教因素，因为詹姆斯是天主教徒，荷兰人是新教徒。而新的国王威廉和王后玛丽则是新教徒，且威廉是荷兰人。因此，光荣革命结束了英国与荷兰共和国之间的敌对状态，但开启了英法之间代价惨重且旷日持久的军事冲突，其中包括1689—1697 年威廉国王战争、1702—1714 年西班牙王位继承战争、1740—1748 年奥地利王位继承战争、七年战争（实际上持续了九年，从 1754 年到 1763 年）、美洲革命（1775—1783 年）、法国大革命（1793—1802 年），以及拿破仑战争（1803—1815 年）。[4]

英国新政府面临的最大问题并非民众不支持对路易十四的战争，而是建立现代国家的挑战，这种现代国家既要体现君主立宪的新理念，又要有足够的金融资源，应对在现代欧洲捍卫这一理念所需的巨大成本。路易十四被英国人鄙视，因为他是绝对君权的极端代表（这在其名言“朕即国家”中可见一斑），同时，路易十四试图将其版图扩大到其他欧洲国家的野心也是路人皆知。在呼吁发动针对路易十四的战争时，下议院把路易十四描述为“一个和平的破坏者，基督世界共同的敌人”。[5]英国政府面临的问题是如何应付战争费用。战争不再靠勇敢的王子带领骑士冲锋陷阵而取得胜利；它已变成消耗战，哪一方能调动更多的人力和财力就能获胜。[6]英法战争造成英国公共支出迅速攀升，从 1688 年之前每年支出 400 万英镑，增加到 1688—1720 年每年支出 600 万英镑甚至更多。[7]新一轮的战争总是意味着支出的攀升，正如当时有人观察到的那样：“在这之前，人们从不知晓有如此巨额的债务需由国内税赋和关税偿还，表现为未偿付的汇票*和债券。各种各样的战争补给不断增加，代价惊人……我们有着国家破产和民众败落的所有症状。”[8]

---

* 17 世纪末到 19 世纪后期，英国发行 Exchequer Bills，即财政部汇票，相当于政府的短期债券。——编者注

因为威廉在与路易十四的代价高昂的战争中需要大力融资，威廉有意愿聆听新的想法。威廉可以提高税赋，他也的确这么做了，但在短期内任何政府能挤压本国经济并额外征收的税收也是有限的。[9]但威廉作为君主立宪制下的君主而非绝对君权君主还有一个优势：鉴于无议会允许不得违约的事实，威廉的偿债承诺具有更高的可信度。然而，如果威廉要成功完成足以帮助其打败法国所需的巨额融资，就需要创新与试验。因此，威廉尝试用彩票作为筹集资金的手段。1694 年百万冒险彩票（Million Adventure Lottery）销售 100000 张，每张 10 英镑，承诺每年 1 英镑的彩票利息收入，以及 2500 份彩票奖金。私人借贷的利率受高利贷法限制不得超过 6%，与之相反，发行彩票则意味着国王可以向债权人支付更高的回报率。然而，即便如此也远不足以解决威廉面临的财政问题。他不仅需要额外资金满足新的支出，还需要延长现有债务的偿还期。这是一个纠结的难题：他必须找到一种方法吸引人民持有长期债务却不要求很高的利息。

作为垄断性政府融资机构的英格兰银行

威廉和议会的共同解决方法是在 1694 年建立英格兰银行，一家股份制的有限责任公司。这不是英国政府第一次建立特许公司了。整个 17 世纪，英国一直充分利用特许公司，将建立帝国的部分工作转包给特许公司，政府允许垄断企业如东印度公司（1600 年建立）的运营，作为交换，政府可以获得直接回报。然而，英格兰银行得到特许并最终建立，唯一的目的是向政府发放贷款，这样的安排在英国历史上是第一次：该行最初的特许是以 8% 的利息向政府提供 120 万英镑的贷款（低于百万冒险彩票中政府支付的 10% 利息率）。贷款可在 1705 年后赎回，但如果届时贷款被赎回，英格兰银行将被清算，特许权将被终止。从本质上说，政府赋予银行发行银行券的权利，银行券则由股东实缴资本支持，然后银行将这些银行券以一定的利息借给政府。这就意味着英格兰银行的认股者间接购买国家债券（这是银行唯一的初始资产）和特许权的“期权价值”。只要银行特许权没有终止，银行就可以在未来开展其他有利可图的业务。

英格兰银行的组织者是辉格党的主要成员，辉格党战胜了托利党，通过议会促成了对英格兰银行的特许。政府极其糟糕的财政状况也是促成此事的重要力量。正如温斯顿·丘吉尔对这一历史阶段的观察与评论：“在欧洲大陆作战的英国军队每天都需要军费支撑。金银储备迅速下降，英国财政的代理人都陷入对英国完全崩溃的恐惧中。”[10]

政府通过建立英格兰银行筹集贷款资金的成功，鼓励政府实施进一步的试验。1695 年，议会允许百万银行作为特许银行建立并运营。百万银行购买 1694 年百万冒险彩票中的彩票并形成资产池，从而使彩票更具流动性，违约风险更低，并使投资者获得多元化的部分好处（比如不确定的彩票额外奖金也一并并入）。1696 年，反对英格兰银行特许的托利党成功推动议会赋予一家竞争对手（土地银行）特许权，这家银行将以 7% 的利率向政府贷款。然而，由于该行的发起者没能筹集到足够资本，最终未能正式建立并与英格兰银行展开竞争。1697 年，政府尝试从马尔特（Malt）彩票项目中筹集更多资金，但这一努力进展不佳。[11]失败导致英国政府 1697 年末重新转向英格兰银行，寻求帮助以避免短期政府债券的违约。银行同意政府债券持有者将债券转为英格兰银行股票。

作为获得资金支持的回报，政府同意英格兰银行扩大资本，并且赋予其英国唯一特许银行的垄断地位。1697 年法案毫不掩饰地赋予英格兰银行垄断权：“不得建立、创办、准许、允许、默许或通过议会法案许可具有银行性质的其他任何银行、企业、协会、团体、公司及组织。”该法案也规定英格兰银行股份为个人财产，而非不动产，从而获得税收豁免。[12]

随后，由于非银行机构试图开展银行业务，1708 年法案以更为严格的语言，列出了英格兰银行特定条件下的特殊权力，禁止其他任何企业染指。法案允许其他银行存在，但必须以不超过 6 人的合伙人制运行。这些举措赋予英格兰银行作为股份制银行的绝对垄断地位，任何与它竞争的银行只能在非常小规模范围内运行。1732 年法案对 1708 年法案进行了修订，更新了英格兰银行的特许章程，其中包括向政府提供 40 万英镑的无息贷款。[13]

在整个 18 世纪和 19 世纪早期，政府和英格兰银行继续签订“租金贷款”合同。正如劳伦斯·布罗兹和理查德·格罗斯曼描述的，1694—1844 年，英格兰银行特许续订了 9 次，每一次都包括银行向政府提供低息或无息贷款。1764 年的特许更新除了向政府提供 3% 利率的低息贷款，还包括给予政府 11 万英镑的赠予。1800 年特许更新发生在法国大革命战争最为激烈之时，条约规定向政府提供 300 万英镑的无息贷款。在特许续订时纳入的特殊贷款不影响银行定期向政府提供的贷款。[14]

英格兰银行的建立使国家融资成本降低，其背后有四个原因。第一，国王不可能对议会中的盟友和关键支持者（也是银行的控制者）违约，风险下降导致借贷成本下降。第二，政府从英格兰银行的贷款采取长期债务的结构：一方面，通过长期债务结构，政府避免了不断实施短期债务再融资造成的不确定性；另一方面，本金不需分期偿还，只有在银行特许不能续订的时候，政府才必须偿还本金。第三，英格兰银行的特权是一种无形资产，增加银行净值，降低银行筹资成本，并将节省的部分开支与政府分享。第四，英格兰银行的股票是一种单一的、永久的、可交易的金融工具，不同于早期各种形式的国王欠条的大杂烩。因此，通过降低持有人的不确定性，英格兰银行的股票相比于国王早期发行的各类不统一的短期债，流动性更强，从而降低了持有人要求的收益率。[15]

政府的资金需求是永无止境的，除了与英格兰银行的交易，英国政府还通过发行彩票筹资，通过赋予其他形式的非银行公司特许权以获得贷款资金。例如，1698 年，政府在东印度公司之外特许了第二家公司与东印度群岛开展贸易，公司名称为英国东印度群岛贸易公司，作为交换，新公司承诺以 8% 的利率借款 200 万英镑给政府。议会授予其他公司贷款特许，也是为了将政府债务置于辉格党控制的英格兰银行之外，虽然这种做法具有一定的隐蔽性。例如，1711 年议会向与托利党（当时的执政党）有关联的金融家发放特许，允许他们建立南海公司。南海公司可以与南美进行垄断性贸易，作为交换，公司持有政府债券：公司的认股人可以用政府债券购买公司股票。1720 年，英格兰银行、南海公司及东印度公司共拥有超过 70% 的英国公债。

即使通过债务与股权互换以及无息贷款等方式，政府对特许公司的压榨也是有限制的，这些特权公司主要的商业目的是获得利润而不是补贴政府。例如在 1740—1748 年奥地利王位继承战争之后，东印度公司和南海公司拒绝了政府要求的另一种债转股互换。英格兰银行迫于压力予以默许。由于政府 30 年均能按时支付利息，公众开始认为政府是可靠的借款人（国债从 17 世纪 90 年代 8% 的利率，降至 18 世纪 20 年代约 5% 的利率，就反映了这一事实）。因此，政府开始使用一种新的债券工具，向公众直接发行长期债券，这种新的债券工具是一种可随时赎回的永续年金（consol）。该永续年金永远向持有人支付相当于票面金额固定比例的利息，但政府有权在任何时间以面值赎回债券（所以一旦利率下降，政府可以重新为其债务再融资）。[16]即使有了永续年金的创新，英格兰银行仍然是政府融资的重要来源，尤其是在政府债务需求激增时期，如拿破仑战争期间。

对现代读者而言，这种“租金换借贷”的安排或许带有腐败和任人唯亲的色彩。事实上，英格兰银行管理层定期给财政部官员支付奖金，以表达对双方特殊业务关系的感谢。然而，对于国家而言，这一安排有着明显的重要益处：帮助英国在 17 世纪后半叶和 18 世纪避免债务违约，而荷兰和法国就是反面案例。因此，相比于竞争对手，英国政府能够以更低利率获得更多借款，因此也能在海上以及战场上打败敌国。当 1815 年拿破仑战争结束，一切尘埃落定时，只剩下一个世界强国：英国。法国已被彻底击败，永远不会再对英国造成任何威胁。

工业革命时期的金融“抑制”

很自然地，人们会将英格兰银行和其他特许公司的爆发式增长与 18 世纪末到 19 世纪初的英国工业革命联系起来。然而，英国的经济历史学家大多得出了相反的结论：尽管在公共财政革命后发生了工业革命，但工业革命的爆发绝不是源于公共财政革命。在 18 世纪及 19 世纪初期，英格兰银行利用其资源满足政府需求。在拿破仑战争期间这些需求变得很急迫：最终，政府过于依赖英格兰银行，由此导致英格兰银行在较长时间内中止用铸币兑付银行券。[17]

18 世纪英格兰银行与私营部门的主要业务包括三项活动。第一，英格兰银行在发行股票之外，通过发行银行券形式的纸币筹资，纸币作为人们的支付手段而流通。银行券最初并未获得法定货币的地位，相反，仅仅表示银行的债务，可以根据需要转换成铸币。第二，银行接受富有的个人和企业的存款。第三，除了购买政府债务，银行为伦敦商人提供汇票贴现服务，即银行以低于票面价值（到期时承诺支付的金额）的价格购买票据。此外，该行还贴现本票，提供贸易预付款融资（贷款），但从事该业务的客户非常少。直到 1800—1815 年（可获得数据的最早时间），能够在银行贴现的个人客户也从未超过 1400 人；[18]早期的数字可能更小。经济历史学家龙多·卡梅伦在总结关于英格兰银行业务的证据时，曾简洁也有些冷酷地说："在英国银行业历史中，只是因为英格兰银行的政治影响力和法律地位，它才值得被重点考虑与研究。由于政府急需用钱，而银行发起人渴望从投机和垄断中获得利润，两个因素结合导致英格兰银行的创立。这为其他国家建立国家银行（后来被称为中央银行）提供了参考模式。但是英格兰银行对产业融资的贡献如果不是负面的，也是微不足道的。"[19]

当然，仍然存在私人银行，主要开设在伦敦和英国二线城市。这些银行在伦敦被称为"金匠银行"（以它们的起源命名），在英国其他地区称为"乡村银行"。这些银行发端于16世纪，当时伦敦开始与安特卫普及欧洲其他地区的海外市场建立联系。[20]尽管这些银行也接受存款、发放贷款，担任证券市场的经纪人，但他们的主业仍为汇票贴现。尽管1672年"国库止付"使许多金匠银行退出市场，但在18世纪和19世纪，许多金匠银行依旧持续运营，甚至存续至今。

政府制定的关于银行筹资的法律使私人银行的规模非常小，能发放给实体产业的信贷总额相应受限。从1697年至1825年，英国私人银行在以下几个重要方面受到限制。第一，英格兰银行是唯一以股份制公司形式合法运营的银行，其他特许公司（例如东印度公司和南海公司）都不能以银行形式存在。这一限制也意味着金匠银行或乡村银行无法通过公开市场筹集股本资金：它们必须以独资或者合伙人制的形式而存在。第二，1708年法案规定银行合伙人不得超过6个，严重影响了这些银行的资本基础。第三，英格兰银行垄断了伦敦及周边地区的银行券发行权，它甚至有权通过国会议案限制小额银行券发行，从而将其他非伦敦银行挤出银行券市场。[21]发行银行券是银行融资的来源，因为这种融资方式不计利息，所以英格兰银行发行纸币的垄断权使它获得了其他银行无法拥有的低成本融资途径，这使英格兰银行利润大增，其他竞争者则明显处于劣势。[22]

政府授予英格兰银行这些特权，旨在将信贷供应导入政府金库，同时确保银行能够和政府共享从这些管制措施中获得的收益。另一项有利于政府融资能力的规定是高利贷法（对贷款利率的限制），政府不论是从英格兰银行还是从其他渠道融资都受益于此。在1714年之前，私人债务利率不能超过6%。1714年之后，该利率上限降至5%。利率限制直到1833年才被废除。[23]政府债务（包括皇室欠英格兰银行的永久性债务）不受利率上限限制，因此所有贷款人都有强烈的动机借款给政府而不是私人。[24]5%的利率上限给银行造成强烈的负面激励，银行没有动力借贷给高风险的新工业企业。学者根据银行间汇票（低风险）市场对利率进行了推测，发现市场利率通常在低于5%的2个百分点内，有时接近5%的上限。[25]因此，对高利贷利率的限制对于低风险的商业融资并无明显约束，却有效禁止了“不成熟的信贷”（借款给高风险的工业借贷者，他们有更高的违约风险），除非这些借款人能够规避高利贷法的管制。[26]

英格兰银行的政治性本质上意味着尽管其规模庞大，但它几乎没有采取任何行动将成千上万的小型金匠银行和乡村银行聚集到一起形成网络结构。这就导致结算交易成本和银行必须持有的闲置现金余额的不必要上升。[27]公众必然要使用银行的纸币，银行也要通过票据市场进行商业融资。然而，私人银行并不通过英格兰银行结算票据，而是依赖于一种更低效的技术：1773年之前，私人银行一直通过双边交易结算票据，1733年各私人银行创建了结算所，但其中并不包括英格兰银行。直到1854年，在英格兰银行设立的银行同业账户才成为银行支票多边结算的渠道。[28]

并不是英格兰银行不愿意和私人银行开展交易，相反，是私人银行家认为英格兰银行在政治和财政方面风险过高，因为其国债敞口以及中央结算代理人的角色都需要承担风险。事实上，在私人银行家看来，英格兰银行和国王的关系有裙带主义的意味：双方及其代理人之间公开进行利益交换。正如一位19世纪的评论家所说："一个机构若太依赖于当时的政府，以期持续获得有价值的权利，正如里卡多（Ricardo）先生指出的那样，几乎无法抵挡政府部长们的哄骗。"[29]直到1797年，首相威廉·皮特才终止了英格兰银行向财政部官员支付奖金的做法。

因此，整个18世纪以及19世纪初，银行对于私人用途的信贷供给都处于相当低的水平，而这个时期正是信贷本可能促进经济增长的时期，因为工业化使经济快速增长成为可能。信贷的稀缺性可以解释一个令人费解的落差，即从1750年到1840年，英国科技获得了显著进步，但同期整体经济增长不温不火。尽管投资具有很强的盈利能力，但由于信贷的缺乏，工匠或者发明家要创办一家制造业企业，只能靠企业自身的利润扩大投资，因此企业的发展速度仅等同于投入再生产的利润的增长速度。[30]

有人可能会想，英国的工匠、发明者和制造商可以利用发行股票规避对贷款的监管约束，但国会将这条出路也封死了。在南海公司的要求下，1720年《泡沫法》通过，南海公司借此阻止竞争者们发行股票。《泡沫法》特许了两家新公司，继而禁止所有公司发行可转让的股票，同时禁止公司将业务延伸到章程中未明确授权或是国会以及国王未明确批准的领域。直到1825年，《泡沫法》才被废除，同一年，国会终于开始取消英格兰银行的垄断地位。[31]

最基本的问题是，英国的实业家以及其他高风险的私人借款人都难以获得融资。银行和证券监管的合力使私人存款被用于公共用途，而非私人部门。彼得·特明（Peter Temin）和汉斯-乔亚吉姆·沃斯（Hans-Joachim Voth）在对英国金匠银行家进行细致研究后总结如下："无论金融在其他环境下对经济增长是多么有益，我们的研究表明，在工业革命期间，英国在公共借贷领域的金融革命支持了相应的政府活动，却阻碍了经济增长。"[32]

让他们品尝通胀之果：英格兰银行和拿破仑战争

从 1793 年到 1815 年，英国同法国的战争漫长且代价高昂，战争从根本上改变了英格兰银行和英国政府间伙伴关系的性质。到 18 世纪 90 年代，英格兰银行已基本拥有垄断经营权，代价便是定期向政府提供贷款。这些贷款以银行发行银行券的形式发放，银行券由银行资本金作为支持，并可以根据使用者（英国公众）的需求兑换为金币。[33]法国大革命和拿破仑战争促使人们反思银行在公共财政上扮演的角色。因为法国推出了一项关键创新，使这些战争不同于英国以往参与的任何一场战争，那就是：法国全民动员、强制性、大规模的成年男性征兵制度（levée en masse）。[34]

英国现在不得不以前所未有的规模迎战，因此必须调动比以往任何时候都要多的金融资源。除了要维持世界上最大的海军，调动大约 22 万人的军队，英国政府还要资助许多同盟国的军队，这一举动被称为“圣乔治金骑兵计划”（Golden Cavalry of Saint George，以圣乔治的名字命名，他是英格兰的守护神，出现在英国几尼金币上）。

战争导致贸易萎缩，也会使许多英国商人破产，从而引发银行挤兑，政府必须平息上述问题。因此，当财政拮据的政府在 1793 年与法国开战时，也不得不履行承诺，以财政部汇票的形式向英国商人贷款 500 万英镑。在这次事件中，只发行了原计划的一半金额，危机就慢慢消退了。然而，缓解公共财政压力并不容易。从 1794 年到 1796 年，随着财政问题的恶化，政府越来越多地从英格兰银行获得贷款；而同期，英格兰银行同其他银行一样，也在努力应对存款提取和银行券赎回的相同压力。但是由于与政府的特殊关系，英格兰银行不能像其他银行一样，压缩流通中的银行券。哈耶克说过：“政府坚持和反复要求获取贷款，不仅让英格兰银行无法收缩银行券流通，还在实际上导致了银行券的大幅增加。”[35]

当然，英格兰银行能借给政府的钱是有限的。该行印刷并发行的银行券可以兑换成黄金，如果发行的银行券太多（银行券只是交换媒介，如果发行量超过了以黄金价格衡量商品和服务的总价值，即过量发行），那么公众会携带银行券至银行要求银行赎回。为解决这一问题，1797 年，枢密院要求英格兰银行暂停将本行债务兑换成金银币。这时，银行就可自由按本行意愿确定发行银行券的规模，由此金本位制对政府战争借款的隐形制约实际上得到了放松。针对这一举措，英国所有其他银行暂停兑换成金银币的服务（对此存有争议，有观点认为实际上其他银行别无选择）；它们的银行券和存款现在可转换为英格兰银行券。因此，尽管此时银行券还没有成为正式的法定货币，但银行券已取代黄金，成为金融体系中的实际货币单位。1797 年到 1821 年的暂停兑换期间，英镑没有固定的黄金价值。大致来说，英镑价值取决于英格兰银行发行的货币总量占国民经济中的经济活动总量的比例，而货币增长主要由政府的借款需求决定。实际上，英国政府通过英格兰银行征收通胀税为拿破仑战争筹集资金。[36]

英格兰与苏格兰银行业的对比

1694 年到 1825 年，英格兰的银行体系由英格兰银行以及受到严格管制的小规模乡村银行和金匠银行组成，而同一时期，一种完全不同的银行体系却正在近邻苏格兰逐步形成并演化。苏格兰银行业模式的特征是竞争、创新、私营部门信贷的可得性，以及稳定性，所有这些特征都是英格兰银行体系可能有但实际上并没有的东西。[37]

考虑到 18 世纪初期苏格兰人是多么落后，这样的比较更加令英格兰人感到屈辱。1705 年，约翰·劳完成了《货币和贸易思考》（*Money and Trade Considered*）一书，他后来在法国财政中扮演了富有想象力及破坏力的角色。约翰·劳书中曾建议特许建立一家苏格兰土地银行，但他的苏格兰同胞否决了该建议。约翰·劳的主要论点是，他的计划提供了一种路径，帮助苏格兰克服贫困，应对广泛的财政窘境，并获得“比欧洲其他国家更能扩展贸易”的应有地位。[38]

对苏格兰潜力的认知，约翰·劳是正确的。苏格兰不仅是英国启蒙运动的核心，也是英国及其殖民地之间的大西洋贸易的中心。苏格兰的制造业、畜牧业、渔业和农业也得到了蓬勃发展。苏格兰的银行体系充满竞争，许多银行在全国开设分支网络，提供广泛信贷，为苏格兰的成功故事做出了贡献。开设分支机构是一个重大创新：银行分支机构可以设在遥远的地区，且管理成本远低于一个全新银行，因为分支行可以依靠总部提供管理、会计和运营服务。各分支机构需要的仅仅是职员和备用金。

不同于英格兰银行仅在其位于针线街（Threadneedle Street）的总部运营，苏格兰各银行的分支机构往往开在本来不足以支持银行存在的地区。苏格兰银行业的创新还包括计息存款、银行券的同业结算，以及信贷额度（如苏格兰皇家银行1728年首创的“现金信用账户”），即允许借款人提前与银行建立信贷安排，其后根据需要从账户提款。苏格兰银行体系是最早依靠小额银行券作为融资来源的银行业之一。[39]

这些创新的核心是放开银行特许制度。苏格兰有三家特许银行：苏格兰银行（1695）、苏格兰皇家银行（1727）和大不列颠亚麻公司（1746）。此外，从1747年开始，出现了自由许可的地方性银行，即根据普通许可条例订立章程获得许可的银行，而不是授予其特权的银行。自1810年开始，诞生了自由许可的股份制银行。

苏格兰银行之间的竞争非常激烈。1825年，三家专门特许银行平均每家设有15家分支机构，而自由许可银行体系中平均每家银行有三家分支机构。与此同时，英格兰的银行几乎没有分支机构。1802年，苏格兰人均银行资产达到7.5英镑，相比之下，英格兰只有6英镑。苏格兰银行业的存贷利差明显要窄（约 1 个百分点）。事实上，银行在低利差运营的情况下能给予股东较高的回报率，这是高效率银行业的典型特征。[40]

同样引人注目的是，与英格兰银行业相比，苏格兰的银行不太可能失败或让银行债权人承担损失。从 1809 年到 1830 年，英格兰银行的倒闭率几乎是苏格兰的 5 倍，在英格兰，银行债权人有时承担了巨大损失，而苏格兰的存款或银行券事实上几乎未发生过任何损失。[41]苏格兰的银行规模更大、竞争力更强、投资组合更多样化，从而降低了失败的风险。不同于英格兰的银行仅限 6 个合伙人（这一规则导致了小银行和本地银行），苏格兰的银行是典型的大型及多样化银行。

为什么苏格兰银行业结构和英格兰迥异？鉴于 1603 年以来英格兰和苏格兰统治者为同一个君主的事实，这一问题尤为突出。答案是，苏格兰银行业博弈与英格兰长期以来的银行业博弈完全不同。在英格兰银行和苏格兰银行建立之时（分别在 1694 年和 1695 年），英格兰和苏格兰分别有独立的议会（它们是两个独立的王国，尽管同属一个君主统治）。当威廉国王正在探寻英法战争的融资方式时，苏格兰既贫穷又偏远。创建垄断性的苏格兰银行给国王融资，从中能获得什么收益并不明朗。而且，创建这样一个银行，需要与苏格兰议会谈判，虽然议会总体上支持威廉国王而非废黜的詹姆斯二世，但苏格兰议会并不会像英格兰议会那样，同意为国王的帝国野心而融资。事实上，苏格兰的银行章程规定，没有议会法案的准许，苏格兰特许银行不能向国王提供贷款。这一事实表明，苏格兰议会意识到，如果苏格兰银行成为公共财政的融资工具，会出现一系列问题。从国王的角度出发，对苏格兰采取自由放任的政策，通过英格兰银行（以及其他英国股份制公司）获得战争融资，这样的做法更加简单可行。

英格兰银行为国王对法国的战争提供了足够的资金支持。因此，即使 1707 年英格兰议会和苏格兰议会合二为一，国王也没有试图重建苏格兰银行体系以服务于国王的战争目标。从苏格兰角度出发，苏格兰承诺不成为一个独立的政治权力实体，若独立，则可能退出大不列颠王国的统治，或从事有损国王利益的活动。相比于英格兰，苏格兰银行业享有更有利的地位，作为回应，苏格兰采取了所谓的单边政治释权行动。1707 年《联合法》中，苏格兰解散其国民议会，并入大不列颠王国。[42]政治上的联合，意味着国王几乎没有理由担心对苏格兰的银行、贸易和工业采取自由放任政策的经济后果。尽管政治上联合，但苏格兰银行体系仍独立于英格兰和威尔士，并与后两者截然不同，这种情况一直持续到其他国家在自由化推动下纷纷效仿苏格兰银行业的成功，这是下一章将要讨论的主题。

第五章　银行和民主

19 世纪和 20 世纪的英国

> 是改革上议院的时候了。下议院议员是选举出来的人民代表，但由世袭显贵组成的上议院对下议院通过的所有法律拥有绝对否决权，这种情况不应该再持续下去……随着时间推移，文明推进，选民数量越来越多、受教育程度越来越高、生活水平越来越富裕，他们理应拥有更多而非更少的权力。
>
> ——温斯顿·丘吉尔（1909）

在 18 世纪直到 19 世纪初，英国“银行交易博弈”仅限于一小部分人参与，博弈并不会特别关注政府政策如何影响普通民众获得银行信贷的能力。然而，拿破仑战争结束后，精英群体逐渐失去了对博弈的主导权。

战争相关的技术变革始于拿破仑战争时期，在第一次世界大战前的几十年加速发展，并导致英国改变了自 15 世纪以来狭隘的选举权规则。一系列选举改革逐步扩大了选举权。1832 年“大改革”降低了与选举权挂钩的财产条件，并根据人口变化重新分配议员名额，将名额从人口密度较低的地区向人口稠密地区调整，从而打破了延续几个世纪的传统。1867 年法案进一步降低城市选民的财产资格要求，使 1/3 左右的男性人口，包括工人阶级的部分成员，获得了选举权。1884 年法案进一步降低财产要求，赋予城镇及农村人口相同的投票权，从而使60%左右的成年男性获得选举权。1918 年，选举权进一步扩大到几乎所有男性以及 30 岁以上的已婚妇女。1928 年，对选举权的最后一些限制也被取消。

在这一进程中，非民选的世袭制上议院逐步让权给选举产生的下议院。事实上，1832 年“大改革”之所以获得成功，唯一的原因就在于国王的威胁，国王宣布如果上议院不通过法案，就增加贵族封号并向支持扩大选举权的人封爵。1911 年，《议会法》（Parliament Act）取消了上议院否决财政法案的权利，同时取消上议院否决其他法案的权利，仅仅允许上议院可以在不超过两年的时间限度内延缓这些非财政法案的通过。1919 年《议会法》能获得通过，唯一的原因也同样来自王室压力，即国王增加贵族册封的威胁。

当然，发动战争的成本以及有选举权人口占比在同一时期出现上升，并不意味着战争的变化直接导致了选举权的扩大。拿破仑战争所需调动的人力、财力规模之大，在此前无法想象。拿破仑战争改变了英国看待大英帝国的角度和方式。20 世纪初，军事、帝国需求和多数人权利这三者之间的联系更为清晰。1911 年《议会法》使上议院变得无关紧要，该法案的驱动因素之一便是英国动员近 30 万人参加布尔战争（Boer War）的经历。1918 年改革将选举权扩大至几乎所有成年男性以及部分女性，这一变化使这三者之间的联系更为紧密：连投票权都不给年轻人，却要把年轻人送往欧洲杀人战场，这是不公平的，这一点得到了社会认可。

政治权利配置过程中的外部挑战和内部变化如何体现在英国银行业的演化中？拿破仑战争后的历史可分为四个阶段。第一阶段，从 19 世纪初开始，英格兰银行对特许银行的垄断终结，竞争性特许银行建立，开设分支机构成为银行运营的基础，银行服务于国内外私营商业和产业的金融需求。[1]从垄断性银行体系过渡到一个更加开放、更具竞争性的银行体系，并不能立刻终结系统性银行危机：危机持续了 40

年，但到19世纪70年代，英国进入第二阶段，银行体系保持稳定，向私营部门发放大量信贷。然而，19世纪80年代后的银行整合最终导致银行体系内竞争水平的降低。

第三阶段是在20世纪上半叶，英国重新回归战争融资主题，国内民主经历转型，这一阶段的特征是政府信贷的挤出效应（金融抑制）。从1914年到1945年英国进入战争时期，这段时期常被称为"第二个三十年战争"。曾经无足轻重的工党（1906年工党在议会670个席位中只占据30个席位）迅速崛起，并在第二次世界大战后占据了政治主导地位。[2]战争结束后，英国选民自由投票，支持财富的重新分配，最终工党以压倒性优势赢得选举。[3]政府开始承担大部分的经济管理职能，许多行业实施国有化，银行体系在资源配置方面变得无关紧要。

国有化和政府控制经济产生的负面后果，尤其是由此导致的经济缓慢增长和通货膨胀加剧，为英格兰银行业历史进入第四阶段创造了条件，第四阶段的标志是保守党的东山再起，以及银行法规的自由化。这一阶段始于1970年，但真正的变化源于英国首相玛格丽特·撒切尔1986年的"大爆炸"改革，1986年后英国金融服务业获得了快速发展。撒切尔夫人成功实施了经济私有化方案、货币秩序和金融自由化，成功的原因在于她能够使大多数英国公民相信，减少税收、私人拥有产业与住房以及维持低通胀将刺激经济增长，创造就业机会，促进财富增长，从而服务于普通公众的利益，而不仅仅是富人的利益。

一个多世纪以来，英国银行体系未发生过银行业危机。[4]19世纪60年代以来，重大问题首次出现在20世纪70年代，出现了影子银行金融机构倒闭浪潮（即所谓的二级银行业危机），背后的原因在于政府不稳定的货币政策导致利率大幅波动。然而，与19世纪初到19世纪中叶的银行业危机相比，20世纪70年代的危机相对温和。相比之下，2007—2009年全球银行业危机导致英国银行体系遭受重创，最终只能以大量公共资金注入银行体系，这也引发了新的质疑，即过去将伦敦打造成伟大的全球金融中心的政府政策是否合理。在本书撰写期间，英国政府正在思考银行监管的深层次改革，改革能否成功并不明朗，危机造成的长期政治后果也依旧未知。

不列颠治世的挑战

1815 年 6 月，惠灵顿公爵在滑铁卢战役中取胜，将拿破仑囚禁在圣赫勒拿——南大西洋中部一个 50 平方英里的岩石荒岛，同时，此役也意味着英国结束了与法国将近 130 年的战争。英国政府完成了其最重要的战略目标：确保欧洲大陆维持政治上的分裂和弱势，从而无法在建立并发展全球帝国方面与英国的实力形成竞争。近一个世纪后，面对快速发展且高度军事化的德国，英国再次面临挑战，本章后文将讨论这一主题。然而，1815 年欧洲大陆尚无德国，只有若干说德语的独立王国。1815 年胜利之后，英国终获安宁。

所谓"不列颠治世"（Pax Britannica），即英国击败拿破仑之后的稳定与霸权时期，但不列颠治世下的英国同样面临两大挑战。挑战之一，如何满足自 18 世纪便开始蔓延的政治改革要求。推动美国革命的许多共和主义理想（虽然其中增加了许多殖民地特色的价值诉求）实际上源于英国。在英国数十年来一直与法国交战的状态下，改革诉求可以搁置。但是，一旦拿破仑战败，英国很难继续忽视这些诉求。事实上，法国革命政府将其人民视为公民而非统治者的臣民，英国举全国之力投入对法国的战争，必然鼓励人们重新思考作为英国人究竟意味着什么。这种反思并不向着同一个方向：法国雅各宾派的暴力倾向令人震惊，以致在英国引发了倒退的冲动，伟大的英国演说家和政治家埃德蒙·伯克 1970 年的《法国大革命沉思录》（*Reflections on the Revolution in France*）集中体现了英国的这一反应。然而，即使像《沉思录》这样的反民粹主义著作也必须支持关于政府的自由主义理念，提倡以渐进式宪政改革替代革命。事实上，对公民身份的重新思考发生在1775—1783年美国独立战争之后，这场战争的对手在文化上与英国更加亲近。此时的重新思考只会使这种反思更为深刻。

从18世纪到19世纪初，辉格党多次试图修改选举下议院议员的规则，均未成功。辉格党提议的改革举措旨在扩大选举权，并将选举权向中心城市转移，因为当时随着工业革命和商业活动的增加，城市获得显著发展。到1832年，已无法再抵制改革。出现了暴力示威；政府组阁，解散，再组阁；甚至英国国王威廉四世也介入其中，威胁要新设80个贵族爵位（可任命为上议院议员），并授予那些支持选举改革的人士。

1832年《人民代表法》（Representation of the People Act）（俗称《改革法》或《大改革法》）增加了新兴工业城市的议会席位，取消了人口极少地区（所谓的衰败选区）的席位。法案放宽选民的财产资格要求，使合格选民人数从40万增加到65万（约为成年男性人口的1/6）。[5]按照21世纪的标准，选民的上述扩大似乎无关紧要，但以19世纪初的标准看，这一“大改革”极其重要。

不列颠治世下的英国面临的另一个挑战是，在拿破仑战败后，如何重新处理英格兰银行和英国政府之间的关系，因为现在政府不再需要通过该银行为战争融资。对调整两者关系的呼吁，最早可追溯到1780年，埃德蒙·伯克在议会发表演讲，阐明他对相关改革的观点，包括改革政府在财务会计和开支方面的做法，特别是对英格兰银行与财政部之间的账户和现金流相关的管理规则进行改革。

调整政府和英格兰银行之间的关系，第一步就是回归金本位。回归金本位可以消除通胀税从而造福英国民众；同时，在金本位下，商家得以在稳定的价格和固定汇率环境中开展交易，从而为大英帝国的贸易提供便利。但无论是在政治上还是在经济上，回归金本位和保持英格兰银行券的可兑换性都必须付出代价。事实上，英格兰银行拒绝对其资产负债表进行必要收缩，仅仅在1819年议会强制要求下，英格兰银行才同意重新接受恢复其银行券与黄金之间的可兑换性，而真正在实际操作中恢复可兑换性发生在1821年，即英法战争结束6年之后。[6]

伴随着金本位的回归，出现了通货紧缩的冲击，经济低迷，引发民众直言不讳地批评英格兰银行和英国政府。[7]在这几年中，回归金本位迫使英格兰银行限制货币供应，并根据银行持有的黄金总量发行货币，从而保持发行的货币量与黄金储备之间的可靠比价。[8]恢复兑换的头几年，英格兰银行的纸币供应从1815年的2720万英镑下降到1821年的2030万英镑。该行主要通过削减对私营部门的贷款和贴现实现这一紧缩，这一政策显然不受商人和制造商的欢迎。[9]英格兰银行持有的私人部门信贷资产总额从1815年的2070万英镑大幅下降至1821年的270万英镑。同期，英格兰银行持有的政府债务从2420万英镑下降至1580万英镑，相对私人部门信贷的收缩而言，持有的政府债务下降幅度要低得多。[10]

这些变化导致了民众的普遍不满，从而促使英格兰银行与政府之间关系的调整进入第二步：以一连串改革结束双方之间的拉锯。其中，一些措施强化了会计制度（如要求书面记录所有的交易）。[11]一些举措（如乔治三世时期颁布的1817年法案第57条，c. 48；1819年法案第59条，c. 76）对英格兰银行向财政部提供季度贷款的方式进行监管。改革举措还禁止银行在议会没有批准的情况下向政府放贷。当时的一个观点指出："这些监管……使政府无权从英格兰银行获得非常规的融资……在管理政府资金方面，英格兰银行与政府的关系现在必须受到监管，监管的出发点则是双方对社会普遍利益的考量；两者的关系处于公众控制之下，以至于任何非常规甚至是可疑的程序都在实际操作中失去了可能性。"[12]

打破英格兰银行的垄断

对英格兰银行和政府之间关系的重新调整，第三步也是最后一步就是终结该行的垄断性特许，逐步将其转型为银行家的银行，扮演金融体系最后贷款人的角色。为实现这一转型，议会在很长一段时间内采取了大量行动，减少英格兰银行特权，虽然英格兰银行为保留特权进行了坚决的抵抗，但最终没有成功。英格兰银行的抵抗之一，就是寻求公众对其特权的支持，通过满足汇票市场的信贷需求，试图减少市场对开办与其竞争的特许银行的要求。英格兰银行出于迫切的政治需求而开展汇票融通业务，这导致了非常不稳定的银行体系：在1825—1866年，大约每10年都会发生重大危机。然而，最终随着英格兰银行的特权式微，英格兰银行开展汇票融通业务（市场不稳定的因素）的意愿也逐渐减弱。随着时间推移，英格兰银行逐渐从向政府融资的商业银行转变成为更广泛的银行体系提供支持的最后贷款人，该行支撑市场的特征也逐渐稳定下来。

长期以来，制造商和商人一直抱怨英格兰银行的垄断，称这一垄断在对私人部门信贷方面构成了不公正且成本高昂的制约。1793年和1795年，伦敦商人组织抗议活动，要求银行扩大贴现政策。他们发表了一份联合声明，指出如果该行不愿意提供足够的贴现，就“有必要创建其他一些‘公共机构’填补不足；同时，希望新的支持机构可以脱胎于旧的惯常渠道，如英格兰银行”。[13]这是对英格兰银行的直接威胁：扩大信贷，否则将推动特许一家新的银行满足需求。

在英格兰商人和工业家看来，最佳选择是建立竞争性的银行体系，由大型银行及其全国分支网络构成，正如18世纪苏格兰的银行体系。然而，政府希望通过与英格兰银行的特殊关系保持对银行体系的控制，这意味着英国已放弃这一选项。因此，在拿破仑战争结束时，英国银行体系包括：除了针线街总部之外没有分支机构的英格兰银行、伦敦的金匠银行（仍受6个合伙人上限的约束），以及几百家小型乡村银行（同样受6个合伙人上限的约束）。虽然乡村银行数量明显增加，从18世纪80年代的100家左右大幅增长到1800年的300多家，再到1810年的600多家，但其运营本质上是受限的、局限于地方的。[14]

因此，在19世纪，英格兰商人和制造商不得不选择第二方案：在伦敦的票据贴现市场，市场最重要的参与者是英格兰银行、乡村银行、金匠银行和独立的“票据经纪商”。[15]虽然该体系为偏远地区增加了信贷渠道，但与大型全国性银行构成的体系相比，在本质上是不稳定且效率低下的。小型银行无法轻易通过不同区域和不同种类借款人分散风险，同时，银行家们也无法轻易在体系内转移资金以应对挤兑。在把金融资源从存款富余地区（相对信贷机会而言）导向贷款需求地区（信贷机会超出存款）方面，该银行体系的效率是低下的；它依赖于一系列双边交易实现这一目的。此外，小型金匠银行和乡村银行在管理和会计方面无法利用规模经济效应。

考虑到英格兰银行独一无二的规模和地位，该行在票据市场运行中发挥了主导作用，因此，英格兰银行在这一方面的决策成为争议焦点。商人和制造商根据英格兰银行对乡村银行签发的票据进行贴现的意愿大小，衡量英格兰银行支持私营部门的承诺，批评人士经常指责英格兰银行在这方面的承诺不足。就其本身而言，英格兰银行希望限制自身对低质量票据的敞口，因此，英格兰银行的立场是，不能为每家乡村银行或任一票据经纪商签发的每张票据提供集中贴现服务。英格兰银行试图建立票据分级体系，根据不同质量决定票据价格，在这一方面，商人和银行之间有着明显分歧。商人反对分级体系并抛弃了这一体系。[16]最终，英格兰银行推出了票据市场“融通”政策（即购买其他银行以及票据经纪商持有并向英格兰银行出示的票据）。甚至在系统性流动性不足的情况下英格兰银行也坚持这一做法。这项政策并不利于英格兰银行的经济利益，但它有着政治上的收益：英格兰银行不得不回应公众诉求，即在正常时间支持信贷供应，在危机时期支持其他银行。

尽管英格兰银行希望维持其垄断特权，但日益兴起的民主潮流和工业化证明该行拥有了太多特权。倡导放松银行许可、引入更充分竞争的一方最终赢得了胜利，他们提出了三个强有力的事实：第一，英格兰缺乏足够的私营部门信贷来源；第二，英国金融体系造就了不稳定的信贷市场，容易出现商业失败和银行倒闭；第三，在英格兰之外（特别是在苏格兰）有充足的证据显示，竞争性特许会增加信贷的可获得性，并产生更稳定的银行业。

英国银行特许改革的时机说明，特定历史事件具有加速长期酝酿的变革的力量。政治趋势和逻辑论据或许可以支持改革，但金融体系结构的重大变化往往与能引发巨大变革的危机相伴而生。[17]对于英国银行业而言，这一刺激性事件便是1825年银行业危机，部分人认为这是现代世界的第一次全球银行业危机，这场危机给英国商人、制造商、工匠和银行家带来了严重影响。[18]批评家指责英格兰银行（以及由于英格兰银行的特权而导致的银行业结构）导致了这次危机的严重后果。危机期间，在伦敦之外，缺乏足够的流动性导致超大规模的企业破产和银行倒闭。770家乡村银行中有73家倒闭。1826年申请破产的银行数量史无前例。英国小型银行固有的脆弱性在此次危机中暴露无遗，同时，由于在此次危机中，伦敦之外的小银行缺乏大银行为其提供流动性支持，这些小银行服务的私营部门为此也同样付出了高昂的代价。[19]

英国公众从1825年危机中吸取了三个教训。第一，无法依靠英格兰银行管理经济活动中的货币和信贷供应；第二，英格兰银行以盈利为目的，这意味着它对公共利益的承诺不足；第三，在英格兰银行的垄断特权下，银行体系过于集中在伦敦。批评家认为，这种集中对英国其他城镇和城市产生了不稳定的影响。[20]财政大臣和第一财政大臣（现称首相）在致英格兰银行行长的信中直白地写道，过去，英格兰银行（自身或通过其运营）“可能完全胜任被赋予的所有重要的‘职责和操作’（Duties & Operations）”，但“仅仅是乡村银行的崛起，就表明英格兰银行已不能履行随着国内财富和需求增加而带来的新职责”。[21]

1826 年《乡村银行家法》（Country Bankers’ Act）是对这场危机做出的政策反应，该法允许（并强烈建议）英格兰银行在伦敦以外开设分支机构。[22]在之后的几年中，英格兰银行在许多城市开设了分支机构，其中，曼彻斯特和伯明翰的分支机构尤为活跃。[23]此外，该法结束了英格兰银行作为特许银行的垄断地位。竞争性的股份制银行获准建立，但它们不得在距伦敦 65 英里的半径范围内运营，而且其股东并未获准仅承担有限责任。法律并未禁止这些银行发行银行券，但英格兰银行公开表示它不会与发行银行券的银行进行业务往来，这一威胁足以阻止新的股份制银行发行银行券。[24]英格兰银行还与现有乡村银行约定：英格兰银行同意其新设地方分行给予乡村银行更优惠的贴现条件，作为交换，乡村银行不发行银行券。[25]从本质上说，该法迫使英格兰银行在与新的股份制银行和现有乡村银行合作中扩大了信贷。然而，这一安排使英格兰银行能够维持对银行券发行的有效垄断。

1833 年，英格兰银行的特许到了续约的时间，政府借此机会进一步削弱该行的垄断，并要求英格兰银行做出更多让步。政府将英格兰银行的特许延续到 1855 年，但在此次 12 年延长期后议会有权撤销特许。1833 年《特许法》（Charter Act）还删除了禁止在伦敦设立股份制银行的规定。因此，英格兰银行甚至在其主场伦敦都开始面临竞争，但禁止伦敦新设的股份制银行发行银行券的规定弱化了这一竞争。[26]此外，《特许法》事实上取消了高利贷限制法对贷款利率设定的

5%的上限，从而扩大了英格兰银行和新股份制银行的信贷客户群，加大了信贷市场的竞争。[27]

1833年法案也使英格兰银行券成为法定货币，这意味着这些纸币可用于所有合法债务的支付。这是一个大胆的举动：它意味着无论英格兰银行的基本财务状况如何，该行发行的纸币都具有与黄金相似的价值，因为这些纸币可用于纳税。议会对这一规定的讨论表明，赋予英格兰银行这一新权力旨在鼓励它在危机期间为其他银行提供流动资金（即拆出资金，以英格兰银行券购买其他银行持有的汇票）。在议会中，奥尔索普（Althorp）勋爵是赋予英格兰银行券法定货币职能的主要支持者，他明确指出，危机期间允许英格兰银行不受市场纪律约束是有利的。[28]即使有人认为奥尔索普的论述还不足以清晰表明议会对英格兰银行的定位，议会实际上还保留了撤销英格兰银行特许的权力，从而避免了任何对该行定位误读的可能性。

1844年议会使英格兰银行的立场更加复杂：1844年《皮尔法》（Peel Act）赋予该行发行新纸币的完全垄断权，但同时要求该行保持100%的黄金储备以支持其发行的纸币。这一要求意味着英格兰银行不能从垄断纸币发行上获得经济收益：无论是纸币还是作为支持的100%的黄金储备都为零利息。新要求旨在通过限制信贷增长防范金融危机，但它几乎没有效果，原因很简单，它建立在一个有缺陷的理论基础上：货币供给不仅包括硬币和纸币总量，还包括银行存款和汇票余额（其规模扩大可不依赖英格兰银行的货币发行）。[29]因此1844年的《皮尔法》并未有效抑制信贷、存款、汇票或货币总量的增长。[30]

1844年《皮尔法》将英格兰银行置于难以维系的境地：根据政治指令，英格兰银行必须在危机期间向其他银行提供流动性，但它发行纸币以提供流动性的能力受制于该行的黄金储备量。如果发行纸币需要100%的黄金支持，银行如何能迅速向市场注入现金？此外，像任何其他银行一样，英格兰银行是一家私有公司，意在盈利，其运行也受制于公众是否愿意持有其银行券和存款，而过度杠杆化或高风险借贷都有可能影响公众的这一意愿。对这一问题的回答很简单：《皮尔法》在1847年、1857年、1866年金融危机时被搁置。颇具讽刺意味的是，英格兰银行每次都恳求政府不要暂停该法的实施。[31]银行家恳请监管者不要停止实施某一管制的场景实属罕见，但在这一例子中，英格兰银行的动机十分清晰：只要纸币发行受到法规限制，银行就有借口不去购买其他银行签发的汇票。当然，政府希望市场能够“适应”，也就是说，使市场认可英格兰银行扮演最后贷款人的角色。因此政府总是在危机期间暂停实施《皮尔法》，迫使英格兰银行实现汇票的自由贴现，甚至接受一些从该行角度看价值可疑的票据。

不再是政府的垄断银行，而是最后贷款人

银行业其他机构以及英国政府在管理金融危机时开始逐渐依赖英格兰银行在贴现市场的融通。[32]例如，有学者描述了1857年危机时英格兰银行采取的行动，其中强调了银行贴现活动的规模和范围：“在1857年危机期间，伦敦各贴现公司的存款发生挤兑，它们努力应付存款提取，因此英格兰银行收到大量求助申请……从11月10日到12日，仅奥弗伦·格尼银行就获得180万英镑。”[33]无须多言，市场中的私营参与者都了解英格兰银行对票据市场的支持。[34]事实上，许多历史学家认为，这一意识导致负面的行为动机，鼓励票据市场的冒险行为，导致对杠杆率攀升以及低质量信贷的容忍度不恰当地提高。[35]当然，英格兰银行并没有明确承诺会将票据转换为现金，只有隐性的承诺。[36]

原则上，在危机之前和危机期间，英格兰银行可以拒绝融通票据。但是，在实际操作中，政治原因使其难以拒绝，因为银行依靠政府和舆论维持其（缩小的）特权。[37]正如一位观察人士所言：“法律并

未规定英格兰银行的特殊职责；然而，这些职责通过不成文的规定存在，公众认可这些职责，英格兰银行履行这些职责，这是毋庸置疑的。这些职责如此密切地影响我们的商业生活，且与国家应承担的职责和职能密不可分，因此，不可能仅仅把英格兰银行视为私营交易机构，而非实质上的国家银行或政府银行。”[38]

在议会就英格兰银行在 1857 年经济危机后的行动所进行的质询中，政府将英格兰银行视为最后贷款人的事实尤为清晰。议会委员会对英格兰银行行长的质询最能说明问题。一位银行业历史学家对质询结果总结如下：

> 议会特意问证人，是否每一个提出申请且值得支持的客户都获得了资金。证词表明，英格兰银行的董事深入全国各地，查看处于困境中的银行账户及对应客户，以向那些看上去还稳健的客户提供支持。英格兰银行行长被问及：“即使在法律暂停实施之前，你也没有拒绝为任何向银行提交优质票证的人提供融通资金?”他的回答是：“没有。”“我认为你已经承认，你并非纯粹基于银行考量而做出行动，你也做了公众考量。”“是的。”“你承认在那期间，英格兰银行的相对立场并不严格遵守普通的银行规则?”“是的。”[39]

最后贷款人“严厉的爱”

到 1857 年，英格兰银行体系似乎已成为世界上最不稳定的银行体系之一（在比拼不稳定方面，最主要的竞争对手是美国，美国案例是第六章的主题）。在 1825 年、1836 年至 1837 年、1847 年、1857 年，英格兰都经历了严重的金融危机，平均每隔十年经历一次金融危机。随着时间的推移，危机似乎变得越来越严重。

在经历1857年恐慌之后，一场重要的公共辩论接踵而至，主题是英国银行体系的政治缺陷和经济缺陷，这些缺陷也就是今天我们所谓的央行流动性支持的道德风险问题。当央行承诺向市场提供流动性时，这一承诺会鼓励银行家和票据经纪商承担更多风险，因为银行家和票据经纪商在紧要关头可以将票据卖给央行，从而在某种意义上获得保护。这会鼓励不审慎的风险管理，并导致在经济繁荣时期，感觉受到保护的人们倾向于更加乐观地在市场中激流勇进。通过1858年的议会听证会，揭示了道德风险的危害，也认识到现行英格兰银行融通政策并不是好的公共政策，政策本身也并非明确的法律，只是政治交易的产物。《银行家杂志》和《经济学人》也谴责英格兰银行贴现政策有破坏稳定的效应。[40]这些事实使英格兰银行改变其贴现政策的举措在政治上更加安全，该行董事会在1858年3月11日通过以下决议："习惯性地通过贴现或贷款方式向票据经纪商、贴现公司和货币交易商提供融资，使他们在压力时期依靠英格兰银行的支持保持自身安全；向票据经纪商、贴现公司和货币交易商的融资应局限于季度常规融资或特殊紧急情况下的贷款，在紧急情况下应第一时间由行长向董事会汇报并获得董事会的批准。"[41]

若以简单的语言表述，即英格兰银行宣布它正在改变贴现政策：在信贷高涨时期大幅减少向外融资，在危机时期更加挑剔地对外融资，尽管董事会决定在"特殊紧急的情形下"仍可自行决定发放额外的融资。

在宣布这一改变后，英格兰银行结束了在正常时期向票据经纪商提供融通的政策。[42]在危机时期实施更具选择性融资的决心在1866年奥弗伦·格尼银行的危机中得到了检验。在那次危机中，英格兰银行充当最后贷款人，甚至向票据经纪商提供融通，当然仅限于该行认为仍然具备基本偿付能力但流动性困难的票据经纪商。然而，英格兰银行拒绝给英国最大的金融机构之一奥弗伦·格尼银行融资，因为英格兰银行认为该行不仅缺乏流动性且资不抵债，从而任凭该行走向倒闭。[43]

我们很难区分任何单一政策变化对金融体系长期发展的影响。但历史证明，英格兰银行“严厉的爱”，即该行向其他金融机构融资的新政策有助于稳定英国银行体系。英国银行业40年的兴衰轮回到此结束。直到2007—2009年之前，英国没再发生类似严重程度的银行危机。对此的一个解释是，不审慎银行得不到救助，审慎银行得到救助，在这样的环境下，值得成为一家审慎的银行。[44]

然而，需要强调的一点是，因为英格兰银行不再是大量小型乡村银行（具有天然的不稳定性）和票据经纪商的最后贷款人，所以英格兰银行的票据市场新政策更易推行。相反，一系列法律改革在1826年（首次允许在伦敦之外建立股份制银行）和1862年（通过立法最终允许银行以有限责任公司形式运行）之间制定完成，使特许银行数量增多，规模扩大。[45]从1825年改革到1836年的仅仅11年间，61家股份制银行在英国开设了472家银行网点（包括银行及其分行）。到1870年，111家股份制银行开设了1127家银行网点。[46]相比于正在消失的乡村银行和金匠银行，股份制银行天性更加稳定，股份制银行本身也成为市场流动性的主要来源。此外，股份制银行的发展，以及英格兰银行下辖分行的发展，都减少了对票据经纪的需求。简言之，英国形成了一个由大型全国性银行及其分支行构成的银行体系，最终取代了由乡村银行和票据经纪商构成的天性不稳定且效率低下的银行体系。[47]

在之后的40年里，英格兰银行微调其用以稳定英国金融体系的工具。在英国经济向好期间，英格兰银行适时调整贴现利率，并向其他银行提供融资，以促进货币和金融稳定。[48]在经济稍显颓势时，英格兰银行采用创新性方式帮助金融体系恢复稳定。英格兰银行通过两种渠道实现其作为中央银行的支持性职能。

第一，在恐慌时期，英格兰银行在良好抵押品的基础上以较高的利率向其他金融机构自由融资，即今天所谓的“白芝浩规则”（Bagehot's rule）。通过在良好抵押品基础上的融资，英格兰银行向其他银行提供流动性，但它承受的损失程度仅限于借款机构破产后抵押品价值的下跌。通过以高利率对外融资，英格兰银行防止了没有真正需求的借款人的搭便车行为。

第二，英格兰银行建立了和英国金融体系内其他银行间分担风险的新机制。例如，英格兰银行和伦敦各结算银行之间建立了创新性的保险安排，其中包括提供信贷担保的条款，防止了 1890 年巴林银行危机的扩散，该危机源于巴林银行在阿根廷债券市场中的损失。伦敦各银行共同建立了担保基金，应对巴林银行危机带来的损失，而英格兰银行通过提供额外的大额资金，有效支持了这一基金。该保险基金规模巨大，足以让伦敦各银行的储户相信，其储蓄并未因为巴林银行的财务危机而处于危险境地。[49]英格兰银行的作用是在其他伦敦银行相互保险的基础上再加一道保险。英格兰银行这一操作的损失可能性不大，尤其是伦敦各结算银行实缴的金额超过巴林银行对各行债务（即将到期）的价值。[50]通过这两类政策——白芝浩规则和互保基金，英格兰银行获得了相当于债权人的高级地位，从而在央行向银行体系其他参与者提供支持时，最大限度地减少了可能出现的道德风险问题。

大型商业银行的发展

英国银行体系的最初形式是内部人的游戏，主要服务于国家的财政利益以及一小部分相互关联的公民的个人利益。拿破仑战争结束后，民主化和工业化对银行体系带来了政治压力，再加上政府战争融资的需求不复存在，英国银行体系的垄断最终瓦解。从一个为政府赤字融资的银行体系，转变为向私营部门融资的银行体系，这并不是一个无缝转换的过程。英国经历了四十多年的调整，其中包括 1825 年、1826—1837 年、1857 年以及 1866 年的银行业危机。

然而，到 19 世纪末，英国银行体系最终实现了稳定和广泛的信贷供给。除了由一战爆发这一外部因素导致的危机，英国在 1866 年后的一个多世纪内都没有发生系统性的银行危机。[51] 与此同时，如图 5. 1 所示，就存款对国内生产总值的占比以及可为借款人提供的银行网点而言，英国银行体系规模大幅增长。[52]

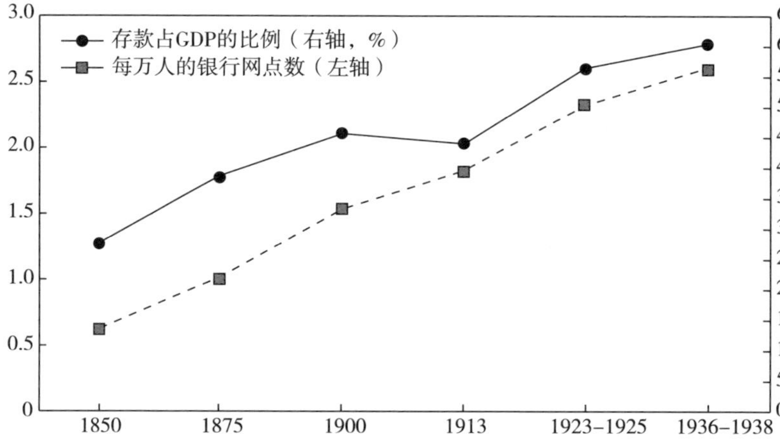

图 5. 1　1850—1938 年英国银行体系规模

注：含爱尔兰。1923—1925 年和 1936—1938 年银行存款为“净存款”，即总存款减银行间存款。

资料来源：Collins（2012），第 46、52、53、204、206 页。

英国各银行规模日益增大。如图 5. 2 所示，银行体系在 19 世纪最后三十几年间的增长恰逢银行业加速整合时期，产生了几十家拥有广阔分支网络的大型银行。[53] 20 世纪初，五大银行主导了英国银行体系：巴克莱银行、劳埃德银行、米德兰银行、国民地方银行和西敏寺银行。到 1920 年，五大银行在存贷款市场的份额达到 80% 左右。[54] 对于这五家银行是否构成了卡特尔，控制价格及信贷配给从而赚取租金，这一点存在争论。有证据表明五大银行实施了类似卡特尔的行为，但也有些证据表明，五大银行之间相互竞争。[55]无论是否将这一体系认定为卡特尔，到20世纪初，银行体系的不断整合确实产生了削弱竞争的后果。有学者研究了从1885年到1925年，银行宣告合并对银行股票收益的影响。在银行整合的早期阶段，合并银行的股票价格上涨，反映了合并带来的效率收益，并且这些合并是在一个高度竞争的环境中发生的。然而，在随后几年，在宣布合并时银行市值的大幅上升很大程度上反映了合并减少了竞争；在这一阶段，未参与合并的银行股价在其他银行宣布合并时也出现了平均2%左右的涨幅，这证明了合并隐含着竞争减少给银行带来的利好。该研究还发现，各银行在贷款市场中的市场影响力不断上升的同时，贷款在资产中的占比不断下降。[56]

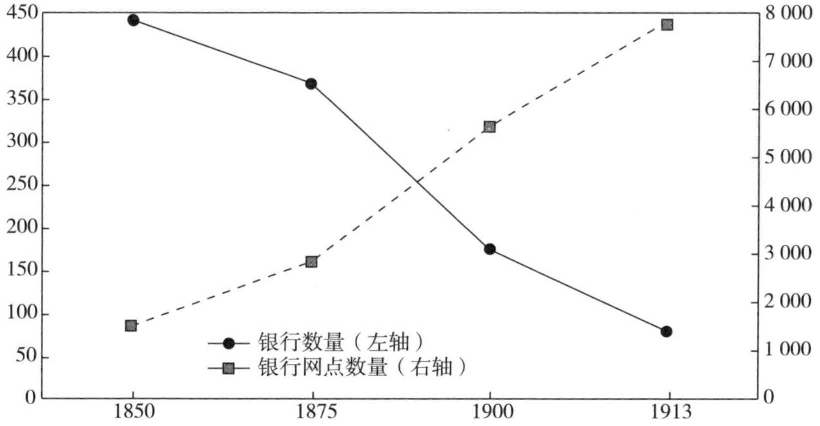

图 5.2 1850—1913 年英国银行数量及银行网点数量

注：不含爱尔兰。

资料来源：Collins（2012），第46、52、53、204、206页。

19世纪末和20世纪初，英国银行体系也见证了新型金融中介机构的发展，这些机构主要集中于一些特殊的消费信贷业务市场。其中包括小额储蓄和保险机构，如互助会（friendly societies）、建房互助会（building societies）、信托储蓄银行（trustee savings banks）以及保险公司，它们有时可享受特殊的税收减免政策。到1873年，大约有

1500 家建房互助会。1861 年，政府成立了邮政储蓄银行，投资公债，履行指定职能，支付固定利率，吸收金额有上限的存款。到 1904 年，邮政储蓄银行拥有 15000 多家分行，信托储蓄银行有大约 400 家办事处。[57]新的机构反映了中产阶层的崛起，这既是经济现实，也是一股政治力量需要寻求自身的融资渠道。

20 世纪的战争、帝国和选举权扩大

在 19 世纪和 20 世纪早期，英国银行业像英国经济那样，主要关注英国与外部世界往来中的商业机会。从 1870 年到 1913 年，在国际上的年均金融投资（主要为发行债券的形式）大约是全球 GDP 的一半，这一其他国家无法比拟的水平一直保持到 1990 年。[58]英国是当时最富有的国家，有着最发达的资本市场，是国际资本的主要提供者。英国资本外流急剧增加，从 1865—1869 年的 1.93 亿英镑增长到 1900—1914 年的 9.2 亿英镑。[59]除了进行组合投资，许多英国公司建立海外机构，开展大量对外直接投资：英国是世界上最大的对外直接投资者。在 1910—1913 年，英国对外投资的净值占英国国内储蓄的 53% 以上。[60]

19 世纪末 20 世纪初，英国银行和金融市场在英国作为商业帝国的扩张中发挥了核心作用。部分英国跨国银行建立了大量境外分行，专注于国际贸易融资。19 世纪 30 年代，这些跨国银行开始在澳大利亚、加拿大、西印度群岛和地中海国家建立分行。到一战爆发，大约 30 家英国银行拥有超过 1000 家海外分行，分布在大英帝国以及世界其他地区。[61]

然而，要在 20 世纪延续英国世界强国的地位，不是保持本国的财政和军事实力就可以实现的。其他国家也在这两方面与英国展开竞争。德国的野心迅速膨胀。20 世纪初，英国开始卷入与德国的军备竞

赛，1914 年，英国再次陷入与欧洲国家的长期冲突中。在亚洲，日本是一个崛起的国家，最终将挑战英国在太平洋地区的控制权。在美洲，美国在赢得与西班牙的战争后，正在巩固其领地和影响力。大规模战争中的技术发生了变化，意味着未来的战争将涉及前所未有的参战人员和大规模的恐怖。作为一个北大西洋的小国，该如何应对这些挑战呢？

英国必然要经历改变，面对新竞争者的挑战，英国的全球经济霸主地位逐步下降。要在世界政治和经济事务中仍然保持足够的影响力，人口相对较少的英国就需要极高比例的人履行兵役。因此，这也意味着需要建立一个政治伙伴关系，对帝国野心和公众利益同样重视。对公众利益的承诺意味着进一步扩大选举权——赋权于所有成年男性和部分女性，并削弱上议院的权力。

王权和精英统治的结合不可持续，这不仅是政治运动的主题，也是描写一战前英国的众多小说的主题。例如，迪士尼流行电影《玛丽・波平斯》（*Mary Poppins*）的故事发生在 1910 年的伦敦，一位拥有魔力的保姆与一位严肃的银行家及其争取女性选举权的妻子和两个不快乐的孩子一起生活。最具冲突的情节是，父亲的银行同事试图说服孩子们，可以节约两便士资助国企以共享帝国的伟大，而不是把钱给一位贫穷的妇女。这两便士的争论是英国这一时期的准确反映：英国正处于一个转折期，帝国利益和公众利益之间需要更好的协调。

不出所料的是，随着不列颠治世面临压力，赋予英国上层阶级超过其人数本该对应的权力的政治制度也同样经受着变革的压力。1867 年和 1884 年的一系列选举改革扩大了选举权，扩大范围远超 1832 年“大改革”。1867 年法案降低了城市居民选举权的财产资格要求，从而使 1/3 左右的男性（包括工人阶级的部分成员）获得了选举权。1884 年法案进一步降低财产资格要求，并将新标准推广到农村选民。

在 1884 年法案下，大约 60% 的成年男性，包括大批工人阶级，都获得了投票权。

英国一方面需保持与世界第一帝国相称的军事实力，另一方面选举权不断扩大，这两方面力量在英国现代史的大多数时间平行发展，偶尔有些交叉，一种力量推动另一种力量前进。在 20 世纪初期，两股力量更加紧密地融合，并且在整个进程中彼此强化，从而将银行体系变为战争融资的工具，强化了银行业的卡特尔特征，使几十年来向私营经济部门提供的信贷始终不足。

政治剧变可能导致英国的转型，对此的首要证据就是 1906 年大选，自由党开始走下坡路，工党获得重要胜利。[62] 自由党人推动社会改革取得胜利，例如罢工合法化、有限的工作时间、建立最低工资标准、实施失业和医疗保险以及对监狱制度的改革。他们还主张基本的政治变革，包括终结上院的否决权、扩大选举权。这些日益强烈的民众诉求反映了城市的快速发展，以及变得更为激进的产业工人。[63]

自由党人的社会改革议程，以及他们经常发表的煽动言论，可以从 1908 年 4 月对邓迪（Dundee）选民的演讲中略微感受到：

> 我已经接受了你们执行官的一致邀请，来邓迪市为即将到来的关于自由贸易的补选拉选票……你们将被要求去支持煤矿工人争取更大生存权利和阳光的诉求……你们将被敦促去推动政府反对上议院的武断和不负责任的党派之争……英国民主现在受到来自托利党的强大挑战。社会斗争随着不确定的决策而来回摆动。代表着英国劳动阶级最高利益的重要立法仍悬而未决。自由党惨败的选举冲击也会在各方面打击工党的代表权……让我们团结起来……社会进步的杠杆仍掌握在自由党手中……我们应不应该获得力量？这是我在此问邓迪的问题。

传递上述信息的煽动者正是温斯顿·丘吉尔，他后来代表托利党出任英国首相*，或许是英国最有名的帝国保卫者。1908 年，丘吉尔发表演讲，本章节选即来自此次演讲，演讲中他呼吁剥夺上议院的否决权，最终使上议院在大多数情况下变得无关紧要。演讲的语气令人印象深刻，它将上议院贬至政治害虫的地步，认为上议院阻碍了整个国家的进步。

丘吉尔作为帝国的坚定捍卫者，为什么对增强工人阶级的力量如此感兴趣？毫无疑问，丘吉尔对于帮助穷人有其私人情感在其中（他是社会政策真诚而有力的支持者，“向贫困宣战”的口号可能也是他提出的）；同样毋庸置疑的是，丘吉尔热爱帝国，特别关注征兵和动员的需求，这也是他很早即支持社会改革，并与自由党结盟的原因。[64]自由党人支持政治和社会改革，并坚定地宣称要维持大英帝国的实力。1901 年丘吉尔在评论一本讨论英国贫困问题的书时，提到了强化反贫困的社会政策的道德论点，但同时他也表示，在议会提出这些政策中最具说服力的论点就是，“贫困严重阻碍征兵”。[65]在丘吉尔看来，战争胜利和帝国延续立足于公众和精英之间诚挚的伙伴关系。广泛的选举权和保护公众的政策有利于维持帝国实力；这两者的缺失将是灾难性的。[66]

在丘吉尔担任保守党议员时，他曾于 1901 年在下议院发表讲演，讨论战争新技术的威胁：“自成为议员以来，我经常很震惊地听到议员甚至部长如何冷静、流利地谈论欧洲战争……（战争）已经发生了很大变化”，“众议院不应无视这些变化”。过去，战争是靠一小部分职业军人组建的小型军队投入战斗，“每位战斗人员的责任可能很有限”。但现在，“当大量人员对垒，每个人都异常痛苦愤怒，当借助科学和文明扫除了本可减轻其愤怒的所有因素，一场欧洲战争将导致战

* 丘吉尔 1900 年至 1904 年为保守党，即托利党议员，1905 年至 1924 年为自由党成员，其间曾担任议员，1924 年再次加入保守党，先后担任议员、首相。——编者注

败者的废墟，但战胜者将遭受几乎同样致命的商业混乱和民不聊生。民主制比内阁制更加可恨。人民的战争比国王的战争更加可怕。我们不知道战争是什么。在南非我们已有所领略，即使是小型战争也是可怕并骇人听闻的”。[67]

在自由党重获政府控制权后，他们便马上开始提出雄心勃勃的改革议程，其中很多措施在上议院未获通过。在以微弱优势再次获得选举胜利后，自由党于1910年3月开始在下议院推动立法，遏制上议院的权力。这项立法得到了英国国王爱德华七世的支持，他可以任命新的上议院议员推动该法案的通过。随着威胁迫近，1911年8月10日双方达成了妥协，其中上议院不再拥有批准财政法案的权力，作为交换，国王也放弃任命大量自由党人进入上议院。上议院同时失去了否决其他法案的权利：他们最多将法案的通过时间拖延两年。[68]

1911年上议院权力被削弱，这一变革的影响很快又通过选举权扩大被进一步放大。1918年选举改革使选举权扩大到所有21岁以上的男性，以及30岁以上且有足够财力的女性。对女性财产和年龄的限制在1928年被废除。

英国民主制的这些变革带来了长期深远的影响。制定和执行法律的权力现在都集中在民选的下议院。我们不能过分强调这种变化的重要性。正如第二章讨论的那样，所有民主国家都有民粹主义潮流，也有相关制度不同程度地限制民粹主义潮流，其目的是为了防止多数人的暴政。各民主国家间有所不同，差异在于本质上是自由主义的制度以何种程度给予少数派超越其人数本该对应的权力，这些制度包括两院制的立法机构、间接选举以及权力分立等。

英国政治体制仍保留了一些自由主义壁垒：司法独立于议会；在单一席位选区选出国会议员，这是一种倾向于让中间派候选人获胜的安排。尽管如此，到1918年，在对制约财富再分配政策方面，英国要比当时的美国弱得多。在美国（下一章的主题），参议院和众议院必须就立法达成一致意见，在参议院的投票结构以及关于终结辩论付诸表决（cloture）的规则下，要通过某项立法，必须满足绝对多数（或复杂的交换选票）的要求。此外，在美国，总统由间接选举产生，总统对立法拥有否决权。即使在美国这样的制度下，美国银行监管政策仍受到民粹主义者和银行家这一奇特联盟的严重影响。在英国，不需要有这样一个联盟：作为选举和制度改革的结果，选民能够选出承诺进行财富大幅再分配的候选人。

第二次三十年战争

在1914—1945年，人类经历了三大毁灭性的全球冲击：一战、大萧条和二战。英国的银行体系尽管也出现了不可避免的混乱，但在这段动荡时期总体上表现得相当良好。例如，国际信贷市场在一战爆发时几近枯竭，但英国成功避免了全面的银行危机。[69]

一战之后，英国和其他国家重建了固定汇率制度，各国央行之间以与黄金挂钩的价格互换货币（所谓的金本位制）。这一制度导致英镑高估，从而降低了英国在国际市场同美国竞争的能力。英国出口遭受打击，占GDP的比重从1913年的24%下降到1929年的21%。[70]由于英国面对资金外流时仍努力保持本币与黄金挂钩，英格兰银行1929年9月将利率从5.5%上调到6.5%。失业率也在不断上升，从20世纪20年代平均9.1%的失业率上升到20世纪30年代的12.8%。在持续的通货紧缩压力下，1931年9月，英国放弃了金本位制，从而得以扩大货币供给。银行利率降低到2%，英镑对美元的汇率大幅下跌，英国经济和银行体系摆脱了通货紧缩的影响，通货紧缩曾一度导致经济下滑和银行信贷收缩。[71]信贷收缩不仅反映了货币紧缩下的银行存款减少导致贷款相应减少，它还反映出经济衰退期间，银行需降低其资产的风险，更多地储备现金，投资于政府债券。

1931 年 9 月的英镑贬值使英国经济和银行在大萧条期间免受最严重的打击，而大萧条的影响是全球性的。尽管如此，失业率仍然很高，许多人指责英国各银行及其涉嫌组成信贷卡特尔是经济复苏缓慢的原因。一旦英国放弃金本位制，货币政策不必再继续维持固定汇率。货币供应量和银行存款增加，但贷款增长缓慢。这种低迷是多种因素的结果，包括对投资组合风险的持续担忧，以及很难找到合适的贷款客户。[72]英国银行风险管理良好，英国避免了席卷许多其他国家的多次银行危机。[73]尽管如此，银行信贷的稀缺还是成了一个政治议题。尽管政府和英格兰银行通过降低利率鼓励信贷，但政客仍指责银行故意减少对产业的贷款。[74]

尽管有批评的声音，以及之前的银行整合的确导致五大银行市场影响力的提高，英国政府并没有质疑银行体系的集中结构。一种解释是，政府认为更容易与高度集中的银行体系进行谈判。无论二战之前是否已预计到这一优势，毫无疑问，20 世纪 40 年代这一优势非常重要。研究这一时期英国银行业的两位著名学者，福雷斯特·卡皮（Forrest Capie）和马克·比林斯（Mark Billings）写道："20 世纪 40 年代的政治环境实际上要求银行为了战争大计而牺牲利润，导致之后很长一段时间的政府继续控制。战后政府接受寡头垄断的银行业，可视为一种补偿。"[75]两位学者也发现了新证据，二战期间和战后各银行利润率出现了更大的趋同性，这证明了政府和银行业的新合作。对于银行卡特尔在二战之前达到什么程度，仍然存在争论，但毋庸置疑的是，英国各银行在战争期间和战后就信贷行为相互协调，并且政府也积极参与其中。

由于两次世界大战，政府占用了前所未有的资源，在生产中扮演了史无前例的计划者角色，从而取代了银行在国民经济中配置金融资源的核心作用，并使银行卡特尔沦为政府（经济计划者）的一个私营部门伙伴。仅一战就持续在金融体系中产生了挤出效应：1925 年，英国所有私人财富的25%左右投向了政府债券，而1914年这一比例为2.5%。[76]二战进一步大幅提升了政府债务水平，并导致更多政府管制行为：政府通过定量供应、发放牌照、价格和租金管制、外汇管制、征用、禁令以及征兵等举措对经济实施直接管理。

这些政策旨在控制政府的战争成本。通过限制私人部门与政府在劳动力和生产资源方面的竞争，政府能够将支出保持在较低水平；通过限制私营部门与政府竞争银行信贷的能力，可以人为压低政府债券利率。[77]例如，二战期间，政府保留了资本发行委员会，该委员会有权审查所有新证券发行"申请"；发行需要政府许可，除非政府认为发行目的对战争行动至关重要（例如生产军备），否则不予批准。银行贷款受"指引"程序控制，须由财政部和英格兰银行进行磋商，以确定提议的银行贷款是否符合国家利益。[78]在新的配给制度下，银行竞争受到限制，银行家作为卡特尔的成员，与政府共同制定价格，包括国债拍卖的价格。

1945—1970年受限制的银行业

幸存于纳粹的亡国威胁后，英国和英国银行似乎最终可以恢复正常。然而，1945年后英国的常态看上去一点也不像1914年之前的常态。1918年和1928年的选举改革以及上议院的权力下降，在现在的和平经济时期显现出巨大后果。1945年7月，工党在英国历史上首次通过选举获得议会多数席位，克莱门特·艾德礼为时任党魁，工党认为保留并扩大政府战时的计划和控制是恰当的，有利于战争结束后维持高就业，随后工党开始了大范围的产业国有化项目。[79]1945年工党政府将英格兰银行国有化，1946年将煤矿业、民航业和运输业国有化，1947年将发电业和配电业国有化，1948年将配气行业国有化，1950年将钢铁业国有化。[80]

英国政坛的新战线已初见端倪，关注点包括税收再分配、福利转移和产业国有化。两大政党（工党和保守党）均从公众视角出发，通过注重强化更多收入再分配和推动经济更快增长间的权衡，以争取获得公众的支持。1949 年，丘吉尔引用了劳合·乔治 25 年前的警告："社会主义是情感共同体。"[81]然而，即使丘吉尔也知道如何发现能引起新选民共鸣的议题，他在 1951 年作为保守党候选人参加竞选期间（这使他再次当选为英国首相）的第一次演讲中表示，支持对战争中获利的军火制造商收取超额所得税。从 1955 年到 1975 年间，两党的施政纲领实际上非常相似。

英国的"新常态"对整个银行体系有重要作用，然而这种变化更多是通过政府作为经济调节者实现的，而不是通过银行股权结构实现的。英格兰银行的国有化既不特别令人惊讶，也没有成为一个有争议的政策问题。同时也没有侵犯私人银行。经济学家普遍认为，中央银行在发行法定货币方面享有垄断地位，并且为实现宏观经济目标而调节货币供应，相比于央行同样以追求股东回报最大化的私营机构形式存在，非私营的机构安排有利于央行更好地履行这些职责。[82]私人银行仍由私人所有，并未像钢铁业、煤矿发电和其他关键性行业一样实施国有化。[83]

银行为何未实施国有化？最简单的解释就是，政府不需要依靠对银行的所有权实现再分配目标。政府可以通过产业国有化、以税收支持福利项目以及提供国有租赁住房（公租房屋或公租公寓）直接实施再分配。此外，刚实施国有化的英格兰银行于 1946 年获得了监管银行体系的法定权力。战时，英国通过信贷控制和银行卡特尔为财政部发行债券提供便利，这些措施战后被继续用于管理赤字性支出。[84]鉴于产业国有化，以及对银行信贷和价格的继续管制，银行体系国有化几乎没有意义，因为银行体系对信贷配置的影响力非常小。

如图 5.3 所示，英国银行体系对英国经济的重要性非常低。图中显示，1960—1969 年的 10 年间，在高收入的经合组织成员国中，若比较吸收储蓄的银行对私人部门的平均信贷水平，英国处于最低水平，银行信贷仅占 GDP 的 19%，这一比例大约是芬兰、冰岛和瑞典的一半，美国、德国和意大利的1/3，日本的 1/4。

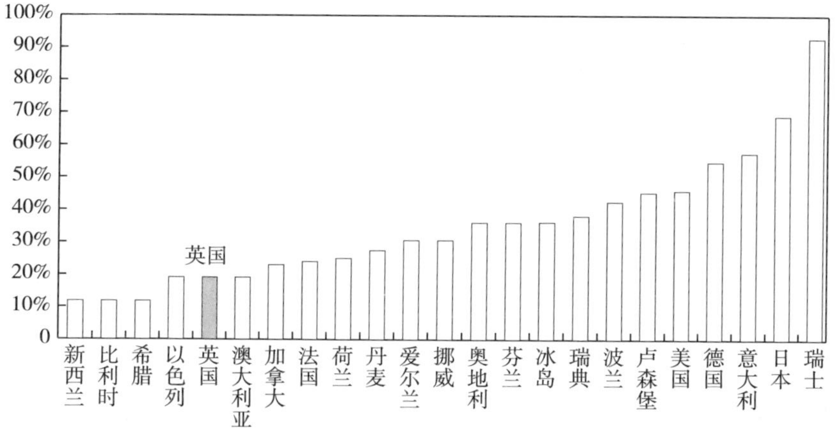

图 5.3　20 世纪 60 年代高收入 OECD 国家吸收存款银行向私营部门发放贷款占 GDP 的比例

资料来源：世界银行（2012）。

压制私人银行信贷增长的意愿反映了 1945 年后世界政治和宏观经济环境的两个关键方面：一是政治压力使政府保持高开支和财政赤字，以支持创造更多就业岗位；二是在新的布雷顿森林体系下维系金本位固定汇率制。1945 年英国政府债务占 GDP 的 300%，成为世界上最大的债务国。[85]英国政府在接下来的几十年里继续大量借贷，英格兰银行持续承压，必须扩大货币供应量以购买政府债券。增加货币供应量引起了通货膨胀。政府需要遏制通货膨胀并保持汇率稳定，这导致政府通过对卡特尔化银行体系的信贷控制来限制私人信贷。

最终，英国不可能同时保持合理的自由资本市场、扩张性货币政策和英镑对美元的固定汇率（在宏观经济学中，这种不可能性有时被称为国际货币政策的“三元悖论”）。英国努力了 20 年，希望维持其外部固定汇率、宽松货币政策，并调整对资本流动的限制。[86]英国面临持续的国际收支赤字（储备外流），这导致了周期性危机，危机期间英国努力实施各种短期解决方案，有时会得到国际货币基金组织的帮助。1967 年 11 月，英国放弃了这一努力，让英镑贬值。[87]

英国为平衡政府借贷需求和固定汇率进行了漫长却无效的努力，其间，对私人信贷的限制是遏制通货膨胀压力最主要的政策工具。[88]20 世纪五六十年代，英格兰银行很少利用提高利率对抗通货膨胀，虽然偶尔升息都相当有效。升息会影响政府为自身开支筹资的能力。英格兰银行控制货币和信贷的最主要工具是对银行信贷实施规模限制，以及对银行的流动性比率要求（限制银行资产中的贷款比例）。在二战期间，英国银行体系的集中化结构有助于政府控制银行信贷。

监管套利、公众批评与 1971 年竞争和信用信贷管控改革

卡特尔化的银行新体系以及抑制私人信贷，导致了新市场和新金融机构的出现，为企业和个人的储蓄和融资提供渠道，因为企业和个人的需求无法在严格监管的“清算银行”（专指英国通过金融体系进行清算的受监管银行）体系内得到满足。储户希望得到高于监管机构允许清算银行支付的利率；借款人希望得到多于这些银行愿意发放的信贷。因此，储户和借款人放弃了受监管的清算银行，创造了一个平行而立的金融体系（用今天的话来说，即“影子”金融体系），游离于政府监管架构之外。

在这个平行体系中，首批参与者是商业银行（承兑公司）和在伦敦设有营业场所的外国银行。1960 年，共有 77 家外国银行在伦敦开展业务，到 1970 年这一数字增长到 159 家。[89]其他本土中介机构，包括所谓二级银行（或者外围银行），在信贷控制范围之内，吸收英镑和其他货币的批发性存款（由机构投资者、大型企业和其他银行存入

的大额存款），其存款基础的批发性质使其豁免于央行的现金存款准备金要求。一级清算银行受制于信贷控制，但它也有规避的对策。例如，银行利用都柏林的子行或联营银行发放贷款，这在后来被称为“爱尔兰泄露”。[90]不同于二级银行，清算银行会收到政府关于限制贷款的要求（以有效迫使银行投资于利息较低的政府债券），必须满足英格兰银行的准备金要求（不产生收益），且受制于零售存款利率上限，这限制了银行吸纳资金的能力。[91]监管套利推动了二级银行的金融中介活动，二级银行的市场份额出现增长。

越来越多的人谴责政府严密掌控银行体系，已不仅仅是清算银行对失去市场份额的抱怨。主要有三方面的批评。第一，不必要的稀缺信用使企业没有能力投资于有利可图的项目。1971 年，英国议会小企业调查委员会发布了“博尔顿报告”（Bolton Report），该报告得出的结论是，信贷控制不恰当地影响了小企业的发展前景。[92]第二，银行体系的卡特尔化是信贷控制策略的直接后果，使特许清算银行与竞争绝缘，有利于政府协调下的银行体系垄断，尽管这与公众利益相悖。1968 年议会垄断委员会谴责银行业的政府定价，“对银行来说具有催眠效应，只要这个政策存在，银行体系不可能大幅提升竞争度”。[93]第三，在实施逆周期政策以平滑经济周期波动方面，信贷控制与传统货币政策相比有一些不足之处（传统货币政策既可以通过央行购买或出售资产，又可以由央行调节利率）。信贷控制对市场并不透明，因此并不能推动政策制定者的学习改进和承担责任。实施信贷控制也并不符合许多货币经济学家的观点，这些观点认为有效的货币政策要求央行专注于衡量和控制货币供应量和利率的混合效应。

信贷市场的自由化也带来了额外的好处，那就是伦敦的银行能够更好地把握城市作为一个新兴国际金融中心的机遇。在 20 世纪 50 年代，伦敦开始发展出后来所称的欧洲美元市场。许多来自欧洲大陆，特别是东欧地区的储户想要在美国以外的国家持有美元存款。越来越多的美国储户逃离美国市场，因为美国设置了银行存款利率的监管上限，美国的这些储户也成为伦敦银行的重要客户。欧洲美元存款在20世纪60年代初期仍然是一项小生意。但据估计，1973年此类存款达到了1300亿美元。[94]

为回应对政府信贷管控的批评，同时着眼于完善货币政策并提高银行体系竞争，新当选的保守党政府在首相爱德华·希思的带领下，执政伊始就开始实施银行体系的自由化。[95]1971年9月，英格兰银行开始实施新的竞争和信贷管控（CCC）制度。[96]英格兰银行取消了对银行贷款的总量限制，消除了银行在确定利率时的共谋行为，要求所有银行维持准备金余额并降低清算银行的存款准备金要求，从而为清算银行和二级银行创造了相对公平的竞争环境。同时，英格兰银行转而将利率目标作为货币政策的主要工具之一，而非控制清算银行的信贷总量。[97]政策转变导致了清算银行贷款上升，市场份额持续扩大。[98]

麻烦的20世纪70年代

希思的政策变化标志着英国银行监管反思的开端，但这些变化并未立即带来经济或金融增长的黄金时代。事实上，20世纪70年代是20世纪英国货币、金融和宏观经济表现最糟糕的10年。[99]20世纪70年代初，货币、信贷和通货膨胀大幅增长，经济下滑，英国经历了实际GDP的绝对下降。人们指责竞争和信贷管控鼓励信贷增长而导致通货膨胀，希思甚至在1973年考虑推翻银行业改革。虽然放松管制推动信贷供给大幅增长是事实，但问题的核心并不在于银行业竞争的微小改善，而在于货币政策没能通过适当的工具（即公开市场操作和调节银行利率）有效控制货币和信贷增长。[100]大约在实施竞争和信贷管控改革10年之后，英格兰银行和政府才意识到，控制货币总量以及央行在这方面的能力建设至关重要。在此期间，严重且动荡的通货膨胀和经济放缓困扰着英国经济的发展。1974 年选民做出了回应，希思下台，工党重新掌权。

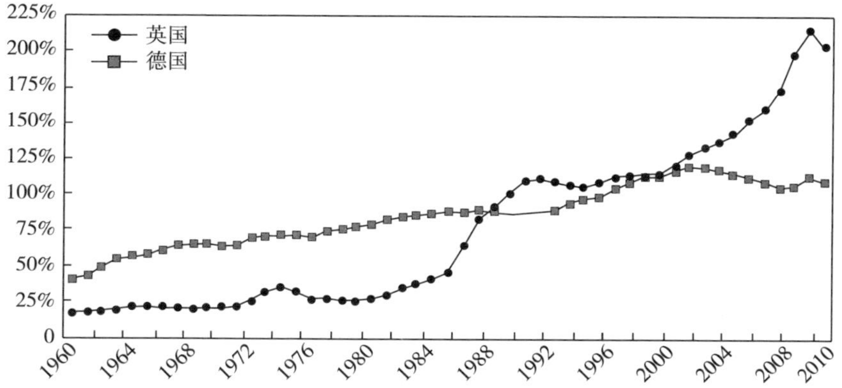

图 5.4　1960—2010 年英国和德国吸收存款银行向私营部门贷款占 GDP 的比例

资料来源：世界银行（2012）。

如图 5.4 所示，在英国，竞争和信贷管控改革对银行私营部门信贷与 GDP 之比有一定的影响，吸收存款的银行向私营部门发放的信贷与 GDP 之比从 20 世纪 60 年代的平均 19%，上升到 20 世纪 70 年代的平均 26%。这是一个进步，但难以称之为巨大的进步，如图 5.4 所示，20 世纪 70 年代末，与德国相比，英国企业和家庭仍然处于信贷匮乏的状态。

20 世纪 70 年代，通胀和利率波动给银行带来了巨大挑战。由于 1973 年通胀和利率的跳升，以短期负债支撑长期资产的银行蒙受了巨额损失。通胀率从 1969 年的 2% 跃升到 1970 年的 16%，在 1973 年更是达到 27%。经过多次上调，银行利率从 1973 年 6 月的 7.5% 上升到 1973 年 11 月的 13%。长期政府债券收益率从 1973 年 6 月的 10% 左右上升到同年 11 月的 16% 左右。[101] 二级银行持有大量房地产贷款，在 1971—1973 年房地产扩张期间这些二级银行快速增长，其资金来源为短期批发融资。当通胀和利率上升时，这些银行遭受了巨大损失，并且无法偿付到期负债。于是产生了 1973—1975

年的“二级银行危机”。[102]

英格兰银行通过组织“救生艇”的方式应对此次危机，即利用英格兰银行和主要银行的共同资源提供借贷。这种安排与1890年协调处理巴林危机有许多共同之处。为阻止危机蔓延，1974年英格兰银行采取了更多的措施，其中包括直接救助。[103]

撒切尔夫人和英国金融“大爆炸”

可以确定，大多数英国选民几乎不了解错综复杂的银行监管，但他们知道自己生活在一个经济几乎没有增长的国家。到20世纪70年代末，英国经济的现实确实是严峻的：在过去10年间，平均通胀率为13.7%，而实际GDP的增长平均只有2.2%。[104]1980年政府支出与GDP之比高达46%。[105]

1979年保守党获得选举胜利后，玛格丽特·撒切尔开始出任英国首相，说服选民必须在银行业和经济政策转变时承受巨大的痛苦，这一任务也就落在了撒切尔夫人肩上。撒切尔夫人迅速开始实施英国经济的转向。撒切尔内阁开始限制政府开支，减少社会服务支出，降低所得税率；对20世纪40年代被国有化的许多行业重新实施私有化，在这一过程中她限制了工会罢工的权利。撒切尔夫人成功反对了煤矿工人1984年的罢工要求，为最终关闭不再盈利的煤矿和在1994年将剩余煤矿私有化铺平了道路。罢工次数从1984年的1221次下降到1990年的630次，并在之后持续下降。[106]撒切尔夫人允许租户购买政府提供的公租公寓，这意味着银行获得了房屋抵押贷款的新商机，这对银行业很重要。

撒切尔经济复兴战略的另一组成部分是重振英国金融部门，这一过程被称为“大爆炸”，因为在1986年10月27日那天突然发生了全方位的变革。鼓励金融部门发展一方面旨在创造就业机会并支持民营经济增长，另一方面也是关闭低效政府企业的同步措施。最广为人知的金融改革措施主要集中于伦敦证券交易所：废除固定佣金制，废除股票投机人（仅与股票经纪人进行交易）和股票经纪人之间的差异，从公开喊价交易转变为在显示屏上显示的电子交易。

撒切尔政府对金融部门的政策立场实际上要广泛得多：它允许并鼓励全能银行的增长（全能银行由单一机构提供多类服务，如商业银行、投资银行和外汇操作），从而使英国银行具有了全球竞争力。这必然要求政府消除自 20 世纪 40 年代以来监管体制造成的长期扭曲，例如对存款利率和外汇交易的控制。[107]

这些政策带来的变化非常巨大。如图 5.4 所示，金融大爆炸跟银行贷款与 GDP 之比的大幅上升有关：吸收存款的银行向私人部门发放的信贷与 GDP 之比从 1985 年的 45% 上升到 1989 年的 100%，之后每年持续增长直到 2010 年。1985 年，德国这一比例约为英国的 2 倍，到 1989 年，英国企业和家庭可获得的信贷高于德国。

撒切尔夫人的改革计划实现了原先承诺的大部分目标，即高增长和低通胀，因此，直到 1990 年，保守党持续执政，并且撒切尔夫人一直担任英国首相。值得注意的是，在撒切尔夫人执政期间，英国失业率相当高，但选民接受这一点，并视之为改革的代价。从 1981 年到 1990 年，英国实际 GDP 平均年增长率为 2.7%，通胀率降至 6.2%，低于 20 世纪 70 年代水平的一半。[108]

撒切尔夫人的私有化、劳动改革、货币和金融政策变革是持久的。撒切尔夫人的继任者，甚至包括来自工党的继任者们，都在她推行的政策的基础上前行，而不是推翻她的政策。原因不难推断：撒切尔夫人的政策与中间选民的利益是一致的。这不是抽象的理论推演。截至本书写作时的工党领袖爱德华·米利班德在 2011 年明确表示：“在 20 世纪 80 年代发生的变化是正确的。让人们购买其居住的公租房是正确的。60%的减税，随后70%，再到80%也是正确的。在选举前改变关于封闭式商店*和罢工的规则也都是正确的。这些改变都是正确的，我们在那时反对它是错误的。”[109]

也许撒切尔政府留下来的最重要遗产是提供了一项证据，证明大多数选民会支持同时带来初期社会成本和长期社会收益的改革计划，改革减少了政府支出和以促进增长为名的再分配。关于民主的一句名言曾预言，“大多数选民会把选票投给承诺从公共国库中向选民分配最大利益的候选人，这最终将导致每一个民主国家由于其宽松的财政政策而崩溃”。[110]但玛格丽特·撒切尔向我们证明事实并不一定如此。

2007—2009年危机和银行业的未来

如果本章完成于2006年之前，我们或许会说，自1866年奥弗伦·格尼银行危机以来，英国银行业经历了非常稳定的一个半世纪。21世纪头几年，英国房地产市场繁荣，银行杠杆率攀升，英国各银行脆弱性加大。几次全球金融冲击，主要是源自美国（见第七章和第八章）的冲击，再加上英国各银行的脆弱状况，导致了严重的银行业危机。2007—2009年银行业危机使英国最大几家银行遭受的损失在全球银行业中首当其冲，导致了对英国银行的巨额政府救助，许多人开始怀疑英国银行业的未来。

目前尚不清楚英国银行业危机的深度是否应被视为一次失常，还是代表银行体系结构及其监管长期弱化的一种标志，这可能暗示着银行和政府之间一种新的政治交易：银行预期可以得到保护，因此可以以纳税人的损失为代价承担过多的风险。英国政府和监管当局对危机的应对非常积极，但监管应对的成效仍受制于政治上的不确定性。例

* 只雇用某一工会会员的商店。——编者注

如，就在2007—2009年危机之后，英国经济缓慢增长，再加上保守党和自由党联合执政下脆弱的权力掌控，使政府受到压力，要求放松信贷标准并向消费者提供新的信贷补贴。2013年3月，政府宣布一个新项目，允许新购房者的贷款价值比最高达95%，且政府提供部分担保。按揭贷款头5年免息。2014年，政府宣布了类似的项目，为现有房屋抵押贷款提供补贴。[111]反对者批评这些信贷补贴政策可能导致英国产生新的房地产泡沫。

英国银行业的超大规模也是未来的不确定因素。一方面，英国银行创造了大量就业岗位，在就业市场份额很大，因而可能获得特殊的政治力量，来要求政府长期给予补贴，而这可能预示着进一步的不稳定。另一方面，相对实体经济规模而言，英国金融体系规模巨大，这一事实推动政治向相反方向发展：以大量纳税人资源一次次地救助银行的成本，这是英国无法承受之重。

第二篇

银行家和民粹主义者联盟的代价：
美国与加拿大的比较

第六章　民粹主义的滞碍

殖民时代至1990年的美国银行业

这位来自威斯康星州的绅士曾说他害怕下一个罗伯斯庇尔。我的朋友，在这片自由的土地上，你无须担心从平民中出现暴君。我们需要的是一个安德鲁·杰克逊，正如杰克逊本人那样站出来，反对财富集中对公众的侵犯。

——威廉·詹宁斯·布赖恩“黄金十字架”演说（1896）

本书的核心主旨是理解“银行交易博弈”如何通过不同方式产生不同的后果。每个国家主导博弈的主体不同，各方身份及其博弈利益不同。政府通常在博弈中获利，与政府一道赢得博弈的联合体瓜分剩余的利益。

在这条普遍原则面前，美国也不例外。从贯穿了整个19世纪初期的革命战争开始，在美国占据主导的联盟由联邦及州政府的政治精英组成，他们中的许多人是联邦党人，还有小部分人是金融家。这一精英联盟最典型的代表可能就是其理论建构者——亚历山大·汉密尔顿，联盟成功地为美国这个新兴国家融资，并为美国处于发展初期的商业、农业和工业提供资本。联盟限制特许银行数量，因此银行往往很少为小农和技工提供贷款。[1]

但是，在一个以联邦主义、民粹主义和越来越广泛的公民权为特点的政治系统内，这样一个由政治精英和经济精英组成的联盟是无法持久的。因此，在19世纪头10年到20世纪80年代左右的“第二个纪元”中，小型“单体银行家”（经营没有分行的银行）和农业民粹主义者（对各种企业和掌控企业的精英不信任的农民）组成了更为持久的联盟。政府在联盟中的获益从原来的直接税收以及作为银行所有者的收益，转变为通过监管要求迫使银行——最后是中央银行——向联邦政府与州政府提供融资。

在“第二个纪元”中，美国银行业的经济组织方式带来了沉重代价：银行体系具有天生的不稳定性、非竞争性以及信贷分配上的低效率。银行体系由数千个地方垄断的小银行组成，这意味着，相对于银行间必须相互竞争的情况，本地小银行能够相对自由地提高贷款利率，降低存款利率。分行的缺失意味着这些银行既无法跨地域分散风险，也不能轻易调动资金以抵御银行挤兑。

甚至大萧条也没能瓦解支撑这一低效且脆弱的银行体系的联盟。相反，农业民粹主义者和单体银行家的联盟利用大萧条，构造出一套新的制度来支撑这个体系，虽然这个体系从制度设计上即存在脆弱性。这些新制度包括存款保险和一系列法律条文，其中包括臭名昭著的《Q条例》，它把银行向支票账户支付利息列为违法，并规定了各类账户的最高利率。

这些制度使美国银行业维持了几十年的稳定，但是它们发挥作用的前提是政府保持保守的货币和财政政策。随着美国政府在20世纪60年代开始渐渐抛弃这些政策，且通胀在20世纪70年代进一步加剧，银行可以提供的合法利率变为负值（通胀率超过了存款利率），公众开始提取存款，投入各种类型的银行竞争者手中，例如货币市场共同基金。技术创新，例如20世纪70年代出现的自动取款机，使银行得以规避开设分行的禁令，从而进一步破坏了这一体系。因此，到20世纪80年代，用以维持“单体银行体系”稳定的条件土崩瓦解。由此带来的结果就是20世纪80年代晚期的“储贷危机”，数以百计的小银行倒闭。加快改革的呼声导致了联邦和州政府层面的监管变革。20 世纪 90 年代，美国历史上第一次允许大型银行在全国范围内设立分行网络，这比其他国家晚了几个世纪。

农业民粹主义者和单体银行家联盟的殖民渊源

农民和小银行家的联盟破坏了亚历山大·汉密尔顿建立的银行制度，其后，该联盟还建构出既低效又不稳定，却维持了 150 多年的另一套银行业制度，这一事实说明，这一联盟的某些特质已经交织渗透在美国的政治体制当中。为进一步了解其影响，我们需要追根溯源，理解为什么这一联盟会成为美国政治体系中的“经纬线”。

美利坚合众国的前身是 13 个被强邻环伺的相对独立的殖民地。英国殖民者持续受到威胁，威胁来自佛罗里达的西班牙人，魁北克和俄亥俄山谷的法国人，以及遍及全境、通常与法国人结盟的印第安人。为了生存，这 13 个殖民地必须全副武装。但是，它们并没有充足的财富来源供养一支庞大常备军。这些殖民地中没有一个地方像波多西那样盛产银矿，或像伯南布哥一样出产大量有价值的糖类。棉花最终为美国南部带来了大量的出口收入，不过那已是 19 世纪了，是轧棉机的出现才使美国土地上能够种植的短纤维棉花的加工变为可能。但是，有一样东西是这些殖民地确实拥有的，那便是适于种植烟草、玉米和小麦的广袤土地，当然前提是把印第安人从这些地方赶出去。这些作物都具有适合在家庭农场种植的一系列特点：那就是极易储存，并且具有一定的规模经济效应。[2]

强邻环伺、辽阔的土地还有能够在小生产单位种植的易储作物，这些因素的结合意味着在英国殖民下的美国，是一个连自由保有地产的小农都武装到牙齿的社会。有一些殖民地，像弗吉尼亚州，要求每一个有劳动能力的成年男子配备火枪。[3] 当然，也有一些大地主，包括与最早进入这13个殖民地并享有特权的公司（见第三章）有关联的英国精英，以及在殖民化公司倒闭时，与英国王室派遣来的统治者一同前来的人。这些精英看不起小农阶层，但没有小农，他们无法维持殖民地的生存：就像殖民地总审计长威廉·布拉斯维特（William Blathwayt）在1691年所述，独立的小农是站在精英阶层和西班牙人、法国人、印第安人之间的力量，他们"只要有力气把枪举过头顶，就可以学会以惊人的敏捷度使用枪支"。[4]

因此，美国的平民阶层能够得到一些自罗马共和国以来小农集体从未得到过的选举权。美国殖民地的总督由英国国王指定，但殖民地议会是普选产生的，即州众议院。在弗吉尼亚这一最繁荣且人口集中的殖民地，有关选举权的限制直到1670年才出台，而且即使以当时的标准看，限制也很少。[5]虽然各州各地关于选举权的具体法条有区别，但是成年男子的选举权广泛存在，在18世纪早期，大西洋沿岸中部各州有权选举殖民地议会代表的人数占比（不包括奴隶）达到40%~50%，而在新英格兰和南部地区更是达到了70%~80%。[6]早期，大地主主导民选的殖民地议会，但到18世纪中叶，美国的小农阶层开始打破只向社会更优秀的精英投票的传统。[7]就像1710—1723年担任弗吉尼亚州总督的亚历山大·斯波茨伍德（Alexander Spotswood）所述："自从这个国家的民众意识到他们可以推举自己喜欢的人，就通常会选与他们同一阶层的代表，会选择符合他们的投票原则、能够伸张其'无税'决心的人，去顺其自然，以达到无为而治。"[8]

当美国的殖民地精英、大地主和商人决心争取独立时，他们就必须动员有武装的独立小农一起反抗英国。这不是一件容易的事：他们实际上是在要求小农与世界上最有序、装备最精良的军队面对面，硬碰硬。完成这样的动员需要借助自由和平等（liberty、freedom and equality）的诉求。一旦运用了行之有效的诉求，那么小农的抗争就会一发不可收拾。这种革命的过程，像戈登·伍德描述的那样，是极端激进的。因此，出乎美国精英阶层的意料，在获得独立之后，曾在华盛顿带领之下穿越特拉华州的小农阶层不再向社会精英“脱帽致敬”，也不再在政治领域对精英言听计从。[9] 这一转变的影响极为深远，体现在美国社会的方方面面，比如家庭佣工不再称呼他们的雇主为“主人”或“女主人”，而是用“老板”（Boss）一词代替（从荷兰语 baas 演变而来，在新阿姆斯特丹意味着这个人并非主人，而是类似海上船长身份的负责人）。[10] 不出意料，美国独立后的几十年间，精英集团的继承人们，也可以说是主导革命的准贵族们，例如华盛顿、麦迪逊、汉密尔顿、亚当斯还有杰斐逊，已经要为安德鲁·杰克逊的当选让位了。这一转变在 1800 年总统选举中已初现端倪，那时，自视为自耕农领导者的托马斯·杰斐逊打败了联邦党人约翰·亚当斯。杰斐逊在就职典礼上轻装简从，骑马而来，并且在宣誓之前亲自为自己的马拴了缰绳，这也为后来安德鲁·杰克逊的平易近人做了铺垫。

一些与农业民粹主义有渊源的政治人物对美国银行业的政策产生了重大影响，例如托马斯·杰斐逊、安德鲁·杰克逊、亚伯拉罕·林肯、威廉·詹宁斯·布赖恩、亨利·斯蒂格尔（1933 年著名的《格拉斯—斯蒂格尔法》因其命名）。这些人来自不同的政治党派。托马斯·杰斐逊是共和党里的民主派，安德鲁·杰克逊是民主党的创始人，亚伯拉罕·林肯是共和党，威廉·詹宁斯·布赖恩则先后以平民党（Populist Party）和共和党的身份参加总统竞选。是什么力量把这群人团结起来？是一种关于誓约和平民道德优越感的强烈共识，他们认为平民应该获得土地和信贷。是什么把他们的农业民粹主义支持者团结起来？是对大城市企业和商人的深刻怀疑，农业民粹主义者将大城市企业和商人视为对自己生活方式的严重威胁。

美国的农业民粹主义者因为共同的反对，而非共同的支持而联合在一起，因而他们从未协调一致，形成独立的政治运动。相反，他们选择与自己利益诉求有重合的团体结成联盟，例如，在自由土地运动中与废奴主义者联合；在推动通胀的自由铸造银币运动（Free-silver Movement）中与西部矿主联合；还有，对于本书研究很重要的一次结盟，在反银行分行运动中与小银行家联合起来反对大城市的银行和银行家。

这种联盟之所以能成功，并且美国大多数经济活动不在以农业为基础的情况下能持续发挥作用，原因可以追溯到美国政治的另一个基本特征：美国高度分散化的联邦制。实际上当时并不存在一个单一的、铁板一块的美国殖民地。在反抗英国的战争中，13 个殖民地以独立名号合纵连横，当它们取得胜利后，开始自称为 13 个独立的主权国家，仅作为类似关税联盟的形式联合。如果要将其纳入单一国家，建立全国性政府和宪法，就要允许各州保持高度自治。凡是在美国宪法中没有明确规定为中央政府管辖的，就都归属于州管辖，而对银行业监管，宪法并无明文规定。这意味着直到 20 世纪，农业民粹主义者和单体银行家无须在联邦政府层面获得立法权的斗争胜利：他们只需在地方层面保持优胜，这相对来说就简单得多了。

殖民银行，殖民之痛

美国的历史教科书通常把促使殖民地精英揭竿而起的导火索归咎于无理税收，但事实上还存在其他的不和谐因素。其中之一就是美国的商人和大地主希望建立特许银行，但持续受到大英帝国政府的反对。

就算是殖民地政府也需要融资以备不时之需，比方说战时的经费支出。它还需要鼓励私人投资以促进殖民地经济持续发展。之后成为美利坚合众国的这 13 个殖民地通常自行承担银行职能，以规避来自帝国政府对特许银行的限制。这些早期的银行活动主要采取两种方式：发行纸质信用证；成立贷款办事处或土地银行，以土地抵押为支持发行票证。信用证从本质上讲是殖民地政府印发的借据，政府据此偿付债权人，在征税时允许以信用证缴纳税款。这种借据之所以有价值，是因为它以政府税收为支撑。它首次出现在 1690 年的马萨诸塞州，用以支持其军队参加威廉国王战争。很快，这种做法被其他殖民地效仿，并在对抗法国和印第安联盟的战争中成功筹集了战争经费。

殖民地政府也在推广土地银行。土地抵押按揭融资通过向投资者提供借贷，减少了购买土地时所需的流动财富。另外，土地银行向殖民地政府提供了又一资金来源：银行在其发放的抵押贷款基础上发行票据，把缺乏流动性且低价值的资产（位于边境的不动产）转变为可作为纸币使用的流动证券，用于支付殖民地税赋。土地银行的主要倡导者之一，年轻的本杰明·富兰克林于 1729 年（23 岁）写下了《对于纸币本质和必要性的温和诘问》，在文中富兰克林提出，向土地开发提供信贷能够为宾夕法尼亚吸引更多移民，并创造出信贷增长、经济发展和土地增值的良性循环。

对于北美殖民地的银行业试验，大英帝国并不乐见其成。英国国王希望继续保持其赋予英格兰银行和其他英国银行的控制权，即这些银行在信贷和国际汇票市场管理方面的控制权。除此之外，英国商人声称，因为殖民地票据的存在，他们到期应收的债务贬值了。一些殖民地由于发行大量票据而经历了严重的通胀。比如，新英格兰的部分地区在 18 世纪 40 年代至 50 年代经历了物价的翻番，原因在于信用证大量发行的背后缺乏税收或土地的充分支持。[11] 从英国商人的角度出发，借出的是银币，还来的却是相对贬值的殖民地票据。

英国政府选择站在英国商人一边，开始着手限制殖民地发行具有法币地位的票据（可用于支付公共和私人债务的通货）的权利。限制一开始只针对新英格兰（发行通胀型票据的源头），从 1764 年开始适用于所有殖民地。因为殖民地的强烈抗议，英国政府在 1770 年和

1773 年放松了限制，允许殖民地票据用于支付税赋，但禁止殖民地政府将所发行票据作为可支付私人债务的法定货币。

“全国性银行”的开端

美国独立战争打破了对特许银行的限制约束。成立伊始且财政困难的政府急需特许银行维持自身的生存。独立战争本身就是一笔大开销，全部的财政支出大致相当于 13 个殖民地 1774 年收入总和的 4—5 倍。这些开销主要依靠借贷；只有大约 13% 依靠当时的中央和州政府税收支付，剩余的 87% 靠州政府和中央政府的举债。大多数债务采用发行纸币的方式，对纸币的巨大依赖，以及没有按约将其兑换成银币，在后来造成了纸币大幅贬值。[12]

新成立的美国政府应战时财政需求，成立了第一家特许银行——北美银行（BNA）。1781 年，大陆会议授予特许，允许一些股东筹建北美银行，这家商业银行同时也将担任政府的财政代理。然而，从创立伊始，一个私人所有、与中央政府有特殊关系的全国性银行的想法就遭遇麻烦。其中的根本性原因是北美银行形成了与其他非特许的地方银行的竞争。其他银行之所以能够在北美及其特许上做文章，是因为《邦联条例》在中央政府能否授予银行特许的问题上表意模糊。北美银行因此需要得到宾夕法尼亚州政府的重新特许。但是在授权后没多久，在当地其他非特许银行的要求下，北美银行的特许在 1785 年被州立法机关撤销，又在两年后恢复北美银行的特许，前提是北美银行接受对其业务活动的一系列限制，这些限制实际上意味着它不再担任中央政府的银行家角色。[13]

《邦联条例》之后被 1787 年《宪法》取代，但是州财政的基本问题还是遗留下来，部分地区仍反对全国性特许银行。新一届联邦政府不失时机地以一家新的特许银行取代了北美银行，即 1791 年成立的美国银行。托马斯·杰斐逊对此持反对态度，他坚称宪法条文没有规定中央政府有权授予银行特权，但他的反对没有成功。相反，亚历山大·汉密尔顿认为，给银行颁发特许执照是联邦政府的隐含权力，他的观点获得了成功。在众议院讨论时，39 票反对和 19 票同意的结果反映了美国农村地区的民粹主义倾向：特许银行的支持者来自商业阶层，而反对者往往来自农业阶层。[14]

美国银行是一家由联邦主义金融家拥有并运营的商业银行，可向私人部门提供贷款和存款业务。联邦政府拥有美国银行 20% 的资本，但并不需要实际支付款项购买这部分股份：相反，它接受一笔来自银行的贷款，然后以银行股东身份获得股利，并以股利偿还该贷款。作为交换，美国银行享有其他银行没有的有价值特权：股东承担有限责任、接受来自联邦政府的存款、向联邦政府收取贷款利息（银行发行纸币用于联邦支出）、在全国境内设立分行。简言之，美国银行是一桩交易的产物：一群特选的银行家为国家提供融资，国家赋予其有利可图的特权。[15]

联邦主义与美国早期的银行特许

如果美国政治制度赋予联邦政府全面的银行特许权力，那么美国银行有可能在美国金融体系独占鳌头。但美国政府的联邦制组织结构杜绝了这一情况的发生。按宪法规定，各州无权征收进出口关税或发行法定纸币。作为交换，联邦政府承担了各州在《邦联条例》下积累的巨额债务。

美国各州或许能摆脱旧账阴影，但它们还是需要新的融资方式。讽刺的是，《宪法第十修正案》引申出的一个选择是：一切权力，如果不明确规定属于联邦政府或不属于州政府，即属于州政府。宪法规定州政府无权发行法定纸币，但没有说明各州是否可以授权银行发行可以作为货币流通的纸币（虽然它们不是名义上的合法货币）。州特许银行经常在其章程中采取美国银行的模式，很快成为各州政府的重要融资来源。[16]州政府获得州特许银行的股票、对州特许银行征税，并通过法案要求银行持有政府债务，并以此作为发行银行券的基础。

因此，各州政府有强烈的财政动机创建特许银行，并希望尽一切可能使特权价值最大化。州政府经常是银行主要股东，尤其是在19世纪30年代前，而且它们往往从银行借贷，以贷款购买股份，以股息现金流还贷。若银行获得垄断的租金，州政府持续获得更多股息，所以州政府会限制该地区的银行数量。州政府还会以引入银行业市场新竞争者的方式威胁现有银行，迫使现有银行为了规避潜在的竞争而向政府支付“红利”。[17]为进一步制约银行，以确保它与发放特许牌照的州政府利益保持一致，一般不授予银行永久性特权。当特许到期，银行需要额外付一笔费用或“红利”续期。[18]不出意外的是，大约在19世纪10年代至30年代，来自银行的股息和税收占州政府收入的1/3之多。[19]

州政府无法从在其他州注册的银行获得特许权费以及其他经济利益，但可从禁止开设分行中获利。对于禁开分行的抗议在里程碑式的著名案例奥古斯塔银行诉厄尔案（*Bank of Augusta v. Earle*，1839）中被最高法院驳回。法院再次确认，州政府有权限制外州银行在本地开设分行，只要这种禁开分行的行为有法律依据。因此，美利坚合众国成立初期，共和党占据主导，银行业以“割据”的垄断为特征。1800年美国四大城市——波士顿、费城、纽约和巴尔的摩各仅有两家银行。小一点的市场如果有银行的话，通常只有一家银行。正如图6.1所示，1800年整个国家只有28家银行（总资产1740万美元）。需要强调的是，谁能成为银行家，谁能从银行获得贷款，是基于一定的经济和非经济标准，比如与政党的关系等。[20]

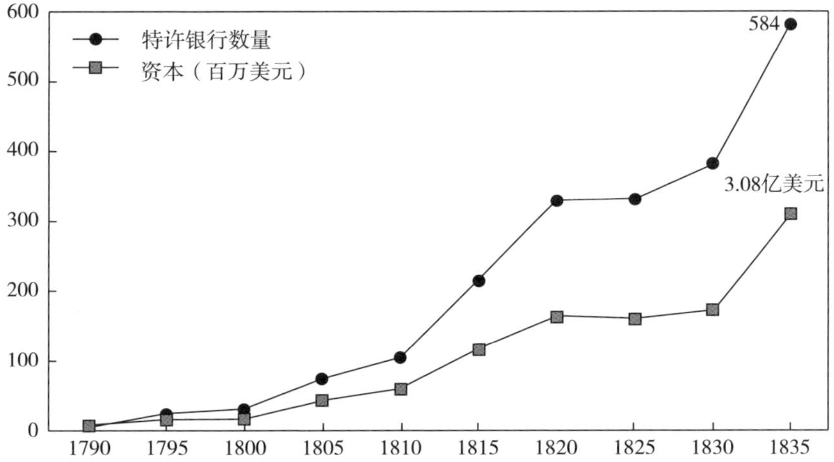

图 6.1　1790—1835 年美国各州特许银行

资料来源：Sylla（2008），第 79 页。

美国内部人银行体系的崩溃

在美国政治体制下，由一家全国性银行（美国银行）和各州内的垄断银行构成的银行体系是不能持久的。围绕银行业的斗争焦点在于特许经营权属于联邦政府还是州政府。州内获得特许的银行家从 1791 年美国银行建立之初就反对该银行。他们的理由很直接：美国银行的分行威胁本地银行业垄断，这些分行分布在纽约、巴尔的摩、波士顿、查尔斯顿（南加利福尼亚）、诺福克、赛凡那、新奥尔良、华盛顿和费城。因此，州内银行家们有动机与杰斐逊的支持者结盟，力争取缔美国银行，杰斐逊的支持者在意识形态上反对特许企业和“贵族”银行家。一开始，他们尝试对美国银行发行的纸币征税，以帮助州特许银行获得竞争优势。当这种努力失败后，他们成功游说州议员反对给美国银行的特许续约。事实上，马萨诸塞州、宾夕法尼亚州和马里兰州的立法机关向议员下达了明确指示，要求反对这一法案。在投票时，美国银行的再授权法案同时遭到了众议院和参议院的反对。[21]

与全国性银行特许的政治斗争同步，各州之间也出现了竞争。这一竞争源于联邦主义、地缘扩大和选举权扩大这三大因素的共同作用，这三个因素还导致了对银行的需求快速增长，将有限的银行特许权颁发给受恩惠的少数人这一最初做法引发了强烈不满。各州之间有强烈的动机互相竞争以吸引企业和人口，为此各州敦促其立法机关采取措施促成它们与新兴的西部建立更紧密的联系。[22]此外，各州立法机关本身也有动机推动建造运河，促进以水路和公路为纽带的贸易发展，从而将来自美国不断扩张的内陆的商机引入本州。问题是如何为这些进步埋单。有一部分州采取了发行债券的方式推进公共工程，但因为一连串的运河工程无法盈利，以及 1841—1843 年 8 个州的债务违约，使这一融资方式的信誉受损。[23]其他州采取了另一种路径：银行和政府间达成协议，由银行向政府提供额外的资金用于公共工程，作为交换，政府授予银行特许权。这种特权和额外资金，导致州立法机关产生了打破与现有银行已达成的垄断交易的行为动机。[24]

州与州竞争以及为公共工程融资的财政压力也通过改革选举权而影响了州政治权力的分配，这些变化反过来又影响了银行特许的政治逻辑。边远各州的州立法机构迫切希望吸引新移民，因而取消或削减了选举权限制。原有 13 个州中的部分州也颁布了更加宽容的选举法律以避免人口流失。到 19 世纪 20 年代中期，几乎所有 13 个州都取消或大幅降低了选举权的财产资格。[25]选举权的扩大使政治权利分配更为广泛，希望扩大信贷可获得性的居民对州立法机关施压，以取消对银行特许的限制。

州内以及各州之间的政治竞争瓦解了政府对特许银行数量的限制。马萨诸塞州早在 1812 年就开始增加特许银行数量，抛弃了过去将银行股票作为政府财政资源的政策，转而对银行资本征税。宾夕法尼亚州紧随其后，1814 年颁布《综合银行法》。这项法案虽然遭到州长反对但仍顺利通过，结束了此前主导该州银行业的安逸的费城寡头垄断。[26]罗得岛州此后也开始效仿：1826 年，罗得岛州出售了银行股份，增加了特许银行的数量，并开始对银行资本征税以代替此前政府的股息。从人均角度看，罗得岛州很快就成为美国银行业最发达的州。

虽然在 19 世纪前 30 年，美国信贷的可获得性有了极大改善，但这一时代的改革并没有放开银行特许，也没有允许特许银行自由开设分行。例如，宾夕法尼亚州 1814 年《综合银行法》将本州划分为 27 个银行区，并向 41 个银行分配了特许，每个银行区至少有一家特许银行。此后的几十年间，该法案严格限制新银行的创立，控制新银行与现有特许银行在需求旺盛地区的竞争。该法案的另一重要方面就是将银行区外放贷的上限定为资本的 20%，这进一步限制了各银行区内的竞争。[27]而且，州内不允许设立分行的规定（北部各州的惯例）使单体银行不能收集州内潜在借款人信息，并与之发展业务关系，因而银行家不愿借款给他们。事实上，研究表明，到计算机变革之前，想要获得不在银行附近的潜在银行客户的信息需付出很高成本。因此，直到 20 世纪 90 年代，大部分小企业贷款都来自距借款人方圆 51 英里以内的银行。[28]

在宾夕法尼亚州《综合银行法》中，限制竞争是各方互相妥协的大成果中的一部分，其中的各方包括那些希望更容易获得贷款的潜在债务人，从限制竞争中寻租的现有特许银行的银行家，以及需要获得收入来源和公共债务融资机制的州政府。三方交易的核心是允许银行业垄断继续存在：本地市场的竞争依然受限，虽然限制比之前减少。对宾夕法尼亚州各银行的额外限制显示，对任一特许银行的赋权法案不将任何一类经济主体排除在外：银行资本的 20% 必须被用于向农民、工匠和制造业主放贷；银行的利率和负债程度有法律上限；用于投资企业和政府有价证券的资本不能超过银行资本的 20%。1814 年法案确定的本地银行垄断者获得的租金，此时必须与州政府分享。银行需要为股利缴纳6%的税，并且法律要求银行要么分配股利，要么承担特许被撤销的风险。此外，银行应根据州政府需要向后者提供贷款，且贷款利率不得超过5%。[29]

宾夕法尼亚州不是在银行特许方面继续实施限制的唯一的州。从1830年至1837年，纽约州一共收到535项银行许可申请，但只批准了其中53项。正如本章接下来要讨论的那样，倾向于将银行许可授予内部人，即那些与运行州政府的政治机器有关联的内部人士。[30]

即使各州改革进程有限，还是促进了美国银行体系的快速发展。如图6.1所示，1820年共有327家银行，总资本1.6亿美元，银行数量和资本总量分别是1810年的3倍和4倍。到1835年，银行数量增加到584家，资本总额为3.08亿美元，几乎在15年内实现翻番。1835年，大城市往往有十几家银行，小城市也有两三家。

随着银行数量的增长，银行被迫寻找新的借款人阶层。由此导致的结果是各州银行，尤其是大西洋沿岸中部的各州银行，广泛放贷给商人、技工和农民。[31]甚至在新英格兰（传统上银行优先借贷给本行董事所在的州），银行数目增加，对新银行的限制放松，减轻了信贷稀缺对企业发展的束缚。[32]

1832年，美国银行特许方面的内部人士时代遭受了最后一击，安德鲁·杰克逊成功否决了对美国第二银行的再次特许。该行于1816年获得特许，讽刺的是，当时同意该行特许的也恰恰是1811年反对继续给予美国银行特许的共和党人。1812年战争表明了银行作为政府财政代理的重要性。美国第二银行的创立原则与美国银行一致，因此同样遭到本地银行家与农业民粹主义者联盟的反对。民粹主义总统安德鲁·杰克逊，以及美国第二银行董事长尼古拉斯·比德尔（Nicholas Biddle）的冒险政治赌博，共同导致了该行在争取再次特许的斗争中遭遇最终失败：杰克逊在1832年否决对该行的重新授权，导致该行于1836年关闭。[33]从1832年到1980年，小银行家和农业民粹主义者联盟成为美国银行许可和银行监管的主导政治力量。

虽然当时各州之间有很多差异，但由立法机构通过特定法案授予银行特许的做法被逐渐放弃，取而代之的是19世纪30年代后兴起的所谓自由银行法案。1837年的大恐慌以及其后的财政困境和经济萧条加速了这一进程。全国范围内相当数量的银行倒闭。参与公共工程项目融资的州内垄断银行，尤其是南部各州此类银行的崩塌最为惨烈，但北部各州银行同样经历了很高的破产率。[34]恐慌一方面造成了财政真空，急需补充资金；另一方面暴露了美国银行业利用特许银行为政府项目融资的巨大缺陷。恐慌的两大后果推动美国进入"自由银行业时代"。在自由银行业时代，银行特许不再由州内立法机构批准。相反，个人可以开设银行，只需在州货币监理署登记，并以州债券或联邦债券存放于货币监理署，作为银行发行银行券的担保。

读者或许会问，实施自由准入的银行体系如何与政府财政需要相容呢？答案在于，在自由银行体系下，所有的银行券需要由存放在州货币监理署的高等级证券100%的支持，值得注意的是，其中包括州政府发行的债券。从本质上说，自由银行被迫向政府放贷以换取经营权。

1838年，纽约成为首个转向自由银行业的州，转变理由异常明晰：被信贷市场拒之门外的市民将选票投给了承诺要打破特许银行寡头垄断的政党。从19世纪10年代到30年代后期，纽约的银行特许被奥尔巴尼摄政团（Albany Regency）控制，这一政治机器以马丁·范布伦为首，也被称为神圣联盟，以伪善和自利的雄辩术对抗腐败而闻名。其政治哲学通过一位主要成员之口得到了充分表达，即纽约州州长威廉·马西（William Marcy），他写下了以下警句："战利品是属于胜利者的。"银行许可只授予奥尔巴尼摄政团的朋友们，作为交换，州议员通常会获得不同类型的贿赂，如按照票面价格认购银行首次发行的股票，即使股票交易已经有了巨大的溢价。[35]

奥尔巴尼摄政团对银行特许的控制于1826年结束，当时该州对投票法案进行了修订，赋予男性普遍选举权。在之后的10年间，奥尔巴尼摄政团失去了对州议会的控制。在1837年恐慌之后的1838年，占主导地位的辉格党实施了美国首个自由银行法。到1841年，纽约已经建立了43家自由银行，总资本1070万美元。到了1849年，自由银行数目如雨后春笋般增至111家，实收资本1680万美元。1859年，共有274家自由银行，实收资本1.006亿美元。[36]其他州很快效仿纽约州的做法。到19世纪60年代初，21个州已通过了和纽约州类似的法律，鼓励开设银行，鼓励扩大竞争。[37]

经济利益以及意识形态促成了自由银行运动。在纽约1838年通过自由银行法时，最强烈的支持来自工商业岗位在劳动力市场中占据更大比例的地区，以及当时缺乏银行机构的地区。[38]自由银行业也是对公众厌恶特权的反应，授予特权往往与偏袒、精英主义和腐败有关。

但是，自由银行业并未形成对早年银行体系割据垄断的全面反思，也没有建立各州内部以及各州之间的完全开放银行业准入的制度。最重要的是，自由银行不得建立分支机构。开设银行需要很高的管理成本，因此这一限制严重影响了人口稀疏地区的银行业进入。由于监管成本和有限准入，自由银行时代并没有伴生竞争急剧增加。事实上，一些研究甚至表明，自由银行法规的出台本身并未在银行发展进程中发挥关键作用。[39]其他研究有助于解释其原因：尽管自由银行体系下，银行注册过程中的民主化程度提高，但纽约的自由银行体系下仍然延续了单体银行结构，大幅限制了该州银行信贷的扩张。[40]由于对开设分行的限制依然存在，自由银行体系只是增加了银行数量，减少了各地方的银行垄断。此外，自由银行体系剥夺了政府向其政治盟友发放银行特许的权力。结果是双重的：银行家原来获得的部分租金不复存在，早先不能进入信贷市场的借款人现在能够获得贷款，尽管这些贷款仍然来自在本地市场具有重大影响力的银行。

南北差异：分支网络、清算所和存款保险

1837 年后，美国南方银行业的发展呈现与北方和中西部银行业不同的路径。北方的自由银行以及特许银行不得开设分行，南方大部分州则允许银行在州内开设分行。

南北差异的部分原因在于南北在财富形式、生产要素的地域流动性等方面的差异。在北方，银行体系呈现按地域割据的组织形式，原因在于其背后成功的政治联盟：联盟成员包括希望建立本地垄断的银行家以及民粹主义者，后者厌恶一切形式的企业，尤其是那些与大城市“贵族”有关联的企业。民粹主义者对单体银行制的支持，在一定程度上反映了不同阶层的本地借款人通过单体银行制下的有限准入获得了好处。因为单体银行将本地银行与当地经济紧密联系，使银行更愿意在困难时期继续为现有借款人提供信贷，而不像某些分行会选择转移资金到其他地方以继续追求更高盈利。例如，在伊利诺伊州中部，玉米价格下跌冲击当地经济，导致每个人的收入降低，财产贬值。本地银行家可以减少对客户的信贷供给以应对这一冲击，但如果他们这么做，唯一可行的替代投资就是现金或证券，例如政府债券。有限的投资选择导致困难时期维持信贷的可能性增大。这一“信贷保证”优势可以解释有些州倾向于支持单体银行，特别是那些农业财富相对较多、土地分配更广泛的州：大量相对富有的农民已经在本地单体银行家的客户名单之上，他们在维持分支机构限制方面具有切身利益。[41]

与北方不同，南方在南北战争前，财富更多体现为人而非土地。财富的主要形式是奴隶，在整个南方，奴隶劳动力可以轻易地重新配

置。[42]富裕的南方奴隶主较少从本地单体银行提供的信贷保证中获益。

南北方在生产性资产分配上的根本差异，也反映在南北方政治权力分配的差异上。在南方，政治权力集中于大奴隶主兼种植园主手中，他们往往包揽了本地和州政府的主导权。白人小农场主的政治力量相对较小（更不用说全部权利被剥夺的奴隶），这使南方对单体银行的民粹主义诉求相对较弱。因此，战前南北银行体系的不同结构可以理解为不同经济利益基础导致的不同政治结果。

南方对于单体银行制的支持相对薄弱的另一个原因是，银行分支网络的发展促进了银行间“银行承兑汇票”市场的发展，银行承兑汇票使棉花作物的运输成本降低，效率提高。更少量的银行在更大的地理范围内经营，使银行更容易跨地区接受同业票据，这对于出口型经济是一大优势。战前，南方的田纳西州和肯塔基州允许设立分行，相比于北方单体银行体系下各州的乡村银行，南方这两州各银行持有更高比例的贸易承兑汇票。[43]

若银行体系由少量银行及其大量分支机构组成，则该体系的效率相对较高，部分原因在于信息成本降低。假设某商人希望从农业地区出口棉花，为此，他不得不从该地区农户购买棉花，将其运至东部，再通过船舶将棉花运到国外出售。这个过程需要时间，也涉及一笔可观的投入。银行体系的存在，尤其是包含大量分支行的体系，使这一过程变得更加容易。首先，商家可向东部银行借贷，并非预借现金，而是由银行为其出具国内汇票，也称为银行承兑汇票。该汇票实际上等于借据。商家可将其出示给棉花产地的银行家，以换取现金，并购买棉花。后者对该汇票的接受意愿取决于农业地区银行家是否对开票银行的信誉有信心。这一安排能有效运行的关键在于银行体系内同业间的相互了解。接受汇票并付款的银行必须能够验证票据的合法性，判断票据背后的银行的偿付能力。若银行体系由少数银行及其分支机构组成，相互监督是相当容易的。事实上，同一家银行的分支机构之间进行交易，信息成本几乎为零。[44]

因此，这不是一个巧合：美国南部——主要经济活动为棉花贸易，最重要的资产为奴隶，政治权力集中于奴隶主阶层——选择在允许开设分支机构的基础上组织州特许银行；而出口融资是战前南方银行的主要功能。

这些根本性差异使北方银行的稳定性弱于南方银行。[45]北方银行体系由众多地域上割据的单体银行组成，在遇到对本地经济的严重冲击（如农作物减产）时，这些小银行需要承受巨大的贷款损失风险。在更为割裂的体系中运行的较小型银行，更难相互协调以共同应对银行体系危机。因此，它们面临失败的风险较高。在南方，银行数量较少，规模较大，且分支网络在地域上重叠分布，这些银行的风险更加分散化，更能在恐慌时就各自的应对进行沟通和协调，通过交易抵消各自的负债，约定避免相互间扰乱性的现金提取。北方银行数量众多，这对于银行间票据和存款的同业清算提出了更大的挑战。

北方各州的单体银行体系为了弥补其多元化程度低、协调成本高，以及清算网络更加复杂的缺陷，建立了制度化的正式机制，以共担风险，管理各地对恐慌的应对，并进行票据和存款结算。其中包括银行票据交换所和银行责任保险计划等形式，这两种形式在战前的南方都没有出现过。

票据交换所只在城市本地运营，承担双重角色，即在日常管理票据交换和同业存款的清算，在恐慌时期建立集体行动规则。在恐慌时期，交换所成员相互就各行负债做市交易，以限制各方在恐慌时的资金撤出风险。在一些严重恐慌中，纽约交换所成员还发行交换所票据（clearinghouse note），交换所票据是会员集体的负债，承担连带责任，此举能扩大体系内的现金供应。为防止集体保护中的搭便车行为，交换所成员也共同制定并实施监管要求。其中最重要的是，纽约票据交换所的成员必须保持高水平的现金资产（最低要求为银行存款的25%），这一做法旨在降低银行体系的信用风险和流动性风险。

北方6个州在战前建立了负债的保险制度。有两种不同模式，模式的选择对该制度的成功与否意义重大。第一种模式成员较多，彼此之间对损失负有限责任，对成员的监管规定由州政府制定并实施。第二种模式仅包括数目有限的一小部分银行（通常为全州约30家银行），其成员相互为对方的损失承担无限责任，制定并实施监管的责任由所有成员承担。因此，两种模式的激励结构迥异。在第一种模式中，每个成员银行可能因此冒更大风险（所谓的道德风险问题），该模式在危机时无法限制系统性风险，一旦成员银行失败而引起的损失开始增加，该模式无力留住其他成员。第二种模提供了激励和相应的机制，使银行相互监督，并防止搭便车行为，而成员数量限制则确保了成员之间相互监督所产生的好处不会被稀释。

选择第一种模式的三个州（纽约、密歇根、佛蒙特）都见证了其保险制度的崩溃，留下待支付的保险赔偿。面对银行倒闭导致的亏损攀升，幸存的成员银行开始退出系统，并由特许银行转变为自由银行。与此形成鲜明对比的是，选择第二种模式的三个州（印第安纳、俄亥俄、艾奥瓦）经历了极低的风险，获得了有效的相互保护。在银行业出现恐慌时，这些州的保险成员不仅避免了倒闭的风险，同时也避免了严重的存款挤兑或暂停支付，因为它们获得了储户的信心。[46]

国内战争与全国和各州双层银行特许体系的建立

国内战争融资的挑战为美国银行体系带来了巨大而持久的变化。内战创造了美国第一套由政府发行，且拥有法定货币地位的纸币，在公共和私人债务领域可以通用。内战也促使联邦政府在1832年杰克逊否决美国第二银行特许权之后，第一次重拾特许银行的做法。

这一切没有一项能轻易完成。联邦政府不得不考虑在银行业政治博弈中占据主导力量的农业民粹主义和单体银行家之间的联盟。事实上，发行法定货币的合宪性是通过私下搞定最高法院才获得了确认。建立全国性特许银行体系的举措也是成败参半。当一切尘埃落定，州特许银行数目多于国家特许银行，并且所谓的全国性银行也只徒有其名；它们还是与其竞争者（州特许银行）一样，只是单体银行。

当内战于1861年4月爆发，联邦政府中没有人预料到内战会持续4年，耗费如此巨大的人力财力。但是，战争初期的几场战役很快就让他们清楚：为了战胜南方，政府需要大规模的资金注入。当时有几种可选的应对方法：提高税收、向公众销售债券、让银行持有债券、迫使银行向政府贷款以获得发行银行券的权力、向私人银行券征税，以及印制纸币。最终，政府使用了所有方法，但首先，政府第一步采取了政治上最简易的办法：试图向公众出售债券。然而，公众并不乐意接受这些债券。因此财政部长萨蒙·蔡斯（Salmon Chase）采取了政治容易度次之的方法：呼吁纽约各银行和其他东部城市的银行，组成一个银团，以低利率购买政府债券。事情进展如他所愿，银行家们显然认为，如果美国最大的各家银行成为政府的债权人，那政府将不得不审慎处理财政事务。[47]毕竟，哪个政府会希望自己的银行体系破产呢？

而几个月后，即1861年12月，蔡斯部长正是如此行事的。在其呈交国会的年度报告中，蔡斯指明了长期内战导致的严峻财政形势，为此他建议，未来的支出应依靠进一步发行债券，而非进一步征税。实际上，他是在告诉市场，联邦政府将以新债务偿还现有债务，而这些新的债务将在未来某个不确定的时间通过增税偿还。其含义是，政府可能继续这一做法，即不断地滚动现有债务并借入新的债务。对此，市场做出了相应回应，政府债券的价格急剧下降。通过银团认购并持有大量政府债券的银行，现在陷入了一个困境：银行最重要的资产之一，政府债券贬值，这意味着银行最重要的负债（发行的银行券和吸收的存款）也必须减值。因此，银行被迫暂停兑换：公众无法将其存款或银行券兑换成金银币。

从这一事件中可以得出一个教训，无能的财政部长不是最近才有的现象；但另一方面，同样有用的经验是，政府可以通过发行纸币同时解决救助银行和政府融资这两大问题。1861 年前，美元仅被视为既定数量的金银，国家政府创造的交换媒介仅限于美国造币厂生产的金银硬币。纸币是由私人银行发行的（所以被称为银行券），没有法定货币的地位。1862 年 2 月，联邦政府开始发行美国纸币（也被称为法定货币或绿背美钞），纸币开始拥有法定货币的地位。重要的是，绿背美钞不能转换成固定金额的金银。

创造这种可贬值的货币，并使其成为可用于支付私人和公共债务的法定货币的主要目的，是缓解美国各银行当时面临的困境。[48]已经存在的银行存款或银行券，此前可兑换成金银，现在可换成美钞，而美钞不可兑换为金银。通过这种方式，银行净资产得以恢复，但储户和银行券持有者受到了剥夺。当然，美钞给了联邦政府一个额外的好处：可以通过印刷无息纸币支付政府开支，而不必发行付息债券。[49]

美钞的创造是一项大胆举措。在联邦政府是否发行纸币以及如何发行的问题上，制宪会议的代表们产生了巨大分歧。[50]作为妥协，各州禁止发行货币或颁布法定货币法，而联邦政府则有权确定美元价值并发行货币。但是，在联邦政府是否可以发行纸币以及宣布其为法定货币的问题上，宪法保持了沉默。自 1791 年至 1861 年，这种沉默可以解释为联邦政府能够设定铸币厂金银兑换美元的比例（以及外币在美支付时与美元的兑换比例，例如大范围流通的墨西哥比索）。沉默也可以解释为在战争时期，政府可以发行纸币作为法定货币，用于公共债务支付（即公众可以用该货币支付税款）。事实上，政府在 1812 年战争期间的确这样做了，在 1861 年，政府又采取这一做法，发行可用于支付进口关税的“即期券”，与金银币具有同等效力。

但是，不采用大胆的新办法，蔡斯部长面临的问题——一些东海岸主要银行可能崩溃——就无法解决。他必须寻求一种途径，拯救被他推入深渊的各家银行，因此，美钞被宣布为可用于支付公共和私人债务的法定货币，虽然这一做法是否合宪尚无定论。银行能够使用这种法定货币，偿还对银行券持有人和储户的私人债务。此后一系列离奇的波折，让人们了解到即使蔡斯本人都怀疑这一行为的合宪性。联邦政府发行法定货币的权力在法庭上受到了挑战，相关案件最终在1869年提交至最高法院，而此时蔡斯是法院的首席法官。在“赫伯恩诉格里斯沃尔德案”（*Hepburn v. Griswold*）中，蔡斯其实站在大多数人一边，投票反对在私人领域使用美元，反对美元成为法币的合宪性！尤利西斯·格兰特（Ulysses Grant）总统似乎没有觉得这有多么好笑。他增补了两位额外的最高法院大法官，以确保联邦政府发行法定纸币的权力得到确认，因为总统知道这两位法官会投赞成票。因此，1869年的最高法院判决在1871年“帕克诉戴维斯”（*Parker v. Davis*）以及“诺克斯诉李”（*Knox v. Lee*）的两个案件中被彻底推翻。[51]

需要为战争融资的政府一般都极尽所能以获得每一项收入来源，因而蔡斯并未停止美钞的发行。事实上，美钞对蔡斯而言只是权宜之计。他还有更大的目标：一方面是要建立战争融资的机制，另一方面的目标则反映了蔡斯的意识形态倾向，即消除由多种不同银行券组成的货币体系所导致的混乱，因为银行券在越远离银行网点（在此可办理银行券赎回）的地方，就不得不以越低的折扣使用。这些贴现反映了地理距离增加导致的赎回成本上升，以及对于遥远的异地发行人风险的担忧。[52]

政府需要借入庞大的新债务，这给了蔡斯一个很好的理由，实现他和其他人眼中有利的长期变化：1863 年通过《国民银行法》(National Banking Act) 后，特许了一批全国性银行，有必要统一新成立的全国性银行的银行券发行，要求银行券必须全额由政府债券支持。联邦政府无权废除各州在特许银行方面的权力，或禁止州特许银行发行银行券。不过，它可以对州特许银行的银行券征 10% 的税，而对全国性特许银行的银行券只征 1% 的税，这就使州银行具有强烈动机获得新的联邦特许。为使新特许的部分价值能为政府自己所用，全国性银行发行银行券，必须持有其价值 1.11 倍的美国国债作为支持，同时还需持有额外的美元纸币。一言以蔽之，就是联邦政府用发行纸币的权力去交换银行对政府的融资！于是，顺理成章地，各个银行不同程度地利用这一大好机会：贷款盈利能力相对较强的银行发行国债支持的银行券的数量更少，它们更多地由存款支持贷款发放；而其他贷款盈利能力相对较弱的银行则充分利用机会，发行国债支持的银行券。[53]

具有全国特许的银行始于 1863 年，它们发行的银行券很快使州特许银行的银行券不复存在。但是，所谓全国性银行，只因其特许由联邦政府颁发，并不意味着可以在全国范围内开设分行。这些银行继续遵循各州法规，或禁止开设分行，或限制分行数量。因此，《国民银行法》本质上只是在全国范围内实现了自由银行制度。

法定货币的创立和全国性银行的特许都体现了一个普遍性事实：政府，作为掌控银行特许博弈规则的各类政治联盟的成员，保留了在财政有需要时从盟友处榨取资源的权力。30 年后再次发放全国银行的特许，历史上首次宣布纸币为法定货币，美国政府选择在南北战争期间同时实施这两个举措，这不是一个巧合。随后，这些新获许可的银行形成了一个垄断市场，政府要求银行持有其不断增长的债务，这也不是一个巧合。

联邦政府得以发行美钞并建立全国性银行的路径，也说明了另一个普遍性事实：实行代表制的民主国家政府，尤其是具有很强联邦主义制度的民主政府，不能完全按其意志行事。例如，蔡斯不能冒着毁掉银行体系的风险为内战融资（而墨西哥政府在 1914—1917 年墨西哥内战中做出了这一举动，见第十章）。事实上，美钞之所以出现，是因为政府希望降低银行因和政府结盟而遭受的损失。同样，虽然联邦政府成功剥夺了州银行发行银行券的收益，但联邦政府也允许州银行通过持有政府债券，以获得全国银行的特许，从而将州银行也纳为联邦政府的合作伙伴。此外，联邦政府建立的银行体系并未挑战民粹主义者和单体银行家联盟的核心政策：割据垄断的制度得以保留，因为即使是全国性银行，在建立分行网络方面也必须遵守各州法律。

事实上，联邦政府执政党的权力和自由裁量权受到的诸多限制意味着他们不能取缔州特许银行。从短期看，私人银行的反应正如联邦政府所料。如图 6.2 所示，州特许银行的数量从 1860 年的 1579 家下降到 1865 年的 349 家。全国性银行的数量同期显著增长，从零上升到 1294 家。

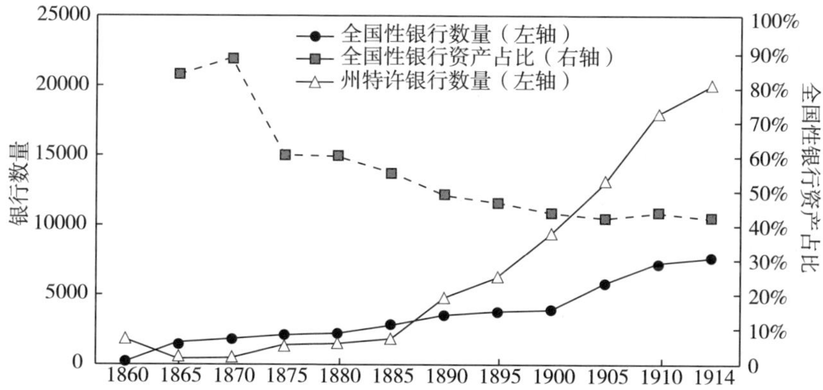

图 6.2　1860—1914 年美国不同类型特许银行数量

资料来源：Lamoreaux（1991），第 540 页；Davis and Gallman（2001），第 268 页；Calomiris and White（1994），第 151 页；U. S. Federal Reserve Board（1943），第 24 页。

但是，从长期看，银行存款代替银行券，以及联邦和各州的银行特许权之争，其实并不符合联邦政府建立一个全国性银行体系的目标，相反，联邦政府和州政府各自发放银行特许的双层体系开始形成。联邦政府 1865 年开始向州特许银行发行的银行券征收 10% 的税，这实际上是将发行银行券的权力限制在全国性银行层面。但是，法律并未对州特许银行账户签发的支票做出任何规定。因此，州银行积极发展存款业务，基于这些账户签发的支票成为商贸交易中越来越常见的交换媒介。[54]这一现象也得益于州立法机构降低了州特许银行的最低资本要求。[55]由此产生的结果就是，从 1865 年至 1914 年，州特许银行的发展超越了全国性银行。如图 6.2 所示，1865 年州银行只占美国银行总数的 21%，资产占比 13%。到 1890 年，州银行数量超越全国银行，并掌握了大部分资产。1914 年前后，73% 的银行为州银行，资产占比 58%。

结果是，美国银行体系出现了异常奇特的竞争和地缘结构。1914 年，美国有 27349 家银行，95% 都没有分行！即使拥有分行的银行仍然是小规模银行，平均分行数少于 5 家。[56]单体银行占绝大多数的原因在于，大多数州仍然禁止开设分行，即使全国性银行也同样适用。[57]一些州虽然没有明文禁止开设分行，但通常也没有明确法规允许开设分行，此类条文的缺失大幅限制了分行网络的发展。

单体银行家组成了很多本地及全州范围的社团，游说政府，反对放松开设分行的限制。他们甚至成功说服美国银行家协会，使之在 1916 年和 1924 年通过决议，反对任何形式的分行。[58]当然，城市银行试图通过灵活的运作规避这些限制，例如，成立控股公司，并在农村地区开设独立的单体银行。但是，州法律有效限制了此类运作的效用，法律明确规定控股公司旗下的独立单体银行必须恰如其名，即“独立”。此类单体银行不能与城市银行共享后台运营，因此无法享受到运营方面的规模经济优势。这样的运营模式意味着高昂的管理费用，意味着创建“类分行”网络的收益大为削减。通过这种方式，州法律筑就了长期有效的准入壁垒。

为什么选民会容忍这样的安排？城市银行家希望在银行服务不足的市场开设分行，为什么选民不与这些城市银行家结盟？正如前文所述，单体银行模式在很多州广受借款人欢迎，或许是因为该模式提供的“信贷保证”优势。例如，1924 年伊利诺伊州举行了是否继续维持单体银行体系的公投，最终单体银行制的支持者赢得了胜利。[59]在单体银行体系受欢迎的各州，明确的经济利益预示着民众的支持。[60]显然，在富庶农业地区拥有土地的农户利用单体银行维持其生产和收购，他们算计着在单体银行制中有利可图。不同于分行网络中的银行家，本地单体银行家必须向农户发放信贷，否则无人可贷。农户向单体银行家支付的贷款利率越高（相当于为其获得的“信贷保证”支付溢价），单体银行家就越愿意在困难时期继续向农户放贷。

极不稳定的银行体系

虽然在内战期间，美国银行体系的组织形式发生了很多变化，但其基本框架维持不变：成千上万家区域性单体银行组成的碎片式体系。因此，美国的银行体系依然非常脆弱。从 1800 年至 1861 年，美国经历了五次银行业危机：1814—1816 年、1825 年、1837—1839 年、1857 年以及 1861 年。自 1873 年至 1907 年，共发生了六次危机。在其中三场危机（1873 年、1893 年和 1907 年）中，银行存款取现业务大面积暂停，即储户可以为其存款开立支票，但不能提取现金。在另外三场危机（1884 年、1890 年和 1896 年）中，票据交换所为银行存款做市，发行补充货币为银行体系注入流动性，从而通过集体行动避免了存款提现的暂停。因此，不同于早期危机，内战后的危机并不具有大量银行失败的特征。尽管如此，内战后的危机严重干扰了美国金融体系和实体经济的正常运行。[61]

由于储户挤兑，这些阶段性的银行危机造成了混乱的恐慌。危机又进一步加剧了正常经济周期的波动。事实上，美国银行业危机具有独特的可预测性，因为危机往往发生在经济周期的顶峰。一战前，只要某个季度倒闭企业的负债增幅超过 50%（季节调整后），并且股票市场跌幅超过 8%，下一季度就会发生恐慌。这一时期全国性恐慌的发生都符合这一规律。[62]

在全球范围内，美国是唯一在 19 世纪末还受此类恐慌困扰的国家。[63]美国银行体系这种特别的脆弱性反映了单体银行制的三个主要弱点：银行内部缺乏风险的分散化（在分支银行体系内可以实现）、银行体系的储备集中于纽约市（使证券市场相关冲击不仅影响纽约各银行，也会影响整个银行体系），以及难以协调各行共同应对流动性危机。

美国联邦储备系统的建立

1907 年恐慌后，银行家和政府官员召开了一系列会议，开始思考如何解决美国银行业恐慌这一长期问题。国家货币委员会由此成立，委员会清楚地知道，单体银行体系是其中的核心问题。委员会整理了有关世界各国银行业的大量材料，直到现在这些材料对于金融史学家而言仍是一个宝库，其中有几卷讨论了有分行的银行体系（像邻国加拿大的银行体系）的稳定性与美国易发生危机的单体银行体系的鲜明对比。

但是，改革美国银行体系的基本结构在政治上是不可行的。因此，该委员会做出了次优决定：创建一家中央银行，在压力情形下向银行发放贷款，以减少银行体系的流动性风险。中央银行尤其关注缓释与收种周期有关的季节性流动性风险，这需要从东海岸的金融中心调动大量资金到美国其他地区。[64]

维持碎片化银行体系的决策要付出高昂的代价。首先，因为竞争壁垒的存在，导致盈利能力较差的银行在正常时期得以生存，所以在困难时期银行倒闭的概率上升。其次，单体银行制隐含的准入门槛阻碍了银行间的有益竞争。单体银行可能只面临其他单体银行的竞争，而所有这些银行的管理成本都很高，这限制了市场准入，特别是在农村地区。再次，单体银行体系阻碍了跨地区的金融一体化。具有全国分行网络的银行可以轻松调集跨区域资金，以适应不同需求，并由此形成地区间的均衡利率。在没有分支行的银行体系内，区域间的巨大利差一直持续到 20 世纪。最后，单体银行也日益加深了银行规模与其潜在借款人需求不匹配的困局：小银行的贷款规模无法满足大型工业企业的资金需求。19 世纪，产业规模大幅增长，钢铁和化工取代纺织品和制鞋成为增长最快的制造业，但银行规模未同步扩大。因此，尽管 19 世纪早期银行已成为工业企业的重要资金来源，但到 19 世纪末，它在产业融资中的重要性大幅下降。[65]

尽管取消单体银行制度具有巨大而且明显的经济优势，国家货币委员会还是着眼于政治上可行的方案，即创建联邦储备系统。按照其创始人的设想，各联邦储备银行将在其会员银行贷款需求较低时作为超额准备金的存储库，在高信贷需求时期则提供额外流动性（通过贷款给成员行或从成员行购买资产）。为避免助长股市或房地产中的不良投机，联储银行将限制成员行只能从事“真实票据”（real bills）基础上的购买或借贷，即与贸易融资有关的商业贷款。在联储创立之初，预计“真实票据”将成为成员行和储备银行之间业务往来的关键性资产类别。联储系统的目的是通过创建一个独立于政府的去中心化系统，降低流动性风险。

联储的创建需要一系列妥协，反映不同选区的力量而不仅仅是联储创立者的经济意图。第一，尽管美联储承认分支银行体系的优越性，但它并没有改革美国原来的单体银行体系下的独特市场结构。这不是一个意料之外的结果，因为创立联储需要单体银行家及其政治盟友的支持。[66]第二，在关于联储成立的谈判中，农业利益成功推动了改革，使全国性银行能以房地产为抵押发放贷款。这在之前是不允许的，因为“真实票据”理论的支持者，其中包括联储创始人，认为这类贷款风险过高。农村对信贷的需求是以农业用地为支持的，为进一步满足农业利益群体对于土地抵押贷款的需求，美联储成立3年后的1916年，以12家土地银行为主的一个平行体系得以建成。这些土地银行由政府出资，贷款期限最长达40年，并通过新建立的国家农场贷款协会的网络进行操作。到1930年，这些联邦土地银行共持有全美12%左右的农场按揭债务。[67]

第三，尽管美联储创立者的意图是独立于政府，但美联储的建立最终为政府提供了能用于扩大货币供应的一种渠道，而扩大货币供应则可满足政府财政需要，因为借此可以确保政府以低成本融资。对于这一变化的导火索事件，本书读者应该不会感到吃惊：战争的巨大资金需求导致规则的重大变化，也拉近了美联储和财政部的距离。在战时财政压力下，美联储在1917年放松了对成员行的准备金要求，从而放松信贷。[68]1917年还放松了针对美联储货币发行的抵押规则：抵押品总量下降，更重要的是，美联储更改了条款，以使成员行可以用政府债券作为从联储融资的抵押品。[69]一战末期，美联储为刺激对已发行的财政部债券的需求，降低了财政部债券作为抵押的联储贷款的贴现率。这种做法开创了一个先例，实际上违背了美联储创立者的初衷：贴现率本意上应包含部分溢价，以防止成员行滥用贴现窗口，但为了满足政府财政的短期需求，这项政策原则被废弃了。[70]

一战中的这次先例使美联储屈服于推销财政部债券的利益之下，不仅导致了1917—1920年的短期通货膨胀，[71]还带来一系列变化，最终导致美联储成为美国财政部的财政工具。这些变化包括了1932

年的一项改革（开始是临时的，后来成为永久性政策），允许财政部债券作为美联储发行货币的抵押品。[72]简言之，美联储的存在和发展都是政治妥协的结果。这就使单体银行体系长期存在，房地产贷款放松限制，以及美联储最终成为财政部的融资工具。

面对银行业不稳定的问题，州政府各有对策。州立法机构基本上有两种选择：一是通过建立强制性存款保险制度以稳定现有的单体银行体系，二是允许银行设立分行以实现整合。这两个战略是互斥的。在兼有单体银行和分支银行的混合银行体系中，如果没有存款保险，单体银行将很难存活，因为储户会将资金转移到天生就更加稳固的有分支网络的银行。一般而言，拥有分行的银行能够实现跨地区的风险转移，以及资金的跨分行转移，以应对挤兑风险。[73]存款保险制度的存在削弱了分支银行的这些优势，因为存款保险制度使单体银行在自身的高风险状况下仍能获得低成本存款，实际构成了对单体银行的补贴。因此，在兼有单体和分支银行的混合银行体系中，单体银行倾向于支持州立的存款保险制度，并借此得以与分支银行竞争，而有分支网络的银行则倾向于反对存款保险制度，因为存款保险制度削弱了有分支行的银行相对于单体银行的竞争优势。

在 1908—1917 年，有 8 个州实施了强制性存款保险制度，这也说明为什么如果选择分支银行，就不会建立政府主导的存款保险制度。一战有利于美国农业的发展，因为世界性的食物短缺推动农产品价格上扬。但这种短缺是短期的。随着世界粮食产量增长，农产品价格下降，美国农业地区的单体银行开始倒闭。银行倒闭的浪潮在拥有州立存款保险制度的农业州表现最为明显。事实上，有证据表明，这些州的存款保险体系保护银行家免受存款市场的纪律约束，并不利于银行体系的稳定：一旦储户受存款保险制度保护，就会更少关注其存款银行的风险。这种忽视带来对银行经营能力不佳和过度冒险的容忍，导致一战期间银行业繁荣中的不审慎借贷行为，以及与战后农产品价格下跌相伴的银行巨幅亏损。[74]

20 世纪 20 年代的银行倒闭浪潮是 19 世纪 30 年代以来最严重的。在 1873 年至 1913 年间，每年储户遭受的损失都不超过当年 GNP（国民生产总值）的 0.1%。但在 1921 年至 1929 年间，5712 家银行破产，给储户造成的损失相当于年均 GNP 的 0.6%。[75]8 个州的存款保险制度都宣告失败。而且，损失最严重的正是三个存款保险制度最早建立的农业州。[76]

在这些银行的失败案例后，对单体银行和存款保险的广泛支持开始动摇。到 1930 年，8 个州（集中在西部和南部）开始在本州内不限制分行的设立。另有 13 个州部分放开分行设立的禁令，但严格限制分行的地域扩张，以保护农业地区的单体银行家免受竞争压力。从 1921 年到 1930 年，拥有分行的银行数量从 530 家（下设分行 1281 家）增加到 751 家（分行 3522 家）。银行进一步整合：被合并银行的数量每年在 250～700 家。因此，如图 6.3 所示，银行数量减少，但分行数量增多。[77]

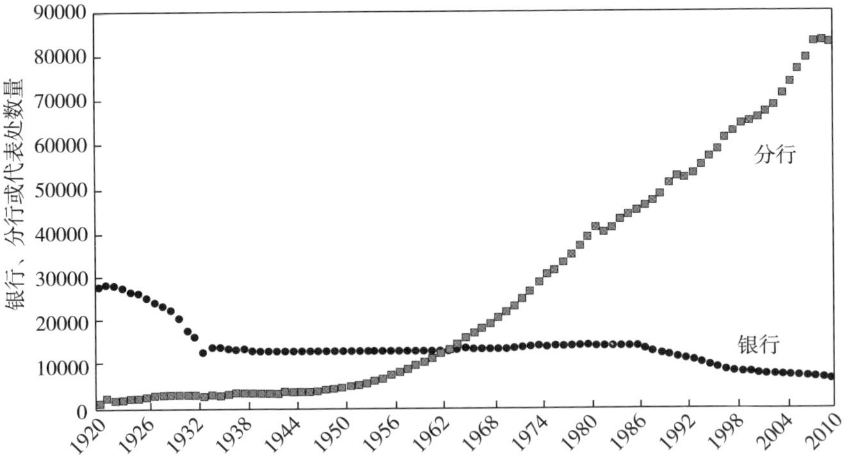

图 6.3　1920—2010 年美国银行和分行数量

资料来源：根据美联储（1943），第 16 页、第 297 页计算；联邦存款保险公司。

大萧条、《格拉斯—斯蒂格尔法》和存款保险

20世纪20年代的银行破产浪潮在大萧条时期变成了洪流，似乎要完全冲垮单体银行制背后的政治支撑。1930年到1933年间，9100多家银行（银行总数的38%）暂停营业（见图6.3）。储户（正确地）认为单体银行更容易倒闭。此外，如此大量的单体银行倒闭，导致成千上万的农业社区，甚至一些城市郊区，已没有一家银行。[78]由于大量银行陷入困境，信贷普遍收缩，加剧了大萧条的严重程度。[79]到1933年，在许多观察家看来，单体银行继续存在的日子已所剩无几。为应对20世纪30年代初的银行业困境，各州进一步放宽限制开设分行的州法律。1930年有27个完全禁止开设分行的州，到1935年底，其中13个州已废除这一禁令，另有7个州通过立法允许在州内开设银行分支网点。[80]

20世纪30年代的监管改革，特别是包括建立联邦存款保险制度等内容的1993年《格拉斯—斯蒂格尔法》，扭转了这一趋势。美国联邦存款保险公司（FDIC）的建立旨在支持单体银行体系，通过限制竞争以维持单体银行垄断租金。虽然几乎所有美国高中公民教科书都把存款保险描述为挽救银行体系的必要步骤，然而，所有证据都表明：联邦存款保险公司是那些试图遏制分支银行发展的单体银行家游说政府的产物。第一，联邦存款保险公司恰好成立于1929—1933年银行业危机结束后的几个月。第二，富兰克林·罗斯福总统，以及当时的财政部长和货币监理署署长，都反对存款保险：他们都非常了解20世纪20年代州立存款保险试验的灾难性经历。第三，参议员卡特·格拉斯和参议院银行委员会，作为法案的最初起草者，也都反对存款保险。他们之所以同意在最后一刻把存款保险添加到《格拉斯—斯蒂格尔法》中，目的是为了获得众议院银行委员会主席、民粹主义众议员

亨利·斯蒂格尔对法案的支持。事实上，最后一刻加入的存款保险条款最初的覆盖面非常有限，仅针对小额存款，数年之后才将大额存款纳入存款保险范围，那时已是银行危机结束后很久了。第四，因为最初限制了覆盖范围，美国银行家协会在国会通过法案之后仍然游说罗斯福否决该法案。[81]

《格拉斯—斯蒂格尔法》的其他条款（第5144部分）进一步限制了竞争，条款增加了在同一控股公司旗下将单体银行整合为“连锁”或“集团”的难度。无论是连锁银行还是银行集团，都没有形成单一银行法人下辖众多分行的格局，因此并不完全等同于拥有全国分行网络的银行。但这逐步发展为银行整合的次优选择。1933年法案对连锁和集团进行了限制，要求美联储审批银行控股公司在单家银行的股权投票权，同时在此类批准中附加高昂成本。

《格拉斯—斯蒂格尔法》限制银行参与证券承销，进一步阻碍了银行整合。证券承销是美国大型银行在20世纪30年代开发的新业务领域。1933年该项业务的终止使处于货币中心城市的大银行失去了一大利润来源。同时，《Q条例》，即活期存款不得支付利息的规定，进一步损害了位于货币中心的银行利益，因为它们将更难吸收来自乡村银行的存款，而这已是农业贷款低需求季节的常规做法。基于这些同业存款，大银行有时向货币中心的证券交易商放贷。《Q条例》以及对银行参与证券承销的限制，旨在打破商业银行体系和证券市场的关联，卡特·格拉斯认为这一关联是大萧条的原因之一。但证据并不支持这一观点。众多学者的研究显示，没有证据表明，大萧条与位于货币中心的银行承销证券或是它们向证券交易商放贷有关。事实上，现有证据表明，银行及其客户都从证券承销和贷款的关联性中获利。[82]

在《格拉斯—斯蒂格尔法》中纳入存款保险制度，结束了单体银行家及其盟友在国会推动存款保险立法的长期失败历史。在19世纪

80年代到20世纪30年代之间，单体银行的支持者在150个不同场合都曾试图推动建立联邦存款保险制度。1933年的成功不是因为真理站在他们一边，而是因为他们有了一位能干的支持者，即来自亚拉巴马州的民粹主义者斯蒂格尔，他是众议院银行委员会主席，拥有足够的否决权，能将他本人的立法重点强加到改革议程中。

一旦联邦政府创建联邦存款保险公司为存款提供保险，州立法机构面临的选民要求允许州内设立分行的压力便得到缓解。从1939年至1979年，只有4个州放松了对分支银行的法律限制。[83]事实上，直到20世纪70年代早期，只有12个州对本州银行在州内开设分行不设限，没有一个州允许跨州设立分行。[84]储户如果将资金从单体银行转入有分行的银行，唯一的动因源于两类银行存款利率的差异。不过，这一激励也因为《格拉斯—斯蒂格尔法》的另一要素而不复存在：存款利率现在受到了管制。事实上，该法禁止活期存款（支票账户）支付利息。[85]

同样有趣的一个关注点是，什么是《格拉斯—斯蒂格尔法》没有规定的。20世纪20—30年代倒闭的大多数银行都位于农业区，并且有证据表明，造成当时银行困境的主要原因是农业收入下滑和农村、城市土地都发生了贬值。[86]30年代纽约倒闭的最著名的银行就是联合州银行（Bank of United States，不要与美国银行 Bank of the United States 混淆）。该行投机纽约房地产市场并因房地产价格下跌而倒闭。尽管如此，“格拉斯参议员还是赞成全国性银行提供房地产贷款，因为这将会带动州银行加入联储体系”![87]就是这位卡特·格拉斯，1913年联邦储备法案的起草者，在他的监督下达成了联储成员银行发放房地产贷款的妥协，以此换取对创立联储的支持。为维持联储的成员基础，对于房地产信贷这一影响银行体系稳定的最重要问题，20世纪30年代的银行业改革再一次选择睁一只眼闭一只眼。这点不足为奇，设想一下，只要有任何限制房地产抵押信贷的措施，农业利益集团总会强烈反对。

20 世纪 30 年代的改革不但没能限制银行的房地产贷款，而且，政府推出了许多旨在取悦农业利益集团的新举措，为房地产贷款提供政府补贴，无论是住房还是农场信贷。20 世纪 20 年代，农场不动产已陷入困境，到 30 年代进一步显著恶化。农场困境的部分原因在于，一战期间农场收入增加刺激了 1920 年以前农地的快速扩张。20 世纪 20—30 年代，农场收入和土地价值的下跌史无前例，农场按揭贷款止赎增多。罗斯福政府 1933 年创建了新的农场信贷管理体系，向农场主发放紧急贷款，这一体系的建立基于（并吸收了）1916 年创办的各联邦土地银行。农场按揭贷款增长了 4 倍，到 20 世纪 30 年代中期，超过一半的农场按揭贷款源于联邦政府贷款。此外，联邦政府还在 1933 年建立了农业调整署和商品信贷公司。农业调整署推出了一些新项目以限制农场生产，并对愿意改变土地农业生产用途的农场主进行补贴。商品信贷公司向农场主发放高补贴的信贷，当农作物价格不足以支撑借款人以美元偿还贷款时，该公司接受农场以农产品而非美元作为还款方式。[88]

住房市场同样遭受了危机。从 1930 年到 1934 年，全国范围的住房价格平均下跌 33%。当时的住房抵押贷款多为 3 年或 5 年期，到期前仅偿还利息，到期时需偿还的本息合计金额则激增，而贷款金额与房产价值的比率一般为 50%。因此，房屋所有者收入和房产价值的双重下降使很多人面对失去住房的风险。1932 年到 1933 年，28 个州通过了止赎中止的法律，从而给借款人更多还款时间。1932 年，胡佛政府和共和党控制的国会建立了联邦住房贷款委员会，由 12 家地方性银行组成，委员会向银行发放补贴性贷款，以支持具有潜在偿还能力的按揭贷款。罗斯福政府 1933 年建立了房主贷款公司，进一步增强了银行的信贷能力，以帮助陷入困境的按揭贷款借款人。房主贷款公司从银行购入了 100 多万笔按揭贷款，然后以低于市场的利率和长期

（15 年）的分期偿还计划对这些贷款实施了重组。此外，1934 年成立的联邦住房管理局提供按揭贷款担保。同年还成立了联邦储蓄和贷款保险公司，为储蓄和贷款协会的存款提供担保，该公司随后成为按揭市场的主要放款人。1938 年成立了联邦全国抵押协会（即房利美），通过购买按揭贷款形成了按揭贷款的二级市场。[89]

所有这些举措——存款保险、《Q 条例》、对农场主和房屋所有者的补贴贷款——的确造就了一个稳定的银行体系，且该稳定体系维持了几十年。然而，只有在政府通过控制赤字抑制通胀时，这些维护稳定性的做法才行之有效。20 世纪 60 年代，为了向越战以及约翰逊总统提出的“伟大社会”计划提供资金，政府大规模增加财政赤字，通胀率开始一路飙升，《Q 条例》使存款者将资金转移出银行体系，因为此时存款的实际回报率为负值。银行虽然竭力维持其存款基础，但与面临的问题相比，银行的努力徒劳无功。货币市场共同基金提供了相当可观的回报率。由于《Q 条例》的限制，银行无法提供能与货币市场共同基金竞争的利率，因此银行向新开户的顾客提供非货币“礼物”，向新开小额账户赠送牛排刀，向大额账户赠送烤面包机和闹钟收音机。

在全球最富有、最强大的美国，银行以奇特甚至可笑的营销和让利与对手竞争，这一现象说明了民粹主义者和单体银行家联盟取得了令人称奇的成功。该联盟先后在 1811 年和 1832 年两次（而不仅仅是一次）关闭了美国银行。联盟成功应对了内战期间遭遇的各种挑战。事实上，联盟成功确保了联邦政府在通过《国民银行法》为内战融资时，没有受到不利影响。所谓全国性银行与其竞争者（各州特许银行）一样，都是单体银行。

民粹主义者和单体银行家联盟甚至利用 19 世纪后半叶的金融恐慌、20 世纪 20 年代的农业危机以及大萧条，推动形势朝着有利于联盟的方向发展。这些危机没有使单体银行制消亡，也没有产生一个更高效稳定的银行体系，该体系由拥有分行网络、地域上更加多元化的大型银行构成。相反，危机催生了美联储、存款保险制度以及规定利率上限的法律。民粹主义者和单体银行家联盟甚至成功地让公众相信，这些制度的建立，目的是保护公众免受大城市贪婪银行家的侵害，就像弗兰克·卡普拉（Frank Capra）的电影《美好人生》（*It's a Wonderful Life*）中刻画的贪婪大财阀波特先生一样。

一个时代的终结：民粹主义者和单体银行家联盟的消亡

对银行在州内和跨州开设分行的限制最终在 20 世纪 70 年代逐渐得到突破，但直到 20 世纪 90 年代银行业市场才完全放开竞争。有五股力量推动了民粹主义者和单体银行家联盟的瓦解。

动力之一来自人口变化。20 世纪，美国从一个以乡村为主的国家转变为主要由城市构成的国家，这意味着选举权从乡村移向城市。到 1900 年，4580 万美国人住在乡村，3020 万人口居住在人口超过 2500 人的城市或城镇。到 1920 年，乡村人口和城市人口大致相等，而到 1940 年，城市人口已增至 7440 万，乡村人口则为 5720 万。二战后城市人口迅速飙升：到 1970 年，人口超过 2500 人的城市和城镇人口增加到 1.334 亿，而乡村人口则为 6980 万。[90]

动力之二来自技术进步。技术进步侵蚀了银行从借款人和储户攫取租金的能力。从 20 世纪 70 年代开始，计算机革命降低了信息储存与检索的成本，使国内任何地方的潜在贷款方都能有效评估借款人的信用，而在过去这种评估完全依赖于只有在本地才能获取的“软”信息（借款人的个性、商业关系和个人经历）。技术进步同时加剧了银行存款业务的竞争，尤其是在通过计算机联网的自动取款机出现之后。1974 年联网自动取款机获得专利，仅仅两年之后单体银行家就开始向联邦法院和各州法院提起诉讼，要求禁止自动取款机的广泛使用。[91]案例之一，1985 年纽约州独立银行家协会诉海丰银行（Marine Midland Bank）一案提交至最高法院。法院裁定自动取款机不是一个银行分行，因而不适用于各州限制分行网络的法规。

动力之三是 20 世纪 60 年代和 70 年代价格通胀加速。这激发了从受监管银行体系脱媒的现象，催生了 1960 年后最早的“影子银行体系”，该体系主要由监管程度相对较低的财务公司和货币市场共同基金组成。《Q 条例》长期对银行存款利率实施管制。随着通胀和名义市场利率的上升，受监管的存款可支付的实际利率日益走低至负值，这使银行很难吸收存款。相反，机构储户转而将其资金投向商业票据（企业和越来越多的财务公司签发的短期借据），票据利率由市场而非法律决定。在货币市场共同基金允许客户在其资产组合（包括财政部短期国债和商业票据）基础上签发支票后，家庭投资者开始迅速追随机构投资者的步伐。如图 6.4 所示，银行在金融体系中的份额急剧下降，其他金融中介机构（特别是新的财务公司和货币市场共同基金）份额相对上升。财务公司贷款和商业票据发行将银行贷款挤出产业融资市场，公司持有的商业票据以及货币市场账户则对银行存款产生挤出效应。

技术革新和通货膨胀催生了受监管银行业的替代体系的发展，降低了受监管银行在国内核心存贷款市场上的份额（如图 6.4 所示），与此同时，第四个令人担忧的动力也开始崭露头角。[92]与其他发达国家的银行相比，美国各银行规模相对较小，且在地理范围和产品种类等方面受到限制，因而开始失去国际市场份额。大型外资银行甚至通过与美国大企业建立业务关系，侵入美国市场。美联储和美国许多政治家都支持废除利率上限，取消对银行开设分行的限制，解除对银行业务的限制（尤其是对银行承销公司证券的限制），从而使美国银行能够与外国银行开展竞争。例如，美联储主席艾伦·格林斯潘呼吁扩大银行权力：“银行仅仅通过延续目前的客户服务，希望继续获得良好

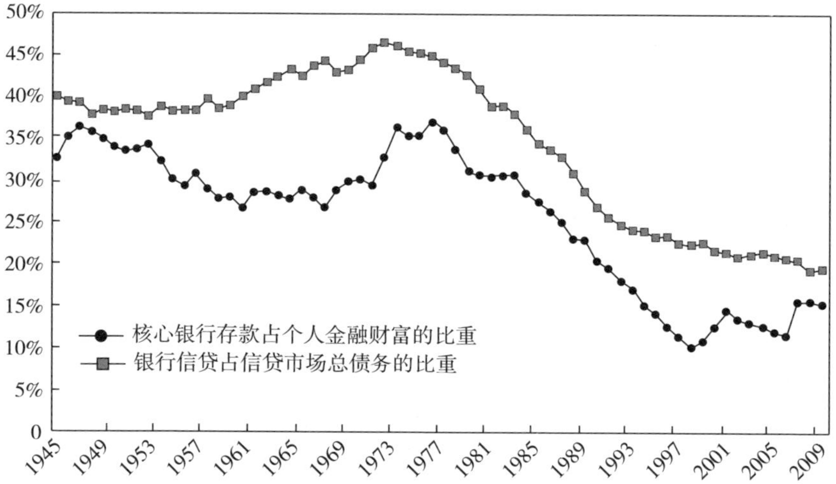

图 6.4　1945—2010 年核心存款和银行信贷的重要性下降

资料来源：美联储。

的利润并以此保持其市场地位，这非常困难。现有对银行的约束，以及新技术对银行网点经营的持续威胁，可能降低银行未来的盈利能力……如果上述趋势延续，银行业一定会出现绝对或相对萎缩。”格林斯潘指出：“在竞争全球化、金融快速创新和技术革新的环境下，银行家们很自然地会感受到，在银行资产组合和分支机构方面的陈旧规则，以及对分支机构可从事活动的限制不仅变得没有意义，还有可能导致银行体系的萎缩。”[93]

推动银行监管改革的动力之五来自 20 世纪 80 年代的一波银行业危机。银行危机推动了一项支持银行整合的政治行动，与 20 世纪 20 年代的银行业整合运动有很多相似之处。20 世纪 80 年代，银行业受到多方面因素的不寻常冲击。80 年代初利率飙升，使房地产贷款（支付固定利率）敞口较大的银行和储贷机构（专门从小储户吸收存款并发放住房抵押贷款的银行，也称为储蓄贷款协会，简称 S&Ls）遭受巨大损失。[94]20 世纪 80 年代初，农产品价格暴跌使很多小型农村银行破产。[95]同一时期，油气价格下跌使堪萨斯州和俄克拉何马州很多银行倒闭。[96]废除商业地产交易中加速折旧的税法，造成了美国东北部商业地产市场的大幅衰退，发放该领域贷款的银行也受到了负面影响。银行从事激进的高风险业务，滥用存款保险的保护，滥用联储贴现窗口提供的保护（有时已深度资不抵债仍可使用该窗口），有证据表明这些做法是银行遭受巨大损失的部分原因，这些证据进一步激起人们对维持现状的反对。[97]1984 年政府救助了一家被认为是“大而不倒”的银行，即总部位于芝加哥的伊利诺伊大陆银行。随着银行损失攀升，相应的政府救助成本上升，公众的情绪开始转变。

20 世纪 80 年代的银行业危机促使很多单体银行家、借款人和政府官员都开始支持放宽对银行开设分行的限制。对正经历银行破产的单体银行家而言，被有分行的银行收购还能带些财富离场，或许还能在新银行中谋得职位，这一选项总比在破产中失去一切要好。对濒临破产的单体银行的贷款客户而言，愿意收购倒闭单体银行的有分支的银行意味着未来重要的融资来源。对于联邦存款保险公司和联邦政府官员来说，大银行收购破产小银行，减少了向破产银行储户清偿的成本。而在州政府看来，新银行的进驻有助于恢复经济增长，值得欢迎。

这一阶段的银行业困境通常被称为“储贷危机”，但值得注意的是，20 世纪 80 年代的银行业危机不仅限于储贷机构：大量商业银行也牵涉其中，遭受一系列冲击，包括利率波动、住房和商业地产价值缩水、能源价格冲击沉重打击了为油气开发提供融资的放款人，以及农产品价格下跌导致农场陷入严重困境。然而，储贷机构的消失是 20 世纪 80 年代银行业危机中涉及范围最广且最戏剧化的一部分。

储贷机构的商业模式是从储户手中吸收短期存款，然后再发放固定利率的长期按揭贷款，实施这种模式有两个先决条件：稳定的宏观经济环境，以及储户的约束，即银行家不审慎的高风险行为会导致储户提取存款的威胁。对于以短期存款发放固定利率按揭贷款的储贷机构或银行而言，通货膨胀是其天敌，因为通货膨胀会导致利率上涨，以及固定利率按揭贷款的价值下降。然而，审慎经营的储贷机构一般能够管理利率小幅上升带来的损失，特别是在有储户约束的情况下。因为在储户约束下，面临通胀损失的银行会降低其资产风险或增加权益资本，否则就会面临巨大的存款流失压力。因此储贷机构的传统商业模式建立在通胀波动程度低和储户保护程度低的基础之上：银行经理必须平衡其资产负债的期限结构，储户必须有动机在银行经理赌博式经营的情况下提取其存款。[98]

到 20 世纪 80 年代，上述两个条件都发生了显著变化。政府支出迅速增加，扩张性货币政策、布雷顿森林体系在 20 世纪 70 年代的崩溃，这些因素导致了经济环境的巨变：通胀、汇率、房地产和农场价格、石油价格和 GDP 增速的波动都显著加剧。事实上，通胀高位运行。1980 年，对每家银行每个账户的存款保险上限提高到 10 万美元，以帮助银行在高通胀和负利率时代巩固存款基础。对银行和储贷机构的政府保护显著增加，使这些机构不必承担自身的风险行为带来的后果，因此弱小机构承担更大风险的动机增大。这些机构在 1979—1982 年面临紧要关头，美联储为抑制通货膨胀开始实行紧缩货币政策。利率开始飙升，储贷机构遇到了严重问题，因为它们支付的存款利率大幅提高，但只能从住房抵押贷款中获得很低的固定利率回报。资产负债表的错配，再加之紧缩货币政策增加了贷款违约，在这种情况下，许多储贷机构走到了资不抵债的地步。[99]

20 世纪 80 年代初，如果能够预先识别利率变化导致的损失，并通过储贷机构的缩减、关闭或合并予以应对，则储贷危机虽然重大但可能不是灾难性的。相反，随着损失攀升，很多濒临破产的储贷机构以及与储贷机构有相似运作模式的商业银行决定使用“万福玛丽传球”，转而投资垃圾债券和投机性的商业地产企业。政府监管部门本该监测并监管这一做法，但在实际中容忍了这一做法。球场上的“万福玛丽传球”很难奏效，自然，也无法拯救储贷机构。随着损失攀升，政府监管机构本该关闭一些濒临破产的银行，或要求这些银行补充资本以弥补其损失的资本。相反，政府不但没有采取这些措施，反而在 1982 年放宽了对储贷机构可持有资产类型的限制。[100]这一变化延缓了储贷机构倒闭的时间，却造成了更糟糕的结果：1986—1995 年，3234 家储贷机构中的 1043 家不得不由联邦政府“处置”，这意味着纳税人将承担这部分损失。

如何计算纳税人真正承受的经济损失存在争议，根据美国联邦存款保险公司的一项研究，最佳估计为 1240 亿美元，但考虑到更高的直接成本并纳入多种间接成本，美国审计总署的预测数字还要更高。然而，不论通过何种方法计算，储贷危机对财政体系、经济和纳税人带来了重大冲击。[101]

银行业整合

和 1907 年恐慌以及大萧条的情况一样，20 世纪 80 年代的金融危机暴露了金融机构天生的不稳定性，不能将不同地区的风险整合处理以分散风险，不能在分行间或相互联系的网络内调动资源以应对困难。[102]监管者和政治家发现，允许大银行收购濒临破产的小银行具有一定优势，因为这样可以节约联邦存款保险公司处置破产银行的成本。从 1979 年到 1990 年，15 个州放松了对银行开设分行的限制。[103]很多州允许其他州的大银行收购本州银行。大银行则主要来自早已允许州内开设分行的各州，例如北卡罗来纳州、俄亥俄州和加利福尼亚州。

1982 年，州法律对跨州开设分行的禁令受到严重打击，因为为了应对储贷危机，国会通过了《1956 年银行控股公司法》修正案，允许银行控股公司收购破产银行，而不必适用各州法律的规定。这一变化促使许多州加入区域性或全国性的互惠安排中，在这一安排下，不同州的银行可进行合并（不局限于被控股公司收购）。1984年到1988年，38个州加入了此类互惠安排。[104]20世纪80年代初，拥有全国性分支网络的银行只占美国银行体系的10%，到20世纪90年代中期，这一比例已经超过70%。[105]1994年，单体银行制受到最后一击。这一年，美国国会通过《里格尔—尼尔跨州银行和分行效率法》（Riegle-Neal Interstate Banking and Branching Efficiency Act，以下简称《里格尔—尼尔法》），将州层面已在实施的做法写入法律。从此，银行可以在州内，也可以跨过各州地界开设分行。这一变化为单体银行家和农业民粹主义者联盟敲响了丧钟，这一联盟自19世纪30年代开始一直主宰着美国银行业制度的形成和发展。

银行可在州内或跨州开设分行，可以证明这一变化给经济带来了巨大益处。大量文献（且文献数量在持续增多）证明，放松关于设立分行的法律为企业家提供了更多的信贷机会，促进了投资和收入增长，改善了银行业竞争。同时，这一做法也增加了美国经济中非金融部门的竞争，从而推动失业率下降和收入不均现象的缓解。[106]最后，或许有人会这样认为：为提升贷款的可获得性以及银行体系的效率与稳定，美国完成了要实现上述目标必需的重大结构化变革。然而，如第七章和第八章所示，这样的判断显得为时过早且有失偏颇。

第七章　美国银行体系的新交易

超级银行、城市激进团体和住房抵押贷款标准的降低

你们美国人的天才之处在于从不做简单的愚蠢举动，而是让愚蠢的举动复杂化，那么我们是否有可能没有发现一些你们美国人发现了的重要东西呢，我们对此惊叹不已。

——贾迈勒·阿卜杜·纳赛尔（1957）

1994 年《里格尔—尼尔法》打破了限制美国银行业跨州经营的最后一道障碍，标志着单体银行家和农业民粹主义者联盟（这一联盟看似不可能但实际存在）的消亡。此时美国银行业结构终于不再具有人为制造的脆弱性：相对于数以万计的不能跨地区分散风险的单体银行而言，美国现在终于有可能拥有更稳定的银行体系，主要由大型银行构成，各银行下辖几百家或几千家分行。在《里格尔—尼尔法》通过后的几年中，随着银行间并购以燎原之势席卷全国，这些可能性变成了现实。例如，摩根大通银行由超过 37 家银行合并而成，2011 年它已成为超级银行，雇员数量超过 22 万人，资产超过 2 万亿美元。又如美洲银行（Bank of America，请区别于美国银行 Bank of the United States），最初为加州的一家银行，合并或收购了 50 多家银行。当 1998 年该行再次与国民银行（Nations Bank）合并时，它真正成为一家美洲的银行。[1] 当然，一些规模较小的地区性银行仍在继续经营，如一些地方银行主要关注特殊市场（niche markets）。然而，在这个过程

中，美国银行业已发生了根本性的变革。

那么，在《里格尔—尼尔法》通过的仅仅13年后，这个结构更加合理的银行体系怎么会在2007—2009年的次贷危机中轰然崩塌呢？如果说美国银行业的整合为银行业奠定了更加稳固的基础，为什么一些最大型的金融机构包括花旗银行、美国国际集团、美林、贝尔斯登、雷曼兄弟、美联银行、华盛顿互助银行、全美金融公司会走向破产或需要政府救助呢？为什么房利美和房地美这两家美国最大的抵押贷款公司会在大量不良贷款的压力下崩溃，以至于在2008年实际上成为政府所有的银行？为什么财政部不得不于2008年通过“临时资产回购计划”，花费4310亿美元为银行体系注入资本？为什么国会次年通过了7870亿美元的紧急支出计划，试图刺激经济并促进就业？

次贷危机之所以如此引人瞩目，不仅因为它造成的经济崩溃程度惊人，还因为它引发了美联储和联邦政府为扭转经济颓势而采取的前所未有的大规模救市计划。[2] 美联储调低基准利率并在此后多年将利率水平维持在0～0.25%的“目标区间”。美联储还推出了一系列流动性支持计划，旨在为一级交易商（从财政部直接购入政府债券、再出售给其他机构的公司）提供短期资金，并向资产支持商业票据市场、住房抵押贷款支持证券市场和货币市场共同基金提供支持。美联储采取的这些声势浩大的行动使其资产负债表规模翻了3倍。[3] 美联储和美国政府还将有针对性的政府担保范围扩大到不同类型的债务，包括此前未参加存款保险的银行存款、货币市场共同基金股份和住房抵押贷款支持证券。在这些举措不足以重振经济，而美联储又不能继续下调基准利率（由于名义利率零下限）的情况下，美联储采用了量化宽松政策，实质上是印刷钞票购买政府债务。此外，寄希望于扭转投资者的市场预期，美联储采取了货币政策的新方式，即“政策指引”，向公众宣布在未来很长一段时间都会维持低利率和量化宽松政策。此外，美联储还推出了旨在支持房地产市场的项目，即购买数千亿美元的住房抵押贷款支持证券。事实上，美国政府的政策组合，包括美联储购买住房抵押贷款支持证券、政府接手房利美和房地美，以及联邦住房管理局的市场份额大幅上升，说明了美联储和财政部为绝大部分美国住房抵押贷款提供了资金来源。

为什么本应变得更加稳定的体系实际上如此脆弱不堪？我们绝不是首先提出这一问题的人。人们对此已给出了很多不同解释，在此无法一一罗列。但基本的共识是，美国2007—2009年的系统性崩溃是由住房信贷市场危机，尤其是“次级”贷款市场危机引起的。[4] 房地产金融泡沫的破裂，导致了一个曾被认为几乎无风险的市场崩盘。银行同业存款、资产支持商业票据和回购（银行和其他中介机构之间的隔夜抵押贷款）的交易量急剧收缩。[5] 这些短期债务市场的崩溃，导致很多银行无法继续依赖这些市场获得融资，只得狼狈地在各处争抢现金以应对银行各资产项目的资金需求。一些市场参与者争抢着出售大量非现金资产，导致这些资产价值急剧下跌。

同时，银行停止向借款人授予新的信贷额度，或在对已有信贷额度展期时降低其额度。随着银行贷款干涸，企业和家庭开支减少，造成了经济萎缩的自我强化过程。[6] 我们在国际货币基金组织的同事卢克·莱文（Luc Laeven）和费边·巴伦西亚（Fabian Valencia）估计，2007—2011年，经济萎缩的总成本对GDP的比例达到惊人的31%，而且这是在不考虑成本增加的情况下。[7]

问题的核心

尽管人们对此次金融危机的基本事实已达成了普遍共识，但是关于引发次贷危机的根本原因众说纷纭。人们将原因指向了银行内部文化的变迁、住房抵押贷款支持证券和其他金融衍生产品市场的发展、美联储过低的利率、房利美和房地美高管层的过度冒险、克林顿时期的再分配政策、布什时期的自由市场意识形态、《格拉斯—斯蒂格尔法》的废除、放宽监管过程中步骤界定不明、部分个人的不当行为和不称职等诸多方面。一些分析家则通过分析认为，这些原因的多种组合共同导致了这场无人可能预测的“完美风暴”。

上述原因中包含了很多重要的事实，但在我们看来并不完全。特别是这些解释不能令人信服地说明为什么市场主体愿意将他们自己暴露在次级住房抵押贷款的风险中。[8] 银行业危机不会恰巧发生，正如第一章所述，银行体系只有在满足以下两个条件时才会崩溃：第一，银行必然通过贷款和其他投资承担了极大风险；第二，银行资产负债表中的资本不足以弥补这些风险贷款和投资的相关损失。如果银行只向稳当的借款人发放稳当的贷款，则银行贷款组合一夜间全都变成坏账几乎是不可能的。如果银行向资质欠佳的借款人发放有风险的贷款，但有额外的股东资本覆盖这部分贷款违约的概率，那么当坏账真正发生时，银行股东会遭受一定损失，但银行不会走到资不抵债的境地。任何对次贷危机的合理分析都需要首先考虑银行业危机的上述基本逻辑，并在此基础上解释为什么会有如此多的银行，在仅有少量资本防范银行破产风险的情况下，却发放了这么多高风险的贷款。

本章和第八章旨在对次贷危机给出我们的解释。我们要解释危机前风险管理失败的上述两个特征。通过分析银行高风险贷款增长和资本不足的原因，我们将构建一个研究框架，融入关于此次危机的已有文献中的其他事实和观点，从而对危机的过程及其原因做出合乎逻辑的解释。

在本章，我们将着重分析导致银行业危机的第一个先决条件，审视银行贷款组合风险逐渐增大的过程。为什么在 1990 年一个有良好信用评级、稳定可靠的工作和收入记录的借款人要支付 20% 的首付，才能贷到一笔 30 年期固定利率的低风险抵押贷款，而在 2003 年只需

3%的首付、简单申报收入和工作经历且无须独立的核实，即可获得一笔高风险、浮动利率、负分期摊销的抵押贷款？

第八章将着重分析导致银行业危机的第二个先决条件，审视股东资本未能与银行资产风险的累积同步增长的过程。在认购标准不断降低的前提下，为什么监管者不坚持让银行以及房地美和房利美等政府支持企业增加额外的资本缓冲？第八章将说明住房抵押贷款风险上升和资本不足这两个关键因素是如何相互作用，共同导致了毁灭性的金融危机。

挥之不去的政治影响

接受更高的住房抵押贷款风险、降低银行和政府支持企业的资本水平，这是政治交易的两个基本方面。位于交易核心的是两个极不可能成为伙伴的双方组成的联盟：迅速增长的超级银行、支持向城市中经济状况较差的借款人发放高风险住房抵押贷款的激进团体，如“社区组织推动改革协会”。对银行设立分支的法律限制一旦取消，银行家纷纷开始野心勃勃的合并计划。但这些计划受到政治的约束：若要获得美联储对其合并计划的同意，银行首先需要被认定为所在社区的“好公民”。“好公民”这一概念的定义后来变为遵守1977年《社区再投资法》，该法最初旨在确保银行服务当地社区。从理论上讲，20世纪70年代推出《社区再投资法》具有特定的意义，当时银行市场割裂，银行并无动力在低收入社区中寻找优质的借款人。然而，在20世纪70年代至80年代，《社区再投资法》仅仅推动银行发放了非常少量的社区内贷款。然而，这一几近废止的法律在20世纪90年代成了美国“银行交易博弈”中非常有价值的筹码，当时银行并购运动（打破了原来割裂的市场）全面铺开。对于为其成员和选区争取直接贷款的激进团体而言，“好公民”标准成为银行合并中的谈判利器。

由银行家和激进主义者组成的联盟进一步推动美国银行业成为一群超级银行的组合，这些银行变得“大而不倒”。作为银行业合并进程的一部分，银行通过合同正式承诺，在1992—2007年通过激进团体发放8500亿美元贷款。除了上述明确的协定外，银行为获得“好公民”身份，还在同一时期内根据《社区再投资法》向银行服务欠缺地区或低收入社区承诺额外发放3.6万亿美元《社区再投资法》贷款。

为保持稳定，联盟必须纳入其他行为主体。银行不会向其激进主义盟友做出无限度的贷款承诺：对银行而言，《社区再投资法》贷款隐含的风险远高于传统住房抵押贷款的风险。因此，在激进团体的压力下，国会开始对购买住房抵押贷款并实施证券化的政府支持企业提出强制性监管要求，政府支持企业包括房利美、房地美和联邦住房贷款银行。其中，国会特别要求房地美和房利美两家机构回购针对目标群体（如低收入或生活在城市中被定义为服务不足地区的群体）的住房抵押贷款。

政府对房地美和房利美的要求并不是关于行动意义的模糊陈述，而是设定了明确的目标，且这些目标从20世纪90年代到21世纪初不断提升。为达到这些要求，房地美和房利美不得不降低其认购标准。[9]到20世纪90年代中期，房地美和房利美同意将住房抵押贷款的首付比例降至3%（之前的行业标准是20%）。不久，它们开始购买信用评分很低的住房抵押贷款。到2004年，它们同意购买大量高风险的住房抵押贷款，包括几乎没有收入证明文件的所谓“次优级”贷款（也被称为骗子贷款或“低文件”贷款）。这些改变符合激进团体和超级银行的利益：银行可以按优惠的条款向政府支持企业转卖与《社区再投资法》相关的住房抵押贷款，因此银行可以按更低成本向目标选区发放更多贷款。

房地美和房利美不是待剪羊毛的羔羊，它们做出这些改变，同时也从国会索要了多项有价值的特权。其中最重要的一项是，它们的资本要求远远低于其他商业银行，可以说用以支持资产组合的资本充足水平要求薄如纸片。政府支持企业虽然最初不太情愿，但后来成了超级银行和激进主义联盟的热情的合作伙伴，在维系这个联盟过程中充当了制度黏合剂的重要作用。[10]

因为《社区再投资法》在参与合并银行和激进团体间的谈判中被当作关键武器，所以学术界和激进主义者在关于《社区再投资法》是否导致了次贷危机这一问题上有大量的争论和相关文献。本书作者认为，论战中的很多人都忽视了两个基本事实。第一，如果没有后来的银行合并运动，《社区再投资法》根本就无关紧要。事实上，从 1977 年至 1992 年，《社区再投资法》承诺在美国抵押贷款总额的占比微不足道。对于参与合并的银行而言，《社区再投资法》带来的合规成本的增加只是做业务必须付出的成本：银行成为大银行会获得高额的租金，而该租金必须与那些原本会阻击或拖延银行合并扩张的群体分享。[11]

第二，将银行业贷款的风险增加全部怪罪到《社区再投资法》贷款上是错误的。虽然有证据显示银行认为《社区再投资法》贷款的风险高于其他贷款，但这并不是全部事实。所有人的住房抵押贷款的风险都变得更高了，而不只是《社区再投资法》借款人的贷款。政府要求房利美和房地美购买银行的《社区再投资法》贷款，从而使低收入者和服务不足地区人群能够获得住房抵押贷款，上述要求迫使政府支持企业降低它们的认购标准，而更低的标准事实上最后适用于每一个寻求贷款的人。鉴于房利美和房地美的规模及其对银行贷款实施回购及证券化的能力，房利美和房地美实际上设定了整个行业的标准。美国大批中产阶层通过加入“轻松贷”的行列，很快也参与到“超级银行、城市激进主义者和政府支持企业”联盟中，虽然他们可能并没有意识到这一点。

有一个事实再强调也不过分：当房利美和房地美同意购买这些非

优质贷款时（此类贷款的借款人在没有出具收入或工作证明的情况下仅需支付3%的首付，而且借款人的信用评分也远远不够格），这改变了数以百万美国家庭而不仅仅是城市中的低收入者的风险计算方式。在新的认购标准下，中产阶层家庭能加大负债的杠杆率，购买一套环境更佳、面积更大的住宅。当赌注很小且头奖（一幢梦想中的郊区房子）摆在眼前时，人们为什么不坐下来玩几手呢？由此造成的结果是，住房抵押贷款迅速增长，各阶层美国人的违约概率处于高位。这就是次贷危机之所以既发生在底特律这样的低收入城市地区，又会在加利福尼亚州赫米特这样的中产阶层聚集地持续发酵的原因。[12]

在美国1990年以后的“银行交易博弈”中，一个残酷的反讽是，虽然能够轻松获得贷款，但城市低收入者的生活标准并没有得到有效提升，至少在中期内的事实如此。从一开始就要特别注意：隐性住房补贴政策扭曲了银行家、政府支持企业的高管、政府机构以及大量公众的行为动机，从而实现收入转移，但这样的做法助推了银行业危机，使之波及十分广的范围。危机可能卷走这类补贴性项目在短期内带来的所有再分配收益。若采用明确由预算支持的政府税收转移支付项目直接应对不平等问题，或许在政治上困难更大，且项目的规模往往较小，但反而可能在应对不平等问题方面产生更持续的收益。

在美国1990年以后的“银行交易博弈”中，当然有潜在的亏损者：那些没有从政府支持企业降低认购标准中获益，却不得不为处置大规模违约贷款埋单的纳税人。实际上他们为其他每个人提供了补贴，只是他们中的大多数人在这一博弈过程中并不理解这一博弈，也不会意识到是贷款购买的房子拖累了他们。这些纳税人提供的补贴没有明显地纳入政府预算，而是类似于一种间接担保，或隐形税收，只有当其他所有玩家离场，住房市场崩塌，纳税人不得不为处置大规模违约埋单时（其实纳税人此前在不知不觉中已同意这样的安排），隐形税收或者隐形担保才变得清晰可辨。

有包括参众议员、银行监管者在内的公职人员理解这一博弈，但他们有充足的理由不干涉这场博弈或者改变规则。因此，如果说在这一章我们可以学到美国等民主国家政治运作的重要一课，那就是：何谓政治联盟的权力？这种权力就是让政府官员在即使知道某项行为不符合公众长远利益的情况下依然赞同，因为这符合他自身的短期利益。对于理解美国1990年以后的“银行交易博弈”的人而言，社会为这次危机支付的成本发生在未来，而银行合并带来的利益却近在眼前。尽管下一章中会进一步予以阐述，但在此需再次重申，政府官员，尤其是那些监管者甚至一部分民选官员，他们虽然早就知道这场博弈会如何收场，但还是选择袖手旁观。[13]

为了防止产生误解，有必要澄清一点：本章和第八章的目标并不是将次贷危机归咎于大型银行、政府支持企业、城市低收入者、激进团体、政客或监管者。无论身处何方，人们通常追求自身利益，利用政治权力为自身牟利只是其中一种方式。当人们可以通过建立一个联盟实现共同利益时，他们必然会付诸实践。政客无论属于什么党派，同样追求自身利益，即获得连任，为此，必须争取一些联盟的支持。对于联盟导致的结果，不能“怪罪”到其中任何一个个体或群体身上。事实上，怪罪于人在本质上不具有建设性，因为这只会将问题简单化：它让我们觉得问题源于其他人的道德滑坡，而不是思考真正的核心问题，即政治制度是如何鼓励了这些可能带来巨大社会成本的联盟？

为什么通过银行体系实施收入再分配？

超级银行和激进团体联盟的力量增强源于深层次的社会变化和美国相当独特的政治制度。二战后的几十年中，美国的城市化水平不断提高，到20世纪70年代中期，收入分配和财富不平等程度进一步恶化。大量低收入群体集中居住在城市，因为在城市，这类群体更容易形成组织，并对政府进行抗议，而且抗议能够迅速转变成大规模的暴力活动。在20世纪60年代的暴乱中，美国的精英即看到这一威胁正不断增加，随着不平等现象在随后几十年继续加剧，政策制定者开始依靠引导银行向城市选区中的低收入者提供贷款来应对不平等问题。

在西欧以及其他国家也出现了类似情形，但美国通过银行业和政府支持企业化解收入分配不平等的做法独树一帜。在一些西欧国家，政府通过进一步扩大已有的昂贵的福利计划应对城市化和不平等现象。但欧洲的这种解决方案在美国并不容易适用。第一，美国宪法规定的各项制度阻碍了这一做法。总统非直选，这意味着在选战中以农业为主的各州同样不可忽视，而这些地区不赞成城市群体在再分配中获得更多利益。第二，在立法机关两院制的设置下，再加上参议院需以多数议员的同意强制终止辩论并交付表决的立法规则，再分配的财政立法必须获得压倒性多数的支持。第三，参众议员选举的“赢者通吃”制度有利于中间候选人和党派，这不同于很多欧洲国家鼓励党派和候选人持鲜明立场的议会制度。[14]此外，历史环境赋予美国维护世界秩序的职责，这使其军费开支占税收收入的比重超过其他任何西方发达国家。[15]

因此美国不能像其他国家一样完全通过财政体系满足收入再分配的要求。政客在寻求财政支出以外的方法实施收入再分配时，逐渐把银行监管作为政策工具。华盛顿的政治共识是将银行业监管作为调节收入再分配的方式，这一方式更容易实施，因为最终为这一决策埋单的选民更不易察觉这一点。《社区再投资法》的要求和政府支持企业的信贷分配不属于财政预算，因此它们通常不会作为税收转移安排而被广泛报道，人们一般也不会这么理解。因此代表各农业州利益的政客可以放心地同意这些政治交易，以换取其他政治利益（所谓的“投桃报李”），但又不用担心在其选区产生糟糕的后果。

这种对城市低收入者的政治照顾，用拉古拉迈·拉詹的话说就是“让他们吃贷款”。[16]比尔·克林顿总统（任期为1993—2001年）成功地实施了这种美国独有的通过银行业监管实现收入再分配的做法，他自豪地将这一做法归入为美国弱势群体创造机会的克林顿“第三条道路”的组成部分。这是解决不平等和城市贫困问题的最佳权宜之计，因此得到了两党许多政客的支持。[17]

超级银行的兴起

激进团体和超级银行联盟的形成得益于银行合并浪潮的催化剂作用。银行合并浪潮始于20世纪80年代各州法律的规定，并随着1994年通过《里格尔—尼尔法》进一步加速。20世纪90年代和21世纪初，银行业快速整合，超级银行逐渐形成。

有多重因素推动超级银行的形成。一个明显优势就是组织效率的提高。在全国范围内有众多分支行的银行可以将风险分散到各个地区。随着资产基数扩大，银行可以分摊信息技术和人力资源方面的高投入，从而获得规模效益。银行规模扩大也能产生范围经济效应：银行能够提供种类更加丰富的产品和服务，从而扩大收入来源。超级银行还能带来一个额外优势，即获得潜在的市场支配力。虽然规模增加不一定带来获得垄断租金的能力，但至少带来了这一可能性。

规模扩大带来的最后一个潜在好处是超级银行享受“大而不倒”的隐性补贴。接受这种隐性补贴的预期在20世纪80年代不断增强。1984年政府对濒临破产的一家银行实行紧急救助，使这一预期更加明显。以今天的标准看，当时的伊利诺伊大陆银行仅是一家中等规模银行。这家银行的问题通过能源贷款和银行间的关联性蔓延到其他银行，但实际上它只开设了为数不多的分支机构，且皆位于芝加哥。由于担心伊利诺伊大陆银行倒闭会蔓延到整个金融体系，美联储主席保罗·沃尔克支持对该银行施以紧急救助。随着银行规模在 20 世纪 80 年代后进一步扩大、涉足的领域更加广泛，这种对风险的系统性蔓延的担心也随之增加。因此到 20 世纪 90 年代，银行家有更多理由相信，大型银行会得到政府救助，不会破产。

因此，由纳税人为大型银行提供“大而不倒”的隐性补贴愈加巨大。这种补贴不仅仅存于想象和预期中。20 世纪 90 年代，穆迪和其他债务评级机构对美国大银行的评级明显反映了政府对银行的保护。银行获得两个评级：一个单独的评级度量其财务状况，不考虑政府补贴；另一个是全面评级，反映了政府保护预期带来的额外收益。[18]

通往地狱之路由善意铺就

银行合并除了得到法律允许之外还有关键的一步：尽管大银行现在可以收购小银行或与其他银行合并，但这些并购必须获得银行监管部门的同意。作为银行控股公司的监管者，美联储理事会的决定权最为关键，而其他银行监管部门和司法部门也可以对银行合并案提出反对。这些监管者十分容易受到政治压力的影响，其中以美联储所受的影响为最，原因在于国会对这些监管部门的行为和预算进行评估。此外，国会还有权修订《联邦储备法》，而且一些国会议员经常威胁要这样做。简而言之，一个组织良好的团体如果有意愿，就完全有政治抓手阻止一场并购。

有很多适用的标准可以阻碍银行合并案。第一，发起收购的银行必须具有强大的财务实力；第二，合并后的银行不能有过度的市场支配力。实际上这一标准的约束力有限，因为美联储仅通过考察合并后银行在存款市场上的占有率判断，而非在信贷市场上的定价能力。例如，1999 年舰队金融公司（Fleet Financial）和波士顿银行（BankBoston）的合并就是一个具有说服力的例子：新英格兰地区仅存的两家规模较大银行的合并产生了一家超级银行，新成立的银行有能力决定该地区商业贷款的定价。中等规模企业首当其冲：一方面规模过大，无法从地方性小型银行贷款，另一方面规模又不够大，尚不具备在国际市场融资的能力。中等规模企业并不是此次合并唯一的反对者，波士顿市长和马萨诸塞州检察长也表示反对。但这些反对意见最终被淹没，美联储批准了此次合并，两家银行合并前后，企业贷款利差整整上升了 1 个百分点。[19]

批准合并的第三个标准是"好公民"标准，与市场支配力的考量不同，这是一个严格的约束性条件。1977 年，为回应对银行歧视城市低收入者的批评，国会通过《社区再投资法》。在《社区再投资法》通过后的前几年，并没有产生明显的影响，如图 7.1 所示，从 1977 年到 1992 年，银行仅宣布了 430 亿美元的《社区再投资法》贷款承诺，并且其中大部分发生在 1989 年之后。到 1995 年，银行并购潮深化，对《社区再投资法》的修订意味着不遵守该法要求的银行将面临不利后果。[20]克林顿总统在 1999 年 7 月的一次演讲中自豪地表示："（《社区再投资法》）在我出任总统前几近废止，而我就任总统后这六年半银行做出的《社区再投资法》贷款承诺占到该法实施 22 年以来的 95% 以上。"[21]

克林顿将《社区再投资法》贷款纳入其"第三条道路"的主张中，即在不损害其他个人和企业利益的情况下提升美国弱势群体的经济福利。[22]这一公共政策立场既非自由放任方式，又非传统的税收转移方式。克林顿"第三条道路"的政策含义是，政府可以为公众提供免费午餐。虽然明智的政策选择确实能使每个人获益，但《社区再投资法》贷款承诺并不是免费的午餐。虽然《社区再投资法》贷款监管要求给银行带来的负担没有直接反映在政府预算或银行支出中，但的确让银行付出了合规成本：若非《社区再投资法》的要

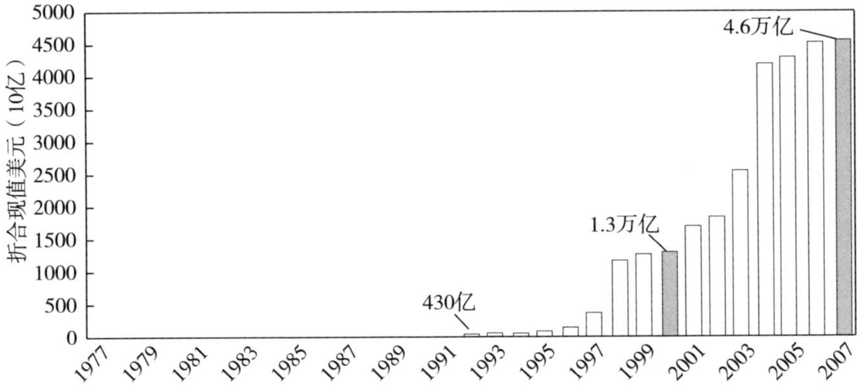

图 7.1　1977—2007 年《社区再投资法》贷款承诺累计金额

资料来源：National Community Reinvestment Coalition（2007b），第 8 页。

求，银行原本并不会发放这些贷款。正如联邦住房贷款银行前董事劳伦斯·怀特曾指出："要么《社区再投资法》的要求是多余的，即对银行业而言，为本地社区提供金融服务本来就有利可图；要么这需要交叉补贴，即以其他银行服务产生的超额利润补贴为社区提供服务带来的损失。"[23]简言之，作为"第三条道路"的政策之一，银行业的《社区再投资法》贷款承诺使人们误以为其中隐形的税收和转移支付并不存在。

为什么银行会如此重视它们的《社区再投资法》评级呢？根据银行满足其所在社区的金融需求情况，银行将获得一个《社区再投资法》评级，即优秀、满意、尚需改进和完全未遵循四级。低《社区再投资法》评级的主要惩罚是阻碍银行合并。因此，若银行没有兼并或收购意向，就不需要太在意《社区再投资法》评级。[24]但对于有发展雄心的银行而言，它需要好的评级。

这一现实状况意味着，实施并购发展战略的银行面临一个战略选择：它要么发起《社区再投资法》贷款项目，要么与激进团体联合开展《社区再投资法》项目。前一选择的优势是银行对《社区再投资法》贷款的分配有决定权。而后一选择的好处在于，通过放弃对《社区再投资法》贷款组合的实际控制权，银行可以在收购与兼并过程中更有效地获得激进团体的支持。也就是说，伙伴关系使激进团体的行为动机与银行趋同，使激进团体能代表合并银行为后者的好公民承诺作证。

对激进团体而言，与银行建立正式伙伴关系的选择显然优于银行独立运行《社区再投资法》项目。伙伴关系使激进团体能对银行《社区再投资法》贷款组合的分配拥有控制权；同时还能获得银行支付的佣金收入和慈善基金。由银行自行管理《社区再投资法》业务，既不会带来这些收益，也会被激进团体视为操之过急地“致力于消除社区团体对未来银行扩张的反对之声”。[25]例如从舰队金融公司和波士顿银行的合并案中，我们至少可以看出，银行独立运行的《社区再投资法》项目是反对银行合并的态度出现的主要原因。美联储关于该合并的听证会实录显示，马萨诸塞州的一个激进团体联盟表示强烈反对，因为舰队金融公司和波士顿银行承诺了146亿美元《社区再投资法》贷款，但并不延续舰队金融公司与社区组织推动改革协会在《社区再投资法》业务上的合作关系。由于已预测到会有这种反对，舰队金融公司和波士顿银行为其他州的激进团体支付旅行费用，请他们为银行作证。[26]

因此，很多银行为了自身利益，在美联储听证前就会与激进团体建立明确的伙伴关系，而放弃自己独立运行社区组织推动改革协会项目。[27]《社区再投资法》的一些批评者将这种交易形容为“合法的勒索”。[28]抛开这些批评不谈，银行和激进团体达成的协议是这种形势下的必然结果。银行有十足的动机进行合并，因为这可以实现管理上的规模经济、分散风险、获得市场支配力，而且当规模足够大时，还可能获得“大而不倒”的政府保护。激进团体有十足的动机威胁银行，声称将在美联储的听证会上指证参与合并的银行不是好公民，从而逼银行让步：这些团体因为争取到的《社区再投资法》项目而获得巨大发展，其成员更容易获得银行贷款。正是由于《社区再投资法》的存在，使银行和激进团体双方都有动机推动银行合并的顺利实现，因为如果合并受阻的话，银行将失去增加收益的机会，而激进团体将失去为其成员谋利、增加可支配资源的机会。决心促成这些交易的政客没理由阻碍银行并购。正如克林顿总统在1999年的一次演讲中骄傲地宣称，1999年的银行改革立法“建立了这样一种原则：银行业力量扩大的同时，我们也在扩大《社区再投资法》的影响范围”。[29]

合并银行与激进团体达成的这种协议没有任何隐秘之处。实际上，由各激进团体组成的伞状组织联盟，全国社区再投资联盟（NCRC）印发了一本101页的指导手册，教导各团体如何在银行合并进程中与银行谈判。全国社区再投资联盟手册毫不避讳地鼓励激进团体在银行合并进程中发挥其影响：“当一家银行希望与另一家银行合并或开设新的分支机构时，它必须征得美联储和（或）其他主要监管机构的同意。如果该银行获得了较差的《社区再投资法》评级，审查该行申请的联邦机构有权推迟、拒绝或有条件地批准其申请。”[30]指导手册接着指出：

> 银行的兼并和收购活动对社区组织而言意味着重要的机会，社区组织能够影响审批进程，并就《社区再投资法》提出关注事宜。一些银行非常希望得到“优秀”这一评级，以便在监管者审批其合并申请时提交一份干净的再投资记录……激进团体需牢记在心的是：无论是评级从“优秀”到“满意”（或反向的变化），还是从通过评级到无评级（或反向的变化），评级的改变都能被用以发挥重要作用。这一点不论是对银行的综合评级还是对某个特定区域的评级，都同样适用。[31]

指导手册接下来讲解了如何影响一家银行的评级：“社区组织可以在一家银行提交合并或收购申请后，对该行在《社区再投资法》贷款和公平贷款方面的表现以书面形式发布评价。全国社区再投资联盟可以帮助社区组织准备对银行合并申请的评价。”[32]最后，指导手册明确指出，即使一家银行遵守了《社区再投资法》的各项规定，社区组织仍可以简单地通过施加干扰以获益：“适时的评价可以引导检查人员特别关注银行在中低收入社区的贷款、投资和服务中好的或不好的方面，从而影响银行的《社区再投资法》评级……即使银行仅在一个州或者一项测试中的评级从‘优秀’变为‘满意’，也能促使它在中低收入社区增加贷款、投资和服务的规模。”[33]

其他由银行和激进团体达成的协定也毫不隐晦。激进团体与银行达成长期协定，后者向前者承诺发放住房贷款和支持中小企业融资，一些贷款经常通过激进团体发放。从 1977 年到 2007 年，该类协定不少于 376 个，涉及几十个团体。其中包含纽约银行向社区组织推动改革协会承诺的 7.6 亿美元贷款、美联银行与“新泽西公民行动”（New Jersey Citizen Action）的 80 亿美元协定，以及美洲银行向“加利福尼亚再投资联盟”（California Reinvestment Coalition）的 700 亿美元协定。[34]作为回报，激进团体同意不阻碍银行即将进行的收购与合并。有时它们以提交文件或作证的形式支持银行合并。例如，1998 年国民银行与美洲银行的合并创造了美国最大的银行，资产达 5250 亿美元，社区组织推动改革协会住房公司总裁乔治·巴茨（George Butts）在美联储的银行并购听证会上为银行合并作证。他的发言清晰地表述了他支持此次合并的原因：

> 社区组织推动改革协会住房公司与国民银行的合作就产生了超过 2.36 亿美元的住房抵押贷款。这些贷款基本上都贷给了低收入家庭，他们享受较低的首付和非传统信贷评级，手头仍有现金，仍有城市中的老房子。这些贷款运转良好，违约或逾期很少。国民银行的贷款政策非常灵活。它们是第一个就住房抵押贷

> 款放贷标准与我们进行协商的跨州银行。它们跨出的这一步有力地推动了我们为低收入者制定的放贷标准成为市场中的主流标准。在当时看来这种做法是非常激进的，但如今已经没有人对以下标准的恰当性存有怀疑：较低首期付款，非传统信贷评级，将借款人可领取的食品券视为收入，将非配偶自愿支付的子女抚养费以及借款人手头的现金考虑在内，仅仅要求稳定的收入而不要求在同一个岗位上工作至少两年。[35]

社区组织推动改革协会不是唯一为这次并购作证的激进团体，来自美国社区援助公司的执行董事也提交了证词。他在提交给美联储的证词中写道："除了为房屋所有者提供再融资服务，国民银行与美洲银行的再投资项目（总计 3500 亿美元）可以为全国范围的中低收入人群和社区提供意想不到的购房机会。贷款买房可以不缴首付款，不用支付手续费或申请费，借款人不拥有完美的信用评级，利率可以低于 7%……这些都是不可思议的。是值得鼓励和支持的。希望监管者能尽快批准他们的申请。"[36]

民粹主义的丰收

激进团体从银行那里获得的货币性承诺包括两种形式。第一，银行承诺为激进团体认可的借款人提供住房抵押贷款和小企业贷款。如图 7.2 所示，1977—2007 年这类指向性信贷承诺的总额为 8670 亿美元，其中绝大部分发生在 1992 年后。第二，银行以向激进团体支付《社区再投资法》贷款管理费的形式，或以直接资助的形式为这些团体提供支持。例如，从 1993 年到 2008 年，社区组织推动改革协会从美洲银行获得了 1350 万美元，从摩根大通银行获得了 950 万美元，从花旗银行获得了 810 万美元，从汇丰银行获得了 740 万美元，从第一资本（Capital One）获得了140万美元。[37]到2000年，据美国参议院银行委员会估计，激进团体获得的这类费用和直接收入的总值达到了95亿美元。[38]考虑到之后新的《社区再投资法》协议的签订一直持续到2007年，95亿美元的数字明显低估了激进团体获得的费用收入和资助。

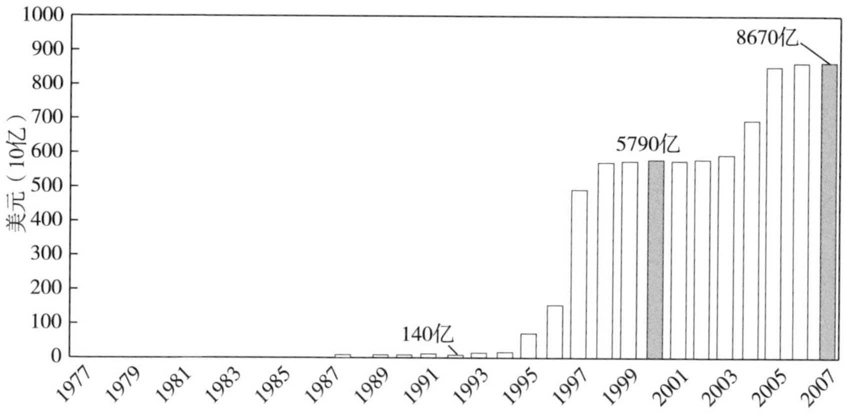

图7.2　1977—2007年银行和激进团体间《社区再投资法》贷款协议累计金额

资料来源：National Community Reinvestment Coalition（2007），第11—17页。

激进团体如何发放从银行获得的这些贷款承诺呢？接下来我们以美国邻里援助公司为例进行分析。该组织通过与美洲银行、舰队金融公司、花旗银行、第一联合银行、国民银行和其他银行合作，到2012年，从这些银行为自身运营的贷款项目共获得了130多亿美元的贷款承诺。用美国邻里援助公司网站上的话来说，该组织运用这些资源提供住房抵押贷款的条件"优惠得令人难以置信"。借款者可以获得30年期住房抵押贷款，放贷标准适用所有人，包括固定利率、无首付、无成交费、无信用审查、无抵押贷款保险费。此外美国邻里援助公司还宣布它将为那些无力偿还贷款的人提供帮助，[39]但条件是此人必须是美国邻里援助公司的成员并且保证"在一年内至少参加五次以上美国邻里援助公司的行动或活动，以支持美国邻里援助公司的使命"。这些行动和活动包括"各种倡议活动，例如抗议、游行、起诉歧视或侵害他人的个人或公司或参与此类诉讼活动”，在美国邻里援助公司办公室提供志愿服务，加入“同伴贷款委员会”（peer lending committee）或者“在其他美国邻里援助公司成员购房时提供帮助”。[40]美国邻里援助公司的条款吸引了很多信用评级非常低的贷款者：在美国邻里援助公司的购房者中，65%的人信用评分低于620分（属于高风险借款人范畴），50%左右的购房者评分低于580分（极高风险）。[41]

学术界对《社区再投资法》贷款对银行整体信贷规模和信用风险的影响已进行了广泛研究。有证据表明，如果没有《社区再投资法》贷款，银行的贷款规模和风险将会更小。阿加瓦尔、本米莱克和塞鲁（Sumit Agarwal、Efraim Benmelech and Amit Seru）在2012年的一项研究中比较了需要和不需要进行《社区再投资法》的银行在评估前6个季度的投资组合情况。他们发现需要进行《社区再投资法》评估的银行，其贷款额增加了5%，并且住房抵押贷款违约风险的上升超过15个百分点。[42]该研究方法较为保守地估计受《社区再投资法》评估影响的银行贷款规模和违约风险增加程度。

另一项研究方法通过关注《社区再投资法》评估随时间的变化对银行带来的影响。爱德华·平托（Edward Pinto）采用了这一方法，他保守地假设《社区再投资法》在克林顿政府大力推动之前没有明显约束力。在该假设下，平托得出结论，在《社区再投资法》政策的作用下，截至2008年银行共增加投放了2.78万亿美元的《社区再投资法》贷款承诺。[43]简而言之，不论选择何种测算方法，均能发现，银行为履行《社区再投资法》所做的努力已对其贷款规模和风险产生了重要影响。

《社区再投资法》协议是许多激进团体的关键基石。马萨诸塞州可购住房联盟（Affordable Housing Alliance）的执行董事汤姆·卡拉汉（Tom Callahan）在评价联盟可支配的源于银行的2.2亿美元抵押贷款承诺时曾说："《社区再投资法》是我们一切行动的支柱。"[44]《社区再投资法》协议也对银行业结构以及银行业政治同盟的结构产生了重要影响。它们不仅使激进团体不再阻碍并购：具有讽刺意味的是，《社区再投资法》还使激进团体成为银行并购趋势的支持者，至少是默许的支持者，而人们本来预计这些团体会反对并购，因为超级银行的出现弱化了银行业的竞争。这一点再强调也不为过：银行向激进团体及其成员提供有补贴的信贷，以此获得额外的租金。正如前文指出，世界上没有免费的午餐：银行和激进团体的指向性贷款协议必然包含着交叉补贴。最终，不论是从贷款中获得更高的边际利润，或是政府为"大而不倒"银行提供隐形保护，总有人要提供这些租金。

从很多银行合并的事后结果看，当时激进团体对超级银行合并的支持显得特别讽刺。1999 年华盛顿互助银行与美丰储蓄银行的合并就是一个很好的例子。这次合并让华盛顿互助银行成为美国最大的储蓄机构、第六大银行，以及向房利美出售住房抵押贷款的第二大卖家。合并后的银行与绿色通行线学会（Greenlining Institute）、加利福尼亚再投资联盟和华盛顿再投资联盟达成了 1200 亿美元的《社区再投资法》贷款协议。2003 年 11 月，一名来自绿色通行线学会的成员在对佛罗里达少数社区再投资联盟的演讲中，将华盛顿互助银行与他们这些组织达成的协议称为"最佳实践"。[45]华盛顿互助银行与激进团体达成的协议规定，在未来 10 年内通过不同的贷款和社区发展项目提供 1200 亿美元贷款，其中包括特别针对低收入人群的低首付贷款。此外，华盛顿互助银行还同意至少将其税前收入的 2% 用于慈善。为华盛顿互助银行贴上"最佳实践"的标签是极为讽刺的，因为该行后来成为美国经营最差的银行之一，更是 2007—2009 年次贷危机中最早发生问题且规模最大的银行之一。鉴于该行可以对几乎所有踏入银行大门的借款人发放住房抵押贷款的事实，美国参议院常设调查分委员会对该行进行了细致的调查，并于 2011 年发布报告，对该行的业务开展使用了诸如“行事粗劣”、“欺诈性的”和“危机四伏”等形容词。[46]

天下没有免费的午餐：政府支持企业的兴起

超级银行和激进团体间看似不可能结盟却成功结成了联盟，这一联盟迅速吸引了更多合作伙伴，包括房利美和房地美的高管和股东。最后形成的这个联盟非常持久，因为它吸纳了来自民主党和共和党两党的重要政客。该联盟还使房利美和房地美放宽了认购标准，并导致整个住房抵押贷款行业放松了标准，结果住房抵押贷款市场上数万亿美元的贷款被发放给了高违约风险的借款人。

当国会最初设立这些住房类政府支持企业时，初衷绝不是要形成一个如下的体系，体系由私营公司构成，这些公司享有高度特权、利润超级丰厚、由纳税人提供补贴而且有很强的政治动机去放宽住房抵押贷款市场的标准。事实上，第一家政府所有的特殊目的银行并不提供住房抵押贷款：它是早期银行交易的产物，主要向农业民粹主义者提供补贴。1916 年，国会组建了一个由 12 家向农民提供农地抵押贷款的联邦土地银行组成的体系。同时，国会将住房抵押贷款市场交给了商业银行、储蓄机构和保险公司运营。为了避免坏账，这些机构在发放贷款时十分谨慎，具体表现为，住房抵押贷款一般是五年期的贷款，其贷款价值比（LTV）在 50% 左右、浮动利率以及贷款到期后需要期末整付。[47]虽然这些标准已非常严格，但还是没能避免大萧条时期的大范围违约。

因此，罗斯福政府开始介入，以支持住房抵押贷款市场，政府依照联邦土地银行的经验，建立了一个大杂烩体系，由信用社和政府所有的特殊目的银行构成。这些机构也是 1932 年胡佛政府相关政策的延续，胡佛政府当时建立了多家联邦住房贷款银行，政府组织的信用合作组织，其资本源于其成员银行（商业银行、储蓄机构和信贷联盟）。联邦住房贷款银行凭借其特殊地位以优惠条款从市场上筹集资金，并向成员机构提供“预付”，从而为成员机构的住房抵押贷款投资组合提供资金。1933 年罗斯福政府建立了房主贷款公司，这是一家政府所有的、用于购买违约的住房抵押贷款的特殊目的银行。房主贷款公司从建立之初就注定是个临时性机构，事实的确如此：1935 年房主贷款公司停止购买违约的住房抵押贷款，并出售已购买的住房抵押贷款。1934 年，政府设立了联邦住房管理局，作为以较低费率为住房抵押贷款提供担保的政府实体，该机构的成立意义深远：由于政府会承担违约风险，银行现在有动机发放期限更长、利率更低、贷款价值比更高的住房抵押贷款。[48]1938 年，罗斯福政府成立了房利美公司，该机构的成立是为了回购银行和储蓄机构发放并且由联邦住房管理局担保的住房抵押贷款，从而增加住房抵押贷款的供给量。在二战即将结束时，1944 年的《军人安置法》（GI Bill）使退伍军人管理局也变为一家特殊目的银行：推出了退伍军人贷款项目，即在战后帮助回国军人购房的临时性调节项目。不久，它成为一家为退伍军人提供购房补贴的永久性机构。[49]

政府特殊目的银行旨在服务于有价值的目标，但天下没有免费的午餐。一些优惠性的特殊贷款不可避免地增加了企业和家庭的税负。如果国有银行发放了私人银行不会发放的贷款，或者回购了私人银行的贷款，这都暗含着借款人获得了补贴：相比于从公开市场贷款，借款人从政府贷款得到的价格优惠需要由纳税人承担。国有银行仍然需要借款发放贷款，而纳税人最终对这些负债负责。如果国有银行为某私人银行的贷款担保，意味着该银行和借款人都享受了一定补贴：如果借款人没有能力或没有意愿偿还贷款，纳税人将承担救助银行的成本，银行可以调低借款人的贷款利率，因为政府担保将违约风险降到了零。

虽然午餐看起来并非完全免费，但由于纳税人承担了其中一部分支出，导致借款人扩大贷款额的动机增强。借款人获得的贷款利率补贴与贷款规模有关，如果能享受既定的贷款优惠，那么以优惠条件贷的款越多，相应获得的补贴就越多。因此，借款人想从政府那里获得更多的隐性补贴，他们有强烈动机将其贷款价值比和贷款收入比做到最大化。[50]结果就是，政府特殊目的银行不仅创造了补贴，此类银行还鼓励借款人大幅提高杠杆率（相比于没有补贴的情况）。[51]

20 世纪 60 年代，政府所有特殊目的银行的负债规模已变得十分巨大，其隐性补贴的成本已经妨碍了政府实现同期的其他政治目标，特别是在同时应对越南战争和对贫困宣战的情况下。因此，政府决定分拆房利美，允许它发行股票并成为一家私人所有的政府支持企业。改革后的企业将由私人参股并由私人管理，然而它仍享有巨额的隐性公共补贴，尤其是政府对其债务的隐性担保。政府同时还免除了房利美在各州和各地方的所得税，规定其不受联邦破产法约束，而且可以从美国财政部获得信用额度。在私人投资者看来，房利美具有来自美国政府的全面信心和隐性信用支持，因此其融资利率几乎与政府一样低。此外，房利美发行的证券不需要在美国证券交易委员会登记：在 1934 年《证券交易法》下，房利美证券被视为政府债券，可作为向联邦政府借款的抵押物。这些特征使房利美在面对可能成为其竞争者的完全意义上的私人公司时，表现出无与伦比的优势。作为回报，房利美必须支持政府政治决定的住房目标。事实上，虽然将房利美变成政府支持企业可以把补贴的成本移出政府资产负债表，然而政府提供的隐性补贴和或有债务依然存在。

房利美在 1968 年的私有化过程中一分为二。一部分作为一个政府机构保留下来，即政府全国抵押协会（或称为吉尼美），负责将联邦住房管理局或退伍军人管理局等政府机构提供担保的住房抵押贷款证券化；改组后的另一部分（仍叫房利美）转变成一家政府支持企业，它在没有政府直接或隐性担保的情况下回购住房抵押贷款并实施证券化。政府在 1971 年创办了另一家为住房抵押贷款提供资金支持的政府支持企业——联邦住房贷款抵押公司，即大家熟知的房地美。政府成立该公司希望它与房利美展开竞争。房地美成立之初由联邦住房管理局及其成员银行控股，但在 1989 年转变成与房利美一样的由公众所有的政府支持企业，享有同样的特权。

华盛顿的政治家希望在对住房抵押贷款提供补贴的同时隐藏其成本，因此在他们看来将房利美和房地美转变成承担公共责任的私人企业有非常重要的意义，然而这两家企业不同寻常的公司结构对其高管产生了负面的行为激励。高管本应力求股东回报最大化，为此，他们本可以从任何私人银行回购贷款并实施证券化，无论这些贷款是否由联邦住房管理局或退伍军人管理局提供担保，只要贷款价值不超过政府规定的阈值即可。但与此同时，两家公司享有税收减免和政府对其债务的隐性担保，这使政府有权影响这些政府支持企业的商业决策。因此房利美和房地美必须达到国会为它们设定的贷款目标。后来的事实证明，这些政治目标是为了大幅提高选区内居民的住房所有率，而这些居民原本并无资质获得贷款。

事与愿违

20 世纪 80 年代美国储贷业崩溃之后，房利美、房地美和联邦住房贷款银行这类住房相关的政府支持企业的政治重要性迅速提升。直到 20 世纪 80 年代末，政府主要通过优惠的特许政策和储蓄机构监管为住房抵押贷款提供补贴。许多年来，政府监管部门通过会计方法掩饰储蓄机构的损失，以避免处理大规模的资不抵债，老布什政府上台后，公开宣布很多储蓄机构已陷入破产或资本不足的状态。按照

1989年《金融机构改革、复苏与执行法》（Financial Institutions Reform，Recovery，and Enforcement Act，FIRREA）的新规定，老布什政府的决定加速了行业内很多机构的关闭。米歇尔·博什金（Michael Boskin）作为老布什总统经济顾问委员会的主席，希望更进一步，建议对住房抵押贷款领域的政府支持企业进行改革。但在大量储蓄机构行将倒闭的背景下，该项改革的政治可行性不高。作为为住房抵押贷款提供补贴的渠道，房利美和房地美在此时比其他任何时候都重要。正如博什金所说：

> 在就《金融机构改革、复苏与执行法》谈判的过程中，我们与两院两党的领导层举行了多次会议。在白宫"内阁厅"举行的一次会议上，我建议我们应努力将针对储蓄和贷款机构的改革扩大到其他类似的机构上，比如有政府（隐性）担保的政府支持企业，它们可以按有补贴的优惠利率获得资金。在私人投资者获取收益的同时，政府（即纳税人）实际上在为这些机构的损失负责。我很快认识到，任何限制政府支持企业的举措都将导致储贷机构处置脱离正常轨道，而在当时有序处置更加迫在眉睫。但更糟糕的是，国会很快就开始重新支持扩大对政府支持企业的税收减免优惠。[52]

并非巧合的是，政府在1989年开始要求另一些政府特许的住房类政府支持企业（12家联邦住房贷款银行）启动为低收入人群住房融资提供支持的特别项目。从1989年开始，联邦住房贷款银行必须从其净收益中拿出10%支持中低收入人群的住房贷款项目。

作为对20世纪80年代后期储贷业崩溃的回应，房利美、房地美和联邦住房贷款银行进一步扩张，但它们仍然主要针对中等收入人群的优级住房抵押贷款进行贷款补贴。根据美国住房与城市发展部

（HUD）和美联储的研究，房利美和房地美通过设置更高的首付金额，或购买私人住房抵押贷款保险的方式，应对高风险借款人更高的违约风险。[53]因此，20 世纪 90 年代中期的分析家对房利美和房地美的担心主要集中在住房抵押贷款的提前还款风险上，因为借款人希望以更低的利率再融资。[54]

很多经济学家指责房利美和房地美利用了大量纳税人的资源（政府对这些机构的债务提供隐性担保）却没有提供相应的公共产品。经济学家质疑，既然在当时的联邦政府预算之内，已经有联邦住房管理局、退伍军人管理局和政府全国抵押协会等机构提供住房抵押贷款补贴项目，那么是否有必要再额外设立不完全受政府管理和监督的预算外贷款补贴项目（房利美、房地美等）？这些批评者同时指出，银行也可以购买贷款并实施证券化。但是，房利美和房地美享有政府授予的特权，因此银行被挤出了住房抵押贷款的持有或证券化业务。批评者同时指出，房利美和房地美特殊的公司结构鼓励其牺牲公众利益去承担过度的风险，即政府为其债务提供隐性担保，但几乎无监管，在此情况下，这两家机构的管理者有很强的动机以融入的资金和很少的权益资本发放贷款。直到 1992 年，国会才开始为房利美和房地美设置监管机构，制定资本标准和其他监管规则，但即使这样，该监管机构的执法权也十分有限。房利美和房地美成为盈利能力强大、受政府保护、高度杠杆化、监管程度低的机构，并很快控制了住房抵押贷款市场。1990 年，这两家机构在全国所有独栋住房抵押贷款中的占比达到 1/4 左右，到 2003 年这一比例已经上升到 1/2。[55]

20 世纪 90 年代初，反对房利美和房地美享有特权的声音日益高涨。在所有改革要求中，最强烈的是提高政府支持企业的权益资本比率要求、限制其增长、切断其与政府的关联，以及废除所有这些机构。[56]

俗话说“事与愿违”，国会面对房利美和房地美受到的批评所做出的回应成为了这句话的真实写照。国会议员并不在意公共利益，他们在意的是如何取得连任，对于来自大城市选区的议员而言，他们清楚选区中的低收入者对其实现连任的重要性。与此同时，大型银行和激进团体正在打造它们自己的特殊安排，因此，激进团体利用其在国会不断提升的发言权，持续对房利美和房地美施压。激进团体的理由是，如果房利美和房地美不带头实行更低的认购标准，那么可以通过《社区再投资法》协议从银行获得的贷款总量将非常少。因此，在1991年参议员艾伦·迪克森（Alan Dixon）召集的一次参议院小组委员会的听证会上，社区组织推动改革协会和其他激进团体到场作证，对房利美和房地美认购标准的问题穷追不舍。[57]在社区组织推动改革协会住房业务负责人的证词中，他将银行向政府支持企业出售贷款的可行性和这些银行与社区组织推动改革协会建立《社区再投资法》型伙伴关系的意愿直接联系起来，“很多与社区组织推动改革协会合作且持有数百万美元《社区再投资法》贷款组合的银行称，如果无法持续向房利美和房地美出售这些贷款，银行很快将不能发放更多的类似贷款”。[58]他还指出，“社区组织推动改革协会发现，目前房利美和房地美使用的认购标准并不针对普通的住房抵押贷款市场，其中包括中等和低收入的房主，这些标准针对的是中产阶层和郊区住房抵押贷款市场。因此，我们坚定地认为，二级住房抵押贷款市场的认购标准至少存在收入歧视，更进一步说或许包含种族歧视”。[59]

因此，事情的结果与房利美和房地美的批评者的期待完全相反：非但没有取消对房利美和房地美债务的隐性担保，国会反而认为美国低收入者也应分享由纳税人提供的补贴。因此政府又大幅改变了针对房利美和房地美的规则，赋予其新的重大责任，即支持美国的低收入者和城市居民获得住房贷款。在1992年大选前，这些变化纳入了老布什总统签署的《联邦住房企业安全和稳健法》（又称《政府支持企业法》）中。作为《政府支持企业法》的要求之一，住房和城市发展部必须为房利美和房地美制定“可承受的住房贷款”目标。作为一种临时性措施，1993 年住房和城市发展部要求政府支持企业将贷款的 30% 投向“中低收入”借款人。住房和城市发展部还划定了“中低收入者”范围，将“特别可承受”（special affordable）贷款规模的临时标准设置为占房利美和房地美购买贷款的 1%。如图 7.3 所示，两项临时标准都迅速大幅上升。[60]

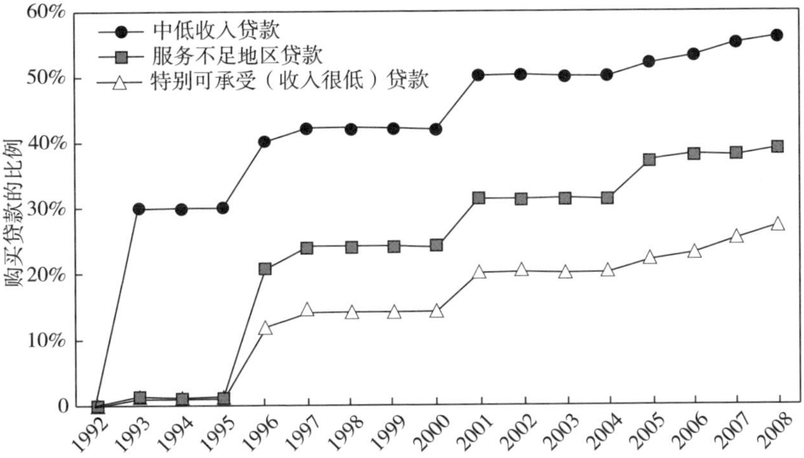

图 7.3　1992—2008 年住房和城市发展部对房利美和房地美的贷款购买要求

注：房利美和房地美的实际购买量均达到该要求。

资料来源：Pinto（2011），第 76、87、104、105 页。

《政府支持企业法》的支持者知道，这些强制性要求的目的是迫使房利美和房地美降低认购标准，从而推动私人银行给低收入的城市选民发放贷款。这一战略在住房和城市发展部 1991 年的一份报告中表达得非常清楚：“房利美和房地美的市场影响力远远超出它们购买或证券化的贷款；它们对优级贷款的认购标准被广泛使用，已经相当于全国性的标准，相当比例的住房抵押贷款使用其标准。”[61]

因此，国会要求房利美和房地美将回购住房抵押贷款的首付要求定为 5% 或更低，并且借款人可以有逾期记录。重要的是，国会还要求房利美和房地美“坚定地协助银行履行其《社区再投资法》规定的义务”。[62]正如爱德华·平托指出的，国会要求房利美和房地美购买首付金额低于5%的住房抵押贷款是一个重要的分水岭，因为在1992年之前，除了联邦住房管理局或退伍军人管理局的贷款项目，首付比例低于5%的传统住房抵押贷款完全不存在。[63]事实上，由于房利美和房地美购买了近1/4的住房抵押贷款，国会要求它们将私人银行引入这一小块市场中，此前私人银行完全不涉足这一部分市场，因为风险过高。

推动房利美和房地美购买特定借款人的高杠杆、高风险贷款，对整个住房抵押贷款市场产生了深远的影响。房利美和房地美从1994年开始购买首付比例仅为3%的抵押贷款。认购标准降低并不是排他性的好处：包括中产阶层在内的每个美国人都能享受这些宽松的贷款标准，很多人也确实付诸实践。因此，这类贷款的数量迅速增长，如图7.4所示，在1990年前后只有1/200的贷款有如此高的贷款价值比；1999年的数字为1/10；到2007年已经有2/5的贷款首付比例为3%甚至更低。[64]

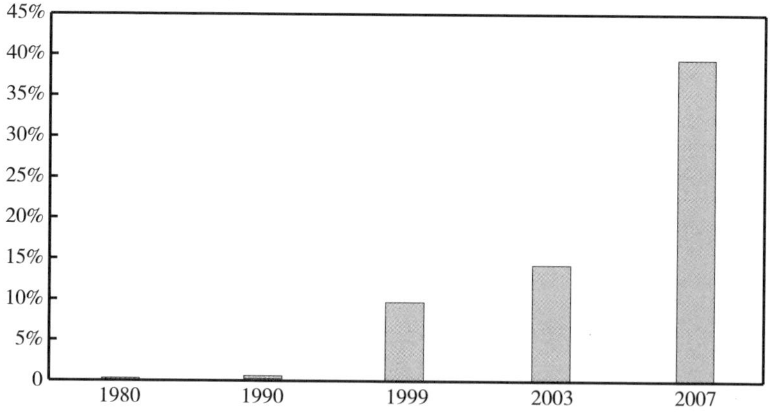

图7.4　首付比例不高于3%的购房在全美家庭购房中的占比

资料来源：Pinto（2011），第24—25页。

房利美和房地美的高管和股东被要求承担新的责任，但他们并非言听计从和被动接受的旁观者。在 1992 年就《政府支持企业法》的谈判过程中，他们发现自己被激进团体及其在国会的盟友围攻。因此他们做出了所能做的最佳选择：成为这个联盟的一员，从而影响立法，使之有利于自身。正如拉古拉迈·拉詹所述，房利美和房地美利用《政府支持企业法》的通过，来确保“对它们的资本要求低于其他被监管的金融机构，两房的新监管者（住房与城市发展部下设的一个办公室，在金融服务监管方面没有任何经验）受制于财政拨款。这意味着如果这一监管机构开始约束房利美和房地美，政府支持企业在国会的盟友会减少这一部门的预算”。[65]房利美和房地美花费了 2 亿多美元游说国会议员，避免更严格的监管。[66]简而言之，房利美和房地美同意接受国会强制性要求的前提是，它们能在纳税人提供隐性担保的基础上融资，从而为被要求购买的高风险住房抵押贷款提供资金。从这一新的交易中，房利美和房地美的高管和股东至少在短期内收益颇丰。例如，房利美的 CEO 富兰克林·雷恩斯（Franklin Raines）仅在 2003 年就获得了 2000 万美元的薪酬。

克林顿“第三条道路”的回归

在 1992 年总统大选中，比尔·克林顿对小布什的胜利巩固了大型银行、激进团体、房利美和房地美以及强势政客共同组成的联盟。克林顿政府时期，住房和城市发展部要求房利美和房地美给低收入者发放的贷款稳步上升，如图 7.3 所示。到 1995 年（亦适用 1996 年），住房和城市发展部把政府支持企业向中低收入者发放的贷款比例目标从 30% 上调到 40%。“特别可承受”贷款（针对极低收入者）的目标比例从 1% 提高到 12%。同时，住房和城市发展部又推出了另一类必须发放的贷款要求——“服务不足地区”贷款，需占房利美和房地美购入贷款总额的21%。各类贷款有一些重叠部分，但作为整体看，到1996年，房利美和房地美购买的贷款中超过一半属于被要求的各类贷款。克林顿政府随后提高了上述各类贷款的强制性目标。在克林顿任期结束前，在住房和城市发展部部长的推动下，针对中低收入者的住房抵押贷款占比要求增至房利美和房地美购买的所有贷款的50%，“特别可承受”贷款占比要求增至20%，“服务不足地区”贷款占比要求增至31%。再次强调一下，各类贷款有重叠的部分，但作为一个大类看，到2001年，在房利美和房地美购买的贷款中，有2/3可能都属于这一大类。[67]

在设置这些目标比例时，克林顿政府很清楚，房利美和房地美将不得不使用更不审慎的认购要求。住房和城市发展部部长亨利·西斯内罗斯（Henry Cisneros）在谈到1994年全国购房战略时描述道：“对于许多潜在购房者来说，无足够现金支付首付和成交费用严重阻碍了购房。而其他一些人则因没有足够的可支配收入，来支付以市场利率为基准的标准化合约的月还款额。在私营和公共部门的共同创造力和资源投入的推动下，新的融资战略应该扫除这两个购房障碍。”[68]他直白地表示，住房和城市发展部将降低认购标准。

1997年，安德鲁·科莫（Andrew Cuomo）取代亨利·西斯内罗斯成为住房和城市发展部部长，到小布什总统任期时，科莫一直担任该职位。科莫延续了西斯内罗斯降低认购标准的主张。[69]下面摘录了一段近期对过去30年住房和城市发展部政策的评论：

> 和西斯内罗斯一样，科莫的主要政治遗产是推动购房优惠，从而增加住房自有率，并放松了对住房抵押贷款市场过高风险的防范。例如，科莫成功推动美国国会提高了联邦住房管理局担保的住房抵押贷款上限，同时降低了首付要求……科莫还努力支持卖房企业注资给非营利组织，从而为购房者支付首付和成交费提

> 供帮助……科莫将他的努力描述为帮助提高少数群体的住房自有率，但他讨好住房抵押贷款行业的管理层也是出于自身的利益考虑，后者为科莫日后的州长竞选提供资助……科莫领导下的住房和城市发展部向房利美和房地美施压，要求两房购买更多给信誉较低的借款人发放的高风险贷款……科莫力促住房和城市发展部实施公开“调查”，调查房利美和房地美是否符合政府的反歧视公平放贷标准，并对此施加压力。[70]

虽然房利美和房地美总是能实现住房和城市发展部的这些目标，但达成目标变得越来越困难：政府要求这两家政府支持企业购买低收入借款人的贷款规模目标在提升，但合格的低收入借款人的数量是相对恒定的。[71]根据2005年众议院金融服务委员会的一份委员报告，房利美和房地美采用各种手段达成既定目标，如“双重计算”贷款，即先购买住房抵押贷款，然后下一年再卖给原来的卖方，一年以后再回购贷款的策略，其中每次购买贷款都作为一次新的买入。银行是这类交易及其他可疑交易的合作者，从中赚取“数千万甚至数亿美元的费用，这也是银行参与其中的动因”。[72]事实上，银行知道房地美和房利美承受着来自政府强制目标的压力，银行利用这一点，在年末时让房利美和房地美相互竞价从而赚取溢价，因为年末时房利美和房地美将面临来自住房和城市发展部的目标考核。[73]

为了填补住房和城市发展部目标和已有合格借款人之间不断拉大的差距，房利美和房地美必须降低认购标准。关键一步是它们决定购买高贷款价值比（低首付）的住房抵押贷款。要确定它们购买的高贷款价值比的住房抵押贷款的准确规模十分困难，因为在2012年房地美、房利美和美国证券交易委员会的诉讼和解中可以发现，这两家政府支持企业过去一直系统性地谎报它们的高风险住房抵押贷款敞口（该和解协议的产生是由于美国证券交易委员会指控房利美和房地美误导了投资者)。[74]

对低首付的容忍度日益提高是不够的，房地美和房利美为了维持贷款回购规模的增长以实现住房和城市发展部的目标，不得不购买越来越多低 FICO（美国个人消费信用评估公司）评分的贷款。事实上，到 20 世纪 90 年代末，这两家政府支持企业的购买占到此类贷款的一半。它们还积极进入浮动利率贷款（ARMs）和纯利息贷款市场。到 2006 年，房利美投资组合的 15.2% 为纯利息贷款。[75]

然后，即使采取了上述做法，仍不足以让政府支持企业完成住房和城市发展部的目标要求。因此在 2004 年，房利美和房地美取消了此前对购买所谓的“无证明贷款”（一般属于次优级住房抵押贷款）的限制。无证明贷款是指借款人不必提供工资单、税单等证明收入文件的贷款。取消这一限制的后果是，商业银行和其他住房抵押贷款机构对不良信用记录的容忍度提高，对证明文件缺失的容忍度也越来越高，因为银行明白，可以将这些高风险贷款出售给房利美或房地美。即使不能出售，银行也可以将高风险贷款打包成一个由房利美或房地美提供担保的住房抵押贷款支持证券（每 100 美元贷款的担保费用仅为 45 美分），然后银行将这些有担保的住房抵押贷款支持证券放入自己的资产组合中，或出售给第三方——这一问题将在下一章深入研究。

当房地美决定勇闯无证明贷款市场时，其风险管理经理写了数封电子邮件给房地美高管层，指出这是一个严重的错误。2004 年 4 月 1 日，房地美的风险经理大卫·安德鲁科尼斯（David Andrukonis）在写给副总裁特雷西·穆尼（Tracy Mooney）的邮件中说：“虽然你、唐·比塞纽斯（Don Bisenius，一位高级副总裁）和我都是审慎信贷的倡导者，但从公司高层传达下来的主题并不是审慎信贷，而且每个业务条线中的员工不可避免地要执行高管层的决策。”唐·比塞纽斯在同一天写给迈克尔·梅（Michael May，一位业务高级副总裁）的一封邮件中说：“我们曾开展过无证明贷款业务，但之后发生了严重欺诈案件，我们承担了高额损失。我不确定，是什么使我们认为自己这一次会变得更聪明。”几天后，大卫·安德鲁科尼斯还在另一封电子邮件中表达了对无证明贷款的担忧，这封邮件是写给房地美的首席运营官保罗·彼得森的：“1990 年我们将这一产品归入‘危险’类别，并使之在市场上消失。”他接着说：“虽然过去 10 年来房产升值，但未来以同样幅度持续升值的可能性很小，如果这个项目带来亏空，我们将很难挽救该项目。”[76]

这些警告似乎被完全忽略，因为政治因素主导着决策过程。2004 年 7 月 14 日，高级副总裁罗伯特·钱（Robert Tsien）发电子邮件给房地美董事长兼首席执行官迪克·赛伦（Dick Syron），邮件中建议：“目前对购买无证明贷款规模不设上限的做法是出于现实考虑，因为一旦我们对该类贷款设置上限，就会被外界批评者解读为我们并非真正支持‘可承受的住房贷款’（affordable lending）。”

但房地美的风险管理者似乎没有轻易放弃他们对高风险贷款的担忧。2004 年 9 月 7 日，大卫·安德鲁科尼斯所在风险管理部的同事唐娜·科格斯韦尔（Donna Cogswell）向迪克·赛伦发送邮件警告称，房地美降低认购标准的决定将对住房抵押贷款市场产生广泛影响。她特别指出，房地美持续参与无证明贷款的后果实际上是在这类住房抵押贷款市场中“做市”。她还试图通过唤起管理层的良知来影响他们的决策：“为了不伤害那些我们应该服务的借款人的利益，还有什么比避免购买那些能带来高额利润的高风险贷款更能体现我们的职责呢?”第二天，大卫·安德鲁科尼斯写了一封立场鲜明的邮件。他写信给迈克尔·梅说：“在上周的风险管理会议上，我已经从声誉风险角度对该业务（无证明贷款）做出了结论。我说过，我认为你和（或）罗伯特·钱有责任把这一业务建议转达给迪克·赛伦，他是最终的决定者……我想让迪克·赛伦知道的是，他当然可以批准这些贷款业务，但这与我的建议相背。”大卫·安德鲁科尼斯在第二年被迫离开了房地美。

众议院监督和政府改革委员公开了这些邮件。作为该委员会主席，众议员亨利·韦克斯曼（Henry Waxman）在听证会的开场白中做了以下总结：

> 这些文档（经委员会审查）表明，房利美和房地美清楚它们自己的所作所为。两家机构的风险管理人员一次又一次对公司大量投资于次级和非传统住房抵押贷款的危险提出警告，但这些警告一直被忽视。2004年，房地美首席风险官发送电子邮件给首席执行官赛伦，呼吁房地美应尽快停止购买那些对借款人无收入和无资产要求的贷款。风险官警告说，住房抵押贷款机构正在给高风险的借款人发放贷款，而实际上这些借款人若完全披露其财务状况则很难获得贷款，因此，“借助这一产品实施掠夺性放贷很可能成为现实，并为人所知”。但赛伦先生没有接受首席风险官的建议。相反，公司解雇了首席风险官。[77]

金融经济学家乌代·拉詹（Uday Rajan）、阿米特·赛鲁（Amit Seru）和维克兰特·维格（Vikrant Vig）对住房抵押贷款风险增加的原因进行了复杂的分析，验证了房地美的风险管理人员对无证明贷款的担忧。他们试图解释风险模型不能准确预测住房抵押贷款的违约风险，预期损失中几乎一半以上的损失可归因于“缺证明”和无证明贷款。如果房地美和房利美能维持2003年的住房抵押贷款认购标准不变的话，之后严重的次贷危机完全不会发生。[78]

克里斯托弗·梅耶（Christopher Mayer）、卡伦·彭斯（Karen Pence）和沙恩·薛伦（Shane Sherlund）的一项研究认为，认购标准降低和房价下跌的共同影响导致了次贷危机，其中认购标准降低“最戏剧化地体现为贷款机构大幅降低借款人的首付，甚至无须首付”。

同时，该研究也推翻了另一种解释，即认为次贷危机是因为复杂的创新性抵押贷款结构迷惑了消费者。研究显示，住房抵押贷款违约海啸及其导致的次贷危机，首先且集中反映了贷款机构发放更高风险住房抵押贷款的意愿。[79]

尽管对次级贷款有不同的定义，且房利美和房地美在会计操作中也存在问题（这也导致了美国证券交易委员会 2001 年起诉房利美和房地美的高级管理人员），然而，基于可得数据，研究人员还是能够估计出房地美和房利美高风险贷款的规模。爱德华·平托（1987—1989 年担任房利美首席信贷官）和彼得·沃利森（Peter Wallison，前政府金融危机调查委员会成员）采取的方法是，关注次级住房抵押贷款的特点而非房利美和房地美对该类贷款的定义。通过使用来自证券交易委员会与房利美和房地美“不起诉协议”（nonprosecution agreements）的数据，他们发现在住房抵押贷款泡沫的高峰期，房利美和房地美拥有大约 1300 万份、总价值为 2 万亿美元的次级贷款和次优级贷款。[80]讽刺的是，次优级（Alt-A）是“alternative to agency”的缩写，意为（在住房抵押贷款标准放松前）不能卖给房利美或房地美的贷款，因为它不符合政府支持企业的认购标准。只能说时代确实发生了变化。

维拉尔·阿查亚（Viral Acharya）、马修·理查森（Matthew Richardson）、史丁·范·纽威伯格（Stijn van Nieuwerburgh）和劳伦斯·怀特（Lawrence White）使用了不同的方法，他们只使用了美国证券交易委员会与房利美和房地美和解前的数据（该数据可能低估了这两家政府支持企业的高风险贷款规模）。他们把贷款价值比高于 80% 的住房抵押贷款和（或）FICO 评分低于 660 分的贷款归入“高风险贷款”。2003—2007 年，政府支持企业新增高风险贷款总额为 1.5 万亿美元。研究人员用同样的方法估算政府支持企业之外的其他机构持有的新增高风险贷款，然后计算了两者的比率：由政府支持企业持有的高风险贷款占比，以及由政府支持企业和私营机构持有的新增高风险贷款的占比。如图 7.5所示，他们估计，2003 年高风险贷款占政府支持企业新增贷款的 25%，到 2007 年这一数字增长到 36%，2003—2007 年的平均占比为 28%。数据也表明，政府支持企业最终购入了美国大多数新增高风险贷款。2003—2007 年，政府支持企业购入了 60% 的新增高风险贷款。到 2007 年，它们几乎购买了所有的这类住房抵押贷款。不管人们怎么分析数据，房利美和房地美拥有大量高违约风险住房抵押贷款的事实是毋庸置疑的。[81]

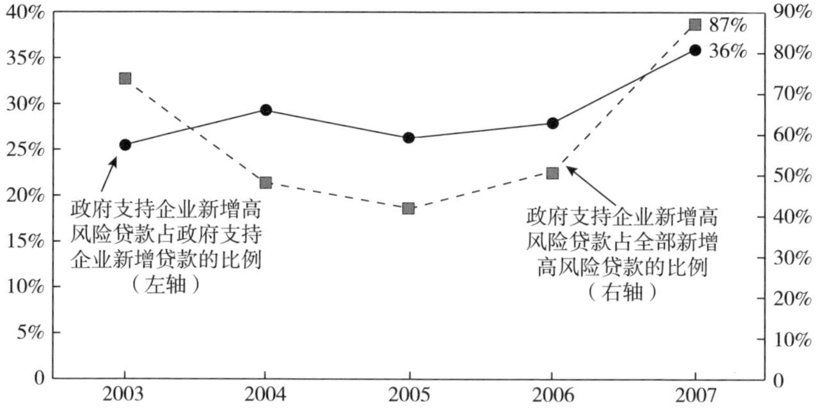

图 7.5　2003—2007 年政府支持企业高风险抵押贷款占政府支持企业新增贷款和全部新增贷款的比例

注："高风险贷款"是指贷款价值比大于 80% 或者 FICO 评分低于 660 分的贷款。

资料来源：Acharya et al（2011），第 59 页。

为了通过"可承受的住房"支持福利再分配，克林顿政府不止于推行对房地美和房利美的改革。联邦住房管理局通过为低收入居民的住房抵押贷款提供担保来帮助其购房，从而使银行和其他贷款机构能够发放这些贷款。联邦住房管理局原本实施的标准与 20 世纪 90 年代前传统的认购标准相契合。事实上，它最初的担保贷款标准为期限 20 年、首付比例 20%、"经济上稳健"的分期偿还住房抵押贷款。[82]但在克林顿政府的压力下，联邦住房管理局于 2000 年改变了信贷标准。最低首付要求降到 3%，同时提高了可担保的贷款额度上限，向借款人收取的担保费用也减少了一半。[83]结果，由联邦住房管理局担保的住房抵押贷款的违约率显著上升。在 20 世纪 50 年代，联邦住房管理局担保的住房抵押贷款中的止赎起始（止赎过程的第一步，即放贷机构依法通知借款者其违约事实）贷款在任何一年不会超过全部住房抵押贷款的 0.37%；传统住房抵押贷款的止赎起始贷款占比为 0.15%。联邦住房管理局担保的住房抵押贷款和非联邦住房管理局（优质）担保的住房抵押贷款的止赎起始比率在 20 世纪 50 年代之后有所上升，但在 1960—1990 年，两类住房抵押贷款止赎起始比率之间的差距依然很小。从 20 世纪 90 年代起，两类住房抵押贷款的止赎率上升显著。2002—2007 年，联邦住房管理局担保的住房抵押贷款的年平均止赎起始比率上升到 3.51%，而传统优质住房抵押贷款的这一比率为 0.85%。到 2012 年，联邦住房管理局担保的住房抵押贷款的止赎起始比率已达到 5%。[84]慷慨放贷的各联邦住房贷款银行（FHLB）也推动了贷款标准的下降。正如政府支持企业的购买和担保行为降低了银行发放高风险住房抵押贷款的成本，联邦住房贷款银行的预付款也使银行发放这类贷款的成本更低。从 1989 年到 2005 年，各联邦住房贷款银行的总资产从 1750 亿美元增长到 1 万亿美元。[85]

为什么不反对？

读者可能会问，为什么共和党当时没有反对这些政策变化。毕竟共和党人曾在 1994 年中期选举中获得了国会的多数席位。一些国会共和党议员，特别是众议员理查德·贝克（Richard Baker，路易斯安那州）、众议员吉姆·利奇（Jim Leach，艾奥瓦州）和参议员理查德·谢尔比（Richard Shelby，亚拉巴马州）等人，对当时贷款标准的变化提出了口头反对，并认为即使不完全取缔房利美和房地美，也应该缩减其业务范围。发出反对声音的议员都来自农业州，这并非巧合：他们并不代表低收入和城市选区，而是代表20世纪90年代“银行交易博弈”中失败的联盟。他们也不指望他们的反对会取得成功。

美联储主席格林斯潘也施压反对房利美和房地美。2000年春天，他发表了致众议员理查德·贝克的公开信，强烈要求国会考虑住房抵押贷款补贴在维持稳定方面的负面影响。[86]在随后2005年的国会证词中，格林斯潘极力反对房利美和房地美在维持稳定或市场流动性方面有其必要性的主张。“除了通过获得市场补贴创造利润，我们已经找不到支持政府支持企业继续维持其庞大资产负债表的任何理由。”[87]

在证词中，格林斯潘引用了美联储的一项研究，研究表明，房利美和房地美通过市场补贴价格融入资金，购买自己或对方的住房抵押贷款支持证券，并不能有效地推动住房抵押贷款市场的流动性、提升美国资本市场的效率，或降低购房者的借款利率。

格林斯潘还强调，房利美和房地美固有的政府隐性担保，使这两家机构的过度增长可以不受市场纪律的约束，这会降低房地产市场的稳定性。由于担心这两家政府支持企业会导致系统性风险，他呼吁建立新的监管机构限制它们的扩张和风险：

> 正如我去年（2004年）的结论，政府支持企业需要一个监管者，具有类似于银行监管机构的职权，腾出手来专门为其制定恰当的资本标准，同时应在国会批准下建立清晰可信的破产和接管流程，从而明确政府支持企业的债权人承担损失的前提。然而，如果立法部门只采取以上行动而并不限制政府支持企业的资产组合，我们就会冒险继续固化投资者的不当认知，即政府支持企业是政府的职能部门，其债务等同于政府债务。政府支持企业将更加便利地扩大规模，增长速度将高于整个住房抵押贷款市场的增长；的确，由于法律并未限制政府支持企业的资产组合仅限于住房抵押贷款，它可以无限度地增长。如果不限制政府支持企

> 业的资产规模，将危及它们维护美国金融市场安全稳定的能力，而金融市场的稳定恰恰是对住房自有权的重要支撑。[88]

理查德·卡内尔（Richard Carnell）是财政部负责金融机构的部长助理，他也主张严格管控房利美和房地美。2001 年，他指出房地美和房利美享受着“隐性支持”，“相比于显性的联邦存款保险，这往往导致（由纳税人承担的）更大的净补贴”。同时，“政府对政府支持企业的隐性支持没有限度”，“政府对（关闭）房利美和房地美没有可信、可行的接管机制”，政府支持企业还“享受特殊公司专门法律的优惠条件，而不适用一般法律”。[89]

罗伯特·塞勒（Robert Seiler）是国会预算办公室的政府经济学家，参与了联邦住房企业监管办公室对房地美和房利美的监管，他分析了房利美和房地美享受的隐性补贴，并质疑纳税人是否能从政府支持企业提供的补贴中获得显著收益，特别是考虑到房利美和房地美在固定利率住房抵押贷款的证券化市场中实施“心照不宣的串谋”。塞勒认为，政府给房利美和房地美的很多补贴被转移给他们的股东，而不是以较低住房抵押贷款利率的形式转移给购房者。[90]

也有部分左翼人士攻击了房利美和房地美，其中最激烈的（也是有先见之明的）攻击来自拉尔夫·纳德（Ralph Nader），我们将他的话引述如下：

> 这些企业一方面迅速而又巧妙地采取冷酷的私营企业策略，另一方面牢牢依附于联邦政府最根深蒂固的高额福利。这种结合产生了两大政府支持企业，不仅太大而不能允许其破产，同时看上去还拥有过度影响力和公共属性，以至于不能对其实施监管，也不能从公共利益出发有效地影响它们。任何提倡限制两房权力或减少补贴的建议，都会立刻受到它们无所顾忌的反击。房利美

> 负责沟通事务的副总裁约翰·巴克利（John Buckley）在接受采访时直截了当地告诉《华尔街日报》，“我们重视对政治风险的管理”……房利美和房地美都极为擅长最大程度调动美国人民对拥有住房的热爱之情。房利美在报纸上的广告很少不出现或不强调“帮助家庭实现美国梦”这样的字眼……无论一个行业的使命多么崇高，允许其自筑神坛，并免受严格的独立监督，都是与市场经济和民主政治体制格格不入的。豁免于常规的制衡也可能导致纳税人巨大的付出。[91]

高层盟友

当局对这些批评置若罔闻的一个原因是房地美和房利美做了大量工作，在共和党内赢得了强大的盟友。其中之一是众议院发言人纽特·金里奇，他在1999年离开国会后从房地美最终获得了超过160万美元的咨询费。《纽约时报》埃里克·利希特布劳（Eric Lichtblau）的一篇报道指出，金里奇“和房利美、房地美就许多关键问题达成一致——包括为它们在国会中受到的攻击进行辩护、加入它们的购房项目、默许高级助手为它们工作。虽然金里奇已经在（2012年）竞选活动中试图尽量淡化过去与房利美和房地美的密切关系，但他供职国会期间的记录显示，他与两房的政治和财务关系比他后来公开承认的要更加深远，事实上，正是这一关系为其后报酬丰厚的咨询工作打下了基础”。[92]事实上，利希特布劳的文章指出，金里奇不是唯一离开国会后为房利美和房地美工作的人，阿恩·克里斯滕森（Arne L. Christenson）曾是金里奇的幕僚长，1999年房利美聘任他为高级行政官和说客。

房利美和房地美在“管理政治风险”方面的努力远不限于维护与

金里奇的关系。1998—2008 年，房利美和房地美分别支出 7950 万美元和 9490 万美元用于游说国会，并在该时期分别位居游说国会费用排名的第二十位和第十三位。房利美在有重要国会议员的州和地区建立了 55 个“伙伴关系办公室”。正如 2005 年《财富》杂志的一篇文章报道，这些办公室通常聘用一些前政客，例如，负责南达科他州办公室的鲍勃·辛普森，原来担任民主党参议院领袖汤姆·达施勒的助手。在建立“伙伴关系办公室”的同时，“房利美的美国社区基金会（ACF）同时发布公告，宣布将投资当地具有较高影响力的某个项目”。[93]住房和城市发展部针对这些办公室的调查发现：伙伴关系办公室的活动并不仅仅局限于“可承受的住房”倡议……相反，伙伴关系办公室主要是参与一些活动，旨在获得接近或影响国会议员的机会。美国社区基金会项目大多分布在一些参众议员的家乡，其中包括银行委员会以及决定两房监管部门预算的小组委员会的成员们。[94]

房利美和房地美还致力于直接与政客合作，以确保他们能够在各自的州和地区宣传高知名度的社区发展项目。例如，国会最热心支持两房的纽约州参议员查尔斯·舒默，于 2006 年 11 月 20 日曾发布这样一则新闻，标题为“舒默宣布房地美承诺投资 1 亿美元解决德拉姆堡（Fort Drum）和沃特敦（Watertown）房屋紧缺问题”。副标题为：“舒默推出同汇丰银行合作的房地美新计划，其中包括低利息低首付贷款。今年 6 月，舒默敦促房地美和房利美加快‘混凝土浇制和交付计划’（Plate and Deliver Concrete Plans）——房地美已于今天通过该计划”。[95]

房利美和房地美毫不避讳地为其盟友的政治竞选捐款，同时也资助那些支持房利美和房地美商业模式的学术研究。在 2000—2008 年的选举期内，房利美、房地美及其员工为几十个参众议员，尤其是那些担任与监管两房相关的委员会要职的议员，贡献了超过 1460 万美元的竞选资金。[96]接受捐助的主要对象包括参议员克里斯托弗·多德、众议员巴尼·弗兰克、参议员巴拉克·奥巴马、参议员约瑟夫·拜登和参议员查尔斯·舒默。房利美和房地美也回击那些批评其政治交易及其经济风险的学术评论。事实上，在担任房利美高级副总裁时，阿恩·克里斯滕森推出了一系列所谓“房利美论文”，并为那些支持“房地美或房利美违约概率极低”观点的著名学者提供研究经费。[97]

全美金融公司及其伙伴

房利美和房地美还有一个支持者：将政府支持企业受到的强制性要求视为商业机会的住房抵押贷款发放者。其中最大的三家机构是全美金融公司、富国银行和华盛顿互助银行。[98]其基本业务模式就是按照新标准发起和出售住房抵押贷款，或对其实施证券化，并在交易中收取佣金收入。实施这一战略的住房抵押贷款发起机构吞并了很多规模较小的竞争对手，发放了巨额住房抵押贷款，并将其中的大量贷款卖给房利美和房地美。两房高风险住房抵押贷款的增长主要是因为与几大银行的合作：全国社区再投资联盟报告的 1995 年后 4.5 万亿美元《社区再投资法》贷款承诺中，93% 源于四家大银行——美洲银行、花旗银行、摩根大通、富国银行以及被这四大行合并的银行，其中包括发放住房抵押贷款的巨头全美金融公司及华盛顿互助银行。[99]

一旦“银行交易博弈”创造出巨大的住房抵押贷款行业，在住房抵押贷款市场中履行政府补贴的风险中介职能，那么这个行业就将开始在支持住房抵押贷款补贴的政治联盟中发挥积极作用。在 2000 年前后，住房抵押贷款行业的公司对国会竞选的捐款急剧增加。一项研究发现，竞选捐款对国会议员在住房金融立法中的投票行为的影响日益显著。2003—2004 年，竞选捐款在住房抵押融资相关的立法方面影响了 20% 左右的投票；相比之下，在 1995—1996 年这一比例仅为 3%。[100]

鉴于赞成高风险住房抵押贷款补贴的联盟实力不断壮大，我们不应该对2000年上台的共和党总统小布什没有改变对房地产融资的补贴而感到惊讶。事实上，如图7.3所示，他沿袭了克林顿的政策，实际上还提高了克林顿时期对房利美和房地美设定的“可承受的住房贷款”目标：中低收入贷款占所有房利美和房地美贷款的56%，“特别可承受”贷款占27%，“服务不足地区”贷款占39%。同样，这些贷款类别之间有部分重叠，到2008年，作为一个整体看，房利美和房地美在二级市场上购买的80%的住房抵押贷款可能都属于这些强制性类别的贷款。[101]

这个决定的背后是纯粹的政治因素，小布什2002年6月的亚特兰大之行就已反映了这一点，当时他在一个非洲裔美国人的教堂里宣布了他的“美国梦蓝图”。小布什宣布要在2010年将少数族裔的住房所有者数量提升到550万人的目标。[102]后来，在解释将如何实现这一目标时，这位共和党总统明确了其战略：“我很自豪地宣布房利美已响应号召，据我了解，在一段时期内将有4400亿美元的资金。房利美利用自己的影响力为少数族裔房主创造了购房资金。这是房利美章程中的内容，现在到了实施的时刻。房地美也表达了参与的兴趣。我很欣赏这两个机构为购房者提供良好的资金支持。”[103]

泡沫破裂之前的住房金融市场状况

2006—2007年美国住房金融市场究竟是怎样的状况？几个突出事实勾勒出一个非常脆弱的系统。图7.6对美国高风险住房抵押贷款市场的规模进行了估计。根据维拉尔·阿查亚及其同事的研究，我们将高风险贷款定义为包括次级和次优级在内的住房抵押贷款。[104]这些高风险贷款在20世纪90年代前是几乎不存在的。[105]2001年，新发放的高风险住房抵押贷款总额达1800亿美元，占全部新增住房抵押贷款的8%。3年后，这一数字增加到7150亿美元，占比达24%。到2006

年，新增高风险住房抵押贷款总额达1万亿美元，占比为36%。如果我们把2001—2006年的新增高风险住房抵押贷款累加，结果是令人震惊的3.5万亿美元。平托和沃利森使用不同的方法发现，截至2008年6月，大约有2800万份存续的次级和次优级贷款，余额约为4.8万亿美元。也就是说，在2008年中，所有存续住房抵押贷款中大约有一半存在高风险。不管以哪种方式估算，次级贷款都存在巨大的泡沫。[106]

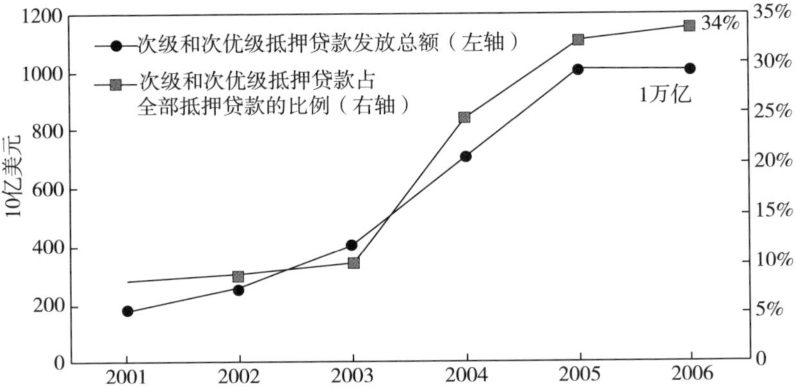

图7.6　2001—2006年美国高风险抵押贷款市场

注："高风险抵押贷款"的定义为次级加上次优级抵押贷款。

资料来源：Acharya et al（2011），第46页。

对于次贷泡沫期间的住房抵押贷款发起环节的风险，还有一个进一步的维度。次贷危机之前发放的许多（如果不是大部分）高风险住房抵押贷款都是浮动利率住房抵押贷款（ARM），在这种贷款中，由于房贷初期"诱人的"低利率、"无证明"以及高贷款价值比等优惠条件，扩大了合格借款人的范围。一些住房抵押贷款设置了负分摊的初始期，还款金额低于应付利息。如果利率上升，这些浮动利率贷款的偿还金额会大幅上升，进一步增加违约风险。2004年、2005年、2006年发放的住房抵押贷款中大约一半（48%）为浮动利率贷款。[107]在高风险住房抵押贷款中，浮动利率贷款的比例更高。低首付、缺证明和浮动利率的组合大大增加了住房抵押贷款的违约风险。詹姆斯·威尔考克斯（James Wilcox）构建了衡量1996—2008年认购标准变化的综合性方法。当然，房利美和房地美从1994年开始购买首付低至3%的住房抵押贷款，因此1996年之前认购标准已经降低。即使威尔考克斯的估计有向下的偏差，他仍发现认购标准从2002年到2006年逐步下降。他还认为，标准下降对于这一时期的住房抵押贷款规模和房价上升有很大的统计显著性。[108]

面对这些优惠到难以置信的融资项目，越来越多的家庭利用这些项目，从而使家庭部门的住房抵押贷款债务迅速扩大。1996年，家庭住房抵押贷款债务占GDP的比例为54%；2006年，这一比例上升到89%。10年之内增长35个百分点，高于从1951年到1996年家庭债务占GDP比例的全部增长。[109]

总之，到21世纪初，过低的认购标准已适用于所有住房抵押贷款借款人。1992年只是为了增加银行《社区再投资法》贷款承诺的一个举措，随着时间推移，已经发展成为一整套令人炫目的宽松的信贷标准，每个人都可以使用。结果造成了数以百万计美国中产阶层家庭背负高杠杆债务。他们很容易被拖入贷款违约的境地：其实他们买房的时候就已经站在了危险的边缘。房价失速、经济衰退减少了高负债新购房者的工作机会、利率的小幅上升，这些因素都可能导致重大危机的发生。事实上，很多住房抵押贷款利率在美联储没有进行调整时就已经开始上升；当2004年、2005年、2006年浮动利率贷款将利率上调至高于初始利率时，很多浮动利率贷款持有者很快无力偿还贷款。

结　论

政府支持企业（如房地美和房利美）在20世纪90年代和21世纪初的变革和发展，与全国性银行的整合类似，都体现了有影响力的政客充当中介的新政治交易。通过创造新的特权和责任，即《社区再投资法》协议以及对政府支持企业的强制性要求，新的交易得以完成。

美国银行业新的政治交易加入了一些看似不可能的新伙伴。随着更多有权势的伙伴成为核心盟友，胜者联盟日趋强大。最初，激进团体和希望获准合并成为全国性超级银行的地方银行为分享租金而建立联盟。随后，政府支持企业加入联盟，最初它们是不情愿加入的。政府支持企业对高风险住房抵押贷款的补贴，以及它们本身高度杠杆化的融资结构，都显著加大了整场博弈的风险。由于房利美和房地美降低认购标准导致了几乎全行业的房贷标准降低，从而使美国大量中产阶层卷入其中。最后，随着该联盟改变了住房抵押贷款发放的基本条件，低质量住房抵押贷款发起者组成了新的利益集团，它们希望从住房抵押贷款的发放和偿付中维持并提高利差之外的费用收入。正如在广阔海域上不断增强的飓风一般，胜者联盟的实力不断壮大，随后在2007—2009 年的危机中登陆袭来。

第八章　杠杆效应、监管失败和次贷危机

如果是愚蠢将我们推入困境，为什么它无法将我们拉出困境？

——威尔·罗杰斯

第七章探讨了在2007年之前的20年里，超级银行和城市激进团体两者之间看似不可能的联盟是如何形成，又是如何逐渐控制美国的住房金融政策的。联盟成功的秘诀之一，就是它吸引了一些看似不可能联合起来的伙伴——比如房利美和房地美的经理人和股东，住房抵押贷款的大型发起机构如全美金融公司，还有两党有影响力的政客。

该联盟取得的一个主要成就是使房利美和房地美的认购标准大幅降低，标准一旦降低，就适用于每一个人。我们在前一章探讨过，至2007年，每5笔新增住房抵押贷款中，就有2笔首付比例不高于3%。而更令人惊讶的是，2006年美国房产中介协会做的一项调查显示，46%的首次购房者为零首付；首次购房者的首付中值仅为所购房屋总价的2%。[1] 大部分美国中产阶层都利用了宽松的住房抵押贷款认购规则，当时美国的标准相较于其他任一国家或美国历史上的任一时期，都是极其宽松的。因此，住房抵押贷款总额飞速增长，违约的可能性也大大提高。

次贷危机的爆发并不仅仅是宽松的住房抵押贷款标准造成的。当然，这些标准扮演着重要角色：为住房抵押贷款风险火上浇油。监管

部门本来可以制止宽松标准引燃银行业危机，如果它们能够要求银行和两家政府支持企业在资产负债表上保持更高的资本金比率，避免偿付能力问题加速危机发生。也就是说，如果审慎监管能够确保这些机构的安全与稳健，那么，即使政府对住房金融的补贴仍可能导致银行和政府支持企业遭受损失，也不至于使金融中介机构崩塌，使危机发展到如此严重的程度。仍然用风暴式大火来比喻：如果说住房金融政策是点燃次贷危机的燃料，那么脆弱的审慎监管便是干燥的热风，极大地增加了燃料燃烧起来的可能性。

人们很容易认为，补贴住房抵押贷款和放松审慎监管是完全独立的两个因素。在这种观念下，次贷危机被解读为两个彼此独立的作用力恰巧重叠的结果，所以再次发生危机的概率很低。不幸的是，这种观念是一种误读。这两个因素背后反映的其实是同一个政治交易，即要求提高风险容忍度的政治交易。我们将在下文进一步阐释：监管部门本应提高银行和政府支持企业的资本要求，但这样做会使承担更高住房抵押贷款风险的成本增加，从而使银行不愿发放高风险的住房抵押贷款。显然，严格的审慎监管不符合扩大住房所有权覆盖面的政治目标，而这一目标正是大型银行、激进团体、政府支持企业和各方政客共同参与的政治交易的核心内容。简单地说，对于房利美、房地美、花旗银行、华盛顿互助银行等机构而言，如果可能受危及的资金大部分来自股东，它们将不会持续购买价值数万亿美元的低质量住房抵押贷款或对其实施证券化。只有在债务融资而非股权融资的情况下，这些机构才会这样做，而债权人之所以向这些机构提供融资，唯一的原因就在于债权人（正确地）相信债务最终将由美国纳税人兜底。证券化适用的资本要求非常低，使银行和政府支持企业得以使用极低的权益资本（约 2 美分对 1 美元的比例）来支持其住房抵押贷款组合。鉴于当时的大环境普遍认为“用借来的钱冒险”是正常的，所以不难理解为什么一些银行家（特别是在与效率更高的对手展开艰难竞争时）最后的决定是，正确的战略就是把谨慎抛到九霄云外。

另外必须强调的是，基本的制度环境至关重要。如果不是美国独特的“银行交易博弈”同时纳入了政府补贴住房融资和放松审慎监管这两个政策选择，那么无论是联邦住房金融政策和相关项目对住房抵押贷款风险的高额补贴，还是审慎监管失败导致的高昂成本，都不可能被政治体系容忍。这一观点是本章逻辑的出发点，它为本章开头罗杰斯提出的问题提供了一个答案：如果一个社会的“愚蠢”是一个强大联盟的自私自利行为导致的逻辑后果，那么这个社会将很难认识到自身的“愚蠢”，更别说克服这种“愚蠢”，虽然这一“愚蠢”导致了灾难性的银行业危机。

监管失败

为理解审慎监管的失败如何推动次贷危机，我们首先需要考察银行资本缓冲的内在逻辑。1990 年后，美国的银行和政府支持企业享受着政府安全网的保护，安全网为政府支持企业承担的债务违约风险提供担保，进而降低了这一风险。安全网的形式包括：存款保险，美联储和联邦住房贷款银行提供的融资窗口，政府对政府支持企业债务的隐性担保，未被存款保险覆盖的银行债务享受的“大而不倒”的隐性担保。这些安全网应被视为一种补贴，使银行和政府支持企业得以持有较少资本，享受更低融资成本，因为这些安全网降低了银行和政府支持企业的债务违约风险，削弱了债权人对其进行监督、要求其增加权益资本的激励。

衡量政府安全网提供的补贴的价值有两个标准，相应衡量出的价值大小有所不同，甚至产生了一些逆向激励。第一，规模标准。银行或政府支持企业规模越大，安全网的价值越大，补贴的价值越大；而较小的银行不是“大而不倒”的机构，只能得到存款保险系统的保护。小银行若出现偿付问题，可能会由联邦存款保险公司接管，联邦存款保险公司将对存款进行担保，然后将银行出售给竞争对手，从而将原股东和未受存款保险覆盖的债权人清除出场。

第二，负债对所有者权益比例标准。对银行或政府支持企业而言，这一杠杆比例越高，安全网价值越大，补贴的价值也就越大。马戏团的比方可以简单地说明这一问题：一个走钢丝表演者，如果他离地面只有3英尺，那么安全网就没有多大价值；钢丝的高度越高，安全网的价值就越高。同理，对银行或政府支持企业而言，杠杆率越高，债务违约风险中由政府承担的部分就越高。安全网带来的补贴价值随杠杆率上升而提高，享受补贴的银行和政府支持企业的股价也会随之升高：股价反映的是银行或政府支持企业可以人为压低融资成本的能力，如果没有政府支持，它们需要支付的融资成本不可能如此之低。[2] 因此，银行和政府支持企业的股东在整个游戏中的切身利益越少，越能受到政府安全网的保护。在这种情况下，股东可能选择将杠杆最大化，向债权人支付低利率，然后将利润收入囊中。这是一个高风险的策略：如果银行资产价值暴跌，可能导致股东空手离场；但平均而言，更高的杠杆确实提高了股东的回报率。

所以，若银行和政府支持企业的经理层以安全网价值最大化为目标制定商业战略，他们会采取两种措施：一是尽最大可能扩大规模，二是不自愿投入大量权益资本作为其运营的资金来源。简而言之，他们寻找的途径就是通过债务融资扩大业务规模。

由于大型银行和政府支持企业拥有安全网，其债权人只有极小的激励要求股东投入高于政府要求的资本。毕竟政府已提供了隐性担保，不管贷款机构发生什么意外，债务持有人都能得到偿付。政府支持企业和超级银行享有的“大而不倒”的保护甚至体现在了穆迪、标准普尔等机构提供的债务评级中。如果债权人都没有规范政府支持企业和银行行为的激励，我们又能指望谁呢？

唯一可以要求银行和政府支持企业的股东投入足量资本的，是政府监管部门。不幸的是，早在 1992 年，政府已为政府支持企业维持较低所有者权益水平开创了先例，当时作为《政府支持企业法》的一部分，房利美和房地美开始接受监管。《政府支持企业法》不仅纳入了住房和城市发展部规定的向低收入群体贷款的义务，还允许政府支持企业大规模举债来履行这些义务。为吸引不情不愿的政府支持企业经理和股东进入低收入群体的住房抵押贷款市场，1992 年《政府支持企业法》规定，资产组合中每 100 美元住房抵押贷款，房利美和房地美仅需持有 2.50 美元的资本金。慷慨的政府为它们提供了隐性担保，使它们能够用极低的利率借入剩余的 97.50 美元。而在当时，商业银行每 100 美元住房抵押贷款的资本要求是 4 美元。[3]

从商业银行和储蓄机构购入住房抵押贷款只是房地美和房利美业务的一部分。它们也可以在购买住房抵押贷款后，打包发行住房抵押贷款支持证券，然后在二级市场出售这些几无风险的证券（房利美和房地美为其基础住房抵押贷款资产的违约风险提供担保）。证券化过程中，两房只需要为每 100 美元抵押贷款支持证券提取 45 美分的拨备来防范违约风险（覆盖潜在亏损的缓冲资本）。[4] 除了从美国财政部得到的隐性支持外，房利美和房地美也享受着规模经济的优势，能够在不同类别的担保抵押贷款中实现多元化。抵押贷款支持证券这种媒介形式的吸引力非常直接，它增加了潜在购房者可以获得的授信总量。房利美和房地美购买由银行、储蓄机构发放的住房抵押贷款，投资者从两房购买抵押贷款（两房提供还款担保），于是房利美和房地美能够从银行和储蓄机构购买更多的抵押贷款，这些贷款发放机构也就能够向购房者发放更多的贷款。

这一住房金融结构创造了经济学家称之为监管套利的机会。如果商业银行发放住房抵押贷款并将其留存于资产组合中，则每 100 美元贷款需持有 4 美元资本作为资本缓冲；但如果银行购买评级较高的抵押贷款支持证券（或由政府支持企业打包发行，或由银行贷款发起部门运营的表外实体将贷款证券化并发行），按监管部门要求，每100美元投资仅需持有1.6美元资本。[5] 之所以AAA级抵押贷款支持证券比抵押贷款对应的资本要求少，是基于以下简单的逻辑：证券的价值得到了房利美、房地美或一些贷款银行的担保，而这一担保的价值同时体现着担保方的权益资本和这些中介机构享有的政府担保的共同影响。举例来说，某银行向房利美和房地美出售抵押贷款，然后购回相同数量的抵押贷款支持证券，每100美元贷款中，整个金融体系（银行加政府支持企业）中的资本金实际只有2.05美元（银行的1.60美元，加上房地美和房利美发行证券时作为担保的45美分）。

发放抵押贷款的银行购买了本行贷款支持的证券，监管套利并非到此为止。抵押贷款存在很大的异质性：有些借款人拥有更好的信用评级，更高的收入对债务比率，更高的首付比例。银行可以将品质不同的抵押贷款打包在一起，创建不同评级的抵押贷款支持证券（最高可达AAA评级，最低BBB评级）。随后，又发展出另一项业务，即担保债务凭证（CDO）。发行担保债务凭证的机构发挥了管道的作用，将住房抵押贷款支持证券和其他证券（通常评级较低）打包在一起，再度证券化。住房抵押贷款支持证券成为担保债务凭证这一管道中最重要的一部分资产。购买担保债务凭证的资金主要来自债务融资。这些担保债务凭证实际上是住房抵押贷款支持证券的衍生品（也就是说，担保债务凭证发行的价值源于住房抵押贷款支持证券这一基础资产的价值）。担保债务凭证对那些发行住房抵押贷款支持证券的银行非常有用，因为这一产品能够把那些吸引力较低的住房抵押贷款支持证券也一同打包。21世纪初，担保债务凭证发行大幅增加，1998—2004年发行规模为每年1000亿~1500亿美元，2005年已升至2500亿美元，2006年高达5000亿美元。[6]

投资或发行住房抵押贷款支持证券和担保债务凭证的机构也可以购买一种保险，保险的形式为一种名为信用违约掉期（CDS）的工具，这是摩根大通银行 1994 年推出的创新工具。这一产品实际上是银行或保险公司给出的承诺，承诺在信用风险事件（如未能支付利息）发生时，银行或保险公司将以面值购回原始证券。监管部门认为信用违约掉期保险合同与发行该信用违约掉期的投资银行或保险公司发行的证券有着相同的风险水平。所以，如果一家银行创立担保债务凭证通道，该通道持有次级贷款和次优级住房抵押贷款支持证券作为资产，银行又与一家 AAA 评级的保险公司签订信用违约掉期合约为其担保债务凭证担保，那么从资本监管角度出发，这些担保债务凭证债券视同为 AAA 级处理。[7]

有一种广泛的观点认为，银行、投资银行和政府支持企业创造出抵押贷款支持证券、担保债务凭证、信用违约掉期这些复杂的证券，都是为了卖给毫无戒心的投资者并从中获利。人们断言银行是垃圾住房抵押贷款产生的源头，发放这些贷款后，银行或将其证券化，或将其硬卖给政府支持企业，而政府支持企业要么自己持有，要么进一步证券化并转售。这个故事中仅有一个问题：不仅是房利美和房地美，还有许多商业银行（例如花旗银行、美洲银行和富国银行）和投资银行（例如高盛、雷曼兄弟），资产组合中也有大量住房抵押贷款支持证券及其衍生品（担保债务凭证、信用违约掉期）。[8] 机构创造这些衍生品，不仅是为了出售给新手，也是为了以较低的监管资本要求继续持有风险相对较高的住房抵押贷款，从而提高其资本回报率。这就是次贷危机爆发时，许多大型商业银行和投资银行、房利美和房地美都陷入资不抵债境地的原因。这些机构大量持有自己发行的证券，而一旦作为最终基础资产的住房抵押贷款出现违约，这些证券的价值就会直线跳水。

让我们明确一点：我们想说明的并不是资产证券化本身导致了次

贷危机。例如，信用卡债务支持证券（credit-card-based security）30年来一直都在有序运转；直到2008年9月，信用卡债务支持证券仍在正常发行，当时所有金融交易都出现了急剧萎缩，而信用卡债务支持证券业务却快速恢复。同样，优质住房抵押贷款支持证券也没有像次级住房抵押贷款支持证券一样，在危机中遭受损失。另一方面，我们想论证的也不是银行创造和交易证券衍生品（如担保债务凭证等）的能力应该为次贷危机负责。衍生品是一种非常重要的金融工具，银行、投资者、非金融企业通过衍生品进行风险对冲。

我们想要说明的是，为了使抵押贷款支持证券、担保债务凭证、信用违约掉期这一整套系统发挥其应有的积极作用，至少要满足以下两个条件之一：一是住房抵押贷款本身的风险较低，少量资本能够覆盖损失；二是在证券化链条的某一环节，必须有一方有充足的资本储备，来覆盖可能的损失。否则一旦背后的住房抵押贷款出现违约，整个系统都会像纸牌屋一样倒下：对持有这些证券的公司来说，微薄的股东资本将全部用来弥补证券和衍生品的损失。事实证明这两个条件都没能成立：作为基础资产的住房抵押贷款风险非常高，整个链条中也没有一方储备了足量的资本覆盖潜在损失。因此，当需要有人埋单的时刻来临，纳税人成了最终的兜底者。

在车轮下酣睡

为什么政府监管部门——美联储、联邦存款保险公司、美国证券交易委员会、联邦住房企业监督办公室——允许政府支持企业参与住房抵押贷款支持证券及其衍生品市场，同时又未能要求它们保留充足的缓冲资本？为什么不要求参与者以更多的股东资本应对风险，却容许他们以纳税人的财富应对风险？

如第七章解释的，政府支持企业的资本比率不足（在所有受监管的金融机构中最低）是政治交易的结果。事实上，政府支持企业接受了补贴城市贫困人口住房抵押贷款的新要求，以此换取更大的政府安全网补贴，表现为较低的资本要求和宽松的监管。[9]

那银行情况又如何呢？有一种常见观点认为，美联储、联邦存款保险公司、证券交易委员会等相关机构审慎监管缺失的原因在于“放松监管”。让我们澄清这一误解。从 20 世纪 70 年代后期到 90 年代后期，美国银行市场确实经历了一个放松监管的过程，州政府和联邦政府逐步破除了银行在州内外设立分行的壁垒。存款利率上限的规定也被废止，该规定一度妨碍了银行在存款方面的竞争，并在高通胀的 20 世纪 70 年代导致存款从银行体系大量流失。最后，联邦政府取消了大萧条以来商业银行与投资银行分业经营的限制。

所有这些措施并没有削弱审慎监管——监管部门通过实施审慎监管，确保银行体系和证券市场的安全运行。事实上，允许银行在州内外开设分支机构的改革使银行能跨区域分散风险，从而提高了银行体系的稳定性。同样，1999 年的改革允许商业银行控股公司下设投资银行，降低了次贷危机中银行遭受的损失。正是由于这一改革，当美林和贝尔斯登等投行在次贷危机中变得资不抵债时，美洲银行和摩根大通银行得以对它们实施有序收购。改革也使高盛和摩根士丹利得以在 2008 年转变为商业银行控股公司，从而提高政府安全网对其的覆盖程度。[10]

问题的核心不在于监管缺位，而是实施了大量无效监管。根据 1988 年《巴塞尔协议》规定的国际标准，商业银行每 100 美元住房抵押贷款需要对应 4 美元资本。[11]1992 年发布的对房利美和房地美的监管规定要求，每 100 美元住房抵押贷款对应 2.5 美元资本，为 100 美元住房抵押贷款提供担保需对应 0.45 美元资本。这些资本要求都是建立在 20% 首付、固定利率、期限 30 年、由银行发放并持有贷款资产的基础上。没有人能想象到会出现零首付、无证明、负分期偿还的浮动利率抵押贷款。监管者也没有预料到房利美和房地美会占据住房抵押贷款市场50%的份额，而且其中高达80%的住房抵押贷款被证券化（有效资本充足率降低了一半，100美元对应2.05美元）。监管者或许已经意识到一些银行享受着“大而不倒”的保护，但在这一优势最初形成的1988年或1992年，观察家们完全没有想到少数几家超级银行的资产会出现爆炸式增长，达到万亿美元资产的水平。美洲银行是一个很好的例证：在撰写本文时，美洲银行在美国50个州经营5000多家分行，按收入计算，是美国最大的五家公司之一（仅次于沃尔玛、通用电气和几家石油公司）。但在1988年，即商业银行住房抵押贷款资本充足率规则制定时，美洲银行仅在加利福尼亚一个州运营，而在1988年之前的几年中，该行一直在削减分行和法人附属机构。

难道美联储、联邦存款保险公司、证券交易委员会（2002年开始成为投资银行的审慎监管部门）都没有看到住房金融市场中发生的巨大变化，没有看到其中暗藏的风险吗？还是它们看到了这些变化和风险，却无力解决问题？这两个问题的回答都是很明确的否定答案。我们的同事詹姆斯·巴斯（James Barth）、杰拉德·卡普里奥（Gerard Caprio）和罗斯·列文（Ross Levine）对这些问题进行了详细研究，得出的结论是：虽然有足够的预警信号显示银行体系正在累积的问题，虽然有足够的权力予以干预，但这些“金融卫士”并没能完成它们的核心任务，即控制受保护银行的风险。审慎监管部门有权提高对银行资本金的要求，并限制它们对风险资产的投资。事实上，随着时间的推移，在修改后的《巴塞尔协议II》的风险度量体系实施后，大型银行和投资银行从规则变动中获益，它们实际上可以基于自己的数学模型，自行决定资本缓冲的恰当水平。[12]当然，监管者保留了不同意银行使用自身风险评估模型的权力，也保留了在既定风险水平下提高最低资本充足率要求的权力，但他们并没有运用这些权力。

火上浇油

政策制定者和监管部门到底有没有作为？事实上，他们有所作为，但作为的结果却使糟糕的境况变得更糟。第一，他们很有效率地将监管工作转包给了私人公司——即评级机构，例如穆迪、惠誉和标准普尔，评级公司的业务是评估公司债券的信用级别。第二，评级机构做出精确评级的行为动机本已不足，而决策者和监管者的一系列措施进一步弱化了这一动机。第三，美联储的货币政策改变了购房者的行为动机，鼓励他们承担更大的风险。决策者和监管者的作为本身不可能引发次贷危机，但就美国当时的住房金融政策和薄弱的审慎监管而言，他们为这场火灾添了三把火。

把监管责任分包给评级机构

银行要购买抵押贷款支持证券或担保债务凭证，并将其作为低资本缓冲要求的 AAA 级资产处理，就必须依靠评级机构证明它们是 AAA 级证券。为此，被认定的评级机构必须由证券交易委员会认定为“全国认定的统计评级组织”，该评级体系由证券交易委员会于 1975 年创建。此后，寡头垄断结构迅速形成：穆迪、惠誉和标准普尔很快在全球证券评级市场中占据了约 90% 的份额。

“全国认定的统计评级组织”体系下的商业模式包含着潜在的利益冲突。抵押贷款支持证券和担保债务凭证的发行人关心这些证券获得的评级，因为证券的买家都是银行、保险公司、养老基金、共同基金等受监管的中介机构。如果评级公司给出的评级低估了风险，那么所有买家都将从中受益，因为更高的评级意味着银行和保险公司持有这些证券所需的资本要求更低，同时可以获得更多的优惠待遇（例如，适当性监管要求限制了养老基金能持有的某些类别证券的数量）。

发行人会要求三大评级机构在发布评级之前，提前告知其将出具的证券评级（这一过程称为评级选购），哪一家给出的评级最差，发行人就不选择这一家。[13]

为了给次贷相关证券出具虚高评级，评级机构采用的风险模型有着非常根本而又明显的缺陷。[14]这些模型基于两个堪称可笑的关键假设：收入或就业证明缺失与更高的住房抵押贷款违约风险并无关联；房价永远不会下跌。对房价的压力测试建立在过去10年的经验基础上。这意味着到2007年，建模者对任何未来经济衰退可能导致的房价下跌的预测，仅依赖于包含一次经济衰退（2001年经济下滑）期间的房价趋势。从房价上看，2001年的衰退独一无二：在美国历史上，唯有此次经济衰退期间，房价仍维持高速上涨。[15]简而言之，模型运行的假设是，未来任何经济萧条都不会导致房价下跌，但是美国房价的长期历史，更不用说众多经济学理论，都能给出完全相反的结论。

机构投资者和监管部门也意识到了这些模型的不足。例如，截至2005年12月，穆迪公布的Baa级（略低于最高评级，但仍属于投资级）担保债务凭证的数据显示，自发行日起5年内，这些债券的平均违约率为20%。穆迪还公布了Baa级公司债券的数据：发行5年内平均违约率仅为2%。任何一个商学院的一年级学生都能理解其中的含义：尽管评级机构声称评级标准是统一的，但同等评级下，担保债务凭证的违约风险是公司债券的10倍。[16]巴斯、卡普里奥和列文评估了评级的准确性："如果金融专业人士声称购买AAA级住房抵押贷款证券是因为相信它们是安全的金融工具，他们要么非常虚伪，要么根本没有关注风险，可以说他们被高收益蒙蔽了双眼，其中的高收益是作为不质疑这些评级的回报。"[17]

美国政府2006年的一项举措使糟糕的情况进一步恶化。政府居然担心一些评级机构对住房抵押贷款支持证券的评级过于保守。在那些为住房抵押贷款支持证券提供虚高评级的评级机构和其他既得利益者的压力下，国会通过了一项法案，敦促证券交易委员会制定“反降级”（anti-notching）规定，使发行人更容易绕开那些不合作的评级机构。[18]因为担保债务凭证是从有评级的其他证券衍生而来的，所以在评估担保债务凭证时，对评级机构的隐性要求是，重新评定作为其基础资产的住房抵押贷款支持证券或其他资产。穆迪表示，如果要评估包含次级抵押贷款支持证券的担保债务凭证，他们要么选择从头开始评估作为其资产的抵押贷款支持证券，要么根据其他评级机构（如惠誉）的评级下调一档。反降级规定在2006年获得通过，如果它被实施，将从根本上迫使各机构在担保债务凭证评级中使用其他机构提供的担保债务凭证基础资产的评级，而不做任何下调。

直到次贷危机爆发，反降级规定的实施办法仍在制定中，因此这一规定最终没有实施，然而，反降级规定仍然非常重要，其中有两个原因：首先，它反映了国会和小布什政府鼓励住房抵押贷款市场的风险承担意愿达到了何种程度；其次，它向市场传递了有关决策者偏好的信号，可能直接影响了评级机构在2006年的行为。这一规定对评级行业中残存的保守主义构成了冲击：试图反抗评级虚高的大浪潮，有可能将评级机构置于和证券交易委员会对抗的风险之中。事实上，国会正在迫使更为保守的评级机构采纳那些最不保守的机构的观点。

美联储及其货币政策

美联储的职责远不限于监管银行。它还负责制定美国的货币政策，主要通过调整联邦基金利率，即银行间隔夜拆借利率，实现这一目的。美联储通过提高和降低联邦基金目标利率管理“总需求”，而总需求与就业水平和通货膨胀率密切相关。斯坦福大学经济学家约翰·泰勒提出了一个著名公式（后被命名为泰勒规则），用以计算美联储货币政策的“反应函数”，也就是说，美联储如何根据经济形势决定联邦基金利率。

泰勒等经济学家指出，相比于以往，美联储在2002—2005年实行的货币政策特别宽松。[19]根据泰勒规则，如果美联储继续遵循之前20年的行为方式，那么联邦基金利率应比2002—2005年实际利率平均高出2个百分点。[20]美联储官员对宽松货币政策做过很多解释，但评估美联储如此激进且大幅偏离泰勒规则的做法是否恰当超出了本书的研究范围。

有一点是清楚的，美联储本应预计并考虑到2002—2005年超宽松货币政策的一个可预见的主要后果：大幅压低了风险的价格。金融史学家记录了许多国家、许多年份的数据，这些数据反映了风险息差（有风险证券利率高于无风险利率的部分，作为对持有者承担风险的补偿）的收窄和中央银行放松货币政策之间存在紧密的相关性。[21]金融经济学家的研究表明，风险息差下降适用于各类金融工具，包括股票、债券和银行贷款等。当实际联邦基金利率下降时，股票投资者、债券持有人以及银行要求的息差都会降低，这一点是在预期之内的。[22]在住房抵押贷款市场，宽松的货币政策使银行更倾向于发放高风险住房抵押贷款，消费者更倾向于借入资金购买他们不能真正负担的房产。因此，泰勒等经济学家认为，宽松的货币政策在次贷危机中发挥了重要作用：如果风险看起来很便宜的话，那么银行和老百姓都将承担更大的风险。[23]

宽松货币政策似乎助长了已被住房金融政策和审慎监管弱化点燃的烈火。但仅仅货币政策本身也不可能导致危机发生。第一，宽松的货币政策始于2002年，而住房抵押贷款风险增加、审慎监管标准下降的起始时间早于2002年。如果没有1994年以来认购标准的降低，宽松货币政策也不会给住房融资市场带来那么危险的后果（在这一方面，我们注意到，宽松货币政策的影响应覆盖所有风险资产，但2007—2009年的危机源于住房抵押贷款市场，而非信用卡信贷等消费信贷的证券化市场，因为其他市场的认购标准并未下降）。第二，如果美联储意识到宽松货币政策的影响并对银行资本提出更高要求，那么宽松货币政策对住房抵押贷款市场带来的危险本应得到控制。但是，正如我们已经讨论的，美联储并没有采取上述措施。第三，当人们回头看那些具有重大历史意义的国际银行业危机时，宽松货币政策通常并不是产生像本轮次贷危机这么严重的银行业危机的充分条件。货币政策可能导致风险资产定价过高，加速股票和房地产市场的泡沫化以及泡沫的破灭，但银行业危机的发生需要更多的条件——即银行投资于高风险资产，却没有充足的资本作为支撑。美国 20 世纪 20 年代经历了住房市场价格的大起大落，但这在当时并没有导致银行业危机，原因很简单：当时的住房抵押贷款首付很高，而且银行保持很高的资本充足率。[24]

视而不见，听而不闻

监管政策的失败并不仅限于危机发生前的不作为。随着事件的进展，监管部门在采取措施限制住房抵押贷款损失的系统性影响方面也速度缓慢。次贷危机发酵的时间跨度很长，从 2007 年春到 2008 年秋，但直至 2008 年秋，直到银行赖以生存的债券市场停止正常运作，政府为防止系统性的金融机构破产才最终开始积极介入。

市场参与者当然看到了不断增长的系统性风险：2008 年 9 月前的两年时间里，在那些 2008 年秋需要干预的美国大型金融机构中，银行股票市值与账面价值的比率持续下降。[25]银行有充足的机会发行新股，为自己补充资本；监管部门也有很多机会要求银行这么做。事实上，股票市场始终是开放的，从 2007 年 9 月到 2008 年 9 月，全球银行通过股票市场共筹集了近 4500 亿美元资金。[26]然而，美林、花旗银行、雷曼兄弟、美国国际集团和其他美国大型银行并没有选择发行新股来补充损失的所有者权益。显然，这些机构希望股票价格上升，从而重新充实股本，又不至于大幅稀释现有股东的股权。同时，这些金融机构似乎也认为自己仍享有“大而不倒”的保护（这一认识是正确的，雷曼是一个重要例外）。如果各机构相信政府会实施救助，那为什么还要去市场上筹集新资本呢?

当大银行投资住房抵押贷款的损失刚浮出水面时，监管者本应及时干预。他们本应要求银行更早确认损失，并通过市场筹集更多资本。[27]然而，他们再次选择不作为，眼睁睁看着危机爆发。

在面对银行损失时，各国监管者行动延误的现象在过去30年间层出不穷。在受政府保护的银行体系内，监管部门不仅在危机之前很少动用监管强制措施（如前文已探讨，这种状况源于政治动机），而且当危机发生后，监管者在要求银行处置贷款损失方面也非常缓慢。要求银行补充资本常常会在短期内进一步缩减信贷供应。这会降低金融危机爆发的可能性，但短期信贷收缩也会导致经济和政治成本，尤其是大选在即的时候。[28]

在本轮次贷危机的案例中，很容易看出为何监管者愿意选择容忍并寄希望于事态好转：如果在2007年和2008年初，监管部门出台措施要求银行和政府支持企业提高资本，不仅会造成短期信贷紧缩，还将对整个住房抵押信贷的供应链以及造就这一供应链的强大政治联盟产生深远影响。美国1990年后“银行交易博弈”导致住房抵押贷款融资资本要求较低，而这源于1992年《政府支持企业法》下必须达成的政治交易。随着这些交易的达成，房利美和房地美开始以较商业银行更低的资本水平支持住房抵押贷款，甚至以更低的资本要求担保住房抵押贷款，至此木已成舟。监管套利和各种前卫的金融创新迅速跟进。确实需要有一位勇敢的监管者站出来，强行解开这个戈尔迪之结*。

* Gordian Knot，出自希腊神话，解开戈尔迪之结即可为亚细亚国王，后此结被亚历山大大帝解开。——编者注

假设美联储、联邦存款保险公司、证券交易委员会能够真正努力提升相关机构审慎的资本水平或强化对评级机构的监管，市场可能的反应会是怎样呢？商业银行、投资银行、政府支持企业和评级机构将竭尽全力，争取保持低资本要求以及由此获得的高回报率。围绕审慎资本监管的战役是公开而龌龊的。在自以为占据道德高地指责监管失败之前，我们需要扪心自问：如果你想要购买住房，如果在2006年到2007年由于监管部门的积极作为而导致住房抵押贷款利率上升，你又会做何反应呢？监管部门非常清楚他们在怎样的政治环境下开展工作。

从2008年夏天之前监管者的角度出发，回避问题比直接展开一场血腥战役要容易得多。事实上，监管者一直用以回避问题的各种方式，或继续沿用过去的政策，或试图挺过当前难关，都被商业银行、投资银行、政府支持企业和评级机构加以利用，以证明现在提高审慎性资本要求是反复无常而且伪善的举动：如果我们过去的做法是可行的，你也说过我们过去做得没有问题，怎么现在就不行了呢？在这种情况下，监管部门面临的选择就很简单：他们可以选择踏入争斗，不过很可能失败；他们也可以选择容许正在发生的一切，最终让纳税人为危机处置埋单。

对美联储而言，回避问题的动机可能尤为强烈。正如政治学家经常指出，对监管部门的授权可以有意识地被用来使监管规则的执行更容易受政治力量的影响，特别是在监管部门正在承受利益集团压力的情况下。[29]相比于其他银行监管部门，为什么美联储被认为更不愿破坏政治交易达成的计划？正如一些批评人士指出的那样，美联储将货币政策独立性视为其首要关注点，总是担心国会或政府可能侵犯货币政策的独立性。根据这一观点，美联储试图扩大监管权力来增强货币政策独立性；国会授予美联储监管权力，因为国会清楚，美联储不会为了监管政策而对抗国会关键议员或总统，这种对抗很可能威胁到美联储最关心的货币政策独立性。[30]

美联储权限逐步扩大的历程与这一分析是吻合的。自20世纪30年代开始，美联储承担了银行整合的监管角色，起初负责监管银行"集团"和"连锁"（后演变为银行控股公司）。20世纪30年代，美联储理所当然地肩负起这项任务，因为它是唯一能够整合必要信息，以实施《格拉斯—斯蒂格尔法》及其他法律的新规则的机构。[31]之后，美联储对银行控股公司的监管逐步发展。在20世纪90年代的并购浪潮中，美联储（而非负责执行反托拉斯法的司法部门）被指定为批准银行收购和合并的核心角色。美联储由此成为最主要的审慎监管者，超越货币监理署、联邦存款保险公司和其他一些新创建的监管部门。随着时间推移，美联储的这一地位不断增强。[32]1999年，根据《金融服务现代化法》，美联储成为拥有特殊的总体监管权力的伞形监管人。

为什么并非所有银行都选择冒险？

银行可以选择承受巨大风险，在资本不足的情况下利用住房金融泡沫盈利，但这一可能性并不意味着银行一定要这样做。银行家面临选择：第一个选择是努力以传统方式赚钱，寻找高质量的贷款和其他金融机会，并根据承担的风险水平匹配适当的缓冲资本；第二个选择是银行可以充分利用薄弱的监管环境和政府慷慨的安全网疯狂冒险。事实上，并不是所有银行和政府支持企业都像华盛顿互助银行、花旗银行、贝尔斯登等机构那样疯狂冒险。[33]是什么原因使其他银行在次贷热潮里选择了隔岸观火？

我们应该在当时的住房金融市场背景下考虑这个问题，假设有银行家A和B。由于政府在住房金融方面的要求，他们必须至少发放一些高风险的住房抵押贷款。谨慎的银行家A将这部分住房抵押贷款出售给房利美和房地美，从而尽量减少高风险住房抵押贷款敞口，并将资金重新投向更稳健的投资。而银行家B则选择发放大量次级住房抵押贷款，再通过房利美、房地美或投资银行将其证券化，然后持有这些住房抵押贷款支持证券，这意味着相比于直接持有住房抵押贷款，银行家B必须持有的资本显著降低。

就像许多生活中的选择一样，银行家B之所以做出高风险的选择，背后的激励或许是源于一整套逊于银行家A的战略选项。为了像银行家A一样盈利，银行家B需要在管理人员素质和运作效率方面达到与银行家A相当的水平。在金融经济学术语中，B银行需要有与A银行相同的“特许权价值”（franchise value）。如果缺乏较高的特许权价值，银行家B面临的真正选择将是收缩业务（因为他会在与银行家A的激烈竞争中丧失阵地），或者实施激进战略，即通过承担更大的风险、依靠政府安全网补贴提升其处于劣势的特许权价值，从而获得更高回报率。如果利用安全网补贴的价值，银行家B也可以像银行家A那样，创造高市值和高收益。当然，投资B银行股票将面临更大风险，但考虑到B银行特许权价值较低，这可能已经是银行家B可以为股东做的最佳贡献了。尽管对股东来说，这或许不是最好的安排，但B银行的高收益和高股价可能给银行家B带来高额的高管奖金。当然，万一市场崩溃（事实的确如此），作为首席执行官，银行家B将被迫离场，但与此同时，他仍能过着非常体面的生活。[34]

有证据表明，银行特许权价值——银行管理团队在拓展优势客户以获得坚实而丰厚的投资机会的能力——的差异，在次贷危机中起到了一定的作用。它并未直接导致危机，降低贷款标准的住房金融政策以及审慎监管弱化才是危机的原因。然而，这种差异或许决定了哪些银行受危机影响最为严重，哪些银行加剧了危机的总体严重程度。

美国各家银行在次贷危机中的表现截然不同。从2000年到2006年，房利美、房地美、贝尔斯登、雷曼兄弟、花旗银行、瑞银、美联银行、华盛顿互助银行、全美金融公司、美国国际集团和美林等金融机构的经理们承担了巨大的住房抵押贷款风险；然而，德意志银行、摩根大通、高盛、美洲银行、大都会人寿、瑞士信贷、汇丰银行、渣打银行以及许多其他金融机构做出了不同的选择。

是否有证据表明各家银行在危机前承担风险程度的差异体现了银行特许权价值的差异？结论不是确定的，但能够说明一些问题。非正式的实证研究表明，特许权价值最高的银行在危机前往往表现得更为保守。这些银行拥有强大的风险管理系统，在经济繁荣时期承担的风险相对（其资本）较小，因而在危机期间并不需要救助。这一类银行包括高盛、摩根大通和德意志银行。而贝尔斯登、雷曼兄弟和花旗银行这几家银行在危机期间遭受冲击最为严重，金融专业人士一般认为其特许权价值较低，风险容忍度更高。以花旗银行为例，30 年来，糟糕的内部组织结构和风险失控的经历一直困扰着该行。学者们（Rüdiger Fahlenbrach、Robert Prilmeier 和 René Stulz）针对这一议题的一项系统研究表明，在次贷危机期间损失最大的银行正是那些 1998 年时投资或融资给长期资本管理公司的银行。长期资本管理公司是一家大型对冲基金，1998 年由于激进的投资模型而走向覆亡，甚至引发了一场系统性金融危机。[35]

还有学者（Andrew Ellul 和 Vijay Yerramilli）的研究表明，不同银行存在不同风险偏好，银行控股公司风险偏好的差异是可预测的，其制度上对风险管理的重视与投入程度是这一预测的基础。[36]一些银行似乎故意不在风险管理方面投资，的确是因为强大的风险管理部门会阻止高级管理层承担那些可能损害公司价值的风险！该研究以首席风险官对首席执行官的薪酬比率作为风险管理承诺的替代变量。他们发现，2006 年这一比率较高（给风险管理者的报酬较高）的银行往往承担更低的风险，在次贷危机期间遭受的损失相应较小。

综合以上证据，我们得出的观点是，要完整解释本轮次贷危机，不仅必须考虑导致住房抵押贷款放贷标准放松的政府住房金融政策和审慎监管失败的影响（这两个因素都反映了更深层次的政治交易，也正是这一交易维持了这两个因素），也要考虑银行之间的差异，包括竞争力差异，这些差异可能激励一些经理故意承担极高的风险。

《多德—弗兰克法》的救赎？

次贷危机揭示了美国在住房金融政策和审慎监管方面的深层缺陷。就像大萧条和储贷危机催生监管改革（见第六章）一样，到本书撰写时，已经出现了对次贷危机的重要监管应对。2010 年的《多德—弗兰克法》正在带来许多监管变革。先前的改革浪潮几乎没能改善银行体系的痼疾，因为其中存在着政治因素对改革的约束。多德—弗兰克改革会产生更好的效果吗？

学者普遍认为有三个关键问题需要解决。第一，必须要求银行更审慎地管理风险，持有更多资本，更及时地确认损失。第二，必须改革政府的住房抵押贷款政策，结束对房利美、房地美和联邦住宅管理局的高风险住房抵押贷款的补贴，正是这些补贴加剧了金融体系的不稳定性。第三，必须限制大型金融机构在“大而不倒”保护中的搭便车行为。

不幸的是，要解决这些问题，大多数学者认为《多德—弗兰克法》并未带来太大希望。对《多德—弗兰克法》的全面解读已经超出了本书的讨论范围。[37] 在此仅提出一些我们的观察。尽管《多德—弗兰克法》的长度和复杂性前所未有，但约吉·贝拉（Yogi Berra）如果看到它，恐怕会说：“我有似曾相识的感觉！”在 20 世纪 30 年代和 80 年代两次危机的监管应对中，政治家制定了许多审慎的改革。和早期改革类似的是，迄今为止，《多德—弗兰克法》基本没有针对引发危机的根源提出对策。它几乎没有改变监管部门衡量银行风险敞口或损失的方式，它甚至没有回应改革住房金融补贴的需求，“大而不倒”

问题仍然存在：事实上，它现在反倒被法律认可了。

《多德—弗兰克法》第二章提到，当一个“大而不倒”的金融机构陷入困境时，共同参与的政府各方必须决定是提供援助，还是不提供帮助而任其进入破产清算阶段。如果提供援助，同时政府由于援助而承受了损失，那么幸存的所有机构需缴纳特别税赋为这一损失埋单。虽然该法字面上的意思是避免未来的救助，但这一新的授权在救助“大而不倒”机构和征税以筹集救助资金等方面建立了明确的程序。如果一家大银行已资不抵债，那么政治阻力最小的可能路径将是又一次救助，只需有批准权限的（无论具体是哪些）政客、法官和官员的橡皮图章盖章即可。那些陷入困境的金融机构会声称，要是政府做得不够，那么世界末日就将来临；在这种情况下，几乎没有政客、官员或法官愿意承担不救助带来的个人风险。

美联储前主席保罗·沃尔克是奥巴马总统的非正式顾问，在塑造金融改革议程中拥有极高的特殊地位，他将证券交易作为他本人的改革建议的重点，这不由让人怪异地回忆起 1933 年金融改革中卡特·格拉斯扮演的角色。1933 年，尽管银行业崩溃其实与银行和证券市场间的高度关联并不相关，格拉斯还是利用这一改革机会推行其本人最热衷的项目，即实施商业银行与投资银行的分业经营。正如 1933 年的格拉斯那样，沃尔克没有把改革建议的重点放在导致金融体系瘫痪的房地产市场上，而是发动了一场反对自营证券交易的运动——他一直把自营交易视为眼中钉。他甚至成功说服国会将禁止银行自营交易的“沃尔克规则”加入《多德—弗兰克法》；尽管没有很多证据表明自营交易推动了次贷危机。[38]

《多德—弗兰克法》强化了美联储的监管权力，使其成为“系统重要”的非银行金融机构以及银行控股公司的核心审慎监管者。尽管美联储在 2007—2009 年危机之前未能实施有效监管，但其监管权力仍然得到了扩大。讽刺的是，如果不是因为这场危机，美联储很可能已失去大部分权力。就在危机之前，财政部长亨利·保尔森启动了一项关于最优金融监管结构的研究。特别工作组得出的结论是，美联储的大部分功能都应被剥夺，应由一个新的监管部门承担这些职责。[39]工作组提交的报告名为“现代化的金融监管结构蓝图”，报告指出，美国联邦贸易委员会和司法部应该成为银行业主要的反垄断监管者，应大幅削减美联储在这些领域的职能。[40]然而，次贷危机导致这些改革建议被抛弃。也正是在《多德—弗兰克法》通过的后危机大环境下，美联储才能够说服国会和政府，扩张而不是限制其监管监督的权力。

结　论

对美国来说，本轮次贷危机很可能并不是最后一次经历此类危机。我们希望，了解次贷危机的发生演化过程及其原因能够提供一个指引，不仅有助于人们理解未来危机的成因，还有助于包括美国在内的国家了解如何才有可能避免危机发生。

其中最重要的一点是，次贷危机是政治交易的后果。20 世纪 80 年代以来，银行和政府支持企业得以逐步成长为巨型企业，这一步伐在 20 世纪 90 年代和 21 世纪初进一步加速。规模扩张为这些银行和政府支持企业带来了更大的规模经济效应、范围经济效应、潜在市场控制力，以及“大而不倒”的多层次保护。作为交换，它们必须与激进团体分享由此获得的部分经济租金：政策制定者认为，为解决美国城市贫民面对的严重经济和社会问题，银行和激进团体的合作从政治角度看是一种较为可行的方式。这就为激进团体创造了一个利用规则的机会，使其能够分享银行为自身以及激进团体成员赚取的租金。

然而，银行不会无限度地参与这样的租金分享。通过出售高风险住房抵押贷款给房利美或房地美，或用较低水平的审慎资本支持住房抵押贷款，即实施住房抵押贷款的证券化，银行得以使用更低成本开展更多业务。因此，激进主义者利用在国会的影响力，为银行争取更大利益，通过住房与城市发展部发布指令，要求房利美和房地美购买指定类别的住房抵押贷款，迫使房利美和房地美降低认购标准。房利美和房地美配合这一安排，但配合的前提条件是，有权使用债务融资支持住房抵押贷款和住房抵押贷款支持证券，同时这些债务享受最终来自纳税人的隐性担保。

20 世纪 90 年代初，一旦这些基本规则敲定，整个博弈就以一种可预见的方式展开。房利美和房地美被迫降低认购标准，以满足日益提高的对特定群体贷款的指标要求。重要的是，降低的标准适用于几乎所有借款人：如果不这样做，则相当于房利美和房地美默认其部分资产组合蕴含较高风险，这也会提醒两房股东关注其中的风险。许多商业银行明白它们能够将高风险住房抵押贷款出售给房利美和房地美，或将其转换为由两房担保的住房抵押贷款支持证券，因而相继跳进了次贷证券化市场的漩涡。事实上，当时美国许多大银行，尤其是管理团队较弱的银行，它们的主业就是发放高风险贷款，这些贷款可证券化，而银行又可持有这些证券作为高质量资产，并且只需薄如白纸的资本金作为支撑。

决策者和监管部门完全理解正在发生什么。他们本可以改变与住房和城市发展部指标要求或审慎资本要求相关的规则，从而停止这台次贷风险机器的运行，却没有做出这样的选择。相反，监管部门站在一边袖手旁观，他们实质上将银行监管职能转包给了私营的信用评级公司，评级公司出售评级，因此其行为动机与发行人和证券购买者的动机趋同，而无论发行人还是买方都希望证券能有虚高的评级。来自两大政党的政客和监管者都参与其中，或积极支持这一博弈，或被动地默许其发展。这不是一个党派问题：对这一博弈的更好描述或许是城市对农村的问题，因为来自共和党的反对声音主要来自农村选区。

因此，如果说本章能为读者上一课，那就是：不要期待政客或监管者会为防止下一次银行业危机的发生而做出很大努力。消费者也许可以对自己在金融市场中的行为有更多的思考。尽管次贷风险热潮最初起源于一个特定政治联盟的控制，但参与范围迅速扩大。当泡沫破灭之时，大约一半的住房抵押贷款借款人参与其中，其中大部分人因此深受伤害。

第九章　持久的合作伙伴

加拿大的政治与银行业

呃，在加拿大最沉闷无趣的人旁边呆三小时，那是相当具有挑战性的。

——《咖啡馆里的女孩》(2005)

正如《咖啡馆里的女孩》中的露丝，美国民众常常戏谑地说沉闷无趣的北方邻居。加拿大人似乎并不很介怀。毕竟，沉闷无趣可能也是一种福分。2007—2009 年金融危机期间，美国数以百计的银行倒闭，美联储和美国财政部被迫将巨额的纳税人钱财投入贷款、担保和纾困计划中，以防更多的银行崩盘，包括那些巨无霸政府支持企业。而加拿大的银行却没有遭遇如此重压，也不需要由纳税人埋单的纾困计划。

近 200 年来，加拿大银行体系非凡的稳定性有目共睹，也是被广泛传颂的特点之一。1840 年以来，美国发生过 12 次较大的银行危机，但即使大萧条期间，加拿大也一路平安。[1] 加拿大最近的一次银行危机发生在 1839 年，还是受美国牵连所致。[2] 危机中，数以百计的美国银行停业，而加拿大的银行只是被迫暂停兑付银行券和存单，并未出现银行倒闭。加拿大的成就非常可贵，因为加拿大属于资源型经济体，严重依赖出口，且受制于国际贸易的巨大波动。因此，加拿大其实更容易在商业周期内产生巨大波动，但这一切从未酿成银行业危机。

更为可贵的是，加拿大银行的稳定性并非来自政府干预。事实上，直至1935年加拿大都没有中央银行，设立央行的初衷也仅源自加拿大西部的农民，他们作为生产商品的债务人倾向于支持通货膨胀，因此要求政府在大萧条期间更积极地发挥货币政策的作用。与很多其他国家的中央银行不同，加拿大央行的诞生并非为了对银行体系实施体制变革：加拿大的银行在20世纪30年代及以前几乎没有问题需要施救。更值得称颂的是，加拿大银行体系在取得创纪录的长期稳定的同时，在为偏远地区提供更便捷的金融服务、更优惠的贷款利率、更高的存款利息等方面也优于美国银行。

加拿大是如何做到的？这部分归功于加拿大银行体系有着与美国银行体系截然不同的结构：加拿大的银行业主体为若干家网点遍布全国的大型银行。这种结构不仅有利于加拿大的银行在不同区域发放多元化贷款组合，也能使其以丰补歉，使受经济冲击的区域分行得到资金调剂。遍布全国的网点使加拿大的银行在管理上能够取得规模经济优势，增加了它们在区域市场的同业竞争力。一直以来，加拿大银行收取的利差（贷款利率和存款利率之间的差值）都低于美国银行。

加拿大银行这种集中化体系的潜在弱点是可能弱化银行间的竞争，导致企业和个人支付更高的利率而只得到较少的贷款。然而加拿大的民主政治制度，尤其是民选的下院，对银行获取垄断利润施加了限制。政治反制银行的威胁已然制度化，并形成了奇特的历史实践：150年间，加拿大议会定期对银行进行合法性审查并重新颁发牌照。1992年之前，每隔10年审查重发一次；1992年之后，每隔5年审查重发一次。《银行法》的修订和重新颁发牌照既是大棒又是胡萝卜，作为奖励，它让经营良好的银行家在新立法时有发言权。简言之，加拿大广泛的参政权给了加拿大银行家充足的理由践行“胖猪是挺好的，但是太肥就等着被人宰”这句民谚。

然而，这些体制和监管差异引发了一个更根本的问题：哪些政治因素造就了表现远胜于美国的加拿大银行体系？两个唇齿相依的前大英帝国殖民地有着共同文化，对大英帝国和欧洲银行历史有着共同理解，为何它们在银行业发展上差异如此巨大？当年加拿大立法者环顾全球，最终选定美国作为本国银行体系范本的史实让上述谜题更加令人费解。加拿大最早的银行（始建于 1817 年的蒙特利尔银行，Bank of Montreal）就是模仿有着诸多网点的全国性银行美国银行（成立于 1791 年）建立的。

为何加拿大在随后的两个世纪里保持了这种基础架构，美国反而将之丢弃了呢？正如我们在第六章讨论的，美国在 19 世纪拒绝建立一行多网点的银行体系并非因为无知，而是政治博弈的结果。确切地说，这是在美国去中心化的联邦政治体制下，一系列政治联盟在银行业博弈的结果。要理解加拿大为何保持了这个少数银行但其网点遍布全国的体系，我们需要了解塑造加拿大政治联盟和政治结构的各种因素。

我们不想隐瞒任何细节，事实上，我们将详述它们塑造加拿大政治经济体制的最重要因素：大英帝国将加拿大继续作为殖民地的决心。这一目标在美国革命后似乎难以保持，因为在 18 世纪后期加拿大主要人口为法国裔。尽管如此，大英帝国还是成功了。加拿大没有发生由商业精英和农民一起反抗英国统治的美国式革命，而是继续作为大英帝国的一部分。事实上，直至 1982 年加拿大才有了完全独立于英国的议会，不再是英国殖民地。时至今日，加拿大仍是一个拥立伊丽莎白二世为君主的君主立宪制国家。

为了将加拿大留在版图之内，大英帝国的立法者从 18 世纪 90 年代开始尝试一系列制度性试验。他们试图在逐步将自治权让渡给加拿大国民的同时，限制有人数优势的法国裔人口的政治力量。他们实现这一目标不是简单地推行沙文主义，而是让加拿大成为一个经济有活力的殖民地。他们的终极解决方案是一种由中央政府完全垄断控制经济政策制定的联邦制度。加拿大 1867 年宪法甚至允许联邦政府废止各省（例如，法语区的魁北克省）已经通过的法律。加拿大议会上院议席制度性分配不均，以确保法国裔总是议会少数。简而言之，为解决大英帝国的心病，英国精心设计殖民地宪法，使魁北克省法国裔人口无法掌控加拿大经济发展，从而引出了中央政府垄断银行业发牌权的管制体系。加拿大省级政府无法像美国州政府那样创建并形成对抗全国性银行的地方性区域银行联盟。

加拿大银行体系的政治根源

18 世纪后期，加拿大社会的特性由两个主要因素决定。首先，是语言和文化。从 1689 年开始，英国和法国为争夺加拿大而连年征战。1763 年，七年战争进入尾声，法国人陆续失去了魁北克和蒙特利尔等省市，并最终放弃了他们的权力主张。然而，当法国人撤退时，在英属加拿大殖民地，当时被称为魁北克，部分延伸至如今的俄亥俄州，16.1 万居民中的绝大多数是法国人。[3]

其次，是经济和职业。18 世纪后期的加拿大总体分成三个阶层。第一个阶层是所谓英国地主阶层，由强烈忠于王权的富裕农场主和商人组成。这一阶层此后在魁北克被蔑称为“保皇派”，在安大略被蔑称为“望族派”，这些绰号反映了他们根深蒂固的政治寡头地位。第二个阶层由那些非政治寡头的商人组成。如同美国的开国先贤们，加拿大商人是一群创业者。他们的财富积累时间不长，他们游说政治家出台促进经济发展的政策，形成更加开放的政治和经济环境（不由英国地主阶层控制的环境）。然而不似美国的开国先贤们，加拿大商人并没有大声疾呼推翻英国的统治。他们忠诚的原因很简单：因为社会中存在着对商人阶层和地主阶层构成威胁的第三阶层——城市平民、农民和占人口多数的法国人。

加拿大的地理特性，使建成经济上有活力的殖民地难上加难。加拿大东西幅员辽阔，包括顶级牧场在内的很多自然资源都深居腹地，且与美国有着广袤的边界线。这些影响因素的相互作用不是简单的叠加而是乘数级的，即每个因素都放大了其他因素的重要性，这使管理为数众多的法国裔人口更加困难。

为了让加拿大英裔人口乃至英国政府面临的难题更加形象并易于理解，可以将之与美国最初 13 个州面临的情况做类比。美国 13 个州都有大西洋出海口，所以各州都有大量的独立贸易机会。当然，当美国民众开始翻越阿巴拉契亚山脉，通过高速公路、运河和铁路发展内陆贸易时，各州之间的互相依赖变得日益重要；但起初，13 个州中的任何一个州的行动对于其他州开展国际贸易的影响都不大。

在加拿大，情况正相反，加拿大广袤腹地的生产者想要接触外部市场，必须依赖各省之间的货物运输。尤其需要依赖连通五大湖和大西洋的圣劳伦斯河上的航运。圣劳伦斯河有两个瓶颈：一是拉欣急流，该地运河修成之前货物均需转为陆上运输；二是在汇入圣劳伦斯湾前狭窄河道两侧的悬崖峭壁。拉欣急流附近的陆上转运形成了蒙特利尔市。圣劳伦斯湾前的悬崖峭壁上，大规模法军基地控制着河道，这个基地演变成了魁北克市。基地是控制从五大湖到大西洋的整个航运体系的关键，正因为此，1759 年英军打败法军的著名魁北克战役才那么具有决定性意义。

然而，英军对法军的军事胜利对解决拉欣急流这一瓶颈并不起作用。攻克这一瓶颈需要修建一条运河，这就意味着需要蒙特利尔及其腹地百姓即所谓的“魁北克人”的合作。随着船运技术改进，运河需要定期挖深挖宽，这使问题更加复杂。蒙特利尔的核心重要意义是，如果魁北克省的经济决策没有兼顾（甚至可能是违背）加拿大其他地区的利益，其他省份的经济前景会受很大影响。

对于其他毗邻美国的省份，英国的施政更是雪上加霜。如何防止刚从蒙特利尔西部抵达此地的讲英语的农民和商人不会因反感法国人统治的魁北克主导决策，而选择成为美国的一部分或支持美国入侵加拿大？在18世纪后期，这个难题一度只是臆测。事实上，多数讲英语的加拿大民众是1783年后逃离美国的反独立者。他们在现今的安大略省地区占绝对主导，在某些方面比英国人还英国。然而，加拿大英语区融入美国的威胁在19世纪日趋成真。1812年战争中，美国入侵了加拿大，但最终被驱逐。加拿大商人在19世纪30年代含蓄地威胁说他们将寻求与美国的政治联合。美国总统候选人詹姆斯·波尔克鼓动就俄勒冈州边界争议发动战争，将其作为1844年（James Polk）总统大选的主要竞选筹码，并留下了不朽名句，“要么五十四度四十分，要么战斗”*的宣战口号。美国内战结束后的数年间，由芬尼亚兄弟会、爱尔兰共和兄弟会和爱尔兰共和军成员组成的25000多名爱尔兰裔退伍老兵策划了对加拿大的入侵，这被视为爱尔兰对英国革命的第一步。尽管他们屡战屡败，美国政府仍时常给予安慰和支持，鼓励他们继续努力。但是，最终美国政府还是决定解除他们的武装，防止事态演变成与加拿大的严重军事冲突。

因此，魁北克省不仅在经济上对大英帝国本身极为重要，更关系到作为帝国殖民地的加拿大的未来。除非英国人对魁北克省维持稳固的统治，否则法国人就可以封锁加拿大全国的核心商业活动，同时还会让美国的机会主义者蠢蠢欲动。

寻求持久的交易

1791年由英国首相威廉·皮特颁布的《加拿大法》是建立可控平衡的首次尝试。该法将魁北克省一分为二，设立了一个以英语为主的省份，称为“上加拿大”（现在的安大略），从美国移民来反对独

---

* 即争取将美加之间的分界线划在北纬线五十四度四十分上。——编者注

立的人口占该省多数；法语区则称作“下加拿大”（现在的魁北克）。两省都有自己的立法机构，下议院均是普选。皮特通过三种方式保留英国人对两省的控制：由英国议会监督省内立法，英国有权提名省长，在省议会设立由英国提名指定的上议院，即“立法委员会”。立法委员会的常设机构被称为“执行委员会”，相当于英籍省长组成的内阁。简言之，皮特的1791年《加拿大法》名义上用来宽慰法国人，创设了一片在英国控制下相对独立的法国飞地，同时，也创造条件吸引英国殖民者。

皮特还是不够高瞻远瞩，没有洞察到下加拿大和其他英属北美地区密不可分的经济前景，他也没有想到1790年后英美人涌入加拿大的移民潮。加拿大1790年只有16.1万居民，几乎都集中在下加拿大。40年后，人口增加至近5倍达到78万，其中近1/3是讲英语的上加拿大居民。皮特对“法国问题”的解决方案引发后院起火。因为划定下加拿大使法国人有渠道表达其受挫的雄心壮志，而这引发了希望寻求更多自治的上加拿大英国人的不满。

英国人的反应也让法国人出乎意料。19世纪30年代，加拿大商人开始组织“宪法联盟”释放明确的信号并推动议程，其中一个重要的政纲条款是终结法国人对加拿大国内经济发展的政治阻挠。英国人的诉求很直接，1834年11月，魁北克宪法联盟宣称“不能将伤害强加于我们而他们得以幸免。法国党派没有接受教训：事实证明，他们成功所倚仗的人口多数，在觉醒的受伤害、受压迫的人民面前将不堪一击”。[4] 英国人认为，下加拿大政府对其他省份的负面影响表明，需要一个统一的经济权力机构，出台有利于全国商业发展的政策。

蒙特利尔宪法联盟甚至更直接。1836年，其成员言辞激烈地抗议下加拿大对拉欣急流开凿运河议案所投的反对票，并宣称英国政府的钱没有解决他们的问题：“上加拿大曾意图开辟直通大海的商业通路但遭到拒绝，而美国更为友善的政策使上加拿大与美国的商业关系发展密切。新斯科舍省和新不伦瑞克省将愤怒地发现，（下加拿大）议会的支持和纵容损害了他们最重要的利益。”[5] 联盟成员也指出问题的核心是地理因素：

> 由湖泊和河流紧密相连的英属美洲各省，能以较小的成本承建起它们水乳交融的水上交通，可以通过广泛贸易互通有无，共同组成一个帝国。这些省份有权要求维护这些优势不因任何省份的错误政策而牺牲。特别是下加拿大通过地理方面占据的绝对优势，影响了整体繁荣……正在积极建设的圣劳伦斯运河将承担从上湖到下加拿大界河间巨大负荷的船运。但是在这时，英国人的企业家精神遭遇了法国人统治的不利影响，法国领袖反商业政策的阻挠让最遥远的内陆地区通过水陆运输连通至大海的美好设想化为泡影，我们不能指望他们会在公共建设改造中表现出任何合作意愿。[6]

加拿大区域经济政策冲突不仅是发展的外部性问题，还有深深的文化鸿沟和敌意怂恿着地区间的不合作。从很多英裔加拿大人的立场看，加拿大最重要的省、市实际上被外国人控制这一点是无法容忍的。法国人信奉天主教，而英国人信奉新教；法国人在法律和体制的传承上是“封建”的，而英国商人则寻求便捷的土地产权交易，建立土地登记以提高流动性并鼓励发展林业；法国人主要从事农业，而英国人经商居多；最重要的是，法国人小富即安且故步自封，英国人则憧憬着大规模的公共建设并期望在未来成为美国的对手。蒙特利尔宪法联盟的成员明确地表达了如何与国内的外国人相处：

> 半个世纪以来（我们）一直受到（议会中）大党的统治，他们的政策一直保留外国族裔的显著特性，并且碾碎他们无法或不愿效仿的其他族裔的企业家精神……上加拿大和美国已充分证明，不

> 可抗拒的事业心和公平的法律促成了经济大繁荣，进而反哺国民的努力。另外一个族裔主宰的下加拿大是这场普遍进步中的例外……一个占整个人口近三分之一的（英国）少数民族，处处洋溢着发展热情，这些发展正使该族裔在整个北美大陆卓尔不群，他们有着对殖民地所有重大利益无可争议的控制权。他们会采取任何可能的方式，他们绝不会向与他们截然不同的麻木的多数族裔妥协。[7]

这些情绪在上加拿大广受欢迎。上加拿大的副州长约翰·科尔伯恩（John Colborne）爵士在1836年明确表示："下加拿大独特的位置和两个殖民地区相似的封闭宪法，使该省内部不容你意见相左，让人遗憾、焦虑和恐惧。这些影响的负面性已经为人们熟知，他们的意图就是阻止移民和资本流入这个国家。"[8] 这类看法在1837年十分盛行，以致上加拿大曾通过议会投票表达其吞并"蒙特利尔岛和蒙特利尔市"的意愿。[9]

1791年皮特的《加拿大法》还有第二个致命缺陷：它允许掌控着上下加拿大立法和行政机关的英国地主在商人和农民中横行霸道。18世纪后期几乎没有人住在上加拿大而下加拿大充斥着法国人，这样做并不是大问题。但随着移民涌入，英语人口急剧膨胀，商人和农民寻求更大政治权利的诉求也水涨船高。因此宪法联盟的第二个政纲条款就是要求在议会上院有更大的话语权。他们寻求一个不腐败不排外的集权政府。1834年11月，蒙特利尔宪法联盟在改革立法院的倡议中直言不讳：

> 尽管就目前的构成来说，独立议员为主的立法会值得我们尊重，但我们认为其中还是有太多人受英国王室控制，这些人需要对不正当影响行为负责。立法会领导的家族成员和关系户在立法会中任职越来越多，应该受到公众非难。土地出让署在履职时的

不当态度、收入与单位关联但与职务表现不相关，以及其他在林业上的滥用职权等，都需要得到纠正。[10]

英国政府最初试图平息宪法联盟的诉求，暗示加拿大商人的利益是与英国相连而不是与人数上占主导的法国相连。新任命的总督戈斯福德勋爵在1835年公开表态："我要问问英国人，尤其是商人阶层。当全世界都清楚商业是英国财政体系的主要支撑时，你们觉得还可能存在牺牲你们利益的制度设计吗？"[11]

戈斯福德防止叛乱的努力失败了。1837年，人民对保皇派以及望族派把持立法会并为其自身经济利益滥用控制权感到彻底失望，进而演变成上下加拿大两地为期不长并最终被平定的暴力叛乱。上加拿大的叛乱容易对付，平息加拿大商人和英国政府都非常关注的下加拿大叛乱却难得多。

1837年叛乱给英国的政策制定者带来了一个难题。一方面，他们要寻找途径满足讲英语和讲法语的两类加拿大人表达的更强政治诉求。另一方面，他们得确保法国裔被赋予的权力不会阻碍殖民地发展。在1840年的《联合法》中，他们选择了商人宪法联盟的一个核心主张：将上下加拿大统一成加拿大联合省，并只有一个立法机关。尽管下加拿大人口数远远超过上加拿大，但《联合法》给予原两省在立法机关中相同数量的席位，以此确保法国人不能在下议院形成多数以阻挠英国人的提案。此外，英国议会保留了对一系列事务的审查和批准权，以及指定省长和立法会成员的权力。总之，《联合法》在上议院成员的选任过程中增加了地方的发言权。整体而言，《联合法》是加拿大商人的胜利。

《联合法》也不是长久之计。加拿大商人那时大部分目的已经达成，但不可回避的现实是英国王室的利益与他们不完全一致。英国对加拿大的政策同对原美洲殖民地的政策一样，更多顾及英国国内利益，而不是殖民地的利益。1840 年后，来自爱尔兰、苏格兰和英格兰的移民蜂拥至加拿大，使上加拿大英语人口急剧膨胀，利益冲突问题变得更加尖锐。随着法国人失去了他们人数上的优势，不断增长的英裔人口要求更多的政治发言权。

为了满足这些需求而做出的最终安排——1867 年《大英北美法》（又称《宪法法案》），奠定了加拿大现代国家的基础。该法给予加拿大人更大的政治自主权，使加拿大实际上成为一个主权国家，并同时限制了法国人的力量。加拿大联合省再次一分为二：曾经的上加拿大被重新命名为安大略省，而下加拿大被重新命名为魁北克省。与此同时，18 世纪以来被英国分而治之的两个沿海省份新不伦瑞克省和新斯科舍省被纳入这个新的国家，并由此创建名为加拿大自治领的四省邦联。法国人现在无论是在人口占比上还是在省份占比上都寡不敌众。在几年时间内，自治领再次吸纳了 3 个（几乎无人居住）省份：曼尼托巴（Manitoba）（1870 年）、不列颠哥伦比亚省（British Columbia）（1871 年）和爱德华王子岛（Prince Edward Island）（1873 年）。英国人彻底打碎了法国人的壁垒：魁北克现在只是 7 个省份之一。

19 世纪 70 年代初期，加拿大邦联建立的政治制度由占加拿大人口 1/3 的法国裔主导，无法推动国家甚至地方的政策。[12]法裔加拿大人可以在议会下院行使与他们人数对等的权力，议会下院议员由选区人口选举产生，但他们无法获得参议院的多数席位。而在美国，议会下院选举规则是得票最多者胜出。这种体系有利于中间派候选人当选。因为选民知道，虽然来自边缘政党的候选人更紧密地代表选民喜好，但他们不可能取胜。向边缘候选人投票即意味着“浪费”您的投票。其结果是，这样的选举制度有利于争夺中间选民的两个主要政党脱颖而出，这种模式就是政治学中著名的“杜瓦杰法则”（Duverger's Law）。在加拿大，脱颖而出的两党是全国性而非区域性的。即使法裔加拿大人控制了两党之一，并拿下了议会下院的控制权，他们通过的任何法律仍可以被参议院推翻，后者的成员由英国总督委任且终身任职。在法国人看来，参议院席位的分配以省份而不以人口为基础，使事情变得更加糟糕。在 19 世纪 70 年代中期，魁北克拥有总人口的 32%，但只分配到 96 个席位中的 24 席。[13]更有甚者，魁北克独有的规则进一步削弱了法裔人口的权力，规则规定参议员要代表选区。这一规则保证了在全省 24 人代表团中必定会有一定数量的英裔参议员，因为蒙特利尔有着庞大的英语人口。[14]

1867 年宪法规定的加拿大参议院人数确保商人、银行家以及产权人的利益通常不会受到民粹主义者的攻击。所有立法必须由参议院批准，后者被设计成为能“独立且冷静思考”的组织，以制衡下议院的过激行为。为确保头脑足够清醒，参议院议员必须达到一定的财富标准：参议员得拥有 4000 美元以上的土地财富，尽管现在看来已不再是一个有力的约束，但这个下限在 19 世纪十分有效。参议员的遴选机制仍然具有约束力：参议员由省长任命，由大英帝国的君主批准（虽然在实际操作中，加拿大总理对任命谁为参议员有很大的发言权）。直至 1965 年，参议员的任期都是终身的；1965 年以后，他们到了 75 岁就要退休。为了防止参议院失去其保守主义守护者的导向，在获得英王批准前提下可以任命额外的（最多 8 名）议员（这一条款仅在 1990 年被使用过一次，当时它给了布赖恩 · 马尔罗尼总理需要的多数票，以通过一个亲商的税制改革议案）。

为了进一步限制魁北克法国人的势力，1867 年《大英北美法》将权力集中至中央政府手中。首先，任何没有具体授权给各省的权力都归属中央政府。这样的安排与美国的制度完全相反，在美国没有事先指明的权力都归属各州。其次，该法专门赋予中央政府在商业、经济和金融领域制定政策的权力。最后，该法赋予中央政府能以“加拿大议会为了加拿大总体利益或两个以上省份的利益”为名废除省级政府采取任何行动的权力。[15]

联邦集权下的集中银行业

加拿大政治制度的这些特点对银行立法产生了深远影响。直至20世纪80年代，美国银行的许可权都分散在各州层面决策，这使支持单体银行制的地方联盟得以影响政策。正如我们在第六章讨论的，这些联盟迅速削弱大银行试图建立分支机构的各种努力。在加拿大，银行业的权力从一开始就是集中的。因为利益集团间的任何政治谈判都发生在国家层面，大银行设立多分支机构的基础构架从未受到严重威胁。

加拿大政治集权是如何捍卫银行业总分行体系的？州或省层面的政治博弈比国家层面的政治博弈更易产生单体银行制。第一，在国家层面，既得利益者聚集，其利益权重取决于相关政治权力。一项政策（如单体银行制）可能在某个区域获得支持（比如伊利诺伊州或堪萨斯州，当地的单体银行家和单体银行制“民粹主义”支持者可能占主导地位），但在国家层面赢得支持则非常困难。大多数政治势力（包括国家层面的商业和工业利益联盟）支持总分行制。第二，州或省层面的博弈排斥了银行体系的全国布局。因为州政府关于设立分支机构的决策只在本州有效。比如，堪萨斯州通过一部法律允许银行设立分支机构，但该法律无法直接赋予银行在全国开设分支机构的权利。除非堪萨斯州立法机关与其他州的立法机关能够协调一致，同步行动，而这是一种妄想。

在加拿大，关于银行的政治角力从一开始就是在国家层面展开的。既得利益集团集中在国家层面，因为银行许可规则将对遍布全国的选区产生利益，政治斗争的结果适用于整个国家。困扰美国银行业政策制定长达两个世纪的地方纷争与协调问题在加拿大银行体系的构建中从未出现过。

此外，加拿大地理特点决定了其最重要的选举力量之一——商人——成为支持这一银行体系的强大游说团体，他们支持少数有能力设立分支机构的大型银行主导的银行体系。加拿大的麦田、森林和矿藏等自然资源多位于偏远地区，广袤的无人区将这些自然资源与城市或乡村相隔离，而这种布局也符合商人的意图。就像美国北部一样，加拿大商人面对的首要任务不是将食物从内陆地区运往城市或将工业制成品从一个城市运往另一个城市，而是将原材料横跨加拿大，再横跨北大西洋运往大英帝国。因此，加拿大商家认为一个全国化的银行体系符合他们的利益，可以远程处理国际和国内银行票据。正如一位学者所说，这是有利于他们的制度设计，借此“银行实际上拥有了所有借助运输的农产品的资金”。[16]在这个意义上，加拿大商人有点类似于美国南方的商人，后者赞成建立有分支机构的银行体系，因为这样的银行体系有利于棉花出口。不同的是，加拿大商人能够对国家金融政策施加影响，而美国南部商人仅能影响个别州的银行政策。

初始条件导致的深远影响

加拿大特有的政治体系和利益集团塑造了过去两个世纪稳定的银行体系。美国和加拿大两国迥异的银行发展史也存在共性，即金融家和政治精英的联盟都是其银行业发展的最初动因。但在美国，这一狭隘联盟很快被与小银行家联合的农民民粹主义者瓦解。在加拿大，政治制度约束了民粹主义思潮——阻止了单体银行家和农民联盟控制银行许可政策——但也迫使政治精英放弃了对银行的垄断控制，并逐步增加牌照数量直至市场变得充分竞争。

和美国人一样，加拿大人在 18 世纪后期也对资金及信贷匮乏不满，并试图建立可以同时提供资金和信贷的银行。[17]他们深受美国银行案例的影响。在 1792 年下加拿大第一届立法会成立的同时，蒙特利尔的英国商人就开始游说成立持牌银行。不出所料，这一提议先后两次遭法国人反对并以失败告终。受挫后，蒙特利尔银行的推动者决定先无牌照经营。该银行在1817年11月以“有限合伙人制”开始经营（即作为股份制公司但承担无限责任）。立法机关最终在次年同意发牌照，然而这只是障碍之一，此后又历经4年才获得王室批准，该银行最终于1822年获得牌照。

虽然不尽相同，但蒙特利尔银行的牌照主要还是仿照1791年汉密尔顿发给美国银行的牌照。银行获准在全国即上加拿大和下加拿大开设分行。股东的责任最初只以所持股权价值为限。银行需向股东发布年报，列明利润、坏账与发行的银行券余额。禁止银行向房地产业投资或贷款。银行负债总额不得超过实收资本的3倍，发行货币总额不得超过实收资本和硬通货储备之和。政府可随时要求董事回应问询。与汉密尔顿的银行不同，政府不持有蒙特利尔银行股份，银行最初的股东都是有政治影响力的商人。[18]重要的是，该银行牌照的有效期仅为10年。此后需要不断更新牌照（不同于美国汉密尔顿的银行），这为加拿大此后的银行准入设定了一个重要标准。

蒙特利尔银行及其牌照的特点成了其他银行的样板。这些特点包括：有限制的牌照有效期、根据银行的总资产发行银行券的权利、在全国范围内开设分行的权利，以及向政府披露会计信息。在蒙特利尔银行获得牌照后，有政治影响力的商人又接着成立了几家新银行。1818年，魁北克银行（Quebec Bank）和加拿大银行（Bank of Canada）在蒙特利尔开业。与蒙特利尔银行一样，1822年王室特许它们经营10年。[19]

在早期的下加拿大，获取银行牌照时的政治影响力至关重要，但在上加拿大，政府和银行之间的伙伴关系则更为重要。1817年1月，上加拿大银行的申请在立法机关顺利通过，但因未能在其立法机关规定的2年内获得王室批准而导致牌照失效。虽然它的发起人群体关系密切，但是显然他们的关系还不够硬。第二家获得批准的银行是上加拿大特许银行（Charted Bank of Upper Canada）。它在1819年获立法会通过，并于1821年从王室获得牌照。为什么这家银行的发起人成功获得了牌照而其他人没有？搞清楚谁拥有上加拿大特许银行之后，一切不言自明。该银行的15名董事中，有9名要么是政府官员，要么是立法会议员，其他董事也都有这样或那样的政府关系。[20]上加拿大特许银行是名副其实的“望族派银行”。原始股东的政治关系带来的额外利益增加了银行的价值。上加拿大特许银行的牌照中包括一个条款，即允许政府认购其股票。也就是说，它获得了来自政府的资本补贴。一方面补贴本身非常有价值，另一方面当银行成功时它也会给政府带来直接的经济利益。不出所料，银行强有力的政治庇护人对其他所谓的银行家利益集团申请新牌照的提案表示“坚决反对”。[21]

上加拿大可能由强大的英国地主集团操控，但它不是一个香蕉共和国。随着开拓边疆、扩展木材业的新移民不断增加，对银行服务的需求也开始增加。[22]这些新移民有权选出谁可以在立法议会（Legislative Assembly，下议院）代表他们的利益。当上加拿大特许银行需要一个新许可以扩大其资本时，立法议会拒绝了其申请，提出除非立法委员会（Legislative Council，上议院、望族派在此占主导地位）同意给金斯顿商人一个竞争性的银行牌照。1832年协议达成，议会两院批准了两部法案：一部是扩大上加拿大特许银行的资本，另一部是颁发中部地区商业银行（Commercial Bank of the Midland District）的牌照。19世纪30年代，仅有的另一家在上加拿大获得牌照的银行是戈尔银行（Gore Bank），1836年获得牌照。它创新性地采用了双倍有限责任制以提高经济效益（后来被其他加拿大银行仿效），即银行股东承担的责任是其认缴资本的2倍。[23]1836—1837年，还有9家银行提交了牌照申请，但被王室“退回以进一步考虑”；1837—1839年商业萧条后，这些申请被撤回。正如人们想象的，在快速成长的边境地区，小型民营（不持牌照）银行零零星星地与持牌照银行展开竞争，但大部分都只经营了很短时间。

19 世纪 30 年代初期，几乎所有的这些先期申请的银行都获得了第二个 10 年的特许经营权。1841 年，上下加拿大合并时，加拿大现代银行体系的基本轮廓已经确定。加拿大的银行业几乎是少数几家有分支网络的大型银行的组合。上下加拿大合并时，在下加拿大只有 1 家不持牌银行和 3 家持牌银行，在上加拿大只有 2 家不持牌银行和 3 家持牌银行。此外，还有一家总部在英国的银行——大英北美银行（Bank of British North America），其牌照授权它从 1836 年开始在加拿大经营。

挑战与回击

加拿大总分行制银行特许牌照从一开始就遭到民粹主义者的责难，而且随着时间推移反对派不断增长。[24] 1850 年出现了一个严峻的挑战，支持单体银行制的农业民粹主义运动推动了立法，建立仿照纽约州的自由银行体系。从加拿大政府的角度看，好处之一是这项提案为国家财政创造了一个机制：自由银行发行的货币需要用高级别证券作为支撑，也就是以政府发行的债券做支撑。换句话说，如同在美国的自由银行，银行想获得牌照，作为交换就要贷款给政府。允许成立自由银行的法案获通过。此外，没有加入单体自由银行体系的银行需要支付 1% 的银行券发行税费。但是，废除原来总分行体系的方案并没有获得立法机关的支持。同时，尽管总分行制银行的银行券被课税，它们也没有转换到新的体系中。所以事实上，自由银行法只推动成立了极少数银行，经过短暂运行后，只有两家设法生存下来。1866 年，自由银行法中有关银行券发行的规定被废除，1880 年该法整体被废除。[25]

19 世纪 50 年代，民粹主义对银行业的挑战给加拿大上了生动一课，经济决策权需要集中。1867 年，加拿大宪法的缔造者们坐下来认真划分了国家和省政府之间的权力。银行业（以及整体经济事务）的国家主管部门专门设计保留了现有的全国性总分行体系，并推动出台了鼓励市场主体跨省发展的相关政策，包括国际政策，积极支持交通基础设施建设，特别是建设全国铁路系统。不出所料，加拿大议会最初搁置了颁布有关银行业的一整套全面法案，仅通过了一部临时性法案，《对等银行法》（Act Respecting Banks）。该法规定，一家银行在加拿大任何地方获得牌照都可以在全境开设分支机构。其中不仅包括在安大略省和魁北克省成立的 19 家银行，还包括已经在新不伦瑞克省和新斯科舍省经营的 8 家持牌银行，这两省根据 1867 年《宪法法案》（Constitution Act）加入了加拿大。

本书的主要议题之一是：持牌银行代表了执政党派和银行创始人、股东之间的伙伴关系。在加拿大自治领，银行牌照的颁发也不例外。事实上，新政府立即与蒙特利尔银行达成交易，为银行创造特权并换取银行为政府提供融资支持。1868 年，加拿大第一任财政部长约翰·罗斯爵士建议完全按照美国《国民银行法》（National Banking Act）重塑加拿大银行体系。即，所有银行券发行须 100% 以政府债券做支撑，并且可以在县级以最小资本额成立单体银行。罗斯提案的影响深远在于：要想发行银行券就需要先贷款给政府，现行的总分行制银行可能在下一次更新牌照时被迫成为单体银行，当然，蒙特利尔银行是例外，作为政府财政代理人，政府几乎肯定会允许它维持其分支机构。因此，罗斯的意图是恢复下加拿大贵族的裙带关系，但事与愿违。提案让加拿大西部农民获得和美国兄弟一样的待遇：单体银行只能贷款给他们，别无选择，因为远程获得借款人信息的成本极高。现有的银行与商人结盟，强烈反对该提案，以至于在下议院发生了议员打斗，迫使罗斯撤回提案并辞去财政部长职务。[26] 至此，罗斯和他的自由银行运动被彻底抛弃。

罗斯的继任者达成了交易，让现行的所有银行获益，但迫使它们与政府分享利益。1870 年《自治领货币法》（Dominion Notes Act of 1870）和 1871 年《银行法》（Bank Act of 1871）禁止银行发行面额低于 5 加元的纸币，将低面额利基留给政府发行的自治领币（Dominion notes）。银行还需要持有1/3～1/2自治领币形式的现金储备，以支撑其发行的纸币。也就是说，为了发行纸币，它们不得不在金库里塞满自治领币，这相当于为政府提供了零息贷款。为防止该体系产生恶性通货膨胀，1870 年和 1871 年银行法设立了若干防火墙：政府不允许发行超过 900 万加元的自治领币，自治领币可兑换黄金，政府须对发行的自治领币维持 20% 的硬通货储备；以及银行发行的货币量不得超过其实收资本。尽管如此，政府还是从自治领币发行和 20% 硬通货储备之差中获得了可观的铸币红利。从 1872 年至 1913 年，自治领币约占流通中纸币的 1/5。[27]

1870 年和 1871 年银行法中的其他条款覆盖了加拿大银行体系的各个方面，改善了加拿大银行体系。这些银行法创立了统一的银行许可体系，具有以下特点：双倍责任、50 万加元的最低资本、10 年期银行牌照，每月向政府提交银行财务报表。这些银行法也规定了汇票的构成及贷款可接受的抵押品。更重要的是：为了打击农业利益集团，严禁发放以土地为抵押品的贷款。也就是说，加拿大银行法律严格坚持“真实票据”理论：抵押贷款被视为高风险。从 1867 年至 1874 年，加拿大持牌银行的实收资本翻番，流通纸币增加了 3 倍，存款增长了 4 倍多。[28]

在没有存款保险、没有开设分支机构限制的银行体系中，总有一股强劲动力驱动兼并。储户偏好他们认为最有偿付能力的银行，这往往是多元化、规模大的银行。单网点银行或经营不太审慎的银行逐渐被收购或破产。在美国，这个过程被中断了，州法律禁止银行开设分支机构，由此产生的不稳定的单体银行体系，随后得到了 1913 年成立的美联储的支持。不仅如此，单体银行在 20 世纪 30 年代存款保险和《Q 条例》下进一步脱离竞争。在加拿大，这些力量没有发挥作用。1890 年，加拿大银行体系由 38 家持牌银行组成。[29]到 1922 年剩下 17 家银行，到 1944 年剩下 10 家，到 1966 年只剩下 8 家。[30]

银行倒闭是兼并过程中不可避免的一部分，幸存的银行和政府如何应对银行倒闭呢？当一家银行倒闭时，它可能危及其他银行，因为储户会认为其他银行也会资不抵债。这种担忧会触发提取存款，甚至导致银行挤兑。而如果银行无法及时将资产变现以满足储户，挤兑破产就会成为一个自我实现的预言。加拿大银行体系通过市场解决问题。当一家银行无力偿债时，蒙特利尔银行扮演主协调人，防止孤立事件演变成系统性问题。[31]然而，蒙特利尔银行并不总是插手：它允许规模较小的银行倒闭。[32]这是该体系的一个重要特征：除非储户知道他们可能遭受损失，否则不会有动力监督银行的行为。然而，当可能威胁整个体系的大银行破产时，蒙特利尔银行就会临危受命，出面协调其他银行的行动。这种情况在 1906 年安大略银行（Bank of Ontario）破产时发生过一次，在 1908 年加拿大主权银行（Sovereign Bank of Canada）破产时又发生了一次。在这些案例中，蒙特利尔银行策划收购了资不抵债的银行。在安大略银行案例中，这个过程十分周密，破产银行的储户没有产生任何担忧。

> （1906 年）10 月 12 日晚在多伦多和蒙特利尔的银行家震惊地发现，安大略银行已深陷泥潭，第二天早上将无法开张。该银行资本金是 150 万加元，其存款是 120 万加元。这样一家银行的破产可能产生的影响是所有大银行家都害怕的。蒙特利尔银行同意接管其资产，并支付其所有债务，前提是若干其他银行同意与它分担损失。蒙特利尔银行的提议被接受了，它的代表连夜坐火

车赶往多伦多……第二天安大略银行开张，门上贴着如下告示："这是蒙特利尔银行。"[33]

这种处理银行倒闭的方式与美国大相径庭。在美国，银行面对危机的协调应对能力仅限于特定城市的各票据清算所、南方设有分支机构的各银行，或其他本地银行网络的集体行动。[34]当经济衰退引发的相关冲击导致美国的银行产生重大的流动性问题时，则出现全国银行业恐慌（在 1857 年、1873 年、1884 年、1890 年、1893 年、1896 年和 1907 年），尽管（除了 1857 年的恐慌）在这些年份，相关银行自身并没有遭受严重损失，也没有出现广泛的银行破产。[35]这些经济衰退的冲击中有四次（1857 年、1873 年、1893 年和 1907 年）导致了大规模兑换中断：即银行拒绝兑付自己出具的存单。

美国银行家试图通过集体行动应对这些系统性风险的爆发，但他们的努力失败了。例如，1907 年的恐慌期间，纽约票据清算所和私人银行家 J. P. 摩根试图协调同业援助。但摩根主要依靠道义劝说，因为他的银行仅占整个银行体系的一小部分。事实上，在美国银行体系的碎片化结构下，即便纽约所有的银行加在一起，体量仍然过小，无法满足整个银行体系的流动性需求。相比之下，加拿大蒙特利尔银行则是一个巨型机构，占据全国信贷的重要份额。在协调援助受困机构中，蒙特利尔银行的合作伙伴也都是大型机构。它们联手几乎覆盖整个信贷和存款市场。

加拿大银行家意识到他们和美国的银行体系之间在业绩和稳定性等方面的差异。他们将这些差异归功于加拿大总分行体系和美国单体银行体系之间的基本结构差异。正如加拿大银行家斯图尔特 · 帕特森在 1917 年写道："可以说，除了美国，几乎世界上所有国家都已经认识到了总分行体系在保持现金流动性和开展信贷业务上的有效性。从信贷稳定性的角度看，没有分支机构的银行体系就如同一个城市没有自来水厂或一个国家没有铁路。”[36]

加拿大政府有时也会向银行体系提供额外支持。加拿大的经济主要是农业，因而信贷需求的大幅季节性波动一直是银行体系的主要压力。由于1907—1908年的全球性金融危机，1907年起这些压力变得特别明显。事实上，正是这次危机导致了三家规模相对较小的加拿大银行倒闭，这比此前（或后续）任何一年内的倒闭数量都多。加拿大政府为此对自治领币的管理规则进行了一些调整，旨在解决提供紧急流动性来源的问题。一是在1907年，政府发行额外自治领币并借给银行体系。二是在1908年，规则提高了收割季节的货币发行量：从银行实收资本加其他账户资本之和的100%提高至115%。[37]这些变化随后编入1913年全面修订的《加拿大银行法》。这与美国再次形成了显著反差：为了应对危机，美国在1907年建立了联邦储备银行，目的是帮助支持单体银行；而加拿大只是在收割季节改变货币发行管理规则。[38]

持续的兼并

为什么没有出现任何政治压力扭转银行兼并？由大量小农户组成的社会如何容忍一个不允许用农田做抵押的银行体系？储户如何容忍一个可能让自己失去积蓄的银行体系？如何容忍由一小撮加拿大东部银行家控制着信贷条款和信贷流向的银行体系？事实上，加拿大西部农民也认为银行收取高额贷款利息，降低存款利息，赚取暴利，并试图控制其贷款投向的商业领域。[39]一些批评者认为，加拿大银行形成了“一个巨大的‘寡头货币基金’”共同剥削这个国家。[40]

有一个因素缓解了民粹主义诉求，就是加拿大农村地区能够很便利地获得银行服务。这归功于银行通过集中管理运营获得规模经济而产生的内在效率。大约在1911年，加拿大西部（阿尔伯塔省、不列颠哥伦比亚省、曼尼托巴省和萨斯喀彻温省）有21家银行经营约900家分行。那时每个行政镇平均只有900个居民，却有两家银行相互竞争。每个行政村只有230个居民（约40—50个家庭），却有一家银行的分行。[41]虽然银行没有房地产贷款，但这些分行确实在给农民提供贷款——而且贷款十分充裕，至于19世纪末期曾遍布加拿大农村的数百家小型私人（非法人）银行在20世纪20年代已消失殆尽。[42]

更根本的是，加拿大的政治制度使改变银行基本游戏规则的立法难以出台。银行法的改革首先要在下议院通过。与省层面相比，下议院建立和成功维系农民改革联盟更加困难。任何由下议院通过的改革必须再经参议院批准，而参议员由总督委任。因此现行银行法既得利益群体可以阻碍改革，提出折中方案，甚至完全终止改革。

按计划每10年修订一次银行法，1911年的修订为此提供了生动案例。1906年至1908年有4家银行破产，1910年农民银行（Farmer's Bank）倒闭，蚀光储户最后一分钱，民粹主义和保守主义者联盟跃跃欲试。[43]上述银行储户与股东的命运被绑在一起，后者因加拿大银行牌照的双倍责任要求被迫补充资本金。联盟要求政府补偿，声称财政部在1906年向银行颁发财政委员会认证时渎职，而该认证是银行牌照生效的必要条件。这个话题成为1911年选举中的热点，保守党候选人甚至许诺如果当选将赔偿储户。[44]民粹主义和保守主义者联盟还要求彻底修改《银行法》（The Bank Act），包括要求今后任何银行兼并或收购都要经议会批准，实行政府对银行的监管，并允许银行向房地产放贷。

改革的反对者认为，这些改革是特殊利益集团勾结的结果。事实上，如果参考其他国家房地产贷款和银行倒闭风险的相关性指标，没有人能够认为允许银行向房地产放贷可以增加银行稳定性。改革的反对者运用议会伎俩不断拖延《银行法》修订。这种策略显然奏效：当1913年修订后的《银行法》最终通过时，对改革的诉求已大大削弱。

银行股东自身对银行财务报表进行强制性年审取代了政府对银行的监管。允许银行以农场存货和储备粮食为抵押的放贷取代了向房地产发放贷款。银行并购不需要立法批准，但需要财政部长同意。[45]农民银行储户要求赔偿损失的诉求，也慢慢淡出了人们的视线。1913 年，皇家委员会认定储户损失归罪于银行经理过失而不是财政委员会渎职。保守派财政部长随后又试图通过一项议案补偿储户，参议院将议案搁置了 6 个月而后不了了之。[46]

同样，1923 年家乡银行（The Home Bank）倒闭案例也说明，加拿大政治体制削弱了民粹主义诉求。该银行的储户也声称他们的损失（约占存款 75%）应全部由政府补偿，理由是财政部长没有追溯调查 1916 年对该银行的欺诈指控。储户向皇家委员会主张“道义维权索赔”，即法律虽然没有规定赔偿，但财政部长也没有充分关注银行经理和董事们的渎职证据。随后的政府调查发现，大部分的银行损失早在 1916 年前已逐步形成。因此，政府道义上的责任仅限于从那时起的损失总额，调查人员估计约为存款的 35%。1925 年，下议院投票决定承担 35% 的赔偿责任，但参议院不支持。参议员们认为，政府对储户没有法律义务，除非在储户真正有困难的情况下才可以赔付。最终，该法案修订为：向储户提供 35% 的赔偿，且只有当他们的存款少于 500 加元或者他们能证明有特殊需要时才提供赔偿。政府最终提供的补偿相当于存款基数的 22%。[47]

存款保险的广泛需求没有被关注。下议院在 1913 年和 1924 年分别在农民银行和家乡银行倒闭之后举行听证会，但都否决了有关存款保险的设想。在这两次听证会上，关于美国国营存款保险制度不利影响的论调占主导。对此，加拿大金融部门有明确结论：“（银行存款的互保）在美国已被证明是行不通的，并且从基础上也不健全，它意味着审慎的、良好经营的银行将被要求承担它们无法控制的因其竞争者管理不善、欺诈和其他原因造成的损失。最后的结果只会是一场灾难，因为公众没有激励去鉴别可以安全存放资金的可靠机构与其他机构之间的差异。”[48]

对持久博弈的修正：大萧条及其之后

加拿大银行体系的基本结构和支撑其发展的政治制度证明了该体系抗击大萧条的能力。加拿大属于初级产品生产国，随着木材、矿石和谷物需求的暴跌，经济大幅收缩，却没有任何加拿大银行在大萧条时期破产。[49]加拿大民粹主义者将国家经济状况归咎于教条的货币和金融政策。[50]西部地区情绪最为激动，那里的民粹主义者指责其恨之入骨的东部“寡头货币基金”，声称它操纵了国家。在阿尔伯塔省，信仰“社会信用”经济理论的边缘政党——社会信用党，在 1935 年以压倒性胜利接管了立法机关。此后，联邦政府不得不利用其宪法权力，废除了很多由阿尔伯塔省立法机关通过的立法，包括向所有成年公民支付“社会分红”，并依据“公正价格”理念建立价格管制，但很显然，主流的全国性政党必须阻止混乱的经济改革，即使这些改革是出于善意。

为此，加拿大政府组织了一个委员会，由英格兰一位倡导建立央行的中央银行家担任主席，委员会负责收集信息并提出建议。不出所料，该委员会给出的建议是加拿大需要一家中央银行。政府做出的反应同样在意料之中：接受这一建议，1935 年建立了加拿大央行。从经济事件角度看，加拿大央行的建立对商业银行体系影响不大，因为根本没有多少漏洞需要修补。事实上，加拿大银行史学家已经得出结论，在固定汇率制下，加拿大央行对其金融体系几乎没有改善作用。[51]然而，它的成立赋予政府迎合西部农民通胀论诉求的权力：通过创建一个有权发行法定货币的中央银行扩大货币供应量。随后的改革继续由民粹主义诉求推动，让加拿大央行成为政府持有的实体法人（1938

年），并赋予其纸币发行垄断权（1944 年）。[52]随着时间推移，加拿大的银行度过了大萧条。但它们失去了一个宝贵的特权，即印制钞票的权利，但银行业的基本结构没有变化。

二战后，面对信贷需求上升和新型非银行金融机构的迅速增长，加拿大一系列特有的银行监管机制再次证明了其稳健性。加拿大银行体系的设计适合远途贸易贷款，而加拿大禁止商业银行以房地产为抵押放贷。[53]取缔高利贷法，设置了 7% 的利率上限。这些限制控制了银行贷款的风险程度，但也同时造成银行家和总认为自身融资难的农民之间的紧张关系。随着加拿大逐渐工业化和城市化，小型制造商需要贷款用以维修和日常营运，城市居民希望买房。这些非农群体也开始抱怨银行体系的限制，抱怨银行体系的设计不能满足他们的信贷需求。[54]

二战期间及战后，这些群体的需求愈发突出。在战争期间，加拿大的制造商产量大幅提升，他们为英国军队生产了大部分战争物资。这种产能扩张加速了城市工人阶级的成长。从 1939 年至 1944 年，制造业工人数量增加了近 2 倍；战后，他们的数量占民用劳动力数量近一半。[55]战后，成千上万的加拿大士兵、水兵和飞行员退役，推动了城市化进程，对城市住房的需求持续强劲。[56]政府采取一系列措施为这些重要的城市选区提供住房贷款。需要指出的是，这些措施没有通过银行，因为银行仍然不能向房地产放贷，而且它们也没有争取这个权利。[57]事实上，1944 年修订的《银行法》使银行更加难以服务日益增长的城市贷款需求。该法将可以合法收取的利率上限从 7% 削减至 6%，从而减少了对高风险贷款的激励。政府试图通过在 1944 年修改《国家住房法》（National Housing Act）来满足房地产贷款需求，并于次年建立中央住房和抵押贷款公司（Central Mortgage and Housing Corporation，CMHC）。中央住房和抵押贷款公司是一个皇家公司，通过向财政部出售债券募集资金。它为（通常是保险公司拥有的）金融公司提供辅助融资，并提供明确的政府担保，以鼓励它们向房主、建筑商和开发商发放抵押贷款。时至 1947 年，中央住房和抵押贷款公司也被授权可以在某些领域直接贷款给房主或建筑商。[58]简而言之，加拿大纳税人补贴保险公司，让其涉足抵押贷款业务，而当市场对公司没有吸引力时（即使有政府担保），纳税人就直接补贴建筑商。[59]

20 世纪 40 年代，银行没有强烈抵制这些改革。加拿大银行家显然没有把加拿大特有的银行交易博弈视为赢者通吃的竞争。为什么不能丢些面包屑给失败者（美其名曰有志气的房主），以防他们与农民形成联盟而扰乱整个博弈？

然而，到了 20 世纪 50 年代，这些面包屑开始看起来像整片面包了，到了 60 年代似乎非银行中介机构都将被允许开设自己的面包店了。1955 年，财务公司、储蓄机构和信托公司，在加拿大统称准银行（near banks），已经控制了金融机构总资产的 24%。1962 年，控制了 32%；到 1967 年，控制了 36%。[60]因此，银行开始反抗，推动 1954 年和 1967 年修订《银行法》以消除准银行的优势。[61]在 1954 年的修订中，中央住房和抵押贷款公司剥离了与准银行联合贷款的业务，转而为《国家住房法》项下的贷款提供抵押贷款保险，以及直接补贴住房建设。此外，1954 年的修订还允许银行以参与中央住房和抵押贷款公司保险项目的形式进入抵押贷款市场。[62]

1967 年修订的《银行法》放松了关于持牌银行的很多限制，犹如一把利剑直刺准银行机构的心脏。该法取消了银行贷款利率上限；允许银行进入普通（未投保的）抵押贷款市场；修改了银行存款准备金率：从所有账户的 8% 变成了定期存款的 4% 和活期存款的 12%。[63]在立法拉锯战中，准银行争取到的最多是让政府设置银行持有的普通（未投保的）抵押贷款上限，即不得超过存款的 10%；对准银行 2 万加元以下的账户提供存款保险，从而保护其存款基础不受银行侵蚀。没有考证银行是否曾强烈抵制过这些限制：10% 的上限在当时并不具有太大约束力,[64]从银行的角度看，有限的存款保险没有构成对其准银行竞争对手的巨大补贴。或者，它们可能想先击垮金融公司和信托公司，最终也获得政府的补贴。[65]

1980 年、1987 年和 1992 年修订的《银行法》有效地消除了准银行造成的威胁。1980 年，银行允许开办从事抵押贷款的金融子公司，从而绕开了普通抵押贷款的上限限制。1987 年的修订取消了对银行拥有证券经纪公司的限制。五大银行通过购买大经纪公司或自己开办经纪公司，在一年之内悉数进入证券市场。[66]1992 年，所有其余的限制都被取消：允许银行拥有保险公司、抵押贷款公司和信托公司，它们自己的按揭贷款也不再受到法律限制。此外，1992 年修订的《银行法》取消了存款准备金要求。最终的结果是：加拿大的银行能够收购一直努力与其竞争的准银行，自此出现了巨型金融集团。[67]时至 20 世纪 90 年代末，加拿大的银行占据了非住房抵押消费贷款（如汽车贷款和信用卡贷款）的 2/3 和住房抵押贷款的 55%，同时也成为产业金融的主要供给者。以 1998 年为例，银行信贷总额相当于股票融资总额，是债券融资总额的 3 倍，更是高出商业票据市场一个数量级。银行还拥有主要的证券交易商。[68]

1980 年以后，面对进入加拿大市场的美国各银行带来的威胁，加拿大银行体系再次被证明是强健的。之前，加拿大一直禁止外资银行设立分支机构或对本国银行控股。[69]一系列法律的修订（1980 年和 1985 年）允许外资银行开办独资法人子行，然而这些经营活动受到规模限制。[70]随后，1989 年《加美自由贸易协定》（Canada-United States Free Trade Agreement）消除了这些限制。1997 年修订的《银行法》更进一步，允许外国银行可以在没有设立独资法人子行的情况下，在加拿大开设分行。[71]

不过，加拿大的银行可以通过立法和监管机制将自身与国外竞争隔离。加拿大的银行被分为三类：一类银行（在加拿大的内资持牌银行）、二类银行（在加拿大的外国独资持牌银行）以及三类银行（不持有加拿大银行业牌照的外国银行分行）。一类的大型银行不能被外资银行收购，因为它们的股权必须被“广泛持有”。外国银行分行不得吸收低于15万加元的存款或加入存款保险体系，它们在经营及债权人法律地位等方面受到各种限制，从而在竞争中处于劣势。[72]二类银行（外资法人银行）面临三种障碍。第一，它们过去必须克服无数障碍以获得牌照。第二，更重要的是，它们在获得牌照之后，成长能力会受制于一些自由裁量而非明确规定的监管要求，范围涉及资本充足率、流动性比率，以及能够持有的资产的类型和规模。[73]尽管这些限制不会立即实施，但外资银行知道一旦自己成长为一个强劲的竞争者，这些限制措施就会被使用，这就足以阻碍其成长。第三，拥有分支网络是在竞争中取胜的关键，但“广泛持有”的限制使外国进入者几乎不可能通过收购建立起庞大的分支网络。唯一的办法是“从头”建立分支网络，这既费时又费钱。这些限制使外资子行在加拿大贷款及存款市场竞争时成本异常高昂。这些法律和监管限制的结果是，加拿大的银行在很大程度上仍然是加拿大的。截至2011年底，《加美自由贸易协定》签订20余年后，外资银行仅占其银行体系总资产的7.1%。[74]

是否有黑暗的一面？

相对于美国的银行体系，加拿大的银行体系一直非常稳定。但是，稳定性往往是以效率为代价的。想象一下，假如一个银行体系只由一个寡头垄断者构成，它不给储户支付利息，而只借钱给与银行董事有私交或有AAA信用评级的借款人。这样的体系无疑非常稳定，但这个稳定性以经济增长放缓、社会流动性降低为代价。企业家如果没有可追踪的良好信用记录或人脉关系，即使有好的机会也无法获得贷款；小企业将无法通过借贷扛过商业周期中的短期衰退；家庭将无法为购买房产或大学教育之类的大额投资融资。

那么，让我们通过梳理证据，看看加拿大的银行体系是否以这些成本为代价而获得了较强的稳定性。学术界和公众一直认为加拿大的银行是一个舒适的寡头，它控制信贷以推高利差，赚取超额利润。[75]

较之乌托邦，现实总是相形见绌。因此，在合理解答加拿大的银行体系是否为了稳定而牺牲了效率这一问题之前，我们须首先回答如下问题："与效率相对的是什么？"有两种基本方法找到此问题的答案。第一种是将加拿大银行体系的表现和另一个现实世界经济体进行比较，比如美国。第二种是寻找证据证明加拿大的银行体系似乎是在一个完全竞争的市场结构中运行。这个问题中（隐含的）假设是银行体系由激烈展开价格和成本竞争并追求利润最大化的企业组成。

比较加拿大和美国银行体系的表现，最简单的方法就是问问贷款的价格：在历史上加拿大的贷款价格是否总是高于还是低于美国？从覆盖整个 20 世纪的几项数据研究看，答案是平均而言两个国家收取的贷款利率是相同的。但是，在加拿大，银行支付给存款的利率更高一些！[76]因此加拿大银行实际收取的利差比美国银行更小。这些事实表明，由若干有着分支网络机构的大型银行构成的加拿大银行体系，比由成千上万在有限市场区域内经营的小银行组成的美国银行体系存在着更激烈的价格竞争。

贷款价格方面的证据还表明，加拿大不同地域间利差的消除远早于美国。在美国南北战争之前，当时美国国土面积还比较小，美国南部由银行及其分支机构构成的网络（在某些时期通过美国第一银行和美国第二银行）相连接，区域间利差比较小。[77]随着美国国土面积扩大，以及美国越来越多地依赖于区域化的单体银行提供信贷，区域间的利差变得巨大。19 世纪 90 年代，美国西部城市最高质量贷款的利率（被称为一级双记名票据，即 first-class two-name paper，因该票据得到了良好信用的双方的共同担保）通常比东部城市的利率高4%~8%，东西部城市间的巨大利差一直持续到20世纪20年代。[78]加拿大的情况则并非如此，19世纪的最后20年间，同类信用风险特征的贷款在西部地区的利率从未比蒙特利尔或多伦多等地的利率高1%或2%。[79]到了20世纪20年代，加拿大地域之间的利率差异仍然很小。正如有观察家所说："这种资本配置是如此完美，它使蒙特利尔或多伦多的最高等级借款人和西北普通商人的贷款息差不超过1~2个百分点。"[80]

如果说历史上加拿大的银行经营环境比美国的银行更具竞争性，那么加拿大的银行如何会比美国的银行赚到更多的钱呢？虽然事实似乎印证了加拿大银行业仍然是舒适的寡头经营模式，但究其根源是加拿大总体限制较少的监管环境，特别是可以在全国经营的分支机构网络，使加拿大的银行能在后台运营中获得规模经济，较之美国的银行运营更节约资本，进而更有效率地配置资本。[81]例如1920年，加拿大的银行资本充足率为8.6%，而美国的银行则是11.5%。同年，加拿大的银行贷出了其资产的72.7%，而美国的银行只贷出了53.1%。这些差异在20世纪的其余时间里基本相同。此外，加拿大与美国的银行在盈利能力上的差异，几乎完全可以用资产负债构成以及管理成本上的显著差异解释。[82]

那么投放的信贷质量如何？图9.1比较了1910—2010年在加拿大和美国持牌的私人部门信贷/GDP值。该图说明了三个事实，且每个事实都表明加拿大的信贷供给没有受限于集中的银行体系。第一，从这段时间的平均水平看，加拿大的广义信贷/GDP值大于等于美国这一比值。考虑到加拿大人口密度较低，这是一个很了不起的成绩。第二，加拿大银行体系集中度的增加与信贷供给的增加相关联，无论是与不同时期的美国或是与同时期的美国相比，结论都是如此。第三，加拿大银行信贷增长的一个巨大来源是收购准银行以及持牌

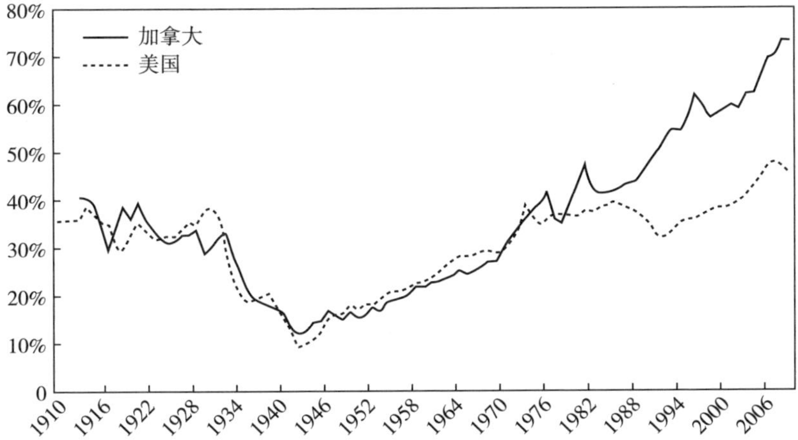

图 9.1　1910—2010 年加拿大和美国商业银行对私人部门信贷占 GDP 的比例

注：加拿大数据剔除外国贷款。

资料来源：Statistics Canada (1983)；Bank of Canada Statistical Review (various dates)；Federal Reserve Board (1943，1971)；United States Bureau of Economic Analysis (various dates)；Federal Deposit Insurance Corporation (n. d.)。

银行逐步扩张进入新的领域，加拿大银行法规的定期更迭使之成为可能。这些定期评估使银行有机会游说监管机构，使银行没有被金融创新活跃的非银行机构推到一旁。正如我们在第六章中指出的，美国的银行却恰恰相反，将市场份额让给了影子银行体系。特别是在 20 世纪 60 年代之后，储蓄机构、财务公司、信用社、保险公司、共同基金、投资银行和对冲基金的增长都建立在对商业银行侵蚀的基础之上。

信贷分布如何，特别是农村地区获得贷款容易吗？同理，首先要回答的问题是"与什么相比"？与美国相比，三项观察指标显示，加拿大的总分行体系比美国的单体银行体系更能有效地服务农村客户。首先，如前所述，不同于美国，加拿大的农村地区享受着与城市地区相差无几的信贷成本。

其次，在加拿大，分支机构降低了信息成本，促进了远程银行承兑汇票及票据业务，这些业务对农村生产活动的融资极具价值。如前所述，加拿大的总分行体系使农户在同一家银行就能办理农作物的运输和出口，并全程拥有作为抵押物的在途货物的法定所有权，这节省了信贷成本。[83]美国的银行没有这种能力，这也是美国银行较少以承兑汇票或票据支持农作物运输的原因。

最后，加拿大农村地区比起美国来有更好的银行机构布设。一般来说，像加拿大这类低人口密度的国家，往往很难为农民提供信贷。因为稀疏的农村人口无法产生足够的经济活动促使银行设立网点。但加拿大人均银行网点（总部或分支机构）的数据比美国更高。在1912年前后，加拿大每2847个居民就拥有一家银行网点，相比之下，人口稠密的美国每3407个居民才拥有一家银行网点。[84]银行网点的差异在1940年扩大，加拿大每3410个居民拥有一家银行网点，美国每7325个居民才拥有一家银行网点。[85]人们在加拿大更容易获得银行服务的主要原因正是它的分支体系。因为加拿大的银行可以在同一个后台整合管理资源和成本，所以在广袤草原上一个只有200人的小镇开设一家分支机构的边际成本就变得微不足道。

证明加拿大的银行体系不比美国的银行体系更加垄断是一回事，但要证明它的高度竞争则是另一回事。20世纪的大部分时期，美国的银行体系由区域化的垄断组织构成。但如果就此判定加拿大银行体系在提供信贷方面比美国“更好”，就如同说因为纽约黑手党约翰·戈蒂是囚犯中表现最好的，所以他是个好公民。要论证加拿大银行体系充分竞争的说法，必须假设一个可比的高度竞争的市场体系。有两项开创性实证研究使用了计量经济学的方法，评估了加拿大银行之间的竞争程度。[86]尽管加拿大银行体系有着任何全国性总分行体系都固有的高集中度，这两项研究都否定了加拿大的银行凭借其巨大规模享受垄断的观点。其中一项研究更进一步，它估算了1969—1985年银行的边际收益偏离函数（经济学家用来衡量企业的市场支配能力），以此衡量银行作为竞争性价格接受者的程度如何。作者发现边际收益曲线是平的，并得出结论“估算结果显示市场充分竞争”。[87]

历史上，加拿大的银行在管理风险方面也比美国的银行更有效率。特别是，它们能够将贷款的违约风险控制在较低水平。而这些差异在很早就展现出来了。1890 年后，加拿大银行的票据持有人受银行间的互助保险体系保护，但该体系并不适用于存款。尽管如此，储户承担的平均损失性风险很小。1867—1889 年破产的 13 家加拿大银行中，有 11 个破产案例提供了损失数据，其中 8 家银行的储户损失基本为零。[88] 1890—1966 年只有 12 家银行倒闭，其中 6 家银行的储户损失为零；其余 6 家是小型机构，给储户带来的损失微不足道，这 6 家银行储户的平均损失是银行存款总额的 0.2%。[89] 回顾加拿大的银行通史并比较美加储户的平均损失率，加拿大储户的损失比美国低 30%。[90]

加拿大银行的风险管理能力一直很出众。图 9.2 展示了近年来加拿大和美国的银行在风险管理方面的显著差异。加拿大的银行体系避开了 2007—2009 年重创美国和西欧大部分地区的金融危机。我们在第七章讨论了放贷标准的放松导致美国逾期住房抵押贷款增加 5 倍。相比之下，加拿大逾期住房抵押贷款的逾期情况显示出独特且令人艳羡的平稳沉闷。[91]

尽管加拿大银行业拥有典范式的历史表现，但 1990 年以来加拿大五大银行对金融体系的控制程度不断加大还是引发了深层次的关注。当少数银行控制金融体系之时，就会存在这样的风险：银行单独或作为一个群体能够争取到额外的政治影响力，这可能使它们破坏监管的有效性，并迫使政府容忍反竞争的行为。2003 年，贝恩咨询公司的一份报告描绘了一些令人不安的迹象，即使不能完全证实但也至少是与现实相符的，即自 1990 年以来加拿大银行业的竞争呈下降趋势。1990—2003 年，全国有两千家分行关闭，并且加拿大银行的利差并没有像其他国家银行那样下降。[92]

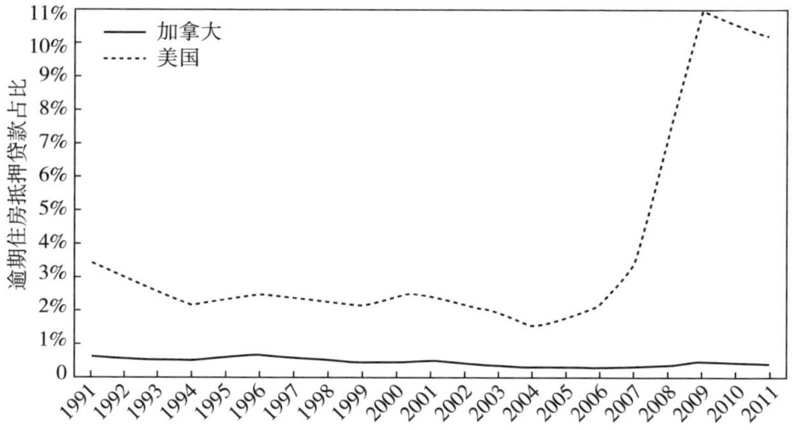

图 9.2　1991—2011 年美国和加拿大的逾期住房抵押贷款

注：在美国，逾期 30 天的住房抵押贷款归为“逾期贷款”；加拿大列入“逾期”的天数为 90 天。因此，最有意义的比较是一段时间内两国的逾期比例的比较。

资料来源：Federal Reserve Board（n. d.）；Canadian Bankers Association（2012）。

事实证明，加拿大的政治制度在维护竞争而对银行施压方面是有力度的。1998 年，财政部长否决了两项并购交易提案，这让加拿大的银行家倍感惊愕。部长在解释这一决定时明确表示，基于三个原因，政府认为不再进一步允许银行并购是符合公众利益的。首先，它可能导致竞争减少，而这是不受欢迎的。其次，假如因一家银行的问题而迫使其限制信贷供给，会让经济面临信贷紧缩的风险。最后，针对前两种风险，加拿大可能需要降低外资银行壁垒，从而让银行体系“大幅削弱加拿大所有权和控制权”。换句话说，政府在 1998 年明确划定底线，告诉加拿大的银行不要再进一步并购。[93]我们并不是说如今加拿大的银行体系是充分竞争的。事实上，像许多批评者一样，我们担心加拿大的银行体系已经变得过于集中。然而，加拿大银行业和政治领域的大量实证证据表明，加拿大持久的博弈将继续带来以下要素的成功聚合：稳定的银行业、丰富的信贷和在金融服务中维护竞争的承诺。

结　论

加拿大和美国有很多共同点。两国都曾是英国的北美殖民地。两国都曾有激烈的民粹运动争夺金融体系控制权。美国的结局是银行体系经历着过山车式的结构变化，反映了政治联盟变化对银行监管的影响。加拿大的地理环境和殖民历史使它形成了与众不同的政治制度，维系了银行家、商人和执政党之间持久的伙伴关系。

加拿大银行体系的观察家将银行业的优异表现归功于其监管架构。认为加拿大银行保守的风险管理体现了监管机构的勤勉监督及震慑力，不恪守监管规则的字面要求和背后精神都将令银行丧失宝贵的特权。正如我们强调的，加拿大形成了定期制定新银行法的惯例，并配套地重新颁发牌照。一些学者认为，这种不断重发银行牌照的做法显著地影响了银行的行为：银行要避免站在政府的对立面。[94]政府手中一个特别强大的武器，就是可以废除赋予加拿大银行相对于外资银行的有利地位。例如，外国银行分行不得吸收低于 15 万加元的存款，以及二类银行面临的各种壁垒。这种观点显然有一定价值。当一个国家拥有存款保险安全网时，它面临更多的道德风险等潜在问题，审慎监管则成为防止银行家过度冒险的重要堡垒。

但是，有效的规制和监管不能完全解释加拿大银行体系的稳健。第一，加拿大历史上的大多数时间里没有安全网，政府没有太多的风险监管。第二，加拿大定期修改《银行法》和给银行重新发牌的惯例不仅仅是管教任性银行家的大棒，它也是一根胡萝卜：通过让银行保留特许经营权，奖励其良好的风险管理。[95]当有人知道他的生意大有前途时，他会有强烈的动机继续经营他的生意。在加拿大，定期修订法规使政府能确保银行不会落后于金融创新，因为只有这样，银行才有能力同时维持其资产负债两端的客户关系。例如在资产方面，20 世纪

50 年代和 60 年代，当加拿大的银行意识到它们正在被其排斥的房地产抵押贷款市场边缘化时，就诱导政府重写法律允许它们进入该市场。最终商业银行重创并合并了那些准银行。在负债方面，银行有能力稳住自己的核心存款。不同于从批发市场借钱支撑其大部分贷款的美国银行，加拿大银行牢牢抓住了传统的储户。这样它们才能够以较低的成本向借款人提供贷款，同时避免因依赖波动较大的货币批发市场而出现风险。[96]

更根本的是，加拿大监管体系的这些优势特征不应被视为加拿大银行业成功的唯一原因。相反，加拿大的监管体系——有限期牌照、全国范围内的分行布局和保守的监管——都是加拿大“银行交易博弈”的结果。如果只是良好的监管就可以全部解释加拿大银行业的成功，其他国家就很容易效仿。可惜的是，对于世界其他地方，事情并非这么简单。

第三篇

威权主义、民主转型和银行交易的博弈

第十章 墨西哥

混乱造就了裙带主义

羸弱之人、毫无准备之人以及缺乏从进化中胜出所必备工具的人，必将灭亡，将战场让给强者。

——墨西哥财政部长何塞·利曼托尔（1901）

在研究威权体制下的银行体系结构和运行的理论框架中，我们采用了以下原则。第一，没有稳定的政府，就没有银行业；第二，集权式的威权政府可轻易没收银行财产，因此其银行业规模往往比民主政府下的更小；第三，威权政府可与银行家通过结成寻租联盟取得一致利益。墨西哥的历程恰好验证了上述每项原则。1997 年以来，墨西哥从集权式的威权国家逐步过渡为稚嫩的民主国家，这一历程对支撑银行体系的政治交易产生了巨大影响，进而影响了银行体系的结构。

实际上，墨西哥历史是研究政治制度与银行体系关系的天然实验室。自 1821 年宣布独立到 1876 年，墨西哥的政治制度可谓“混乱”。在此期间，墨西哥也曾尝试建立稳定的共和政府，但均未成功，沦为外国侵略、国内政变或内战的牺牲品。毋庸置疑，这期间，墨西哥甚至没有一丝银行体系萌发的迹象。试问，在执政者以及渴望执政的诸多派系都拼命掠夺以获得或维持权力的环境中，有哪个理性的投资者愿意投资开设银行？

墨西哥的军阀统治一直延续到波费里奥·迪亚斯（Porfirio Díaz）

时代。迪亚斯是一个才能出众的政治企业家，他指出，可从对外贸易和投资中获得租金，用于调和政治对手的利益，从而建立稳定的威权体系。自 1877 年到 1911 年，迪亚斯的“波费里奥治世”（Pax Porfìriana）的一个关键内容是创立了银行体系，向政府提供信贷，从而使政府获得巩固权力所必需的资金。迪亚斯及其金融家们建立了一系列制度，通过系统地限制竞争，诱使资本进入银行业。这一割裂的垄断体系的受益者包括银行家（在获得分红、董事薪酬外，还可利用银行给自己的非金融企业融资）、银行少数股东（可得到丰厚的分红）、政府（可得到低息贷款）以及当权者（自身及其家庭成员可获得银行董事会席位，可获得债务免除的银行贷款）。上述联盟之外的人员，即墨西哥广大民众，则陷入了水深火热的境地：没有政治发言权、没有信贷、经济地位难以改善。

由于普通民众以及统治联盟之外的精英集团缺乏改善机会，1910 年，墨西哥爆发了反对迪亚斯武装起义。1911 年，迪亚斯流亡法国。然而，武装起义的胜利者旋即陷入内斗：从 1911 年到 1928 年，墨西哥被内战、暴乱、军事政变和政治暗杀搅得四分五裂。无论其宣扬的意识形态如何，革命的各方都会为了资助军事行动掠夺银行，导致银行体系迅速瓦解。

直至 1929 年，墨西哥终于再次迎来了政治稳定。这一年，从墨西哥革命及其血腥余波中幸存的军阀们坐下来，建立了一个可在内部协调分歧的政党。该政党最初称为“国民革命党”（Partido Nacional Revolucionario，PNR），但并不是通常意义上的政党：它并非由接受特定政策纲领的候选人组成，而是军阀、政治大佬和腐败的工会领袖协调冲突的场所。通过交易，他们决定谁负责哪个部门、投票数据如何。随着时间流逝，这种“事前”决定投票结果的政党模式逐渐体系化，并形成了“革命制度党”（Partido Revolucionario Institucional，PRI）。该党有效地垄断了墨西哥的政治权力，直至 20 世纪 90 年代后期。

革命制度党谋杀、监禁、折磨政敌，利用大众媒体控制信息，直接使用联邦财政资助候选人参加选举，掌控墨西哥选举，并负责计票。毫无悬念，它赢得了1929—2000年的所有总统选举，2000年，革命制度党被迫承认输给了反对党。此外，革命制度党还掌控墨西哥国会两院以及各州议会直至20世纪90年代后期。该党利用对政府各机构的控制，塑造了墨西哥的监管和法律制度：革命制度党任命了各州及联邦法官、联邦机构官员以及国有企业董事。

革命制度党的政治霸权如此彻底，很难吸引投资者为银行体系提供资金。实际上，投资者非常担心政府会侵占资产。从20世纪20年代到70年代，即使按照波费里奥墨西哥时期的标准，其商业银行体系规模也非常微小。但是，革命制度党需要银行体系维持统治：它需要依靠该城市工会工人的政治支持，城市工人的联合会是该党的正式组成部分，要保障工会工人的工作，而创造工作岗位又需要达到一定规模的产业部门，以及为此提供融资的银行体系。所以，革命制度党政府建立了一整套复杂的“开发银行”体系，这些开发银行通过特定项目回购商业银行的贷款，作为二级贷款人将资金投放至革命制度党眼中的关键部门。

墨西哥银行体系通过隐性政府担保得以维系。商业银行的银行家、股东以及储户并不承担银行的坏账风险，风险实际由纳税人承担：正是纳税人提供了开发银行的资金，也正是纳税人最终成为千余家低效企业的所有者。作为这个体系的产物，为保障所有支持革命制度党的工会成员有终生工作，国有银行为所有鲁莽的赌博性贷款兜底。

失去的19世纪

如果用一个词形容长期以来墨西哥社会的特征，那就是“不平等”。阿兹特克帝国首府特诺奇蒂特兰的金字塔就是通过向墨西哥中部数以百计的弱小城邦征收贡品建造的，这些附属城邦转而又向数百万小农场主强征人力和物力。1521 年，西班牙人征服特诺奇蒂特兰时，又将自己置于等级制度的顶端，所做的改变无非是从向原住民征收人力和玉米改为用钱币纳税。

与美国相比，墨西哥的独立之路充分揭示了该国政治力量、物质财富和人力资本分布的不均衡。在美国，独立运动是自我成长起来的殖民地精英策动和领导一支受过教育的有产军队反抗英国统治。在墨西哥，则是欧洲殖民地精英集团担心一旦数百万目不识丁的贫穷印第安人和印拉混血儿掌握了权力，会给他们带来无法预料的后果，因而与西班牙总督及其军队联手镇压了 1810 年爆发的民众独立运动；由于担心独立的火花会诱发底层的反抗，他们将 1810 年伊达尔戈起义（Hidalgo Rebellion）领袖的头颅示众了 11 年，直到 1821 年该精英集团自己宣布独立。

墨西哥的精英集团之所以宣布独立，并不是因为他们突然改弦易辙，而是因为他们认为西班牙军队过于自由化，正是这支军队在一个世纪后推举了弗朗西斯科·佛朗哥。1820 年，国王费迪南德七世（King Ferdinand VII）迫于军队中层军官的压力，接受 1812 年西班牙宪法，正是这一事件推动墨西哥精英集团宣布独立。墨西哥殖民地精英认为包含广泛男性选举权和君主立宪的宪法过于危险，因而决定脱离西班牙。因此，促使美国爆发独立战争的平等、自由理念在墨西哥独立运动中丝毫不见踪迹；相反，墨西哥的独立运动是被动的、反共和的。两国的这一区别也在其第一届联邦政府首脑中得到充分体现：在美国，独立运动后，领导这场反抗英国殖民统治的军队领袖乔治·华盛顿成为第一任总统；在墨西哥，则是镇压 1810 年独立战争的保皇党人阿古斯汀·伊图尔维德（Agustín de Iturbide）自封为君主。

伊图尔维德在位仅 8 个月，但即便在他下台后，墨西哥的政治势力仍然集中在极少数精英手中。其中一部分保守派希望维持殖民时期的政治和经济制度，包括中央集权、军队和教会免于民事审判等；而另一部分自由派则希望建立联邦共和制度，各州拥有相当大的自治权，国家实行自由主义政治经济。但两派一致认为，选举权应该受限、应由欧洲化的精英管理国家。因此，19 世纪早期，墨西哥的选举权设置了财富和教育程度的要求，选举权牢牢地掌握在极少数人手中。[1]

在剥夺大众选举权问题上，墨西哥的保守派和自由派达成了一致，但在许多其他问题上，他们有着很大的分歧和冲突。这些冲突导致墨西哥从独立到 1876 年，国内的政变、内战层出不穷。自 1821 年到 1876 年，墨西哥共有 75 位总统。每一位合法的总统任期中，就有四位非正规的、过渡的或临时的总统。其中一位名叫安东尼奥·罗培兹·圣塔·安那（Antonio López de Santa Ana）的政治军事铁腕人物，就曾在 11 个不同场合宣布成为总统。[2]在这无止境的权力斗争中，每一方都拼命夺取敌对方的财产，而每一个上台执政的政府都继承了空虚的国库、缺乏现成的收入来源。为满足公共财政的需求，19 世纪的墨西哥政府都选择了向富有的开办私人银行的商人金融家借钱，而这些所谓的借款实质与敲诈相差无几：在政权更替或当权政府面临严重威胁时，这些借款都有去无回，商人金融家的财产遭受了损失。[3]

在这种政局动荡、政治破产的背景下，墨西哥分崩离析，遭受着贫穷、分裂和混乱等多重困境，其所辖省份可以任意脱离：先是 1822—1823 年的中美洲（Central America），接着是 1836 年的得克萨斯，然后是 1841 年的犹卡坦（临时性的脱离）。剩下的省份则被其地方官当成了独立封地，部分地方官与其说是政治家，不如说是军阀。这期间，外国势力入侵墨西哥：1846—1848 年，美国武力侵占墨西哥一半的国土；1862—1863 年，法国入侵墨西哥并建立了以马克西米连（Maximilian）为首的傀儡政府，统治墨西哥直至 1867 年马克西米连被推翻。

改变现状实非易事：士兵、警察以及官僚都需要报酬；打破地方军阀的独立需要消除交通壁垒、建立全国的铁路网络（墨西哥是一个山地国家，几乎没有水路运输）。所有这些所费不赀，但中央政府没有固定的收入来源。当时，各地税收由州政府而非中央政府征收。实际上，地方军阀强力阻止政府改革税制，不让政府在他们的“封地”上征税。[4]从国外获得信贷的路也走不通：由于一系列贷款违约，墨西哥早已被国际资本市场拒之门外。[5]在宣布独立后的数十年中，墨西哥的私人银行家也因政府多次贷款违约遭受了资产劫掠。

上述问题的严重性在墨西哥政府的一项疯狂举措中可见一斑。1830 年，由于信贷稀缺，墨西哥的制造商对政府施压，通过征收进口附加税建立了一家名为“Banco de Avío”的工业开发银行。1842 年，由于急需现金，墨西哥政府变卖了该银行的资产，也就是说，政府没收了它自己的银行。[6]

这期间，墨西哥的银行体系无从谈起。毕竟，如果向特许银行投资，投资者就必须公示银行资产，而公示则意味着可能成为没收的目标。如果说此时的墨西哥还有金融中介，那就是商人金融家开办的私人银行。但是，私人银行并不具备其他国家特许银行的优势：不能通过向承担有限责任的外部投资者出售股份获得融资；不能在借款人破产时享有优先受偿的权利；不能得到可靠的政府监管从而获取声誉支持；其银行券既不具备法律效力，也得不到政府的防伪保护。因此，此时墨西哥的私人银行规模必然受限。[7]

1863 年，墨西哥发放了第一张银行牌照。该牌照由马克西米连傀儡政府发给一家名为“伦敦、墨西哥和南美银行”（Bank of London, Mexico, and South America，以下简称 BLM）的外资机构。这家银行连同北部边境奇瓦瓦州政府特许成立的一家小型美资银行，是直到 19 世纪 70 年代晚期，墨西哥仅有的两家银行机构。[8]

稳定威权下的裙带银行体系

19 世纪最后数十年中，波费里奥·迪亚斯终于给墨西哥带来了政治稳定。与之前的诸多总统一样，迪亚斯通过军事政变上台，但与前任们不同的是，他成功地维持了从 1876 年到 1911 年长达 35 年的统治。

虽然迪亚斯之后的革命制度党竭力将他塑造成彻头彻尾的独裁者，但实际上，迪亚斯政权非常谨慎地维持了迪亚斯和其他重要政治军事大佬以及商业精英集团之间的平衡。从一开始，迪亚斯就非常小心地避免触碰其他利益集团的利益。例如，1880—1884 年，他甚至让位给政治盟友曼努埃尔·冈萨雷斯（Manuel Gónzalez），后者同意他在幕后操纵。1884 年，冈萨雷斯由于鲁莽地提议自己继续作为总统候选人而被逮捕杀害，迪亚斯顺理成章地重新“赢”得了总统选举。但是，因为当时各州统治者经常控制着人数超过联邦军队的本地武装力量，所以迪亚斯并不能肆无忌惮地使用武力手段。

迪亚斯逐渐将更多的精力放在了削弱或取代政治对手的实力上，而不是进行公开的武力攻击。在顽固派州长去世或下台时，他逐步以心腹替换。他还在每个州的主要城市设立了 jefe político（字面意思为“政治领导”）的职位，以削弱州长的权力。该职位由联邦任命，其职责是确保联邦政府对城市的掌控力。通过上述举措，迪亚斯得以将有倾向性的议员候选人名单分发给效忠他的州长们，从而确保了选举结果的“正确性”。最后，迪亚斯还对占重要政治地位的州长、参议员、众议员以及内阁成员诱之以利，给予来自商业精英盟友的董事席位和其他各种好处。

到了 19 世纪 90 年代，迪亚斯的参议院、众议院已经基本与政策制定无关，其绝大多数投票以全票通过告终。1890 年，立法机关修改宪法，允许迪亚斯连任。19 世纪 90 年代，迪亚斯政权的改革使中央政府得以集中征税，从而进一步削弱了各州的独立性。至此，他可以不再与州长、参议员或众议员纠缠，而是与有权势的商业精英集团直接谈判。可以说，迪亚斯取得了所有其前任都没能实现的成就，即建立了政治秩序，鼓励了在独立后就一直濒临消亡的投资。不过，迪亚斯实现上述目标的方式是制度化的腐败以及老人政治。[9]

在中央集权过程中，迪亚斯具备了其前任们没有的优势，即与美国经济融合的能力。19 世纪中叶，在墨西哥眼中，美国经济是一个遥远的理论抽象，但到了迪亚斯时期，美国的经济重心和铁路网络已经逐渐西移。与墨西哥北部接壤的已不再是荒漠，而是世界上最强大的经济体之一。此时，墨西哥能以此前无法想象的方式与美国开展贸易，而贸易则意味着投资那些可交易商品，特别是采矿业和牧业，将获得丰厚回报。因此，尽管有谚语称“可怜的墨西哥，离上帝那么远，离美国那么近”，迪亚斯政府还是成功利用了毗邻美国的优势。

迪亚斯最急需的是财政开源，以此迅速推动政治秩序、中央集权、私人投资和税收间的准良性循环，但简单地承诺自己不会像前任一样行事并不可信：墨西哥的政治制度对迪亚斯当局不具约束力。实际上，在其统治早期，迪亚斯本人就对墨西哥城的几家银行有违约。[10]无疑，这一时期，墨西哥的银行体系仍微不足道，即便到了 1884 年，全国也只有 8 家银行，且其中 5 家还是位于奇瓦瓦州的小银行。[11]

迪亚斯的解决方案与英格兰 1694 年采用的方案类似，即建立一家半官方的超级银行，通过高回报率补偿投资者的财产没收风险，同时通过赋予其在公共财政中的垄断地位，降低政府对部分贷款人选择性违约而在其他贷款人处获得新贷款的可能性。最终，通过合并墨西哥城的两家银行，名为“墨西哥国家银行”的超级银行诞生了。

在墨西哥国家银行的特许方式以及保护垄断地位的立法机制（1884 年《商业法》）方面，墨西哥的方式都与英格兰银行雷同：墨西哥这家新合并的银行最多可以增加800万比索未缴股本，政府可从该行获得同等金额的授信（以6%这一低于市场水平的利率）；该行还获得了一系列有利可图的特权，包括有权发行纸币，且最高发行量可达准备金的3倍；担当国库代理行；垄断政府贷款；包征关税；以及经营铸币厂等。另外，政府对银行券征收5%的税收，但墨西哥国家银行印发的银行券可免税。更重要的是，1884年《商业法》取消了州政府颁发银行牌照的权力，这意味着墨西哥国家银行的垄断地位不会被州政府推翻。实际上，墨西哥财政部长不仅拥有新银行的牌照控制权，甚至连银行增资都需要获得他的同意。[12]

但是，这种制度存在一个根本问题，即一些政治强势集团可能因此遭受利益损失，其中包括已经拥有银行的金融家，尤其是成立于1863年的BLM的股东；另一些是作为州长的大佬，他们原可通过向亲信颁发银行牌照给自己或州政府换来贷款。因此，BLM向联邦法院提出诉讼，以违反1857年墨西哥宪法为由，禁止了1884年《商业法》。

因此，迪亚斯需要再度设法满足或调和各方分歧。短期解决方案是临时由财政部长向州银行颁发牌照，墨西哥国家银行仍作为国库的唯一代理行；长期而言，迪亚斯的财政部长何塞·利曼托尔（José Limantour）提出了一个可解决各方争端的方案。该方案以1897年《通用银行法》（General Banking Act of 1897）的形式确立，其最引人注目的一点是在市场中产生了分化的寡头垄断。实际上，利曼托尔自己也承认了这一点。他写道："毫无疑问，执行这一新的法令将会——至少在执行初期会——产生银行的寡头垄断。"[13]

1897年《通用银行法》

1897年《通用银行法》将银行分为三类：一为发行银行，可以发行银行券、贴现票据、发放商业贷款；二为房地产抵押银行，能以农业和城市房地产抵押为基础发放长期贷款；三为产业银行，可向农业、采矿业和工业企业发放长期贷款。但是，在新的机制下，只有发行银行得到了发展。由于政府颁发的房地产抵押银行牌照有限，以及在执行合同约定的房地产权利上困难重重，全国的房地产抵押银行不超过 3 家。[14] 自 1897 年至 1911 年，房地产抵押银行资产占银行业总资产的平均比例仅为 6%。[15]

产业银行的发展步履维艰。与发行银行相比，产业银行不能发行银行券，处于劣势地位，但它又需要和发行银行在同一市场竞争。发行银行的贷款期限受法律限制（不得超过 6 个月），但可通过连续贷款展期予以规避。[16]结果，全国的产业银行不超过 6 家，其资产占银行业总资产的平均比例仅为 10%。最大的产业银行墨西哥中部银行实际并不发放贷款，主要作为银行券清算行与墨西哥国家银行竞争，其产业银行的牌照只是开业的敲门砖。[17]

与理论设想不同，实际上墨西哥银行体系主要由发行银行组成。该类银行资产占银行业总资产的 84%，且各自成为分化的不同区域的市场寡头。其中最重要的一家是墨西哥国家银行，该行在 1884 年获得免税等特权。BLM 与墨西哥国家银行一起瓜分墨西哥城银行市场，同样有权在全国开设分支机构，同样享有 3：1 的银行券准备金比（其他发行银行的比例为 2：1）。而墨西哥国家银行在被迫同意降低收费的条件下，得以保留联邦政府的财政代理行地位，并额外给予政府 1000 万比索的授信额度。也就是说，墨西哥国家银行再次向迪亚斯政府增加授信，并由此又获得了一系列有利可图的特权。[18]

各州州长亦对 1897 年《通用银行法》表示满意。根据该法，财政部长可以给在特定区域内经营的发行银行颁发牌照，而这些特定区域大致与各州边界吻合。这也就意味着各州州长可以把牌照留给自己的盟友，后者则向州政府报以信贷。在有些情况下，州长本身就是银行的董事；在极少数情况下，银行甚至会向州长发放贷款并免除债务。[19]

一系列准入条款确保了每一特定区域内只有一家区域性发行银行。第一，没有联邦政府发布的牌照，银行不能发行银行券，这意味着非特许银行无法与特许银行匹敌。第二，区域性银行不能在特定区域外开设分支机构，因此以某州为特定经营区域的银行不会对邻州银行的垄断地位产生威胁。第三，政府对发行银行实行最低资本金要求，金额相当于25万美元，相当于在美国开办一家全国性银行所需最低资本金的5倍。第四，政府对银行资本金征税2%，对其发行的银行券征税5%，但对各州第一家发行银行，上述两项税赋均可免除。第五，由于各州政府无权颁发银行牌照，所有的银行牌照及增资都需获得财政部长的同意，因此，上述准入限制就不会因为各州的政策竞争而削弱。实际上，唯一能够威胁州银行垄断地位的只有墨西哥国家银行和BLM的分支机构。[20]

为降低中央政府没收发行银行的风险，墨西哥银行家将自身的经济利益与迪亚斯政权的政治掮客绑在一起，邀请其在主要银行担任董事，给予董事报酬及股票分红。如，墨西哥国家银行的董事会中就有众议院议长、财政部副部长、联邦区参议员、总统办公室主任、财政部长兄弟等人。又如，BLM的董事长就是国防部长本人，与他在董事会共事的还有另外一名实权联邦参议员。类似的，区域性银行也拥有一批政治实权人物，唯一的区别是董事会成员是州政府首脑而非内阁部长。银行内部人士认为，这种人员任命方式可谓天然的保险。由于银行收益的一部分直接流向政府的政治掮客，迪亚斯不太可能直接插手银行的高利润交易。[21]

这些银行并不是经济学理论中定义的“接受存款并向企业和家庭发放贷款”的独立信用中介。首先，其存款基数非常小，1897年，银行储蓄（不包括为获得授信额度的保证金存款）只占银行总负债的

2%；直至 1910 年，该比例也只有 16%。[22]银行的绝大部分负债来自银行券发行，并以微弱的股东资本作为支撑，对外发放贷款。其次，这些银行的最大个人借款者是本行董事会成员，他们同时是墨西哥最主要的资本家。从 1886 年到 1901 年，墨西哥国家银行的非政府贷款或非政府担保贷款 100% 流向了银行内部人士。其他银行的非政府贷款也有 29%~86% 不等的金额流向银行董事或其家庭成员。在科阿韦拉银行，高达 72% 的贷款流向同一家企业，其所有者是银行一位董事的家庭成员。[23]

显然，持有银行的股份对于银行内部人士是有利的，不仅可以得到政府给予的行业特权，可以与有权势的政府官员建立联系共同寻租，还可以通过操作将大部分银行资金投入自己的企业。但是，投资成为银行少数股东又能得到什么好处呢？银行内部人士拥有印钞权，即发行银行券，然后再将大多数银行券借给自己。此外，那些人之所以成为“内部人士”，不仅因为他们是银行的创立者和主要股东，更因为他们与迪亚斯的政治捐客有着密切联系。而迪亚斯政府又没有对其进行监管，那么，如何确保实际控制股东不会通过利益输送或欺诈损害少数股东的利益？

该问题的答案包含三个方面。第一，迪亚斯政府与银行家的合作带来的收入和分红非常可观，足够用来与少数股东分享。从 1901 年到 1912 年，发行银行的年均账面净资产收益率为 12%，除 1908 年为零外，这段时间内该指标每年均为正值。墨西哥的银行定期支付高额分红。实际上，投资者购买按市值加权的银行股指数可以得到年均 9% 的真实回报率，超过道琼斯工业指数回报的 2 倍。因此，投资者非常看好银行股，银行股交易在账面价值上平均溢价 33%。[24]

第二，银行董事持有的资本也存在风险。根据墨西哥的商业法，创立者（后成为银行董事）需要首先支付银行资本金。

第三，银行的少数股东也不是普通民众，他们往往也是银行家，并坚决要求设立独立董事。[25]这也就意味着银行董事之间关系错综复杂，形成了互相监督的局面。[26]包括内部人士和独立董事在内的银行董事有很强的动力监督对方，毕竟银行的运作资金有很多是他们自己的。由于银行的存款比例很低（不超过总资产的16%），以现代的眼光看，资本占比很高，通常介于25%~30%，且绝大部分由董事自己投入。[27]因此，董事们像老鹰一样密切监视着对方，向内部人士提供的贷款也是基于非常保守的条件，且一般是借给董事个人而非其企业。此外，这种贷款一般需要以现金、政府证券或公司证券等流动资产作为质押并由银行保管。一旦贷款违约，银行可直接持有这些证券。[28]

资料表明，墨西哥的银行之所以将大部分资金借给自己的董事，是因为他们觉得这样最为安全。这种安全性来自借贷双方身处同一权力关系网络。墨西哥的内部人士交易关系网折射了在位政治精英占据的支配地位，也反映出内部人借贷可以带来信息优势，这与其他国家的情况一样。[29]墨西哥的银行家汲取此前缺少有效手段评估借款人的教训，因为无法识别信用风险，他们此前对借款人提出了一系列条件，结果却产生“逆向选择”，即只有那些更缺钱的、质量更差的借款人才愿意接受这些条件。[30]

银行董事会的会议纪要表明，董事会认为内部人贷款比非关联贷款风险更低。在墨西哥国家银行董事会的一次争论中，部分董事反对贷款给另一家银行，直到后来有人指出这家银行的信用风险情况不错，因为该行只贷款给自己的董事！[31]实际上，内部人士贷款在当时被业界公认为高质量贷款：1908年（美国1907年的危机传递到墨西哥），为了挽救小银行，墨政府新设贷款储蓄银行，通过回购高质量银行贷款和其他银行发行的基于住房抵押贷款的债券，向银行体系注入流动性。在这一过程中，该行选择回购内部人士贷款。[32]

有观点认为，这一场救市行动是历史上第一次贷款证券化，这也从一个侧面证明了 1900 年前后墨西哥银行体系的复杂性和创新性。几乎没有人质疑回购贷款的质量，认为银行家将坏账转移给了政府。在此有必要指出，贷款储蓄银行的股东都是墨西哥的大银行，且此次救市是历史上少有的最终产生盈利的行动，其真实资产回报率甚至超过了当时的道琼斯工业指数回报率。[33]

1907 年至 1908 年，金融危机从美国席卷至墨西哥，墨西哥银行业的快速恢复能力显示了其内在的稳定性。实际上，迪亚斯时期的墨西哥银行体系极其稳固，至少在迪亚斯执政时如此。如图 10.1 所示，银行数量和银行总资产稳步上升。1897 年迪亚斯政权刚上台时，包括房地产抵押银行、投资银行以及发行银行在内的银行体系仅有 10 家银行，银行总资产占 GDP 的比例仅为 12%；到了 1910 年（迪亚斯最后一个完整执政的年度），全国的银行达到 32 家，其总资产占 GDP 的比例上升至 32%。在这 13 年间，只有一次衰退，在 1908—1909 年有 7 家小型银行倒闭，其中 2 家转型为投资银行，剩下的几家被偿付能力更强的大银行收购。[34]

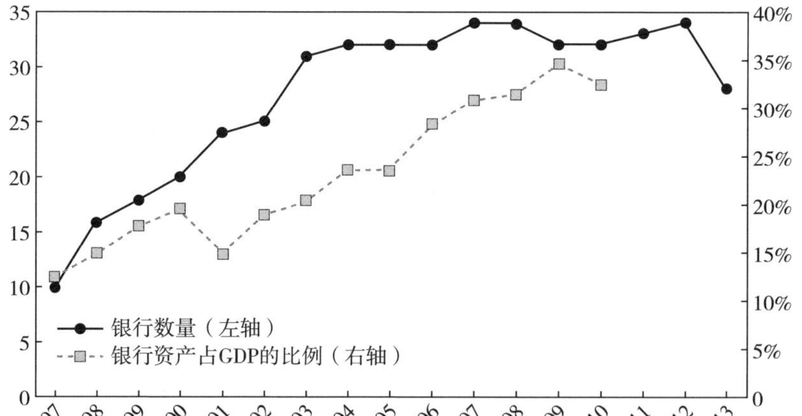

图 10.1　1897—1913 年墨西哥银行体系规模

资料来源：Maurer and Haber（2007），第 559 页。

迪亚斯时期，墨西哥的银行券和银行储蓄充分竞争，这两类银行债务持有人似乎对墨西哥各银行都形成了市场纪律约束。研究表明，1900—1910 年，观察银行基本面状况是预测银行储蓄和银行券余额变化的有效方法。换句话说，只要银行能够向债权人证明自己的金融实力，就可以通过发行银行券、吸收存款提高杠杆率。1904 年，在墨西哥中部银行（为抵制墨西哥国家银行在货币清算上的垄断地位，由小型银行发起成立的一家清算行）的号召下，银行间建立了一种有限互保机制以增加流动性保障。由于参加的银行数量不多，且彼此非常了解，该机制得以有效运行。它与美国的相互保护制度不同，但与美国南北战争前期俄亥俄州和印第安纳州的互保机制非常相似，美国这两个州的互保机制同样具有上述这两个关键特征（见第六章）。借助这一互保机制，其成员成功地度过了 1907—1908 年危机，并避免了市场纪律的破坏。[35]

并非一切如意

与之前相比，迪亚斯时期的银行体系是一大进步。这时期，墨西哥第一次有了稳定的银行体系，可以为产业发展提供信贷支持；同时，也正是因为银行给政府提供了公共资金来源，迪亚斯才不需要为维护政权而掠夺财产，从而鼓励了投资、促进了生产。另外，在墨西哥国家银行董事的帮助下，当然他们也从中收取了佣金和费用收入等，迪亚斯重启了拖延数十年的国际债务谈判，得以重返国际资本市场。[36]

简而言之，迪亚斯通过授予银行有利可图的特权、设立准入门槛等方式成功建立了银行体系：政府和精英间的银行业合作使他有了融资空间，可以逐渐改革采矿业、石油业和跨州贸易等税法，增加政府税收，实现收支平衡。[37]在这一过程中，州长们也通过银行交易获得了好处：区域性银行贷款给州政府，为州政府提供了稳定的资金来源。[38]

与竞争性市场相比，这种银行体系还存在不足。正如诺埃尔·莫勒（Noel Maurer）指出的，银行体系的集中，即墨西哥国家银行和BLM这两大巨头占据行业资产的半壁江山，可通过其市场影响力维持超额流动性，意味着它们可持有超大量现金资产，以达到限制信贷投放、获取超额收益的目的：这两家银行的股票市值与资产账面价值比远远高于其他银行。[39]

即便墨西哥国家银行和BLM不实施信贷限制，银行资本也会因为竞争不足而增长缓慢，导致银行贷款量受限。简单而言，在任何一个银行数不超过3家的市场里，银行基本没有动力寻找新的借款人。在董事们看来，既然可以直接借给自己的商贸企业、制造企业或采矿企业，为什么还要自找麻烦，花钱建立私人或公共的中介机构和制度（例如征信局、有效的抵押登记制度、可靠的债权人权益执行制度等）来管理贷款呢？与其他国家类似，墨西哥的经验也印证了二战前威权统治下的一般规律，即与民主体制相比，威权体制下银行业占GDP的比重更低。[40]

对少数股东来说，内部人士贷款并不是秘密。实际上，少数股东之所以购买银行的股份，就是期望银行董事将钱借给自身的非金融企业。迪亚斯时期的银行与投资俱乐部十分相似：富人购买银行的股份，银行发行银行券（以1∶2或1∶3的比例，不同银行比例不同），然后银行又将资金贷给董事及其家庭成员拥有的企业。这种银行治理和借贷模式与19世纪新英格兰的模式大同小异：银行由产业资本家持有，其主要角色是区域内大资本家、大商业集团的金库。[41]

墨西哥和新英格兰的最大区别是墨西哥只有数十家银行，而新英格兰有数百家。实际上，在墨西哥，绝大部分市场只有3家银行：墨西哥国家银行的分行、BLM的分行，以及本州区域内特许经营的银行。银行数量少、内部人士贷款占比大必然导致信贷总量稀缺，以及依赖金融的下游产业不寻常的集中度。这一点在墨西哥的棉纺织行业得到了印证。由于有效生产规模较小，棉纺织行业在大多数国家包括在教科书里都被视为完全竞争，但在迪亚斯时期的墨西哥不是如此！墨西哥棉纺织业的集中度不仅几乎是其他纺织业大国的2倍，而且集中度还随着行业发展不断上升。这一点与该行业固定规模报酬的特征不符，却可以从银行体系得到解释：墨西哥的银行数量稀少，银行董事同时也是其主要制造企业的所有者。[42]

分崩离析：墨西哥革命

正是迪亚斯自己播下了失败的种子。他成功地与一批大地主、银行家、产业资本家以及矿场主建立了伙伴关系，但在这个过程中，疏远了另一精英集团。这些人虽然也从经济增长中得到了实惠，却被排除在政府和精英的利益联盟之外。在这个高度农业化的国家里，商业银行更青睐其董事拥有的制造业和矿业企业，大部分农场主和牧场主甚至大农场主和大牧场主都无法获得贷款。在墨西哥，采矿业规模大、发展快。但在购买炸药时，由于炸药由一批权势资本家和联盟内部人士垄断经营，矿场主需支付远高于合理市场水平的价格。正如一位观察家指出的："这个国家的政府宣称自己反对垄断，但是，当它的官员被收买或行政长官本身就是股东时，情况就截然不同了。"[43]

1910年，这些游离在外的精英组织起来，与另两拨被迪亚斯政府边缘化的人员组成了同盟：小农场主，他们在政府的土地强占运动中失去了土地；逐渐壮大的矿主、铁路工人以及工厂劳工，这些人曾试图组织工会，却被政府还以子弹和绞绳。同盟首领为弗朗西斯科·马德罗（Francisco Madero），他出生在墨西哥北部一个富有的矿业和牧业家庭，1910年曾宣布参加总统选举，却因为斗胆挑战迪亚斯被关进了监狱。不久，马德罗越狱并联合支持者开始武力对抗迪亚斯。1911

年，同盟军成功地迫使迪亚斯流亡法国，但旋即陷入内斗。在接下来的10年中，墨西哥充斥着政变、暴乱和内战，这些被统称为“墨西哥革命”。

为支持自己的军事行动，冲突中的各方都对银行展开了掠夺。其背后的逻辑十分简单：银行是唾手可得的现金来源，如果他们不抢，就打不过那些更加肆无忌惮的抢夺者。更具讽刺意味的是，在墨西哥革命中，与商业利益关系最密切的两个人恰恰也是掠夺银行最积极的，其中一个是维克托里亚诺·韦尔塔（Victoriano Huerta），他是迪亚斯时期的陆军将领，试图重建过去的政权；另一个是贝努斯蒂亚诺·卡兰萨（Venustiano Carranza），他原是富有的地主，一开始领导同盟军对抗韦尔塔，后又与墨西哥革命中要求重新分配财产的激进派对抗。经过这两人的掠夺，墨西哥的银行几乎荡然无存：除了墨西哥国家银行和BLM，几乎所有迪亚斯时期的银行被解散，且其大部分资产遭到掠夺。

1913年，在与埃米利亚诺·萨帕塔（Emiliano Zapata）、潘乔·比利亚（Pancho Villa）以及卡兰萨等对手的斗争中，韦尔塔临时政府又对银行掀起了大规模掠夺行动。在用完墨西哥国家银行发放的授信额度后，韦尔塔以对存款征税威胁银行提供更多信贷。由于此次威胁并未带来足够资金，他开始没收银行储备；储备告罄后，他又宣布银行券为法定货币（此前，银行券属于自愿使用），以此提升银行券价值，并强迫银行通过发行纸币给他提供更多资金。[44]该举措导致高通胀率，这是政府对最后贷款人征税以及人为创造法定货币的必然后果。迪亚斯政权后期（1901—1910年），墨西哥的平均通胀率为4%；而从1910年到1921年，物价水平翻了一番。[45]

韦尔塔的对手们也采取了类似手段，只是规模小些。1913年，比利亚的部队洗劫了墨西哥国家银行在北部科阿韦拉州托雷翁城（Torreon）的分行，没收了储备，并代银行签发了分别在纽约、巴黎和伦敦兑付的3万美元、3万法郎和2万英镑的汇票。卡兰萨也不示弱，1914年，他抄没了索诺拉州的银行及其分支机构，侵占其所有资产以支持自己的军事行动；他下属的部队洗劫了BLM的杜兰戈（Durango）分行，劫掠了50多万比索。[46]

韦尔塔失败后，在卡兰萨与萨帕塔及比利亚的缠斗中，墨西哥的银行业遭受了最后的致命一击。令人瞩目的是，这一击来自标榜支持商业的卡兰萨，而非激进的萨帕塔或比利亚。卡兰萨总能为他的劫掠行为找到合法的外衣。1915年占领墨西哥城后，他重申了1897年《通用银行法》的条款，并宣布政府将对纸币发行量超过法律限额的银行进行清算，尽管他明知银行是迫于韦尔塔的压力才如此行事。3周后，卡兰萨派人对银行执法情况进行核查，那些没有达到苛刻要求的银行仅被给予45天宽限期，逾期者将被政府宣布破产，政府有权没收银行储备、清算资产。银行提出抗议，卡兰萨政府便逮捕银行管理层。墨西哥城原有的27家银行中，最终仅有9家幸存。[47]

次年，由于还需要资金与萨帕塔及比利亚开战，卡兰萨又打起幸存银行储备的主意。1916年9月15日，他控制了银行，并任命"干预董事会"监管银行运行。为继续保留合法的外衣，卡兰萨没有简单地洗劫银行"金库"，而是修改了《通用银行法》，将区域特许银行储备与纸币的法定比例从50%提高至100%。之后，他宣布银行破产，因为根据新的法规，银行已超额发行纸币，并授权"干预董事会"清算银行资产，没收其储备。

卡兰萨也对墨西哥国家银行发起行动。他首先以抄没财产威胁银行提供信贷，接着指使其控制的区域特许银行的"干预董事会"从墨西哥国家银行取出所有存款，抄没了所有黄金和白银储备。1917年，墨西哥国家银行濒临破产，但卡兰萨仍未满足，希望榨取最后一分钱。1919年，他向墨西哥国家银行的董事们表示，如果答应为他从美国进口的4000吨小麦提供承兑担保，他就撤销"干预董事会"监管墨西哥国家银行的规定。墨西哥国家银行同意了，也按要求提供了担保，卡兰萨撤销了“干预董事会”，也同时撤销了货款承兑。[48]

迪亚斯威权统治时期，政府与银行建立了伙伴关系，为什么卡兰萨选择掠夺银行而不是建立一种新的共赢机制呢？究其原因，墨西哥革命时期军事混乱，不具备形成稳定同盟关系的可能：对正以战斗求生存的威权统治者来说，共赢的承诺过于虚幻；而银行也已丧失了支持国内生产发展的资金能力。

衡量韦尔塔和卡兰萨对银行造成的损失可以用银行总资产与GDP的比例，这个简单统计指标可以估算银行的规模。1910年，该指标为32%；1921年，则降至5%。用现代例子比喻，假设1910年墨西哥银行业是其现在的规模水平（相对于GDP），那么它在1921年时的规模就相当于目前乍得的水平。[49]

无力回天

1920年后，缺乏运作良好的银行体系使墨西哥政府深受其害。事实上，称其为“政府”过于稳定、正式了。20世纪20年代，墨西哥的政治体系是军阀和腐败的工会首脑结成的脆弱联盟，其核心人物是阿尔瓦罗·奥夫雷贡（Alvaro Obregón）和普鲁塔尔科·埃利亚斯·卡列斯（Plutarco Elias Calles）。这两个政治军事大佬都参加过卡兰萨革命。奥夫雷贡于1920年通过政变推翻并杀害卡兰萨上台，在1924年通过操控选举“败”给卡列斯，在1928年选举中又“赢”了卡列斯。若非1928年选举后，奥夫雷贡被一名宗教狂热分子暗杀，两人的“总统轮换”游戏估计还要往返数轮。

奥夫雷贡和卡列斯的统治遭受了多方威胁，包括两场军事政变、财政部长的武装叛乱以及前后延续3年的克里斯特罗起义（Cristero Rebellion）等。为获取资金应对上述威胁，奥夫雷贡和卡列斯试图提高采矿和原油的税收，但均告失败。[50]因此，他们非常希望重塑银行体系以获得贷款。与此同时，私营部门，主要是制造业主，也希望重塑银行体系获得融资。在奥夫雷贡和卡列斯的联盟中，墨西哥的新产业工人联盟是重要甚至支柱性的组成部分，因此，对于维持其统治来说，保持工厂的正常运转和维持公共财政一样重要。

最初，奥夫雷贡政府试图重新引入迪亚斯时期的银行政策。1921年，为挽回市场信心，奥夫雷贡归还了之前革命时期没收的12家银行，但只有5家能够重新开业，其中还有几家在开业后12个月内就因太过疲弱而倒闭。

奥夫雷贡试图组建国有银行以解决问题。他选中了贷款储蓄银行（该行成立于1908年的银行业救市行动），这家银行虽然极不活跃，但还是存活的法人实体。奥夫雷贡通过发行债券购买私人银行家持有的贷款储蓄银行股份，并承诺将通过银行收益偿付债券利息。但问题是，为了维持自己岌岌可危的统治，奥夫雷贡需要留住手里的每一分钱。最终，他没有向债券持有人支付任何利息。

动荡的政局使贷款储蓄银行的资产配置同样难以实现，这家银行给关键政治客户的贷款远远超过其提供的抵押担保，且上述贷款从未偿还。阿努尔福·冈萨雷斯（Arnulfo González）将军对还款要求的回应足以印证："如你所知，我的借款是出于政治原因。当时银行管理层之所以借（给我），是因为我向总统申请贷款用于政治选举，而总统又与银行管理层私下达成协议……所以，在我看来，既然这个机构是政府所有的，就应自始至终服务于政府的政治和经济利益，天理如此。我在其中履行了政府的公平和正义。"[51]不难预料，一年后，贷款储蓄银行宣告破产。

奥夫雷贡和卡列斯重回老路，希望能让私人金融家投资银行业，进而给政府提供信贷。为此，他们照搬了迪亚斯时期的方法：保证银行家在行业中的话语权，预期可以得到超额收益抵消没收风险。1924

年后期，财政部长阿尔韦托·帕尼（Alberto Pani）将政府官员和包括部分革命前银行业大亨在内的银行家召集到一起，举行了一场特别会议。

1924—1925 年会议

1924—1925 年会议制定了一系列法律，通过设置银行准入壁垒提高回报率，刺激银行家投入资本。第一，所有现有银行可不执行新规则，继续存在。第二，新组建国家银行委员会，现有银行家均当选为委员，在阻止新设银行、银行信贷及相关政策等方面拥有巨大影响力。第三，为提高其他银行进入市场的难度，将银行最低资本金要求提高到 50 万比索（在 1924 年约 25 万美元），对于需要在墨西哥城开设分支机构的银行，最低资本金为 100 万比索。第四，银行牌照需由财政部长及总统特别批准。第五，也是非常关键的，会议成立了一家新的商业银行即“墨西哥银行”，由私人银行和政府共同所有。该行具有以下三方面功能：作为国库代理行、再贴现股东银行票据以及向商业企业发放贷款。

墨西哥银行是墨西哥大银行家和政客复杂政治交易的结果。由于银行家担心政府会通过强迫借贷或选择性违约侵吞银行资产，墨西哥银行被授权垄断政府借贷，这样政府就无法在一家银行违约而在另一家获得新贷款。如果政府不承认银行的财产权，由于所有银行都是墨西哥银行的股东，那么政府践踏的将是所有银行的权益。这种集体风险有助于降低个体风险。

银行家也担心墨西哥政府会为了偿还国际贷款侵吞资产。为消除其顾虑，卡列斯直接对墨西哥的国际贷款违约。另外，为稳固上述制度安排，政府还用墨西哥银行的再贴现工具为自己担保：可获得黄金并存到国外；政府如没收其国内资产，也就损失了黄金。实际上，从

1926 年至 1929 年，墨西哥商业银行资产中高达 7.5% 的部分存入了在海外的金融机构。[52]因此，政府在采取行动时，不得不权衡抄收所得与墨西哥银行资本损失之间的关系。

当然，还有些人从新制度安排中得到了好处，那就是从军阀摇身而来的政客们。他们获得了来自墨西哥银行对自己企业的巨额贷款，除非违约确实能让他们遭受损失，否则没有人相信他们会偿还贷款。墨西哥银行的董事名单就像是一张卡列斯政府官员的名人清单，其中包括外交部长阿隆·萨恩斯（Aaron Sáenz），教育部长莫伊塞斯·萨恩斯（Moises Sáenz，阿隆的兄弟），工业、商业和人力部部长路易斯·莫罗内斯（Luis M. Morones，同时也是代表有组织工人的联邦工会主席），财政部长阿尔韦托·帕尼（1924—1925 年会议的召集人），前财政部长路易斯·卡夫雷拉（Luis Cabrera），前总统阿尔瓦罗·奥夫雷贡，总统卡列斯本人，以及上述人员的家庭成员。[53]

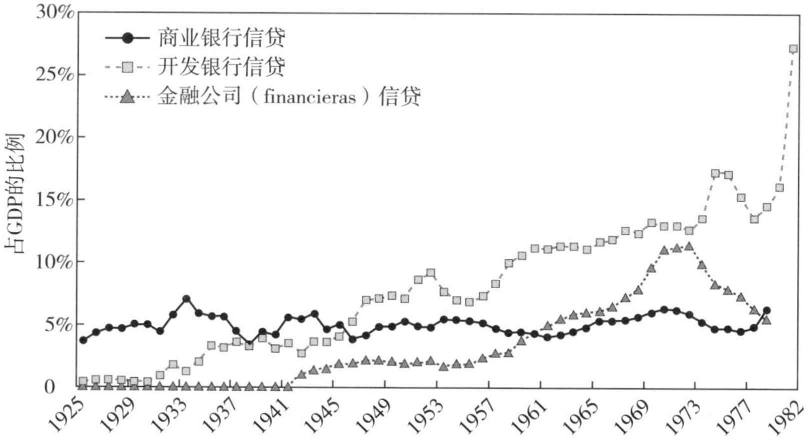

图 10.2　1925—1982 年墨西哥信贷来源

资料来源：Mexico，INEGI（2009）。

尽管这一机制并不稳固，但还是吸引了一些资本回到银行业。从 1921 年到 1925 年，银行总资产占 GDP 的比例从 5% 降至 4%，1926 年该指标上升至 6%，1929 年则达到 12%。但是，这些数字并不可观，首先，即便是占 GDP 的 12%，银行总资产也只是迪亚斯政权末期的 1/3；其次，银行业的增长主要来源于大股东是政府的墨西哥银行，而非私人所有的商业银行。如图 10.2 所示，如果剔除墨西哥银行，全国商业银行信贷量并不高：1925 年和 1929 年，商业银行信贷（其中一部分来自墨西哥银行）占 GDP 的比例分别仅为 4% 和 5%。

革命制度党完美威权统治下的银行业

墨西哥的银行家确有理由谨慎行事，因为不久他们就不得不应对另一个新的政权，一个基于政党的威权政权。1929 年，奥夫雷贡遇刺后不久，卡列斯组织剩余的墨西哥军队首脑组建了国民革命党。国民革命党并不是通常意义上的政党，其目的不在于赢得选举，而是为了在军阀内部调节分歧，以一种各方可预期的相对和平的方式分配利益。经过 20 世纪 30 年代和 40 年代一系列包括工会运动和农民结盟等的改革后，工人和农民进入这一执政联盟，国民革命党改组为革命制度党。

革命制度党完全垄断了政治权力，它用财政资金资助选举，决定谁是在野党，它监督选举，计算选票，公证结果。由此，从 20 世纪 20 年代到 80 年代，革命制度党“赢”得了每一场地方选举和州选举，以及 2000 年前的每一场总统选举。为维护民主的外表，它还制定了一系列选举法规，允许其他政党（有些甚至是享有政府补贴的政党）获得联邦下议院（墨西哥的众议院）席位。当然，直至 20 世纪 90 年代后期，革命制度党始终占据议会的绝对多数席位。

作为集权式威权网络的革命制度党

革命制度党之所以能以绝对优势在选举中胜出，是因为它成功“笼络”了两大势力集团，即小农场主和工会化的城镇工人，[54]并创建了一整套复杂的机制控制这两大势力，从而成为20世纪权力最大、集权化程度最高、执政时间最长的政党。革命制度党最突出的一点是它没给民众任何的政治发言权，却又将一切放在了社会公平的幌子下。

革命制度党“笼络”数百万小农场主的机制与战后墨西哥特殊的农业改革有关。1917年，迫于农业激进分子的压力，卡兰萨同意了1917年《宪法》第27条，为土地改革确立了基础；但20世纪30年代以前的墨西哥总统大多无视这一条款。[55]拉萨罗·卡德纳斯（Lázaro Cárdenas）上台后（1934年至1940年在任），决定改组国民革命党，吸收民众入党并按行业组织。在这个过程中，卡德纳斯重新分配了4540万公顷耕地，几乎是墨西哥所有耕地的1/10，惠及72.3万个家庭。但土地改革并没有就此结束，1940—1970年，历任总统又陆续分配了7810万公顷耕地。[56]

为确保对农村选民的集中控制，墨西哥的土地改革并没有赋予农场主对所耕辖地的完整所有权。革命制度党创建了一种叫“村社”（*ejido*）的集体所有权制度，无论是作为企业的村社还是作为个人的“村社员”（*ejidatarios*），都不能出售或出租土地。这一不可转让性也就意味着没人会接受土地抵押，村社员要获取资金购买种子、农具和化肥等，就只能依靠政府的开发银行。[57]

村社制度虽然在粮食种植上非常低效，但在保证革命制度党获得选票上卓有成效。村社既是生产单位，又是革命制度党正式组成部分“全国农民联合会”（National Peasants' Confederation）的成员。与捕虫器类似，村社制度属于“能进，不能出”：村社没有完整的所有权，所以效率较高的村社员不能通过购买邻近土地或从商业银行贷款扩大生产；效率较低的村社员也不能在不放弃土地耕种权的情况下离开土地。通过村社制度，革命制度党成功换取了数百万选民，交换方式集中且公开，包括对村社贷款、土地扩张、基础设施、公共服务以及农产品采购补贴等。对于村社员而言，采购补贴至关重要，因为为了换取城市选民的支持，革命制度党维持了非常低廉的农产品价格。如果不投票给革命制度党，上面的种种好处将化为泡影。[58]

在革命制度党与墨西哥小农场主的关系中，有一点颇具讽刺意味：革命制度党宣称包括埃米利亚诺·萨帕塔和潘乔·比利亚在内的农民革命家都是政党的一分子。但实际上，萨帕塔和比利亚与革命制度党的成立没有任何关系，而且，正是革命制度党的发起者奥夫雷贡和卡列斯先后在1919年和1923年下令杀害了萨帕塔及比利亚，也正是这种“笼络”制度导致农业生产力和农业收入长期得不到提高。[59]

城市选民也被类似的“笼络”制度控制。由于城市社会更加多样化、更富流动性，要操控城市选民也就更困难，城市的游行示威更容易组织却更难镇压。但是，革命制度党并不需要所有的城市选民，甚至不需要绝大部分，他们只需要其中可发展成积极支持者的核心部分。在这方面，工会十分契合，它本身具有组织上的垄断权，并且是革命制度党的正式组成部分。为了笼络这些并非城市多数人口的工会成员，革命制度党赋予了他们许多其他社会成员没有的福利。

除上述“笼络”机制外，革命制度党另一项具有重要政治意义的工作是保住工会负责人和普通工人的位置。“官方”的工会负责人要确保劳动关系稳定，保证工会成员投票给革命制度党。实际上，墨西哥工会是“墨西哥工人联合会”（Confederation of Mexican Workers）的分支机构，而后者是革命制度党的正式组成部分。工会可以给普通工人带来诸多好处，其中一项就是工作保障：当时几乎不可能解雇工会工人；而且联邦劳动法还制定了工资范围和工作条例，使同行业企业具有相同的人力成本。通过这种限制竞争的合同法，工人的工作保障进一步加强。[60]

工会工人及其家庭可优先参加政府的社会福利项目，包括退休金、政府卫生保健补贴等。在工会工人集中的行业里，工人可加入社会保障机制（Mexican Social Security Institute，IMSS），而截至 1950 年，社会保障机制也只覆盖了 16% 的工人。工会工人还可享受政府住房项目的好处。1972 年，政府建立了全国工人住房协会（National Worker Housing Institute，INFONAVIT），该联邦机构向大多数主要行业里的工人收取 5% 的工资，用于补贴建房。不过，房补只针对“墨西哥工人联合会”下属的工会。[61]

为保护工会工人和工业盟友的利益，墨西哥政府在对外贸易上设定了很高的准入门槛。1947 年，革命制度党制定进口许可制度，覆盖所有进口商品。该制度在加强工作保障、巩固关系网控制权方面堪称完美。当时，只有在货物到达墨西哥海关时，企业才可以申请进口许可，且政府可以拒绝。所以，除非是革命制度党关系网的成员，否则没有人会疯狂到去从事进口，即便是美国大学里的后现代英语教授也不会。进口门槛不仅限制了来自国外的竞争，而且通过限制外国资本和半成品流入，也限制了国内的竞争。[62]

正是通过上述复杂的“笼络”制度，革命制度党成功赢得了数十年的选举胜利，从而控制了墨西哥的国家管理及法律体系：革命制度党可以任命各州和联邦的法官、国有企业的董事以及联邦政府各部门的官员。用玻利维亚小说家马里奥·巴尔加斯·略萨（Mario Vargas Llosa）的话来形容，这种制度是“完美的威权”。

革命制度党和银行

20 世纪 30 年代上述基于政党的威权制度形成之初，墨西哥政府就着手收回奥夫雷贡和卡列斯时期赋予私人银行家的部分政策制定权。1932 年，墨西哥银行转制成为中央银行。1936 年，改革进一步要求所有商业银行必须在墨西哥银行存放现金储备，即银行必须将部分存款基础借给政府。同时，改革还将诸多银行业监管权从业内颇具影响力的国家银行委员会转移到墨西哥银行。在 1941 年开始的新一轮改革中，政府强迫商业银行剥离投资银行业务，并成立单独的金融公司经营该类业务。[63]

一旦政府就 1924—1925 年达成的交易进行重新谈判，墨西哥银行业便开始萎缩。如图 10.2 所示，银行业总体规模较小，并仍在下滑：虽然 20 世纪 30 年代墨西哥经济飞速发展，但商业银行信贷占 GDP 的比例从 1933 年的 7% 下降到了 1939 年的 3%。[64]随后 40 年间，即便加上独立计算的投资银行信贷，银行信贷基本维持在这一水平。20 世纪 60 年代以前，私人银行在促进投资上的作用十分有限。即便在 1972 年的最高峰时，商业银行和投资银行总信贷也只占 GDP 的 17%。也就是说，从 1925 年至 1978 年，私人银行信贷占 GDP 的比例从未超越 1910 年的水平。[65]

由于大金融家和产业资本家对政府普遍缺乏信任，革命制度党需要另寻途径替代私人银行，支持产业发展，进而维持产业工人对政党的忠诚。革命制度党的选举政策已使工会特权阶层意识到投票给多数政党的好处，他们通过集会和示威向其他城市人口表明，对抗革命制度党是徒劳的。事实上，墨西哥工业企业所有者一直希望持有银行，这一点让革命制度党更为头疼。如果不能设法维护银行体系，革命制度党就无法获得资金维持日益壮大的工业，而失去了工业的支撑，其垄断权力也难以为继。[66]

为解决这一难题，革命制度党设立了一系列政府所有的开发银行。第一家开发银行成立于 20 世纪 20 年代，旨在向农业提供信贷，同时也借给由军事首领转变而来的地主们。20 世纪三四十年代，政府开办的开发银行迅速发展，其对象也更多地转向日益发展的制造业，为其提供长期贷款。如图 10.2 所示，到了 20 世纪 50 年代，开发银行信贷已经超过了商业银行和投资银行的信贷总和。实际上，到了 20 世纪 70 年代，由于政府拥有的开发银行信贷规模过于庞大，大幅挤压了私人银行，政府开始允许私人银行进行兼并，并形成了一类名为“兼业银行”（multibank）的企业。

理论上，政府设立开发银行是为了向中小企业提供信贷，改变商业银行和投资银行主要向大型企业集团提供融资的状况。当时墨西哥的大型企业集团都拥有商业银行和投资银行，这些银行的投资包括集团下属企业的股份，[67]实际变成企业集团的财务部门。但实践中，国有开发银行也将资金投给了大型企业集团。这些大型企业集团拥有庞大、团结且颇具政治影响力的工会，这种政治上的压力使开发银行不得不违背初衷，转而向大企业发放贷款。这也就意味着，工业和商业集团可以让开发银行而不是自己控制的私人银行承担企业的经营风险。[68]

商业银行、投资银行和开发银行三者均向墨西哥的大型工业和商业企业投放信贷。开发银行通过特定项目回购商业银行对政府重点行业的贷款，作为二级贷款人提供间接融资。1942 年，政府要求私人银行将 60% 的贷款投放到其指定的项目中，[69]项目的风险最终由开发银行承担，即相当于政府给私人银行提供担保。因此，当时墨西哥的银行业十分稳定，并具较强盈利能力。

开发银行的设立虽然带来了银行业的稳定，但也鼓励了鲁莽的投资行为。商业银行和投资银行的股东无须承担坏账损失风险，风险的最终承担者为开发银行，更确切地说是开发银行的出资者——纳税人。开发银行自身也向制造业提供直接贷款，这进一步资助了大型工业企业及其下属的私人银行，让纳税人承担更多风险。1934 年成立的墨西哥最大的开发银行“国家金融发展银行”（Nacional Financiera, NAFIN），通过出售政府担保债券获得资本金，以企业股份质押担保的形式向制造业提供长期信贷。国家金融发展银行设立时，原定贷款对象是中小型制造业企业，因为这类企业基本不能从商业银行和投资银行获得资金。但实际上，国家金融发展银行把绝大部分资金投给了本就能从私人银行融资的大型企业集团。[70]更糟的是，迫于工会的政治影响力，政府还要求国家金融发展银行对陷入经济困境的制造业主伸出援手。这种纾困行动产生了“道德风险”：既然知道会被救助，制造业主就会为了获取利润而从事风险更高的活动。[71]

最终，墨西哥政府，或者说墨西哥的纳税人，拥有了众多价值可疑的商业和工业企业，如炼糖厂、钢厂、航空公司和酒店等。到了20世纪80年代早期，这类国有企业的数量已达到1155家，其中大多数长年亏损。[72]正如下一章所述，这不是一个可持续的均衡状态。

第十一章　当威权终结

1982 年后的墨西哥银行业和政治

我们既不是左派，也不是右派，我们是彻底的反对派。

——坎丁弗拉斯*调侃总统埃切维里亚·阿尔瓦雷斯

墨西哥银行家总是对革命制度党充满了怀疑，他们深知自己与革命制度党达成的交易不会比临时盟约更有约束力。这种怀疑并非空穴来风。1982 年，何塞·洛佩斯总统大笔一挥，没收了银行资产。之后 9 年，银行基本沦为联邦政府弥补赤字和为国有企业融资的工具，根据非经济标准为占据重要政治地位的生产和消费团体提供信贷。国家经济陷入混乱。20 世纪 80 年代的经济萧条，即墨西哥“失去的十年”，给政治带来了巨大影响：墨西哥人民逐渐对革命制度党失去信心，反对党在市、州以及联邦选举中的票数不断上升。

卡洛斯·萨利纳斯·德戈塔里（Carlos Salinas de Gortari）总统（1988—1994 年在任）的应对之策是将国有企业私有化，尤其是银行。但是，谁会向一个刚在 9 年前没收了银行的政府购买银行呢，尤其是这个政府还明确宣布自己极度缺钱？答案是不需要投入自有资金的人！银行的买家设法让政府同意他以银行股票质押，用这家银行贷给自己的资金购买该银行。我们后面会详细阐述这个奇怪的交易安排，

* Cantinflas，墨西哥著名笑星。——编者注

在此首先指出，这一崭新的私有化银行体系仅仅3年即告崩溃，其代价是墨西哥纳税人花费GDP的15%进行纾困，从而导致经济急剧萎缩，选民将目光转向了反对党。1997年，革命制度党在历史上第一次失去对国会下议院的控制权。2000年，革命制度党在总统选举中败北。

1997年后，墨西哥开始民主化进程。这一过程相当缓慢：要实现公民选举权、限制民选（以及非民选）官员的权力及自由裁量权需要几代人的努力。在缓慢的民主化进程中，墨西哥政府首先单方面撕毁了贯穿20世纪始终的政银伙伴关系。1997年，政府允许外资银行购买墨西哥金融机构的控股权。外资银行迅速抓住了这一机会，短短数年，墨西哥所有的大型银行就被外资持有。随后的改革修改了破产法，以方便银行处置抵押物。最近，为提高竞争，墨西哥政府又进一步开放了银行业。

上述变化并不能在一夜之间根除墨西哥银行业的弊端，其银行体系仍然十分集中，与其他中上等收入国家相比，其信贷规模仍然偏小。但相比革命制度党的鼎盛时期，过去10年墨西哥银行监管政策发生的变化已经超乎想象。

脆弱的交易

墨西哥银行家和革命制度党政权之间的同盟关系其实十分脆弱。二者之所以能达成联盟，是因为革命制度党需要拉拢工人组织换取政治支持，而工人受雇于产业集团，产业集团又倾向于设立自己的银行以获得资金支持。银行与产业集团之间的紧密联系给银行家提供了些许保护，使革命制度党不可能挑拨银行家和制造业主。但是，如果政府执意掠夺银行，银行家确实没有渠道发动政治报复。如果政府要求提高银行存款准备金率，产业工人不会因此罢工。革命制度党与银行家之间的关系停留在抽象的分析层面，并不是日常的工作伙伴关系。如果革命制度党改变方针，银行家将束手无措。

20 世纪 70 年代，随着政府支出远远超过收入，这种伙伴关系确实开始发生改变，并最终导致革命制度党与银行家分道扬镳。在此之前，政府试图通过征收通胀税解决财政问题。20 世纪 50 年代，墨西哥政府能实现收支平衡，赤字最多不超过 GDP 的 0.1%。到了 60 年代，其支出增速超过收入，赤字激增，10 年间的年均赤字达到了 GDP 的 1.9%。70 年代，情况进一步恶化，年均赤字达到了 GDP 的 6.6%。到了 1981 年，该指标膨胀至 GDP 的 18%！[1]

革命制度党本可通过提高税收解决赤字问题，但它选择不去碰触银行家和产业资本家的利益，因为尽管他们并不信任革命制度党，他们仍是该党的隐性伙伴。结果，墨西哥税收收入占 GDP 的比例与洪都拉斯等拉美最贫穷的国家不相上下。而之所以如此低，是因为政府实际上不对资本征税。如此操作并非偶然，1961 年，墨西哥政府召集了一批著名的经济学家，商讨如何提高政府收入。经济学家建议，政府成立股票债券登记所，对公司分红和利息收入征税；要求银行以及债券发行人在支付个人利息前扣除利息税；修改税法，要求富人按全部收入报税（避免其将收入拆分以获得低税率）。上述建议并没有被采纳，财政部长甚至公开表示，没有富人的默许，不会提高税率。20 世纪 70 年代，墨西哥政府重新审视了上述建议，但在财政部长与主要资本家的一系列私下商讨后，最终不了了之。[2]

墨西哥既不愿承担提高税收的政治后果，也不愿减少支出，因此只能通过央行增加货币供给，而这必然提高通胀率：从 60 年代的 3% 增加到 70 年代中期的两位数；1981 年，墨西哥的通胀率已高达 28%。墨西哥政府通过通胀税弥补了相当一部分的赤字。

正如第二章讨论的，通胀税收入可以与商业银行共享。但在墨西哥，为了让政府独享通货膨胀的所有收益，路易斯·埃切维里亚

（Luis Echeverría）总统和何塞·洛佩斯·波蒂略（José López Portillo）总统反而大幅提高银行准备金率，从1959年的3%急剧上升至1979年的46%。[3]央行虽然支付准备金利息，但利率低于通胀率。此外，政府还设定了利率上限，[4]这也就意味着大量私人银行存款为墨西哥银行所持有，私人银行由此获得的收益甚至少于公开市场业务。同时，银行剩余的可支配存款由于受利率上限的限制，存款利率也只能低于当时通行的通胀率。储户对此的反应不难预测：他们从银行体系中取出了存款。银行存款与GDP的比例逐步从1960年的17%上升到1969年的29%，但通胀税导致银行脱媒：到了1979年，银行存款与GDP的比例又降至24%。[5]

银行存款的下降以及借由提高存款准备金率造成的银行对政府被动贷款的上升，综合产生了一个可以预期的结果，即银行对私人部门的信贷供给急剧下降。如图10.2所示，1970年，商业银行和金融公司信贷与GDP之比达到17%；到了1977年，该比例降至11%。此时，墨西哥的银行家开始担心自己的财产会被没收。[6]

20世纪80年代初，银行家面临的情况继续恶化。除了印钞弥补赤字，洛佩斯·波蒂略总统相信油价上升和墨西哥湾新储备将提高墨西哥政府的偿债能力，因此大量对外借债。1982年初，油价下跌，波蒂略总统只好大肆劫掠以偿还国际债务。他以官方汇率（差不多比并行的外汇市场低1/3）将美元储蓄账户转换成比索，借此剥削了持有美元账户的个人和企业。由于这些举措仍无法满足需求，他又宣布墨西哥政府将暂缓国际债务支付，从而加速了比索的贬值。

墨西哥的个人和企业纷纷将比索资产兑换成美元并转至国外，部分通过商业银行的帮助。为此，洛佩斯·波蒂略指责是银行家导致了外汇市场的崩溃。1982年9月1日，他再次大笔一挥没收银行。此次没收要求修订宪法，但革命制度党控制下的国会几乎未经讨论就通过了修订。作为补偿，银行家获得了政府债券，但这些债券的价值难以评估：毕竟，墨西哥政府已经停止偿付国际债务，且国内通胀率也已处于超高水平。

此后7年，所谓的银行管理几乎成了满足政治需求的代名词：银行继续接受存款、兑现支票，但是其超过一半的贷款流向政府以抵补赤字。企业和家庭极度缺乏信贷。如图11.1所示，到了1987年，私人部门信贷与GDP的比例仅为9%，几乎只有5年前水平的60%。更糟的是，大部分私人信贷决策并不是基于偿债能力，而是投向了占据重要政治地位的生产和消费团体。众所周知，政治上受宠的借款者风险往往更大，墨西哥也不例外，到了20世纪80年代后期，墨西哥的不良贷款率开始显著攀升。政府虽然还持有银行，但这些银行的收益越来越低。[7]

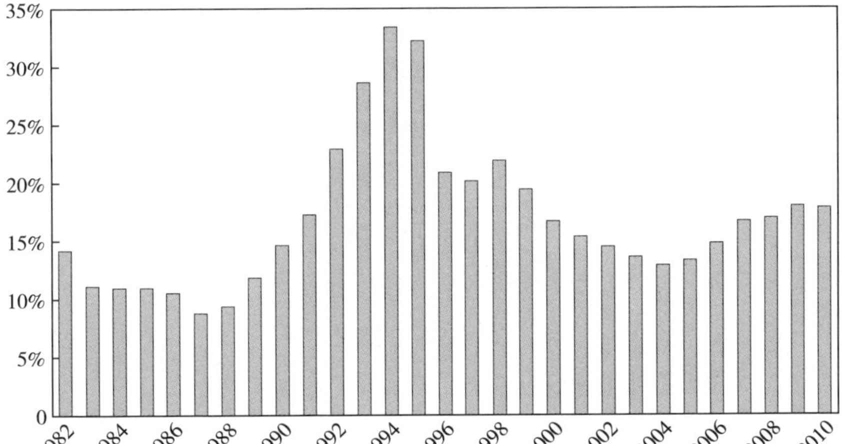

图11.1　1981—2010年墨西哥吸收存款银行发放的私人部门信贷占GDP的比例

资料来源：World Bank（2012）。

如何出售新窃取的银行？

20世纪80年代后期，伴随经济下滑，墨西哥政府竭力控制持续飙升的通胀率，应付不断攀升的失业率，并努力重拾民众对革命制度党的信心。70 年代，政府努力引导民众相信墨西哥正迈入高收入国家行列，但现在，随着收入和生活水平的不断下降，人们的这一梦想化为泡影。尽管洛佩斯·波蒂略的继任者，米格尔·德拉马德里·乌尔塔多（Miguel de la Madrid Hurtado）总统（1982—1988 年在任）竭尽全力，仍不得不直面现实：墨西哥政府需要近 20 年弥补亏空。由于既不能提高税收，又无法从国外举债，乌尔塔多只好集中精力削减开支，并进一步开放对外贸易。[8]

1988 年，卡洛斯·萨利纳斯（Carlos Salinas）总统上台时，他面临的任务令人望而却步：经济停滞、巨额的公共部门债务、数以千计经营不善的国有企业以及政党合法性迅速丧失。实际上，他是革命制度党历史上以最微弱的优势赢得选举的总统（这个结果还被广泛质疑是操纵而来），上面最后一点再怎么强调也不为过：萨利纳斯不仅需要把墨西哥经济拉回正轨，革命制度党的命运也掌握在他的手中。

面对财政和政治的双重挑战，萨利纳斯给出的方案是出售其前任们攫取的大部分国有企业，其皇冠上的明珠就是银行。出售可以给政府带来额外收入，降低公共负债，可以削减每年的预算支出（这些企业长年亏损），控制通货膨胀水平，还可以带来一次性收入用于开展部分社会项目，而后者对革命制度党赢得 1994 年总统选举、挽回政治主导地位具有重要意义。[9]

回顾过去，政府出售银行可能被认为是短视行为，但短视也有其道理。出于政治和财政考虑，萨利纳斯需要尽快出售银行，并尽可能最大化销售收入。最终，此次银行私有化在短短 18 个月内就得以完成，政府从中获得了 124 亿美元，该金额为银行账面价值的 3 倍。

也许有人会问，为什么投资者会花如此高的价格购买政府 9 年前才没收的银行？如果考虑再次被政府没收的风险，他们为什么不出低价呢？此外，银行家也都知道，政府不需要违背法律就可以削弱其财产权，例如可以提高存款准备金率、增加货币供应（提高通胀率）、实施利率上限政策等。而他们之所以知道，是因为这些是政府在 20 世纪 70 年代逐一实践的。[10]

银行家之所以愿意开出 3 倍于银行账面的高价，是因为他们有了不需要使用自有资金的交易方法：他们可以用借来的资金，有时是从即将购买的银行里借来的。后面我们将会看到，这一做法毁掉了墨西哥银行业的未来，它促使政府出台了一系列政策，导致银行经营变得极不审慎，甚至有些鲁莽。[11]由于银行家几乎没有风险资本，所以在放贷时不会审慎；少数股东也几乎没有风险资本，所以没有动力监督或约束内部人士；储户则因为政府会给存款损失提供无限担保，积极把钱放在利率最高的银行，根本不关心银行的贷款风险。政府还设计了一套会计制度虚增银行的资产价值，导致任何人，甚至包括监管者，都无法知道银行内部发生了什么。而唯一面临资金风险的恰恰是被排除在谈判之外的墨西哥纳税人：当银行体系崩溃时，是他们在为存款保险体制付钱。所以，从本质上看，这个交易是墨西哥政府和银行家联合侵吞纳税人财产。这种政府与银行家的伙伴关系注定要失败，而纳税人能做的，就是投票驱逐革命制度党。

20 世纪 90 年代，银行私有化交易进程谈判的焦点是有限竞争。为诱使投资者甘愿面对风险并开出高价，萨利纳斯政府示意潜在的投标者，他们不需要在竞争环境中经营。1991 年私有化时，墨西哥共有 18 家银行，其中 4 家大约占据了全国银行业总资产的 70%。这些银行并没有被拆分，而是整体出售。另外，萨利纳斯政府还表示它将运用监管权控制银行准入（获得银行牌照需要财政部长的许可）。[12]最后，政府还示意潜在投标者，1991—1992 年的银行拍卖就和之前一样，不允许外资银行参与。[13]在《北美自由贸易协定》的谈判中，外资银行完全被挡在了墨西哥银行市场的大门外。[14]事实上，墨西哥政府出售的是银行的垄断经营权。[15]

除了减少银行竞争从而提高其可能的资产回报率，萨利纳斯政府还改变了银行拍卖机制以最大化拍卖价格。拍卖规则要求密封投标并考虑竞拍者的管理经验，[16]不过只有在次高价不低于最高价的97%时，才会考虑管理经验的因素。[17]

此外，墨西哥政府还通过非常规会计标准使拍卖价格最大化。墨西哥银行的会计标准在政府持有后一直极为宽松。贷款逾期后，只有欠息计入不良资产，本金可以结转计为正常资产，更有甚者，所欠利息还可纳入贷款本金，化作本金的利息可计为银行收入。如果改变上述规则以及其他种种虚增银行资本金和资产的操作，银行的不良贷款率将会上升、公布的资产回报率将会减少、资产账面价值将会下降，从而导致银行资本账面价值下跌。[18]通过上述会计规则虚增资产后，银行不需要额外增资就能满足资本金监管要求。很难知道，如果没有这些手段，银行估值会下跌多少。但可以知道的是，萨利纳斯政府聘用了外部咨询机构对银行进行合理估值，不过并没有公布评估结果。[19]他们只是告诉银行家，一旦持有银行，政府将对他们的不良资产进行补贴。

值得强调的是，银行家无法在拍卖前详细评估银行资产质量。他们只能得到政府的承诺，即一旦收购完成，政府将补偿估值不当的资产。一位1982年前期的著名银行家这样描述此次拍卖：这就像是拍卖房屋时，要求站在门窗紧闭的房子前，从外面看一眼就给出报价。怎样的银行家会参与这次交易？答案要么是拿着别人钱赌博的人，要么是不知道自己在干什么的人。更糟的是，资料表明，后来墨西哥政府并没有履行承诺补偿那些估值不当的资产。[20]

萨利纳斯的银行拍卖并非一次性完成，而是从1991年6月至1992年7月一共进行了六轮。这一安排产生了瀑布效应，即增强了后续几轮的竞争，推高了竞拍价格。在哪一轮中标成为决定投标价与账面价值比例（即投标价格相对于银行名义价值的比例）的关键因素。如果保持其他各要素不变（例如银行规模、盈利性、投标者数量等），每增加一轮投标，投标价与账面价值比例就上升 30 个百分点。[21]

上述一系列安排给墨西哥政府带来了 124 亿美元收入，加权平均的投标价与账面价值比例高达 3.04，这一数值表明银行家支付了超高溢价。20 世纪 80 年代美国银行业兼并时，平均的投标价与账面价值比例为 1.89。[22]如果再考虑被拍卖的墨西哥银行有大量逾期贷款，资产质量不高，上述溢价着实超乎寻常。[23]这从拍卖时期股票市值分析中也能得到印证：银行的拍卖价格比它在股票市场的股本价值高出 45%。[24]

墨西哥政府清楚地知道，由于财产没收风险、贷款的低质及其不确定性，他们很难刺激推高竞拍价。但它同时也知道，在使用他人钱财的时候，投标者会变得更加慷慨。因此，墨西哥政府确保投标者可以获得优惠的贷款条件。当然，最理想的是从拟购买的银行那里获得融资。无论是陷入财政危机的政府还是投标者，都不会对银行提供融资收购自身表示异议。[25]

最初，政府要求购买者在拍卖结果公布后，3 天内支付价款的 30%，30 天内付清剩余的 70%。但后来，银行家说服萨利纳斯政府，同意给予更多的时间从外部获得融资。根据新的规定，首付比例变成了 20%，30 天内再支付 20%，后面 4 个月内付清剩余的 60%。利用拍卖与最后一笔付款之间的 5 个月，银行家可以从外部投资者处募集资金。[26]资金来源包括墨西哥的小型投资者、股票市场浮动利率债券、外资银行、墨西哥其他银行，以及某种情况下刚刚购买的银行自身等。也就是说，通过质押拟收购银行的股份，持股人可以从拟收购银行处获得贷款，实现自我投资的融资或再融资。例如，在收购第一大银行墨西哥商业银行（Bancomer）时，20% 的首付实际上就是墨西哥商业银行借给中标者的，这一现象被其 1982 年前期的所有者称为“荒诞”。[27]又如，还有一群中标者在拟购买银行处获得的贷款占全部购买额的 75%。[28]

墨西哥政府的这一政策带来了灾难性后果。在这种情形下，银行内部人士和少数股东几乎没有风险资本。这与迪亚斯时期的银行业完全相反，那时候银行资本基本来自内部资源。无论是银行家还是少数股东，都有很强的动力监督贷款的发放。

在这种机制下，要规避银行倒闭的风险，墨西哥的银行监管者需要特别警觉地监管银行，并采取有效控制措施。但事实上，其银行监管者既缺乏经验，又缺少可以采用的手段。政府自己出于政治目的设计了宽松的银行会计制度。监管者也有老板，而老板绝不会支持任何可能促使银行认定损失并补充资本金的行为。事实上，在1995 年之前，“国家银行委员会”（National Banking Commission）并没有可及时收集信息的技术手段，也缺乏监管银行的合法权力及自主权。[29]

银行的监管者和管理层都不能有效监管银行，意味着墨西哥的储户不能单纯依赖银行规避储蓄的损失风险。为保护储户利益，银行私有化政策还要求形成其他机制。在技术层面，银行储户只能依仗银行储蓄保障基金（Fondo Bancario de Protección al Ahorro，FOBAPRO，墨西哥政府建立的存款保险制度）。但实际运行中，银行储蓄保障基金可以从央行借款。[30]由于墨西哥银行与银行储蓄保障基金之间的关系，前者的担保不是隐性的，而是一个明确的承诺。按照要求，墨西哥银行需要在每年 12 月份发布银行储蓄保障基金下一年予以保险的银行负债总量，但其 1993 年、1994 年和 1995 年的报告中都没有披露这一信息。相反，它表示银行储蓄保障基金将对所有的银行负债（含存款、贷款和授信，包括与其他银行的上述负债）承担兜底责任。[31]这里剔除了部分种类的银行负债，但实际操作时存款保险承担的责任是无限的——甚至包括一些银行间贷款。[32]更糟的是，银行储蓄保障基金项目没有任何约束，其运作是基于具体情况具体分析。[33]总之，万一灾难来临，墨西哥政府开出的是空白支票。

因为存款保险的无限责任，储户不再监督银行将资金投放到高风险资产组合的行为。与迪亚斯时期储蓄市场按市场规则运行形成鲜明对比，1991 年至 1996 年，墨西哥的银行定期存款及利率与银行的风险管理并不相关。[34]银行内部人士的游戏规则是“正面我赢，反面你输”：如果赌赢了，回报相当可观；如果赌输了，损失就会传递到存款保险制度的真正出资方，即墨西哥纳税人。

在这种情况下，墨西哥的银行信贷飞速增长，1991—1994 年翻了一番（见图 11. 1）。住房贷款增长更快，1991 年 12 月到 1994 年 12 月，住房和房地产实际贷款量增加近 2 倍。由于住房贷款只计算正常贷款，上述增长还存在低估。在住房贷款中有不少不良，其逾期本金和利息通过持续结转进入所谓的“转贴现”（rediscounts）会计科目；截至 1994 年 12 月末，“转贴现”总额几乎等于住房贷款总额，也就是说，住房贷款在 3 年中几乎增长了 5 倍。[35]这一贷款增长速度与存款增长速度极不匹配：从 1992 年到 1994 年，贷款金额超出存款金额约 20%；其中的差额通过外资银行外币贷款为主的银行间拆借弥补。[36]

银行信贷快速增长通常伴随着草率的贷款审核，而墨西哥正是这一定律的经典实例。在墨西哥的银行里，几乎没有授信分析。[37]银行作为其所属工业和商业集团的财务部，几乎不需要进行贷款调查。在政府持有并管理银行时期，银行最大的债务人就是政府，剩下的贷款则给了政治上关键的企业和利益集团。由于墨西哥没有民间信贷报告体系，银行无法依靠其他信用中介提供信息。[38]墨西哥的第一家民间征信机构直到 1993 年 7 月才建立，而在 1995 年 2 月之前其运转基本无章可循。[39]

上述情况导致不良贷款增速超过贷款增速。按照通用会计原则，在一定时间后（如美国为 90 天），逾期的本金和利息将计为不良。但如前所述，墨西哥政府为了在私有化时掩盖银行的真实状况，并没有遵循上述标准，而是创建了一套诡异的标准，即银行可以分离逾期本金和逾期利息，只将后者计为不良，逾期本金可通过转贴现或展期持续结转，保持“正常”。1991年12月，政府公布的银行不良贷款率为3.6%；1994年12月，不良率上升至6.1%。这一增速已不容乐观，但如果加上转贴现金额，1991年12月和1994年12月的不良率将分别是13.5%和17.1%。[40]

1995年，银行逐步停止转贴现贷款，代之以展期或重组逾期本金，并仍将这些延期偿还的贷款计为正常贷款。会计上将这些延期偿还贷款计为逾期贷款的做法对不良贷款率计算产生巨大影响：1996年12月的不良率由5.7%上升到32.5%。即使这个数值可能仍然低估了贷款的违约风险，因为自1995年2月起，作为银行纾困（这一点稍后详细讨论）的一部分，银行可以将贷款置换成墨西哥存款保险机构的本票。如果在公布的不良贷款金额上加入存款保险机构的本票总额，那么实际不良贷款额将超过正常贷款额：1996年12月的不良率将达到52.6%。[41]

似乎嫌糟糕的会计制度给纳税人带来的负担还不够，墨西哥银行业还面临着巨大的汇率风险。银行内部人士使用美元融资，在获得美元贷款后，将其借给没有美元收入的企业。外汇贷款约占墨西哥银行业贷款总额的1/3。[42]当然，这又是一件只有不知道自己在做什么或者在拿别人钱赌博的人才会做的事情。只有在政府有能力维持稳定的比索钉住美元的汇率机制时，这种赌博才有可能赢。但1994年后期，投资者们已经明白了萨利纳斯政府爬行钉住汇率制度的实质：短期降低通胀率，通过高估比索使选民以为外国商品廉价。这一局面不可持续。1994年12月，比索开始下跌。为避免比索贬值，新当选的埃内斯托·塞迪略（Ernesto Zedillo）总统竭力通过提高央行利率吸引投资者购买墨西哥政府证券。1995年3月，房地产抵押贷款利率跃升至74%，5个月前该利率才22%。[43]尽管如此，比索还是崩盘了，在短短几天内，比索与美元的兑价近乎腰斩。

对于那些没有美元收入但从银行得到了美元贷款的企业，比索的崩盘无异于贷款本金在一夜之间增加1倍。利率快速上升和美元计价贷款对应比索价值的上升，使那些原本面临风险但还能正常运转的贷款迅速转为违约，银行偿付能力严重不足。

对此，墨西哥政府出台了银行纾困计划，最终耗费的纳税人资金约占GDP的15%。[44]“国家银行和证券委员会”（National Banking and Securities Commission，西班牙语首字母缩写为CNBV）接管了12家面临严重财务危机的银行，冻结了股东权利；并实际干预了3家银行（即保留股东对银行的控制权）。墨西哥18家银行中，有15家陷入了被干预的境地。

银行纾困计划最显著的特征之一是银行储蓄保障基金主导的贷款回购计划：以其不良资产作为交换，银行可获得银行储蓄保障基金十年期不可交易的无息本票，其利率略低于政府债券，且银行要对转给银行储蓄保障基金的贷款本息支付清收费用。但实际上，银行没有支付任何费用。[45]简而言之，墨西哥的纳税人购买了银行的坏账。

墨西哥的银行家很可能猜到了政府干预和纾困计划，并趁机救助了自己的非金融企业。研究表明，从1995年到1998年，20%的大额贷款流向了银行董事。与普通贷款相比，这些内部人士贷款的利率更低（低4个百分点），但违约率要高出33%，抵押回收率也低30%。[46]

银行之所以能借机支持自己董事的非金融企业，根源在于银行储蓄保障基金变更了贷款回购计划的规则。1995年计划开始时，墨西哥政府宣布银行储蓄保障基金的贷款回购不包括逾期贷款、破产企业的贷款、开发银行贴现贷款、UDIS（纾困初期为避免借款人遭受汇率风险采用的账户单位）计价贷款、关联方（董事及其家庭或企业）贷款等。但随着银行状况的恶化，政府放开了上述限制。[47]更严重的是，政府没再对银行储蓄保障基金施加任何约束或要求，所有的决策都依具体情况而定。[48]由此，银行储蓄保障基金纾困不再是一次性项目（像1995 年预期的），它成了一种开放式机制，直到 1999 年，还有贷款陆续从银行转入银行储蓄保障基金。银行的资产组合中，银行储蓄保障基金债券的比例逐年上升：1995 年为 9%，1996 年上升至 20%，1997 年和 1998 年达到 29%，1999 年攀升至 35%。同样，银行干预也不是一项临时性措施了，而是从 1994 年一直延续至 2001 年。[49]截至 1999 年 6 月，银行纾困计划的总成本达到 6920 亿比索（约合 650 亿美元），约为墨西哥 GNP 的 15%。[50]

1995—1996 年银行危机：对革命制度党威权统治的致命一击

综上所述，银行业纾困的实质是将纳税人资产转移给包括墨西哥富豪在内的银行股东，这给墨西哥政治带来了巨大冲击。它激起了全国债务人的抗议活动，其中最著名的是 EL Barzón 组织的示威活动（EL Barzón 取自牛拉犁所系的牛轭环）。更重要的是，因为利率飙升和信贷骤降，数百万中产阶层因家庭破产满怀怨恨。反对党则利用了这股怨恨，乘机充实自身力量。1997 年，在下议院中期选举前夕，反对党代表坚持对银行纾困计划展开调查，否则拒绝批准后续资金，此举迫使 1999 年联邦预算批复整整推迟 9 个月。

随着议会中反对党力量的上升，政府解散了银行储蓄保障基金，代之以新的更自主的存款担保机构“银行存款保护协会”（Bank Savings Protection Institute，墨西哥首字母简称为 IPAB），大多数（虽然不是全部）银行储蓄保障基金的债券转换为银行存款保护协会债券。银行存款保护协会扣除和清算了这些债券的基础资产，实际上承认银行储蓄保障基金债券所互换的贷款是难以回收的。对此，国会也同意从政府每年的财政预算中拨出资金偿付银行纾困所需的款项，[51]从而明确了新的银行存款保护协会债券具有政府主权债务的地位，实际的风险承担者还是墨西哥的纳税人。

民主化和新银政伙伴关系的建立

时至1997年，不仅是银行业濒临崩溃，革命制度党亦是如此。当时，墨西哥几乎所有银行资不抵债，通过政府干预勉强维持。革命制度党在1982年洛佩斯·波蒂略掠夺银行时就失去了产业资本家和银行家的支持。为促进经济增长，墨西哥政府绞尽脑汁，放弃了长期以来的贸易保护政策，于1986年加入了《关税与贸易总协定》（General Agreement on Tariffs and Trade），于1994年加入了《北美自由贸易协定》，[52]从而失去了有组织的产业工人这一长期以来的忠实追随者的支持。银行业的崩溃以及随之而来的广泛的个人和企业破产，又削弱了革命制度党仅有的支持力量。

20世纪八九十年代，反对党一直推行的选举改革开始见效。1997年众议院（下议院）中期选举时，革命制度党在其历史上第一次失去了多数席位。此后的两年中，它失去了几乎半数州的控制权。2000年，革命制度党在总统选举中败给了“亲企业”的反对党。至此，墨西哥进入了民主化过渡期。[53]

1997年前后，埃内斯托·塞迪略总统处境艰难：若要维持革命制度党的政党地位，就必须设法再次推动经济发展，建立新的政银伙伴关系。[54]但是，在经历了1982年的劫掠和随后的银行私有化后，革命制度党已成为全民公敌，银行家（以及潜在的银行家）有充分的理由不再信任它；而塞迪略和他的团队也有理由不再信任银行家：1991—1992年私有化过程中，很多资本是虚构的；但私有化失败时，银行家却通过自己的银行将利益输送给支持自己的工业企业，让纳税人埋单，令革命制度党横遭指责。

塞迪略政府为此做出了自迪亚斯威权统治以来墨西哥政府从未做过的选择：允许外资银行持有墨西哥的银行。之前，外资银行已经在墨西哥开设了一些小型代表处，但整个20世纪里，商业银行一直牢牢地掌握在国内所有者手中。1995年2月，在1995—1996年银行危机前夕，外资银行获准收购市场占有率在6%以内的墨西哥的银行，即墨西哥的大银行不在收购之列。1996年，政府取消了对外资银行所有权的各项限制（新规定于1997年生效）；1996年12月，外资银行控制了墨西哥银行总资产的7%；1999年12月，该比例上升至20%；2003年12月，该比例达到82%，且此后基本维持在这一水平（见图11.2）。[55]自此，墨西哥的银行业不再被墨西哥国家银行、墨西哥商业银行和桑坦德·塞尔芬银行（Serfin）等控制，而成了花旗银行、汇丰银行和西班牙毕尔巴鄂比斯开银行（BBV）等国际大银行的天下。

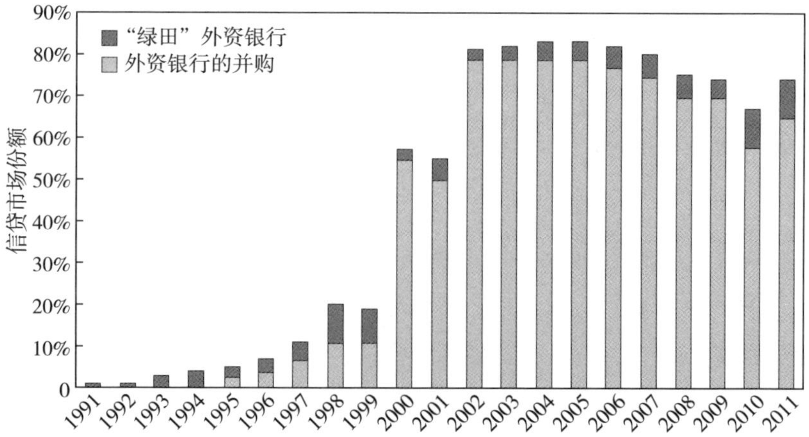

图11.2　1991—2011年墨西哥外资银行市场份额

注："绿田"（greenfiled）网点指新设外资银行分行而非收购的银行网点。

资料来源：Haber and Musacchio（2013）。

在塞迪略政府眼中，外资银行所有制具有以下优势。第一，他可以信赖外资银行会给银行业带来实际而非虚构的新资本，外资银行不会像1991年的墨西哥买家一样，要求从拟购银行先贷款再付款。第二，与墨西哥买家不同，外国银行家在墨西哥没有非金融企业，因此他们不会在经济下滑时侵吞自己的银行。第三，国际大银行不会在资不抵债时，期望墨西哥纳税人施以援手。毕竟，有哪个纳税人会同意救济花旗银行呢？第四，外国银行家不仅要对墨西哥监管者负责，还要对其母国的监管者和股东负责。总之，如果投机取巧，外国银行家的所失将远远超过所得。[56]

在外国银行家眼中，收购墨西哥现有银行、投资该国银行业十分明智。首先，他们认为墨西哥是一个巨大的未开发市场。其次，与墨西哥的银行家不同，他们不太容易遭受资产没收风险。外国银行家，尤其是美国和加拿大的银行家，受到母国政府以及《北美自由贸易协定》国际法庭的保护。[57]2000年后，随着墨西哥民主化进程的深入及其政府权力的分化，上述保障又得到增强。

与外国银行家结盟使塞迪略政府可以占据有利地位，制定监管政策和会计制度，以避免1991—1995年的悲剧重演。在宣布允许外资银行进入市场的同时，塞迪略政府颁布了一系列政策。第一，提高内部人士贷款的难度：银行需要发布包括分支机构在内的合并报表；不能在员工福利项目之外向其管理层或员工发放贷款；关联贷款可以发放，但其额度不能超过银行净资本。第二，要求银行分散风险。截至1998年6月，发放给单一个人的贷款不能超过银行净资本的10%，或所有银行合计净资本的0.5%；发放给单一企业的贷款不能超过银行净资本的30%，或所有银行合计净资本的6%。第三，提高资本金要求，并根据资产组合的风险制定最低准备金要求。规定银行必须（通过征信机构）查询借款者的信用记录，没有查询或借款者信用记录差的需要100%计提拨备。[58]第四，采用新的接近公认会计准则的会计制度。[59]第五，改革存款保险。与之前的银行储蓄保障基金不同，银行存款保护协会不承担无限责任。截至2005年1月1日，保险上限已缩减为 40 万 UDIS（按现行汇率折算，约合 10 万美元），且仅覆盖银行存款，而非各类银行负债。

外资收购墨西哥银行约持续了 6 年时间。这一过程为检验政府偏好外资银行而非本国银行的假设提供了支持。2000 年，墨西哥第二大银行墨西哥国家银行（当时仍为墨西哥国内持有）出其不意地宣布收购墨西哥商业银行（墨西哥第一大银行，当时正与西班牙 BBV 银行签署并购合同），但国家银行委员会的官员拒绝了墨西哥国家银行的竞标。被拒后不到一年，认识到自身与外资银行在经济实力上的差距，墨西哥国家银行便把自己卖给了花旗银行。

对于民主化墨西哥政府与大型外资银行这一新联盟带来的福利效应，各方已经做了不少研究。其中一项最新研究表明，至少与 20 世纪 70 年代相比，现在墨西哥的银行资本化程度和盈利性更好，且整体比 1910 年以来的任何时期都要稳定。该研究同时发现，没有证据表明外资进入会导致银行业下滑：与墨西哥本土银行或者银行出售前的状况相比，外资银行既没有赚取更大利差，也没有减少信贷供给。该研究发现的一个区别是，外资银行在筛选借款者时比墨西哥本土银行更为谨慎：其他所有条件一致时，墨西哥银行的不良贷款率在被外资收购后下降了 6.5 个百分点。[60]

不过，这并不意味着外资银行与墨西哥政府形成的新伙伴关系会给墨西哥的企业和家庭带来充足信贷。实际情况相差甚远，如图 1.1 和图 11.1 所示，墨西哥的银行服务仍严重不足。自 2004 年外资并购完成后，商业银行信贷占 GDP 的比例快速上升。但即便在此增速下，与 1991 年私有化开始时相比，2010 年墨西哥商业企业和家庭信贷总额也只是略有增加。2010 年的信贷水平（信贷占 GDP 的比例）与 1910 年大致持平。

要改变墨西哥银行服务不足的问题，需要做的远不止改变所有制，而是需要建立相关制度，允许债务人提供财产抵押、确保银行可以低成本地处置抵押品。但制度建立不是一个一蹴而就的过程，仅仅靠大笔一挥无法创造出高效的法庭、诚实的警察、准确的房地产和商业登记，而是需要大量的公共和私人投资。截至本文撰写时，这些制度仍在建设之中。

第十二章　通货膨胀机器

巴西帝国的银行业与国家财政

永远不要对穷人许下承诺，也不要向富人借钱。

——巴西谚语

每个国家都有其特产，巴西地大物博，特产尤为丰富，一提到巴西，就会想到足球、咖啡、桑巴以及通货膨胀。在过去的两个世纪里，巴西平均通货膨胀率高居世界前列，1993 年其年均通胀率达到令人震惊的 2477% 的峰值。

多年以来，巴西通胀率持续波动。如图 12.1 和图 12.2 所示，在 19 世纪 20 年代、90 年代早期以及 20 世纪 50 年代中期至 90 年代中期，巴西出现了明显的通胀。而 1830 年至 1889 年及 1994 年以来，通胀率则相对较低。到底是什么原因引发了阶段性的高通胀，又是什么原因导致某些时期巴西得以免受通胀困扰呢？

对巴西银行业博弈的深入研究也许可以找到答案。前述各国的实证表明，财政状况从根本上塑造了“银行交易博弈”，而在巴西，财政状况实际上决定了整个博弈。在英国，与路易十四开战后的融资需求推动了英格兰银行的诞生；在美国，全国性银行的成立使联邦政府在内战期间得以从银行印制零息纸钞中分享利润；加拿大政府要求银行持有自治领币以分享银行印钞所得；而在墨西哥，政府在迪亚斯执政期间终于具备足够实力，与银行家们达成交易，借助银行业与

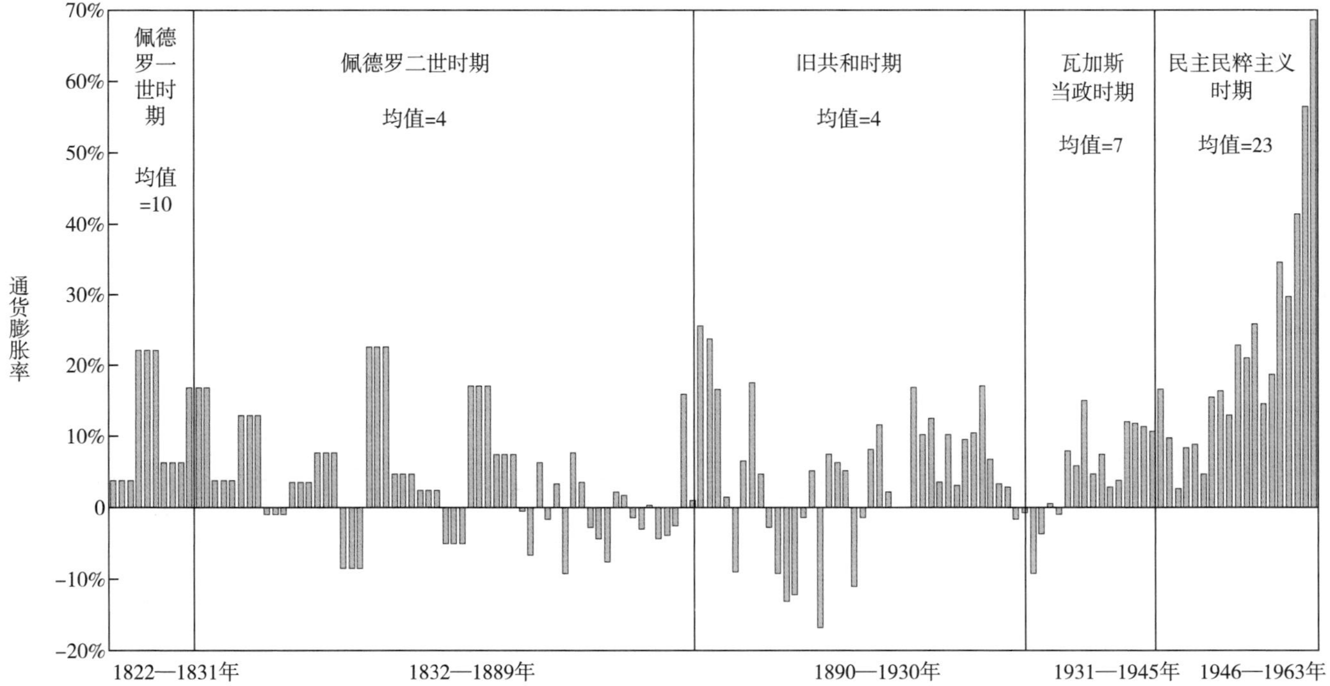

图 12.1　1822—1963 年巴西通货膨胀率

资料来源：1822 年至 1870 年的数据是三年期均值，基于 Lobo（1978）；Catão（1992）；Lees、Botts and Cysne（1990）；Brazil，Ministerio do Trabalho，Industria e Comércio（1946）。均检索自 IPEA（n. d.）。

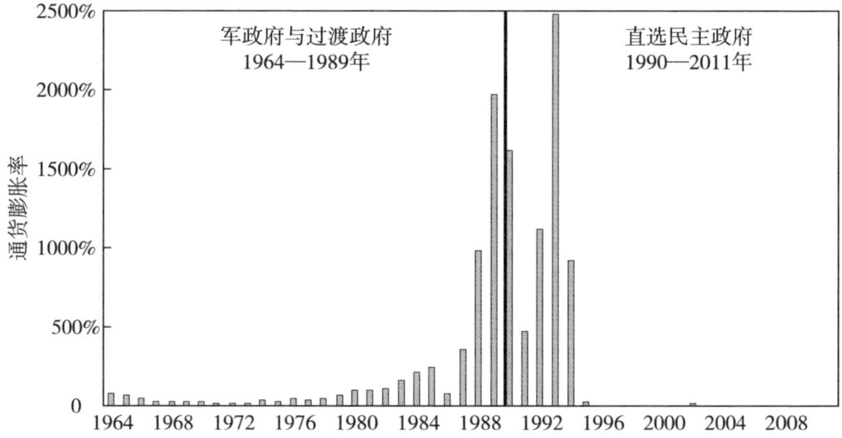

图 12.2　1964—2011 年巴西通货膨胀率

资料来源：IPEA（n. d.）。

制造业结成的裙带网络寻租。

但是在巴西，“银行交易博弈”与筹集国家财政资金的斗争始终交织在一起。居高不下的平均通胀率及长期波动，反映了在一个由极少数人掌控几乎全部资源、人力资本分配极不平衡的社会，其政治力量分配时带来的剧烈动荡。这一不平等意味着任何一届巴西政府都只能从以下三个目标中选择：不对任何人征税，政府既穷且弱；以通货膨胀向穷人征税，进而饱受非议；或者冒着迅速倒台的风险向富人征税。实际上，历届巴西政府都无法逾越篇首巴西谚语的描述：要想统治国家，他们只能据势而动，选择与富人抑或穷人结盟。

知其然还需知其所以然。到底是什么导致了巴西银行业博弈的结果不断变化？我们在图 2.1 中关于政府、政银合作和银行体系的分类方法同样适用于巴西这一政治体制、通胀及银行体系共变的模式。在一个由地方寡头主导的分权政治体系中，中央政府受地方寡头所限，往往较为弱小。寡头既不会纳税使中央政府变强大，也不会允许中央政府征收通货膨胀税。1831 年至 1889 年间的巴西即是如此。

弱势的威权统治者发现，通过设立银行征收通货膨胀税要比从生产者和消费者身上强制征税容易得多，因为没有政府强有力的支持银行根本无法运营。如第二章所述，银行有赖于政府赋予的法律权利来保障合约履行。因此，与非银行企业相比，银行更依赖于政府，无论政府多么羸弱。这就是为何弱势的威权统治者青睐通货膨胀税，以及银行许可权何以成为他们首选的财政工具的原因。

威权统治者羸弱但足以坚持与其寡头盟友共享银行许可权，历史上巴西大多处于这样的政治格局之下。通过征收通货膨胀税为政府提供财政资金的阻力最小。在民主时期，例如 1989 年以后的巴西，为通货膨胀税埋单的公众拥有了投票权，征收通货膨胀税就没那么容易了。公民可以投票向富人课税。当然，这种情况下税源受到了限制，对富人课税导致的投资减少和经济增速放缓会阻碍这种平民主义的做法，同时，富裕阶层也会以携资产离开巴西为威胁进行反击。

本章我们将重点研究 1808—1889 年君主制下的巴西。这一时期的最初 20 年，历届君主专制政府通过试征通货膨胀税募集财政资金。巴西本地的甘蔗种植业主和商人地主阶级坚决反对第二任专制君主及其通货膨胀税。1824 年，他们先是迫使国王通过宪法，赋予地主阶层选举权，而后又于 1831 年要求其逊位于他年幼的儿子。1831—1889 年，巴西政府羸弱到极致，地主阶级握有实权，并通过控制议会使政府无法通过银行业征收通货膨胀税。在此期间，银行基本无法为私人部门提供信贷。

漫长的孕育

要了解巴西银行业的形成，首先要了解巴西政治经济体制形成的两个决定性因素。第一，巴西幅员辽阔，这一地理特点使其难以形成充满活力的区域间市场和政治权力的集中。实际上，巴西殖民与后殖民时期都不太像一个国家，而是大量依托资源形成的独立小型定居点的组合，这些定居点绵延海岸数千千米，被巴西洋流分隔，并使巴西北海沿岸的交通极为不便，直至 19 世纪末蒸汽机船发明后才有所好转。巴西内河也没有很好地连接国内的市场与人力：它们或是流向不佳（比如巴拉那河，在流入布宜诺斯艾利斯的亚特兰大前就从圣保罗州内流向巴拉圭了），或是流往风景秀丽但经济效益低的地区（比如亚马孙盆地）。直到 19 世纪末修建了铁路，巴西内陆经济才得以发展。[1]即便如此，铁路网也仅连通了圣保罗、米纳斯吉拉斯和里约热内卢三个州。所以，20 世纪之前的巴西更像是若干地方经济体和政治体的组合，正如一位历史学家所言："巴西人并无强烈的国家认同感，中南、东北和北部地区宛如完全不同的世界……相距甚远，缺乏交流。"[2]

巴西地理还有一个重要特点，地理位置使其得以远离地区冲突。它并未卷入 18 世纪英法战争，也不像美国和加拿大那样直接参与了"七年战争"（美国史上也称之为"法国印第安人战争"）。它远离 20 世纪军事战争的前线，对一战和二战的参与度都极低。由于巴西人从未被全体动员来保家卫国，和其他国家相比，巴西缺少扩大选举权的主要推动力。相比之下，美国全副武装的民兵队对于 17 世纪、18 世纪北美殖民地的幸存者至关重要。早在独立之前，美国农民就从英国政府争取到了殖民议会的投票权，比英国公民都要早几十年（见第六章）。英国 20 世纪公民权的扩张与上议院权力范围的不断缩小，反映了疆域狭小的强大帝国必须与人口稠密的其他殖民地国家进行大范围斗争的状况（见第五章）。而巴西的地理状况决定了它无须面对这些压力。

第二，巴西的土壤和气候条件十分适宜甘蔗种植，自 16 世纪起巴西就是世界上最主要的蔗糖产地之一。蔗糖业的特点决定了它必须由有大量奴隶的大种植园栽种：被砍下超过 12 小时的甘蔗无法发酵；甘蔗碾磨和提纯蔗糖具有很大的规模经济效应，碾磨机和锅炉的空转意味着经济损失。因此，甘蔗的收割和蔗糖的制造必须紧密衔接。最有效的组织方式是加工厂拥有自己的甘蔗种植园，可以随时根据生产需要对甘蔗进行收割和运输。但这种生产种植一体化的组织带来了劳动力管理上的难题：在热带地区的骄阳照射下，跟着大型碾磨机的节奏收割甘蔗是对肉体和精神的双重折磨。这一难题的解决方案就是使用奴隶，团体作业，忽略所谓精神和肉体的折磨，以跟上机器生产的节奏。[3]

因此，巴西是新大陆奴隶社会的代表。被运往巴西的非洲奴隶比其他新大陆国家都要多，而巴西于 1888 年才废除奴隶制，是最后一个废除奴隶制的新大陆国家。[4]图 12. 3 显示了美国南部和北部、通用西班牙语的美洲国家和巴西在 19 世纪中期时黑人人口比重，其中，巴西是唯一黑人占比过半的国家。[5]

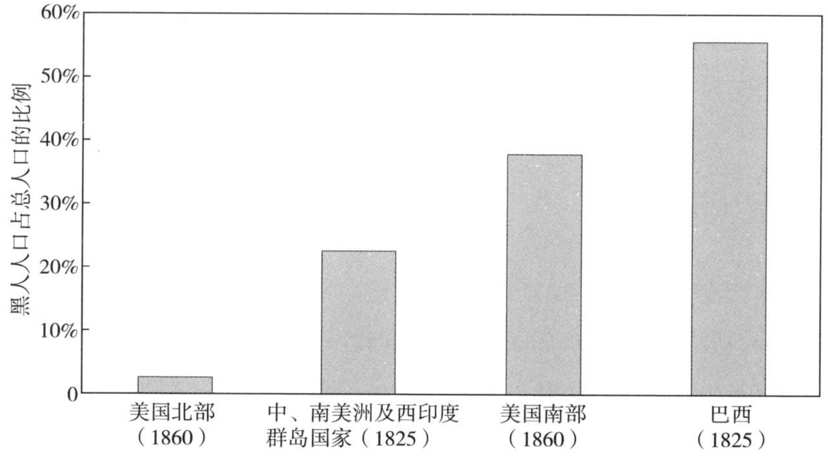

图 12. 3　1825—1860 年左右新大陆（美洲）黑人人口占总人口的比例

资料来源：Engerman and Sokoloff（1997），第 267 页。

和巴西相比，19 世纪的美国南部简直就是平等的乌托邦：奴隶从未超过南部人口的 1/3，除了耕种和收割期，美国南方的奴隶主更像是靠家庭劳动力劳作的小农场主。而在巴西，奴隶几乎承担了所有的体力劳作，从收割甘蔗到拾取咖啡豆，从清扫大街到操纵出海船只。直至 19 世纪早期，奴隶制在巴西社会的各个层面仍根深蒂固，当时的首都里约热内卢有近一半的人口是奴隶。[6]

奴隶制给巴西社会留下了不可磨灭的印记。实际上，正如下文讨论的，在巴西失去了蔗糖生产的霸主地位，种植园主被迫雇佣（付工资的）移民劳动力之后，巴西种植园主仍竭尽全力维系巴西社会巨大的收入不平等。图 12. 4显示了 1970 年（首次有了充足的可跨国比较数据的年度）世界各国的收入分配情况，收入分配不平等比巴西更悬殊的只有肯尼亚，即使是种族隔离的起源地南非也比巴西的收入分配更公平。巴西收入分配的悬殊也映射了其他方面的不平等，特别是不同社会阶层之间教育程度的不平等。1950 年，巴西 25 岁以上的年轻人有 2/3 从未上过学，平均受教育年限只有 1. 4 年，其教育程度不均衡可见一斑。即使是菲律宾这样的“分赃式资本主义”（booty capitalism）[7]国家在人力资本上的投资水平也比巴西要高。[8]简而言之，巴西绝对是植根于种植园奴隶制的不平等社会的一个极端典型。

通货膨胀税的萌芽

和独立前初具国家雏形的美国相比，殖民时期的巴西更像是半独立的种植园主领地经济的联合体。巴西的政治管理体制和英属北美十三州以及墨西哥等新大陆上的西班牙殖民地国家完全不同，反而更接近安哥拉等葡萄牙集散地（entrepôt）经济体。比如，墨西哥北部开采的白银在运往韦拉克鲁斯港口前必须经由墨西哥城铸造并征税，而巴西的种植园主都在本地港口购买奴隶和装运蔗糖，他们对阿姆斯特丹蔗糖精炼厂的关注比对殖民地首都（1763 年前是萨尔瓦多，之后是里约热内卢）官僚小圈子的关注多得多。对蔗糖出口生产的重视一方面反映了巴西各州之间沟通和运输的匮乏程度，另一方面也加剧了

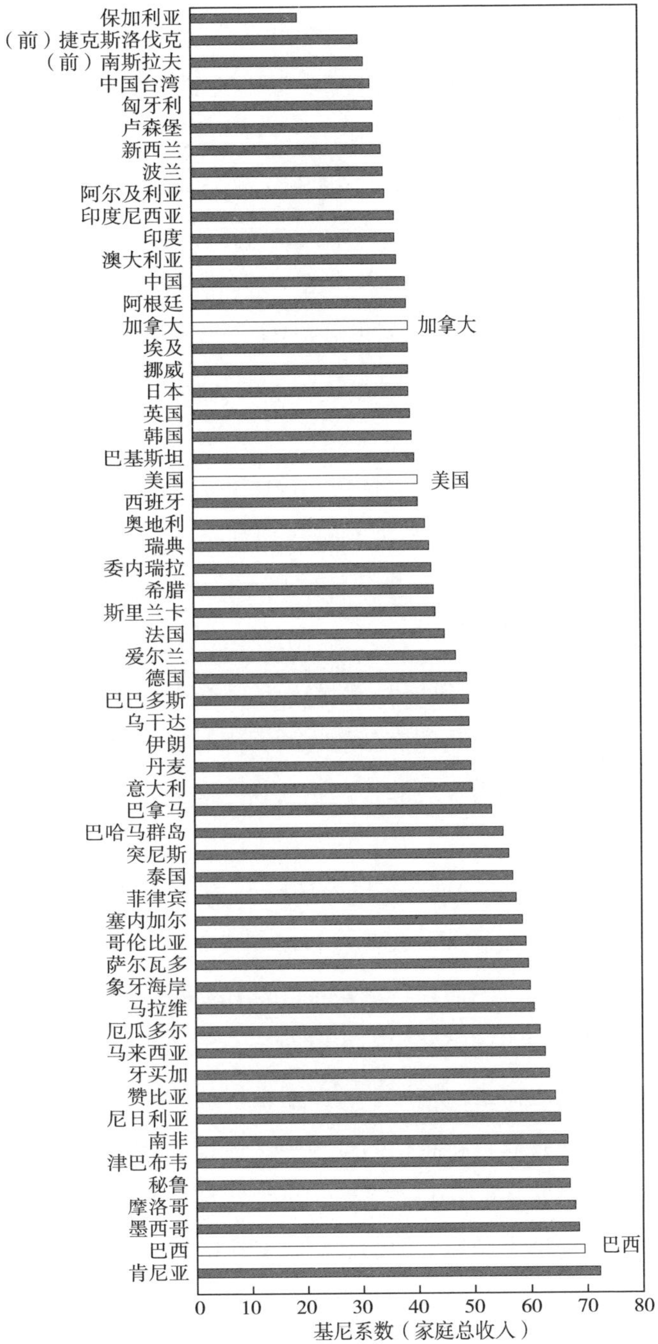

图 12.4　1970 年各国或地区收入分配情况

资料来源：Solt（2009）。

这种匮乏程度。正如一位巴西历史学家所言："在蒸汽轮船发明之前，从马拉尼昂（巴西北部州）到里斯本都比到里约热内卢方便。"[9]

1807 年，拿破仑在西班牙国王的支持下入侵葡萄牙，巴西政治格局随之发生突变，里斯本沦陷，摄政王唐·若昂（Dom João，"唐"意味着其高贵的血统）及其后宫千人在英国军舰的护卫下从里斯本逃往里约热内卢。一到里约热内卢，唐·若昂就宣布将巴西从殖民地提升为王国，并宣称他自己将在里约热内卢延续葡萄牙帝国余威。可惜的是，巴西几乎没有国家机器运转所需的任何基础设施，政府部门、法院乃至军队的建设都要从零开始。

唐·若昂无法向国内地主征税为国家建设筹集资金，因为这些人散布于绵长的海岸线上，并且不愿意为开销巨大的王室埋单。1809 年，情况一度恶化，唐·若昂不得不从英国政府借款 60 万英镑，用以维持政府的基本运转。[10]当然，英国政府借出这笔款项绝非出于好心：第二年，英国政府就向唐·若昂提出一系列为英国商人提供优先权的条约，其中包括对英国商品征收的关税上限为 15%。[11]尽管关税是最主要且最易征收的潜在税源，[12]但由于唐·若昂急于摆脱债务，他还是同意了这些条款。

为纾解财政困难，唐·若昂参照欧洲诸王的做法采取了一项措施：1808 年，他向资本家们颁发特许牌照成立了一家具有法定纸币发行权的垄断银行——巴西银行（Banco do Brasil）。唐·若昂要求银行用其印发的纸币购买国家债券筹集财政资金，随着纸币数量的不断增加，通货膨胀随之而来。本质上，巴西银行是政府创造通货膨胀税的代理工具。在征收通货膨胀税的过程中，银行及其股东持有政府存款而无须支付利息并从此获利。当然，至少从理论上讲，新成立的巴西银行也为巴西种植主和商人们的远距离交易结算提供了便利。

这一机制存在一个问题，巴西银行的股东不相信唐·若昂会偿还这些贷款，唐·若昂要赋予银行一系列特权，以诱使投资者购买巴西银行的股份：包括对纸币发行权和奢侈品出口的垄断、处理政府财政运作；欠银行的借款在法律上视同于对王室的负债；征收新税赋的权利，并可以在10年内免息持有税金。即便如此，仍无法完全说服投资者购买巴西银行的股票，巴西银行用了1年时间才卖掉了投入运营所必需的100份股权，唐·若昂还被迫向所有原始股股东授予骑士荣誉勋章。此后又过了8年，巴西银行才实现了其最初的资本化目标。[13]

唐·若昂政府财政对通货膨胀税的依赖与日俱增，以至于1814—1820年，流通中的纸币存量增长了8倍。[14]1810—1820年，巴西银行所有者权益的名义回报率为年均10%，基本接近于年均通货膨胀率。股东以分红形式基本上套现了所有可得的回报，仅按约定要求的最低限对银行进行再投资。[15]

唐·若昂的财政问题永无宁日。1812年，英国人赶走了所有侵入葡萄牙的法国军队，但唐·若昂对打回里斯本毫无兴趣，于是英国军官贝雷斯福德（Beresford）勋爵迅速统治了葡萄牙。到1820年，贝雷斯福德勋爵确信葡萄牙可能也将发生像西班牙一样的立宪制革命，于是他乘船至里约热内卢，试图将唐·若昂从无所作为中唤醒。他成功说服唐·若昂用里约热内卢（而不是里斯本）的财政资金给巴西军队发军饷，贝雷斯福德带着葡萄牙军队所需的资金回到了里斯本，而这意味着唐·若昂只能违背他先前做出的由巴西银行控制新税赋的安排。他大笔一挥，剥夺了大部分银行股东在通货膨胀税征收中的分成。

为消除他的所作所为给银行带来的不利影响，唐·若昂将自己控制的所有稀有金属采矿垄断权授予银行。他还将其所有钻石以及王室所有值钱的东西（甚至包括皇冠珠宝）都存在银行以支撑货币发行。但是当面临葡萄牙共和党起义并急需带着他的财富返回里斯本时，他再次反悔，取回了他存入银行的所有财宝，[16]导致巴西银行不得不暂停纸币兑换。

新世界的君主：唐·佩德罗一世时期的通货膨胀税

对于唐·若昂而言，没有现代社会所谓的巴西与葡萄牙的国家之分，重要的是布拉干萨皇宫和它的千秋万代。1821 年，唐·若昂返回里斯本时，将儿子唐·佩德罗留在巴西，作为布拉干萨王朝政治上的权宜之计，指示他宣布巴西独立。1822 年，巴西国内的地主们担心唐·若昂远在里斯本的统治会导致他们社会地位的下降，因此极力劝说唐·佩德罗宣布巴西独立并拥戴其为皇帝。

唐·佩德罗面临着与其父亲相同的问题：唯一现成的税收来源就是种植园主和商人组成的寡头，但后者几乎完全没有动机去持花销巨大的王室。他也无法通过提升关税解决问题；他的政府仍受制于和英国签订的 15% 的关税上限，并且英国即将迫使其将这一条款展期至 1844 年。因此，唐·佩德罗比他父亲变本加厉地利用巴西银行，将其作为从纸币发行中收取通货膨胀税的工具。[17]

巴西的地主阶层非常清楚，一个随心所欲地从所控制银行中借钱的国王终会破产。有什么能够阻止他恣意发行债券并在巴西银行负债累累后违约呢？一旦发生这种状况巴西银行发行的纸币又有什么价值？他们大量持有巴西银行纸币、股份以及唐·佩德罗政府发行的债券，他们的财产面临极大风险。一旦政府出问题，支付给政府机构特别是军队的纸币将一文不值，那时还何谈维持社会秩序？

唐·佩德罗的财政政策带来的威胁牵扯一个更为重大的问题：他是一个绝对君主。有关这一点，在 1822 年的加冕典礼上表现得淋漓尽致。典礼紧随神圣罗马皇帝的加冕典礼之后举行，正如当时一位历史学家所述，唐·佩德罗“不仅是被加冕而是受洗的：他被上帝选中，担任圣职”。[18]

一位以中世纪为参照系的都主教君主（metropolitan monarch），一个只想要傀儡国王来实现统治的种植园主和地主阶层，两者之间必然产生矛盾，其结果就是二者之间长期的斗争并最终导致唐·佩德罗被废黜。他被迫召集制宪议会起草宪法，令他沮丧的是，议会起草的文件将权力赋予由选举产生的下议院，他将既无法僭越也无法解散。他强行解散了制宪议会，让他的葡萄牙谋臣们组成国王议事院修宪，以淡化其中的共和主义意味。尽管唐·佩德罗许诺将通过选举重组议会并审议宪法，但是在北部省份伯南布哥爆发的起义让他改变了主意，转而要求巴西各市镇议会直接通过宪法。[19]

1824 年宪法是妥协的结果。一方面唐·佩德罗无法建立一个绝对君主国家，而种植园主和商人寡头也无法将他视为傀儡。另一方面也是更重要的，宪法将立宪双方与大众的政治诉求相分隔。第一，选举权受限于收入和社会地位：收入低于 100 密尔雷斯（等价于 1824 年的 98 美元）、女性、奴隶和 25 岁以下的男性（或 21 岁以下的已婚男性）都不具有选举权。第二，议员并非直选，选民投票选出选举人，由选举人投票选出议员；选举人的最低收入至少要 2 倍于选民的收入。第三，议员作为代表大会的一部分就立法投票，代表大会包括 102 名非直选议员和 50 名国王指定的终身制参议员。第四，每名参议员都由国王在议员提名的 3 个候选人之中选定。第五，国王享有“特别法权”，可以解散下议会，遣散内阁成员，暂停法官和执法官的判决并实施特赦。为防止这一特权受到质疑，宪法第九十九条规定“国王是神圣不可侵犯的，任何情况都不能问责于他”。第六，所有的法律和法令都需由国王签发，国王可以否决任一立法。[20]

1824 年宪法从三方面限制了国王的特权和自由裁量权。第一，宪法赋予议会制定、修改和暂行法律的权力。第二，议会有责任征税、支出、借款和控制国债支付。[21]国王可以解散拒绝授权他额外举债或加税的议会，但这样做意味着要重新选举议会，而新议会可能更不愿满足他的要求。第三，宪法将佩德罗在 1823 年草率成立的国务委员会制度化了，“所有重要事务及公共管理要点……以及国王要行使特别法权赋予他的职责时”[22]都要征询13人国王议事院的意见。该议事院成员“对其有违法律和可能危及国家利益的建议负有责任”，参议院保有对其玩忽职守行为的裁定权。[23]议事院成员由国王挑选，但挑选的范围不外乎国内的贵族，其中包括一些巴西最富有的人。[24]

正如威廉·萨默希尔（William Summerhill）所述，1824年宪法给予农场主和商人寡头对限制国王的权力，[25]表现之一就是，1829年巴西银行牌照到期时他们关闭了这家比通货膨胀税征收机好不到哪儿去的银行。[26]关停巴西银行有助于减少通胀性纸币发放，并迫使政府缩减赤字。1828年，巴西政府的支出约是其税收收入的2倍，超出部分都来自海外借贷或巴西银行的纸币发行。[27]由于货币发行被滥用于弥补赤字，1822年至1831年，巴西的年均通胀率高达10%，而同期全球平均通胀率只有0.7%。实际上，即便是用20世纪年均通胀率5%的标准衡量，唐·佩德罗时期巴西的通胀率仍然是很高的。[28]如图12.1所示，1829年巴西银行关停后，巴西通胀率显著下降。

议会反对国王的表现之二就是公开挑战他的权威，最终迫使他逊位于5岁的儿子。持续的政府财政危机使巴西寡头的改革意愿日益强烈，在1828年的大选中，他们组成在野党为自己投票争取议院席位。就任后的反对派开始大刀阔斧地缩减政府预算，并重新定义叛国罪，迫使巴西军队中的外国军官辞职。考虑到首都极不稳定的政治氛围，唐·佩德罗屈服于反对派的压力签署了这些法案。尽管暂时落败但他并未就此放弃，短短数月他就解散了内阁，把反对派都换成了自己圈子里的贵族。人们在反对派领袖的鼓动下走上街头游行示威，军队拒绝支持国王。1831年4月7日，唐·佩德罗逊位并返回葡萄牙，留下其5岁的儿子作为摄政王。议会随即授权“三人摄政团”，确保在唐·佩德罗二世到达法定年龄前摄政团几乎不具有君主的权力：代表大会指定的摄政团明确不具有对立法的否决权、宣战权、称号和名誉授予权以及解散议会权。[29]

保守无为的国家

巴西的农场主和商人寡头终于可以随心所欲地控制国家了，但他们能做的着实有限。他们在国家治理方面可谓无为到极致：在对自身征税、借国有银行征收通胀税和保持一个弱小的中央政府之间，他们选择后者。[30]

实际上，中央政府只控制了里约热内卢及其周边的一小块地区，这一事实被写入了1834年的宪法修正案（对1824年宪法的修正案），并催生了各省的独立立法机构。即使在1842年唐·佩德罗二世达到法定年龄并即位之后，各省寡头仍然掌控着全部实权。他们拥有土地，决定何人在何种条件下工作，控制选举并决定谁可以“当选”，他们控制着当地政府和司法机关，以及各省的国民警卫队。从普通老百姓的角度看，寡头们就是政府。

除了偏好弱小政府，巴西国内的寡头还有一点绝不动摇，那就是确保周边地区与国家发生的任何变革，都不会令日益壮大的自由劳工阶层与他们分享权力。自由劳工的发展有两个有利外因：英国要求巴西废除奴隶制和咖啡种植的引入。这些外因和1824年巴西选举法案一起对蔗糖种植园主产生严重威胁。咖啡在小农场就可以高效种植，在可以选择的情况下，大多数人都会选择在自己的农场中劳作而不是给别人打工。巴西选举法也对独立种植产生激励：产权人有权投票。

为避免被新生的独立小农场主阶层分权，巴西的地主千方百计地阻挠奴隶制的废除，在英国对其施压后又保持了奴隶制长达60年。早在1826年，英国政府就迫使巴西政府签署了终止奴隶交易的条约，但是巴西的种植园主和商人无视这一法案，每年继续进口40000~50000名奴隶。

1850年，英国政府决定采取行动：封锁巴西港口、迫使入境船只靠岸并释放船上的奴隶。20年后，奴隶制在全世界其他地方都消失之后（包括葡属美洲殖民地），巴西议会才最终通过“生而自由”法案，规定自那之后出生的奴隶子女为自由人。在废奴主义者与日俱增的压力下，巴西议会通过了解放所有60岁以上奴隶的法案，这个“进步”带有些讽刺，因为养活老年奴隶的成本超过他们的边际产出。奴隶制直至1888年才最终得以废除。

整个19世纪，巴西种植园主和商人成功阻止了小农场和小农场主的扩张。尽管咖啡生产和奴隶制萎缩带来的压力最终让他们退败，但他们的确阻碍了小农场主的扩张以及竞争性劳动力市场的转型约半个世纪之久。从19世纪50年代开始，巴西咖啡的生产开始腾飞。[31]19世纪80年代早期，巴西生产了全球近60%的咖啡，而到了20世纪头10年这一比例增长到75%。[32]随着奴隶占人口比重的下降，巴西种植园主竭力确保之前的奴隶和用来替代奴隶的东欧移民在种植园里劳作。1850年，巴西通过了禁止自由开荒的法案。法案规定，如果土地所有者无法提供文书证明其土地是通过继承或赐予获得的，政府有权收回其土地并拍卖。在多数人都不能读写的社会里，普通人无法提供这类文书。1850年法案还规定，从政府处购买边界上的荒地必须马上付现，相反，美国和加拿大的家宅法允许农民用经营农场的利润分期支付土地款。[33]

在很长一段时间内，种植园主成功阻止了聚居新劳动力的小农场扩张。尽管咖啡可以在小农场内种植，但当时并未能实现。比如，1890年的调查显示，里约热内卢高产的巴拉伊巴（Parahyba）山谷多达70%（57000英亩）的土地仅为区区41人占有。[34]直至20世纪20年代，新移民控制的巴西咖啡树和咖啡园的份额仍相当有限。[35]

即便是新移民或前奴隶千辛万苦地开拓了自己的小农场，巴西大农场主阶层也不会让他们拥有选举权。1824年宪法将公民权建立在收入基础上，要求选举人收入达到中等水平。但是，显然在 1824 年，几乎没有多少农民收入可以达到这一水平。1881 年，当这一选举人阶层崭露头角时，议会用文化考试取代收入作为享有公民权的限制条件。对于缺乏公共教育体制的社会而言，文化考试的确是一个有效的限制选举权工具。

无为政府，无为银行

直到 1850 年巴西首部商法典颁布前，巴西都没有合同履行、破产程序或票据承兑及转让的相关规则，巴西地主在国家治理上奉行的无为准则由此可见一斑。[36]这一法律空白使巴西港口城市涌现的许多小型民营银行能否存活大成问题，这些银行在巴西银行关停后对种植园主和商人之间大量的借条进行贴现。他们所做的货币业务（一般为期限 3—5 天的短期债务工具，称作 vales）和签订的借贷合同在法律上是否可行都是模糊不清的。可以想象，这一时期最终成功获得牌照的 7 家银行都是议员们经营的，他们的政治网络赋予他们签署的经济合同特别信用。[37]

这种中世纪银行体系既不能为国家提供金融支持也不能为快速增长的咖啡经济提供经营资本。于是，巴西议会和唐·佩德罗二世在 1850 年精心炮制了一部商法典，允许成立有限责任的股份制银行。他们在 1860 年和 1882 年先后两次对法典进行修订，每一次都谨慎地确保不会出现任何形式的自由银行制度。如威廉·萨默希尔所述，巴西政府严格限制银行数量以减少竞争，这提高了银行股票的回报率，这些回报都为特权银行董事会中的政治家瓜分。[38]

根据 1850 年商法典，每个公司牌照都要分别获得国王内阁（对于里约热内卢的公司）和省长（对于里约热内卢外的公司）的批准。然而，省长（等同于州长）都由内阁指定并对内阁负责。由此，颁发牌照为中央集权。拿到特许经营牌照后还需经议会同意。[39]1860年，组建有限责任的股份制银行更加困难：银行牌照需经国王议事院、议会和内阁同时批准。19世纪50年代获批成立的各类公司已经很少，修订商法典之后更是缓慢。[40]1882年的一般公司法放宽了1860年法典的要求，但仍要求从事抵押贷款或发行票据的金融企业需特别审批，也就是说一般公司法不适用于银行。[41]

1850年商法典刚刚生效，巴西政府就开始启动将两家银行合并为一家由政府运营的超级银行。1851年，实业家伊里内乌·埃万热利斯塔·德索萨（Irineu Evangelista de Sousa，也就是后来的毛阿子爵兼男爵 Baron and Viscount of Mauá，这个称号最知名），获准设立巴西工商银行（Banco de Comércio e Indústria do Brasil，又称第二巴西银行）。两年后，内阁想要设立一家新的（第三）巴西银行向政府发放免息贷款，于是强迫毛阿与一家19世纪30年代特许成立的商业银行合并。[42]协议要求，第三巴西银行将用它发行的纸币购买并回收1000万密尔雷斯的旧国债。这一“协议”还要求由一名议员接替毛阿担任银行董事长，为补偿毛阿和股东，政府给予银行一系列有利可图的特权，包括垄断货币发行、发行2倍于其储备金的货币、自由选择用黄金还是国库券兑换纸币等。这一特权带来的价值无可限量。一家可以发行2倍于实收资本货币的银行可以利用其资本赚取3倍以上的收益：1倍来自为回收货币购买的政府债券的利息，另外2倍以上的收益则来自这些货币的贷款生息。

但是毛阿对这些安排仍不满意，1854年，为对抗政府，他成立了另一家银行，不是股份制而是可转让股权的有限合伙制。他这么做是希望这家新银行——毛阿与麦克格雷迪公司（Mauá，MacGregor and Company），能够“免于政府的指导”。[43]虽然毛阿并不简单，他提前与首相（国王议事院主席）巴拉那（Paraná）侯爵分享了他的计划，并拉拢了侯爵的6位亲戚做股东，但这一切仍是白费力气。毛阿的新银行在政府内部掀起轩然大波，司法部长和国王议事院意见相左。政府判定反对成立新银行，可以采取有限合伙人制度，但股份不可转让。毛阿只好重新起草了一份合伙人契约。政府的意图十分明确：如果你想在有限责任的股份制银行或其他类似的机构中持股，就只能入股“我们的”银行。[44]

为了让所有人都明白这一点，伊塔贝拉（Itaborahy）子爵，也就是巴拉那侯爵的前任，被任命为第三巴西银行的董事长。此后，政府又强迫另外四家北部地区的银行放弃牌照，成为第三巴西银行的分支机构。与此同时，政府许可巴西银行将货币发行数量从实收净资本的2倍提高到3倍。[45]

这一时期也有其他银行成立，但是在内阁（此后为国王议事院）签发每一张牌照并可以随意侵吞银行资本的情况下，即使有也是凤毛麟角。被政府没收的风险可不是凭空想象出来的。1857年，为鼓励银行组建，内阁削弱了巴西银行对货币发行权的垄断，但1862年又撤销了新银行的货币发行权，并重新归于巴西银行。四年后，为了支持对巴拉圭的战争，政府废除了巴西银行的货币发行垄断权，让财政部也能够印发货币，并没收了巴西银行的全部黄金。[46]

直至1875年，整个国家只有12家银行在运营，包括巴西银行和3家外资银行。剩下的8家中，有6家在里约热内卢，这意味着首都以外的巴西市民只能找到2家只有一个网点的小银行，一家在港口城市桑托斯，另一家在港口城市累西腓。这一银行体系小得令人难以置信，而巴西银行在其中占约1/3。即使用最大胆的推测，银行向私人部门的贷款也不会超过GDP的20%，可能更接近于15%。[47]而且，这些贷款可能只提供给一小部分内部人士。巴西银行圣保罗分行的一份研究报告总结称：“董事们开会时，一个就会问另一个‘某某男爵，你用钱吗？’然后，某某男爵永远都是回答‘不’，董事们就此散会，因为他们不会借钱给外人。”[48]

财产权的不确定性使政客进入银行董事会变得尤为重要。根据法规，在巴西银行具有法定货币发行权的时期内，其董事长都是由政府指定的。在此期间，61 个董事里有 13 个此后在众议院、上议院、内阁或国王议事院任职。即使到了 1866 年，巴西银行已不再发行货币，股东仍然选择政客任董事长：首任选举产生的董事长弗朗西斯科·德萨雷斯·托雷斯奥梅姆（Francisco de Sales Torres-Homem），连任四届联邦众议员、参议员并曾任财政部长。继任董事长也有类似履历。

其他银行的情况与巴西银行差不多，董事会里基本上都是与巴西政坛有关系的人。七任巴西首相都担任过银行董事长或董事。这些内部人不但保护了银行财产权，还进行游说以确保银行牌照的稀缺性。他们的介入对于银行业在 1875 年危机（1873 年恐慌从发达国家传导至巴西）时获得政府救助也至关重要，政府为 3 家银行提供了 15 笔超过 4 个月的贷款以确保它们的偿付能力。[49]

在投向私人部门的贷款被内部人士控制且限量供应的时期，银行多数情况下未被用于征收通货膨胀税。实际上，除了 1853—1866 年之外的其他时期，只有财政部才有权发行法定货币，当然财政部并不能随心所欲地印钞，因为议会控制着预算支出。也没有证据表明政府强迫银行持有国库券。只有一次例外：1871 年，巴西银行被要求持有占总资产 22% 的国库券。[50]但是这只占国债很小的份额，绝大多数巴西国债由巴西公民或外国人持有，他们认为国债是稳健的投资，不同于其他拉丁美洲国家，巴西政府总能兑付国债。[51]

巴西银行业的无为方式有两个不利之处：有限信贷意味着巴西并未达到其应有的经济增速，且巴西中央政府只能继续疲弱。唐·佩德罗二世的税基极其有限，他无法对巴西地方寡头的收入、财富或消费征税，因为他们控制了议会，而议会负责批准所有税种。[52]他可以通过在伦敦和里约热内卢销售国债借钱，而借债的规模必然由市场对其税收收入的判断而决定。[53]

政府也向巴西咖啡征收过出口税，但是由于19世纪中期要通过骡队将咖啡从内陆运送到港口，高昂的运输成本限制了咖啡出口，雨季骡队深陷泥泞，运输成本更高。铁路运输可以解决这一问题，但是和大多数国家的情况一样，铁路建设需要大量的公共补贴。唐·佩德罗二世陷入了两难：他需要修建铁路促进咖啡出口以形成更稳固的税基，但由于他缺少足够的税收收入又无法着手修建铁路，借贷也无法解决这一问题，因为借贷的规模也是由他的税收能力决定的。因此，直到19世纪80年代，英国投资者在政府的盈利担保下开始注入资金，巴西铁路才开始发展。[54]

19世纪60年代，在巴西和落后小国巴拉圭的战争中，巴西军队的悲惨表现比统计数据更能说明巴西和唐·佩德罗二世的处境：巴拉圭向巴西宣战后，唐·佩德罗二世被迫迎战。整个巴拉圭只有40万人，其支柱产业是向同样贫穷的阿根廷内陆省份出口巴拉圭茶。巴拉圭军队大多使用老式的滑膛枪，整个海军只有一艘军舰。但是，这场战争巴西花了6年才获胜。在巴西军队勉强迎战的同时，唐·佩德罗二世在做的也是他即位以来空虚的国库尚能允许他做的一些事情：研究巴西的动植物，学习各种艰涩的语言（包括梵文、阿拉伯语、希腊语、希伯来语、中文、奥克西唐语，以及巴西印第安人使用的语言图皮语）。

第十三章　巴西通货膨胀税的民主化结果

我的就职时间恰为通货膨胀螺旋上升期间，当时通货膨胀正在摧毁我们的劳动果实……我是人民的奴仆，今天我将得以解脱。但是我所侍奉的人民，将不再受任何人的奴役。我的牺牲会永远留在你们的灵魂之中，我的鲜血就是你们的赎金……我宁静地踏上永生之路，是非功过待人评说。

——热图利奥·瓦加斯，节选自其自杀遗书（1954）

本书旨在说明政治环境决定了“银行交易博弈”的特征，进而决定了一个社会产生什么样的银行业。第十二章显示了在殖民地及帝国时期的巴西，长期羸弱的威权政府产生了弱小而不稳定的银行业。部分银行获许在全国范围内经营，但这些全国性银行的主要功能是以征收通货膨胀税为根本手段，为国家财政服务。

本章我们将回顾巴西王权的衰落和民主的崛起。这一过渡并不顺畅。君主制之后的“旧共和国”（Old Republic）并不具有民主的典型特征，政权不断在长期威权统治和短期准民主之间更迭。征收通货膨胀税满足国家财政的需求再次成为巴西银行的基本功能。多年来，巴西人已经发现了规避通货膨胀税的方法（长年持有较少的现金和传统银行存款），于是政府就提高通胀税率，防止税基减少导致税收收入下降。20 世纪 80 年代末开始，通胀变得如此之高，如此不受民众欢迎，以至于助推了巴西军政府的走弱，并促进了民主的兴起。

对于巴西历史上的大多数时期而言，民主都只是一个梦想。一直到20世纪80年代末，主导巴西政治体系的各类制度都是为了确保绝大多数人口在政府政策制定上几乎没有任何发言权。威权政治制度能够长期存在的原因很简单：从殖民时期到现在，巴西都是世界上最不平等的国家之一。地主们有理由害怕，如果穷人拥有了政治权力，他们会投票要求进行财富再分配。因此，地主们用他们掌握的财富和军事资源来塑造国家政治规则的建立，确保自己长期掌控经济、银行业、选举程序、司法和教育资源。政治权力和经济机会的扭曲分配相互强化，存续了几个世纪。

20世纪80年代，当稳定的普选式民主最终在巴西出现时，强大的自由主义政治制度尚未形成。和其他新建立的民主制国家一样，巴西1988年宪法对民粹主义潮流的制衡相当有限。该宪法催生了一个直选的、有力的联邦行政部门，立法机构很难阻碍其行动。除常规选举之外，宪法还建立了参与立法的其他形式，例如全民公决、复决投票以及让16岁以上的所有普通公民都有权提案等。最终，宪法列举了一长串公民的“积极权利”，包括对失业保险、薪资、奖金、加班费、利润分成、育婴假、带薪假、体检和工会专有权等事务的管理细则，这就不难解释为何巴西宪法长达425页。通过将这些政策提升为宪法保障的权利，制定者们确保直选政府无法再通过立法削减以上权利，因为要削减就需要修订宪法，而修订宪法需要议会两院两次的绝对多数票。

像巴西宪法这类宪法的出现并非偶然。在人力资本、收入和财富分配极不平等的社会中，公民在生活中的机会受到全面制约时，他们就会坚定地支持能够平衡甚至改变当前游戏规则的政治制度。

1989年前后巴西政治体制的巨大改变让银行业天翻地覆。1989年之前，巴西“银行交易博弈”产生的或是人们能够想象的最小、最基本的银行体系，或是旨在和政府一起榨取并瓜分通货膨胀税的银行体系。巴西通货膨胀税没什么微妙之处，政府和银行每年从现金和支票账户余额持有者处转走的钱，最多时高达 GDP 的 8%。银行要么是绕过财政支出限制的工具，要么以银行资本撬起更大的银行资金，提供给银行家所拥有的工商企业。

1989 年之后，巴西“银行交易博弈”主要围绕关键投票群体的就业机会展开。巴西民主直选政府意图结束加诸穷人的臭名昭著的恶性通胀。在民主制下，投票人会把票投给承诺结束通胀并采取实际行动的候选人。类似的选举压力解释了为何民选总统极力推动州长将他们控制的州立银行私有化：阻止州政府通过州立银行筹资弥补赤字对于终止恶性通胀十分必要，因为持续为这些州立银行纾困带来的融资需求必将推高通货膨胀税。

但巴西的普通选民不只是想终止通胀，他们还希望能够进行收入和机会再分配。1989 年后的巴西民主政府行走在民粹主义的钢丝上：要对富裕阶层加税以支持政府的高福利政策，就要放缓资源再分配来增加地主对民主制度的好感，以防他们转移资产。因此，大量的再分配是通过国有银行在促进选民就业的基础上配置信贷资源。巴西最大的三家银行都是政府所有，它们交叉持有超过巴西银行业 40% 的资产。因此，尽管 1989 年后的巴西政府意图复兴民营银行业为银行家创造盈利机会、给企业和个人提供贷款，政府的再分配目标却让这些努力大打折扣。为了彰显政绩，国民储蓄多用于创造就业机会，而不是企业投资或家庭消费。

再见，奴隶制；你好，信贷宽松

19 世纪 80 年代唐·佩德罗二世治下的巴西与 1842 年他即位时的巴西差别很大。1850 年后，咖啡经济的增长和奴隶交易的终结促使大量移民劳工涌入巴西，他们产生的需求催生了对啤酒、衣物、香烟和其他消费品的现代化生产。制造业成长又促进了实业家和产业工人的增加，他们不愿让一小撮种植园主为自身利益统治巴西。[1]在与巴拉圭的战争中，巴西军队的糟糕表现表明职业化军队的必要性，年轻军官们更是意识到，和他们向往的社会特别是法兰西共和国相比，巴西的政治经济体制使这个国家处于不利境地。巴西的中南地区，如圣保罗州和米纳斯吉拉斯州，其经济重要性堪比里约热内卢和东北部地区，当地的精英阶层希望有权选举自己的州长。到了19世纪80年代，唐·佩德罗二世年老体弱，活跃的共和主义和废奴主义运动不断挑战着他的皇权。

君主制的支柱仍然存在：在巴西历史上的大部分时期，奴隶主都握有实权，他们控制着当地政府和国民军，操纵选举并决定谁能够“胜出”。他们占有了绝大多数土地和劳动力，并决定谁能工作以及做何工作。但是到了19世纪80年代，世界变了。奴隶主无法控制所有事情，他们不再控制议会，也无法支配国王的女儿伊莎贝拉公主。1888年唐·佩德罗二世赴外求医时，伊莎贝拉公主和议会自由主义者策划释放了最后一批奴隶。她自己可能没有意识到，她的所作所为让她和她父亲离流亡更近了一步。

唐·佩德罗二世和他的首相及财务大臣欧鲁·普雷图（Ouro Preto）子爵都十分清楚伊莎贝拉公主的行动意味着什么。从欧洲回来后，他们竭力安抚种植园主，并同意他们自19世纪70年代以来一直游说的要求：信贷宽松。欧鲁·普雷图签署了政府和巴西银行、巴伊亚银行（Banco do Bahia）之间的协议，同意为种植园主提供长期低息贷款，贷款资金一半来源于政府，剩下的一半由银行出资。但银行拿了政府的资金并贷出，而自己的钱分毫未动。发现这些措施不得力后，欧鲁·普雷图又与另外17家银行签署了类似协议。这些银行也同样乐于把政府的资金发放出去，却没有动用任何自有资金。不仅如此，银行还向欧鲁·普雷图申请并得到了更多拨款。实际上，为了维持旧秩序，王室也急于与民营银行联手为种植园主提供贷款。比如，在国王倒台前数月，真实信贷银行（Banco de Crédito Real）还从财政部得到了500万密尔雷斯的资金，并据此向圣保罗州的种植园主发放了3倍于此的长期低息农业抵押贷款。[2]

为助推贷款狂潮，欧鲁·普雷图还允许部分银行印发自己的纸币，这与此前的做法大相径庭。更严重的是，银行不需要兑付这些纸币：纸币的20%用货币兑付，另外80%则通过银行为发行纸币所持有的国库券支付。但是，进口关税，当时唯一的最重要的税收来源，政府不允许用这些纸币支付。[3]

为从政府补贴中获利，银行设立如雨后春笋。为了能够获得更多政府免息资金，原有银行通过增资扩股增加资本。有证据显示，银行并不会将这些资金都用于向种植园主发放新贷款，而是将种植园主逾期的短期贷款转为长期抵押贷款，然后将政府补贴资金贷给其他人，包括那些以贷款购买银行股份的人。[4]

上述行为促使银行股东急剧增加，众多新银行纷纷设立。但不幸的是，对于唐·佩德罗二世而言，这些信贷补贴并没能换来皇权统治的延续：1889年11月15日，军队发动政变；次日，他被流放。

再见，君主统治；你好，金融诈骗

君主统治瓦解后成立的临时军政府不但要拍种植园主的马屁，还要自己想办法筹集资金。因此，财政大臣鲁伊·巴尔博萨（Rui Barbosa）不但继续对农业实行欧鲁·普雷图的信贷宽松政策，还不计后果地推进金融工程试验。然而，对于拼命要维系脆弱政治联盟的政府而言，这种不计后果的方式又十分必要，甚至可说是必须。巴尔博萨经济政策的核心是扩大货币供应，在对种植园主、商人和实业家实行信贷宽松的同时，让政府也能够获得贷款。[5]

在当权的两个月内，巴尔博萨推进的银行改革不但使商业银行成立更为容易，还鼓励成立德国式的全能银行，此类银行的资产组合中绝大多数为长期抵押贷款。巴尔博萨授权其中三家银行以国债为支持，印发450000康多（1康多等于1000密尔雷斯）纸币，由于这将直接导致货币供应增加1倍以上，在同僚的抗议下，金额减少到250000康多。作为向政府提供贷款的交换，巴尔博萨给予银行印发纸币发放生息贷款的权力。贷款条款值得一提，银行为发行纸币购买的国债利率从5%降至2%。相应地，银行家从政府获得了一系列特权，包括免费的土地、铁路及运河等公共项目合同的优先权、采矿合同优先权以及为实施这些项目所需的征地权。他们还获得了名下公司的税收豁免权，包括“铁路、河流开发、采矿及其他生产资料”所需的进口商品关税的减免。[6]通过准许银行家投资于商业和工业企业，巴尔博萨不只是赋予了他们印钞的权利，而是相当于暗中赋予他们一张可以出借给其工商企业的印钞证，贷款抵押物就是这些公司的股票。简而言之，他用政府获得的贷款换得了搭建纸牌屋的权力。[7]

在和银行达成交易的同时，巴尔博萨还修改了公司法以帮助公司内部人士从小股东身上套取利益。[8]1890年前，巴西采用和英国类似的储备负债（reserve liability），即规定未按票面值缴纳股本金的股东也需按股票面值承担责任，且在股票转让后5年内，股东仍对“责任金”负有责任。这一规定是为了防范发起人成立皮包公司诈骗投资者的企图。巴尔博萨制定的新公司法废止了上述规定，变为：只有在股东年会核定公司账目时，未按票面值缴纳股本金的股东才按面值承担责任。[9]

并非所有的经济史学家都对巴尔博萨公司法持保留意见。有人认为，在此期间在一系列的首次公开上市中，诞生了巴西最大的一批制造业企业，进而推动了产业发展。[10]也有人认为，无论制造业为巴西经济发展做了多大贡献，新印钞银行的成立和公司法的修订，都在制度上为诈骗提供了可能。正如约翰·舒尔茨所言，直到1891年为防范诈骗修订公司法之前，银行家都可以依据公司法创办制造业、房地产或商业企业，从政府获得特许权赋予公司名义价值，然后用银行印发的纸币支付10%的股本金，将股份出售给投资者，而投资者愿意购买股票则主要是基于（a）银行家有发行纸币的信誉，（b）股东只需缴纳面值的10%。银行家可以将这笔销售收入用于（a）支付给自己一笔咨询费，（b）让新公司从他控制的其他公司购买（溢价）商品，（c）在市场上买入自己公司的股票以抬高股票价格，（d）给股东分红。最后，股东获得正常分红并相信新公司进展顺利，银行家们再增加10%的认缴资本，并重复上述过程。这样，财富就逐渐从股东转向银行家。等股东们意识到他们被套时，银行家们早已出售了自己的股份。[11]

1890年，巴尔博萨变本加厉：在授权三家银行以国债为支持发行纸币的基础上，又允许另外两家银行（巴西银行和巴西国家银行）印发可以达到其资本金2倍但不超过50000康多的纸币，尽管要求以黄金作为支撑，但是这些纸币不可以兑换为黄金。换句话说，这些纸币实质上没有任何资产支持。更有甚者，在1889年获准发行国债支持的纸币的真实信贷银行（为金融家弗朗西斯科·迈林克所有），似乎从未购买过任何债券：它只印刷纸币。19世纪90年代后期，巴尔博萨又允许另外5家银行发行“不可兑换、黄金支持”的生息纸币，其中一家是巴西合众国银行（Banco dos Estados Unidos do Brasil），也为弗朗西斯科·迈林克所有。上述一切巴尔博萨的授权意味着，1890年到1891年间货币供应量翻了1倍，其中大多数都转化为给假公司或准假公司的贷款，包括大量从巴尔博萨公司法改革中获利的新银行。[12]

由于无法准确估算大量农业抵押贷款的价值，贷款质量愈加可疑。在巴西，法律禁止通过拆分种植园清偿债务，因为拆分种植园会降低生产力。因此，银行无法通过接管种植园的机器和建筑等物品处置不良贷款。[13]对此，一些银行应对比较审慎，他们不再对种植园主发放贷款；还有一些银行则用没有任何资产支持的纸币大量发放贷款，如圣保罗州最大的贷款行真实信贷银行，它最终在 1905 年的抵押贷款违约潮中倒闭。清算人员称很多抵押贷款“未能认真研究抵押贷款方案；也未能审慎评估抵押品价值，抵押品价值普遍被夸大”。[14]他们估计银行资产组合至少被高估了 60%，银行的许多资产已经丧失价值。这也就意味着对于那些通过银行放贷给种植园主而进入经济体系循环的纸币，其实际价值已远远低于其面值。[15]

旧共和：以不变应万变

1890 年 11 月举行的旨在修订巴西“共和”宪法的议会选举并未改变国家威权政治的现状。除一人外，所有过渡军政府的部长都入选了议会，掌权的“共和”政府有名无实：里边充斥着发动 1889 年政变的将军。与仅有 5% 的人口拥有投票权的君主制时期相比，公民权受到的限制更严。相较于国王，政治规则给了总统更大的政策决策空间。尽管在某种程度上，权力发生了部分变化，引入了新的象征进步的工业和商业元素，特别是在快速发展的圣保罗州。但实际上共和政权仍然被一个狭隘而富有的小圈子把持着。有一个改变：考虑到巴西各地方基本各自为政，宪法要在给予地方必要自治权的基础上实行联邦制。不过，联邦选举的结果都是事先决定的：来自圣保罗和米纳斯吉拉斯这两个最大州的势力集团轮流执政。

共和修宪为金融诈骗提供了另一个机遇。1890 年 12 月，巴尔博萨允许几家最大的银行合并，成立了一家超级银行，其贷款质量亦是扑朔迷离。巴西合众国银行与巴西国家银行合并为共和国银行（Banco da República），并可以保留其前身享有的所有权利。此外，共和国银行还买下了巴西银行的印钞权，于是，这家巨型银行得以发行三家银行合并后3倍于资本的纸币。这些纸币可兑换为黄金，但兑换条件是1密尔雷斯的价值在整个年度都高于27英国便士。这一条件实现的概率微乎其微，因为货币供应的急速增长使巴西密尔雷斯在银行合并时只能兑换20便士，此后一年内跌至12便士。[16]

为什么巴尔博萨要将国家引入金融灾难的歧途？这一问题一直吸引着巴西的历史学家。第一种解释是无能，尽管很难让人相信，一个人怎么会由于无知或愚蠢在这么短的时间内做出这么多错误的决定；另一种解释是巴尔博萨走投无路：种植园主希望信贷宽松，而巴尔博萨需要他们的支持，为新生政府提供资金。允许银行疯狂印钞显然会使种植园主更容易贷到款。实际上，银行用自己发行的部分纸币购买国债就是在向大众征收通货膨胀税。第二种解释更符合一个关键事实：1891年巴西宪法规定，出口关税由各州直接征收，中央政府不能征收。

第三种可能的解释（这一解释并不违背第一种和第二种解释）是，巴尔博萨从他促成的交易中寻租。1890年8月，当巴尔博萨还是财政部长时，弗朗西斯科·迈林克——巴西真实信贷银行与巴西合众国银行（很快合并为共和国银行）的发起人股东，也是许多其他公司的主要发起人，买了一所豪宅送给巴尔博萨。里约新闻英文版评论说："在这个自私邪恶的时代，人们不会因为爱国或者个人欣赏送给政府官员10万美元。"[17]离职后，巴尔博萨被任命为几家迈林克公司的董事。[18]

撇开动机不谈，巴尔博萨的行为制造了一个投机泡沫。银行用自己印的钞票购买了其股东所有公司的股份，股价的跃升诱使其他人涌入股票市场，几个月内就进行了上百家新公司的新股发行，其股票很快就被认购一空。[19]1888年5月，在里约热内卢和圣保罗交易所上市的公司的市值为41万康多（1888年约合1.36亿美元），1889年12月就翻倍至963965康多，1890年12月又翻了一番。1891年12月，该金额已高达 3778695 康多，即 3 年增加了 8 倍。19 世纪 80 年代后期至 1891 年，巴西公司的股票市值从占 GDP 的 15% 提高到了 40%。[20]银行体系的惊人增长与此极为相似。1888 年，整个国家只有 27 家银行，1891 年已达到 133 家，如图 13. 1 所示，其实际市值（以 1900 年密尔雷斯计价）已是 1888 年银行业的 4 倍。

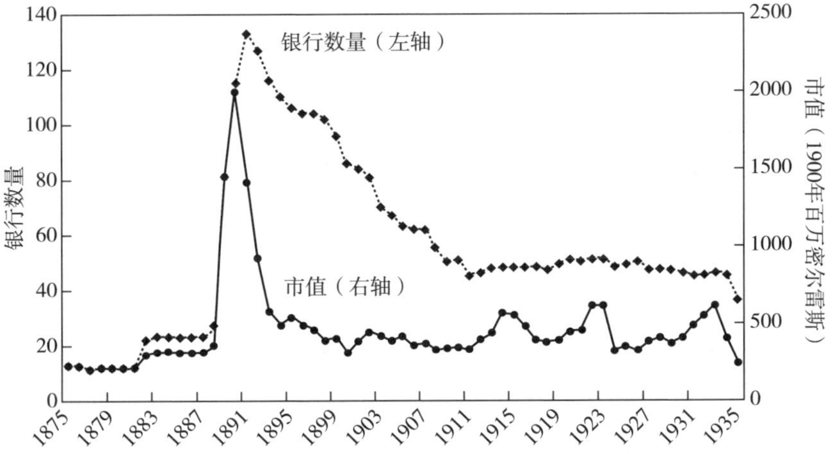

图 13. 1　1875—1935 年巴西银行体系的规模

资料来源：根据多期《商报》（*Journal do commericio*）股市数据估计。

1891 年泡沫开始破裂时，以曼努埃尔 · 德奥多罗 · 达 · 丰塞卡（Manuel Deodoro da Fonseca）将军为首的新共和政府要求议会授权共和国银行再发行 60 万康多无资产支持货币。实际上，德奥多罗是想通过扩大货币供应来提高股票价格。议会竭力反对，德奥多罗就关闭了议会。但德奥多罗的股市“政变”没有持续太久：圣保罗的地主们发生叛乱，并得到了海军和部分陆军的支持。德奥多罗被迫逊位于同为军事领袖的副总统。[21]

没有任何金融方式能够挽救这一后果：1891 年末，欧鲁 · 普雷图、巴尔博萨及其继任者恩里克 · 佩雷拉 · 德 · 卢塞纳（Henrique Pereira de Lucena）创造的泡沫开始破裂，多数巴西银行倒闭。如图

13.1所示，1891年可正常经营的银行数量大幅下降。为了恢复稳定，弗洛里亚诺·佩绍托（Floriano Peixoto）总统要求议会通过一个银行业改革法案。在遭到议会拒绝后，他就在议会休会期间签署了银行改革的新法令。1892年12月，他合并了共和国银行和（第三）巴西银行，创建了巴西共和国银行（Banco da República do Brasil）来垄断货币发行权，且政府任命了9个董事席位中的3个，其中包括董事长和副董事长。[22]

通货膨胀税再现：第四巴西银行

19世纪90年代，巴西的银行接连倒闭；它们无法继续掩盖1888—1891年信贷狂潮期间发放的贷款已无法收回的事实，政府也无法掩盖其资不抵债的事实。1898年，政府和罗斯柴尔德家族签订了一个债务重组贷款协议，将政府缩减货币供应作为为其筹集资金的条件。这一举措终止了密尔雷斯的持续贬值，但是汇率在此后的两年中仍持续下降，并导致一起银行挤兑进而拖垮了众多残存银行。[23]

虽然佩绍托创造了控制银行业总资产1/3的巴西共和国银行，并将其作为政府银行，这家银行也逐渐资不抵债。但是，考虑到其规模以及财政部代理人的地位，巴西共和国银行已成为一家“大而不倒”的银行，并在19世纪90年代获得了各种“大”带来的益处：财政部持续提供贷款和其他支持以维持其运转。[24]但是，在1900年的银行业危机中，由于实在无力维继，财政部只能接管这家银行并终止其商业运营。[25]1906年，政府承认无法收回对银行的注资，将银行国有化并转为第四巴西银行。股东收到了新巴西银行的股份，政府也将银行债务转换为财政部持有的股份，出售给新的投资人。

和之前的巴西银行一样，第四巴西银行也是可以吸收存款、发放个人贷款的商业银行。该行继续扮演财政部代理人的角色，持有政府收支余额并向其发放贷款。但它不能作为全能银行运营：不能投资于其他公司证券，也不能发放六个月以上的贷款。和第三巴西银行一样，巴西总统任命了第四巴西银行董事长以及四个董事席位中的一席。但是，与其他三家巴西银行不同，中央政府是第四巴西银行的最大股东，持有约1/3的股份。但除了在1923—1926年的短暂例外，该行不得发行纸币：财政部保留这一权力。简言之，第四巴西银行作为一家商业银行成立，但其所有制决定了它是一家偏爱投资财政票据和债券的商业银行。[26]

此后的旧共和时期，也就是20世纪剩下的时间里，第四巴西银行主导了巴西银行业。原因很简单：除掌握政府收支余额以外，第四巴西银行是仅有的一家法定的可以在国内跨州设立分支机构的银行。其他银行只能在注册地所在州内设立分支机构。[27]1923年，联邦政府通过增加资本金，从7万康多增资至10万康多，从而加强对第四巴西银行的控制，财政部认购了全部增资股份。这也就意味着这家银行的唯一目标是，吸收全国的存款，然后转化为给财政部的贷款。1925年，就在政府通过增资加强对银行的控制之后，第四巴西银行提供给财政部的贷款占其总资产比重达到了25%。而政府赤字占政府收入的比重在1/3～1/2之间。第四巴西银行发行的再贴现票据成为财政部弥补赤字的工具。[28]巴西银行的利润丰厚，其资产回报率是其他银行的2倍，这也就意味着它还可以为主要股东即财政部，提供稳定的股息收入。[29]

阿尔多·穆萨基奥（Aldo Musacchio）估算的广义信贷/GDP值显示，主导了巴西银行业的巴西银行向私人部门提供的贷款很少：从1906年巴西银行成立到1930年共和制瓦解，巴西银行对个人、农场和商业企业的授信平均只占GDP的13%；在1923年财政部成为绝对控股人时，这一比例甚至降低到6%。[30]

从旧君主到旧共和

在很多方面，旧共和是巴西君主制的延续。选举权的相关规则使多数人无法发出任何政治声音，并且总统由议会间接选举产生。中央政府仍是又穷又弱。各州有权征收出口关税、从国外贷款并组织自卫军。地方集团势力把各州当作准封地管理。加之巴西经济上最重要的圣保罗州和米纳斯吉拉斯州利用它们对立法机关的控制，轮流担任总统，[31]要参选总统首先要当选这两州的州长。同时，来自圣保罗州和米纳斯吉拉斯州的立法委员们会确保中央政府的经济政策有利于他们所在的州，包括保护制造业、通过收购多余库存对咖啡实施价格保护等。

大萧条对圣保罗和米纳斯吉拉斯地方集团之间的交易与合作形成了严峻的挑战。咖啡价格彻底崩溃，制造业产出大幅下降，失业不断蔓延。南部州南里奥格朗德州长热图利奥·瓦加斯（Getúlio Vargas）组织了一个名为“自由同盟”的联盟，承诺重振巴西经济增长，以及为工人群体提供更大的参政空间，后者在圣保罗、贝洛奥里藏特和里约热内卢等迅速发展的工业城市急剧上升。在随后的选举统计出现舞弊后，军队发动和平政变，将瓦加斯推上台。

瓦加斯出生于一个富裕家庭，并且一直处于政治圈内，1926 年至 1928 年曾担任财政部长。他意识到 1891 年共和制建立后，巴西社会正逐步城镇化、工业化，工人阶层的地位越发重要。因此，在城市选民的支持下，他建立了拉丁版的“威权民粹主义”，这与当时横扫欧洲的纳粹主义和国家社会主义运动有很多共同点。凭借自身特有的混杂了民粹主义、反共主义、反犹太主义和法西斯主义的思想，瓦加斯建立了从 1930 年一直持续到 1945 年的威权统治。正如本章篇首所述，和当时的墨索里尼等其他独裁者一样，瓦加斯将自己视为人民意愿的化身。他最终取缔了其他政党，取得了工会的控制权。当一个人自己就能体现人民意愿的时候，他就不再需要中间人了。

威权民粹主义下的银行业政策

瓦加斯继承了此前的银行业体系：将最重要的银行收归国有，主要用来吸收存款，并向政府或主要政治团体发放贷款。瓦加斯想要建立一个福利国家，支持制造业增长，以便促进他的主要支持群体就业。因此，他没有必要重新考虑巴西银行业：1930 年革命之前，巴西银行被用于向咖啡种植商提供资金；现在则被用于向政治上得宠的实业家提供资金，并购买国债为福利国家的增长提供资金。[32]

为了建立一个持久的政治联盟，就像利用巴西银行一样，瓦加斯还需要发展一家濒临破产的国有大型储蓄银行——联邦储蓄银行（CEF，Caixa Econômica Federal）。仿效西欧政府储蓄银行鼓励穷人储蓄的古老传统，1860 年巴西银行法建立了一个受欢迎的储蓄机构，名为经济互助储蓄银行（Caixa Econômica e Monte de Socorro），它既是储蓄和贷款协会，也在很大程度上像一家典当行。在旧共和期间，它改名为联邦储蓄银行，可以吸收稍大额存款（个人每周存款和账户余额都有法律上限），也可以将存款投资于政府债券。不过联邦储蓄银行规模太小，没有人惦记。

但是瓦加斯明白，这样一家国有储蓄银行的扩张，可以帮助他得到更多的存款进而弥补政府财政赤字，同时还可以鼓吹自己是“穷人之父”。1934 年，联邦储蓄银行和其他储蓄银行（caixas）获得了商业银行交易税的豁免，可以发放抵押贷款以及向联邦和地方政府发放贷款。此外，商业银行也可以将部分资产存入储蓄银行。20 世纪 30 年代中期，30% 的商业银行存款都存在了储蓄银行中。[33]

1945 年，在瓦加斯被军队推下台后，巴西曾进行过短暂的民主试验。但是在一个财富和机会分配都极不均等的国家里，即使有可能，也很难把民粹主义的精灵关在瓶子里。不出意料，瓦加斯在 1951 年再次被巴西公众选为总统。三年里，他的民粹主义倾向不止一次地导致了他和军队之间的摩擦，瓦加斯不断为继续掌权而斗争，并被认为主导了对反对派领袖的暗杀行动。最终，与其在政变中被推翻，瓦加斯选择了用点三八左轮手枪结束了自己的生命。

瓦加斯自杀后的民选政府换汤不换药。实际上，1954—1964 年的历任总统倾向于做瓦加斯派：他们也是民粹主义者，为回馈工人阶层选民，力图促进产业发展并扩大社会福利。和瓦加斯一样，他们不是通过加税而是通过征收通货膨胀税筹集资金，讽刺的是，这恰恰是从他们的选民那里征收的。尽管这一举措降低了他们的支持率，但他们别无选择，除了花言巧语，他们并没有掌握多少权力。他们担心，如果通过向富人征税实现野心，富人会选择离开巴西或推翻他们（这并非不可能）。

瓦加斯及其后的民粹主义政府的融资模式非常简单，财政部发行货币，用于支付超出税收收入的政府支出，进而推高通胀，使持有现金或存款既不会生息，也不会获得比通货膨胀率高的利息。从现金征收的通货膨胀税 100% 归政府所有，从存款上征收的通货膨胀税在政府与银行、储蓄银行之间分成，分成比例取决于国民经济中存款对现金的比率、银行支付的存款利息和政府设定的存款准备金比率（银行必须存在央行的不生息现金占存款的比例，1965 年之前国有的巴西银行为巴西央行）。

图 13.2 显示了 1947—1987 年巴西通货膨胀税的情况。[34] 1951—1954 年瓦加斯掌权期间，由于他不断增加支出取悦选民，却没有同步增税，通货膨胀呈加速发展趋势。这四年的平均通胀率为 17%（此前四年为 7%），产生了占 GDP 比重约为 3.3% 的通货膨胀税。其中的 75%（GDP 的 2.5%）归政府，剩下的 25%（GDP 的 0.8%）归非国有银行。[35]

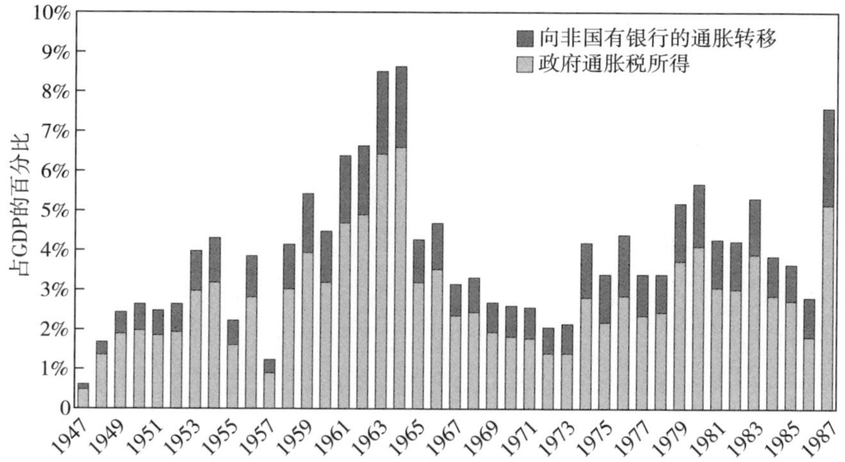

图 13.2 1947—1987 年巴西通货膨胀税占 GDP 的比例

注：我们根据 40.6% 存款存在国有银行这一事实对数据进行了调整。

资料来源：根据 Lees、Botts and Cysne（1990）第 38、39、127 页的数据计算。

只有在政府实施金融抑制时，才能防止人们将现金转入利息高于通货膨胀率的银行账户，通货膨胀税才能发挥作用。但是设定利率上限意味着将存款挤出银行业，这会降低私营部门的贷款规模，进而降低私营部门的就业增长率。瓦加斯是第一个但绝非最后一个面对这一难题的总统。他意图用社会福利和令城镇工人受益的就业刺激计划换取政治支持；再通过通货膨胀税为这些福利和就业刺激计划埋单，同时抑制了这些工人的就业增长机会。瓦加斯的解决措施令人唏嘘：他创建了一家国有开发银行，国家社会经济发展银行（BNDES，Banco Nacional de Desenvolvimento Econômico e Social），由财政部为其提供资金，支持那些就业量大的企业发展。也就是说，由于印钞抑制了私有银行的贷款，瓦加斯就印发更多钞票建立一家国有银行并为政府选定的企业贷款，这些类似国有的企业进而参与了劳动力密集的基础设施建设，如公路、桥梁和港口设施的修建等。[36]

规避通货膨胀税的恶性循环

这种解决问题的方案，比如让国家社会经济发展银行印钞贷给企业雇主，制造了更高的通胀；通胀率上升时，由于现金资产贬值更快，客户流失也会更快。为规避通货膨胀税，人们会避免持有现金或银行存款，而现金和银行存款需求缩水后，为满足财政资金的需求，政府只好印发更多的钞票。这样就导致通货膨胀进一步上升，通货膨胀税基进一步萎缩。这种做法还限制了投资。一方面使银行体系收缩；另一方面，由于私人部门的厂商无法预测价格水平，难以进行生产和投资决策，实体经济（非金融）增长放缓、就业机会减少。政府为了应对就要进一步扩大国有企业的规模，就需要更多来自通货膨胀税的政府预算支持，最终的结果就是通胀率的螺旋上升和银行业的螺旋下降，经济逐步被主要目的不是盈利而是促进就业的国有企业控制。

经济理论和多国实证显示，最初通货膨胀上升时，政府从通货膨胀税中获得的收入增加。但是随着时间推移，通货膨胀率不断上升，但通货膨胀税基（现金和活期存款）缩减得更快，完全抵消了通货膨胀率的上升，导致（实际购买力衡量的）通货膨胀税收入最终下降。

图 12.1、图 13.2 和图 13.3 显示了通货膨胀加速、通货膨胀税收入放缓和私人部门投资下降的过程。从 1951 年到 1964 年，年均通货膨胀率不断加速，从 15% 急剧上升至 73%，扣除价格因素后的政府税收收入也从 GDP 的 1.9% 上升到 6.6%。私人部门的投资比例大幅缩水，最终新的投资主要来自国有企业。从 1947 年至 1954 年，政府在净固定资产投资中的占比从 16% 上升到了 28%，1960 年跃至 50%，1969 年更是达到了 60%。以下数据可能更能说明问题：1972 年，巴西前 50 家最大的非金融企业中，总资产的 56% 属于国有。[37] 如图 13.2

所示，20 世纪 70 年代和 80 年代，通货膨胀的加速上升并未带来通货膨胀税收入占 GDP 比重的提升。随着通胀的上升，经济中的现金需求不断缩减，通货膨胀税基的缩水远远抵消了通货膨胀率上升带来的税收收入增加。

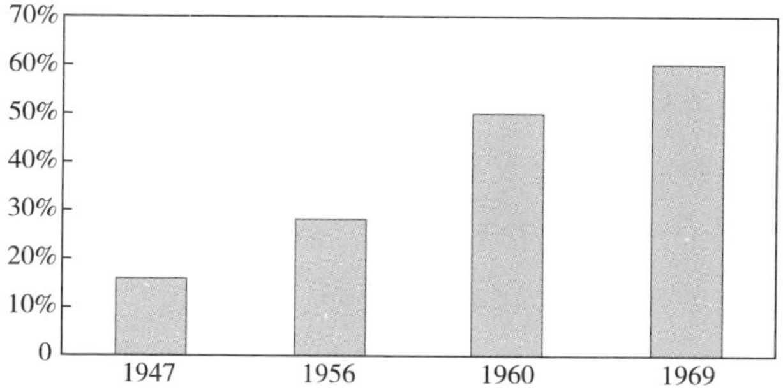

图 13.3　1947—1969 年巴西固定资本形成总值中公共部门的份额
资料来源：Graham（1982），第 42 页。

政府很快发现，对通货膨胀税的极度依赖可能给政治经济带来一系列负面后果。1964 年，巴西军队意识到民粹主义的灯神不但逃出了瓶子，还允许穷人们许三个愿望。通货膨胀已失去控制。瓦加斯派代表若昂·古拉特（Joo Goulart）就任总统。为限制他的权力，巴西地主试图重新修宪，以期由首相而非总统掌握权力，但这一努力最终告败，全民公投否决了宪法修正案。于是，军队发动政变，并建立了从 1964 年直至 1985 年的威权统治。

军事威权统治下的银行业与通货膨胀

除了贪污和酷刑的制度化，军事政府的主要成果是将巴西的通货膨胀推至新高。虽然他们本意并非如此，但面对 1808 年以来所有政府都无法逃避的选择：或对富人征税，或任由国家又小又弱，或征收不受欢迎的通货膨胀税。考虑到自身对巴西地主的依赖程度，第一种选择已无须讨论；第二种选择也有问题，他们希望巴西真正强大，而不是成为一个香蕉共和国。因此，他们提出了言之凿凿的反通货膨胀和货币改革方案，事实上还是欣然回到通货膨胀税的做法。在军队统治巴西的21年间，年均通货膨胀率为69%，比政变前高出2倍；1985年，即军事政府执政的最后一年，通胀率达到了242%。

如图13.2所示，20世纪70年代到80年代，尽管通货膨胀大大加速，但军事威权政府从通货膨胀税中得到的收入比20世纪60年代更低。随着持有现金成本的上升，人们逐渐发现了规避通货膨胀税的方法。20世纪70年代，和美国（也处于通货膨胀税上升期）相同，巴西金融业出现大量创新帮助客户规避通货膨胀税。和前任们一样，军事威权统治者应对税基缩水的方法就是把通货膨胀率推向更高。

税基不断缩水和税率不断提升的恶性循环最终反噬了将军们自己。他们对通货膨胀的依赖使通货膨胀率高得惊人，而通货膨胀税的沉重负担最终逐渐集中到了越来越少的无法规避通货膨胀税的穷人头上。正如我们之前讨论的，公众有强烈的动机把不断贬值的现金或活期存款转换成其他金融资产或不动产，以赚取根据市场利率计算的回报（相对来说不太受通货膨胀影响），以规避通货膨胀税。规避的形式有很多种，包括国库券、金融公司的生息存款账户、与通货膨胀挂钩（并非完美挂钩）的国债以及商业银行和储户之间的回购协议等。回购协议允许储户在每日结束时将存款转换为国库券，以规避向央行缴纳准备金。同时，在保持流动性的基础上，储户还获得了国库券的利息收入。

这些规避措施使20世纪70年代的现金加活期存款需求（以实际购买力计算）下降了一半。通货膨胀上升时，可以明显观察到回购市场交易量上升、现金需求下降。类似的，通货膨胀上升时，国库券、债券和金融公司存款占全部金融资产的份额也会相对上升。[38]

但并不是每一个人都能规避通货膨胀税，只能靠现金交易的穷人就别无选择。同样，那些账户余额不足以进行日回购交易的储户也无法规避加诸存款的通货膨胀税。只有富人才有能力购买大额长期或短期国债。[39]不过，就算是富人和企业主，其各种规避方式也并非完美。在年均通货膨胀率高达69%时，没有人愿意把钱存入不计息的活期存款账户，即使富人或企业主也要留有部分活期存款用于支付结算。所以，没有人能够完全免于通货膨胀税。

通货膨胀对银行存款有挤出效应，但企业和家庭又必须使用支票账户结算。这就意味着巴西银行业不是主要靠扩大存贷款息差赚钱，而是靠支票支付过程中借贷双方入账的两三天“浮动”利差赚钱。在浮动期间，付款人必须要在活期存款账户中留有足够余额进行支付，通胀就会直接导致该账户贬值。军政府不同意银行占有全部浮动收益；它要求银行将支票账户余额中相当大的一部分存入央行作为准备金，借此将浮动收益的一部分收入囊中。

通货膨胀税虽然增加了政府收入，银行却无法吸收足够的存款进行放贷，也就无法扩大企业和家庭的贷款规模，进而阻碍了经济增长。[40]因此，他们裁减了贷款部门，集中精力设立分支机构、对民众开展存款游说。银行家在金融体系中的主要作用就是帮助储户通过各种方式投资政府债券，尤其是通过回购。

为什么军政府允许规避通货膨胀税？毕竟它可以通过监管当局强迫银行不对活期存款付息，或要求在央行存入高比例的准备金，或禁止回购交易，但是它没有这样做。此外，为降低国债持有者的通胀风险，政府国债面值还与通货膨胀率挂钩。

巴西军政府之所以愿意减轻通货膨胀税对某些阶层的资产造成的不利影响有两个原因。首先，通过允许金融业创造银行存款的替代品——短期国库券回购协议、与通货膨胀挂钩的政府债券、金融机构中间业务等，政府可以限制财富向海外转移；其次，默许规避通货膨胀税可以推动储蓄转换为长期或短期的国库券，这就为政府提供了一个用非常低（常为负）的实际利率（扣除通货膨胀因素影响后）吸收存款的国内垄断市场。

但是，允许规避通货膨胀也意味着通货膨胀税基（活期存款）缩水。20 世纪 80 年代之前，政府只得将通货膨胀税率提得极高。而且，加速通货膨胀也无法保证能够持续获得足够的通货膨胀税收入：在通货膨胀率足够高的情况下，即使持续通货膨胀，通货膨胀税收入也将下降。在军政府统治后期，通货膨胀上升已经失控。1984 年，年通货膨胀率已超过 200%。并且如图 13.2所示，通货膨胀税收占 GDP 的比重开始下降，民众对高通货膨胀下的经济成本也日益不满。民主的呼声日益强烈，而军事威权统治者却越来越像无能的跳梁小丑，逐渐失去了巴西地主的支持。

军事威权统治者试图向一些对其有利的人提供各种政府指导贷款，但这已于事无补。将通货膨胀税作为税收机制，必然会导致金融抑制和税收累退，军事威权统治的日子已屈指可数。

民主回归与通货膨胀税银行业的终结

1985 年，经济管理不善最终迫使军事威权统治者退出了巴西政治舞台；民主化进程开启，并在 1988 年新宪法出台时达到高潮。1989 年，巴西进行了第一次全民公投的总统直选。从那时开始，巴西大众政治就出现了强烈的民粹主义倾向。首位直选总统费尔南多·科洛尔（Fernando Collor），在任职两年后就因贪污指控遭到弹劾，因此很难描述其意识形态特点。不过，他的继任者不是社会民主党的左派人士就是工党的务实派。

1990 年后，巴西民主政府的头等大事就是收入的重新分配，其中的关键一步就是终止加诸穷人的通货膨胀税。1993—1994 年，伊塔马尔·佛朗哥（Itamar Franco）政府制定了雷亚尔计划（Real Plan），在削减支出、增加利息、创造高估值货币的同时，努力控制通货膨胀。要实现这一目标并非易事。因为削减政府支出（即使是为了普通人的利益）也会引起轩然大波。但政府并没有多少选择，由于财产的海外转移，政府对富人加税的能力极其有限。

20 世纪 90 年代一段民间轶闻可以说明政府受到的限制。路易斯·伊纳西奥·卢拉·达席尔瓦（Luiz Inácio Lula da Silva）（著名的卢拉总统，2002 年就任的中左派政治领袖）在青年集会中演讲时，发现每次他承诺对富人加税时，前排一大帮穿着考究的巴西年轻人都会爆发出热烈的掌声和喝彩声。演讲结束后，卢拉询问富家子弟为何会支持自己的观点？其中一个回答说："因为我们的父母答应我们，如果你当选的话，我们就搬到巴黎去。"

面对如此多的挑战，雷亚尔计划能否成功尚不得而知。计划几乎没有涉及政府改革措施，也没有明确承诺汇率要长期与美元挂钩。在与通货膨胀的斗争中，政府最大的资产就是大量的外币储备（约值 380 亿美元），可用来防止新货币贬值。但是，如果政府赤字得不到有效遏制，外汇储备也无法发挥作用。

最终，雷亚尔计划的胜利论证了"银行交易博弈"的主要逻辑。无法终止税收累退会使民主政府难以长久生存。如图 12.2 所示，通货膨胀率戛然而止，从 1993 年的 2477% 降到 1994 年的 917%，到 1995 年的 22%，再到 1996 年的 10%，最终到 1997 年的 5%，然后基本维持在这一水平。

降低财政赤字和通货膨胀很快对银行产生了意义深远的影响。对巴西的民营银行而言，雷亚尔计划令它们左右为难。（和之前的许多货币改革一样）银行必须要做好雷亚尔计划成功和失败的两手准备。

如果雷亚尔计划奏效，银行就要结束从通货膨胀中套利的业务，转而靠贷款盈利。这需要对人员和网点进行大幅调整，特别是，它们将需要比现在少得多的柜员和多得多的贷款人员。如果银行不能尽快调整结构并转型，就无法争取到好客户，就会在竞争中失利。

但是，假如雷亚尔计划失败，赌雷亚尔计划成功并持有贷款资产组合的银行就只能拼命再转回套利生意。比如，1994 年的伊塔乌银行（Banco Itaú）就在此战略问题上纠结。该银行曾因支持此前的一项通货膨胀改革（1986 年的克鲁扎多计划）而焦头烂额，在该计划失败后蒙受了巨大损失。[41]最终，伊塔乌银行选择支持雷亚尔计划并获利，在此后巴西银行业的扩张中扮演了主要角色。

国有银行私有化

通货膨胀的大幅下降需要政府承诺缩减赤字，但这绝非易事，因为就连政府也无法完全控制其财政支出。因此，财政改革也要求改革州政府的运行，因为其影响着全国的财政赤字，其中，对州立银行的私有化改革首当其冲。

在巴西联邦政府的执政年表中，州政府一直占有独立的一页，州政府设有州立银行。其初衷是为当地咖啡种植园等的经济发展提供所需信贷补贴，但最后，这些银行都沦为州政府弥补财政赤字的工具。最早的州立银行可以追溯到 20 世纪 20 年代。当时，米纳斯吉拉斯和圣保罗州政府控股了苦苦挣扎的民营银行。[42]到了 20 世纪 70 年代，巴西的 19 个州都成立了商业银行，还有一些州成立了储蓄银行。20 世纪 80 年代，这些银行控制了银行业 13% 的存款。[43]

州立银行之所以可以玩花招，是因为中央政府不会允许州立银行倒闭。因此，州立银行可以毫无顾忌地贷款给关键选民和州政府，然后向巴西中央银行（Banco Central do Brasil）（成立于 1965 年的央行）寻求救助，救助资金就来自印钞或财政借款。获得救助后，州立银行可以再次贷出同类不良贷款。1989 年、1993 年和 1997 年，发生大量州立银行倒闭和政府纾困行动。[44]雷亚尔计划带来的经济紧缩加重了最后纾困的成本。为执行反通货膨胀政策，政府实行加息，从而导致了经济放缓，出现违约和破产的浪潮，推高了所有银行的贷款损失。[45]

一旦联邦政府开始认真约束赤字，就会真正关停州立银行，并寻找其他能够降低州立银行纾困成本的方法。早在 1993 年初，联邦政府修订了宪法，禁止州政府在 1999 年 12 月前再发新债，除非是用于偿付 1988 年宪法之前已有的司法赔偿。[46]接着，推动各州将州立银行私有化，并基本于2000 年改制完毕。[47]最终，2000 年，联邦政府立法禁止中央银行或州政府在没有明确法律诉讼时对破产银行进行纾困，违反这一法令的官员将予以刑事处罚。2000 年改革还要求总统对各公共部门的年度债务设置预算，并对违反预算限制的下级政府进行处罚，违法发行债券也将被处以监禁。[48]

这些措施改变了巴西银行业。正如几位研究者所述，私有化后的州立银行不再是财政的负担，与重组而未改制的州立银行相比，显得更具效率。[49]另有证据表明，私有化提高了实体经济的生产力。根据利奥·费勒（Leo Feler）的研究，银行私有化后，巴西最贫穷地区的信贷规模、就业和工资水平下降了，但富庶地区的上述指标都上升了。这意味着私有化促使信贷重新配置到了信贷资源利用效率更高的地区。[50]

总有例外

2000 年改革降低了央行救助倒闭银行的意愿。2008—2009 年全球金融危机时更是如此，当时的央行甚至对提供短期流动性援助都有所顾虑。[51]央行转而劝诱民营存款保险机构（Fundo Garantidor de Créditos，FGC）提高保险上限，并说服大银行借款给小银行。从某种意义上说，央行用强制监管权替代了直接救助。

尽管联邦政府使州政府或央行难以在没有国家立法支持的情况下对破产银行进行纾困，但还是保留了纾困的自由裁量权。也就是说，联邦政府给自己提供了巴西人所谓的*jeitinho*——绕过规则的方法。尽管央行不能直接参与纾困，但这并不意味着破产银行必须被清算（或者会导致巴西银行业危机），虽然确实有一家银行——南克鲁塞罗银行（Cruzeiro do Sul）于2012年被清算。州立银行可选择通过收购吸收破产银行的损失。在2008年之前，尽管州立银行和政府一样不得收购处于危机中的银行，但2008年全球金融危机期间，政府还是通过了一项法案（2008年443号临时法案，后来的2009年11908号法），允许州立银行购买其他银行或资产。[52]巴西银行对沃特兰亭银行（Banco Votorantim）的收购就是一个重要案例。[53]政府还动用其监管权力，借助公共利益支持民营银行。例如，在泛美银行（PanAmericano）陷入会计丑闻并破产后，央行借助监管手段，迫使一家民营银行百达银行（BTG Pactual）对其进行收购。[54]并且，随着问题银行的缩减和消失，为减轻对经济的短期冲击，各州政府还允许州立银行扩大借贷规模、降低贷款利率。[55]

在危机期间利用国有银行支持民营银行展示了1990年后巴西民主政府的一个奇特特征。尽管联邦政府强迫州政府将州立银行私有化，并对纾困和债务保险实施限制，但它并未将国有银行——巴西银行、国家社会经济发展银行和联邦储蓄银行——私有化。如前所述，这三家银行的资产占巴西银行业总资产的41%。

政府的这一选择可以从政治逻辑上解释。政府有三种方式对收入进行再分配：调节各阶层税负，增加对穷人的支出，或利用银行业通过补贴贷款对穷人进行隐性利益输送（见第七章对克林顿“第三条道路”的讨论）。在过去的10年中，巴西政府把三种方式都用上了：通过终止通货膨胀税提高了富裕阶层和中产阶层的税负；通过一系列有条件的现金转移支付计划直接为家庭提供补贴，并提高了反贫穷计划的支出；以及利用自身对巴西银行和国家社会经济发展银行的控制，实行转移支付，对那些为重要政治地区提供大量就业机会的制造业企业提供了贷款。

通过银行业再分配的机制，丹尼尔·卡瓦略（Daniel Carvalho）做了详细研究。他发现，那些能够满足国有银行信贷条件的公司会在一些地区增加就业岗位，即与执政党（1994—2002 年是社会民主党，2002 年后是工党）结盟的本地政客再次当选将面临巨大困难的地区。重要的是，他的研究表明，不符合国有银行贷款条件的公司，或依赖于政府补贴贷款但贷款不由国有银行提供的公司，并不存在类似情况。也就是说，在选举政治上的必争之地，企业就业岗位的增加和国有银行提供的贷款量紧密相关。证据显示，1994 年之后的巴西政府并不只是鼓励银行借贷以刺激就业增长，还利用权力要求银行刺激就业以提高赢得地方选举的概率。[56]

银行与政治的双向道

尽管本书的大部分篇幅都在关注政治对银行体系的影响。但是，巴西从 20 世纪 80 年代后期开始由威权政府向民主政府的转变也告诉我们（如第二章和第三章所述），银行体系也会对政治产生巨大的意料之外的影响。

巴西在军政府威权统治期间，征收通货膨胀税的银行必然被当作政府的工具，因为对“弱小”政府来说，通货膨胀税是比直接对富裕阶层加税更优的选择。这一选择直接导致了通货膨胀攀升，削弱了军政府统治的合法性，为带有强烈民粹主义色彩的民主转变奠定了基础，为私营部门提供大量贷款也成为巴西私有银行的主要目标。

有很多理由可以相信，巴西银行业的前景乐观。国际货币基金组织（IMF，2012a）对巴西金融稳定的评估结果相当不错。国际货币基金组织指出了巴西银行业有很多积极的方面，包括高资本充足率、银行监管质量的大幅提升、银行业的充分竞争（银行的高度集中除外），以及资本市场建设的不断深化等。[57]在政府和财政体制深度改革的背景下，巴西银行业也在不断进步。一些研究者认为，这将开辟政府政策不仅是应付眼前收支平衡而是更关注公民长远福利的新纪元。[58]

另一个乐观的理由是，银行业和财政状况的改进是在广泛改革的背景下发生的，这些改革不仅涉及政治体系和财政政策，也囊括贸易政策、产业私有化政策和公司治理。大量研究表明，这些领域的改革可以有效遏制贪污腐败，给政治体系带来了积极变化。[59]相应的，雷亚尔计划实施后，巴西的外商直接投资和新股发行比例都直线上升。最终，即便是卢拉等左翼民粹主义者当选总统，巴西的经济改革进程也没有像有些人担心的那样受阻。在 2012 年 12 月最高法院的一次审讯中，卢拉政府的很多成员因贪污腐败被判入狱，很多人视此为当局对贪污腐败容忍度降低的信号。

新股发行的飞速增长尤其令人鼓舞，因为这代表市场对政府没收风险下降的预期。正如第二章所述，高的政府没收风险有利于股权集中：大股东作为既得利益获得者，有强烈的动机进行寻租，要么在没收风险方面补偿他们，要么降低被没收的风险（比如，通过贿赂政府官员规避征税或监管）。[60]但是，在过去的几十年里，通过巴西的证券交易所（Bovespa）的新市场板块（Novo Mercado），巴西的公司积极对其公司治理（包括信息披露、投票权、董事资格、随售权及其他治理政策等）采取自我约束，[61]以加强对小股东权益的保护、降低股权集中度。这些公司治理的自我改进提高了股票的市场交易量、股价及增发新股的可能性。[62]有更多的公司愿意将股权多样化，也是政府侵占风险下降的强有力信号。此外，公司领域的这些政策通过减少腐败，提高了私人和公共部门的治理水平。

但是，以上这些并不能保证巴西银行业的前景一片光明。新的体制安排还未受到经济冲击的压力测试。如果巴西出现严重的经济衰退，实体经济萧条将严重威胁借款人和银行的偿付能力，那时，政府会允许银行倒闭，还是对其救助？如果对其进行救助，在直接加税受到限制的情况下，会不会对通货膨胀税产生路径依赖？

美国银行业是在民主制度下承受民粹主义重压的典型。和同时代的巴西一样，美国在20世纪90年代将信贷补贴作为绕过财政再分配约束政策的手段。在美国，预算外的“灰色”政策都采取了政府支持企业法定要求、《社区再投资法》监管要求和为“大而不倒”的银行提供支持的形式。而巴西在政府支出和对银行纾困的法定限制外，找到了对定向受众提供信贷支持的其他方式，包括通过州立银行贷款、允许州立银行收购问题银行、监管当局“促使”大银行救助小银行等。如果说美国的经验有何启示的话，那就是巴西银行业危机的管理将是一个持续的过程。

第四篇

超越结构化陈述

第十四章　其他国家的案例

我们的样本是否有代表性？

用实践检验想象，眼见为实，而不再凭空幻想，正是旅行的意义。

——塞缪尔·约翰逊（1773）

科学是由事实组成的，正如房子由石块组成。但简单堆砌事实得不到科学，正如胡乱堆叠石块造不出房子一样。

——庞加莱，《科学与假设》（1908）

陈述并确定原因

经济学分析主要围绕着确定因果关系展开。经济学家都致力于通过理解事物之间的关联结构揭示事实。经济学中的结构模型都在试图辨析经济运行中遭遇冲击的原因，并解释这些冲击是如何诱发个人、企业、政府和银行家可观察到的行为反应。

为了说明结构性思维的重要性，我们先来看看如果缺少结构性思维会给我们造成什么样的困扰。2007—2009 年美国的次贷危机就是很好的例子。记者大多会罗列可能与危机有关的诱因，有些清单甚至罗列了超长串的内容。但这些清单里有些内容实际上是与危机同时发生的，而不是危机的起因；另一些内容对危机的产生有影响，却是其他因素的产物。为辨认危机的最根本原因，我们必须建立一个结构模型，在解开内在因果联系的前提之下，将各事件连接起来。

在社会科学这个大框架下，特别是对银行业的研究中，辨别因果关系最主要的方法是运用统计学技术，设置“识别性限定条件”（identification restrictions），指导因果关系的推导。从本质上看，计量经济学通常采用一些经济学或政治学理论中可能的因果链条作为先验观点，以助于将因果关系从相关关系中区分出来。我们热情倡导并实践这种寻求因果关系的方法。

与此同时，我们相信本书记录各国历史的方法证实了另一种补充方法的实用性，即在较长时间跨度内对一些特定国家连续发生的事件进行研究。只要不简单将事件按先后串联，历史陈述对辨析因果关系是非常有效的。正如本章开篇引用的庞加莱的名言，搜集事实对研究而言是必要的，但不充分。历史陈述必须与经济和政治的逻辑相结合才更有价值。因此我们推崇的方法，就是建立“结构化陈述”，将经济政治逻辑与某个国家的历史事件分析相结合。我们相信结构化陈述能够为寻找塑造政治史、经济史、金融史的主要因素提供有力证据。

不可避免的是，这种陈述方法是建立在作者对历史的主观判断之上，所有本书的读者以及后续研究的读者都必须对作者的主观观点自行研判。然而这并不是陈述方法的缺点，相反我们必须强调无论是通过统计分析还是历史陈述，因果关系推导都是基于一些对因果链先验性的主观判断。这种主观观点首先需要检验其内在逻辑是否合理，其次还要检验其能否推广应用至其他的案例或数据。

在本书中，无论在本书研究的相关国家的历史方面，还是在“银行交易博弈”的一般性结构方面，我们的陈述都不应被视为最终结论。我们希望其他学者能检验我们和其他相关研究者的结论，不仅仅通过统计的方法，还可通过对其他国家的详细陈述，或是提供对本书所涉五国的不同陈述进行比较并予以检验。事实上，我们觉得现在是时候强调叙事研究方法在因果关系推理中的作用，并通过坚持统计和叙事证据的平衡，恢复社会科学研究方法上的平衡。

任何国家的历史都极具特殊性，要通过找出许多国家之间的共性因素（对各国做时序面板数据分析就需要这样做）来理解银行体系的发展过程及与之息息相关的经济政治历史变得几乎不可能。正因为不同国家不同历史时期需要研究的因素相差甚远，陈述方法提供了一条很好的研究因果关系的道路。如果将统计分析生硬地套用到历史中，会使我们不能清晰地理解不同国家银行体系发展过程中存在的巨大差异。

叙事研究方法可以展示政治经济体制的作用，也透视了政治经济冲击对真实情况的影响。结构化陈述是良好统计模型的坚实基础。同时，了解事实还有助于识别那些未加入时间地点变量的模型的缺点，这一点我们将在下一章详细讨论。

但陈述方法也有不足之处。最显而易见的缺点是，案例研究的代表性不足。本书中的叙事研究方法，无论是拿来与理论模型相比较（第二章），还是对现代世界的广泛讨论（第三章），都局限于案例讨论的那五个国家。细致的历史叙述需要花大量的时间来研究、规划、撰写和研读。因此一本书难以穷尽世界上所有国家，即使只是大部分国家也写不完。

然而我们可以做的是，通过将书中研究国家的经验教训与其他国家联系起来进行总结。我们把从近年跨国统计研究证据与案例分析中得出的三则经验相结合：第一，给定其他因素不变，民主制度下的银行体系比相对威权制度下的银行体系更倾向于广泛地提供信贷资源；第二，给定其他因素不变，在民主国家，银行家与民粹主义者的结盟更难实现，因而能够更广泛地提供银行信贷资源，同时减少银行危机出现的可能；第三，政府安全网让银行体系变得更不稳定，这种安全网并不是出于提高经济效率的考虑，而是政治博弈的结果。我们的陈述研究得出的结论不止这些，但这三条最显而易见并且是可以用跨国统计研究检验的。

细心的读者或许会提出四个国家作为反例质疑民主制度更有助于银行体系稳定与有效的观点，例如改革开放后的中国、俾斯麦时期的德国、明治维新时期的日本，以及奥古斯托·皮诺切特（Augusto Pinochet）时期的智利。我们将对此做简单的讨论。我们将在下文指出这四个国家中的三个——中国、德国和日本，实际上适用于我们书中第二章构建的模型。尽管证据不是非常清晰明确，但皮诺切特时期的智利银行体系发展确实是个反例。在威权统治者的权力缺乏制衡的情况下，智利还是建立了一个成功的民营银行体系。但仅仅发生在银行私有化和政府救助之后。在威权制度下，银行家的私人财产权难以得到保障，银行私有化和政府救助是这种情况下的常见现象。实际上，20 世纪 70 年代皮诺切特上台后不久的智利银行私有化和 20 世纪 90 年代墨西哥革命制度党当权时期非常相似（见第十二章）。

简单来说，当我们尽最大努力寻找与结构化陈述结论相左的反例时，我们最多找到一个与理论不尽相符的案例。我们的结论是，我们详尽地进行结构化陈述的英国、美国、加拿大、墨西哥和巴西的经验分析，对民主或威权体制下的银行体系发展具有广泛的代表性。

一些简单的跨国统计证据

为了验证我们采用的 5 个案例样本是否具有广泛的代表性，我们从一些简单的统计数据开始。在第一章中，我们注意到，若将银行信贷资金宽裕定义为银行私人部门信贷与 GDP 之比超过 1990—2010 年均值一个标准差以上（大概是 GDP 的 83%），将银行体系稳定定义为自 1970 年以来未出现银行危机，那么在 117 个样本国家或地区中，只有 6 个经济体——澳大利亚、加拿大、中国香港、马耳他、新西兰和新加坡——能同时符合上述两个标准。当然，没有哪个统计指标能全面展现不同国家或地区之间信贷资金宽裕程度或银行体系稳定程度。例如，没有发生银行危机不一定说明其银行体系存在良好的制度设计，可能仅因为当时宏观经济环境良好。然而如果只是作为简单估测，上述指标还是有用的。

上文中提到的这6个“非常成功”的经济体具有什么共性呢？其中三个——新加坡、中国香港和马耳他——是城市国家或是小的岛屿，而不是领土广袤的经济体。我们猜测，在一个经济高度集中、政治形态相对简单的社会中，更容易避免对社会有害的银行博弈（导致信贷资源稀缺或银行体系不稳定的博弈）。像新加坡、中国香港这样没有农业的国家和地区，不存在农业民粹主义者、小银行家和代表农业地区的政客结盟的现实基础。实际上，在一个以贸易港口为主的城市经济体，制造业主、银行家和政客的利益是天然一致的。他们必须维护一个稳定、高效、开放的经济，要不然就会因贫穷落后而被邻国吞并。在这种情况下，经济与政治方面的精英占据绝对主流，试图让银行体系偏离稳定及信贷资金宽裕的利益集团微乎其微。[1]

其他的三个经济体——澳大利亚、加拿大和新西兰——具有两个共性。第一，它们都属于英联邦（实际上这6个经济体曾一度都是英属殖民地）。第二，它们都在世界上最稳定的民主制度环境中。政治学家通常采用“政体评分”（由蒙蒂·马歇尔和金斯·杰格斯创建的一个包含政治竞争程度和政治制度发展程度的两维矩阵）衡量民主或威权的程度。我们将这种划分简化为百分制，并按照政治学文献中的惯例将民主定义为80分[2]以上。虽然简单地用数字衡量民主程度不完美，但也提供了一种表现不同政治体系之间区别的重要方法，并且当研究者取多年的年度政体评分平均数时尤为有效。1925—2010年，澳大利亚、加拿大、新西兰三国政体评分均为100分（最高分）。同时期，全球各国的政体评分平均分为52.6分。即使囊括所有这6个“非常成功”的经济体，也只有一个威权经济体——新加坡（自从独立以后平均政体评分为 40 分）。[3]

澳大利亚、加拿大、新西兰还有其他共同点。这些国家的结构和政治历史倾向于削弱民粹主义者和银行家形成有害于社会的联盟的能力。我们在第九章中已经讨论过集权经济政策以及非民选上议院对加拿大银行体系博弈的影响，此处不再赘述。

新西兰的政治体系和加拿大一样，也是在社会的多数派（毛利人）对英国殖民者的商业野心产生敌意的情况下建立起来的。19 世纪 50 年代，代议制建立之初，在政府决策体系中设计了否决权，以制衡人口上有优势的毛利人，类似制度包括上议院非民选（直到 1950 年废除），以及总督在立法方面具有一票否决权。

澳大利亚并没有设置非民选上议院（自从创始以来，其议会就是民选的），但澳大利亚是逐步脱离英国统治取得自治的。直到 1986 年澳大利亚才从英国法院和议会获得完全的独立。另外，与加拿大及新西兰相似而与美国不同的是，澳大利亚宪法赋予政府集中控制国家经济和银行体系的集权权力。民粹主义者无法与银行家结盟，通过在某些州赢得竞选来推动有利于己的政策，而这在美国历史上的大多数时间内一直存在。

细心的读者或许会指出，我们对银行信贷资金宽裕和银行体系稳定的定义要求相当严格。假如我们改变标准，只要求该国自 1970 年以来没有银行危机，且银行信贷与 GDP 之比的均值达到所有经济体的平均水平？若根据这一标准，包括“非常成功”的 6 个经济体在内，共有 13 个“成功”的经济体，新加入的 7 个国家或地区为巴哈马、巴林、巴巴多斯、伯利兹、中国澳门、毛里求斯以及南非。新增的经济体中有 6 个是小型经济体。除了中国澳门以外，其余 6 个都曾是英国的殖民地或受保护国，并最终都通过和平方式获得独立。

南非是“成功”经济体名单上一个领土较大的经济体。和加拿大及新西兰一样，南非的民主政治体系建立在长时期赋予英国殖民者远多于其人口数量的特权之上。南非联邦1910年的宪法及修正案和后续的法律，极大地限制或剥夺了占国家人口多数的非洲人和印度人的权力。更具讽刺意味的是，南非的英国人与迫于武力加入联邦的波尔人联手，建立一个非民选的不公平分配代表权的上议院，还更激进地通过立法完全剥夺“黑色人种”和“有色人种”的政治权利。

最终，南非1997年的宪法建立了全民选举制度，但也是种族隔离政府与非洲国民大会互相妥协的产物，其制度还是包含了一系列不平等因素，使收入和财富不均匀分配。首先，而且最重要的是，总统并非直接民选，而是通过下议院选举产生，是弱势总统。总统对立法的反对权受到宪法法院限制。其次，负责审批所有立法的上议院，不是选举产生，而是由各省立法机构任命，每个省份无论人口多少，推举代表的数目都相同。此外，根据议案种类，上议院通过立法一般需要至少绝对多数赞成票。事实上，在某些情况下，下议院提交议案之前必须获得绝对多数赞成票。虽然南非的政治体制没有涉及银行监管，但事实上这样的政治体制使民粹主义者很难和银行家结盟谋求有害于社会但有利其自身的银行监管政策。

如果说6个“非常成功”和13个“成功”的经济体大多数是小岛经济体、城市经济体或采用限制民粹主义者的民主政治体系，那么这些经济体的反面又是什么呢？也就是说，那些银行体系脆弱、私人部门信贷资金稀缺的国家又是怎样的呢？

如果我们将界定“非常成功”的标准反过来，寻找1970年以来至少出现过两次系统性银行危机，同时1991年以来私人部门信贷与GDP之比低于全球平均水平一个标准差以下的经济体，我们找到两个“非常失败”的国家，乍得和刚果民主共和国。毋庸置疑，这两个国家的民主水平基本上是全球最低的（1970年以来平均政体评分分别为30分和26分）。

如果我们将界定“成功”的标准反过来，寻找至少出现过两次系统性银行危机，同时1991年以来私人部门信贷与GDP之比不高于全球平均水平的经济体，我们找到16个“失败”的国家。其中大部分长期处于威权统治之下，经历过短暂的民主尝试但以政变告终，或者说经历了长期的威权统治，直到近期才尝试民主政治。乍得和刚果民主共和国之外，这“失败”的16个国家分别还有阿根廷、玻利维亚、巴西、喀麦隆、中非共和国、哥伦比亚、哥斯达黎加、厄瓜多尔、肯尼亚、墨西哥、尼日利亚、菲律宾、土耳其以及乌克兰。自1970年至今，这些国家的政体评分平均值为58，而假如将观察时间延长，这个值还要更低。在这些国家中，只有三个国家在1970—2011年的政体评分平均值高于80，即哥斯达黎加（100）、哥伦比亚（88）和土耳其（82）。总之，我们阐述的普适模型的反例如此之少，让我们感到震惊。普适模型是指，拥有稳定的银行体系且银行信贷资金宽裕的国家，通常具有稳定且能限制银行家与民粹主义者结盟寻租的民主政治体系；银行体系不稳定且银行信贷资金匮乏的国家，不是威权政治，就是民主尝试时间短，或者是其民主政治体系限制寻租行为的能力很弱。

超越简单的二元关系

非常具有怀疑精神的读者会指出，以上数据中显示的相关关系并不一定能说明因果关系。这样的读者会反驳道，有可能是稳定有效的银行体系促进了民主发展而不是反之，或者有其他我们未发现的变量同时导致了民主和稳定有效的银行体系。

许多研究者通过统计方法表达了这些疑问，其中一种方式是使用工具变量。工具变量，即一个第三方变量，与其他解释变量不相关（在本书中即为银行体系发展），但与我们的假设解释变量（在本书中即为民主程度）相关，用于排除两者互为因果的可能性。菲利普·基弗（Philip Keefer）最近的研究采用了这种方法，不仅发现了民主政治体系与银行信贷资金宽裕程度之间的相关性，还发现了民主政治体系是通过保障私有产权来影响银行信贷资金宽裕程度的。[4]

詹姆斯·巴斯等人（James Barth、Gerard Caprio 和 Ross Levine）采用工具变量法探索民主政治体系与银行体系稳定性及信贷资金充裕之间的因果关系。他们发现民主政治体系与银行业准入的容易程度以及银行所受限制的减少相关。他们还发现威权政府对银行业设置的严厉监管措施与信贷资源匮乏和银行体系脆弱相关。这项研究在很多方面与我们结构化陈述的结论相吻合。该研究认为一个国家选择怎样的监管政策以及执行政策时采用的监管框架，是可以根据该国政治体制推理预见的。复杂的监管框架及较大的监管权限容易在贪腐问题严重的环境中出现。核心政治因素，包括对政府职能部门的限制程度、政治家的可信度、可预测的监管裁量权、政府对银行行为的监管程度、银行业准入壁垒，以及政府保护银行免受市场监督或处罚的程度。结论是，在政府公信力较低的环境下，政府倾向于选择更复杂、监管权限更高的监管体系，以限制行业准入，但是这会导致行贿及贪污。[5]他们的结论还指出，如何选择监管体系取决于政治上的博弈，而不是由睿智或大公无私的立法者为提高银行体系效率而决定的。

研究者还运用统计方法，通过研究同一国家中不同历史时期的变化排除某些未知因素同时作用于民主程度与银行发展程度的可能性。他们探究政治体系变化是否先于（而非后于）银行信贷资源宽裕程度的变化。迈克尔·博多（Michael Bordo）和彼得·罗素（Peter Rousseau）采用了这种方法，研究了 17 个国家在 1880—1997 年的情况。他们发现有些代表民主程度的指标，例如按比例选举代表的机制、经常性的选举、全体女性投票权、较低的革命或政变倾向，是银行信贷资源宽裕程度提高的前提。他们还发现银行信贷资源宽裕程度的提高先于而非后于经济增长加速。[6]韦迪那等人（Marc Quintyn 和

Geneviève Verdier）近期对国内变量进行研究，并检验了1960—2005年全球各国的情况，发现金融自由化催生银行信贷增长的能力取决于该国的政治制度。政权越民主越稳定，越有助于银行信贷稳定增长。[7]总之，无论采用什么样的数据，结论表明，我们在五个案例研究中的因果陈述是具有广泛代表性的。

银行业的政府安全网

我们的结构化陈述得出的另一个重要经验是，政府为银行提供的安全网，例如存款保险，实际上降低了银行体系的稳定性。我们的陈述还指出，安全网的出现并非为了提高银行体系的效率，而是出于政治博弈。实际上，存款保险、政府救助等概念及其他政府提供的支持有助于提升银行体系稳定性这一观点，与加拿大的经验不符。尽管加拿大经济的周期性很强而且没有存款保险制度，但加拿大从未经历过严重的银行业偿付危机（最近一次银行体系流动性危机出现在1839年）。包括大萧条时期在内的大部分时间中，加拿大甚至可以在没有"最后贷款人"的情况下正常运行，这实在是令人震惊。加拿大银行（加拿大的央行）直到1935年才成立。

正如我们在第六章中提到的，尽管副作用广为人知，美国还是在1933年建立了存款保险制度。当时还是总统候选人的罗斯福在1932年给《纽约太阳报》的信中写道：存款保险制度"会使银行管理层懈怠，会让银行与储户面对存款风险时不再那么审慎。我认为这有可能演变成为联邦财政的无底洞"。[8]然而，自1933年起，银行业防护机制主要为政治目的服务，即为享受防护机制的银行降低资金成本。银行业的政治影响力越强，这种保护力度就越大。[9]

这种情况在其他国家的经验中也存在吗？存款保险是政治博弈的产物，是不稳定的来源吗？全球有关存款保险的研究非常多，其中大部分采用了跨国统计比较。核心结论是，安全网越慷慨，银行体系越不稳定，并且扩大银行业安全网主要是为了增加政治影响力。一些研究发现，安全网越慷慨，往往预示着银行危机发生的概率越高。这些研究还发现，在政治体系脆弱的环境下，存款保险造成的不稳定影响越大。[10]关于安全保护网如何激励风险承担的其他研究还发现，存款保险使银行融资成本对银行所担风险的敏感性下降。[11]

在政府决定采用存款保险的过程中，政治的作用非常明显。相关研究表明，一系列政治因素显著提升了推行存款保险的可能性。1980年时，只有 20 个国家有存款保险制度，2003 年增加到 87 个国家。德米尔居奇－昆特等人（Asli Demirgüç-Kunt、Edward Kane 和 Luc Laeven）得出的结论是，国内外的政治压力是存款保险制度被采用的重要因素。来自国外的政治压力包括世界银行的建议，以及加入欧盟所要求的前提条件。研究囊括的国内政治压力通过一组国内政治测量方式展现，其中包括政体评分、贪腐程度、官僚体制复杂程度、对政府执行部门权力的限制、政治竞争度指标以及民主的公信力。这项研究的结果指出，对当权者和政府执行部门权力限制较弱的民主国家，更倾向于采用存款保险制度。该项研究还提供证据表明，给定其他因素一致，贪腐严重的国家更倾向于采用存款保险制度。最后，这项研究发现如果存款保险制度是在金融危机时期开始实施的，那么制度设计往往很糟糕，从而导致更严重的道德风险问题。[12]

是，但怎么解释中国？

特别具有批判主义精神的读者读到这里也许就要开始找反例反驳了。但面对这些读者，我们想说的是，个别反例不能构成充分的证据说明这种规律不存在。正如存在活到 100 岁的大烟枪的事实无法证伪吸烟致癌的理论。

然而，我们必须给予批判性思维应有的重视。毕竟观察到足够数量的反例意味着理论框架可能缺少了一些重要的东西。让我们从一个让许多读者关心的案例开始。中国银行业在最近几十年间，在政治体制与西方民主制度差别较大的环境下快速增长。我们同时也研究了银行业快速增长同时银行体系保持稳定的其他三个案例——明治维新时期的日本（1868—1912 年）、德意志帝国时期的德国（1871—1918 年）和皮诺切特在位时期的智利（1973—1990 年），并探究它们的政治制度。

根据我们的理论，当政府强大到足以集中决策，但没有强大到可以削弱银行家、银行股东、储户的财产权时，威权国家可以产生快速增长以及至少局部稳定的银行体系。明治维新时期的日本和铁血宰相时期的德国正是这种中央集权的威权政体的例子。然而如果控制政府的集团拥有不受约束的权力，民营银行则难以产生，因为它们做出的不剥夺银行的承诺无人相信。中国正是这种威权政治体系的例子，这导致了中国基本不存在西方意义上的民营银行。国有银行主导着中国的信贷市场。由于中国没有成功的民营银行体系，从这个角度看，它符合我们的理论。皮诺切特在位时期的智利或许可以算一个反例，但这个反例也有些模棱两可。皮诺切特在经历灾难性的银行私有化过程后，才建立起一个稳健的银行体系，而这场灾难性的银行私有化带有威权政体失败案例的特征。

中国

中国已经广泛地发展了民营经济，尤其是在农业、制造业、采矿业，这些行业在过去 30 年中大力推动经济增长。然而中国的大银行没有真正地私有化，这些大银行仍然都是由政府控制并由国家控股。它们的首要任务是为国有企业提供信贷。这些银行提供的贷款很多最终造成大量损失。当银行的贷款损失达到一定规模时，国家会通过政府援助消除这些坏账（最近一次发生在2000年）。另外，很难阻止政府强迫银行贷款给政府的企业，或强迫贷款给有特殊关系的人控制的企业，或要求银行将50%的存款零利息地存放在中央银行（中国人民银行）。我们下文将会讨论，中国银行业的投资者明白，一旦投资，他们将会受制于国家的强制措施，或者被迫迎合国家或国企的利益。国家偏爱国企，因为国企能够创造就业，但这使国企将其成功建立在为它们提供贷款的银行的亏损之上。

改革开放前，中国不存在一般意义上的银行业。和其他计划经济国家一样，中国的银行业本质上是计划经济体系中的清算系统。这样的银行业不存在吸收存款、发放贷款、清算市场交易或管理风险等性质。改革开放前，物价和工资由政府决定，就业有终身保障，生产为国企垄断。政府实际上拥有所有资产和产出，在政治和经济上没有竞争对手。

这样的国有经济有一个明显的问题。对个人而言，生产激励微乎其微，欺骗政府的激励却很强。随后的中国领导人逐渐意识到继续维持这样的经济形态会使中国不适应世界的发展。如果没有经济的市场化改革，中国将最终变成军事和外交上的弱国。因此，一系列让市场决定价格的改革自20世纪80年代中期开始，并在90年代加速。民营经济被放开并得到鼓励，许多国有企业被完全或部分民营化。

1992年邓小平“南方谈话”之后，中国政府决定让金融行业现代化以提升经济持续增长速度。“南方谈话”为经济改革提供了有力的支持。除了一些核心行业，国有企业开始民营化。[13]民营化是渐进式的，最初大部分股权由国家或受国家控制的国有“法人”（一种法律实体，包括各种各样的政府机构和国企）持有。并且允许企业通过90年代早期成立的上海和深圳交易所以及香港股市，在境内外融资。

然而，经济改革开放的同时，银行体系还是由国家控制。除央行之外，中国银行体系最初由四大国有银行——中国银行、中国建设银行、中国农业银行、中国工商银行组成。设计者最初是让这四家银行各自专注于为不同的行业提供贷款或专注于某类业务。但随着时间的推移，这四大行的业务逐渐趋于同质。此后，逐渐允许其他国家控股的银行和民营银行开展运营，但规模较小。截至1994年末，经央行批准，全国的非国有银行只开办了130家分行、98家支行以及724家支行以下营业网点。与此同时，四大国有银行有138081家支行以下网点。[14]至2003年，四大国有银行的资产仍约占全国银行业的55%。虽然这些国有银行继续主导着银行体系，但近年来非银行机构信贷变得越发重要。

中国的大银行由国家控股并非偶然，政府为其盟友带来回报并创造就业，就业对于国家生存至关重要。然而经济增长最核心的来源是民营经济，民营经济的投资主导着商业周期。民营经济投资的能力主要取决于能否获得信贷资源，而各时期信贷资源充裕程度主要受中国人民银行的一系列政策影响。当通胀率上升时，中国人民银行限制贷款增长，设置有利于国企的信贷资源分配。中国人民银行这么做有双方领导存在政治联系的原因，也是由于国有企业创造就业的政治意义重大。中国城市中的工人阶级拥护共产党的一个重要原因是它努力维持他们的就业。因此当信贷资源稀缺时，高增长但政治上关系较疏远的民营经济就承担了信贷资源配置压力。[15]

银行的存款和贷款利率由政府设定，利率管制具有多重功能。第一，存贷利差较大为国有银行带来利润缓冲。这个缓冲非常重要，因为向国企提供的贷款给银行带来持续的巨大损失。在21世纪初，数以千亿计的贷款损失被核销（由政府吸收，也就是由国家财政埋单）。同时大多数研究者判断这些国有银行在接下来的10年里产生了几乎相同数量级的贷款损失。这些损失一直未反映到账面上，贷款到期后再展期，成为“长青”贷款。[16]第二，存款利率保持在低位减少了货币升值的压力，从而促进出口增长。[17]简而言之，不能认为中国的银行体系通过良好风险管理成功地将信贷资源引导至民营的、最具竞争力的信贷需求方。

因此，中国的银行体系不是在威权政权下促进民营银行体系健康快速发展的案例。中国银行体系维持过去 30 年中国高经济增长速度的能力仍是不确定的。[18]低效的贷款指导、利率管制，以及阶段性的大规模政府纾困仍然是维护银行体系稳定的主要手段。假如中国的银行体系是完全民营的，能自行设定利率并以经济效益为本分配信贷资源，将导致国有企业萎缩，以保持工人就业来维护稳定的政府也将因此面临极大的风险。许多研究者认为中国经济的持续增长取决于减少国家对银行体系的控制。然而，很难预见中国的政治体制将如何改变以促成对民营银行开放。

德国

德国的情况又如何呢？难道银行业和重工业的增长不是发生在俾斯麦大权独揽的时期吗？难道俾斯麦不是一位因在统一的德国推行中央集权而闻名的普鲁士贵族吗？

毋庸置疑，在德国银行体系向全能银行发展的同时，贷款迅速增长，尤其是对工业的贷款迅速增长。这也是银行业的一个新模式。这种模式在 19 世纪最后 25 年中得到完善，让一家银行能同时在全国设分行、开展贷款、吸收存款、承销证券、资产管理等多种业务。因此这使最大的几家银行相比英国和美国的银行对工业企业具有更强的控制力。通常，德国的银行通过提供短期贷款与一家工业企业建立联系，贷款的资金来源是该银行的存款。随着企业成长及其资金诉求增加，这家银行会为其发行股票。股票通常由该银行的资管账户认购。以上做法使企业的投票权和控制权集中于银行体系，因此股东拥有更大的权力规范企业的经营管理。实际上，这段时期德国经济之所以会形成卡特尔格局，至少可以部分追溯到寻求建立有序市场（即并无过多竞争的市场）的大银行的影响力。

德国央行控制纸币的供给，并采用金本位制。至1913年，储蓄银行和信用合作社总资产约占金融系统总资产的30%。在当时储蓄银行联盟和信用合作社联盟各自发展自己的民营机构，为该行业提供行业自律监管，并在危机发生时提供救助。这在某种程度上与加拿大以及南北战争前的印第安纳州与俄亥俄州的银行间合作关系类似。德国的银行体系不仅有丰富的信贷资源、多样的资金来源，而且在1860—1930年基本没有发生危机（唯一的例外发生在1873年，这次危机发生于德国银行体系发展早期）。[19]

我们面对的问题是，19世纪末期的德国是否构成我们从结构化陈述中得出的规律的反例？当时德国的政治体系是怎样支持德国银行体系发展的？

答案是：虽然德国当时处于威权政治环境，但还是有许多具有代表性的机制制约德国宰相和皇帝的威权统治。在1871年德国政治统一之前，德国是一个政治脆弱、由多个主权国家组成的松散邦联体。普鲁士在1866年与1871年分别击败奥地利与法国，经过战争和谈判，德国终于从松散的邦联变成了以普鲁士为主导的联邦制国家。实际上，联邦建立后各州仍保留其原有的地方政府结构。德意志帝国自身采用两院制的立法系统，各州有其自己的议会，具有一个两院制的立法系统。德意志帝国参议院是非民选的上议院，代表各州利益。德意志帝国众议院（下议院）由全国成年男子普选产生。立法的前提是众议院和参议院都要以绝对多数赞成票通过。

这些并不表明德国的政治体制是百分之百民主的。参议院的权力比众议院的权力更大。无论上议院或下议院都无法提起立法议案，他们只能阻止、修订或通过立法。总理直接听命于皇帝，而不是立法机构，只有皇帝对总理有任免权。尽管如此，当时的德国与20世纪30年代希特勒统治下的德国还是有着天壤之别。当时的德国总理不具有不受限制的权力，他无法触动财产权。总理是可以被免职的，正如俾斯麦在1890年被皇帝威廉二世免职一样。重要的是，俾斯麦之后到希特勒上台之前，没有哪一任总理获得过如此集中的权柄或如此之长的任期。

俾斯麦需要德国金融家和实业家，正如金融家和实业家需要俾斯麦一样。刚统一的德国比较贫穷落后。为了在经济和军事上赶上竞争者，德国政府制定了一系列经济政策以促进德国工业化，其中一项就是发放银行牌照，允许银行成立并为工业提供贷款。实际上，政府促进德国全能银行发展主要是为了实现其军事和殖民野心。

当德意志帝国成立时，它能否成为一个成功的国家还远未可知。当时德国受到来自东方处于上升期的俄罗斯帝国的威胁，来自南方奥匈帝国的威胁，以及来自西方法国的威胁。由于国家存亡取决于能否建立起强大的经济实力击败其对手，俾斯麦需要将这个新生国家的实业家和金融家拉在一起形成联盟。这些金融家和实业家中很多不是普鲁士人，而是来自很大程度上不受总理控制的西部或南部地区。

简言之，19世纪末德国银行业快速发展并不构成我们结构化陈述中得出的规律的反例。第一，银行体系的发展由建设国家经济基础的需求所驱动。第二，俾斯麦并没有不受约束的权力，他的权力受到一个非民选上议院和一个由全国成年男子普选产生的下议院的限制。德国总理的权力比美国总统或英国首相的权力大，但也不像墨西哥迪亚斯在执政末期那样的傀儡议会；不像巴西在旧共和时期最高领导人能事先决定选举结果。

日本

日本又是怎样的情况呢？日本构成我们得出的规律的反例吗？至1973年，日本是西欧、美国或英国殖民国家以外唯一的人均GDP达到西欧水平的国家。[20]日本经济高速增长的关键时期是一战前的40年，这段时期内日本通过模仿西方国家，推动工业化，以出口带动经济增长使其变为世界强国。1878—1914 年，日本 GDP 年均增速约 4%，出口增速是这个值的 2 倍。[21]因此日本是独具特点的早期非欧洲经济发展的历史案例。

直到 19 世纪 60 年代末期，日本还是一个人均 GDP 相对较低的封闭农业经济体。1853 年，马修·佩里（Matthew Perry）船长率领的美国舰队以炮击为威胁强迫日本开放国际贸易，那时日本的落后显而易见。和我们之前讨论的其他国家精英一样，日本的精英意识到他们如果不能推动经济现代化，将会面临被竞争对手殖民或吞并。

日本经济基础脆弱，与欧洲的封建制度情况高度相似。经济现代化的需求开启了 10 年的动荡，并最终造就了明治维新，虽然这一名称并不完全准确。皇帝恢复了最高权威，但构建与西方政治体系相似的新政府体系。日本用数十年时间设计的政治体系，最终体现为 1890 年颁布的明治宪法。对日本的政治体系争议不多，其皇帝不是一个立宪君主，皇帝与两院制立法系统分享权力。立法机构中，上议院主要由贵族和政治寡头组成，其中大部分有军方背景；下议院是民选的，但对于财产要求的设置使日本社会仅少部分人（约不到 1%）有资格参选。上议院政治寡头之间的不协同导致下议院各政党对议员席位的激烈竞争。[22]

一战前的 30 年间，明治政府积极促进经济发展。日本不仅完成了工业化，以强大的军事力量在 1905 年日俄战争中战胜俄国，还成为西方国家重要的贸易伙伴，在伦敦资本市场上积极参与融资活动。

与德国一样，明治政府意识到，现代化金融体系对于其实现政治及军事野心非常重要。[23]小型、非正式借贷组成的金融体系被现代化金融体系取代，这种现代化金融体系主要由政府许可设立的有限责任的商业银行，以及根据西方国家先例设计的金融机构组成。日本最初模仿美国的全国银行体系，但发现这种体系存在一些问题，此后，政府迅速地转向一种与英国更相似的特许经营制度，包括许可设立一家遵循金本位制的中央银行。从1888年至1901年，银行数量和银行贷款增长了6倍。这样的快速增长与1890年《银行法》对银行牌照的整理和统一息息相关，这项法律鼓励了银行业的竞争。

明治年间的银行体系构成包括：为大型工业或商业集团即“财阀”提供融资服务的超级银行，由政府资助设立的政策性银行，以及1000多家为当地市场提供服务的小银行。在明治年间，这些小银行通过影响当时两大政党之一的政友会（Seiyukai），阻止了大银行推动的关于制定银行业最小资本规模的立法。这些大银行推动的立法议案本意是逼迫小银行兼并或停业。[24]

经济史学家将日本经济发展归功于其银行体系。一方面，由于日本政府致力于工业发展及出口，日本银行体系是为满足工业部门信贷需求和金融服务需求而被设计出来的；另一方面，为了准确地扮演好这个角色，银行——尤其是规模大的银行——获得了特许，而且做得很成功。[25]政府利用政策性银行促进农业、工业、电力和交通等方面的固定资产投资。政府在银行运营中也扮演积极角色，保证这些银行在设立的最初10年内股息率达到5%。这些银行的管理层和董事由财政部任命，在危机发生时政府提供援助。比如，日本兴业银行在日俄战争期间根据政府要求向金矿公司提供贷款后形成坏账，后来在1913年得到了政府援助。

那么我们应当怎样解读日本案例呢？若我们将明治时期政治体系彻底解构，将发现日本的威权政治体系由具有极深军方背景的政治寡头主导，而由于这些政治寡头之间缺乏互相信任，日本的政治体系又带有西方代议制的某些特征。[26]明治宪法的设计师们非常谨慎地从美国、英国、德国和西班牙政治体系中吸取经验并借鉴，比如从德国借鉴了立法的方式和管理。日本政治体系的民主程度与德国相比远不可及。但无论日本天皇还是首相都不具有不受限制的权力。另外与德国相似的是，明治年间日本当权政党很清楚，正如实业家与银行家需要他们一样，他们也需要实业家与银行家。若想保持国家的延续，就不能随意地剥夺财产权。1913 年政府对兴业银行的纾困，表明政府意识到其成功与否与银行体系存亡密切相关。因此，毋庸置疑，明治政府时期，银行业快速发展且成为经济现代化的重要资金来源。

智利

与德意志帝国、明治维新时期的日本相比，20 世纪后期的智利在威权统治方面有过之而无不及。在 1973—1990 年奥古斯托・皮诺切特的严酷统治之下，甚至不存在象征性的代议制政府。皮诺切特军政府折磨并暗杀其竞争对手，中止宪法、关闭国会、禁止政党活动。

皮诺切特当权期间，智利的银行体系增长显著。1975 年至 1990 年，银行信贷/GDP 值增长 8 倍，从 5% 增长到 41% 。在皮诺切特被迫下台之后仍然继续增长，到 2010 年达到了 69% 。银行业成功私有化的同时，[27]智利建立了一个交易活跃的资本市场，养老金体系也实行了私有化，体量巨大的民营养老金体系成为股票及债券的活跃购买者。这些养老金的参与使智利资本市场获得了令人瞩目的增长。至 2000 年，智利的股权价值相对 GDP 的比值在发展中国家位居前列。资本市场和银行间市场的极大发展也对智利经济发展做出了贡献。1985 年至 2011 年，智利的人均 GDP 翻了近 3 倍。[28]

从经验主义的角度出发探求因果关系，可能得出这样的结论：皮诺切特在位时期的智利是本书得出的规律的明确反例。然而如果仔细观察，我们会发现智利银行业的情况并不例外。皮诺切特威权政府终结了长达 40 年的民主实践和金融抑制。从 20 世纪 30 年代至 70 年代中期，智利金融系统体量很小而且监管相当严苛。[29]萨尔瓦多・阿连德（Salvador Allende）总统在任期间（1970—1973 年），规模很小的银行很容易被国有化，政府只要收购仅有的几家银行，而且由于金融行业长期受到抑制，这些银行股价非常便宜。阿连德政府不仅将智利银行业国有化，还将采矿行业充公，并扩大了其前任政府开启的土地改革。[30]阿连德还征收通货膨胀税用于扩大社会福利。当阿连德政府被推翻时，财政赤字达到了GDP的14%，年化通货膨胀率接近1000%。[31]

皮诺切特政府改变了阿连德政府的政策。1975年，皮诺切特政府开始了重大的财政改革，使财政赤字在1976年被消除。该项财政改革包括减税以及鼓励外国直接投资。此外，很多阿连德政府时期被国有化的企业被私有化了。这一系列改革除了雷厉风行还具有很多引人注目的特征。[32]

然而皮诺切特政府重新私有化银行业的过程并不引人注目。1975年，当政府拍卖银行时，政府对待私有制经济的态度还不太明确。部分军方人士倾向于由政府控制或主导的经济，因为这些人担心智利在很多行业缺乏比较优势，这样会有损智利的国家安全。这些军政府成员发挥着相当大的影响，直至1978年皮诺切特在政治斗争中战胜了空军古斯塔夫·雷（Gustavo Leigh）将军，将后者赶下台。[33]

然而军政府做出的承诺都缺乏公信力，因为他们食言也不受惩罚，这让银行私有化变得更加困难。1975年6月，智利发生储蓄和贷款机构危机时，政府强行限制提取存款，强制延长债务期限。这导致智利的储蓄和贷款机构几乎遭遇全面崩溃。这项证据有力地说明，当时智利有意进入银行业的人非常担心政府会毫无顾忌地剥夺他们的财产权，而且可以通过强行调整央行制定的存款准备金率等各种方式实现。[34]在银行拍卖时，尽管政府允许购买者通过借款购买银行，且借款额可以达到总价的90%，这一定程度抬高了售价，但不出所料，买家仍然出价很低。[35]为进一步鼓励对银行进行投资，政府在银行出售后未对关联贷款设置限制。

因此智利的银行业私有化过程非常像墨西哥在1991—1992年革命

制度党当权期间的情形：买家基本上都是通过杠杆收购的方式购买银行，投入的自有资本极少，承担的风险很小。因此银行家有强烈的动机大规模发放内部人士贷款并承担巨大风险。智利的银行家开始了贷款狂欢。与墨西哥的情形一样，智利的银行家享受到了极大的监管容忍。“关于抵押担保贷款的规则非常简单，很多贷款甚至没有很好地被担保；对不良贷款和贷款减值损失准备方面的要求低于国际标准；贷款风险的测算和分级方面的制度是逐渐实施的……关于关联贷款的规则基本上无法执行，银行可以通过各种监管漏洞套利。”[36]和墨西哥的情况一样，智利银行的大部分贷款给了银行关联方，也就是贷给了银行董事或者董事亲属的公司，并且给关联方的贷款利率要低于非关联方。[37]

还有一点与墨西哥相似，就是政府采用高估本国汇率[38]的固定汇率制，并允许银行从国外以美元融资。[39]和墨西哥一样，智利政府最终不得不让本币贬值，这使许多以美元负债支持本币资产的银行加速崩溃。许多银行无力偿债，迫使政府介入并同时援助银行的债权人和债务人。和墨西哥一样，对政府纾困的预期导致了道德风险，直至政府纾困规模越来越大、有始无终。1981 年至 1986 年，智利政府介入了 21 家本国金融机构，这些机构资产占银行业总资产比例达到半数以上。其中一些机构被清算。政府用纳税人的钱清理了其余机构资产负债表上的坏账，然后重新将这些机构私有化。[40]清算小组接手这些机构后，发现这些银行近 1/4 的贷款给了关联方。在圣地亚哥银行（Banco de Santiago），关联方贷款相当于银行资产的 45%。[41]

皮诺切特政府是如何重塑公信力以使智利的银行体系发展成为拉丁美洲之最的过程仍需进一步探索。我们猜测 20 世纪 80 年代中期之前，公众相信皮诺切特的威权统治不会对他们的财产权构成威胁。相反，对财产权的威胁来自被皮诺切特赶下台的左翼民主政府。因此皮诺切特对金融财产权即银行股权及存款做出的承诺是可信、可行的。

让我们感到惊讶的是，1982—1983 年的灾难似乎并没有破坏民众对皮诺切特威权政府会加强保护而不是损害民众金融财产权的信心。智利政府在 1985 年开始改进其审慎监管体系。[42]事实证明，智利的改革比很多发达国家的改革更有效，包括在财务透明度、充足资本要求、有限的安全网保护等方面。因此，自 1983 年以来，智利躲过了波及许多其他拉美国家及发达国家的银行危机。

结　论

回答第一章中提出的核心问题：为什么不是所有国家都能建立起提供稳健而充裕信贷的银行体系？答案是，政治条件限制了一些国家这样做的可能性。历史环境以及根植其中的政治制度对银行业起到了至关重要的建设性作用，但同时也限定了该国银行体系的一些可能特征。

本书的主要论点是所有国家的银行体系都是“银行交易博弈”的产物，后者决定了银行如何获得许可、如何接受监管、如何与政府互动。这些结果反过来又决定了该国在两个核心领域的境况：经济中的私人部门是否容易获得信贷，以及是否容易发生银行危机。

持牌银行通常都是政治合作的产物，政治合作的参与者包括政府，以及赢得银行体系构建主导权的公民联盟。国家以银行业作为收入、借贷以及其他资金援助的来源。国家需要银行，同时银行开展业务也需要国家在多方面的配合：维护其合法性，保护合同权利，允许银行在可预知的规则下运行，可预知的规则可增加银行对于储户、股东和借款人的吸引力。

在统一的中央集权的威权政治下，政府无法约束自己不剥夺银行财产，导致民营资本没有动力去设立为市场提供贷款的银行。因此高度中央集权的政治，倾向于建立国有银行体系。当某个威权统治者无法完全集中权力时，就可能与一些金融家结盟建立民营银行体系，但这种银行体系与金融教科书中所述的独立信用中介截然不同。其目的只是向政府以及与银行董事有利益关联的非金融企业融资。一些相互间有千丝万缕个人或政治联系的政府官员和商人组成了一个具有排他性的小群体，主导着“银行交易博弈”。

一般情况下，民主导致的最终结果比威权好一些，因为民主政府剥夺私有财产的能力受到政治和法律制度的限制。尽管民主制度下信贷资源更易获得，但银行资产被具有投票权的多数派剥夺成为新的风险，并且银行业准入仍可能扭曲并限制信贷资源。在民主国家中，私人部门可获得的信贷资源比威权国家要多得多，但民主国家信贷资源供给程度不尽相同，因金融危机而遭受信贷不稳定的程度也各不相同。历史环境塑造了政治制度以及决定银行业特征的政治联盟，同样，在民主国家遭受信贷资源紧缺和银行危机的程度方面，历史环境也起到了关键作用。

第十五章　现实对理论的挑战

最近的经历告诫我们，许多曾经被认为是不可推翻的基本理论，或是没有我们之前想象得那么重要，或是我们还未曾注意到另有一些更重要、更有力的理论，它们足以推翻曾被视为万能的理论。

——埃德蒙·伯克《与美国和解》的演讲（1775）

无知优于谬误。无知者与真理的距离小于相信谬误者。

——托马斯·杰斐逊《弗吉尼亚州的声明》（1781—1782）

在第二章中，我们提出了一个分析框架，论证不同类型政治因素与银行体系实现充足稳定信贷之间的关系，阐述银行体系如何在我们称之为“银行交易博弈”的政治交易过程中形成。在这一博弈中，不同政治利益集团结成联盟，进而决定了形成何种银行及其如何运行。本书通过历史描述揭示政治交易的逻辑如何适用于相关国家的具体历史，如何与历史相结合，从而证明第二章的分类方法的价值。

我们并不认为，图 2.1 中的政体和银行体系分类是分析政治与银行关系的永久性框架。将政治形态和银行体系划分为有限的几个类型可以帮助我们思考，有效但并不完美。事实上，随着此书的撰写，这些分类也在修正。未来随着知识的增长，我们也将进一步优化分类。正如伯克和杰斐逊在本章引言中所说：科学认知是一个不断学习的过程，在这个过程中，扬弃错误假设与累积事实同样重要。[1]这一观点适用于观察很多现象，也同样适用于现代世界与银行体系。

因此，我们并不试图兜售一个精巧的、永恒不变的模型来解释银行成败的一切。相反，我们只是尝试一种特殊的思考方法展示政治和银行体系的关系，以理解银行体系在不同时期、不同国家的运行方式。我们的框架结合了历史知识和对政治交易逻辑的理解。这一思维方式为我们理解观察到的世界提供了独特视角，并具有重要的否定意义，即我们需要对现存的主流观点或理论进行修正。本章，我们将重新审视其中比较重要的观点。

银行危机的经济学理论

对银行业基本史实略有了解的人都会发现，主流银行危机理论有一个明显缺陷：它们都是普适性理论，认为导致银行危机的银行业因素在所有时间和地点不变。但正如我们在本书中阐释的，银行危机并非随着时间和国家有规律地发生，因此危机不由银行业普遍的经济特征引起，确切地说，危机是由银行业普遍经济特征与银行所处政治环境共同决定的。

普适性银行危机理论指出了银行业特征的三个方面，认为这三个方面的某些组合导致危机：银行结构、银行间关联性以及人类本性。银行结构是指银行在相对低流动性的长期贷款和相对高流动性的短期负债之间的期限错配和流动性错配。结构理论认为银行危机源自这类错配导致的内生性“流动性风险”暴露。[2]

银行间关联性理论涉及外部性问题：每家银行基于自身的最优化决定流动性资产的持有量和银行杠杆（即银行负债与权益资本的比值）。银行家并不考虑溢出效应（外部性），该效应的产生是由于每家银行都是银行体系的一部分并因而彼此相关。具体而言，一家银行的倒闭会加剧其他银行的风险。根据这一危机理论，监管的主要作用是迫使银行持有比自愿水平更多的现金资产、维持更低的杠杆率，以实现外部性的“内部化”。缺乏充分的监管以内部化外部性时，银行危机就会发生。[3]

第三种也是更为古老的观点，认为是人性的弱点引发了银行危机。根据这一观点——已故教授海曼·明斯基和查尔斯·金德尔伯格都认为：人类是短视的，金融市场和银行业在过度乐观和过度恐慌（也称为兴奋期和惊恐期）中往复波动。[4]乐观情绪占主导时，银行无法充分管理风险，也即风险贷款发放过多，现金资产持有不足，杠杆过高，从而导致银行倒闭。

这三种普适性理论的共同问题在于，它们不能解释为什么银行危机在各国和近代历史中并非以同等概率发生。人性是恒久不变的。银行的资产负债表以及银行间复杂的关系网络也存在数百年了。尽管这些因素一直存在，但银行危机在很多时期和地方并未发生。

譬如，根据这些理论，加拿大应该是很容易发生银行危机的，但事实并非如此。我们很难证明加拿大人比其他人看得更长远。加拿大的银行家也和其他国家的一样，需要平衡资产和负债期限。从 19 世纪初期以来，加拿大的银行也需要参与复杂的全球银行间关系网络。然而历史上，除了 1837 年和 1839 年的两次小危机外，加拿大成功避免了系统性的银行危机。此外，加拿大在近些年才引入审慎监管，其央行也建立不久。根据银行危机的结构理论，与其他许多国家相比，加拿大的银行本应面临更高的流动性风险。根据外部性理论和短视理论，缺乏积极审慎监管的加拿大在大部分时期应发生银行危机，但事实并非如此。

上述经济学理论的核心观点并非“错误”，相反，诸多证据表明，它们揭示的风险来源是真实的。包括美国次贷危机在内的银行危机史表明，银行运营如果过于依赖短期负债，那么一旦债权人拒绝展期，金融机构就会面临风险。同理，次贷危机表明，复杂金融体系中出现的交易对手风险，会导致负面冲击在金融机构间的传导。而且，同明斯基和金德尔伯格的观点一致，风险资产定价研究发现，市场对风险的敏感度随时间而变化（虽然不能明确知道这一波动是否反映短视或定价“基本面”）。

银行的不稳定性随国家和时间而变化，并不说明银行危机理论不适用，而是上述三种普适性解释并非构成银行危机的充分条件。银行结构蕴含着流动性风险，但银行可以通过审慎经营降低这一风险——比如，通过持有充足的现金资产，降低运营杠杆，与其他银行一起加入流动性风险互保机制（如通过私营的银行清算所）等。银行间的关联性会在银行体系中产生外部性，但适当的风险管理和高效的银行机构可以缓解这一风险。房地产、股票市场和风险债务工具的泡沫可由诸多原因引发，但并不必然导致银行危机。危机发生与否由银行家的选择决定，这些选择包括持有多少现金，募集多少股本，以及如何在各类贷款和其他资产间分散风险。

这三种理论强调的威胁因素是否会引发银行危机，其决定性要素是政治。如果政府决定建立保护银行的慷慨安全网，但并不配套建立政治上可信的审慎监管体系，那么银行在管理流动性风险、偿债风险和交易对手风险时就会更加不谨慎。以下观点应予反复强调：银行业安全网和审慎监管的程度取决于政治家，而政治家在做选择时，其目标一般是最优化自己的短期政治前途，而非长期社会福利。

政治也会引发银行风险经济学分析中无法预见的冲击。战争、政变以及政府财政紧张都可能给银行带来政治压力，甚至政府的没收行为。这些冲击的形式和强度可能不同：美国内战中，银行为了支持北方，集体自发承担了大量债务，而墨西哥革命中，银行被直接没收了。正如巴西在其大部分历史时期发生的，政治联盟还可能阻挠合理赋税体系的发展，促使政府可通过银行征收通货膨胀税，但这样做削弱了银行作为信用中介的能力。事实上，银行体系的结构及其对负面冲击的敏感度都是政治选择的结果。譬如，20 世纪末以前，美国限制银行开设分支机构，不允许其在不同州放贷，导致其银行更容易受到如农产品价格波动等地区经济波动的冲击。

将政治因素排除在银行危机的理论之外，就像是戏剧中删除了王子。“银行交易博弈”的政治结果形成了银行运作的规则，决定了银行业可能遭受的冲击。不同时期、不同地区银行危机爆发的巨大政治差异表明，要理解银行危机何时、何地发生，政治经济学的视角必不可少。

银行业集中度与稳定间关系的观点

已有大量理论综述和实证文献分析了决定银行盈利能力和稳定性的因素。其中一个热门话题就是集中度更高的银行体系，即由少量大型银行组成的银行业，其盈利能力和稳定性是强还是弱。关于银行集中度及其影响的理论很多，且角度不尽相同。一方面，集中度高被认为可以促进盈利能力和稳定性，因为它使银行拥有高价值的特许经营权、获得市场影响力、分散风险。另一方面，集中度高也被认为不利于盈利能力和稳定性，理由是它催生了政府眼中“大而不倒”的银行，从而鼓励道德风险，同时还提高了投资者对银行管理不善的容忍度。部分模型则表明高集中度可同时带来高盈利性、低稳定性。[5]

实证文献尚未在集中度和不稳定性间得出相关关系。一项综合跨国研究检验了 69 个国家在 1980—1997 年的情形，试图回答系统性危机的概率与银行体系集中度是否相关。作者发现，集中度高的银行体系发生危机的可能性更低。但同时发现，限制竞争的监管举措会导致发生银行危机的风险更高。[6]

对于本书读者，这一结果不足为奇。银行集中度是否与其稳定性相关取决于银行所处的政治环境。美国的银行体系并没有在集中度提高时变得更稳定，因为1990年后，伴随集中度上升的还有政治博弈。博弈赋予大银行更多租金，例如市场影响力、“大而不倒”的保护和更宽松的审慎监管政策。作为交换，银行将部分租金分享给受到优待的选民。在19世纪中期之前的英国，英格兰银行控制着伦敦市场，但它要为这一特权支付政治租金，即执行可能增加票据市场道德风险的政策，结果形成了一个蹒跚前行的准垄断银行体系，屡经危机磨难。苏格兰的银行体系则由三家特许银行和众多其他银行组成，更富竞争性，也更为稳定。加拿大自治以来，银行业集中度与稳定性同步提升，因为加拿大的政治博弈避免由纳税人出资对银行纾困，同时防止银行滥用其市场力量。在波费里奥·迪亚斯统治时期，墨西哥特有的政治博弈虽然也带来了银行业的高集中度和稳定性，但原因不同：由精英集团掌控的银行集中度确保了该政权存续期间政治寻租的稳定性。一旦政权崩溃，银行体系也随之瓦解。

因此，我们的国别研究说明，集中度和稳定性都是政治上“银行交易博弈”的结果。二者并不存在因果关系，都由塑造银行业的政治交易引起。因为存在多种不同的政治环境以及诸多类型的银行博弈，所以，集中度和稳定性之间不存在一致的实证关系。

非历史的推理

本书的重要主题是揭示在通行的银行业理论中，其命题的正确性是有条件的，即依赖于所处的历史环境。历史环境的变化由银行体系之外的因素引起。在当代，最显见的推动民主国家进步的因素包括战争、通信和交通等领域的技术变迁。在英国和美国，公民权的扩展给政治家带来压力，要求其增发银行牌照以提高信贷可获得性。不太显见的是，技术变迁也在改变银行业，如信息技术的进步使单体银行家更难维持垄断特权。即便住所远离银行网点，银行家也可以收集潜在借款者的信息，储户也可以通过自动取款机网络获取资金。

脱离历史环境对不同国家政治与银行业关系的探讨几乎都是伪命题。政治权力的集中可以改善银行业运行吗？也许会，也许不会，这取决于集权发生时所处的政治环境。在加拿大，许可权的集中同时带来了竞争性的提高。但在20世纪末的美国，许可权的集中却是围绕全国性银行和政府支持企业的一场完全不同的政治交易的一部分，即以市场力量和政府保护特权换取新的授权。减少保护的立法能否稳定银行业呢？这在20世纪80年代中期的智利成立，但对于其他政治环境不同的国家，这种限制在银行危机时取消了（例如，美国在次贷危机中，废止了1991年《联邦存款保险公司改进法》对银行的保护上限）。

不重视历史的研究者倾向于把复杂的银行体系研究简化为各影响因素的相关性分析（例如民主、银行集中度和受保险的存款等）。因为没有考虑模型因素所处的环境，这类方法常常无法找到相关性。即便找到实证相关性，其结果也往往被错误地诠释，因为研究者发现的相关关系反映着影响所有评估变量的深层因素，但这些因素被忽略了。

经济学家和其他希望通过研究银行业来改善银行体系运行的人，都需要学会在决定银行业形态的政治和技术环境下思考银行及其改革措施的合意性。要理解为什么有的银行体系可以提供稳定而充足的信贷、有的却不能，需要研究各国银行体系建立的政治基础，以及决定各国“银行交易博弈”结果的政治联盟的本质。[7]

各国银行博弈的本质随时间而变，可能反映其剧烈的政治变迁。最显著的变化在于，我们分析的每个国家都发生了革命或政府组织形式的根本性变迁。1688年的光荣革命及其后英法两国长期的政治纠葛，深刻影响了英国的银行业历史。军事竞争对英国相对稀少的人口的压力是英国政治历史的主题：它推动了选举权的扩大，进而在19

世纪增强了银行业的竞争，在 20 世纪中叶削弱了银行信贷在经济中的重要性。美国独立战争使特许银行成为可能，美国宪法规定如何分配政治权力，从而长远地决定银行许可和监管的模式；此后，包括内战在内的主要事件也深刻影响了银行业结构。在墨西哥和巴西，主要源于政治斗争的银行危机给银行业结构带来巨大变化，例如没收银行财产、恶性通胀等，挤出了仅有的私人银行，银行体系主要服务受（政客）青睐的借款者，从而导致墨西哥和巴西进入长期的金融抑制。

除了剧烈的政治变迁，其他渐进的变迁往往导致主导银行业政策的政治联盟被新联盟取代。但是，这些变迁是否发生以及是否影响银行博弈，不仅取决于人口或行业的增长机会，也取决于一国的政治制度。

我们以加拿大和美国在 19 世纪和 20 世纪初期发展的异同为例。西方移民和交通进步提升了农业利益，两国都经历了相似的农业民粹主义者对现有银行体系的挑战。加拿大的政治制度被设计成抵制这些挑战，其最初的银行业结构没有发生根本变化。在加拿大，政治制度的设计旨在减少发生重大政治变革的可能性，其政治系统由英国而非新生国家的革命先驱设计，其目的是减少可能威胁金融、贸易和基础设施建设等大英帝国关键战略领域的政治风险。加拿大的 1840 年《联合法》以及 1867 年宪法都试图将经济和金融体系与政治危机隔离，包括来自农业民粹主义运动的压力。

但在美国，农业民粹主义者和单体银行家结成的联盟改变了 1830 年之前的银行特许制，即银行特许权自由化，但不能在全国设置分支机构，从而确保准入门槛的有效性。纵观两国历史，美国与加拿大银行博弈的核心区别在于美国的宪法结构使银行许可权分散化，且没有隔绝金融体系和民粹主义政治。这一制度性区别使美国的民粹主义运动能够与银行家及政府联合，重新塑造符合其利益的银行体系（包括全国性银行体系、联邦储备体系，以及 20 世纪 30 年代的各种银行业创新政策)。20 世纪后期，随着美国人口由乡村转入城市、银行业危机、技术变化以及其他青睐银行整合的因素逐渐成熟，新的主导联盟得以产生，其核心是新兴全国性银行和激进团体之间看似不可能却成功联手的伙伴关系。

历史告诉我们，尽管政治和银行业分类及理论十分有用（如图 2.1)，但银行业历史仍不能简单地抽象为由政治联盟到银行业的单向因果关系。银行业也影响着政治。正如我们在第三章讨论的，对一国的生存和扩张而言，为国家财政利益服务的银行业和军事、贸易战略同等重要。银行体系不仅是政治的结果，也影响着未来的“银行交易博弈”。

无论是在威权政体还是民主政体中，银行不仅通过影响财政和军事塑造国家，它还影响博弈各方的谈判力。获胜团体可获得财富和政治权力，进而巩固他们在下一轮博弈中的实力。因此，银行博弈具有持续性，比如迪亚斯统治时期的墨西哥精英集团。加拿大的银行在早期建立了全国性的分支机构，并利用自身影响力挫败或招安民粹主义者。美国根深蒂固的单体银行家则维持准入壁垒长达 150 年之久，尽管这耗费了巨大的经济成本和社会成本。即使在 1933 年金融危机中，单体银行家仍然凭借其政治影响保住了联邦存款保险和其他有利于维系其地位的监管政策，并终结了威胁其自身的银行整合运动。

金融创新和企业家精神既受政治环境影响，又影响着金融产品和服务的发展。在银行业和政府财政中引导金融创新的个人及公共企业家行为，很大程度上决定了银行业的经济功能，同时决定了战争结果和帝国扩张。

比如，特许银行和汇票的产生，这是早期现代银行的标志，既改变了银行业的历史，又改变了国家的性质。苏格兰在 18 世纪和 19 世纪初期就宣布银行可自行决定经营地点和服务，苏格兰也因此成为银行业创新的摇篮，苏格兰银行体系的成功，包括纸币、有息存款、银行分支机构、授信额度和其他创新，促使英格兰在 19 世纪 30 年代初开放银行竞争，从而成为全球现代银行业的先行者。

个人行为对结果也有影响，主要在于一些个人能够识别并抓住组建政治联盟和实施金融创新的机会。如亚历山大·汉密尔顿，不仅在勾画美国宪法中发挥了重要作用，而且还建立了特许银行的金融策略和公共财政制度。汉密尔顿知道如何达成政治共识：作为财政部长，他挫败了美国银行的反对者，对方认为他的政策违背宪法、背离自身利益。还有许多其他政治企业家，他们建立联盟的想法和能力在银行业历史上留下浓墨重彩的一笔。安德鲁·杰克逊成功阻止了美国第二银行的再设，尼古拉斯·比德尔则在这场政治斗争中失手，而许多历史学家认为，如果比德尔能以不同方式运作手中筹码，他本可以获胜。[8]何塞·利芒图尔（José Limantour），迪亚斯时期的墨西哥金融奇才，是另一个很好的范例。他发现了如何促使各地区权贵和金融家形成稳定联盟，为数十年来动荡的墨西哥筹措资金；在美国 1907 年金融恐慌前夕，他发明了贷款证券化，以此为政府银行提供流动性支持。此后贷款证券化被广泛模仿。总之，银行博弈的结果并非机械地由联盟谋划决定：有影响力的政治企业家既可以放大，也可以中断历史趋势。

在历史关键时刻，身居要位的个人会对银行业结果产生重大影响。1994 年，国会发言人纽特·金里奇撰写了《与美国的契约》（Contract with America），领导共和党成功夺取了众议院控制权。20 世纪 90 年代和 21 世纪初，共和党在改革房地产金融尤其是政府支持企业的问题上产生分歧。部分国会精英倾向推动改革降低政府支持企业的风险。如果金里奇站在改革者一边，将政府支持企业改革作为共和党的政治目标，他也许就阻止了 20 世纪 90 年代末和 21 世纪初对政府支持企业增加补贴和其他房地产融资的政策。正因为金里奇身居高位，对政府支持企业及其拥趸而言，说服他不进行改革的政治收益非常丰厚。

某些卓越政治企业家的失败也值得聆听，它有助于我们追踪政治权力的起伏。20 世纪之交，威廉·詹宁斯·布赖恩在总统竞选中连续失败，从而无法推行其农业民粹主义纲领，包括物价通胀，保留地区性银行以及联邦存款保险等。尽管如此，20 世纪 30 年代，在亨利·斯蒂格尔等人的推动及富兰克林·罗斯福总统的默许下，布赖恩坚持的民粹主义运动最终还是结出了政策的果实。

自由乌托邦主义观点

正如第二章所述，银行体系两大关键目标——信贷充足和避免银行危机——能够在多大程度上实现取决于其所处的政治环境。如第三章所述，无论是从历史视角还是逻辑角度，完成现代国家的使命促使其必须成立并利用银行，而银行又在现代国家和现代银行业的共同进化中发挥了重要作用。这一逻辑在本书国别分析中已详细论述。认为银行体系可以自发形成，或在没有政府积极参与的情况下也能有效运转的，都是乌托邦式幻想。

苏格兰在 18 世纪和 19 世纪初的自由市场环境最接近乌托邦式的银行理想，但即便在那里，银行运转也要依赖于国家的法律和实际保护。苏格兰的银行体系没有公共财政负担、特许权管制以及其他干扰力量，其环境具有特殊性。最重要的是，苏格兰银行的运营之所以能少受政府干预，恰恰是因为英格兰的银行发挥了与国家分租的核心作用。如果没有英格兰的银行，苏格兰银行业将不得不在国家公共财政中扮演更重要的角色，也就不可能与政治分离得如此彻底。毕竟，如果苏格兰是一个完全独立的国家，它不可能在 1707 年解散议会，这是以皇冠换取自由主义银行发展的单方面政治缴械！

狭义的自由主义认为，国家的理想状态是提供国防，并在清晰的法律条款下确保自愿合约的执行。在这一概念下，自由主义理论家认为国家在银行许可和监管方面不应发挥任何作用。这一观点建立在对国家本质的不完全认知之上。国家需要银行作为融资工具。一个没有银行的国家不可能存在也从未存在过。事实上，更具讽刺意味的是，恰恰是自由主义理论家指出的国家的基本功能——国防——使银行如此重要。

纵观整个历史，国家间的军事竞争和经济竞争一直是银行许可和监管的推动力量。有组织的武装是国家的主要功能，这正是国家需要银行许可和管理的最重要原因。狭义的国家观念忽略了政府在塑造银行业中发挥的积极作用，具体包括两个根本性问题。第一，从历史的角度看，它忽视了政府在建立有效银行体系中的核心和必要作用。文艺复兴时期的银行业长期处于信贷匮乏的状态。第二，它忽略了一个无法回避的逻辑，无论对错，政府都必须创造且分配权力：任何一个自我约束、不将银行作为获取军事和经济利益工具的政府，都会很快被利用银行的政府取代。无论赞同与否，银行业政策永远是国家管理的有力工具。狭义地将国家理解为保证法律实施的法庭，忽略了法律的政治基础以及政权间斗争的军事和经济基础。

威权主义相关观点

在第二章对威权的讨论中，我们根据权力集中程度划分了威权政体。其中威权的“坐寇”——即个人权力之大，可不经任何人同意控制一切，可随喜好劫掠任何人的任何东西——对于政治学家和经济学家而言，是一个实用的抽象概念。现实世界存在该种威权的近似情形，比如萨达姆·侯赛因时期的伊拉克，一小撮人对其他人口具有近乎绝对的控制权；但即使在那里，威权统治者也需要依靠盟友。单一威权统治者的绝对集权从未存在。[9]

我们关于20世纪90年代前的墨西哥和巴西这两个威权国家的案例研究表明，现实世界的威权统治者总是需要寻找盟友，为其服务支付报酬，需要诱使盟友投入资源和精力。在威权政体中，单纯依靠命令无法建立银行：需要在预期获得经济收益的基础上，吸引资本和存款。

由威权者及其盟友形成的银行体系并不相同。在威权政府达到一定程度的政治集权后——比如，迪亚斯时期的墨西哥——银行成为工业资本家、银行家和政府官员结成的复杂联盟网络（如通婚）的关键。这些政治体系往往将银行特许权限制在其精英网络的成员内部，银行贷款也几乎无一例外地流向联盟内部。在这些政体中，银行信贷少于一般的民主政体，银行体系也往往更为脆弱，因为一旦政府遇到严重的财政危机（包括革命等，如1911年的墨西哥革命），就可能没收银行。然而，与其他形式的威权政体相比，集权的威权制度下，借贷充足，银行体系相对稳定。

相反，如果威权政府弱小、权力分散，上述复杂网络，包括参与者互相监督，惩罚机会主义，就会变得不可行。巴西帝国开创初期以及旧共和时期就属该类示例。当时，巴西无法建立稳健的全国商业网络，甚至很难从抗拒中央政府的地区精英阶层中获取税收。这种情形下，银行特许权成为政府少有的能够掌控的权力之一，所以政府必须使用这一权力获取通胀税，尽管将银行体系变成通胀税工具导致了金融抑制，甚至导致精英阶层成员也很难获得银行贷款。

民粹主义相关观点

在第二章的民主分类中，我们指出了民主与信贷充足、银行稳定性间的不同关系。理论分析和我们对所研究各国的历史叙述都反映了人民主权这一讽刺性事实：对少数服从多数原则的政治权力约束最少的民主，恰恰损害了多数人的利益。很少有民粹主义政府能够选择同时实现信贷充足和银行业稳定的政策。事实上，短期追求信贷充足可能在长期导致银行体系不稳定，并减少信贷供给。

民粹主义者认为，不对少数服从多数原则进行约束可给普通人带来更多权力和机会，这一观念是基于对民主制度运行的错误理解。民主制度中存在“代理”问题，即选举产生的代表往往有动力违背其本应代表的人的利益。代理人有多种方式出售自己的选票，也有活跃的政治交易市场，但其交易很难被选民发现，更加难以为选民所控制。我们已经揭露了一些最重要的制定银行立法的交易，并且叙述了特殊利益集团、党纲、所谓的“投桃报李”（log rolling）和“银行交易博弈”的其他要素如何在立法者之间达成共识，以大多数人的利益为代价，服务于特殊利益集团。

基于上述现实，约束民粹主义有助于限制特殊利益集团从大多数人手中攫取财富和政治权力的能力。绝对多数制投票原则、赋予少数派更多权力的投票规则（例如美国分给各州两名参议员席位）、两院立法制、对立法的独立司法审查、终身制的大法官（在加拿大为上议院的任命制），以及其他类似的制衡机制都限制了多数公民的代表做出影响所有人决策的能力。“否决门”（veto gates）要求获得众多不同党派的同意，从而削弱了当选政客选择损害社会中大多数人利益的政策的能力。

加拿大任命而非选举参议员，其小型省份在参议院拥有超比例席位，这些在本书许多读者看来可能十分奇特，甚至有些愚蠢。但是，加拿大政治制度的上述特点及其下议院得票多者胜的选举方式，造就了它既稳定又能为家庭和企业提供充足信贷的银行体系。这一银行体系反过来又为加拿大的经济增长提供资金，支撑起一个相比于其有限的资源条件而显得规模巨大的经济。事实上，加拿大的大部分领土无法耕种：距美国边境以北100英里以外的区域，都因为过于寒冷而只能种植木材。看到这一点，人们忍不住好奇，如果历史上美国经济没有在历次银行危机中踉跄前行，资源更为丰裕的美国可以增加多少人均收入。

联邦主义相关观点

每一个美国小学生都学到，美国宪法是已知的最伟大的政府理念（尽管在学习这一点时，他们完全不了解其他国家的宪法）。美国宪法的成功之处包括它将联邦政府权力分为同等重要的三部分，进而又将立法机构分为参议院和众议院。美国政府体制的另一个特征是在联邦政府和州政府间分配权力。事实上，美国宪法的特别之处就是保护了各州的自治权，赋予其所有宪法未明确授予联邦政府的权力。美国宪法的这些条款被认为是防止联邦政府积聚权力、采取不明智措施的重要保护。这一观点得到了各种关于“市场保护型联邦主义”研究的支撑。[10]

我们对美国银行业历史的研究表明，上述观点中确实有正确的成分，但并非绝对。美国联邦制结构下的权力划分意味着在美国历史的多数时期，联邦政府无法决定银行体系的结构和规模。20 世纪 90 年代之前，各州是决定银行特许权和监管的主角。即便在联邦政府通过内战收回纸币供给的控制权后（之后将这一权力交给了美联储），州政府仍然控制着联邦和州银行须遵守的银行分支机构设立规则，所有银行都不能跨州运营（无论其特许权由联邦还是州政府颁发）。由于无法形成复杂的全国性政治交易，这一联邦银行业结构确实对掌控银行业结果的政治交易形成了约束。各州之间的竞争也确实有利于废除 19 世纪初对银行的特殊授权，正如它有利于放松选举权限制以及其他的州际政治、经济竞争障碍。

但是，联邦制对美国“银行交易博弈”的限制并没有带来稳定或有效的银行体系。州法律不允许跨州设行导致银行体系割裂，使银行无法跨州竞争或分散风险，也限制了银行的规模和经营范围。其结果是银行体系不稳定、信贷分配缺乏效率。更根本的是，各州之间的竞争也没有引发有效的银行设立和监管制度，即便在单个州内也是如此。农业民粹主义者和单体银行家结成的区域联盟能够形成损人利己的规章制度。因为各州在境内拥有制定银行设立规则的垄断权力，州际竞争也没能产生高效的特许权制度。糟糕的特许权制度确实于州不利，但由于任何州都不能授权设立全国性银行，损失相对有限。制造业主和广大民众却深受信贷不足和金融体系不稳定之苦。

党派互责的观点

政客喜欢将银行体系的缺陷，尤其是银行危机，描述成伦理剧：其政敌联合一小撮不法之徒导致了大多数公民受害的后果。这一策略对选民十分有效，这可从关于 2007 年次贷危机的书籍热销中得到印证：这类书籍指责是贪婪的银行家和不诚实的政治家导致了危机。

这些故事也许能赢得选票、销售书籍，但它们并不是对“银行交易博弈”的精准描绘。在民主政体中，从定义看，成功的政治联盟不可能是狭义的。一套规章制度要成为银行体系重要、持久的决定因素，就必须广泛反映并得到两党支持。指出政敌的罪行并不是自利的：它忽视了政治谋略的基本逻辑。为了生存，联盟需要足够兼容并蓄才能打赢竞选之战。这就意味着希望获取有别于公众利益的特定监管结果的联盟必须联合看似不可能的伙伴：可能有着不同意识形态、阶层、职业等任何其他要素的党派。事实上，这些看似不可能的伙伴也许憎恨彼此，但这不妨碍他们在看到合作利益后走到一起。具有讽刺意味的是，这些看似不可能的伙伴关系之所以更为稳定，恰恰是因为其聚集的人群并不因天然的亲近感和归属感而聚集，而这恰恰可以吸引更广泛的选民。他们的博弈结果也更不容易因政党间选举和执政权的转变被推翻。

这种看似不可能的伙伴关系在民主政体下有很多先例。在20世纪初的英国，工会（他们为普通成员谋求更好的工作条件，为自己谋求更多的政治权力）和自由党政客（他们希望保持大英帝国）结成了联盟，使特许银行得以推广，劳动法得以修改，大英帝国又延续了40年。19世纪的美国也提供了不同背景和经济利益团体形成联盟的典型案例：不相信任何精英阶层的民粹主义农民同单体银行家达成共识，共同对抗大银行。美国最近的历史提供了另一个案例：20世纪90年代，持有民粹主义意识形态的城市激进团体同“大而不倒”的银行、协调民主党和共和党中权势分子利益的政府支持企业结成联盟。这一联盟开启了破坏所有美国人借贷标准的运动，加速了2007年次贷危机的发生。

尽管上述所有联盟持续多年，但政治和经济的变化不可避免地导致控制银行业结果的合作关系发生变化。这些看似不可能的伙伴关系不可能永远存在。我们能够预测合作结构的变化方向吗？比如，对于美国现行的由超大银行和激进团体组成的政治联盟的持续性，我们能够说些什么吗？我们并不从事预测，也不认为未来的结果是明确的。我们唯一比较确信的是，这一联盟如果要在未来持续下去，就必须重订部分条款。20世纪80年代和90年代的美国银行业并购潮为大银行和激进团体创造了良好的合作机会，合作形式则是双方基于《社区再投资法》的合作约定。但这一兼并大潮已经结束，而且银行危机已严重破坏了公众对大银行和高风险抵押贷款的支持。在美国当前环境下，未来将是何种联盟主导“银行交易博弈”并不明朗。[11]

1979年《大西洋月刊》引用了金融奇才维斯波尔·索尔（Whispering Saul）杜撰的谚语：“如果你正在打牌，却发现牌桌上没有一个笨蛋，快站起来！你就是那个笨蛋。”[12]如果听从索尔的，你很可能省下一大笔钱，避免重大损失。遗憾的是，在“银行交易博弈”中，你无法起身离开：你被紧紧捆在了椅子上。比如，如果你生活在美国，除非愿意躲在夏威夷州或西北部爱达荷州的乡村某地，否则，你根本无法躲过与危机有关的信贷供给中断带来的高昂代价、失业以及纾困成本，这些都已成为过去两个世纪美国版“银行交易博弈”的组成部分和必然结果。作为美国大多数公民的一员，通常还不是美国“银行交易博弈”获胜方的一员，你是获胜者的收入来源。你就是牌桌上的那个笨蛋，并且无法离开。

在“银行交易博弈”的牌桌上，并非必须有一个笨蛋。政府对银行的监管措施可以是温和的、有利于促进竞争、增加信贷可得性以及提高长期的稳定性。在加拿大、18 世纪和 19 世纪初的苏格兰以及维多利亚时期的英国，银行博弈中都没有明显的笨蛋。

但是，在更多的情形下，掌控银行监管的联盟会为自己攫取利润。他们将由此带来的信贷紧缺和不稳定视为建立可攫取利润的银行体系必须付出的代价。有时，包括政客和银行家的联盟通过通胀税牟利，如巴西大部分历史时期发生的。有时，则是热衷于巩固统治的政客和金融家、实业家结盟，如迪亚斯时期的墨西哥。在其他时间和其他地方，获胜的联盟包括民粹主义者和银行家组成的看似不可能的伙伴，如美国一再发生的。

同威权国家的公民不同，民主国家的公民也许有能力影响“银行交易博弈”的结果。但是，要达到这一目的，他们必须完成两项艰巨任务：第一，他们必须理解“银行交易博弈”如何产生扭曲、租金以及补贴。第二，他们必须能够协调行动，从而推动持久的改革，这些改革可能有悖于掌控银行监管的联盟的利益。作为工人、父母、学生或者家庭主妇，每个人都有自己忙碌的生活，而金融和政治又十分复杂，需要花费大量时间和精力去弄清暗藏在表面下的真相，需要投入更多组织联合行动，实现改革。对大多数人而言，很可能并不值得为减轻其作为纳税人的税负付出这么多，尤其是他们的努力还可能遭到组织完善的既得利益联盟的强烈对抗。

普通公民很难挑战掌控银行体系结果的联盟的地位，其中一个原因是统治联盟有时会为打消努力而向反对者妥协。“银行交易博弈”通常不会产生赢者通吃的结果。为避免政治对抗风险，统治联盟可能愿意向挑战者做出些许让步。例如，为减少人们对设立竞争性银行的诉求，英格兰银行在19世纪初愿意以更宽松的条款贴现票据。类似的，在20世纪的加拿大，作为政治交易的一部分，从事住房抵押贷款的财务公司可以得到一定的存款保险，主导性的银行则保持了对市场的控制。这最终导致小型放贷机构被大银行吞并。在巴西，尽管政府利用银行征收通胀税导致了金融抑制，非银行金融机构（如金融公司）被允许以影子银行的方式提供信贷，部分储户可以通过国债回购协议或通胀指数化债券规避或减轻通胀税。并非巧合的是，那些有能力离开巴西金融系统或者成功对抗通胀税的人，可以免除通胀税成本。

监管改革相关观点

著名经济学家、政治学家查尔斯·林德布罗姆（Charles Lindblom）曾经提出这样的观点：在理想世界里，政策制定者可以通过将市场灵巧之手和政府强力的大拇指结合取得理想的结果。[13]注重政府干预的潜在价值的经济学家在其研究结论中，经常阐述政策实施对银行业的影响，并提出一系列改善银行业监管的想法。显然，包括美国在内的各国银行业都存在很大的改善空间。

问题是，尽管经济学家喜欢思考包括银行业监管政策在内的最优政府政策，政治家却不想实施它们。在现实中，银行业政策体现了根深蒂固的政治伙伴关系，它决定银行博弈，并确保其难以被推翻。

我们要传递的核心观点是，社会对银行体系的选择并不是基于意义本身。相反，一个社会的银行体系是其政治制度和主导性联盟所偏好的银行体系。因此，在根深蒂固的精英集团控制的威权国家，对于有志于扩大并稳定银行信贷的改革者而言，任何希望限制存款保险或增加资本金要求的游说都是浪费时间。任何有意义的改革都必须从推动民主开始。正如我们在第二章指出的，如果没有根本性的政治变革，威权国家很难建立并提供充足和稳定信贷的银行体系。然而，根深蒂固的统治精英集团不可能欢迎民主。

民主政体主张有意义的银行监管改革。比如在美国，如果改革计划能够结束抵押贷款补贴，停止救助“大而不倒”的银行，创造促使银行有效管理风险、维持充足资本金的监管措施，以及促进大银行间的竞争，显然会使大多数民众受益。这种改革可能减少信贷配置的扭曲，进而终结美国银行体系危机不断的历史。以加拿大等国家的成功经验作为指导，我们有可能找到具体的技术方法实现上述变迁。

但如前所述，改革的实施并不容易。组织志趣相投的人结成联盟，并击败已经控制银行业政策的反对者是极具挑战的。危机会激发选民的改革情绪，但有权势的利益集团常常成功地借助危机巩固自身权力。1913 年的情形即是如此，与解决单体银行结构性问题背道而驰，建立了美联储以维系支离破碎的银行体系。20 世纪 30 年代，不但没能解决银行体系易受农业收入波动影响以及单体银行的问题，这是几年前银行倒闭的主要原因，银行监管改革反而借机建立了联邦存款保险制度，出台新的对银行整合的监管限制，进一步保护小型农村银行。1989—1991 年的监管改革逐渐取消了无力偿付的储蓄贷款协会，并且开始修订最低资本金要求，却没有真正约束银行和政府支持企业以公共利益为代价的冒险行为。事实上，银行充分利用这一新资本要求，隐藏风险直至 2007—2009 年次贷危机。在本书写作之时，危机初期启动的改革没有终止对房地产风险的补贴，没有阻止银行继续滥用资本监管要求隐藏未来的风险，也没有停止对“大而不倒”银行的救助。事实上，《多德—弗兰克法》第二条表面上虽然摒弃了救助，但实际上是将救助隐性化、制度化。

改革家的意义

为改善处于恶劣政治均衡中（在此类均衡下，“交易博弈”的结果不利于形成充足、稳定的信贷）的银行体系，善意并富有创业精神的改革者能做些什么呢？要应对这一挑战，亚历山大·汉密尔顿在1795 年财政部长报告中的一段话可以作为出发点：“撤销……比什么都不做……需要更多的决心和勇气……在多方意志将同时出现的情形下尤其如此……下决心做事时不需要多数人的声音，但要撤销或推翻已做的却需要多数人的声音……这一逻辑用到我们这样复杂的政府时，更需要十倍的努力。”[14]

汉密尔顿意识到，由复杂的代议制政府，例如美国政府，做出的决定很难被扭转。汉密尔顿作为政治家的精神准则的核心在于：寻找合适时机寻求支持，以便通过在常规时期不受青睐的政策，并希望立法机制的复杂性可使回复常规后也很难推翻这些政策。根据这一策略，在关键时刻影响民意的成功的政治企业家，无论好坏，都可以对历史产生长期影响，因为他们有能力抓住稍纵即逝的时机，策划非常规的、难以被推翻的行动。

正如第五章所述，英国在 19 世纪中叶成功扭转了银行业的不稳定结构和安全网保护，是一个成功的改革范例。诸多因素，包括苏格兰模式展示的稳定性、英格兰模式展示的不稳定性、公开审慎的议会流程以及媒体对英格兰银行政策失误的披露等，共同促成了政策的转变，并产生了深远影响。这一故事给民主政体中改革的支持者带来了希望。

但是，正如我们之前所述，英格兰银行之所以能成为政策改革的发起者，部分原因在于之前的政治均衡已经发生变化。1858 年改革英格兰银行的贴现政策，并不是因为击败了主导联盟，而是因为国家、英格兰银行和新设立银行间的博弈形势在之前已经发生了变化。

美国历史上也有货币政策产生深远影响的情形，有人说这些变化部分是由政治企业家推动的结果。政策推出时点往往和危机有关。如果不是内战带来的紧迫财政压力导致以政府债券支持银行纸币发行极具诱惑，财政部长蔡斯希望建立全国性银行体系的愿望可能很难实现。全国性银行体系维持了数十年。但是，如我们在第六章所述，尽管新体系颇具创新，但这一改革并没有威胁到既有的农业民粹主义和单体银行家联盟；它仅仅改变了租金分配的形式，使联邦政府也分到了一杯羹。

其他一些企业家推动的例子还包括银行家的行动参与，比如詹尼尼（A. P. Giannini）和麦科尔（Hugh McColl）抓住银行萧条这一稍纵即逝的机会，成为消除设立分行障碍的先行者。詹尼尼是 20 世纪初期银行分支机构设立的倡导者。他最初尝试扩张银行的分支机构网络，进而形成美洲银行，但遭到单体银行家的阻挠，后者贿赂了加利福尼亚州的银行监管者。农业萧条时期，挣扎中的单体银行不得不改变态度，期望詹尼尼收购银行，机会得以到来。[15]类似的，麦科尔作为北卡罗来纳国民银行（North Carolina's Nations Bank）的管理者，利用 20 世纪 80 年代的银行萧条，成功说服监管者放松设置分行的限制，允许其进入新地区。作为交换，麦科尔吸收了一些本应由联邦存款保险公司埋单的亏损。

这些企业家确实推动了变革，但如果认为詹尼尼和麦科尔的成功意味着私人企业家可以通过努力抵抗政治家的反对，就有些夸大其词。相反，他们的成功反映了隐含的政治联盟发生了变化：面临倒闭风险的单体银行家和面临银行信贷崩溃风险的银行借款人，经历了心态的巨大转变，从反对银行设立分支机构转为支持。就像英国 1857 年后的改革一样，成功设立分行反映了政治气候向有利方向的转变，而不是企业家意愿的强烈推动。

汉密尔顿政治机会窗口的最佳示例是他在 1791 年设立美国银行，在 1816 年设立美国第二银行。然而，这些行动不仅体现了有利环境的重要性，也体现了政治企业家的局限性。美国第一银行的批准源自当时美国政府的财政困境。但 1811 年该行没能得到续批。美国第二银行的设立同样是因为国家的财政困难——1812 年战争的惨败——只是它同样没能通过 1832 年的续批。这些案例表明汉密尔顿希望实现的政策转变的成本也许并没有那么高。如果一个足够强大的政治联盟能够从推翻某个政策中获得高额收益，那么他们迟早会找到方法。

在一个民主政体内，要达成有效的银行业改革，仅有美好想法和机会窗口是远远不够的。最关键的是让美好想法持续获得民意支持。说来容易做来难。既得利益团体花费大量时间和成本结成权势联盟，隐瞒、扰乱投票公众的视线，导致美好想法很难占上风。即使胜出，既得利益联盟也会不断寻找机会推翻它。

但这并不是说，美好的想法会一直失败。有时，一些长期被忽略的美好想法，会因为偶然的政治环境或因忽略所导致的恶劣后果，而得到公众持续支持，最终获得胜利。第五章提及的英国撒切尔夫人的改革，就是一个明显的示例：不良的政策选择导致增长疲软、通胀居高，选民要求开辟新的路径，并最终达成了大部分诉求。

撒切尔夫人的改革理念包括工厂私有化、消除对金融市场竞争的约束以及削减政府开支等。当然，银行监管改革的细节比上述理念更为复杂。不良金融监管政策的后果不会马上显现（有时甚至潜伏多年）。不仅因为银行业本身是一个复杂的课题，而且，处于主导地位的政治联盟为了不让广大选民看清真实情况，会将之变得更加复杂，比如美国对房地产金融补贴政策的修补，或巴塞尔对银行资本标准的无尽复杂性。

公众是否可以依赖利益不相关的第三方（如媒体或学术界）来理清诸多复杂改革建议的有效性呢？利益不相关机构很难被识别。[16]如果回报足够丰厚，总能找到反对任何一种观点的专家——诚实的或不诚实的。事实上，如果被既得利益者选择性地利用，有影响力的人物在判断上诚实但错误的观点，与被收买的伪装观点同样有害。卡特·格拉斯坚信“真实票据论”，反对银行参与证券市场。为了限制银行的证券交易，他愿意在其他方面做出让步（比如存款保险制度）。类似的，保罗·沃尔克在整个职业生涯中都反对商业银行参与证券交易。没有人会说，这两人在不诚实地鼓吹自己的立场，但是现在已经没有人支持格拉斯的“真实票据论”了，也很少有学者或独立专家认为沃尔克规则是一个合意的监管改革。

那么大众媒体呢？他们可以引导可信的监管改革工作吗？媒体中几乎没有真正的金融专家：如果你是金融奇才，当记者恐怕没有当银行家赚得多。因此即便最顶尖媒体的记者，也只能对金融改革做肤浅分析。此外，所有国家的记者，包括美国的记者，通常会因政治立场而在报道中持有偏见。[17]专家的稀缺以及记者的政治偏见使公众很难依赖媒体理顺复杂的论证。基于以上各种原因，只有能用简单语言传达的改革想法才有可能被广大公众理解，但不一定获得大众支持。因此，考虑到问题的复杂性，界定和实施有益的银行业政策就更加困难。

我们希望读者不要将我们对现实的直白评论，对政治世界的嘲讽，以及对银行监管改革诸多难题的叙述，误解为愤世嫉俗或绝望无助。尽管存在这些挑战，像18世纪80年代和90年代的亚历山大·汉密尔顿，或20世纪80年代玛格丽特·撒切尔所做的，民主政体中的政治家有时能够通过利益改变博弈参与者的观点。那些希望改进世界（包括银行体系）的人，必须首先清晰地认识到政治权力分配格局以及有能力改变现状的人所能得到的利益。消极地假设其他所有可能的政治博弈已经被考虑并否决，都于事无益。就像萧伯纳说的："明智的人会去适应世界，而不明智的人只会坚持让世界适应自己。因此进步总是由不明智的人推动的。"[18]民主政体中有益的改革需要有知识的、顽固的"不明智的人"。

注释

第一章

1. 本书将银行业危机界定为系统性偿付危机或系统性流动性危机。一些危机，如美国次贷危机，以及美国 1837 年、1839 年、1857 年、1861 年、20 世纪 20 年代、1930—1933 年，以及 20 世纪 80 年代的危机，导致大量银行资不抵债，而不仅仅是银行经历严重支付压力时的流动性紧张。何种范围和程度的资不抵债才能构成危机，不同学者有不同的定义，但一般而言，银行偿付危机的一个实用定义是，当银行负净值或政府救助成本超过 GDP 的某个关键百分比。这一方法被广泛应用于对近代银行业危机的研究中，如世界银行和国际货币基金组织的研究（如 Caprio and Klingebiel，2003；Laeven and Valencia，2012）。第二类银行危机是系统性的流动性中断（如广泛的银行挤兑），但不至于出现银行严重资不抵债或代价高昂的政府救助性干预。例如，Calomiris and Gorton（1991）将美国 1873 年、1884 年、1890 年、1893 年、1896 年和 1907 年银行业恐慌归为系统性和重要的流动性冲击，即使这些冲击并未造成很大程度的银行资不抵债。相比于一些文献中使用的“金融危机”概念（如 Reinhart and Rogoff，2009），上述定义的范围都更为限定，在此类“金融危机”定义中，单一大型银行的破产等负面事件都被认为是危机的证据。如果援引这些更为宽泛的标准，全球银行体系将显得更易遭受危机。

2. 本文的分析不包括前共产主义国家和现共产主义国家，因为国营银行体系并不配置信贷，而仅仅是一个记账体系，反映国家控制下的投资分配情况。在这样的体系下，银行危机的概念不具有实际的分析意义。前共产主义国家常常经历危机。若将其包括在本书数据集中，则世界上易发生危机的国家的占比将进一步提高。此外，本研究也没有包括那些在 1990—2010 年吸收存款银行的私人部门信贷/GDP 数据库中没有上报至少 14 个观测数据的国家。换言之，为了减少测算误差，我们选取的国家均在 1990—2010 年上报了 2/3 以上的观测数据。之所以选择 1990—2010 年这一区间，是因为世界银行金融结构数据库中缺乏 1990 年之前的数据，特别是非富裕国家的数据。我们参考了 Laeven and Valencia（2012）关于银行业危机的数据，将该文中的“系统性”风险和“临界”风险纳入本书对危机的定义。同时，本书对该文数据进行了更新，增加了 2013 年塞浦路斯的案例。

3. 参见 Gerschenkron（1962），Cameron et al.（1967），Sylla（1975，2008），North and Weingast（1989），Neal（1990），de Vries and van der Woude（1997），Rousseau and Wachtel（1998），Rousseau（2003），Rousseau and Sylla（2003，2004）。

4. King and Levine（1993），Levin and Zervos（1998），Taylor（1998），以及 Beck、Levine and Loayza（2000）使用创新性的统计方法识别跨国形态。其后，一些学者，其中最著名的包括 Rajan and Zingales（1998），Wurgler（2000），Cetorelli and Gamberra（2001），Fisman and Love（2004）以及 Beck et al.（2008），关注不同行业以及不同国家的发展，他们得出了相同的结论：金融推动增长。一些关注研究国内地区经济增长的学者也得出了大致类似的结论，如 Jayaratne and Strahan（1996），Black and Strahan（2002），Guiso、Sapienza and Zingales（2004），Cetorelli and Strahan（2006），Dehejia and Lleras-Muney（2007）以及 Correa（2008）。这些研究基于以下文献的理论性和描述性洞见：Goldschmidt（1933），Gurley and Shaw（1960），Gurley、Patrick and Shaw（1965），Goldsmith（1969），Shaw（1973），McKinnon（1973）以及 Fry（1988）。

5. 人们也许会认为，根据世界银行的国家收入划分界定一国信贷充足的标准，在此标准下会看到大量信贷充足且很少发生危机的国家。事实恰恰相反。如果我们对信贷充足国家做如下界定，即对私人部门的信贷占 GDP 比重至少比该国所处的世行收入分类组别中的均值高 1 个标准值，那么有多少国家自 1970 年以来没有经历过银行危机呢？答案是只有三个。

6. 参见 Laeven and Valencia（2012），第 17 页。

7. 参见 Calomiris and Powell（2001），Cull、Senbet and Sorge（2005），Demirg-Kunt and Detragiache（2002），Demirg-Kunt and Huizinga（2004），Demirg-Kunt and Kane（2002），Calomiris and Wilson（2004），Barth、Caprio and Levine（2006），Chapter 4；Haber（2008a）；Calomiris（2011a）。

8. 参见 Schularick and Taylor（2012）。理论上，监管可以取代股东和存款人的监控，但实际证据是，监管者会受制于政治压力而不作为（Brown and Dinc，2005；Barth、Caprio and Levine，2006，第五章）。因此，随着银行家在资产质量恶化后仍发放贷款，损失增大。无可避免的是，未暴露的坏账（称为“长青贷款”）总量扩大，以至于整个银行体系受到完全坍塌的威胁，此时监管者最终被迫介入。然而此时，坏账总量已相当之高。这意味着相比于股东和储户约束银行家的体制，清理这些问题银行的成本将大为增加，银行危机后的经济衰退也更加严重。信贷不仅收缩，还收缩得非常快速。此外，政府还必须为救助银行引发的财政失衡寻求解决办法，这意味着压缩开支，提高赋税，提高央行利率以防范对本币的抛售。因此，与金融危机相关的衰退总无疑比其他衰退更为深远（Jordà、Schularick and Taylor，2012）。

9. 本书的研究路径基于以下学者的经典作品，包括 Olson（1965）、Stigler（1971）、Krueger（1974），以及其他认为政府政策反映了既得利益集团之间冲突的学者。本书的一个显著特征是重点研究掌控银行政策的利益伙伴关系是如何形成的。这些伙伴关系往往可以跨越意识形态和党派的界限。

10. 参见 Pinto（2011），第 25 页。

11. Haber、Razo and Maurer（2003）的第二章、第四章、第五章重点研究寻租行为对各行业中能通过证券市场融资的公司数量的影响，在该书的研究框架中，寻租限制了公司的进入与退出。Stulz（2005）重点研究寻租行为对公司少数股东能持有的股份数量的影响，在其研究框架中，要实现寻租，必须有一小部分有权势的股东对抗政府的掠夺。这些机制并不互相排斥。

第二章

1. 在这一点上，可参见 Haber、North and Weingast（2008）。

2. 为解决这一问题，银行家可以尝试向储户支付高利率，以补偿他们可能因借款人违约而产生的风险，但这一做法只会加剧储户的风险：为了能履行和储户的高利率合同，银行家不得不向借款人收取更高利息。因为高息借款吸引的借款人，必然从事回报高于贷款利息的风险行业，也就是说借款人从事投机且风险巨大。

3. 银行也可以从其他渠道获得资金，包括同业。在发展中国家，这些可放贷资金来源在金额上往往不如储户重要。更重要的是，不管债务源自何处，始终存在一个更大的问题，即银行的高杠杆率。银行的杠杆化是一个长期存在的根本性问题。自古希腊开始，银行便用债务融资方式获取资金，而不是通过股权融资。有大量的经济学理论文献研究银行对短期债务融资的依赖，核心观点在于，银行筹资来源方对银行行为缺乏信息和控制，而这都是可行的股权融资的必要条件（D. Diamond，1984；Calomiris and Kahn，1991）。

4. 现金缓冲使银行可以同时降低资产的总体风险水平和流动性风险水平（因为现金可用于支付储户存款的提取）。更高的现金资产比例意味着银行在高风险贷款价值减损时对储户的违约概率更低。例如，假设某银行有 80 美元贷款资产和 20 美元现金资产，而其资金来源是 90 美元存款和 10 美元股权资本或净资产。负面冲击导致贷款价值下跌 11%，这并不会导致银行资不抵债：贷款跌价 11% 后，银行净资产为 1.20 美元。但如果银行有 100 美元贷款资产，则 11% 的负面冲击会导致银行资不抵债：净资产为 -1 美元。

5. 从技术上讲，银行内部人士向少数股东（外部股权投资者）提供“现金流权利”（分享利润的权利），但内部人士拥有全部或绝大多数的“控制权”（银行运营中的话语权）。

6. 在美国，银行内部人士分为两类：经理人和董事会成员。理论上，经理人向董事会汇报，董事会是少数股东的代表。实际情况是，董事会常常被经理人控制。有大量关于公司治理的文献，研究股东和“老谋深算”的经理人之间的利益冲突（经理人可能在与股东利益冲突中选择符合自身利益的行为，包括不充分利用债务资金、风险偏好过低、不尽职等）。在美国和其他类似经济体中，少数股东受到保护，免受公司资产管理方面的欺诈损害（例如，将公司财产以低于市场价出售给由管理层控制的公司——通常称为“利益输送”），这是公司治理中的主要代理问题。在发展中经济体，对少数股东保护不足，针对欺诈性转让的法律覆盖面不广或执行不严，经理人通常是公司中具有控制权的股东：董事会和管理层往往来自最初创办银行并继续控制银行的家族。因此，公司治理的失败导致了利益输送和其他欺诈性行为：主要股东身兼经理人岗位，从公司窃取财富，把小股东财富转移到自己手上。

7. 这就是为什么在无限责任制的合伙人制度中合伙人的数量受到限制，为什么要制定与合伙人相关的复杂协议和条款，以及为什么合伙人之间会有代价高昂的相互监督。社交网络能为相互监督提供便利，这也解释了为何有些人对乡村俱乐部（country club）的会员身份如此重视。

8. 用最简单的方式来说，股东的责任仅限于他们在银行中的投资额。在双倍或三倍责任体系中，股东的责任仅限于他们在银行中的投资额的两倍或三倍。

9. 这并不是说有限责任是银行存在的必要条件。如果少数股东面临的风险极小，那么他们可能会在没有保护的情况下进行投资。然而通常来说，除非责任是有限的，否则外部投资者不愿意投资。而且，有限责任的大小并不一定直接和股东投资的数额挂钩。不同国家不同时期的有限责任制各不相同。例如，在双倍或三倍责任体系中，股东的责任被限定在他们在银行中的投资额的两倍或三倍。在有些体系下，持有股份时间越长，责任越有限。在有些体系下，和美国的现行制度类似，责任和投资额严格对等。总体来说，银行的股权结构都设置了有限的股东责任。

10. 储户和少数股东获得不同的风险补偿。储户因此进退两难：他们需要银行以便进行支付，但他们可能被迫接受负的实际收益。在这种情况下，储户减少存款额至日常支付所必需的余额，从而降低风险。本章后文会再讨论这个问题。

11. 同样重要的是，必须意识到政府也不是一个单一行为体。政府工作的实际开展依赖众多官僚，而他们的利益很少等同于国家财富的最大化，或是社会福利最大化。事实上，官僚出于自私的目标，也许会制定高成本却无效的监管规定，以从市场参与者中获取旨在放松监管的贿赂（Barth、Caprio and Levine，2006）。尽管复杂和低效的监管体系对银行体系几乎没有帮助，又给社会带来巨大成本，但是，当权者之所以选择这样的监管体系，可能因为贫穷或威权政府的当权者可以借此向其在官僚阶层的盟友提供持续的资源。特别是通过建立监管，官僚阶层能够获得政府集中批准发放收入之外的其他收入。

12. 参见 Calomiris and Kahn（1991）。

13. 我们并不是说存款保险制度必然导致银行风险增加，或纳税人损失。在理论上，存款保险体系可以设计为杜绝上述两个后果的发生。例如，美国三个州，印第安纳、俄亥俄、艾奥瓦，过去曾实行自我出资的存款保险制度，事实上增加了银行稳定性（Calomiris，1990）。

14. 正如 Riker（1982，第 5 页）所说，“选举……不等于民主国家。只有有助于大众选择的选举才是民主。这就排除了寡头政治、军事专政中的选举，那种选举只是被迫接受……选举要成为民主的形式，必须辅以大量制度安排，如政治政党、自由言论，从而将选举活动变为真正的选择”。

15. 威权国家存在存款人财富被掠夺的风险，这也成为契约密集型货币（contract-intensive money）这一概念的基础，契约密集型货币是 Clague et al.（1999）提出的衡量一国财产权质量的标准。

16. 参见 Akerlof and Romer（1993）；La Porta et al.（1997，1998）；Rajan and Zingales（1998）；Johnson et al.（2000a）；Johnson et al.（2000b）；Laeven（2001）；Bae，Kang，and Kim（2002）；Mitton（2002）；Habyarimana（2010）；La Porta，López-de-Silanes，and Zamarripa（2003）。

17. 参见 Cull、Haber and Imai（2011）。

18. 如果威权统治者允许私人银行提供不受监管的存款服务，则无法收取巨额的通胀税。这样的存款服务使公众获得了其他可选的保存财富的方式，而又不会持续遭受损失。因此，基于通胀税之上的银行政府伙伴关系要求政府行使监管权，以控制银行运营，特别是管理各类存款利率，以及规定必须有存于央行的存款储备金。

19. 这里使用的词是“困难”，而非“不可能”。自由主义的民主理念从不认为所有少数派的权利都必然得到尊重。如果少数群体无法找到利用否决门的途径，则其权利可能受到削减。

20. Riker（1982），特别参见第 9—11 页、第 245 页、第 248—250 页。

21. Riker（1982），特别参见第 11 页、第 14 页、第 238 页、第 245 页、第 247 页、第 249 页。

22. 并不是说裙带资本主义在自由民主国家从不存在，但选民可以更换当选政治家，以结束裙带交易。

23. 然而，如果生产率下降过大，则可能导致民众批评，导致私有化和银行自由化的趋势。第五章将提到，20 世纪 80 年代中期后的英国就发生了这一幕。

第三章

1. 具有说服力的一点是，2011 年索马里过渡联邦政府的首批行动之一便是创立索马里中央银行，参见索马里中央银行（2011）。对于索马里政府仍然存在的缺陷，参见 McGroaty（2013）。

2. 哥斯达黎加的例子参见 Horvik and Aas（1981）。科威特没有所得税、遗产税、赠与税、销售税和增值税。但科威特有企业所得税，这是由于外国石油公司希望在母国获得针对其向科威特政府缴纳油款的税收抵免的需要。科威特公民缴纳的税款仅限于石油消费税，以及对进口商品征收的 4% 的关税（食品免于征收）。这些税款通常不足政府财政收入的 3%。几乎所有的财政收入都源于石油生产。参见 Baker（1986，第 144—146 页）。

3. Garber（2000）讨论了荷兰战争、财政和政治经济学之间的关联性，包括对所谓郁金香狂热的怀疑观点。

4. 参见 Spruyt（1994）。

5. 当然，现代世界并非由军事、造船业和导航技术发展而导致的机械式结果。中国在数个世纪之前即发明了先进的火药、造船业和导航技术，但中国并没有利用这些技术成为一个全球性帝国。历史学家将中国不追求征服全球归咎于其政治结构和地理原因，认为相比于欧洲国家，上述因素限制了中国的对外野心。参见 E. Jones（1981）、Mokyr（1990）和 Landes（1999）。

6. 关于这些技术进步和其他方面的详细历史，参见 Jones（1981），Mokyr（1990），Landes（1999，2000），以及 J. Diamond（1997）。

7. 有些制度是政治性的（例如议会或法庭），有些则是经济性的（例如特许股份公司），而有些则是社会性的（例如宗教教派，像新出现的新教，它们和国家有着良好的关系）。所谓持久的制度，并不是说制度完全可靠或一成不变，而是说制度具有一些优势，使联盟成员的身份具有价值，并由此导致联盟解散的成本相当高昂。

8. 参见 North and Weingast（1989），Barzel and Kiser（2002），Stasavage（2003）。文献综述可参见 Acemoglu、Johnson and Robinson（2005）。

9. 参见 Drelichman（2013），Munro（2013）。

10. 哈布斯堡王朝的创新建立在早期意大利各城邦债务管理的成功案例基础上。威尼斯的案例说明了主权国家能从可靠偿付中获得收益，当时的统治者甚至向外国人（热那亚人）承诺并履行按时偿付义务（Pezzolo，2013）。在米兰公国的发展中，债务创新也起到了重要作用（de Luca，2013）。同样，中世纪晚期的教皇债务是长期的，并且享有稳定、无歧视和可靠的税款支撑的美誉，直至拿破仑战争毁灭了教皇统治的财政基础（Caselli，2013）。

11. 参见 Drelichman and Voth（2008，2010，2011a，b）；Drelichman（2013）。

12. 参见 Gelderblom and Jonker（2013）。

13. 参见 North and Weingast（1989）。

14. 参见 Stasavage（2003）。

15. North and Weingast（1989）强调的财政改革，其最合适的描述或许是对国内公共财政长期持续的改进（尤其是1643 年的消费税，以及1660—1688 年的一系列改革，包括取消包税制、增加对纳税的激励，以及征税效率的提升）。更多细节，可参见 Coffman（2013），Coffman、Leonard and Neal（2013）。Murphy（2009）也表明，17 世纪 90 年代后，由于推出了广泛持有的彩票和其他国债，公众对增税以偿还债务的支持度上升。

16. 参见 Lockhart（1972）。

17. 参见 Flandreau（2003）；Flandreau and Flores（2009）；Flandreau et al.（2010，2013）；Ferguson（1998a，b）；Strouse（1999）；DeLong（1991）；Ramirez（1995）；Pak（2013）。

18. 参见 Marsilio（2013）。

19. 参见 Marsilio（2013）。

20. 不列颠东印度公司最初在 1600 年得到特许，在 1698 年再次得到特许允许外资持股，从而拓宽了该公司的融资渠道。

21. 参见 Quinn（2008），图 1。

22. 参见 Neal（1990），Velde（2013）。

23. 参见 Santarosa（2012）。

24. 票据便利了资金的全球流动，从而成为资本流动和投机的工具，而不仅限于贸易的便利化。18 世纪之前，欧洲大多数地方的利率基本趋同。参见 Neal（1990），第 7 页；Jobst and Nogues-Marco（2013）。

25. 参见 Quinn（1997），Neal and Quinn（2001）。

26. 参见 Quinn and Roberds（2009，2010）；Quinn（2013）。

27. 纸币最初在阿姆斯特丹的使用居然是作为一种控制通胀的方式，这是历史上最大的讽刺之一。从约翰·劳发行纸币提升其密西西比公司股价开始，西方政府很快发现了如何将发行纸币的能力（包括直接由政府发行或由政府特许银行发行的纸币）转化为一项新的财政工具——通胀税。通胀税强迫人们承受其现金形式的财富的贬值，而政府和其特许银行从中获益。19 世纪以来，通胀税成为众多国家政府筹资的重要手段——本书

第十一章至第十三章将再次讨论这个问题。

28. 参见 Morris（2011），第 100 页。

29. 有关民主和兵役征集之间关系的讨论，参见 M. Levi（1997）。

30. 关于选举权扩大和福利国家发展之间的关系，有很多相关文献，包括 Lipset（1960），Moore（1966），Lindert（1994，2004），Acemoglu and Robinson（2000）。

31. 参见 Lindert（2004），第 180 页。

32. 关于德国案例的讨论，见 Riesser（1911）、Gerschenkron（1962）、R. Tilly（1967）、Calomiris（1995）、Guinnane（2002）、Fohlin（2011）和本书第十四章。

33. 参见 Patrick（1967）。

34. 墨西哥银行体系是本书第十章和第十一章的主题。对俄罗斯金融系统的评价，参见 Crisp（1967）。

35. 金本位（全球货币价值标准）延续时间为 1821 年至 1931 年，尽管其间有中断，但全球对金本位的依恋从未结束。二战后，金本位被布雷顿森林体系代替，在这个双层体系中，成员国货币与美元挂钩，美元与黄金挂钩。20 世纪 70 年代，由于美国过度发行锚货币美元，导致布雷顿森林体系崩溃。自从布雷顿森林体系崩溃后，世界主要货币的汇率便不再固定。

36. 参见 Eichengreen（2008），第 2 页。

37. Haber、Razo and Maurer（2003）探究了这些类型的关系的逻辑，并对这些关系如何作用于一个简化案例进行了实证研究。Acemoglu、Egorov and Sonin（2012）提供了威权政体下的稳定同盟的正式模型。

38. 参见 C. Tilly（1975），第 42 页。

第四章

1. 光荣革命的详细描述以及造成的影响，参见 Pincus（2009）。

2. 参见 Dickson（1967），第 48—73 页。

3. 中心论点是由 North and Weingast（1989）以及 Weingast（1997）提出的。Stasavage（2002，2003，2007）；Pincus（2009），第 366—399 页；Sussman and Yafeh（2006）；Robinson（2006）；以及 Murphy（2009），第 53—65 页讨论过部分观点。对于如何衡量英国的财政革命是否成功，财政革命发生的政治机制，以及主权信用价值的市场认可度改善的确切时间，都存在不同的观点。共识是，英国健全的公共财政体系的美誉在 18 世纪 20 年代基本形成。参见 Plumb（1967）。

4. 这种转变不仅仅反映威廉和玛丽的倾向。研究光荣革命的一位杰出历史学家曾写道，到 1688 年晚期，显然政治国家（英国）中的大多数成员倾向于通过军事力量对抗法国日益壮大的势力。威廉并没有将其外交政策强加给不情不愿的国家。相反，在 1688 年和 1689 年，英国选择支持奥兰治亲王，因为这可能将英国带入期盼已久的与路易十四的战争中。参见 Pincus（2009），第 337 页。

5. 参见 Pincus（2009），第 340 页。

6. 参见 C. Tilly（1990），Temin and Voth（2013）。

7. 参见 Temin and Voth（2013），第 29 页。从 1720 年到 1800 年，支出持续增长，在

拿破仑战争时期达到顶峰，一年支出超过 1 亿英镑。

8. 评论者是 Haynes（1700），转引自 Cunningham（1970），第 440 页脚注 3。

9. 从 1688 年到 1787 年，英国人均税收负担翻了 4 倍。参见 Temin and Voth（2013），第二章。

10. 参见 Churchill（1998），第 388 页。然而，英格兰银行的建立并不是必然的。两大主要政党（辉格党和托利党）对光荣革命的目标从来都是不同的，革命结束之后，两党的重大分歧再次出现。假如 1693 年托利党没有下台，那么托利党很有可能阻止英格兰银行或者其他类似机构的建立。参见 Pincus（2009）。

11. 17 世纪 90 年代，各种不同的银行计划已被纳入考虑范围，其中一些人主张大幅扩张银行许可，以在整个英国广泛开展业务。其中最详细的计划是 1696 年罗伯特·穆雷（Robert Murray）提议的计划，标题为"国家银行提议"。穆雷一人即提出了创立银行的多个方案。他欣赏荷兰威瑟尔银行（Wisselbank），称之为"全球最佳、最伟大，且无可比拟"。他提议在整个英国准许更多银行，以增加信贷供应，支持票据市场。其他许多人也提议，在整个英国建立一个以商业化为导向并且去中心化的银行体系。随着私人银行的建立，这些提议中的部分想法在小范围内付诸实施，然而，议会否决了关于扩大特许的提议。Richards（1958）第 100—131 页回顾了这些提议。

12. 参见 Broz and Grossman（2004），第 48—72 页。

13. 参见 Richards（1958），第 146—147 页；Broz and Grossman（2004），第 57 页。

14. 参见 Broz and Grossman（2004），第 52 页、第 57 页。

15. 相比于流动性工具，非流动金融工具的发行者势必要支付给持有人更高的利率（因为流动性强的金融工具赋予持有人额外的便利），参见 Quinri（2008）。

16. 虽然永续年金债券体现了发行者偿付本金的隐形期权，在其他条件不变的情况下这一期权提高了该债券的市场利率，但这一期权同样产生了一些可能导致利率下降的后果。政府拥有提前偿还本金的权利，这使政府有动机管理好自身财政，因为政府自身也能从违约风险下降中获利。

17. 参见 Cannan（1925）和 Hayek（1939）。

18. 参见 Cameron（1967a），第 21 页。

19. 参见 Cameron（1967a），第 20 页。也可参见 Bowen（1995）。

20. 从金匠成为银行家的跳跃并不大。金匠很自然地提供金钱兑换服务。商人往往积累黄金，并使用金匠的金库储存其黄金储备，而金匠可以此放贷收取利息。1640 年后，查尔斯一世强占了商人们存放在英国皇家铸币厂的黄金，并强制将之作为对国王的贷款，因此商人们不再将储备黄金放入皇家铸币厂，而是由金匠代替保管。这使金匠银行家的业务活动得到很大发展。参见 Richards（1958）。

21. 1759 年，允许英格兰银行发行银行券的最低面额从 20 英镑降至 10 英镑。1793 年进一步降至 5 英镑。同一时期，政府开始挤压乡村银行：1775 年，一项新政策规定乡村银行发行银行券的最低票面额为 1 英镑，1777 年提升至 5 英镑。

22. 一些乡村银行家以工业信贷为业务重点的事实（参见 Pressnell，1956，第 19—36 页；Brunt，2006）表明，工业金融的稀缺性并非由于银行家不愿向工业提供信贷，而是由于提供信贷的能力受到诸多限制。同样重要的是，我们注意到尽管有诸多限制，但许多重要的基础设施项目，如收费公路、运河、供水系统以及港口，都在工业革命期间成功筹集到资金（Pressnell，1956，第372—400页）。关于公司的法律形式如何有利于项目实施，参见Harris（2000）。

23. 1833年，短期票据获得豁免，这一举措使高利贷法事实上被废除，该法真正被废除是在1864年（Temin and Voth，2013）。

24. 根据Temin and Voth（2013，第74页）的研究，政府债券从高利贷法中豁免，是因为“政府总是能低于票面价值发行债券”。虽然这是事实，但享受豁免的债券的必要特征是，债券本金的偿还无法预期或充满不确定性。Munro曾写道：“1693年，光荣革命后不久，王室被迫以14%的利率为威廉三世与法国路易十四的战争融资，当我们意识到这个问题的时候，我们可以更好地领会年金的意义，当然，年金是完全豁免于高利贷法的。”然而，要得以豁免于高利贷法，债券也并非一定采取纯粹的年金形式，只要本金偿还不具备合同上的确定性即可。对于英国这一时期的高利贷法在法律史上的全面讨论，可参见Campbell（1928）。

25. 参见Flandreau et al.（2009），Jobst and Nogues-Marco（2013）。

26. 一些学者质疑法定的高利贷利率上限是否真正制约了市场行为。Campbell（1928）指出，通过构建借款安排，包含一些契约性的年金特征，借款人可以豁免于高利贷法的约束。而且通过将一项具有年金特征的债务合同与一项人寿保险合同相结合，可以规避这些特征的不利影响。根据Campbell（1928）的说法，许多企图规避利率上限限制的私人借贷者都使用了这种被称作“年金套利”的形式。可以想象，市场参与者或许就掩饰高于上限的利息支付达成了一致。另一个规避利率上限的方法是“虚假汇兑”（dry exchange），即利用两张汇票，将今天的一笔英镑转换为将来的外币，再在将来把这些外币转回为英镑。然而用这种方法规避法律所受到的处罚是很严重的。因此借款人可以把告发这种安排作为一种威胁手段，将实际支付的利息降低到法定上限之下。Temin and Voth（2013）得出的结论是，银行家遵循利率限制；在利率上涨期间，金匠银行的贷款在减少，这表明高利贷法所设的限制约束了贷款供应。

27. 增加银行闲置现金余额主要源于两方面原因。首先，净额结算的缺乏意味着银行需要更多的现金完成双边结算的物理资金需求。其次，集中结算机制的缺乏限制了危机期间银行可以方便地提供流动性以相互帮助的能力（就如在其他国家那样，详见第六章），这就要求银行持有更多现金，以自我保障方式应对流动性风险。

28. 参见Matthews（1921），第35—36页。

29. 参见G. Arbuthnot（1858），转引自Schuster（1923），第10—11页。

30. 参见Temin and Voth（2013）。

31. 尽管一些学者认为在《泡沫法》之前股票发行就受到有效制约，但广泛的共识是，股票发行在1720年戛然而止，1825年《泡沫法》的废除使新企业和股票发行立即得到迅速发展。

32. 参见Temin and Voth（2013），第6页。

33. 人们可自由将金银带至铸币厂，但只能根据既定的铸币比率制成金块（gold bullion），即相对高价值的金属，一磅中包含123.5格令的22K金。

34. 1793 年法国推出全民动员制度，战争开始由职业军人参与。此前也有大规模征兵，不过那都是绝望的统治者在行将溃败之际，做出的最后挣扎。没有哪个国家曾长期大规模征兵，以组建大型军队，发动进攻性的军事行动。重要的是，法国大革命时期，源于美国的一种创新观念使全民动员成为可能：社会是由平等自由的公民组成的，而并不是王室的臣民组成的。在这样一个自由社会，保卫国家的共同责任是公民的信仰。他们并非为了国王，而是为自己而战。

35. 参见 Hayek（1939），第 39 页。

36. 终止可兑换使主权违约风险被通胀风险替代，但后者较前者而言呈现逐步增加的本质特征。随着兑换终止而产生的预料之外的价格通胀，有利于所有现有的（主权和私人）债务人，因为未偿债务的实际价值降低了。通货膨胀不期而至的特点，对于债权人和债务人之间的财富再分配起到了关键作用，因为价格的预期变化包含了利率因素。进一步探讨意外通货膨胀的影响，请参见第六章关于美国 1862 年美元止付的讨论，以及 Calomiris（1993b）和 Kroszner（1999）关于大萧条时期的意外通货紧缩和意外通货膨胀的讨论。

37. 参见 Collins（2012），第 17—18 页。我们对苏格兰体系的探讨借鉴了 Kerr（1884），Cameron（1967b），Checkland（1975），Munn（1981），L. H. White（1984）。

38. 参见 Law（1705），第 226 页。

39. 并非所有苏格兰银行都采用有限责任的形式。地方性银行以及后来的股份制银行虽然没有有限责任的特许，但是也成功地与有限责任银行竞争。苏格兰银行尝试过其他想法，后来放弃了，包括期权条款的使用，即建立一个契约结构，允许银行可以停止存款的兑换。这条规则被认为给予了银行太多灵活性，最终被禁止。

40. 根据 L. H. White（1984，第 27 页），1729 年到 1743 年，苏格兰银行支付给股东的平均股息为 5%。

41. 参见 L. H. White（1984），第 48 页。

42. 参见 Keogh and Whelan（2001），McKay（2008）。

第五章

1. 相关讨论参见 Bowen（1995），第 18 页；Kynaston（1995）。

2. 参见 M. Gilbert（1997），第 149 页。

3. 这与 Meltzer and Richard（1981）的预测是一致的，不平等的收入分配、广泛的选举权以及少数服从多数的原则会导致财富再分配型政府的产生和发展。

4. 甚至在一战刚开始时，国际信贷市场崩溃引发的相关市场崩溃对英国银行体系也几乎没造成任何危机。

5. Phillips and Wetherell（1995，第 411 页）的研究表明，1832 年改革是英国选举政治的一个分水岭。关于引发 1832 年法案的政治争议以及法案的影响，参见 May（1896）、Trevelyan（1922）、Thorne（1986）、Evans（1983）和 Cragoe（2008）。

6. 参见 Neal（1998），第 55 页。

7. 参见 Acworth（1925）。

8. 当时关于银行资产负债表和恢复兑换之间关系的讨论，参见 Thornton（1802）。关于这个话题的更近的评论，参见 Hayek（1978），哈耶克的评论也是建立在桑顿的观点之上。另可参见增加了评论内容后再版的《1810 年黄金报告》，Cannan（1925）。

9. 英国工业革命开始后，生产率提升，这多少抵消了由于回归金本位导致的调整成本。虽然黄金的英镑价格已恢复到之前水平，贸易商品的价格也跌至调整前的水平附近，但工资和其他非贸易商品的价格仍然高于之前的水平（据估计，名义工资在 1821 年比 1793 年高出约 20%，参见 Gayer、Rostow and Schwartz，1975，第 1 章，第 54 页、第 167 页）。这一现象有时被称为 Ricardo-Viner-Harrod-Balassa-Samuelson 效应，这一命名是为了纪念提出这一效应的多位经济学家。该现象反映了在英国暂别金本位时期，贸易品部门的生产率相比其他国家获得了正的相对增长（即英国工业革命对生产率的正面作用）。根据这一理论，如果一个国家的贸易品部门的生产率获得较高增长，则该国的非贸易品（包括工资）价格相对于其他国家也会出现增长。这意味着在回归英镑与黄金可兑换的情况下，工资和非贸易品价格并不一定会下降。

10. 英格兰银行国债资产的下降，同时反映了政府通过其他渠道筹集资金的能力，以及政府财政赤字的缩小。政府财政状况的改善也反映在国债收益率的走低上。参见 Neal（1998），第 57 页。

11. 按照时间顺序对这些改革措施的详细回顾，可参见 Philippovich（1911），第 183—210 页。

12. Arbuthnot 在 1858 年的论述，转引自 Schuster（1923），第 11 页。

13. 参见 King（1936），第 71—72 页。

14. Pressnell（1956）认为，乡村银行参与的业务范围广泛，包括产业营运资本融资（第 19—36 页）、批发贸易融资（第 47—56 页、第 357—365 页）、农业融资（第 344—355 页），以及向运河、高速公路及其他投资项目提供贷款和其他服务（第 259—276 页、第 372—400 页）。关于这一体系的局限性，参见 Cameron（1967a），第 24—25 页。

15. 参见 King（1936），第 xii—xiii 页；Pressnell（1956），第 75—104 页、第 116—125 页。

16. 参见 King（1936），第 53 页。然而，我们对英格兰银行贴现数据的观察显示，在 1857 年和 1866 年的大恐慌中，各票据的贴现率是不同的，因此，显然英格兰银行后来能够根据风险判断调整贴现率。但我们无法确定这一变化的起始日期以及价格差异的程度。

17. 关于金融危机在加速重大改革中的作用，参见 Hoffman、Postel-Vinay and Rosenthal（2007）。

18. 像所有金融危机一样，很难精确指出造成危机的各方责任，这一点尤其适用于 1825 年这样的全球危机。其中的一个主要驱动因素是，从 1822 年开始，向新独立的拉丁美洲国家的高风险贷款急剧增长，1825 年所有这些贷款都出现违约。英格兰银行是这场借贷盛宴的主角。当这些贷款问题开始显现，英格兰银行拒绝向伦敦票据市场中忙于抢夺资金的市场参与者提供流动性。参见 Neal（1998），第 60—62 页、第 62 页。

19. 参见 Neal（1998），第 65 页、第 68—69 页。

20. 危机还留下了其他教训，包括需要制定更有效的方式管理非银行机构的财务危机，需要扩大企业对资本市场的使用，需要限制乡村银行发行小额银行券（没有经验的参与者更趋向于小额银行券交易，对于更高的违约风险，他们的识别和惩处能力更弱）。

21. 参见 Neal（1998），第 70—71 页。

22. 1825 年危机还使人们反思关于创立有限责任公司的严格限制。1720 年《泡沫法》在 1825 年被废除。

23. 1828 年，英格兰银行在曼彻斯特、格洛斯特、斯旺西、伯明翰、利物浦、布里斯托尔和利兹设立分支机构。1829 年，在艾克赛特、纽卡斯尔、赫尔和诺维奇加设分支机构。关于信贷市场效率的提高，参见 Ziegler（1990）。

24. 参见 Neal（1998），第 73 页。

25. 参见 Pressnell（1956），第 179 页。显然，乡村银行发行的银行券减少，至少部分归因于这一措施（Pressnell，1956，第 158—165 页）。

26. 英格兰银行的委员会纪要表明，它在放弃特权方面并没有束手就擒。例如，在律师的建议下，英格兰银行行长多次致函财政大臣，阐述股份制银行进入伦敦市场会侵害英格兰银行的合法权益。在 1833 年 8 月 6 日的一封信中，行长写道，“若我们不向阁下直陈事实，是对阁下的不恭。我们深信，在本行本地专属权利范围内，不应批设吸收存款的银行，这有违国王陛下的政府与英格兰银行的契约，这一约定也一直得到阁下的认可。因此，本行董事对政府遵守约定笃信不疑”（Bank of England，1833 年 8 月 8 日）。会议纪要还表明，这些声明无济于事。1833 年英格兰银行行长和财政大臣的通信显示，议会对财政的制约会导致银行特许的重大改变。例如，财政大臣 1833 年 7 月 3 日写给行长的信中，特别提到双方先前商定的关于有限责任相关规定的提议。

27. 英格兰银行三个月之内的票据贴现利率不再适用高利贷法的利率上限，对英格兰银行而言，高利贷法事实上被废止了。参见 Andreades（1966），第 262—264 页。

28. 参见 Andreades（1966），第 260 页。

29. 1844 年改革是对 1836 年银行业恐慌的回应。之前的改革主要集中在特许和鼓励英格兰银行提供流动性等方面。根据 1844 年《银行法》（Bank Act）（即所谓货币学派的心血结晶），改革重点是确保经济稳定运行，即在面对国际贸易和资本流动的变化时，通过保持货币和信贷总量调整的合理幅度，实现经济的稳定。然而，这一理论的主要问题是，纸币和硬币并不是货币供给的全部；银行存款广泛使用，汇票是商业交易支付的主要方式。因此，1844 年的《银行法》并未有效限制信贷、存款、汇票或货币总量的增长。更完整的讨论，参见 King（1936），第 32 页；Hughes（1960），第 250—258 页。

30. 19 世纪 50 年代，现金流出伦敦（主要由于涉及法国的复本位制套利），而信贷大幅增长，信贷增长和现金流动呈反向运行。1852 年到 1857 年，货币总量从 3400 万英镑下跌至 2500 万英镑，而伦敦五大股份制银行存款从 1770 万英镑增加到 4000 万英镑，流通中汇票（伦敦贴现市场交易的资产）的平均总量从 6600 万英镑增至 1.8 亿—2 亿英镑。参见 Hughes（1960），第 250—256 页、第 258 页。

31. 参见 Hughes（1960），第 320—321 页；Bagehot（1962），第 65—66 页。

32. 英格兰银行在苏格兰显得不够慷慨：1857 年危机中两家大型苏格兰银行破产，Hughes 认为英格兰银行拒绝向它们提供信贷是正确的，因为这两家银行已资不抵债（Hughes，1960，第 311—331 页）。

33. 英格兰银行的贴现和贷款面向商业界各部门。在其 1857 年 7940 万英镑的放款中，最后 3 个月的放款达到了 3580 万英镑。这一金额最主要源于恐慌期的贴现，其中一半（1780 万英镑）是面向商户的直接贷款和贴现。此外，苏格兰银行获得 130 万英镑，乡村银行（包括伦敦股份制银行和伦敦以外的银行）获得 710 万英镑，贴现公司收到 950 万英镑。乡村银行中，伦敦外的银行获得近 600 万英镑，伦敦的银行只获得约 100 万英镑。对英格兰银行贴现融通的需求依次源于商家、贴现公司和乡村银行家（Hughes，1960，第 302—303 页、第 305 页）。

34. 英格兰银行对风险的补贴并非体现在将利率降至市场水平之下。事实上，在 19 世纪 50 年代，英格兰银行的利率高于市场（Hughes，第 1960，第 301 页）。从本质上说，银行对市场的补贴在于其满足需求的意愿，这意味着无论英格兰银行收取多少利率，市场上都可以轻松获得低于该利率的贴现率。把票据贴现描述为一个明确的看跌期权有点言过其实。英格兰银行可以，也确实提高了恐慌期的贴现率，所以期权的价格是一个变化的价格。事实上，Hughes（1960，第 371 页）评论说，在恐慌期间提高利率的决定向市场敲响了警钟，这一反应可以解释为对市场预期的负面冲击。此外，1844 年法案限制性规定的放宽不是确定的，所以看跌期权能否行权也是存疑的。

35. Newmarch 认为市场参与者预期会受到英格兰银行的保护，转引自 Hughes（1960），第 264—265 页。

36. 然而，伦敦和威斯敏斯特银行董事 David Solomon 认为，英格兰银行对票据市场的支持是宽松信贷助推泡沫形成的核心原因。有人问他：“你觉得向任何人提供票据贴现服务是英格兰银行的职能之一吗？仅仅因为票据持有人希望将其转换成现金?”他回答道，“正如我之前所说，英格兰银行将很难摆脱令人困扰的观念，这一观念深入人心，即认为英格兰银行不仅仅是一个普通的股份制银行”（Hughes，1960，第 300 页）。

37. 1858 年 Arbuthnot 探讨了 1857 年恐慌以及英格兰银行在解决危机中的支撑作用：这是毫无疑问的……通过票据贴现，商业获得资金，直接或间接获益……它们……找到自己的方式进入货币市场，并用于贸易目的；但是，当对货币的需求巨大，且利率因此过高时，英格兰银行在现行管理体制下提供的资源带来了巨大优势；商户深知，只要是合理的贸易目的，就能以当前市场利率获得英格兰银行的资金。统一的体系创造了信心。英格兰银行逐渐被视为商业信贷的核心和中流砥柱。转引自 Schuster（1923），第 21—22 页。

38. 参见 Schuster（1923），第 8 页。

39. 参见 Schuster（1923），第 22 页。

40. 参见 King（1936），第 202—203 页。

41. 参见 Hughes（1960），第 305 页。

42. 参见 Flandreau and Ugolini（2011）。

43. 由于奥弗伦·格尼银行在 1857 年获得救助，1866 年却被允许倒闭，政策的改变引出了一句话：“奥弗伦·格尼银行在 1866 年因为破产而使英格兰银行伤心，在 1857 年因为不被允许破产而损害了英格兰银行。”英格兰银行向它认为具有偿付能力的其他银行和票据经纪商提供流动性。通过比较 1857 年到 1866 年英格兰银行提供的信贷总量，我们可以清楚地看出，在放款额度、利率水平和借款人状况等方面，这两年的情况非常接近。并没有违反 1858 年 3 月 11 日建立的规则，即在“特殊紧急的情形下”特别放松银根。在危机之前不向票据经纪商提供顺周期的融资，在危机中允许奥弗伦·格尼银行破产，这些事实都反映了政策的重大变化。参见 Flandreau and Dgolio（2011）。

44. 参见 Bagehot（1962）；Andreades（1966）；Hawtrey（1932，1938）；King（1936）；Clapham（1944），第 2 卷；Hughes（1960）；Capie（2002，2009）。

45. 参见 Collins（2012），第 74—80 页。

46. 在 1870 年的英国，378 家银行开设了 2738 家银行网点。参见 Capie and Webber（1985），第 576 页。

47. 参见 Hughes（1960），第 306 页。另可参见 King（1936）。

48. 参见 Hawtrey（1932，1938）；Bagehot（1962）；Andreades（1966）；King（1936）；Clapham（1944），第 2 卷；Hughes（1960）；Capie（2002，2009）。

49. 我们说英格兰银行的创新性方式，并不是说这是该行的独创或首创。E. White（2011）的研究表明，1882 年，法兰西银行同样使用了类似的双层风险分担的技术安排，与法国各银行就支持巴黎交易所进行协调。1908 年，墨西哥财政部长 Jose Linantour 采用了稍有差异的担保方式，协助墨西哥各银行在 1907 年恐慌后使银行贷款支持的债券在市场上流通。（Conant，1910，本书第十章）

50. 参见 Clapham（1944），第 2 卷，第 326—339 页；Andreades（1966），第 366—367 页。

51. 对一战爆发时的危机的详细描述，参见 Roberts、Reading and Skene（2009）。

52. 一些经济史学家批评英国银行业在一战之前过于保守的信贷政策，并将英国增长放缓归因于此。也有人认为经济放缓反映了大型经济体的增长逐渐放缓的自然趋势。关于这一争论，参见 Collins（1995），特别是第 4 章。

53. 更多细节，参见 Sheppard（1971），Collins（2012）。

54. 参见 Billings and Capie（2007），第 143—144 页。

55. 参见 Capie and Billings（2004），第 69—103 页。

56. 参见 Braggion、Dwarkasing and Moore（2012）。

57. 参见 Collins（2012），第 58—59 页、第 214—218 页。

58. 参见 Obstfeld and Taylor（2004）；Calomiris（2005），第 36—41 页。

59. 参见 Davis and Huttenback（1988），第 48—49 页；Davis and Gallman（2001），第 70 页；Calomiris（2005），第 38 页。

60. 参见 O'Rourke and Williamson（2000），第 209 页。数据来源为 Jones and Obstfeld（2001）的数据集，包括国内资本总和与资本账户（扣除黄金流动）。假设总的储蓄等于资本账户的金额和国内资本形成总和，国外净投资对国内储蓄的比率就等于资本账户金额（扣除黄金流动）除以国内资本形成总和与资本账户（扣除黄金流动）之和的比率。计算使用的数据集，可参考国民经济研究局的网站（www.nber.org/databases/jonesobstfeld/）。

61. 参见 G. Jones（1993），第 1 页、第 7—12 页、第 32—62 页。

62. 参见 M. Gilbert（1997），第 149 页。

63. 英国并不是在一战前几年实施宏大社会立法的唯一国家（德国这方面的举措可追溯到 19 世纪 80 年代）；英国也不是扩大选举权的唯一国家（1907 年奥地利也这样做过）。这一时期政治气候的特点就是社会动荡，大规模政治抗议，暴动、罢工，以及空前数量的政治暗杀或谋杀未遂，主要由无政府主义者或社会主义者所为。1905 年第一次俄国革命反映了威权帝国的脆弱性。暗杀行动的目标包括 1900 年意大利国王；1901 年美国总统；1902 年比利时国王、俄国教育部长、俄国内务部长、保加利亚民众教育部长；1903 年塞尔维亚国王、王后、总理和国防部长；1905 年俄国大公和芬兰参议院检察官；1906 年俄国总理和俄国杜马重要成员；1907 年圣彼得堡省长和俄国军事总检察官；1908 年奥匈州长和众多奥斯曼高级官员；1909 年俄国秘密警察总长、英国的印度大臣副官、日本王子和前首相；1910 年埃及总理、俄国总理、奥地利司法部部长以及众多英国和印度官员；1912 年两位西班牙首相；1913 年希腊国王和土耳其总理大臣；1914 年奥匈帝国大公和他的妻子（这成为一战的导火线）。参见 M. Gilbert（1997）书中多处。

64. 赫伯特·亨利·阿斯奎斯（1908—1916 年任英国首相）的自由党政府使英国进入对德国的海军军备竞赛，最后加入“大战争”中。作为阿斯奎斯的海军大臣，丘吉尔带领舰队转换为以石油为燃料、全大枪装备的战舰（所谓的无畏舰），并指挥海军作战。直到 1915 年灾难性的加里波利战役后，丘吉尔才被解职。自那以后他被迫离开政府，获得了英国陆军中校的职位，带领苏格兰皇家第 6 禁卫队在西线战斗。

65. 参见 M. Gilbert（1991），第 146 页。对于丘吉尔提倡公民权利，不可过分乐观，因为他的一句名言将其立场表露无遗：“对民主最好的反驳就是和普通选民进行五分钟的谈话。”

66. 1904 年，丘吉尔离开托利党，和阿斯奎斯、劳合·乔治以及其他自由党成员结盟，他们的政纲支持帝国实力、自由贸易和造福民众的社会政策。丘吉尔的观点很大程度上是他在南非经历第二次布尔战争时形成的。一开始丘吉尔是一名战地记者，后来是南非轻骑兵的军官。丘吉尔 1900 年从战场返回，并在众议院拥有了一个保守党席位。南非的经验让丘吉尔明白，战争所需的新科技（例如机关枪、有刺铁丝网、火力密集的榴弹炮）需要庞大的军队，会带来无法想象的可怕后果。布尔战争开始时，所有参加南非战争的英国军队的人数为 12000 人。人数很快增加到 280000 人，其中有 22000 人死于战争。参见 M. Gilbert（1997），第 7—11 页、第 57 页。

67. 参见 M. Gilbert（1991），第 143 页；M. Gilbert（1997），第 51—52 页。

68. 参见 M. Gilbert（1991），第 230 页。

69. 参见 Roberts、Reading and Skene（2009）；Collins（2012），第 269—272 页。

70. 参见 Moggridge（1972），第 38 页；Park（2012），第 5 页。

71. 参见 Moggridge（1972），第 163 页；Park（2012），第 6 页。

72. 参见 Grant（1937），Thomas（1978），Morton（1978），Winton（1982），Billings and Capie（2011），Park（2012）。

73. 参见 Billings and Capie（2011）。

74. 参见 Park（2012），第 1 页。

75. 参见 Capie and Billings（2001），第 395 页。

76. 参见 Collins（2012），第 273 页。

77. 参见 Collins（2012），第 317—322 页。

78. 参见 Collins（2012），第 323 页。

79. 参见 Chester（1975）；Tiratsoo and Tomlinson（1998）；Collins（2012），第 327—328 页。

80. 英国工业化政策历史的更多详细信息，参见 Chester（1975），Tomlinson（1994），Tiratsoo and Tomlinson（1998）。

81. 参见 M. Gilbert（1991），第 889 页。

82. 参见 Goodhart（1988），特别是第 6—8 章。

83. 一些工党成员提倡银行国有化并创建国家投资银行。建立国有银行体系的呼吁可追溯到 1932 年，当时工党为此通过了一项决议。然而，有趣的是，工党上台后，并没有实施银行国有化。参见 Collins（2012），第 212 页。

84. 参见 Collins（2012），第 220 页、第 317—348 页。

85. 参见 Capie（2010），第 139 页。

86. 20 世纪 50 年代英国资本管制放松，1961 年强化，在 1965 年和 1966 年再次强化。参见 Capie（2010），第 209—210 页、第 295—300 页。

87. 关于英国货币增长、通货膨胀、贸易和国际收支平衡的历史，参见 Capie（2010），第 7—31 页；最终英镑贬值，参见 Capie（2010），第 138—251 页。Capie 详细研究了出台的经济政策及其后果、这些政策的思想基础。他的研究表明，混乱的思维导致英国愿意追求两相矛盾的货币扩张政策和固定汇率政策。直到 20 世纪 60 年代，这一经济思维定式（坚持货币供应量的增加和通货膨胀不相关）才受到重大挑战并最终被推翻。Capie 分析了 Radcliffe 委员会的 1957 年报告，特别令人信服地说明了 20 世纪 50 年代和 60 年代英国政策框架的不连贯，参见 Capie（2010），第 77—137 页。

88. 参见 Capie（2010），第 271—282 页。

89. 参见 Capie（2010），第 780 页。

90. 参见 Capie（2010），第 434 页。

91. 参见 Collins（2012），第 365—380 页、第 419—420 页、第 439—440 页。

92. 参见 Collins（2012），第 446 页。

93. 参见 Collins（2012），第 415 页。

94. 参见 Capie（2010），第 186 页。值得一提的是，国际收支问题与欧洲美元市场无关。因为美元存款在进入英国时不转换成英镑，没有汇率风险，在英国国际收支之外运作（Capie，2010，第 184 页）。

95. 英格兰银行以及其他机构的一些人士呼吁建立竞争的银行体系以及有效的货币控制方式，包括 John Fforde、Andrew Crockett 以及 Charles Goodhart。参见 Capie（2010），第 487—491 页、第 702 页；Goodhart and Crockett（1970）。

96. 参见 Capie（2010），第 427—523 页。

97. 英格兰银行行长将 1971 年的政策转变描述为“信贷控制的一种新方法，旨在使价格机制在信贷资源配置中有效发挥作用，使银行不受僵化约束的限制，这些限制长期以来制约了银行在金融体系中履行中介职能”。参见 Collins（2012），第 489—490 页。

98. 参见 Collins（2012），第 381 页、第 409 页、第 416 页、第 441 页。

99. 参见 Capie（2010），第 483 页。

100. 参见 Capie（2010），第 514—523 页、第 644—706 页。

101. 参见 Capie（2010），第 483 页、第 512 页、第 663 页。

102. 关于危机的详细描述，参见 Reid（1982）；Capie（2010），第 524—586 页。

103. 参见 Capie（2010），第 556—586 页。

104. 数据是 1999 年 4 月国际货币基金组织世界经济展望数据库中得到的简单平均数据，可在 www. imf. org/external/pubs/ft/weo/1999/01/data 上查询。

105. 参见 Capie（2010），第 12 页。

106. 参见 Butler and Butler（1994），第 375 页。

107. 参见 Collins（2012），第 423 页、第 493 页、第 507 页。

108. 根据 1999 年 4 月国际货币基金组织世界经济展望数据库的简单平均。

109. “Labour Party Conference”（2011）。

110. 该名言常被认为来自 Alexander Fraser Tytler，18 世纪末和 19 世纪初的一位苏格兰法官和历史学家。但并没有可信的证据证明这一来源。

111. 参见 Sherman（2013）。

第六章

1. 当联邦党人开始失去权力时，农民和技工迅速行动以促成更多银行获得许可，参见 Bodenhorn（2003），第 137—144 页。

2. 参见 Binswanger and Rosenzweig（1986）。以极易储存的农作物以及低规模经济为特征的农业体系对政治的影响，可参见 Haber（2012a）。

3. 参见 Morgan（1975），第 240 页；Wood（1991），第 123 页。

4. 参见 Morgan（1975），第 240 页。

5. 参见 Morgan（1975），第 145 页。

6. 参见 Keyssar（2000），第 7 页。

7. 参见 Wood（1991），第 173 页。

8. 参见 Morgan（1975），第 360 页。

9. 参见 Wood（1991），第 175—212 页。

10. 参见 Wood（1991），第 184 页。

11. 参见 Wicker（1985）；B. Smith（1985a，b）。

12. Perkins（1994，第 97—103 页）推测战争成本为 1.65 亿英镑。据估算，1774 年收入在 1.38 亿—1.73 亿美元。以 1 英镑兑 4.4 美元的汇率，战争成本约为年收入的 4—5 倍（Lindert and Williamson，即将出版，第 19 页、第 26 页）。这是公众很难承受的巨大成本，特别是在战争期间收入减少的情况下。Kulikoff 写道（即将出版，第 1 页）：“战争撕裂了国家，难民和士兵在乡村游荡，军队偷抢牲畜和庄稼，人民挨饿。贸易萎缩、货币贬值、工作岗位消失，因为雇主（不知道是否能完成产品销售，不知道是否能雇到工人）减少生产。”

13. 参见 Bodenhorn（2003），第 128 页。

14. 参见 Grossman（2010），第 223 页。

15. 汉密尔顿的成功发生在民主政治体系下，因此也必须向共和党反对者做出一些让步。根据美国银行的特许章程，银行做了如下安排：设置大量董事席位，所有权分散化，投票权进一步分散化。部分董事为共和党人，单一股东份额不得超过4%，股东份额上升后投票权下降。然而，仍然是以联邦党人为主的上层阶层控制着银行，享有巨大的盈利性特权。

16. 参见 Bodenhorn（2011）。

17. 参见 Bodenhorn（2003），第 17 页、第 244 页。

18. 参见 Schwartz（1947），第 427—440 页；Bodenhorn（2011），第 163 页。

19. 参见 Sylla、Legler and Wallis（1987），Wallis、Sylla and Legler（1994）。

20. 参见 Wallis、Sylla and Legler（1994），第 135—139 页；Bodenhorn（2003），第 142 页；Majewski（2004）。

21. 参见 Lane（1997），第 601—612 页；Wettereau（1942），第 78 页脚注 97；Sylla（2000），第 518—519 页；Rockoff（2000），第 647 页；Grossman（2010），第 225 页。

22. 参见 Rothbard（2012），第 81—147 页。Benmelech and Moskowitz（2010）表明，19 世纪各州的竞争影响了各州反高利贷法的放松，之所以会通过反高利贷法，是因为已有的工厂主希望限制新进入者获得信贷。Benmelech 等人发现，某一州放松反高利贷法会对相邻各州带来巨大影响，导致其他州也倾向于同样的放松。换言之，当更大的公共利益受制于各州之间的竞争时，现有工厂主寻求反竞争安排的力量也受到了遏制。

23. 参见 English（1996）。

24. 参见 Grinath、Wallis and Sylla（1997）；Bodenhorn（2003），第 86 页、第 148 页、第 152 页、第 228—234 页；Wallis、Sylla and Grinath（2004）。

25. 参见 Engerman and Sokoloff（2012），第 98—110 页；Keyssar（2000），第二章。

26. 参见 Schwartz（1947）；Bodenhorn（2003），第 141—215 页。

27. 参见 Bodenhorn（2003），142—143。

28. 参见 Peterson and Rajan（2002）。

29. 参见 Bodenhorn（2003），第 142—143 页。

30. 参见 Bodenhorn（2006），第 239—243 页。

31. 参见 Wang（2006），第 107 页。

32. 参见 Lamoreaux（1994），第 9 页、第 13 页。

33. 更全面的讨论，参见 Hammond（1947），Temin（1968），Engerman（1970），Rockoff（2000），Schweikart（1988），Rothbard（2012）。

34. 参见 Schweikart（1987），第 48—90 页；McGrane（1924），第 91—144 页。

35. 参见 Bodenhorn（2003），第 134 页、第 186—188 页；Bodenhorn（2006）；Gatell（1966），第 26 页；Moss and Brennan（2004）。

36. 参见 Bodenhorn（2003），第 186—192 页；Wallis、Sylla and Legler（1994）；Moss and Brennan（2004）。

37. 参见 Bodenhorn（1990），第 682—686 页；Bodenhorn（1993），第 531—535 页；Economopoulos and O'Neill（1995）；Ng（1988）；Rockoff（1974，1985）。

38. 参见 Bodenhorn（2007），第 23 页。

39. 参见 Ng（1988）。

40. 参见 Bodenhorn（2008）。

41. 参见 Calomiris（2000），第 64—67 页；Calomiris and Ramirez（2008）。

42. 参见 Wright（1986），第 11 页、第 17—50 页。

43. 参见 Bodenhorn（1990），第 37 页。

44. 有分支网络的银行业不是美国银行史上的常规，而是例外，因此，银行承兑汇票和商业汇票在美国很少用于农作物运输和贸易融资，这与其他国家的情况不同，如加拿大。正如 John James 在给作者的私人信函中写道，法律一度不允许全国性银行作为担保人，这意味着它们不能参与票据市场。当然，这一限制不适用于州特许银行。此外，《联邦储备法》取消了对全国性银行的这一限制，但这一变化未能引起票据市场的发展。因此，美国之所以缺乏票据市场发展，主要原因在于单体银行制，而不在于 1913 年之前对全国性银行参与票据市场的法律限制。

45. 参见 Calomiris and Schweikart（1991）。

46. 参见 Golembe and Warburton（1958）；Golembe（1960）；Calomiris（1989，1990）。

47. 参见 Calomiris（1991）。

48. 参见 Hammond（1970）。

49. 参见 Mitchell（1903），第 47 页。

50. 参见 Hurst（1973），第 3—27 页。

51. 参见 Dunne（1960），Calomiris（1992a）。

52. 参见 Gorton（1989），Calomiris and Kahn（1996）。

53. 参见 Calomiris（1988b，1993a）；Calomiris and Mason（2004）。

54. 参见 Moss and Brennan（2004）；Sylla（1975），第 62—73 页；Davis and Gallman（2001），第 272 页。

55. 参见 Grossman（2010），第 231 页、第 236 页。

56. 参见 Calomiris and White（1994），第 145—188 页；Davis and Gallman（2001），第 272 页。

57. 参见 Grossman（2010），第 238 页。

58. 参见 Abrams and Settle（1993），第 689 页。还有一个银行业协会在反对分行上更为明确，即“美国反分行银行家协会”。参见 Abrams and Settle（1993），第 702 页脚注 6。

59. 参见 E. White（1984a）。

60. 参见 Abrams and Settle（1993）；Calomiris（2000）；Calomiris and Ramirez（2008）。

61. 因为需要票据交换所的集体行动，所以符合第一章对银行业危机的定义。

62. 参见 Calomiris and Gorton（1991）。

63. 参见 Bordo（1985）。

64. 有大量证据证明联储体系有效降低了银行体系的季节性流动性风险和其他流动性风险。参见 Miron（1986），Richardson and Troost（2006），Bernstein、Hughson and Weidenmier（2010）。

65. 参见 Calomiris（1995），Giedeman（2005）。需要强调的一点是，20 世纪初，摩根大通的所谓“货币信托”事实上并无益于银行贷款投放、股票承销或新工业企业的融资安排。它与同时期的其他投资银行一样，主要关注债券承销，产业重组以及大型企业的公司治理。参见 Carosso（1970）；DeLong（1991）；Ramirez（1995）；Calomiris（2000），第四章、第五章；Pak（2012）。

66. 参见 E. White（1983，第 90—99 页，1984b，1985）；Calomiris（2010b）。

67. 参见 Fishback and Wallis（2012），第 30 页。

68. 参见 Meltzer（2003），第 79 页脚注 31。

69. 参见 Meltzer（2003），第 89 页。

70. 参见 Meltzer（2003），第 73 页、第 86 页。

71. 参见 Meltzer（2003），第 90—107 页。

72. 参见 Meltzer（2003），第 358 页、第 417—418 页。

73. 参见 Economides、Hubbard and Palia（1996）。

74. 参见 Calomiris（1990，1992）。

75. 参见 Calomiris（2010b），第 541 页。

76. 除了这三个州，失败银行的“资产缺口”（银行的存款负债和资产价值之差）对幸存银行的权益资本的比例在 0 ~ 0. 57 之间。在这三个强制存款保险制度最早建立的州，这一比例分别为 0. 94（内布拉斯加）、2. 26（北达科他）、3. 07（南达科他）。参见 Calomiris（1990），第 292 页。

77. 参见 Calomiris（2000），第 46—58 页。

78. 参见 Abrams and Settle（1993），第 691 页。

79. 参见 Calomiris（1993b，2003b）。

80. 参见 Abrams and Settle（1993），第 687—688 页。

81. 参见 Calomiris and White（1994），Economides、Hubbard and Palia（1996），Calomiris（2010b）。

82. 对此类证据的讨论，参见 E. White（1986）；Benston（1989）；Kroszner and Rajan（1994）；Ramirez（1995，1999，2002）；Neal and White（2012）。E. White（1986）和 Ramirez（2002）的研究表明，在证券承销被禁止之前，参与证券承销有利于银行的盈利和稳定。Kroszner and Rajan（1994）的研究显示，商业银行子公司承销债券的表现不逊于其他承销商。Benston（1989）提出，对证券承销的禁止并没有任何实证基础。1933 年的承销禁令适用于全国银行和州银行中的联储成员银行。1935 年禁令开始适用于所有的吸收存款机构。Ramirez（1995，1999）研究表明，银行客户获益于银行对证券市场的参与。

83. 参见 Calomiris（2000），第 67 页。

84. 一些州的确允许州外银行控股公司在本州收购银行，但这些被收购的州内银行不得与州外银行共享后台运营。因此，到 1975 年，在这些州的银行资产中，仅有 10% 的资产属于跨州经营的银行控股公司。参见 Morgan、Rime and Strahan（2004），第 1555 页。

85. 参见 Economides、Hubbard and Palia（1996），Calomiris（2010b）。

86. 参见 Calomiris and Mason（2003a）。

87. 参见 Neal and White（2012），第 109 页。

88. 要了解 20 世纪二三十年代农业金融和相关的银行困境的历史，以及对这些新项目的述评，可参见 Nourse、Davis and Black（1937）；Halcrow（1953）；Alston（1983，

1984)；Alston、Grove and Wheelock (1994)；Calomiris (1992b)；Libecap (1998)；以及 Fishback and Wallis (2012)。

89. 对这些举措以及其他罗斯福新政救助项目的评述，参见 Fishback and Wallis (2012)，Fishback、Rose and Snowden (2013)。

90. 数据源于美国国家统计局。United States Bureau of the Census (1975)，part 1，11，series A，57—72。

91. 首个案例为美国独立银行家协会诉史密斯案，*534 F. 2d 921* (D. C. Cir. 1976)。要求判定"客户银行沟通终端"违反 1927 年《麦克法登法》(McFadden Act)。当试图阻碍该技术的努力失败后，单体银行家又提起诉讼，要求判定银行网点之外的自动取款机（如超市里的自动取款机）违反了《麦克法登法》。

92. 图 6.4 的核心存款包括所有支票账户存款、其他短期和储蓄存款，不包括大额存款，因为一般而言，大额存款并不属于吸收存款和发放贷款的核心客户关系。

93. 参见 Greenspan (1988，第 3—4 页；1990，第 5 页)。

94. 相关例子可参见 Barth、Bartholomew and Labich (1989)；Wheelock (2006)。

95. 参见 Calomiris Hubbard and Stock (1986)。

96. 参见 Horvitz (1991)。

97. 参见 Barth、Bartholomew and Labich (1989)；Brewer and Mondschean (1991，1992)；Brewer (1995)；A. Gilbert (1991，1994，1995)；Barth and Brumbaugh (1992)；Schwartz (1992)。如 Gilbert 所述，各联储区的借贷行为各不相同，联储向资不抵债银行的借贷是否在很大程度上导致了巨额损失，这一点尚无定论。

98. 关于过去和现在的存款市场约束在纠正银行体系脆弱性方面的有效性，可参见 Calomiris and Wilson (2004) 以及 Calomiris and Powell (2001) 的讨论。

99. 请注意美国 1979 年后高利率导致的银行资不抵债问题与英国 20 世纪 70 年代的第二次银行危机（见第五章）的相似之处。

100. 参见 Barth、Bartholomew and Labich (1989)；Barth (1991)；Brewer and Mondschean (1991)；Brewer (1995)；Gilbert (1991，1994，1995)；Schwartz (1992)；L. J. White (1991)。

101. 1240 亿美元的预测参见 Curry and Shibut (2000)。还可参见 U. S. General Accounting Office (1996)。经济学家通常认为，使用事后现金损失衡量纳税人保护的成本不恰当，因为这没有考虑到纳税人在救助期间承担的风险，即真正的事前成本可能还要高很多。正如第一章所述，危机还会带来救助成本之外的经济成本。国会预算办公室（1992，第 35 页）的研究表明，储贷危机导致的 GDP 损失之和可能超过了 5000 亿美元（以 1990 年美元价值计）。

102. 参见 Calomiris (2000)，第 1 章，也可参见 Kroszner and Strahan (1999)。

103. 参见 Calomiris (2000)，第 67 页。

104. 参见 Kroszner and Strahan (1999)。

105. 参见 Calomiris (2010b)。

106. 参见 Jayaratne and Strahan (1996)；Kroszner and Strahan (1999)；Black and Strahan (2001，2002)；Correa (2008)；Beck、Levine and Levkov (2010)。

第七章

1. 参见 Barth、Caprio and Levine (2012), 第63—64 页。

2. 两位内部人士的观点, 可参见 Swagel (2009) 和 Bair (2012)。外部人士的观点基于对内部人士的采访, 可参见 Sorkin (2009)。

3. 美国应对危机的各类政策, 可参见 Calomiris、Eisenbeis and Litan (2012)。

4. 学术界对"次级"(subprime) 一词没有统一的定义。它的指代对象各不相同: FICO (Fair, Isaac and Co.) 信用评分 660 分以下的借款者申请的住房抵押贷款; 评级为"次级"的发起人或持有人的住房抵押贷款; "次优级" (Alt-A) 的住房抵押贷款 [另一类评级较差的住房抵押贷款, 根据贷款合约的特征而非借款人特征予以划分, 例如贷款价值比 (LTV) 很高的贷款]; 或者违约风险比传统"优级" (Prime) 住房抵押贷款大得多 (通常在几倍以上) 的住房抵押贷款。除非有其他说明, 我们采取最后一种定义。

5. 这些通常被认为几乎不存在风险的短期市场同样出现了违约, 这在市场上引起了连锁反应。雷曼兄弟对商业票据债务的违约导致一支货币市场共同基金 (Reserve Primary Fund) "跌破市值" (是指单位价值低于 1 美元)。这使资金逃离货币市场共同基金, 并导致政府出手对其价值给予临时担保。

6. 关于危机的蔓延以及市场流动性问题如何延长了金融危机的持续时间, 并加大了其影响, 可参见 Calomiris (2009), Gorton (2010), Gorton and Metrick (2011), Calomiris、Eisenbeis and Litan (2012), 以及与此相关的大量文献。

7. 参见 Laeven and Valencia (2012), 第 26 页。

8. McCarty、Poole and Rosenthal (2013) 将次贷危机归因为政治性影响, 并指出了与本书指向相似的因素, 包括大型银行的影响、政府支持企业的要求和中间偏左的政治激进主义推动了"可承受的住房"项目 (见第 17 页、第 19 页、第 44 页、第 126—133 页)。他们指出, 美国政治进程中多种意识形态、利益和约束的共同作用恰好使多数人的利益被忽略 (见第 90—116 页)。虽然本书部分同意他们的分析, 但我们坚信, 在次贷危机形成过程中不同利益的汇合不是出于巧合, 而是由为了实现巨大经济收益而形成超越意识形态和党派纷争的合作伙伴关系推动的。银行并购潮和之前的《社区再投资法》是这种伙伴关系形成的催化剂, 它们帮助这些合作伙伴实现利益的协调一致、推动对《社区再投资法》和《政府支持企业法》的修订, 并化解了可能由意识形态和不同利益造成的冲突。

9. 对政府支持企业制定的目标最初是投资组合中的比例要求。从逻辑上很容易理解, 房利美和房地美可以通过削减对其他群体的贷款而非增加对目标团体的贷款来达到这些要求。然而, 这种选择意味着其获利能力和政府支持力度的明显下降, 而后者对它们继续获得政府补贴 (为其债务提供保护) 至关重要。

10. 不少著作都记录了房利美和房地美在次贷危机前对住房抵押贷款市场的影响。因此本书在这方面的论述有必要更加简略。更多细节请参见 Rajan (2010), Morgenson and Rosner (2011), Acharya、Pinto and Wallison (2011)。

11. Brewer and Jagtiani (2013) 研究了 1991—2004 年宣布银行合并对股票市场的影响。他们发现, 超过一定规模门槛的合并能为合并后的银行创造非同寻常的高收益。研究表明市场理解扩张的特殊优势。无论这些优势是更高的管理效率、更强的市场话语权或是更好的政府保护。研究结果清楚地表明，使银行成为超大型银行的并购为其股东带来了特别收益。Johnson and Kwak（2010）对其他一些研究进行了综述，这些研究通过比较银行业绩的方法，区分了基本的规模经济优势和政治优势（“大而不倒”的保护），发现基本规模经济优势仅在小规模银行中发挥作用，超级银行的规模优势更多是政治性的。此外，最近更多的研究得出了不同的结论，如 Anderson and Joeveer（2012），Wheelock and Wilson（2012），Hughes and Mester（2013）。这是一个较为复杂的研究领域，因为在比较超级银行和小银行的业绩时，并没有将所服务的客户差别、所提供的产品差别以及所使用的业务流程差别考虑在内。

12. 从逻辑上讲，可以想象房利美和房地美能针对目标群体有选择性地降低认购标准。但从实际操作角度看，这么做非常难。首先，有选择性地降低认购标准相当于是以对目标群体做特殊安排的方式歧视大多数美国人，这会引发批评性的政治风暴。其次，将更宽松的认购标准仅限于少数群体相当于承认高杠杆和缺少证明是风险极高的做法。如果承认其中的极高风险，就意味着政府支持企业面临更高的资本要求，并进一步激发批评者对它们资本不足提出批评。房利美和房地美选择对每个人都放宽标准，使它们看上去并未承担过高的风险。

13. 更为详细的研究，请参见 Barth、Caprio and Levine（2012）。

14. 在“赢者通吃”制度下，例如美国众议员选举，所有席位均由各个选区各自的获胜者占据。而在大多数议会制国家实行比例代表制，立法机构的席位根据不同党派得票数多少按比例分配。在“赢者通吃”制度下，例如美国，选民不会把选票“浪费”在边缘政党身上。事实上，如果一个边缘政党在立法机构中对形成政治联盟起关键作用的话，它就能获得远超其人数的政治影响力。一些议会制国家在选举时混合采用了赢者通吃制和比例代表制。

15. McCarty、Poole and Rosenthal（2006，2013）详细分析了鼓励预算外行动的政治两极分化，特别是可参见 McCarty、Poole and Rosenthal（2013），第 105—106 页。

16. 参见 Rajan（2010）。

17. 当然，并非所有政客都支持克林顿的“第三条道路”。代表乡村地区选民的共和党就经常提出反对政见。参见 Schlesinge and Schroeder（1999）。

18. 关于这些评级的简要描述，可参见 Moody's Investors Service（2008）。

19. 该会议的纪要，可参见 Federal Reserve Board（1999a）。

20. 相关例子可参见 Evanoff and Segal（1996，1997）。

21. 参见 Clinton（1999a）。

22. 参见 Schlesinger and Schroeder（1999）。

23. 参见 L. J. White（1992），第 282 页。

24. 参见 National Community Reinvestment Coalition（2007a），第 26 页。

25. 参见 Fishbein（1992），第 300 页。

26. 参见 Associated Press（1999）。该听证会笔录可参见 Federal Reserve Board（1999a）。美联储判定，《社区再投资法》并不要求银行建立明确的伙伴关系，可参见 Federal Reserve Board（1999b）。

27. 针对这两类《社区再投资法》贷款的数据显示，2000 年以后，银行逐渐从与激进团体合作转换为自行管理《社区再投资法》贷款。可能的原因是参议员 Phil Gramm 成功地促成一部法案的通过，该法案要求将银行和激进团体之间的伙伴关系公开化。参见 National Community Reinvestment Coalition（2007a），第 90—100 页。

28. 例如，可参见 Husock（2000），参议员 Phil Gramm 称《社区再投资法》贷款是“大型的勒索计划”。众议院议员 Ed Royce 的原话被《华盛顿时报》引用，他提到 ACORN 在《社区再投资法》下的所作所为是一种“合法的勒索”，*Washington Times*（2009）。

29. 参见 Clinton（1999b）。

30. 参见 National Community Reinvestment Coalition（2007a），第 26 页。

31. 参见 National Community Reinvestment Coalition（2007a），第 27 页。

32. 参见 National Community Reinvestment Coalition（2007a），第 8 页。

33. 参见 National Community Reinvestment Coalition（2007a），第 8 页。

34. 参见 National Community Reinvestment Coalition（2007b），第 11—17 页。

35. 参见 Butts（1998）；还可参见 Atlas（2010），第 71 页。

36. 参见 Marks（1998）。

37. 参见 United States House of Representatives（2010），第 42—43 页。

38. 参见 Husock（2000）。

39. 参见 NACA（n. d.）。

40. 参见 NACA（n. d.）。

41. 参见 Marks（n. d.）。

42. Agarwal et al.（2012）将他们的研究结论总结如下：我们发现为了满足《社区再投资法》的要求，导致银行在贷款时更加冒险。在《社区再投资法》考核前后的 6 个季度中，受制于考核银行的贷款额增加了 5%，而这些贷款的违约率高达 15% 甚至更高……我们注意到，我们的研究并未对《社区再投资法》的全面影响进行评估。这是因为我们在评估《社区再投资法》考核带来的影响时，是以不进行《社区再投资法》考核的银行作为对比样本进行比较的。但是银行改变贷款行为也将产生成本，也就是说为了达到《社区再投资法》合规的目的，银行会调整其贷款行为。我们在实证分析中并未考虑这一成本，因此我们实际上低估了《社区再投资法》带来的实际影响。如果银行调整贷款行为的成本十分巨大，即银行无法轻易地改变其贷款组合，那么相比于仅仅根据《社区再投资法》评估时期的借贷行为改变来进行估计，《社区再投资法》潜在的全面影响将更大。

43. 参见 Pinto（2011），第 15 页。

44. 参见 Husock（2000）。

45. 参见 Florida Minority Community Reinvestment Coalition（2003）。

46. 调查分委员会报告的开篇很好地总结了对华盛顿互助银行的详细调查（United States Senate［2011］，第 2—3 页）：这一案例研究关注银行为了追求高增长和高利润，如何发起数十亿美元的高风险、低质量的住房抵押贷款，并将其证券化，这些抵押贷款最终价值大跌，损害了消费者、银行甚至美国金融体系。华盛顿互助银行曾声称自己是一家审慎的银行，但事实上这家银行日益转向了高风险贷款。在2003—2006年的4年中，该行的高风险贷款占比从19%增长到55%，而固定利率贷款占比从64%降至25%。

47. 参见Rajan（2010），第32页。关于美国住房抵押贷款市场发展历史的更多细节，可参见Fishback、Snowden and White（即将出版）以及Rose and Snowden（2012）。

48. 虽然政府的住房政策干预大大鼓励了美国银行业开始发放分期付款的长期抵押贷款，但实际上这类抵押贷款在几十年前首先由信用合作社推出，并在20世纪前20年被广泛使用。事实上，Rose and Snowden（2012）的研究显示，不仅是罗斯福新政的住房政策，大萧条的冲击也推动了长期分期付款抵押贷款的发放。

49. 联邦税收政策也为房屋所有者和低收入租房者提供了住房补贴。第一，低收入住房返税政策（low-income housing tax credit，LIHTC）为低收入家庭提供了购买新房或租房方面的税收减免，同时租金根据租房者的收入水平有所限制。第二，联邦政府对于那些发行债券为住房项目提供资金的州实行税收减免。第三，支付的抵押贷款利息、部分本金（有上限），以及财产税可以享受税收减免。联邦政府对住房的各类政策可以参见Jaffee and Quigley（2007，2009）。根据他们的估算，低收入住房返税政策在2007年使政府收入减少58亿美元，住房项目债券的税收减免的成本为19亿美元。与之相对应的，对购房家庭抵押贷款和财产税的减免达1174亿美元。

50. 例如，一个潜在的抵押贷款申请者在没有政府住房政策干预的情况下需要支付8%的抵押贷款利率，同时贷款价值比为97%，但在政府补贴的情况下他能以5%的利率申请同样数额的贷款，这样一来每一年的隐性补贴达到了购房者房产价值的近3%。

51. 存在其他方式鼓励购房，但不存在这么严重的扭曲。例如在澳大利亚，首次购房者能获得政府对其首付的补贴。因此澳大利亚的住房补贴项目是通过降低其贷款价值比来帮助首套房购房者获得贷款，这种做法与美国截然相反。

52. 参见Michael J. Boskin，个人交流，2012年6月21日。

53. 可参见Canner、Passmore and Surette（1996）以及Bunce and Sheessele（1996）。在很长一段时间里，房利美和房地美均面临政治压力，需要为高风险的借款人提供更多便利。1978年，住房与城市发展部部长Patricia Roberts Harris试图向政府支持企业施加强制规定，要求它们向低收入家庭贷款，但是她被“接连发生的政治骚动”阻挠了（Weicher，2001，第125页）。

54. 参见Canner、Passmore and Surette（1996）；Calomiris（2001）。提前偿付风险是指当利率下降时，抵押贷款被提前偿付的风险（可能源于借款人以更低利率再融资或出售房产）。政府支持企业曾发行高息债券，以此作为资金来源买入住房抵押贷款，如果住房抵押贷款的借款人提前还款，则政府支持企业无法收取抵押贷款的高利息偿还债券。

55. 参见Jaffee（2010），第1页；Pinto（2011），第56页。

56. 参见Wallison（2001）。

57. 参见Pinto（2011），第40页；Fishbein（2003），第112—113页。此次听证会笔录可参见United States Senate（1991）。

58. 参见United States Senate（1991），第95页。

59. 参见 United States Senate（1991），第 93—94 页。

60. 参见 Pinto（2011），第 54 页。

61. Advisory Commission on Regulatory Barriers to Affordable Housing（1991），第 5 章，第 3 页。

62. 转引自 Pinto（2011），第 55 页。

63. 参见 Pinto（2011），第 55 页。

64. 参见 Pinto（2011），第 25 页。

65. 参见 Rajan（2010），第 35 也。还可参见 Hagerty（2012），第 85—95 页。

66. 参见 Acharya et al.（2011），第 32 页。

67. 参见 Pinto（2011），第 76 页、第 87 页、第 104 页、第 105 页；Hagerty（2012），第 112 页。

68. 引用自 Rajan（2010），第 36 页。还可参见 DeHaven（2009）。

69. 西内斯罗斯在联邦调查局做了关于向其前情妇支付费用的虚假陈述，司法部门对此进行调查，因此西内斯罗斯被迫辞职。2001 年，他进入了全美金融公司（Countrywide Financial）的董事会，该公司是房利美最大的客户，是次级住房抵押贷款领域最为激进的发起人。

70. 参见 DeHaven（2009），第 8 页。

71. 为了达到政府的强制性要求，实际发放给目标群体的贷款金额在达到政府要求的基础上还留有一定的缓冲（为了保证满足政府要求，实际发放贷款额一定要略高于最低达标额），因此，发放给目标群体的实际贷款额都稍微超出了图 7.3 所示的强制性要求的标准。

72. 引用自 Hagerty（2012），第 155 页。

73. 参见 Hagerty（2012），第 156 页。

74. 例如，美国证券交易委员会称，房地美告诉投资者在过去 18 个月，他们对独栋住房次级抵押贷款的风险敞口只从 2007 年初的 20 亿美元增长到 2008 年 8 月的 60 亿美元，而实际数字是从 2006 年末的 1410 亿美元增长到 2008 年中的 2440 亿美元。

75. 参见 Acharya et al.（2011），第 38 页、第 39 页。

76. 这些房地美的内部邮件由美国众议院监管和政府改革委员会的职员提供给 Charles Calomiris。它们出现在 Calomiris 向该委员会提供的证词中，并同时作为 Calomiris 在《华尔街日报》上的一篇专栏文章的依据。参见 Calomiris（2008，2011b）。《纽约时报》的 Charles Duhigg 采访了包括 David Andrukonis 在内的房地美现任和前任高管，以及一些监管人员、分析师和股东。这些采访显示“抵押贷款巨头房地美的 CEO 未能接受来自内部的一些警告，而这些警告本可以使公司降低其正在经受的财务危机的严重程度”（Duhigg，2008）。

77. 参见 United States House of Representatives（2008），第 2 页。

78. 最近，Hernandez-Murillo、Ghent and Owyang（2012）的研究利用不连续回归分析的方法发现，没有证据显示政府支持企业向住房和城市发展部要求的目标群体发放的高风险抵押贷款的损失要高于其他贷款。这一发现非常有趣，但这一结论与房地美风险管理人员的陈述，以及 Rajan、Seru and Vig（2010）的研究结果是完全吻合的。房地美的风险管理人员称，为达到住房和城市发展部的要求，房地美于2004年取消了对无证明和缺证明抵押贷款的上限限制，而不仅仅取消了向那些满足住房和城市发展部目标群体发放贷款的上限。因此，不连续回归分析的发现并不令人吃惊，而且这与住房和城市发展部导致政府支持企业进入高风险贷款领域的观点并不矛盾。

79. 参见 Mayer、Pence and Sherlund（2009）。

80. 参见 Pinto and Wallison（2011）。他们对次贷损失的早期估计低于美国证券委员会宣布的2万亿美元，但其估计值随后上调。

81. 参见 Acharya et al.（2011）。

82. 参见 Jaffee and Quigley（2009）。

83. 参见 Rajan（2010），第37页。

84. 这些数据由作者计算。联邦住房管理局担保的住房抵押贷款的止赎率变化低估了实际变化，因为在2002年联邦住房管理局要求银行业和其他抵押贷款发放机构对抵押贷款的违约进行重新谈判时应更加宽容。在此之前，一项抵押贷款预期90天后发生止赎的可能性为75%。在此要求提出后，止赎的可能性降到了25%。1998年以前的数据参见 Elmer and Seelig（1998）的研究。1997年后的数据来自住房抵押贷款银行家协会（Mortgage Bankers Association），主要由 Edward Pinto 向我们提供。

85. 对于联邦住房贷款银行的历史、结构、治理和运作的详细分析可以参看 Flannery and Frame（2006）的研究。联邦住房贷款银行向其成员发放的预付款金额相当大，在次贷危机中破产的主要的高风险抵押贷款机构都特别依赖联邦住房贷款银行的融资。例如，全美金融公司在已无法从其他地方获得融资的情况下，于危机时从亚特兰大联邦住房贷款银行获得了515亿美元的贷款来维系其运营。2007年，旧金山联邦住房贷款银行尤其活跃，向整个系统提供了近1/3的资金支持。它向因迪美银行（IndyMac）提供了100亿美元融资，向华盛顿互助银行贷出了310亿美元。

86. 参见 Greenspan（2000）。

87. 参见 Greenspan（2005）。

88. 参见 Greenspan（2005）。

89. 参见 Carnell（2001），第62—71页。

90. 参见 Seiler（2001），第25页。

91. 参见 Nader（2001），第110页。

92. Lichtblau（2012）继续指出：在决定两房未来财富的摊牌时刻，金里奇先生在背后起到了关键作用，根据当时的采访和相关报道，他在1995年帮助阻止了一项提案，该提案旨在要求房利美和房地美——而不是纳税人，向政府支付数十亿美元的潜在新增费用。当时，众议员吉姆·利奇，一位来自艾奥瓦州的资深共和党人正担任众议院银行委员会主席，他也强烈批评房利美和房地美，希望这两家公司支付48亿美元来资助一项基金，以救助陷入困境的储贷机构……“纽特·金里奇是一个实用主义者”，一个曾参与这一费用提案争论的共和党官员匿名发表了这一评论，以避免卷入当时的共和党竞选纷争。在维护房利美和房地美时，“纽特·金里奇与他的伙伴，确切来讲是两个伙伴，保持高度一致”，这位共和党官员说。纽特·金里奇在1998年访问（北爱尔兰）贝尔法斯特地区，开展一项为低收入家庭建造住房的项目，该项目是美国海外援助计划“国会建造的住房”

(The House that Congress Built) 的一部分。贝尔法斯特地区的这一项目主要由房利美和房地美，以及国际仁人家园（Habitat for Humanity，一个国际组织）和美国房产中介协会(National Association of Realtors) 资助。房产中介协会称这一住房项目是政策制定者和房地产行业“一次真正独特的合作”。

93. 参见 McLean（2005）。

94. 参见 Associated Press（2005）；还可参见 Common Cause（2008）。

95. 参见 Common Cause（2008）。

96. 参见 Wallison and Calomiris（2009）。

97. 参见 Hagerty（2012），第 113 页。

98. 参见 Acharya et al. （2011），第 73 页。

99. 参见 Pinto（2011），第 173 页。

100. 参见 Mian、Sufi and Trebbi（2010a）。相关研究也提供了类似证据，说明与抵押贷款相关的游说的政治影响力，包括 Igan、Mishra and Tressel（2009）；Mian、Sufi and Trebbi（2010b）；Epstein、O'Halloran and McAllister（2010）；以及 Romer and Weingast (1991)。

101. 参见 Pinto（2011），第 87 页。

102. 参见 McLean and Nocera（2010），第 168 页。

103. 引自 Rajan（2010），第 35—36 页。

104. Acharya et al. （2011）将住房净值授信额度（home-equity line of credit）也作为高风险抵押贷款。出于保守的估计，我们并未包含这些贷款。但即使在这种情况下，高风险贷款的占比仍高于图 7.6 中的占比。

105. 参见 Acharya et al. （2011），第 45 页。

106. 参见 Pinto and Wallison（2011）。

107. 参见 Acharya et al. （2011），第 46 页。

108. 参见 Wilcox（2009）。

109. 参见 Acharya et al. （2011），第 48 页。

第八章

1. 参见 Pinto（2011），第 25 页。

2. 理论解释，参见 Merton（1977）；关于 20 世纪 80 年代储贷机构行为的相关实证研究，参见 Brewer（1995）。

3. 更多细节，参见 Acharya et al. （2011），第 24—25 页。

4. 参见 Acharya et al. （2011），第 24—25 页。

5. 关于银行发行抵押贷款支持证券的资本要求的细节，可参见 Calomiris（2009）。

6. 参见 Calomiris（2009）。

7. 本文对债务担保凭证和信用违约掉期的讨论引自 Barth、Caprio and Levine（2012），第 72—73 页、第 91—93 页。

8. 参见 Acharya et al. （2011），第 49 页。

9. 在 1992 年《联邦住房企业财务安全和稳健法》下，1992 年创立了联邦住房企业监督办公室。该机构的职权相比美联储或联邦存款保险公司要小得多。关于联邦住房企业监督办公室仅获得较小职权的政治原因，可参见 Hagerty（2012），第 85—95 页；Rajan（2010），第 35 页。

10. 在次贷危机前的几年中，投资银行实际所受的监管不断加强。作为对来自欧洲监管机构压力的回应，在 2002 年，美国各相关金融监管机构同意，投资银行应遵守巴塞尔标准，从而首次将投资银行纳入以风险为本的资本监管体系。此外，21 世纪头 10 年还推出了许多新的审慎监管规则，特别是在证券化方面。有学者错误地指出，次贷危机是由证券交易委员会改变规则引起的，这一规则的变化主要是指 2004 年允许投资银行增加杠杆率，但这是不正确的。在规则变化之前，大型投资银行的杠杆率事实上高于变化之后，所以规则的变化不可能引起杠杆率的增长（McLean，2012）。

11. 随着巴塞尔标准的演化，以及美国监管的变化，对抵押贷款或抵押贷款支持证券的资本要求发生了变化。对大型银行而言，资本要求逐渐由银行自身的相关风险模型所决定。参见 Calomiris（2009），特别是第 45 页，脚注 19。

12. 参见 Barth、Caprio and Levine（2012），第四章。

13. 人们有时认为，证券化机构为评级埋单的事实本质上必然导致有利的评级。这是不对的：如果证券购买者想要精确的评级，他们会惩罚“评级选购”而不是奖励它（Calomiris，2009）。同理，无论是消费者还是零售商向政府支付消费税，并不会因此而影响商品的价格，同样，谁支付评级费也不重要。真正重要的是对低劣评级的最终需求，需求来自对市场买方的监管资本要求的相关处理方式，是需求导致了“评级选购”。关于评级虚增及其与监管的关系的更早期证据，可参见 Cantor and Packer（1994）。

14. 更多细节，参见 Mason and Rosner（2007a，b）。

15. 事实上，即使房价持平的可能性很大，也会对次级抵押贷款带来很大的风险，因为对高风险贷款的低违约风险的假设是建立在房价持续上升的基础上，只有房价持续上升才能预防止赎的损失。评级机构也确实注意到了这一问题，但是它们没有严肃认真地对待这个问题。2006 年 12 月，惠誉做出了正确预测：“2007 年，次贷业绩对于房价上升的敏感性以及那些面临着计划还款额上升的大量借款人会继续在该行业造成负面压力。惠誉预计下一年违约率将在现有水平的基础上至少增加 50%，总体评级环境为负面，因为降级的数量预计要多于升级的数量。”然而，直到 2007 年年中，这些严重的问题才在评级机构模型假设的重大（仍然不足）变化中得到反映。参见 Calomiris（2009），第 14 页。

16. 参见 Calomiris（2009），第 17 页。

17. 参见 Barth、Caprio and Levine（2012），第 69 页。

18. 参见 Calomiris（2009），第 19 页。

19. 参见 J. Taylor（2009）。以更简单的衡量标准看，仍显示该时期实施了宽松货币政策。“实际”联邦基金利率——名义联邦基金利率减去市场调查得出的预期通胀水平——可以衡量在调整购买力变化后的利率水平处于怎样的低位。更高的预期通胀率降低实际利率，因为借款人预期可以用未来更便宜的美元偿还贷款。从 2002 年到 2005 年，“实际”联邦基金利率持续为负值，这意味着银行间借款可以让借款人获利，即使借款人只是将融入资金投资于一些商品，然后将它们分开并再次出售！其他唯一连续四年出现过负实际利率的时间为1975—1978年，即20世纪60年代和70年代“大通胀”的顶峰时期。

20. 参见Calomiris（2009）。

21. 参见Bordo（2007）；Bordo and Wheelock（2007，2009）。

22. 参见Dell’Ariccia、Igan and Laeven（2012），Jiménez et al.（2007），Altunbas et al.（2009），以及Bekaert、Hoerova and Lo Duca（2010）。

23. 参见Taylor（2009）。

24. 参见E. White（即将发表）。

25. 参见Calomiris and Herring（2012）。

26. 参见Calomiris（2009）。

27. 参见Calomiris and Herring（2012）。

28. 关于次贷危机期间美国当局的宽容和不作为，参见Barth、Caprio and Levine（2012）；Calomiris and Herring（2012）；以及McCarty、Poole and Rosenthal（2013），第10—11页、第22页。关于其他国家的证据，参见Calomiris、Klingebiel and Laeven（2005）以及Brown and Dinc（2005）。

29. 参见McCarty、Poole and Rosenthal（2013），第10—11页、第22页；O’Halloran and McAllister（2012）。

30. 参见Hawke（1988）；Calomiris（2006，2010a）。

31. 参见Calomiris（2013）。

32. 正如Calomiris（2006）显示，20世纪最后几十年，许多国家不再允许金融管理人员担任银行系统的主要监管者。

33. 强调银行关注这些危机并且正在这样实践，这是很重要的。正如Ellul and Yerramilli（2010）的研究显示，损失更高的银行在危机前被市场视为更具风险的机构，这些银行在风险管理方面的投资也更少。Igan、Mishra and Tressel（2012）的研究显示，围绕有风险的借贷来开展业务的银行也花了更多精力就放松抵押贷款的监管进行游说。

34. 在次贷高峰期，薪酬在推动银行家的激励问题中扮演的角色，可参见Calomiris（2009）以及Barth、Caprio and Levine（2012），第74—79页。

35. 参见Fahlenbrach、Prilmeier and Stulz（2012）。

36. 参见Ellul and Yerramilli（2010）。

37. 参见Calomiris、Eisenbeis and Litan（2012）的有关概述。对《多德—弗兰克法》有效性的悲观主义观点，参见McCarty、Poole and Rosenthal（2013），第254—261页。

38. 自营交易的定义：银行以自有资金，而非客户资金，参与股票、债券、货币、商品及其衍生物的交易，以获取自身盈利。新沃尔克规则禁止自营交易，但很难区分自营与做市，做市是指银行以其自有账户建立头寸，从而为市场有序交易提供便利。

39. 参见United States Department of the Treasury（2008），第144页：“在美联储的新监管角色方面，美联储应拥有以下方面的特殊权限：收集适当的信息，披露信息，与其他监管者合作制定监管规则，为金融市场整体稳定采取必要的纠错性行为。”

40. 参见United States Department of the Treasury（2008），第145—146页。

第九章

1. 参见 Haubrich（1990）。

2. 参见 Johnson（1910）。

3. 魁北克以北，加拿大的远北部地区在当时被称为鲁珀特（Rupert）之地，仍然在哈得孙湾公司的直接控制之下。在当时还属于现在的新不伦瑞克省（New Brunswick）；在 1755 年法国人被强行驱逐后，被视为一个独立的英国殖民地。

4. 参见 Christie（1866），第 41 页。

5. 参见 Christie（1866），第 264 页。

6. 参见 Christie（1866），第 265—266 页。

7. 参见 Christie（1866），第 263 页。

8. 参见 Christie（1866），第 155—156 页。

9. 参见 Christie（1866），第 347 页。

10. 参见 Christie（1866），第 40—41 页。

11. 参见 Christie（I866），第 126 页。

12. 参见加拿大统计局（1983），Series A125-163。

13. 参见加拿大统计局（1983），Series A2-14。

14. 英国人似乎已经意识到需要将非选举产生的上院视作正统。因此，总督已经考虑需要委任代表当地社区的参议员，与此同时，他也需要限制参议院中任何法国裔加拿大人联盟的规模。

15. 参见 McInnis（1959），第 294 页。

16. 参见 Johnson（1910），第 48 页。

17. 参见 Redish（1984）。

18. 参见 McIvor（1958），第 30 页。

19. 1831 年在蒙特利尔的加拿大银行被蒙特利尔银行吸收合并。1833 年蒙特利尔城市银行获得牌照，但它只能作为区域银行开展有限的业务。

20. 参见 McIvor（1958），第 34 页。

21. 参见 McIvor（1958），第 36 页。

22. 参见 McIvor（1958），第 36 页。

23. 在加拿大和美国成为规则的双倍责任是为了节省实收资本，从而减少未来银行股东将他们的财富变现以投资于银行股的需求。因此，股东实缴资本外的财富可以服务于双重目的，给银行提供资金支持（通过扩展的责任），同时以土地、财产、设备、存货及其他资产形式继续发挥其经济功能。

24. 参见 McIvor（1958），第 30 页。

25. 参见 McIvor（1958），第 50 页。

26. 参见 Curtis（1947），第 116 页；Bordo、Redish and Rockoff（2011），第 10 页；McIvor（1958），第 65—66 页。

27. 参见 McIvor（1958），第 66—67 页。

28. 参见 McIvor（1958），第 71 页。

29. 参见 E. Walker（1923），第 146 页。

30. 立法障碍似乎并不能解释合并。从 1890 年至 1929 年，共颁发了 25 个新的银行牌照，但似乎只有 11 个被使用了；而从 1920 年至 1966 年共颁发了 5 个新的银行牌照，但似乎只有 2 个被使用了。制约因素似乎不是牌照而是筹集足够资金以形成规模经济的能力。参见 Carr、Mathewson and Quigley（1995），第 1138 页。

31. 纸币持有人由一个成立于 1890 年的发行赎回基金保护，每家银行贡献了其流通量的 5%，实际上使银行为对方发行的纸币相互担保。

32. 被清算的银行名单，参见 Vreeland（1910），第 219 页；亦可参见 Johnson（1910），第 127 页；以及 Breckenridge（1910），第 166—174 页。

33. 参见 Johnson（1910），第 124—125 页。

34. 参见 Calomiris（1989，1990）。

35. 参见 Calomiris and Gorton（1991）。

36. 参见 Patterson（1917），第 60 页。

37. 参见 McIvor（1958），第 84 页。

38. 在美国和加拿大的农业经济中，信贷需求的季节性波动是明显的。在一个类似加拿大的多元化的分支银行体系中，信贷的季节性波动往往导致利率较温和的季节性变化，因为贷款供给的弹性较大（Calomiris，2011a），但尽管如此银行体系中贷款需求的季节性波动仍可对流动性产生严重冲击。

39. 参见 Swanson（1914），第 305—306 页、第 310 页。

40. 参见 Swanson（1914），第 313 页。

41. 参见 Eckardt（1913），第 159—63 页。

42. 参见 Neufeld（2001），第 327 页。

43. 参见 Carr、Mathewson and Quigley（1995），第 1140 页。

44. 参见 Carr、Mathewson and Quigley（1995），第 1139 页。

45. 参见 Swanson（1914），第 314 页；Weaver（1913），第 136—142 页。

46. 参见 Carr、Mathewson and Quigley（1995），第 1140—1141 页。

47. 参见 Carr、Mathewson and Quigley（1995），第 1142—1143 页、第 1152 页。家乡银行的倒闭也导致创设了银行的总监察长，负责监督银行的偿付能力。然而，这并不意味着，政府承接了银行倒闭的责任。1927 年修订的《银行法》明确指出，政府不对银行的存款人、股东或债权人的损失负责。

48. 引自 Carr、Mathewson and Quigley（1995），第 1151—1152 页。

49. Kryzanowski and Roberts（1993）认为，加拿大政府通过隐性的存款保险支持银行业。Carr、Mathewson and Quigley（1995）有一个颇具说服力的案例反驳隐性保险假说。也可参见 Carr、Mathewson and Quigley（1994）。

50. 参见 McIvor（1958），第 159 页。

51. 参见 Bordo and Redish（1987）；Bordo、Redish and Rockoff（2011），第 19 页。

52. 商业银行并没有正式失去发行纸币的权力，直到 1944 年修订《银行法》。由于认识到这意味着风险降低，银行股东从 1944 年开始不再承担双倍责任：股东只对他们的股份面值负责。参见 Curtis（1947），第 120 页。

53. Redish（2003）表示，19世纪上半叶，抵押贷款占上加拿大金融体系信贷总量的一半。这些贷款由本地的私人贷款者提供，而不是持牌银行。

54. 从一战尾声开始，曾有过一系列获得适度资助的政府项目旨在通过“准银行”（通常是由保险公司经营的财务公司）促进抵押贷款，但这些努力产生的成果微乎其微。例如，1935年《自治领住房法》颁布后，1935—1938年仅为4899套住房筹措了建设资金。参见 Canadamortgage. com（n. d.）；Curtis（1947），第120页。

55. 到1944年，制造业就业人数已经达到略超200万，而总的民用劳动力刚刚超过450万。参见加拿大统计局（1983），Series D124-133 and R1-22。

56. 1944年，在加拿大武装部队里有近80万士兵、水手和飞行员。参见加拿大统计局（1983），Series D124-133。

57. 参见 Neufeld（2001），第328页。

58. 参见 Canadamortgage. com（n. d.）；Curtis（1947），第120页。

59. 1944—1953年所有住房建设的26%，约20万个家庭，通过《国家住房法》提供资金，其中中央住房和抵押贷款公司提供36%的资金（其余的来自财务公司）。1944年开始，政府还通过建立工业发展银行，加拿大银行的全资附属公司，给小型和中型制造商提供贷款。该银行资本金为2500万美元，可发放期限长达15年的贷款。参见 Curtis（1947），第120页；Canadamortgage. com（n. d.）。

60. 参见 Leach（1969），第135页。

61. 参见 Leach（1969），第134—135页；Neufeld（2001），第329页。

62. 参见 Canadamortgage. com（n. d.）；Freedman（1998），第7页、第22页。

63. 参见 Leach（1969），第134页。

64. 参见 Freedman（1998），第8页。

65. 然而，存款保险确实使依赖它的银行加大了破产风险（Carr、Mathewson and Quigley，1994，第58—64页）。1949—1966年，加拿大没有银行、信托或抵押贷款公司破产。而1968—1985年，22家机构破产。

66. 参见 Bordo、Redish and Rockoff（2011），第23页。

67. 参见 Freedman（1998），第8—15页。

68. 参见 Freedman（1998），第22—28页。

69. 1967年修订的《银行法》使任何股东持有超过10%的银行股为非法；而且外资股东作为一个整体不能拥有超过25%的股份。参见 Freedman（1998），第8页。

70. 最初，外国银行持有的附属公司不得超过加拿大各银行的国内总资产的8%。1985年该限额提高至16%。参见 Freedman（1998），第8—9页。

71. 参见 Freedman（1998），第8—9页。

72. 参见 Freedman（1998）；Gouvin（2001）；Davies Ward Phillips & Vineberg LLP（n. d.）。一类和二类银行可享有并实施“银行法的保障”，这是应对贷款损失的一个保护性法律安排。外国银行分行仅享有省级的保障权利，这在某些情况下，可能处于相对落后的地位。参见 Uniform Law Conference of Canada（n. d.）。

73. 参见 Davies Ward Phillips & Vineberg LLP（n. d.），加拿大的银行监管机构有权设置“监管者认为必要的”任何限制或条件，其中就包括“一家银行可以在其资产负债表中持有的资产限制；更高的最低资本要求，股东的流动性存款；以及对特定部门的银行业务或对某些业务活动的增长进行限制”。

74. 加拿大银行家协会（2012）。

75. 参见 Bordo、Rockoff and Redish（1994），第 326 页。

76. 参见 Bordo、Rockoff and Redish（1994），第 325—341 页；Nichols and Hendrickson（1997），第 681 页。

77. 参见 Bodenhorn（2000），第 128—164 页。

78. 参见 Breckenridge（1899a）；Riefler（1930），第 79—95 页；Calomiris（2000），第 30—33 页；Breckenridge（1899b），第 5 页、第 55 页。

79. 参见 H. White（1902），第 53—54 页。

80. 参见 Willit（1930），第 185 页。

81. 这种风险管理的游戏是怎么实现的？有两个影响因子在起作用。首先，由蒙特利尔银行精心安排的银行间协调机制限定了系统性风险。其次，分行推动了贷款多元化。如果银行经营全国范围内的分行，它能以专营不同产品的不同地区为基础构建贷款风险池。因此，全国性银行的贷款组合风险要低于在某一区域放贷的银行的贷款组合。在资产相同的情况下，较低的贷款风险使全国性银行能保持相对较高的贷款比，但每加元的资产并不承担更多的风险。

82. 参见 Bordo、Rockoff and Redish（1987），第 336 页；Nichols and Hendrickson（1997），第 681 页。

83. 参见 Johnson（1910），第 48 页。

84. 参见 Patterson（1917），第 62 页。

85. 参见 Chapman and Westerfield（1942），第 342—343 页。

86. 参见 Nathan and Neave（1989）；Shaffer（1993）。

87. 参见 Shaffer（1993），第 57 页。随后的研究也认同，参见 Allen and Engert（2007）。

88. 参见 Vreeland（1910），第 219 页。

89. 参见 Carr、Mathewson and Quigley（1995），第 1139 页。

90. 参见 Williamson（1989）。该比例的计算方法是倒闭银行的存款损失除以银行体系中的存款总额。

91. 参见 Kiff（2009）；Ratnovski and Huang（2009）。

92. 参见 2003 年贝恩公司的研究，转引自加拿大财政部（2003）。当然，也许有人会反对，在 21 世纪头 10 年其他国家的银行体系的利差下降可能更多地反映了定价较低的风险而不是竞争优势这些问题，而这些问题随后在加拿大得以避免的 2007—2009 年危机中显现。

93. 1998 年财政部长的解释（加拿大财政部，2003）是明确的：

> 以任何标准来看，加拿大已经拥有了世界上最集中的银行体系。允许并购将意味着信贷配置——这对经济的有效运行至关重要——的决定权交到更少、更大的机构手中，从而引发远远超出竞争问题的严重关切……信贷决策集中度如此之高，涉

及机构如此之少，这将引发竞争议题之外更深刻的关注。不应该让任何单个大型机构大到能够对全国的整体信贷供求关系产生重大影响。如果外部环境导致一家大型主导机构抑制其借贷，其抽贷行为可能导致“信贷紧缩”，并对整体经济产生不良后果。

这位部长明确指出，进一步允许国内兼并可能产生外国公司进入的意外后果：

从历史上看，在加拿大，当金融机构面临困难时，最可能的解决之道多是将其业务出售给其他更强大的加拿大竞争对手。然而，在这样的合并之后，出售给国内公司可能严重降低行业内的竞争水平。如果这是不能接受的，我们可能面临如下情况：出售给外国机构是唯一的选择。考虑这些潜在合并（RBC/BMO，CIBC/TD）所形成的银行规模，资产出售给外国机构将导致加拿大的所有权和控制权的大幅减少。因此，如果面对单体机构的财务困境以及国内机构的数量进一步减少，我们会发现自己处在两难之中，为了保障我们解决潜在问题的能力，我们可能要搁置其他基本政策的目标，如竞争的需要或加拿大的控制权。换句话说，这些合并形成的机构规模如此庞大，以至于可能限制监管机构和政府可选的行动方案。

94. 参见 Vittas、Frazer and Metaxas-Vittas（1988）；Bordo、Redish and Rockoff（2011）。

95. 相反，正如我们在第八章提到的，牌照价值较低的银行可能选择不恰当地管理风险，偏向于承担一些可能破坏价值的风险。亦可参见第十五章讨论的银行集中度与稳定性之间的关系。

96. 参见 Ratnovski and Huang（2009），第 17—18 页。

第十章

1. 参见 Engerman et al.（2012），第 24 页。

2. 参见 Stevens（1991），第 II 页；Haber、Razo and Maurer（2003），第 42 页。

3. 参见 Meyer Cosío（1985）；Tenenbaum（1986）；Walker（1987），第 5 章、第 7 章、第 8 章。

4. 参见 Carmagnani（1994），第 268—269 页；Haber、Razo and Maurer（2003），第 84 页。

5. 参见 Marichal（2001），第 95—100 页；Maurer and Gomberg（2004），第 1090 页。

6. 参见 Potash（1983），第 118—119 页。

7. 参见 Meyer Cosío（1985）；Cerutti（1985）；Walker（1986），第 5 章。

8. 参见 Maurer（2002），第 18 页。

9. 参见 Knight（1986），第 15—30 页；Haber、Razo and Maurer（2003），第 42—51 页；Luna Argudin（2006），第 267—322 页、第 505—551 页；Razo（2008），第 65—77 页。

10. 参见 Maurer and Gomberg（2004），第 1096 页。

11. 参见 Haber、Razo and Maurer（2003），第 84 页。

12. 参见 Batíz V.（1985），第 286 页、第 287 页、第 293 页；Ludlow（1985），第 334—336 页；Haber（1991），第 568 页；Maurer（2002），第 23—24 页；Haber、Razo and Maurer（2003），第 84—86 页；Maurer and Gomberg（2004），第 1097—1110 页。

13. 引自 Maurer（2002），第 34 页。

14. 参见 Riguzzi（2002）。

15. 参见 Haber（2008a），第 222 页。

16. 参见 Maurer（2002），第 95 页。

17. 参见 Haber（2008a），第 222—223 页。

18. 参见 Maurer（2002），第 40—44 页；Haber、Razo and Maurer（2003），第 86—87 页。

19. 参见 Haber、Razo and Maurer（2003），第 89—90 页；Cerutti（2003），第 187 页、第 192—219 页；Gamboa Ojeda（2003），第 105 页、第 122—213 页；Rodriguez Lopez（2003），第 255 页、第 269—324 页；Romero Ibarra（2003），第 218—219 页、第 223—226 页。

20. 参见 Marichal（1985），第 257—325 页；Haber（1991），第 567—658 页；Maurer（2002），第 23—33 页；Haber、Razo and Maurer（2003），第 84—87 页。

21. 参见 Haber、Razo and Maurer（2003），第 88—90 页；Razo（2008），第 5 章、第 6 章。

22. 参见 Haber（2008a），第 224 页。

23. 参见 Maurer and Haber（2007），第 562—653 页。

24. 参见 Maurer and Haber（2007），第 565—658 页。

25. 参见 Maurer and Haber（2007），第 561 页。

26. 参见 Razo（2008），第 6 章；Musacchio（2009a）。

27. 参见 Haber（2008a），第 224 页。

28. 参见 Maurer and Haber（2007），第 563 页。

29. 参见 Lamoreaux（1994），Cull、Haber and Imai（2011）。

30. 参见 Maurer（2002），第 97—98 页；Maurer and Haber（2007），第 561—652 页。

31. 参见 Maurer（2007），第 98 页。

32. 参见 Oñate（1998），第 191—199 页；Maurer（2002），第 97 页；Maurer and Haber（2007），第 564—655 页。

33. 参见 Maurer and Haber（2007），第 566 页、第 569 页。

34. 参见 Maurer and Haber（2007），第 565 页。

35. 参见 Huybens、Jordan and Pratap（2005），第 763 页。

36. 参见 Marichal（2002）。

37. 参见 Carmagnani（1994）；Haber、Razo and Maurer（2003），第 192—198 页，第 237—246 页。

38. 参见 Aguilar（2003），第 66—67 页；Ludlow（2003），第 143 页、第 158 页；Romero Ibarra（2003），第 225 页；Olveda（2003），第 305 页；Rodriguez Lopez（2003），第

266—267 页。

39. 参见 Maurer（2002），第四章。

40. 参见 Bordo and Rousseau（2012）。

41. 参见 Lamoreaux（1994）。

42. 参见 Haber（1991，1997）；Haber、Razo and Maurer（2003），第 131—132 页；Maurer and Haber（2007），第 573—574 页。

43. 引自 Haber、Razo and Maurer（2003），第 137 页。

44. 参见 Haber、Razo and Maurer（2003），第 93—97 页。

45. 通胀率采用墨西哥的批发价格指数计算，INEGI（n. d.），表 19.7。

46. 参见 Haber、Razo and Maurer（2003），第 93—97 页。

47. 参见 Haber、Razo and Maurer（2003），第 96—97 页、第 108 页。

48. 参见 Haber、Razo and Maurer（2003），第 97 页。

49. 根据银行业资产和负债的具体数据，我们知道，这一损失主要发生在韦尔塔和卡兰萨统治时期，因为直到 1913 年 12 月，银行业的资产、存款和准备金还维持在革命前水平。参见 Mexico，Secretaria del Estado y del Despacho de Hacienda y Credito Publico y Comercio（1993），第 272—273 页。

50. 参见 Haber、Razo and Maurer（2003），第 208—212 页、第 262—266 页。

51. 参见 Haber、Razo and Maurer（2003），第 100 页。

52. 参见 Maurer（2002），第 177 页。

53. 参见 Haber、Razo and Maurer（2003），第 106—107 页。

54. 本节内容主要来自 Haber et al.（2008），第 2 章。

55. 卡兰萨、奥夫雷贡和卡列斯共重新分配了墨西哥 4% 的耕地，且大部分是分给了革命军首领或政治大佬，其中也包括奥夫雷贡和卡列斯。1930 年，卡列斯通过傀儡总统宣布农业改革失败，要求停止土地的重新分配。参见 Markiewicz（1993），第 55 页、第 59 页。

56. 参见 Haber et al.（2008），第 30—31 页。

57. 参见 Haber et al.（2008），第 31 页。

58. 参见 Haber et al.（2008），第 30—33 页。

59. 参见 Haber et al.（2008），第 32 页。

60. 参见 Haber et al.（2008），第 33—34 页。

61. 参见 Haber et al.（2008），第 35 页。

62. 参见 Reynolds（1970），第 221—222 页；Haber et al.（2008），第 41—44 页。

63. 参见 Del Angel-Mobarak（2002），第 3 章。

64. 参见 Cárdenas（2000），第 195—211 页。

65. 根据我们所知的迪亚斯时期银行的资产负债表，假设那时银行达到了标准的 50% 的信贷/资产比，那么 1910 年银行业总资产占 GDP 的比例为 32% 也就意味着银行信贷占 GDP 的比例为 16%。

66. 关于革命制度党选举支持来源的更多讨论，可参见 Haber et al.（2008），第 27—37 页；Magaloni（2006）。

67. 参见 Del Angel-Mobarak（2002），第 4 章、第 5 章；Del Angel-Mobarak（2005），第 44 页。

68. 参见 Cárdenas（2000），第 190 页、第 195 页。

69. 参见 Del Angel-Mobarak（2002），第 299 页。

70. 参见 Cárdenas（2000），第 190 页。

71. 参见 Cárdenas（2000），第 195 页。

72. 参见 Haber et al.（2008），第 53 页。

第十一章

1. 参见 Haber et al.（2008），第 58 页；Bazdresch and Levy（1991），第 252 页。

2. 参见 Izquierdo（1995），第 69—81 页；Elizondo Mayer-Serra（2001），第 116—117 页、第 131—138 页；P. Smith（1991），第 358 页、第 368 页；Haber et al.（2008），第 38—39 页。

3. 参见 IMF（n. d.）。

4. 参见 Del Angel-Mobarak（2002），第 285 页。

5. 世界银行（World Bank，2012）。

6. 参见 Del Angel-Mobarak and Martinelli Montoya（2009），第 21 页。

7. 参见 Gunther、Moore and Short（1996）。

8. 参见 Haber et al.（2008），第 69—77 页；提供了墨西哥对外贸易自由化的简要历史。

9. 参见 Magaloni（2006）。

10. 参见 Haber（2005），第 2329 页。

11. 该部分主要引自 Haber（2005）。

12. 参见 Haber（2005），第 2329 页。

13. 墨西哥一直限制外资持有其银行。1966 年，古斯塔沃·迪亚斯·奥尔达斯总统（Gustavo Díaz Ordaz）通过立法明确要求银行业须为国内持有，迫使外国投资者将其持有的墨西哥各类企业控股权卖给国内投资者。参见 Izquierdo（1995），第 112 页、第 119 页。

14. 1994 年《北美自由贸易协定》中有关银行业的条款严格限制了外资银行在墨西哥的参与程度。根据《北美自由贸易协定》，美国和加拿大的银行所能持有的墨西哥银行股份不能超过 30%；对于市场占有率超过 1.5% 的银行，它们不能掌握控股权；且其掌控的市场占有率总额不能超过 8%。这些要求将外资银行明确挡在了墨西哥市场外，因为当时墨西哥国内只有两家银行的市场占有率没有超过 1.5%。在为时 6 年的过渡期中，美国和加拿大的银行可以逐步扩大市场份额，直至 2000 年达到峰值 15%。但过渡期后，根据《北美自由贸易协定》，在外资银行整体所掌控市场股份超过 25%，或外资银行在某家银行占股份超过 30% 时，墨西哥政府仍有权冻结美国和加拿大的银行收购其国内银行，冻结期为 3 年。参见 Murillo（2005）。

15. 对于在银行私有化以及《北美自由贸易协定》谈判时，萨利纳斯政府坚持将外资银行排除在市场外，是因为他要出售寡头垄断权（参见 Haber，2005），还是因为他从经济角度出发认为须由墨西哥银行家掌控支付体系（如参见 Suárez Dávila，2010），目前还存有争议。但不管其初衷如何，在墨西哥银行家看来，排斥外资银行意味着外资不会削弱他们的市场竞争力，他们在投标时可以更为大胆。

16. 参见 Unal and Navarro（1999）。

17. 参见 Haber（2005），第 2329 页。

18. 该规则以及有关 1997 年后改革的细节，可参见 Del Angel-Mobarak、Haber and Musacchio（2006）。

19. 参见 Unal and Navarro（1999）。

20. 参见 Espinosa Rugarcía and Cárdenas Sánchez（2011），第 3 卷，第 55 页、第 73 页。

21. 参见 Haber（2005），*Journal of Banking and Finance*，第 2330 页。

22. 参见 Unal and Navarro（1999）。

23. 参见 Gunther、Moore and Short（1996）。

24. 参见 Unal and Navarro（1999）。

25. 参见 Mackey（1999），第 55 页、第 61 页、第 141 页、第 216 页。

26. 参见 Unal and Navarro（1999）。

27. 参见 Espinosa Rugarcia and Cardenas Sanchez（2011），第 3 卷，第 11—12 页。

28. 参见 Mickey（1999），第 55 页、第 61 页、第 141 页、第 216 页。在收购 BancaSerfin（墨西哥第三大银行）时，另一项异于常规操作也降低了银行董事的风险资本：与其他银行拍卖不同，政府在出售该行时保留了 16% 的股份。拍卖结束后，中标者有权选择是否购买剩余股份。参见 Unal and Navarro（1999）。

29. 参见 Mickey（1999），第 97 页。

30. 参见 Mickey（1999），第 44 页。

31. 关于墨西哥银行（Banco de México）报告的内容，可参见 Mickey（1999），第 53 页。

32. 参见 Mackey（1999），第 55 页。

33. 参见 Mackey（1999），第 52 页。

34. 参见 Martinez Peria and Schmukler（2001）；Huybens、Jordan and Pratap（2005）。

35. 参见 Haber（2005），*Journal of Banking and Finance*，第 2336—2338 页。

36. 参见 Mackey（1999），第 60 页、第 98 页。

37. 参见 Mackey（1999），第 56 页。

38. 参见 Negrin（2000）。

39. 参见 Mackey（1999），第 25 页。

40. 参见 Haber（2005），*Journal of Banking and Finance* ，第 2338 页。

41. 参见 Haber（2005），*Journal of Banking and Finance*，第 2338 页。

42. 参见 Krueger and Tornell（1999）。

43. 参见 Gruben and McComb（1997）。

44. 关于银行纾困计划中各类项目的完整描述，可参见 Haber（2005），*Journal of Banking and Finance*，第 2339—2343 页。

45. 参见 Krueger and Tornell（1999）；Murillo（2002）。

46. 参见 La Porta，López-de-Silanes and Zamarripa（2003）。

47. 参见 Mackey（1999），第 70 页。

48. 参见 Mackey（1999），第 52 页。

49. 参见 Haber（2005），*Journal of Banking and Finance*，第 2342 页。

50. 参见 Murillo（2002），第 24 页、第 27 页。

51. 参见 McQuerry（1999）。

52. 有关墨西哥政府决定放弃贸易保护、实施自由贸易的分析，可参见 Haber et al.（2008），第四章。

53. 有关反对党挑战革命制度党、推进选举规则改革的过程分析，可参见 Haber et al.（2008），第五章。

54. 该部分主要引自 Haber and Musacchio（2013）。

55. 参见 Haber and Musacchio（2013）。

56. 参见 Haber and Musacchio（2013）。

57. 《北美自由贸易协定》第 1110 条第 1 款在这一点上非常明确："一缔约方不得直接或间接国有化或征收另一缔约方投资者在其境内的投资，或对该投资采取相当于征收或国有化的措施……除非是（1）为了公共目的；（2）在非歧视的基础上；（3）符合正当的法律程序；（4）对征收进行补偿。"第 1139 条对上述保证做了延伸，"不动产或其他有形或无形财产，且系预期所得或用于经济利益目的或其他商业目的所得"。对于违反上述规定的行为，《北美自由贸易协定》设立了国际权威机构给予制裁。投资者相信，如果墨西哥政府违反了《北美自由贸易协定》的规定，可以上诉《北美自由贸易协定》特别法庭要求赔偿。另外，如果认为墨西哥法庭的判决违反国内或国际的法律，也可向《北美自由贸易协定》特别法庭申述。在案件受理国，《北美自由贸易协定》特别法庭的判决高于国内法庭，即墨西哥不能推翻《北美自由贸易协定》特别法庭的判决，否则将受到贸易制裁。参见 Condon and Sinha（2003），第 127—129 页。

58. 参见 Mackey（1999），第 117 页。

59. 参见 Del Angel-Mobarak、Haber and Musacchio（2006）。

60. 参见 Haber and Musacchio（2013）。

第十二章

1. Summerhill（2003）对铁路修建前后巴西运输系统进行了比较分析，证明铁路对巴西经济增长有积极作用。

2. 参见 Bethell（1989），第 41 页。

3. 参见 Binswanger and Rosenzweig（1986）；Dye（1998）。奴隶主也要考虑他们拥有的奴隶资产的价值，尽管奴隶主的确因奴隶筋疲力尽、受伤或寿命缩短蒙受了经济损失，但是他们还无须担心要雇用自由劳动力替代奴隶工作而带来的补偿性工资差别。与美国相比（1807 年禁止进口奴隶后奴隶价格大幅上升），巴西的奴隶进口一直持续到 1850 年。

4. 据 Engerman and Sokoloff（1997，第 264 页）估计，从 1500 年到 1760 年间，有 120 万奴隶被运到巴西，比整个英属北美洲（130 万）只略低一点，不过这一数据也包含了运往美国和加勒比的奴隶。Klein and Vinson（2007，第273页）估计，18世纪晚期巴西的奴隶数量约为100万，同期英属加勒比和美国奴隶数量分别是47.6万和57.5万。

5. 这些比例可能低估了巴西和美国南部的差别，巴西采用的是1825年的数据，而美国采用的是1860年的数据，由于巴西的非洲奴隶贸易又持续了25年，其1860年黑人占人口的比重可能更高。

6. 参见 Barman（1988），第49页。

7. 参见 Hutchroft（1998）。

8. 参见 Barro and Lee（2010）。

9. 参见 Bethel and Carvalho（1989），第48页。

10. 参见 Barmand（1988），第45—46页。

11. 参见 Barman（1988），第48页。

12. 这一进口关税上限随后在1827年与大英帝国缔结的通商条约中被展期至1844年。值得注意的是，大英帝国并未给予巴西对等条款，而是对英国进口的巴西蔗糖征收180%的关税，对咖啡征收300%的关税。1828年，巴西所有贸易国都开始享受与英国同样的低关税。Haber and Klein（1997），第245—246页。

13. 参见 Peláez and Suzigan（1976），第40页；Peláez（1975），第460—461页；Marchant（1965），第116页。

14. 参见 Barman（1988），第56页。

15. 参见 Harber（2012b），第286页。

16. 参见 Peláez and Suzigan（1976），第43页；Marchant（1965），第116页。

17. 参见 Peláez（1975）。

18. 参见 Barman（1988），第101页。

19. 参见 Barman（1988），第118—123页。

20. 参见 Barman（1988），第123—125页。

21. 参见 Barman（1988），第123—125页、第132页；Summerhill（2008）。

22. 参见 Barman（1988），第126页。

23. 参见 Barman（1988），第126页。

24. 参见 Summerhill（暂未公开发表）。

25. 参见 Summerhill（2008）。

26. 参见 Marchant（1965），第116页。议会在1829年关停银行时，承认必须赎回其发行的纸币，由于政府无法用铸币赎回，议会授权财政部发行大量票据来赎回名存实亡的巴西银行纸币。

27. 参见 Barman（1988），第155页。

28. 1800—1913年的全球通胀率数据取自 Reinhart and Rogoff（2011），*American Economic Review*（第101卷），第1678页。巴西数据见图12.1，参见 Lobo（1978）。

29. 参见 Barman（1988），第152页、第158—159页、第163页。

30. 一个由奴隶和土地构成最主要财富的国家，其政府不征收财产税的做法是非常罕见的。参见 Hanley（2005），第25页。

31. 关于巴西咖啡种植发展的经典著作是 Stein（1958）。

32. 参见 Holloway（1980），第175—176页。

33. 一些历史学家指出这些法案没有导致大量寮民被迫失地，但是这一批评未切中要害。咖啡树成熟需要3~6年时间，种咖啡的农民如果没有贷款支持将无以为继，但是如果他没有对土地的法定所有权，就无法获得抵押贷款。1864年法案的第1237条、1888年11月的《银行改革法》以及1890年法案的第169A条都限定了抵押贷款的条件。参见 Hanley（2005），第53页、第123页、第125页、第136页。Stein（1958，第245页）的数据显示，银行仅为极少数大种植园主提供抵押贷款。

34. 参见 Stein（1958），第225页。

35. 参见 Holloway（1980），第138—166页。

36. 参见 Hanley（2005），第31页；Summerhill（暂未公开发表）。

37. 参见 Summerhill（暂未公开发表）。

38. 参见 Summerhill（暂未公开发表）。

39. 参见 Hanley（2005），第30—33页；Summerhill（暂未公开发表）。

40. 参见 Summerhill（暂未公开发表）。

41. 参见 Hanley（2005），第66页；Musacchio（2009b），第33页。

42. 政府能够强行要求其合并是因为在签发公司牌照时，政府往往保留了不提前征求股东意见即可解散公司的权利。参见 Barman（1981），第251页；Marchant（1965），第120—122页。

43. 参见 Barman（1981），第250页。

44. 参见 Schulz（2008），第36页；Barman（1981），第239—264页；Marchant（1965），第112—113页。

45. 参见 Marchant（1965），第119页；Schulz（2008），第30页、第41页。

46. 参见 Summerhill（暂未公开发表）；Schulz（2008），第36页。

47. 我们通过以下方法估算投向私人部门的贷款占GDP比重。我们从多期《葡萄牙商报》（*Jornal de Negocios*）的公开数据中获取银行的名义资本和准备金数据，计算总权益。为从所有者权益数据推导出投向私人部门的贷款，我们计算了巴西银行（1875年）的住房抵押贷款和贴现额等数据对权益之比，然后利用这些比率以及其他银行的所有者权益数据进行计算。我们选取了 Goldsmith（1986，第23页）里的GDP数据。假设各银行的所有者权益对贷款之比与巴西银行相同。据此，我们计算出的私人部门信贷与GDP之比约为20%。但是，巴西银行的规模可能导致其杠杆率高于其他竞争对手。如果假设其他银行杠杆率比巴西银行低1/3，得到的信贷与GDP之比约为15%。

48. 摘自 Levi（1987），第69页。

49. 参见 Summerhill（暂未公开发表）；Schulz（2008），第44页。

50. 参见 Summerhill（暂未公开发表）。

51. 参见 Summerhill（2008）。

52. 参见 Leff（1997），第50—57页。

53. 参见 Summerhill（2008）。

54. 参见 Summerhill（2003），第二章与第三章。

第十三章

1. 这一时期巴西产业增长与其他拉美国家的比较，参见 Harber（2006a）。

2. 参见 Hanley（2005），第 122—123 页；Schulz（2008），第 74—77 页。

3. 参见 Hanley（2005），第 122 页。

4. 参见 Schulz（2008），第 74—77 页。

5. 关于银行主导的股票市场的金融诈骗的更多细节，即 Encilhamento（专指巴西这一时期金融乱象的词，字面意思为骑上马，意指抓住任何一夜暴富的机会，源于巴西谚语“装上马鞍且没人骑的马不会第二次出现”。——编者注），参见 Schulz（2008）。

6. 引自 Hanley（2005），第 124 页。

7. 参见 Hanley（2005），第 124—125 页；Schulz（2008），第 80—81 页。

8. 公司法不适用于有政府特权的银行或公司。在所有之前的巴西公司法的交互作用下，银行需要特别的政府许可来运行。

9. 最初，股东只需缴纳 10% 的股本金使公司投入运作，20% 的股本金启动股票流转，1891 年后，这一比例相应提高至 30% 和 40% 来防范诈骗。改革还包括要求股份制公司在主要媒体上公布完整的股东名单、公司条例以及与 IPO（首次公开募股）承销商或银行的交易信息。政府还对股息征收 5% 的税来激励自身推动法规执行。

10. 参见 Stein（1957），第 87—88 页；Haber（1998）；Hanley（2005），第 167—168 页。

11. 参见 Schulz（2008），第 85—86 页。

12. 参见 Schulz（2008），第 84 页。

13. 参见 Hanley（2005），第 147 页。

14. 引自 Hanley（2005），第 140 页。

15. 在 19 世纪 90 年代，这些纸币以面值的 60%~70% 交易。参见 Hanley（2005），第 140 页、第 148 页。

16. 参见 Schulz（2008），第 87 页、第 93 页。

17. 引自 Schulz（2008），第 84 页。

18. 参见 Schulz（2008），第 84 页。

19. 参见 Musacchio（2009b），第 42 页。

20. 参见 Haber（1998），第 286 页；Musacchio（2009b），第 43 页。

21. 参见 Schulz（2008），第 92—93 页。

22. 参见 Triner（2000），第 46 页；Schulz（2008），第 107—108。

23. 参见 Hanley（2005），第 149—151 页、第 171—178 页；Musacchio（2009b），第 50 页。

24. 参见 Schulz（2008），第 114 页、第 119 页。

25. 参见 Triner（2000），第 72—73 页。

26. 参见 Topik（1987），第 39 页。

27. 参见 Triner（2000），第 152 页。

28. 参见 Topik（1987），第 45—52 页；Triner（2000），第 54 页。

29. 参见 Breg and Haber（2009）。

30. 参见 Musacchio（2009b），第 64 页。世界上为数不多的几个私人部门贷款率更低的国家都是灾区，如海地、也门和塞拉利昂。

31. 参见 Triner（2000），第 18—19 页。

32. 想要了解瓦加斯福利国家的成就与缺陷，参见 Fischer（2008）。

33. 参见 Von Mettenheim（2006），第 45 页。

34. 遵循各类文献的一般做法，我们用通货膨胀率乘以公众持有现金和银行在央行的现金储备之和计算通货膨胀税。但是，这没有包括政府从市场未预期到的通货膨胀中的所得。可预期的通货膨胀推高包括国债在内的借贷利率。但是，如果实际通货膨胀率超过了预期通货膨胀率，未预期到的通货膨胀推高了借贷利率，政府（和所有固定利率贷款的借款人一样）就能获得和贷款人的资本损失相等的资本所得。

35. 数据来自 Lees、Botts and Cysne（1990），第 38—39 页。我们调整了该书的数据，将 40.6% 的存款存在国有银行这一现象考虑在内。调整后，银行获得的 40.6% 的通胀转移纳入了政府名下。

36. 参见 Lees、Botts and Cysne（1990），第 336—337 页。

37. 参见 Graham（1982），第 32 页。

38. 参见 Calomiris and Domowitz（1989）。

39. 外汇兑换是适用于所有人的规避通货膨胀税的方法。整个高通货膨胀时代都有美元兑换的黑市。但是，银行无法提供美元存款账户，很多现金交易只能以本国货币执行。

40. 此外，银行还要满足各式各样的贷款要求，也限制了贷款产生的利润。

41. 参见 Beim（2001）。

42. 参见 Triner（2000），第 168 页、第 171 页。

43. 参见 Lees、Botts and Cysne（1990），第 125—127 页。

44. 对历史上这些纾困的讨论，其背后的政治交易，以及终结它们的改革，参见 Baer and Nazmi（2000）；Ness（2000）；Sola、Garman and Marques（2001）；Bevilaqua（2002）；Rodden（2008）；Feler（2011），第 4—7 页。

45. 参见 Baer and Nazmi（2000）。

46. 参见 Bevilaqua（2002），第 15 页。

47. 参见 Beck、Crivelli and Summerhill（2005）。

48. 这些都体现在《财政责任法》（附则 101，2000 年 5 月通过）和《金融犯罪刑法》（2000 年 10 月通过），参见 Rodden（2006），第 8 章。

49. 参见 Beck、Crivelli and Summerhill（2005），Nakane and Weintraub（2005）。

50. 参见 Feler（2011），第 25—26 页。

51. 参见 IMF（2012a），第 31 页。

52. 正如 Valadao and Gico（2009，第 22 页）阐述的："宪法允许总统在紧急和重大关联时签发紧急强制执行的法令。这些被称为临时措施的法令，迄今为止都需被提交国会审议。以上提到的临时措施都受 2008 年 10 月 21 日颁布的 Medida Provisoria 443 号限制。临时法案经国会审议通过后转为法律：2009 年 3 月 3 日，908 II 号法，详见 www.jusbrasil.com.br/legislacao/43342/lei-2004-53。"另见 IMF（2012a），第 31 页。

53. 参见 Banco Votoantim（2013）。

54. 参见“巴西：破产呈现的小银行压力”（2012）。

55. 参见“巴西的银行”（2012）。

56. 参见 Carvalho（即将出版）。

57. 关于竞争，巴西银行业存贷款利差很大，研究者探讨了这在多大程度上代表了租金成本而非风险补偿。有一种解释认为，巴西银行业的高存款准备金率导致了高存贷款利差。尽管有研究者发现巴西银行业利润高得不正常，至少个人业务定价极高，但其他研究者认为巴西银行业还未出现卡特尔垄断特征。并且，随着时间推移，竞争也在加剧。参见 IMF（2012a），特别是 12n. 2。

58. 参见 Alston、Grove and Wheelock（2013）。

59. 如 Khandelwal、Schott and Wei（2012）。

60. 侵占风险和股权构成之间关系的正式模型，参见 Stulz（2005）。

61. 随售权（tag-along rights）主要用以防范通过发行低价股票稀释股权来损害小股东利益。

62. 参见 Carvalho and Pennacchi（2012）。

第十四章

1. 假如在 2012 年考察这个“非常成功”的标准，塞浦路斯也会上榜。这也是一个岛国。然而塞浦路斯是欧元区的一部分，它没有自己独立的货币政策。同时塞浦路斯是欧盟的一分子，它不能限制其国内银行持有多少其他欧盟国家债务（例如希腊）。如果塞浦路斯独立于欧盟和欧元区，它还有可能保留在“非常成功”的名单上。从这个角度看，塞浦路斯不再上榜支持了如下观点：政治上的同质性（塞浦路斯与欧元区及欧盟之间的相互联系破坏了这一同质性）解释了为什么许多“非常成功”的国家是岛国或城市国家。

2. 确切来说，我们这里的评分是用 Marshall and Jaggers（2011）的评分加 10 再乘以 5 得出的（Marshall 和 Jaggers 的政体评分为 -10 到 10。——编者注）。

3. Marshall 和 Jaggers 没有对中国香港和马耳他评分。中国香港从来都不具有独立主权，而马耳他人口太少。

4. 参见 Keefer（2008）。

5. 参见 Barth、Caprio and Levine（2006）。

6. 参见 Bordo and Rousseau（2006）。另见 Bordo and Rousseau（2012），其中证明了加入其他因素后的结论的稳健性。

7. 参见 Quintyn and Verdier（2010）。

8. 引用自 Prins（2009），第 139 页。

9. 参见 Caprio and Klingebiel（1996）；Demirguc-Kunt and Detragiache（2002）；Cull、Senbet and Sorge（2005）；Honohan and Klingebiel（2003）；Barth、Caprio and Levine（2006），第四章；Demirguc-Kunt、Kane and Laeven（2008）；Beck and Laeven（2008）。

10. 参见 Demirguc-Kunt and Detragiache（2002）；Cull、Senbet and Sorge（2005）。

11. 例如，Demirguc-Kunt and Huizinga（2004）。

12. 参见 Demirguc-Kunt、Kane and Laeven（2008）。

13. 部分银行股份被出售但它们仍被政府主导。

14. 参见 Branstetter（2007），第 31 页。

15. 参见 Branstetter（2007）；Brandt and Zhou（2007）；Ayyagari、Demirgüç-Kunt and Maksimovic（2010）。

16. 参见 Branstetter（2007）；Brandt and Zhou（2007）。

17. 虽然除外国直接投资和有限购买股票外的资本流入均被禁止，但仍有一些变相的外资流入途径（Prasad and Wei，2007）。若政府承诺升息，将鼓励这些变相外资流入。

18. 参见 Pei（2006）；Calomiris（2007）。

19. 对于德国银行系统的运作、监管、表现，以及在德国经济发展与工业化进程中的角色等方面的讨论，参见 Jeidels（1905）；Riesser（1911）；Whale（1930）；Gerschenkron（1962）；R. Tilly（1966，1967，1982，1986，1992，2010）；Eistert（1970）；Calomiris（2000），第四章；Guinnane（2002）；Fohlin（2011）。

20. Maddison（2001）估算日本在 1973 年人均 GDP 达到 11439 美元（以 1990 年的购买力为基准），西欧当时人均 GDP 为 11534 美元，美国、加拿大、澳大利亚和新西兰的人均 GDP 均值为 16172 美元。东欧国家当时的人均 GDP 均值为 4985 美元，苏联的人均 GDP 为 6058 美元，拉美国家的人均 GDP 均值为 4531 美元，非洲的人均 GDP 均值为 1365 美元，除日本以外的亚洲国家的人均 GDP 均值为 1231 美元。

21. 参见 Patrick（1967），第 242—243 页。

22. 参见 Ramsayer and Rosenbluth（1998），第二章至第四章。

23. 参见 Patrick（1967），第 240 页。

24. 大银行还是在 1927 年成功了。参见 Ramsayer and Rosenbluth（1998），第八章。

25. 参见 Patrik（1967），第 277 页。若想参考日本在 1880—1913 年金融因素与经济增长之间关系的量化分析，请见 Rousseau（1999）。

26. 参见 Ramsayer and Rosenbluth（1998），第二章至第三章。

27. 数据来自世界银行（2012）。

28. 参见 IMF（2012b）。

29. Allende 政府任内及之前的金融抑制主要是由于五项政策造成的。首先，贷款利率上限导致银行面对的实际利率为负。第二，存款利率上限降低了居民存款的激励。第三，政府制定的贷款要求限定了贷款对象，强迫银行向支持当届政府的选区发放无利可图的贷款。第四，央行设定了较高的准备金要求，强迫银行将其资产中的一定比例无息地存入央行。最后，政府维持的高通货膨胀率进一步加剧了利率上限、准备金要求以及定向贷款政策带来的经济损失。

30. 只有一家银行没有被政府控制——Banco do Chile，这家银行仍然是智利最大的银行。

31. 参见 De la Cuadra and Valdes（1992），第 14 页。

32. 有关智利的自由化的细节可以参见 Diaz Alejandro（1985）；Edwards and Edwards（1991）；De la Cuadra and Valdes（1992）；以及 Beim and Calomiris（2001），第 122—126 页。

33. 参见 Edwards（2010），第 105 页、第 108—109 页。

34. 参见 Barandiaran and Hernandez（1999），第 6 页；Martinez and Diaz（1996），第 58 页。

35. 参见 Barandiaran and Hernandez（1999），第 5 页。

36. 参见 Barandiaran and Hernandez（1999），第 8 页。

37. 参见 Barandiaran and Hernandez（1999），第 10 页。

38. 在采用钉住汇率制的国家，受政府保护的净资产为零或为负的银行有强烈的动机借入外币，因为外币利率通常较低，在本国货币贬值风险上升的时候尤为如此。道德风险促使这种类型的借款，因为借入外币及本币贬值导致的资本损失将由纳税人承担。本币贬值会让银行危机的解决成本大大增加。这就解释了为什么 20 世纪 80 年代至 90 年代发展中国家常见的本币贬值与银行体系崩溃双重危机的解决成本比其他危机大很多。

39. 在墨西哥，汇率制度遵循爬行钉住制而不是严格的固定汇率制。参见 Barandiaran and Hernandez（1999），第 9 页。

40. 参见 Barandiaran and Hernandez（1999），第 20—44 页。

41. 参见 Barandiaran and Hernandez（1999），第 45 页、第 47 页。

42. 参见 Ramirez and Rosende（1992）。

第十五章

1. 1775 年，伯克在英国国会中要求与美洲殖民地和解。他指出对美洲殖民地做出强硬回应的错误所在，认为这种回应在道义上和实践上都不合理。后来英国的战败证明他的观点具有先见之明。1781 年，杰斐逊驳斥当时三种对海贝壳的某些地质和古生物观测的主流解释。在他看来，相比勉强接受三种牵强解释中最为合理的，敢于承认自身的无知（尚不存在对现象的合理解释）会使科学发展得更好。

2. 第一个正式理论由 Diamond and Dybvig（1983）提出，之后有许多衍生理论。最早的流动性风险理论不合理地将冲击来源归于外生消费需求。最新研究则将流动性冲击与违约风险联系。其中一个尤为创造性的理论来自 Dang、Gorton and Holmstrom（2012）。

3. 比如，参见 Freixas、Parigi and Rochet（2000）。

4. 参见 Minsky（1975），Kindleberger and Aliber（2011）。Dang、Gorton and Holmstrom（2012）的模型可在理性代理人和不对称信息下得到类似的周期性行为。

5. 这一方面有很多文献，Boyd and De Nicoló（2005）；Beck、Demirgüç-Kunt and Levine（2006）；Keeley（1990）；Berger et al.（2004）；Boyd and Runkle（1993）；Boyd、De Nicoló and Smith（2004）；Matutes and Vives（2000）；Hellman、Murdock and Stiglitz（2000）；O'Hara and Shaw（1990）；Carletti and Hartmann（2003）。

6. 参见 Beck、Demirgüç-Kunt and Levine（2006）。

7. 尽管详述这一问题超出了本书的范围，因为本书致力于描述世界是怎么样的，而非设想它可能是怎样的，我们还是指出一些监管改革理论的最新成就，它们考虑了改革所面临的政治挑战以及为应对挑战所设计的监管政策。这些文献强调稳健的金融政策改革源于监管政策的简单化（以确保每一个人都能理解这些规则以及监管者可以实施这些规则），监管政策实施的自觉性和透明度（以最小化政治的相机抉择），以及政府补贴成本的透明性（以增强问责）。这方面的文献包括：Barth、Caprio and Levine（2006，2012）；Demirgüç-

Kunt、Detragiache and Merrouche（即将出版）；Cihak、Demirgüç-Kunt and Johnston（2012）；Calomiris（2009，2010a，2010b，2011a）；Calomiris and Herring（2012）；Calomiris and Powell（2001）；Calomiris、Heider and Hoerova（2013）；Acharya、、Adler and Richardson（2011）。

8. 参见 Perkins（1987），Schweikart（1988）。

9. 关于威权政体中博弈如何发生的比较性讨论，可见 Haber（2006b）。

10. 参见 Weingast（1995）；Qian and Weingast（1997）。

11. 反映超大银行和激进团体所结联盟可能出现变化的一个指标是次贷危机后，银行在低收入地区网点数的下降。从 2008 年开始，已经有 1826 个网点关闭，其中 93% 位于收入低于全国中位数的邮编地区。参见 Bass and Campbell（2013）。

12. 参见 Spooner（1979）。

13. 参见 Lindblom（1977），第 65 页。

14. 参见 U. S. Senate（1828），第 179 页。

15. 参见 James and James（1954）；Calomiris（2000），第 65—67 页。

16. 一个最近的有趣观点，参见 Barth、Caprio and Levine（2012），提议设立一个由独立专家组成的监察小组，识别银行业监管中的漏洞、提示威胁银行业稳定性的因素。我们同意作者的观点，即上述方法可提供通过成员之间的相互监督，为改善银行业监督和管理提供渠道，发出可信的、专业的声音。

17. 参见 Hassett and Lott（2009）。

18. 参见 Shaw（1903），第 238 页。

专有名词对照表

Adjustable-rate Mortgage (ARM)	浮动利率贷款
Agricultural Adjustment Administration (AAA)	农业调整署
American Communities Fund (ACF)	美国社区基金会
Association of Community Organization for Reform Now (ACORN)	社区组织推动改革协会
Banco Central Mexicano	墨西哥中部银行
Banco de Coahuila	科阿韦拉银行
Banco de México (Banxico)	墨西哥银行
Banco della Piazza diRialto	威尼斯黎多广场银行
Banco di San Giorgio of Genoa	热内亚圣乔尔乔银行
Banco Itaú	伊塔乌银行
Banco Nacional de Desenvolvimento Econômico e Social (BNDES)	国家社会经济发展银行
Banco Nacional de México (Banamex)	墨西哥国家银行
Banco Votorantim	沃特兰亭银行
Bank of America	美洲银行
Bank of England	英格兰银行
Bank of London, Mexico, and South America (BLM)	伦敦、墨西哥和南美银行
Bank of North America (BNA)	北美银行
Bank of the United States (BUS)	美国银行
Bank of United States	联合州银行
BankBoston	波士顿银行
British East India Company	不列颠东印度公司
BTG Pactual	百达银行
Caixa Econômica e Monte de Socorro	经济互助储蓄银行
Caixa Econômica Federal	联邦储蓄银行
Caja de Préstamos	贷款储蓄银行

专有名词对照表

California Reinvestment Coalition	加利福尼亚再投资联盟
Canada-United States Free Trade Agreement	《加美自由贸易协定》
Capital One	第一资本
Collaterialized Debt Obligation (CDO)	担保债务凭证
Commodity Credit Corporation	商品信贷公司
Community Reinvestment Act (CRA)	《社区再投资法》
ContinentalIllinois	伊利诺伊大陆银行
Countrywide Financial	全美金融公司
Credit Default Swap (CDS)	信用违约掉期
Credit-card-based Security	信用卡债务支持证券
Cruzeiro do Sul	南克鲁塞罗银行
Department of Housing and Urban Development (HUD)	住房与城市发展部
Dodd-Frank Act	《多德—弗兰克法》
Duverger's Law	杜瓦杰法则
England's Hudson Bay Company	英格兰哈得孙湾公司
English Company Trading to the East Indies	英国东印度群岛贸易公司
Federal Deposit Insurance Corporation (FDIC)	联邦存款保险公司
Federal Home Loan Banks (FHLB)	联邦住房贷款银行
Federal Home Loan Mortgage Corporation, FHLMC (Freddie Mac)	联邦住房贷款抵押公司（房地美）
Federal Housing Administration (FHA)	联邦住房管理局
Federal National Mortgage Association, FNMA (Fannie Mae)	联邦全国抵押协会（房利美）
Federal Savings and Loan Insurance Corporation	联邦储蓄和贷款保险公司
First Bank of the United States (First BUS)	美国第一银行
Fleet Financial	舰队金融公司
Florida Minority Community Reinvestment Coalition	佛罗里达少数社区再投资联盟
France's Mississippi Company	法兰西密西西比公司
Glass-Steagall Act	《格拉斯—斯蒂格尔法》
Government National Mortgage Association (GNMA)	政府全国抵押协会（吉尼美）
Greenlining Institute	绿色通行线学会
GSE	政府支持企业
Home Owners' Loan Corporation (HOLC)	房主贷款公司
Home Savings of America	美丰储蓄银行
Irish Republican Brotherhood	爱尔兰共和兄弟会
League of Augsburg	奥格斯堡同盟

Lloyd's of London	伦敦劳合社
Lloyds	劳埃德银行
Long-Term Capital Management	长期资本管理公司
Marine Midland Bank	海丰银行
Massachusetts Affordable Housing Alliance	马萨诸塞州可购住房联盟
Midland	米德兰银行
Million Bank	百万银行
Mortgage-backed Securities (MBS)	住房抵押贷款支持证券
NAFTA	《北美自由贸易协定》
National Association of Realtors	美国房产中介协会
National Community Reinvestment Coalition (NCRC)	国家社区再投资联盟
National Provincial	国民地方银行
Nationally Recognized Statistical Rating Organization (NRSRO)	全国认定的统计评级组织
NationsBank	国民银行
Natwest	国民西敏寺银行
New Jersey Citizen Action	新泽西公民行动
North Carolina's Nations Bank	北卡罗来纳国民银行
Office of Federal Housing Enterprise Oversight (OFHEO)	联邦住房企业监督办公室
Office of the Comptroller of the Currency (OCC)	货币监理署
PanAmericano	泛美银行
Partido Nacional Revolucionario (PNR)	国民革命党
Partido Revolucionario Institucional (PRI)	革命制度党
savings and loan associations	储蓄贷款协会
Second Bank of the United States (Second BUS)	美国第二银行
Securities and Exchange Commission (SEC)	美国证券交易委员会
Temporary Asset Repurchase Program (TARP)	临时资产回购计划
The Central Mortgage and Housing Corporation (CMHC)	中央住房和抵押贷款公司
The Neighborhood Assistance Corporation of America (NACA)	美国邻里援助公司
Treaty of Westphalia	《威斯特伐利亚和约》
Wachovia	美联银行
Washington Mutual	华盛顿互助银行
Washington Reinvestment Alliance	华盛顿再投资联盟
Wisselbank	威瑟尔银行

参考文献

Abrams, Burton, and Richard F. Settle. 1993. "Pressure-Group Influence and Institutional Change: Branch-Banking Legislation during the Great Depression." *Public Choice* 77: 687–705.

Acemoglu, Daron, and James A. Robinson. 2000. "Democratization or Repression?" *European Economic Review* 44: 683–93.

Acemoglu, Daron, Georgy Egorov, and Konstantin Sonin. 2012. "Dynamics and Stability of Constitutions, Coalitions, and Clubs." *American Economic Review* 102: 1446–76.

Acemoglu, Daron, Simon Johnson, and James A. Robinson. 2005. "The Rise of Europe: Atlantic Trade, Institutional Change and Economic Growth." *American Economic Review* 95: 546–79.

Acharya, Viral V., Barry Adler, and Matthew Richardson. 2011. "A Proposal to Resolve the Distress of Large and Complex Financial Institutions," New York University Stern School of Business Working Paper.

Acharya, Viral V., Matthew Richardson, Stijn van Nieuwerburgh, and Lawrence J. White. 2011. *Guaranteed to Fail: Fannie Mae, Freddie Mac, and the Debacle of Mortgage Finance.* Princeton: Princeton University Press.

Acworth, Angus W. 1925. *Financial Reconstruction in England, 1815–1822.* London: P. S. King & Son.

Advisory Commission on Regulatory Barriers to Affordable Housing. 1991. "Not in My Backyard: Removing Barriers to Affordable Housing." U.S. Department of Housing and Urban Development. July 8. www.huduser.org/Publications/pdf/NotInMyBackyard.pdf, accessed March 7, 2013.

Agarwal, Sumit, Efraim Benmelech, and Amit Seru. 2012. "Did the Community Reinvestment Act Lead to Risky Lending?" University of Chicago Booth School Working Paper.

Aguilar, Gustavo. 2003. "El sistema bancario en Sinaloa (1889–1926): Su influencia en el crecimento economico." In *La banca regional en Mexico, 1879–1930,* ed. Mario Cerutti and Carlos Marichal, 47–100. Mexico City: Fondo de Cultura Económica.

Akerlof, George A., and Paul M. Romer. 1993. "Looting: The Economic Underworld of Bankruptcy for Profit." *Brookings Papers on Economic Activity* 24: 1–74.

Allen, Jason, and Walter Engert. 2007. "Efficiency and Competition in Canadian Banking." *Bank of Canada Review* (Summer): 33–45.

Alston, Lee J. 1983. "Farm Foreclosures in the United States during the Interwar Period." *Journal of Economic History* 43: 885–903.

———. 1984. "Farm Foreclosure Moratorium Legislation: A Lesson from the Past." *American Economic Review* 74 (3): 445–57.

Alston, Lee J., Wayne E. Grove, and David C. Wheelock. 1994. "Why Do Banks Fail? Evidence from the 1920s." *Explorations in Economic History* 31: 409–31.

Alston, Lee J., Marcus André Melo, Bernardo Mueller, and Carlos Pereira. 2013. "Beliefs, Leadership and Economic Development; Making the Critical Transition, Brazil 1964–2012." Mimeo.

Altunbas, Yener, Leonardo Gambacorta, and David Marqués-Ibañez. 2009. "Bank Risk and Monetary Policy." European Central Bank Working Paper 1075.

Anderson, Ronald, and Karin Jõeveer. 2012. "Bankers and Bank Investors: Reconsidering the Economies of Scale in Banking," Financial Markets Group Paper DP712 and Centre for Economic Policy Research Paper DP9146, September.

Andreades, Andreas. [1909] 1966. *History of the Bank of England, 1640 to 1903*. New York: Augustus Kelley.

Associated Press. 1999. "Fleet Paid Supporters to Attend Public Hearing." July 12. www.southcoasttoday.com/apps/pbcs.dll/article?AID=/19990711/NEWS/307119965&template=printart, accessed March 6, 2013.

———. 2005. "HUD Review: Fannie Mae Offices Misused." October 17, 2005. www.freerepublic.com/focus/f-news/1504347/posts, accessed November 6, 2012.

Atlas, John. 2010. *Seeds of Change: The Story of ACORN, America's Most Controversial Antipoverty Community Organizing Group*. Nashville, TN: Vanderbilt University Press.

Ayyagari, Meghana, Asli Demirgüç-Kunt, and Vojislav Maksimovic. 2010. "Formal Versus Informal Finance: Evidence from China." *Review of Financial Studies* 23: 3048–97.

Bae, Kee-Hong, Jun-Koo Kang, and Jin-Mo Kim. 2002. "Tunneling or Value Added? Evidence from Mergers by Korean Business Groups." *Journal of Finance* 57 (6): 2695–2740.

Baer, Werner, and Nader Nazmi. 2000. "Privatization and Restructuring of Banks in Brazil." *Quarterly Review of Economics and Finance* 40: 3–24.

Bagehot, Walter. [1873] 1962. *Lombard Street: A Description of the Money Market*. Rept. Homewood, IL: Richard D. Irwin.

Bair, Sheila. 2012. *Bull by the Horns: Fighting to Save Main Street from Wall Street and Wall Street from Itself*. New York: Free Press.

Baker, Philip. 1986. "Kuwait: The Taxation of International Commercial Transactions." *Arab Law Quarterly* 1: 141–57.

Banco do Brasil. 1875. *Relatorio do Banco do Brasil*. Rio de Janeiro: Banco do Brasil.

BancoVotorantim. 2013. "Investor Relations." www.bancovotorantim.com.br/web/

site/investidores/en/Conheca_o_banco/parceria.bb.html, accessed September 1, 2013.

Bank of Canada. Various dates. *Bank of Canada Review.*

———. Various dates. *Bank of Canada Statistical Review.*

Bank of England. Various dates. *Minutes of the Court of the Bank of England.*

Barandiarán, Edgardo, and Leonardo Hernández. 1999. "Origins and Resolution of a Banking Crisis: Chile 1982–86." Central Bank of Chile Working Paper 57.

Barman, Roderick. 1981. "Business and Government in Imperial Brazil: The Experience of Viscount Mauá." *Journal of Latin American Studies* 13: 239–64.

———. 1988. *Brazil: The Forging of a Nation, 1798–1852.* Stanford: Stanford University Press.

Barro, Robert, and Jong-Wha Lee. 2010. "A New Dataset of Educational Attainment in the World, 1950–2010." National Bureau of Economic Research Working Paper 15902. Data set available for download at www.barrolee.com/data/yrsch2.htm.

Barth, James R. 1991. *The Great Savings and Loan Debacle.* Washington, DC: American Enterprise Institute Press.

Barth, James R., and R. Dan Brumbaugh, eds. 1992. *The Reform of Federal Deposit Insurance: Disciplining the Government and Protecting Taxpayers.* New York: Harper Business.

Barth, James R., Philip Bartholomew, and Carol Labich. 1989. "Moral Hazard and the Thrift Crisis: An Analysis of 1988 Resolutions." In *Proceedings of the 25th Annual Conference on Bank Structure and Competition,* 344–84. Chicago: Federal Reserve Bank of Chicago.

Barth, James R., Gerard Caprio, and Ross Levine. 2006. *Rethinking Bank Regulation: Till Angels Govern.* New York: Cambridge University Press.

———. 2012. *Guardians of Finance: Making Regulators Work for Us.* Cambridge, MA: MIT Press.

Barzel, Yoram, and Edgar Kiser. 2002. "Taxation and Voting Rights in Medieval England and France." *Rationality and Society* 14: 473–507.

Bass, Frank, and Dakin Campbell. 2013. "Predator Targets Hit as Banks Shut Branches amid Profits." Bloomberg.com, May 2. www.bloomberg.com/news/2013-05-02/post-crash-branch-closings-hit-hardest-in-poor-u-s-areas.html.

Batíz V., Jose Antonio. 1985. "Trayectoriade la Banca en México hasta 1910." In *Banca y poder en Mexico, 1800–1925,* ed. Leonor Ludlow and Carlos Marichal, 267–98. Mexico City: Grijalbo.

Bazdresch, Carlos, and Santiago Levy. 1991. "Populism and Economic Policy in Mexico, 1970–82." In *The Macroeconomics of Populism in Latin America,* ed. Rudiger Dornbusch and Sebastian Edwards, 223–62. Chicago: University of Chicago Press.

Beck, Thorsten, and Luc Laeven. 2008. "Deposit Insurance and Bank Failure Resolution: Cross Country Evidence." In *Deposit Insurance around the World: Issues of Design and Implementation,* ed. Asli Demirgüç-Kunt, Edward J. Kane, and Luc Laeven, 149–78. Cambridge, MA: MIT Press.

Beck, Thorsten, Juan Miguel Crivelli, and William Summerhill. 2005. "State Bank

Transformation in Brazil: Choices and Consequences." *Journal of Banking and Finance* 29: 2223–57.

Beck, Thorsten, Asli Demirgüç-Kunt, and Ross Levine. 2006. "Bank Concentration, Competition, and Crises: First Results." *Journal of Banking and Finance* 30: 1581–1603.

Beck, Thorsten, Ross Levine, and Alexey Levkov. 2010. "Big Bad Banks? The Winners and Losers from Bank Deregulation in the United States." *Journal of Finance* 65: 1637–67.

Beck, Thorsten, Ross Levine, and Norman Loayza. 2000. "Finance and the Sources of Growth." *Journal of Financial Economics* 58: 261–300.

Beck, Thorsten, Asli Demirgüç-Kunt, Luc Laeven, and Ross Levine. 2008. "Finance, Firm Size, and Growth." *Journal of Money, Credit and Banking* 40: 1379–1405.

Beim, David O. 2001. "Banco Itua Case Study." Mimeo.

Beim, David O., and Charles W. Calomiris. 2001. *Emerging Financial Markets.* New York: Irwin-McGraw Hill.

Bekaert, Geert, Marie Hoerova, and Marco Lo Duca. 2010. "Risk, Uncertainty, and Monetary Policy." National Bureau of Economic Research Working Paper 16397.

Benmelech, Efraim, and Tobias J. Moskowitz. 2010. "The Political Economy of Financial Regulation: Evidence from U.S. State Usury Laws in the 19th Century." *Journal of Finance* 65: 1029–73.

Benston, George. 1989. *The Separation of Commercial and Investment Banking: The Glass-Steagall Act Revisited and Reconsidered.* Norwell, MA: Kluwer Academic Press.

Berg, Aaron, and Stephen Haber. 2009. "Always Turkeys: Brazil's State-Owned Banks in Historical Perspective." Mimeo.

Berger, Allen N., Asli Demirgüç-Kunt, Ross Levine, and Joseph G. Haubrich. 2004. "Bank Concentration and Competition: An Evolution in the Making." *Journal of Money, Credit and Banking* 36: 627–48.

Bernstein, Asaf, Eric Hughson, and Marc D. Weidenmier. 2010. "Identifying the Effects of a Lender of Last Resort on Financial Markets: Lessons from the Founding of the Fed." *Journal of Financial Economics* 98: 40–53.

Bethell, Leslie. 1989. "The Independence of Brazil." In *Brazil: Empire and Republic, 1822–1930,* ed. Leslie Bethell, 3–44. New York: Cambridge University Press.

Bethell, Leslie, and José Murillo de Carvalho. 1989. "1822–1850." In *Brazil: Empire and Republic, 1822–1930,* ed. Leslie Bethell, 45–112. New York: Cambridge University Press.

Bevilaqua, Afonso S. 2002. "State Government Bailouts in Brazil." Inter-American Development Bank, Latin American Research Network Working Paper R-441.

Billings, Mark, and Forrest Capie. 2007. "Capital in British Banking, 1920–1970." *Business History* 49: 139–62.

———. 2011. "Financial Crisis, Contagion, and the British Banking System between the World Wars." *Business History* 53 (2): 193–215.

Binswanger, Hans P., and Mark R. Rosenzweig. 1986. "Behavioural and Material Determinants of Production Relations in Agriculture." *Journal of Development Studies* 22: 503–39.

Black, Sandra E., and Philip E. Strahan. 2001. "The Division of Spoils: Rent-Sharing and Discrimination in a Regulated Industry." *American Economic Review* 91: 814–31.

———. 2002. "Entrepreneurship and Bank Credit Availability." *Journal of Finance* 57: 2807–33.

Bodenhorn, Howard. 1990. "Entry, Rivalry, and Free Banking in Antebellum America." *Review of Economics and Statistics* 72: 682–86.

———. 1993. "The Business Cycle and Entry into Early American Banking." *Review of Economics and Statistics* 75: 531–35.

———. 2000. *A History of Banking in Antebellum America: Financial Markets and Economic Development in an Era of Nation-Building*. Cambridge: Cambridge University Press.

———. 2003. *State Banking in Early America: A New Economic History*. New York: Oxford University Press.

———. 2006. "Bank Chartering and Political Corruption in Antebellum New York: Free Banking as Reform." In *Corruption and Reform: Lessons from America's Economic History*, ed. Edward Glaeser and Claudia Goldin, 231–57. Chicago: University of Chicago Press.

———. 2007. "The Political Economy of Reform in Jacksonian New York." Mimeo.

———. 2011. "Federal and State Banking Policy in the Federalist Era and Beyond." In *Founding Choices: American Economic Policy in the 1790s*, ed. Douglas Irwin and Richard Sylla, 151–76. Chicago: University of Chicago Press.

Bordo, Michael D. 1985. "Some Historical Evidence (1870–1933) on the Impact and International Transmission of Financial Crises." *Revista di storia economica* 2: 41–78.

———. 2007. "The Crisis of 2007: The Same Old Story, Only the Players Have Changed." In *Globalization and Systemic Risk*, ed. Douglas D. Evanoff, David S. Hoelscher, and George G. Kaufman, 39–50. Singapore: World Scientific Publishing.

———. 2008. "Growing Up to Financial Stability." *Economics E-Journal* 2: 1–17.

Bordo, Michael D., and Christopher M. Meissner. 2012. "Does Inequality Lead to a Financial Crisis?" National Bureau of Economic Research Working Paper 17896.

Bordo, Michael D., and Angela Redish. 1987. "Why Did the Bank of Canada Emerge in 1935?" *Journal of Economic History* 47: 405–17.

Bordo, Michael D., and Peter L. Rousseau. 2006. "Legal-Political Factors and the Historical Evolution of the Finance-Growth Link." *European Review of Economic History* 10: 421–44.

———. 2012. "Historical Evidence on the Finance-Trade-Growth Nexus." *Journal of Banking and Finance* 36: 1236–43.

Bordo, Michael D., and David C. Wheelock. 2007. "Stock Market Booms and Monetary Policy in the Twentieth Century." *Federal Reserve Bank of St. Louis Review* 89: 91–122.

———. 2009. "When Do Stock Market Booms Occur?" In *The Origin and Development of Financial Markets and Institutions from the Seventeenth Century to the Present*, ed. Jeremy Atack and Larry Neal, 416–49. Cambridge: Cambridge University Press.

Bordo, Michael D., Angela Redish, and Hugh Rockoff. 2011. "Why Didn't Canada Have a Banking Crisis in 2008 (or in 1930, or 1907, or . . .)?" National Bureau of Economic Research Working Paper 17312.

Bordo, Michael D., Hugh Rockoff, and Angela Redish. 1994. "The U.S. Banking System from a Northern Exposure: Stability versus Efficiency." *Journal of Economic History* 54: 325–41.

Bornstein, Morris. 1954. "Banking Policy and Economic Development: A Brazilian Case Study." *Journal of Finance* 9: 312–13.

Bowen, H. V. 1995. "The Bank of England during the Long Eighteenth Century, 1694–1820." In *The Bank of England: Money, Power and Influence 1694–1994*, ed. Richard Roberts and David Kynaston, 1–18. Oxford: Oxford University Press.

Boyd, John H., and Gianni De Nicoló. 2005. "The Theory of Bank Risk-Taking and Competition Revisited." *Journal of Finance* 60: 1329–43.

Boyd, John H., and David E. Runkle. 1993. "Size and Performance of Banking Firms: Testing the Predictions of Theory." *Journal of Monetary Economics* 31: 47–67.

Boyd, John H., Gianni De Nicoló, and Bruce Smith. 2004. "Crises in Competitive versus Monopolistic Banking Systems." *Journal of Money, Credit and Banking* 36: 487–506.

Braggion, Fabio, Narly Dwarkasing, and Lyndon Moore. 2012. "From Competition to Cartel: Bank Mergers in the U.K. 1885 to 1925." Mimeo.

Brandt, Loren, and Xiaodong Zhu. 2007. "China's Banking Sector and Economic Growth." In *China's Financial Transition at a Crossroads*, ed. Charles W. Calomiris, 86–136. New York: Columbia University Press.

Branstetter, Lee. 2007. "China's Financial Markets: An Overview." In *China's Financial Transition at a Crossroads*, ed. Charles W. Calomiris, 23–78. New York: Columbia University Press.

"Brazil: Failure Demonstrates Pressure on Small Banks." 2012. *Euromoney*. October.

Brazil, Ministerio do Trabalho, Industria e Comércio. 1946. "Serviço de Estatistica da Previdência do Trabalho: Levantamento do custo de vida no Brasil." Available from IPEA website, www.ipeadata.gov.br, accessed December 27, 2012.

"Brazilian Banks: No More Free Lunch." 2012. *Economist*. October 20.

Breckenridge, Roeliff M. 1899a. "Bank Notes and Branch Banks." *Sound Currency* 6: 49–56.

———. 1899b. "Branch Banking and Discount Rates." *Sound Currency* 6: 1–14.

———. 1910. *The History of Banking in Canada*. Washington, DC: National Monetary Commission, 61st Congress, 2nd session, Senate Document 332.

Brewer, Elijah. 1995. "The Impact of Deposit Insurance on S&L Shareholders' Risk/Return Trade-Offs." *Journal of Financial Services Research* 9: 65–89.

Brewer, Elijah, and Julapa Jagtiani. 2013. "How Much Did Banks Pay to Become Too-Big-to-Fail and to Become Systemically Important?" *Journal of Financial Services Research* 43: 1–35.

Brewer, Elijah, and Thomas H. Mondschean. 1991. "An Empirical Test of the Incentive Effects of Deposit Insurance: The Case of Junk Bonds at Savings and

Loan Associations." Federal Reserve Bank of Chicago Working Paper WP-91-18.

———. 1992. "Ex Ante Risk and Ex Post Collapse of S&Ls in the 1980s." *Economic Perspectives,* Federal Reserve Bank of Chicago (July–August): 2–12.

Brown, Craig O., and Serdar Dinc. 2005. "The Politics of Bank Failures: Evidence from Emerging Markets." *Quarterly Journal of Economics* 120: 1413–44.

Broz, J. Lawrence, and Richard S. Grossman. 2004. "Paying for Privilege: The Political Economy of Bank of England Charters, 1694–1844." *Explorations in Economic History* 41: 48–72.

Brunt, Liam. 2006. "Rediscovering Risk: English Country Banks as Proto–Venture Capital Firms in the Industrial Revolution." *Journal of Economic History* 66: 74–102.

Bullock, Charles. 1895. "The Finances of the United States from 1775 to 1789." *Bulletin of the University of Wisconsin: Economic, Political Science, and History Series* 1: 117–273.

Bunce, Harold L., and Randall M. Scheessele. 1996. "The GSEs Funding of Affordable Loans." Washington, DC: Office of Policy Development and Research, U.S. Department of Housing and Urban Development, Housing Finance Working Paper HF-001.

Butler, David, and Gareth Butler. 1994. *British Political Facts 1900–1994.* 7th ed. London: Macmillan.

Butts, George. 1998. "Testimony of George Butts, President, ACORN Housing Corporation, in Support of the Proposed Acquisition by NationsBank of the Bank of America, July 9." www.federalreserve.gov/bankinforeg/publicmeetings/19980709_panel14.PDF, accessed November 14, 2012.

Calomiris, Charles W. 1988a. "Institutional Failure, Monetary Scarcity, and the Depreciation of the Continental." *Journal of Economic History* 48: 47–68.

———. 1988b. "Price and Exchange Rate Determination during the Greenback Suspension." *Oxford Economic Papers* 40: 719–50.

———. 1989. "Deposit Insurance: Lessons from the Record." *Economic Perspectives,* Federal Reserve Bank of Chicago (May–June): 10–30.

———. 1990. "Is Deposit Insurance Necessary? A Historical Perspective." *Journal of Economic History* 50: 283–95.

———. 1991. "The Motives of U.S. Debt-Management Policy, 1790–1880: Efficient Discrimination and Time Consistency." *Research in Economic History* 13: 67–105.

———. 1992a. "Greenbacks." In *New Palgrave Dictionary of Money and Finance,* ed. Peter Newman, Murray Wilgate, and John Eatwell, 2: 281–84. London: Macmillan.

———. 1992b. "Do Vulnerable Economies Need Deposit Insurance? Lessons from US Agriculture in the 1920s." In *If Texas Were Chile: A Primer on Bank Regulation,* ed. P. L. Brock, 237–349, 450–58. San Francisco: Sequoia Institute.

———. 1993a. "Greenback Resumption and Silver Risk: The Economics and Politics of Monetary Regime Change in the United States, 1862–1900." In *Monetary Regimes in Transition,* ed. Michael D. Bordo and Forrest Capie, 86–134. New York: Cambridge University Press.

Calomiris, Charles W. 1993b. "Financial Factors in the Great Depression." *Journal of Economic Perspectives* 7: 61–85.

———. 1995. "The Costs of Rejecting Universal Banking: American Finance in the German Mirror, 1870–1914." In *Coordination and Information: Historical Perspectives on the Organization of Enterprise,* ed. Naomi R. Lamoreaux and Daniel Raff, 257–322. Chicago: University of Chicago Press.

———. 2000. *U.S. Bank Deregulation in Historical Perspective.* Cambridge: Cambridge University Press.

———. 2001. "An Economist's Case for GSE Reform." In *Serving Two Masters, yet Out of Control: Fannie Mae and Freddie Mac,* ed. Peter Wallison. Washington, DC: AEI Press.

———. 2005. "Capital Flows, Financial Crises, and Public Policy." In *Globalization: What's New?,* ed. Michael M. Weinstein, 36–76. New York: Columbia University Press.

———. 2006. "Alan Greenspan's Legacy: An Early Look; The Regulatory Record of the Greenspan Fed." *American Economic Association Papers and Proceedings* 96: 170–73. A longer version of the paper is available online at www.aei.org/publications/filter.all,pubID.28191/pub_detail.asp.

———, ed. 2007. *China's Financial Transition at a Crossroads.* New York: Columbia University Press.

———. 2008. "Testimony to the Committee on Oversight and Government Reform of the U.S. House of Representatives." December 9. Available at wwwo.gsb.columbia.edu/faculty/ccalomiris/papers/CalomirisF&FTestimony2008.pdf.

———. 2009. "The Subprime Turmoil: What's Old, What's New, and What's Next." *Journal of Structured Finance* 15: 6–52.

———. 2010a. "Reassessing the Fed's Regulatory Role." *Cato Journal* 30: 311–22.

———. 2010b. "The Political Lessons of Depression-Era Banking Reform." *Oxford Review of Economic Policy* 26: 540–60.

———. 2011a. "Banking Crises and the Rules of the Game." In *Monetary and Banking History: Essays in Honour of Forrest Capie,* ed. Geoffrey Wood, Terence Mills, and Nicholas Crafts, 88–132. Abingdon, U.K.: Routledge.

———. 2011b. "The Mortgage Crisis: Some Inside Views." *Wall Street Journal.* October 27. http://online.wsj.com/article/SB10001424053111903927204576574433454435452.html, accessed May 23, 2013.

———. 2013. "How to Promote Fed Independence: Perspectives from Political Economy and U.S. History." Mimeo. March.

Calomiris, Charles W., and Ian Domowitz. 1989. "Asset Substitution, Money Demand, and the Inflation Process in Brazil." *Journal of Money, Credit and Banking* 21: 78–89.

Calomiris, Charles W., and Gary Gorton. 1991. "The Origins of Banking Panics: Models, Facts, and Bank Regulation." In *Financial Markets and Financial Crises,* ed. R. Glenn Hubbard, 109–73. Chicago: University of Chicago Press.

Calomiris, Charles W., and Richard Herring. 2012. "Why and How to Design a Contingent Convertible Debt Requirement." In *Rocky Times: New Perspectives on Financial Stability,* ed. Y. Fuchita, R. Herring, and R. Litan, 117–62. Washington, DC: Brookings Institution Press.

Calomiris, Charles W., and Charles M. Kahn. 1991. "The Role of Demandable

Debt in Structuring Optimal Banking Arrangements." *American Economic Review* 81: 497–513.
———. 1996. "The Efficiency of Self-Regulated Payments Systems: Learning from the Suffolk System." *Journal of Money, Credit and Banking* 28: 766–97.
Calomiris, Charles W., and Joseph R. Mason. 2003a. "Fundamentals, Panics, and Bank Distress during the Depression." *American Economic Review* 93: 1615–46.
———. 2003b. "Consequences of U.S. Bank Distress during the Depression." *American Economic Review* 93: 937–47.
———. 2004. "Resolving the Puzzle of the Underissue of National Bank Notes." *Explorations in Economic History* 45: 327–55.
Calomiris, Charles W., and Thanavut Pornrojnangkool. 2009. "Relationship Banking and the Pricing of Financial Services." *Journal of Financial Services Research* 35: 189–224.
Calomiris, Charles W., and Andrew Powell. 2001. "Can Emerging Market Bank Regulators Establish Credible Discipline? The Case of Argentina, 1992–99." In *Prudential Supervision: What Works and What Doesn't*, ed. Frederic S. Mishkin, 147–96. Chicago: University of Chicago Press.
Calomiris, Charles W., and Carlos Ramirez. 2008. "The Political Economy of Bank Entry Restrictions: Theory and Evidence from the U.S. in the 1920s." Mimeo.
Calomiris, Charles W., and Larry Schweikart. 1991. "The Panic of 1857: Origins, Transmission, and Containment." *Journal of Economic History* 51: 807–34.
Calomiris, Charles W., and Eugene N. White. 1994. "The Origins of Federal Deposit Insurance." In *The Regulated Economy: A Historical Approach to Political Economy*, ed. Claudia Goldin and Gary Libecap, 145–88. Chicago: University of Chicago Press.
Calomiris, Charles W., and Berry Wilson. 2004. "Bank Capital and Portfolio Management: The 1930s 'Capital Crunch' and Scramble to Shed Risk." *Journal of Business* 77: 421–56.
Calomiris, Charles W., R. Eisenbeis, and R. Litan. 2012. "Financial Crisis in the US and Beyond." In *The World in Crisis: Insights from Six Shadow Financial Regulatory Committees*, ed. R. Litan, 1–60. Philadelphia: Wharton Financial Institutions Center.
Calomiris, Charles W., Florian Heider, and Marie Hoerova. 2013. "A Theory of Liquidity Requirements." Mimeo. June.
Calomiris, Charles W., R. Glenn Hubbard, and James Stock. 1986. "The Farm Debt Crisis and Public Policy." *Brookings Papers on Economic Activity* 2: 441–85.
Calomiris, Charles W., Daniela Klingebiel, and Luc Laeven. 2005. "Financial Crisis Policies and Resolution Mechanisms: A Taxonomy from Cross-Country Experience." In *Systemic Financial Crises: Containment and Resolution.* ed. Patrick Honohan and Luc Laeven, 25–75. New York: Cambridge University Press.
Cameron, Rondo. 1967a. "England, 1750–1844." In Rondo Cameron, with the collaboration of Olga Crisp, Hugh T. Patrick, and Richard Tilly, *Banking in the Early Stages of Industrialization: A Study in Comparative Economic History*, 15–59. New York: Oxford University Press.
———. 1967b. "Scotland, 1750–1845." In Rondo Cameron, with the collaboration of Olga Crisp, Hugh T. Patrick, and Richard Tilly, *Banking in the Early*

Stages of Industrialization: A Study in Comparative Economic History, 60–99. New York: Oxford University Press.
Cameron, Rondo, with the collaboration of Olga Crisp, Hugh T. Patrick, and Richard Tilly. 1967. *Banking in the Early Stages of Industrialization: A Study in Comparative Economic History*. New York: Oxford University Press.
Campbell, Sybil. 1928. "Usury and Annuities of the Eighteenth Century." *Law Quarterly Review* 176: 473–91.
Canada Department of Finance. 2003. "Power Financial Corporation Submission to Minister of Finance: Future Structure of the Canadian Financial Services Industry." www.fin.gc.ca/consultresp/mergersrespns_16-eng.asp.
Canadamortgage.com. n.d. "Government Housing and Mortgages in Canada." www.canadamortgage.com/articles/learning.cfm?DocID=37, accessed February 29, 2012.
Canadian Bankers Association. 2012. "Domestic Banks' Financial Results Fiscal Year End for the Years 2006–2011." www.cba.ca/contents/files/statistics/stat_banksann_db251_en.pdf, accessed August 6, 2013.
Cannan, Edwin, ed. 1925. *The Paper Pound of 1797–1821: The Bullion Report, 8th June 1810*. London: P. S. King & Son.
Canner, Glenn B., Wayne Passmore, and Brian J. Surette. 1996. "Distribution of Credit Risk among Providers of Mortgages to Lower-Income and Minority Homebuyers." *Federal Reserve Bulletin* 82: 1077–1102.
Cantor, Richard, and Frank Packer. 1994. "The Credit Rating Industry." *Federal Reserve Bank of New York Quarterly Review* 19 (2): 1–26.
Capie, Forrest. 2002. "The Emergence of the Bank of England as a Mature Central Bank." In *The Political Economy of British Historical Experience, 1688–1914*. Oxford: Oxford University Press.
———. 2009. "Financial Crises in England in the Nineteenth and Twentieth Centuries." Mimeo. June.
———. 2010. *The Bank of England: 1950s to 1979*. London: Cambridge University Press.
Capie, Forrest, and Mark Billings. 2001. "Profitability in English Banking in the Twentieth Century. *European Review of Economic History* 5: 367–401.
———. 2004. "Evidence on Competition in English Commercial Banking, 1920–1970." *Financial History Review* 11: 69–103.
Capie, Forrest, and Alan Webber. 1985. *A Monetary History of the United Kingdom, 1870–1982*. London: Allen & Unwin.
Caprio, Gerard, and Daniela Klingebiel. 1996. "Bank Insolvencies: Cross-Country Experience." World Bank Policy Research Working Paper 1620.
———. 2003. Banking Crises Database. Washington, DC: World Bank. www1.worldbank.org/finance/html/database_sfd.html.
Cárdenas, Enrique. 2000. "The Process of Accelerated Industrialization in Mexico, 1929–1982." In *An Economic History of Twentieth-Century Latin America*, vol. 3, *Industrialization and the State in Latin America: The Postwar Years*, ed. Enrique Cárdenas, José Antonio Ocampo, and Rosemary Thorp, 176–204. London: Palgrave.
Carletti, Elena, and Philipp Hartmann. 2003. "Competition and Stability: What's Special about Banking?" In *Monetary History, Exchange Rates and Financial*

Markets: Essays in Honor of Charles Goodhart, ed. Paul Mizen, 202–51. Cheltenham, U.K.: Edward Elgar.

Carmagnani, Marcello. 1994. *Estado y mercado: La economía pública del liberalismo mexicano, 1850–1911*. Mexico City: Colegio de México and Fondo de Cultura Económica.

Carnel, Richard Scott. 2001. "Federal Deposit Insurance and Federal Sponsorship of Fannie Mae and Freddie Mac: The Structure of the Subsidy." In *Serving Two Masters, yet Out of Control: Fannie Mae and Freddie Mac*, ed. Peter J. Wallison, 56–83. Washington, DC: AEI Press.

Carosso, Vincent P. 1970. *Investment Banking in America: A History*. Cambridge, MA: Harvard University Press.

Carr, Jack, Frank Mathewson, and Neil Quigley. 1994. *Ensuring Failure: Financial System Stability and Deposit Insurance in Canada*. Toronto: C. D. Howe Institute.

———. 1995. "Stability in the Absence of Deposit Insurance: The Canadian Banking System, 1890–1966." *Journal of Money, Credit and Banking* 27: 1137–58.

Carvalho, Antonio Gledson de, and George Pennacchi. 2012. "Can a Stock Exchange Improve Corporate Behavior? Evidence from Firms' Migration to Premium Listings in Brazil." *Journal of Corporate Finance* 18: 883–903.

Carvalho, Daniel R. Forthcoming. "The Real Effects of Government-Owned Banks: Evidence from an Emerging Market." *Journal of Finance*.

Caselli, Fausto Piola. 2013. "Papal Finance, 1348–1848." In *Handbook of Key Global Financial Markets, Institutions, and Infrastructure*, vol. 1, *Globalization of Finance: An Historical View*, ed. Gerard Caprio. 207–20. London: Elsevier.

Catão, Luis A. V. 1992. "A New Wholesale Price Index for Brazil during the Period 1870–1913." *Revista brasileira de economia* 46: 519–33.

Central Bank of Somalia. 2011. "The Central Bank of Somalia Act Law No. 130 of 22 April 2011." http://media.wix.com/ugd//beb93a_870b1ad62ece694a4f3ecc9041ff88b6.pdf, accessed May 6, 2013.

Cerutti, Mario. 1985. "El préstamo prebancario en el noreste de México: La actividad de los grandes comerciantes de Monterrey, 1855–1890." In *Banca y poder en México, 1800–1925*, ed. Leonor Ludlow and Carlos Marichal, 119–64. Mexico City: Grijalbo.

———. 2003. "Empresario y banca en el norte de Mexico, 1879–1910: La fundación del Banco Refaccionario de la Laguna." In *La banca regional en México, 1870–1930*, ed. Mario Cerutti and Carlos Marichal, 168–215. Mexico City: Fondo de Cultura Económica.

Cetorelli, Nicola, and Michele Gamberra. 2001. "Banking Market Structure, Financial Dependence, and Growth: International Evidence from Industry Data." *Journal of Finance* 56: 617–48.

Cetorelli, Nicola, and Philip Strahan. 2006. "Finance as a Barrier to Entry: Bank Competition and Industry Structure in Local U.S. Markets." *Journal of Finance* 61: 437–61.

Chapman, John M., and Ray B. Westerfield. 1942. *Branch Banking: Its Historical and Theoretical Position in America and Abroad*. New York: Harper and Brothers.

Checkland, Sydney G. 1975. *Scottish Banking: A History, 1695–1973*. Glasgow: Collins.

Chester, Norman. 1975. *The Nationalisation of British Industry 1945–51*. London: Her Majesty's Stationery Office.

Christie, Robert. 1866. *A History of the Late Province of Lower Canada: Parliamentary and Political, from the Commencement to the Close of Its Existence as a Separate Province*. Montreal: Richard Worthington.

Churchill, Winston S. 1998. *A History of the English-Speaking Peoples*. Abridged. London: Cassell.

Cihak, Martin, Asli Demirgüç-Kunt, and R. B. Johnston. 2012. "Good Regulation Needs to Fix the Broken Incentives." World Bank Working Paper.

Clague, Christopher, Philip Keefer, Stephen Knack, and Mancur Olson. 1999. "Contract-Intensive Money: Contract Enforcement, Property Rights, and Economic Performance." *Journal of Economic Growth* 4: 185–211.

Clapham, John. 1944. *The Bank of England: A History*. 2 vols. Cambridge: Cambridge University Press.

Clinton, William. 1999a. "Remarks by the President at the Democratic National Committee Labor Dinner at the Mayflower Hotel." July 22.

———. 1999b. "Statement by the President at the Signing of the Financial Modernization Bill." U.S. Treasury Department of Public Affairs. November 12.

Coerver, Don M., Suzanne B. Pasztor, and Robert M. Buffington. 2004. "Cantinflas," in *Mexico: An Encyclopedia of Contemporary Culture and History*. Santa Barbara: ABC-CLIO Inc, 57–61.

Coffman, D'Maris. 2013. "Fiscal Experimentation in Early Modern Europe: Excise Taxation and the Origins of Public Finance in Britain." Mimeo.

Coffman, D'Maris, Adrian Leord, and Larry Neal, eds. 2013. *Questioning Credible Commitment: New Perspectives on the Glorious Revolution and the Rise of Financial Capitalism*. Cambridge: Cambridge University Press.

Collins, Michael. 1995. *Banks and Industrial Finance in Britain, 1800–1939*. Cambridge: Cambridge University Press.

———. 2012. *Banking and Finance: Money and Banking in the UK: A History*. New York: Routledge.

Common Cause. 2008. "Ask Yourself Why . . . They Didn't See This Coming." September 24. www.commoncause.org/site/pp.asp?c=dkLNK1MQIwG&b=4542875, accessed August 5, 2013.

Conant, Charles Arthur. 1910. *The Banking System of Mexico*. Washington, DC: National Monetary Commission, 61st Congress, 2nd Session, Senate Document 493.

Condon, Bradly, and Tapen Sinha. 2003. *Drawing Lines in Sand and Snow: Border Security and North American Economic Integration*. Armonk, NY: M. E. Sharpe.

Congressional Budget Office. 1992. *The Economic Effects of the Savings & Loan Crisis*. Washington, DC: Congressional Budget Office.

Correa, Ricardo. 2008. "Bank Integration and Financial Constraints: Evidence from U.S. Firms." Board of Governors of the Federal Reserve System, International Finance Discussion Paper 925.

Coy, Peter. 2008. "Bill Clinton's Drive to Increase Homeownership Went Way Too Far." *Businessweek*. February 27.

Cragoe, Matthew. 2008. "The Great Reform Act and the Modernization of British Politics: The Impact of Conservative Associations, 1835–1841." *Journal of British Studies* 47: 581–603.

Crisp, Olga. 1967. "Russia, 1860–1914." In Rondo E. Cameron, with the collaboration of Olga Crisp, Hugh T. Patrick, and Richard Tilly, *Banking in the Early Stages of Industrialization*, 183–238. New York: Oxford University Press.

Cull, Robert, Stephen Haber, and Masami Imai. 2011. "Related Lending and Banking Development." *Journal of International Business Studies* 42: 406–26.

Cull, Robert, Lemma Senbet, and Marco Sorge. 2005. "Deposit Insurance and Financial Development." *Journal of Money, Credit and Banking* 37: 43–82.

Cunningham, William. 1907. *The Growth of English Industry and Commerce in Modern Times*. Cambridge: Cambridge University Press.

Curry, Timothy, and Lynn Shibut. 2000. "The Cost of the Savings and Loan Crisis: Truth and Consequences." *FDIC Banking Review* 13: 26–35.

Curtis, C. A. 1947. "Evolution of Canadian Banking." *Annals of the American Academy of Political and Social Science* 253: 115–24.

Dang, Tri Vi, Gary Gorton, and Bengt Holmstrom. 2012. "Ignorance, Debt and Financial Crises." Mimeo. February.

Davies Ward Phillips & Vineberg LLP. n.d. *Acquiring or Establishing a Canadian Bank: A Guide for Foreign Banks*, http://www.dwpr.com/en/Resources/Publications/2009/Aquiring-or-Establishing-a-Canadian-Bank-A-Guide-for-Foreign-Banks, accessed September 2, 2013.

Davis, Lance E., and Robert E. Gallman. 2001. *Evolving Financial Markets and International Capital Flows: Britain, the Americas, and Australia, 1865–1914*. Cambridge: Cambridge University Press.

Davis, Lance E., and Robert A. Huttenback. 1988. *Mammon and the Pursuit of Empire*. New York: Cambridge University Press.

DeHaven, Tad. 2009. "Three Decades of Politics and Failed Policies at HUD." Cato Institute Policy Analysis Paper 655.

Dehejia, Rajeev, and Adriana Lleras-Muney. 2007. "Financial Development and Pathways of Growth: State Branching and Deposit Insurance Laws in the United States, 1900–1940." *Journal of Law and Economics* 50: 239–72.

De la Cuadra, Sergio, and Salvador Valdes. 1992. "Myths and Facts about Financial Liberalization in Chile, 1974–1983." In *If Texas Were Chile: A Primer on Banking Reform*, ed. Philip Brock, 11–101. San Francisco: Institute for Contemporary Studies.

Del Angel-Mobarak, Gustavo. 2002. "Paradoxes of Financial Development: The Construction of the Mexican Banking System, 1941–1982." Ph.D. diss., Stanford University.

———. 2005. "La Banca Mexicana antes de 1982." In *Cuando el estado se hizo banquero: Consecuencias de la nacionalización bancaria en México*, ed. Gustavo del Ángel-Mobarak, Carlos Bazdresch, and Francisco Suárez Dávila. Mexico City: Fondo de Cultura Económica.

Del Angel-Mobarak, Gustavo, and César Martinelli Montoya. 2009. *La estatización de 1982 de la Banca en México: Un ensayo en economía política*. Mexico: Centro de Estudios Espinosa Yglesias.

Del Angel-Mobarak, Gustavo, Stephen Haber, and Aldo Musacchio. 2006. "Normas contables bancarias en México: Una guía de los cambios para legos diez años después de la crisis bancaria de 1995." *El trimestre económico* 73: 903–26.

Dell'Ariccia, Giovanni, Deniz Igan, and Luc A. Laeven. 2012. "Credit Booms and Lending Standards: Evidence from the Subprime Mortgage Market." *Journal of Money, Credit and Banking* 44: 367–84.

DeLong, J. Bradford. 1991. "Did J. P. Morgan's Men Add Value? An Economist's Perspective on Financial Capitalism." In *Inside the Business Enterprise: Historical Perspectives on the Use of Information*, ed. Peter Temin, 205–50. Chicago: University of Chicago Press.

de Luca, Giuseppe. 2013. "Milanese Finance, 1348–1700." In *Handbook of Key Global Financial Markets, Institutions, and Infrastructure*, vol. 1, *Globalization of Finance: An Historical View*, ed. Gerard Caprio, 185–96. London: Elsevier.

Demirgüç-Kunt, Asli, and Enrica Detragiache. 2002. "Does Deposit Insurance Increase Banking System Stability? An Empirical Investigation." *Journal of Monetary Economics* 49: 1373–1406.

Demirgüç-Kunt, Asli, and Harry Huizinga. 2004. "Market Discipline and Deposit Insurance." *Journal of Monetary Economics* 51: 375–99.

Demirgüç-Kunt, Asli, and Edward J. Kane. 2002. "Deposit Insurance around the Globe: Where Does It Work?" *Journal of Economic Perspectives* 16: 175–95.

Demirgüç-Kunt, Asli, Enrica Detragiache, and Ouarda Merrouche. Forthcoming. "Bank Capital: Lessons from the Financial Crisis." *Journal of Money, Credit and Banking*.

Demirgüç-Kunt, Asli, Edward J. Kane, and Luc Laeven. 2008. "Adoption and Design of Deposit Insurance." In *Deposit Insurance around the World: Issues of Design and Implementation*, ed. Asli Demirgüç-Kunt, Edward J. Kane, and Luc Laeven, 29–80. Cambridge, MA: MIT Press.

de Vries, Jan, and Ad van der Woude. 1997. *The First Modern Economy: Success, Failure, and Perseverance of the Dutch Economy, 1500–1815*. New York: Cambridge University Press.

Diamond, Douglas. 1984. "Financial Intermediation and Delegated Monitoring." *Review of Economic Studies* 51: 393–414.

Diamond, Douglas W., and Philip H. Dybvig. 1983. "Bank Runs, Deposit Insurance, and Liquidity." *Journal of Political Economy* 91: 401–19.

Diamond, Jared. 1997. *Guns, Germs, and Steel: The Fates of Human Societies*. New York: W. W. Norton.

Díaz Alejandro, Carlos F. 1985. "Goodbye Financial Repression, Hello Financial Crash." *Journal of Development Economics* 19: 1–24.

Dickson, Peter G. M. 1967. *The Financial Revolution in England: A Study in the Development of Public Credit, 1688–1756*. New York: Macmillan.

Drelichman, Mauricio. 2013. "Spanish Finance, 1348–1700." In *Handbook of Key Global Financial Markets, Institutions, and Infrastructure*, vol. 1, *Globalization of Finance: An Historical View*, ed. Gerard Caprio, 259–68. London: Elsevier.

Drelichman, Mauricio, and Hans-Joachim Voth. 2008. "Debt Sustainability in Historical Perspective: The Role of Fiscal Repression." *Journal of the European Economic Association* 6: 657–67.

———. 2010. "The Sustainable Debts of Philip II: A Reconstruction of Castile's Fiscal Position, 1560–1598." *Journal of Economic History* 70: 814–43.

———. 2011a. "Lending to the Borrower from Hell: Debt and Default in the Age of Philip II." *Economic Journal* 121: 1205–1227.

———. 2011b. "Serial Defaults, Serial Profits: Returns to Sovereign Lending in Habsburg Spain, 1566–1600." *Explorations in Economic History* 48: 1–19.

Duhigg, Charles. 2008. "At Freddie Mac, Chief Discarded Warning Signs." *New York Times*. August 5. www.nytimes.com/2008/08/05/business/05freddie.html?pagewanted=all&_r=0.

Dunne, Gerald. 1960. *Monetary Decisions of the Supreme Court*. New Brunswick, NJ: Rutgers University Press.

Dye, Alan. 1998. *Cuban Sugar in the Age of Mass Production: Technology and the Economics of the Sugar Central, 1899–1929*. Stanford: Stanford University Press.

Eckardt, H. M. P. 1913. "Canadian Banking." *Annals of the American Academy of Political and Social Science* 45: 158–70.

Economides, Nicholas, R. Glenn Hubbard, and Darius Palia. 1996. "The Political Economy of Branching Restrictions and Deposit Insurance: A Model of Monopolistic Competition among Small and Large Banks." *Journal of Law and Economics* 39: 667–704.

Economopoulos, Andrew, and Heather O'Neill. 1995. "Bank Entry during the Antebellum Period." *Journal of Money, Credit, and Banking* 27: 1071–85.

Edwards, Sebastian. 2010. *Left Behind: Latin America and the False Promise of Populism*. Chicago: University of Chicago Press.

Edwards, Sebastian, and Alejandra C. Edwards. 1991. *Monetarism and Liberalization: The Chilean Experiment*. Chicago: University of Chicago Press.

Eichengreen, Barry. 2008. *Globalizing Capital: A History of the International Monetary System*. Princeton: Princeton University Press.

Eistert, Ekkehard. 1970. *Die Beeninflussung des Wirrschaftswachstums in Deutschland von 1883 bis 1913 durch das Bankensystem*. Berlin: Duncker and Humblot.

Elizondo Mayer-Serra, Carlos. 2001. *La importancia de las reglas: Gobierno y empresario después de la nacionalización bancaria*. Mexico City: Fondo de Cultura Económica.

Ellul, Andrew, and Vijay Yerramilli. 2010. "Stronger Risk Controls, Lower Risk: Evidence from U.S. Bank Holding Companies." National Bureau of Economic Research Working Paper 16178.

Elmer, Peter J., and Steven A. Seelig. 1998. "The Rising Long-Term Trend of Single-Family Mortgage Foreclosure Rates." Federal Deposit Insurance Corporation Working Paper 98-2.

Engerman, Stanley L. 1970. "A Note on the Economic Consequences of the Second Bank of the United States." *Journal of Political Economy* 78: 725–28.

Engerman, Stanley L., and Kenneth L. Sokoloff. 1997. "Factor Endowments, Institutions, and Differential Paths of Growth among New World Economies: A View from Economic Historians of the United States." In *How Latin America Fell Behind: Essays on the Economic Histories of Brazil and Mexico, 1800–1914*, ed. Stephen Haber, 260–304. Stanford: Stanford University Press.

Engerman, Stanley L., and Kenneth L. Sokoloff, with contributions by Stephen Haber, Elisa Mariscal, and Eric Zolt. 2012. *Economic Development in the*

Americas since 1500: Endowments and Institutions. New York: Cambridge University Press.

English, William B. 1996. "Understanding the Costs of Sovereign Default: American State Debts in the 1840's." *American Economic Review* 86: 259–75.

Epstein, David, Sharyn O'Halloran, and Geraldine McAllister. 2010. "Delegation and the Regulation of Finance in the United States Since 1950." Mimeo.

Espinosa Rugarcía, Amparo, and Enrique Cárdenas Sánchez. 2011. *Privatización bancaria, crisis y rescate del sistema financiero*. Vol. 3. Mexico City: Centro de Estudios Espinosa Yglesias.

Evanoff, Douglas D., and Lewis M. Segal. 1996. "CRA and Fair Lending Regulations: Resulting Trends in Mortgage Lending." *Economic Perspectives*, Federal Reserve Bank of Chicago (November): 19–46.

———. 1997. "Strategic Responses to Bank Regulation: Evidence from HMDA Data." *Journal of Financial Services Research* 11: 69–93.

Evans, Eric J. 1983. *The Great Reform Act of 1832*. London: Methuen.

Fahlenbrach, Rüdiger, Robert Prilmeier, and René M. Stulz. 2012. "This Time Is the Same: Using Bank Performance in 1998 to Explain Bank Performance during the Recent Financial Crisis." *Journal of Finance* 67: 2139–2185.

Federal Deposit Insurance Corporation. n.d. "Historical Statistics on Banking." http://www2.fdic.gov/hsob/index.asp.

Federal Reserve Board. 1943. *Banking and Monetary Statistics*. Washington, DC: U.S. Government Printing Office.

———. 1971. *Banking and Monetary Statistics*. Washington, DC: U.S. Government Printing Office.

———. 1999a. "Public Meeting Regarding Fleet Financial Group Inc., and BankBoston Corporation. July 7, 1999." Transcript. www.federalreserve.gov/events/publicmeeting/19990707/, accessed October 30, 2012.

———. 1999b. "Order Approving Merger of Bank Holding Companies." September 7. www.federalreserve.gov/bankinforeg/publicmeetings/19990707_panel9.pdf, accessed March 6, 2013.

———. n.d. "Flow of Funds Database." www.federalreserve.gov/apps/fof/FOFTables.aspx, accessed August 1, 2013.

Feler, Leo. 2012. "State Bank Privatization and Local Economic Activity." Mimeo.

Ferguson, E. James. 1961. *The Power of the Purse: A History of American Public Finance, 1776–1790*. Chapel Hill: University of North Carolina Press.

Ferguson, Niall. 1998a. *The House of Rothschild: Money's Prophets, 1798–1848*. New York: Viking Penguin.

——. 1998b. *The House of Rothschild: The World's Banker, 1849–1998*. New York: Viking Penguin.

Fischer, Brodwyn. 2008. *A Poverty of Rights: Citizenship and Inequality in Twentieth-Century Rio de Janeiro*. Stanford: Stanford University Press.

Fishback, Price, and John Wallis. 2012. "What Was New about the New Deal?" NBER Working Paper 18271.

Fishback, Price V., Jonathan Rose, and Kenneth Snowden. 2013. *Well Worth Saving: How the New Deal Safeguarded Home Ownership*. Chicago: University of Chicago Press.

Fishback, Price, Kenneth Snowden, and Eugene N. White, eds. Forthcoming. *Housing and Mortgage Markets in Historical Perspective*. Chicago: Chicago University Press.

Fishbein, Allen J. 1992. "The Community Reinvestment Act after Fifteen Years: It Still Works, but Strengthened Federal Enforcement Is Needed." *Fordham Urban Law Journal* 20: 293–310.

———. 2003. "Filling the Half-Empty Glass: The Role of Community Advocacy in Redefining the Public Responsibilities of Government-Sponsored Housing Enterprises." In *Organizing Access to Capital: Advocacy and the Democratization of Financial Institutions*, ed. Gregory D. Squires, 102–18. Philadelphia: Temple University Press.

Fisman, Raymond, and Inessa Love. 2004. "Financial Development and Intersectoral Allocation: A New Approach." *Journal of Finance* 59: 2785–2807.

Flandreau, Marc. 2003. "Caveat Emptor: Coping with Sovereign Risk under the International Gold Standard." In *International Financial History in the Twentieth Century: System and Anarchy*, ed. M. Flandreau, C. L. Holtfrerich, and H. James, 17–50. New York: Cambridge University Press.

Flandreau, Marc, and Juan H. Flores. 2009. "Bonds and Brands: Foundations of Sovereign Debt Markets, 1820–1830." *Journal of Economic History* 69: 646–84.

Flandreau, Marc, and Stefano Ugolini. 2011. "Where It All Began: Lending of Last Resort and the Bank of England during the Overend-Gurney Panic of 1866." Norges Bank Working Paper 2011/03.

Flandreau, Marc, Christophe Galimard, Clemens Jobst, and Pilar Nogues-Marco. 2009. "The Bell Jar: Commercial Interest Rates between Two Revolutions, 1688–1789." In *The Origin and Development of Financial Markets and Institutions from the Seventeenth Century to the Present*, ed. Jeremy Atack and Larry Neal, 161–208. Cambridge: Cambridge University Press.

Flandreau, Marc, Juan H. Flores, Norbert Gaillard, and Sebastián Nieto-Parra. 2010. "The End of Gatekeeping: Underwriters and the Quality of Sovereign Bond Markets, 1815–2007." In *NBER International Seminar on Macroeconomics*, 53–92. Cambridge, MA: National Bureau of Economic Research.

———. 2013. "Global Financial Brands and the Underwriting of Foreign Government Debt since 1815." In *Handbook of Key Global Financial Markets, Institutions, and Infrastructure*, vol. 1, *Globalization of Finance: An Historical View*, ed. Gerard Caprio, 281–300. London: Elsevier.

Flannery, Mark J., and W. Scott Frame. 2006. "The Federal Home Loan Bank System: The "Other" Housing GSE." *Economic Review, Federal Reserve Bank of Atlanta* 3: 33–54.

Florida Minority Community Reinvestment Coalition. 2003. "The Anatomy of a CRA Agreement, Presented by Haydee Diaz." Greenlining Institute. November 14. www.fmcrc.org/reinvestment.html, accessed March 7, 2013.

Fohlin, Caroline. 2011. *Finance Capitalism and Germany's Rise to Industrial Power*. New York: Cambridge University Press.

Freedman, Charles. 1998. "The Canadian Banking System." Bank of Canada Technical Report 81.

Freixas, Xavier, Bruno M. Parigi, and Jean-Charles Rochet. 2000. "Systemic Risk,

Interbank Relations, and Liquidity Provision by the Central Bank." *Journal of Money, Credit and Banking* 32: 611–38.

Fry, Maxwell J. 1988. *Money, Interest, and Banking in Economic Development.* Baltimore: Johns Hopkins University Press.

Gamboa Ojeda, Leticia. 2003. "El Banco Oriental de Mexico y la formación de un sistema de banca, 1900–1911." In *La banca regional en México, 1870–1930,* ed. Mario Cerutti and Carlos Marichal, 101–33. Mexico City: Fondo de Cultura Económica.

Garber, Peter M. 2000. *Famous First Bubbles.* Cambridge, MA: MIT Press.

Gatell, Frank Otto. 1966. "Sober Second Thoughts on Van Buren, the Albany Regency, and the Wall Street Conspiracy." *Journal of American History* 53: 19–40.

Gayer, Arthur, Walt Rostow, and Anna Schwartz. 1975. *The Growth and Fluctuation of the British Economy, 1790–1850: An Historical, Statistical, and Theoretical Study of Britain's Economic Development.* Brighton: Harvester Press.

Gelderblom, Oscar, and Joost Jonker. 2011. "Public Finance and Economic Growth: The Case of Holland in the Seventeenth Century." *Journal of Economic History* 71: 1–39.

———. 2013. "Low Countries Finance, 1348–1700." In *Handbook of Key Global Financial Markets, Institutions, and Infrastructure,* vol. 1, *Globalization of Finance: An Historical View,* ed. Gerard Caprio, 175–84. London: Elsevier.

Gerschenkron, Alexander. 1962. *Economic Backwardness in Historical Perspective: A Book of Essays.* Cambridge, MA: Belknap Press.

Giedeman, Daniel C. 2005. "Branch Banking Restrictions and Finance Constraints in Early-Twentieth-Century America." *Journal of Economic History* 65: 129–51.

Gilbert, Alton. 1991. "Supervision of Undercapitalized Banks: Is There a Case for Change?" *Federal Reserve Bank of St. Louis Review* 73: 16–30.

———. 1994. "Federal Reserve Lending to Banks That Failed: Implications for the Bank Insurance Fund." *Federal Reserve Bank of St. Louis Review* 76: 3–18.

———. 1995. "Determinants of Federal Reserve Lending to Failed Banks." *Journal of Economics and Business* 47: 397–408.

Gilbert, Martin. 1991. *Churchill: A Life.* New York: Henry Holt.

———. 1997. *A History of the Twentieth Century,* vol. 1, *1900–1933.* New York: Avon.

Goldschmidt, Raymond W. 1933. *The Changing Structure of American Banking.* London: George Routledge & Sons.

Goldsmith, Raymond W. 1969. *Financial Structure and Development.* New Haven, CT: Yale University Press.

———. 1986. *Brasil, 1850–1984: Desenvolvimento financiero sob um século de inflação.* Rio de Janeiro: Banco Bamerindus do Brasil.

Golembe, Carter H. 1960. "The Deposit Insurance Legislation of 1933: An Examination of Its Antecedents and Its Purposes." *Political Science Quarterly* 75: 181–200.

Golembe, Carter H., and C. Warburton. 1958. "Insurance of Bank Obligations in Six States during the Period 1829–1866." Washington, DC: Federal Deposit Insurance Corporation.

Goodhart, Charles A. E. 1988. *The Evolution of Central Banks*. Cambridge MA: MIT Press.

Goodhart, Charles A. E., and Andrew D. Crockett. 1970. "The Importance of Money." *Bank of England Quarterly Bulletin* 10: 159–98.

Gorton, Gary S. 1989. "Public Policy and the Evolution of Banking Markets." In *Bank System Risk: Charting a New Course, Proceedings of a Conference on Bank Structure and Competition*, 233–52. Chicago: Federal Reserve Bank of Chicago.

———. 2010. *Slapped by the Invisible Hand: The Panic of 2007*. New York: Oxford University Press.

Gorton, Gary, and Andrew Metrick. 2011. "Securitized Banking and the Run on Repo." *Journal of Financial Economics* 104: 425–51.

Gouvin, Eric J. 2001. "The Political Economy of Canada's 'Widely Held' Rule for Large Banks." *Law & Policy in International Business* 32: 391–426.

Graham, Douglas H. 1982. "Mexican and Brazilian Economic Development: Legacies, Patterns, and Performance." In *Brazil and Mexico: Patterns of Late Development*, ed. Sylvia Hewlett and Richard Weinart, 2–55. Philadelphia: Institute for the Study of Human Issues.

Grant, A. T. K. 1937. *A Study of the Capital Market in Post-war Britain*. London: Macmillan.

Greenspan, Alan. 1988. "An Overview of Financial Restructuring." In *Proceedings of the 24th Annual Conference on Bank Structure and Competition*, 1–9. Chicago: Federal Reserve Bank of Chicago.

———. 1990. "Subsidies and Powers in Commercial Banking." In *Proceedings of the 26th Annual Conference on Bank Structure and Competition*, 1–8. Chicago: Federal Reserve Bank of Chicago.

———. 2000. "Letter to Congressman Richard Baker." May 19. Available at http://bodurtha.georgetown.edu/FreddieMac/articles/Greenspan%20Details%20His%20Concerns%20Over%20Fannie%20Mae,%20Freddie%20Mac.htm, accessed August 1, 2013.

———. 2005. "Regulatory Reform of the Government-Sponsored Enterprises." Testimony before the Committee on Banking, Housing and Urban Affairs, U.S. Senate, April 6, www.federalreserve.gov/boarddocs/testimony/2005/20050406/default.htm.

Grinath, Arthur, John J. Wallis, and Richard Sylla. 1997. "Debt, Default, and Revenue Structure: The American State Debt Crisis in the Early 1840s." National Bureau of Economic Research Historical Working Paper 97.

Grossman, Richard. 2010. *Unsettled Account: The Evolution of Commercial Banking in the Industrialized World since 1800*. Princeton: Princeton University Press.

Grubb, Farley. 2008. "The Continental Dollar: How Much Was Really Issued?" *Journal of Economic History* 68: 283–91.

Gruben, William C., and Robert McComb. 1997. "Liberalization, Privatization, and Crash: Mexico's Banking System in the 1990s." *Federal Reserve Bank of Dallas Economic Review* (First Quarter): 21–30.

Guinnane, Timothy W. 2002. "Delegated Monitors, Large and Small: Germany's Banking System, 1800–1914." *Journal of Economic Literature* 40: 73–124.

Guiso, Luigi, Paola Sapienza, and Luigi Zingales. 2004. "Does Local Financial Development Matter?" *Quarterly Journal of Economics* 119: 929–69.

Gunther, Jeffrey W., Robert B. Moore, and Genie D. Short. 1996. "Mexican Banks and the 1994 Peso Crisis: The Importance of Initial Conditions." *North American Journal of Economics and Finance* 7: 125–33.

Gurley, John G., and Edward S. Shaw. 1960. *Money in a Theory of Finance*. Washington, DC: Brookings Institution.

Gurley, John G., Hugh T. Patrick, and Edward S. Shaw. 1965. *Financial Structure of Korea*. Seoul: Bank of Korea.

Haber, Stephen. 1991. "Industrial Concentration and the Capital Markets: A Comparative Study of Brazil, Mexico, and the United States, 1830–1930." *Journal of Economic History* 51: 559–80.

———. 1997. "Financial Markets and Industrial Development: A Comparative Study of Government Regulation, Financial Innovation, and Industrial Structure in Brazil and Mexico, 1840–1930." In *How Latin America Fell Behind: Essays on the Economic Histories of Brazil and Mexico, 1800–1914*, ed. Stephen Haber, 146–78. Stanford: Stanford University Press.

———. 1998. "The Efficiency Consequences of Institutional Change: Financial Market Regulation and Industrial Productivity Growth in Brazil, 1866–1934." In *Latin America and the World Economy Since 1800*, ed. John H. Coatsworth and Alan M. Taylor, 275–322. Cambridge, MA: David Rockefeller Center for Latin American Studies/Harvard University Press.

———. 2003. "Banks, Financial Markets, and Industrial Development: Lessons from the Economic Histories of Brazil and Mexico." In *Macroeconomic Reform in Latin America: The Second Stage*, ed. José Antonio Gonzalez, Vittorio Corbo, Anne O. Krueger, and Aaron Tornell, 259–93. Chicago: University of Chicago Press.

———. 2005. "Mexico's Experiments with Bank Privatization and Liberalization, 1991–2003." *Journal of Banking and Finance* 29: 2325–53.

———. 2006a. "The Political Economy of Latin American Industrialization." In *The Cambridge Economic History of Latin America*, vol. 2, *The Long Twentieth Century*, ed. Victor Bulmer-Thomas, John Coatsworth, and Roberto Cortes Conde, 537–84. New York: Cambridge University Press.

———. 2006b. "Authoritarian Government." In *The Oxford Handbook of Political Economy*, ed. Barry Weingast and Donald Wittman, 693–707. New York: Oxford University Press.

———. 2008a. "Banking with and without Deposit Insurance: Mexico's Banking Experiments, 1884–2004." In *Deposit Insurance around the World: Issues of Design and Implementation*, ed. Asli Demirgüç-Kunt, Edward Kane, and Luc Laeven, 219–52. Cambridge, MA: MIT Press.

———. 2008b. "Political Institutions and Financial Development: Evidence from the Political Economy of Bank Regulation in the United States and Mexico." In *Political Institutions and Financial Development*, ed. Stephen Haber, Douglass C. North, and Barry R. Weingast, 10–59. Stanford: Stanford University Press.

———. 2012a. "Where Does Democracy Thrive? Climate, Technology, and the Evolution of Political and Economic Institutions." Mimeo.

———. 2012b. "Politics and Banking Systems." In Stanley Engerman and Kenneth L. Sokoloff, with contributions by Stephen Haber, Elisa Mariscal, and Eric Zolt, *Economic Development in the Americas since 1500: Endowments and Institutions*, 245–94. New York: Cambridge University Press.

Haber, Stephen, and Herbert S. Klein. 1997. "The Economic Consequences of Brazilian Independence." In *How Latin America Fell Behind: Essays on the Economic Histories of Brazil and Mexico, 1800–1914*, ed. Stephen Haber, 243–59. Stanford: Stanford University Press.

Haber, Stephen, and Aldo Musacchio. 2013. "These Are the Good Old Days: Foreign Entry and the Mexican Banking System." National Bureau of Economic Research Working Paper 18713.

Haber, Stephen, Douglas C. North, and Barry R. Weingast. 2008. "Political Institutions and Financial Development." In *Political Institutions and Financial Development*, ed. Stephen Haber, Douglass C. North, and Barry R. Weingast, 1–9. Stanford: Stanford University Press.

Haber, Stephen, Armando Razo, and Noel Maurer. 2003. *The Politics of Property Rights: Political Instability, Credible Commitments, and Economic Growth in Mexico, 1876–1929*. New York: Cambridge University Press.

Haber, Stephen, Herbert S. Klein, Noel Maurer, and Kevin J. Middlebrook. 2008. *Mexico since 1980*. New York: Cambridge University Press.

Habyarimana, James. 2010. "The Benefits of Banking Relationships: Evidence from Uganda's Banking Crisis." Mimeo.

Hagerty, James. 2012. *The Fateful History of Fannie Mae: New Deal Birth to Mortgage Crisis Fall*. Charleston, SC: History Press.

Halcrow, Harold. 1953. *Agricultural Policy of the United States*. New York: Prentice Hall.

Hammond, Bray. 1947. "Jackson, Biddle, and the Bank of the United States." *Journal of Economic History* 7: 1–23.

———. 1957. *Banks and Politics in America from the Revolution to the Civil War*. Princeton: Princeton University Press.

———. 1970. *Sovereignty and an Empty Purse: Banks and Politics in the Civil War*. Princeton: Princeton University Press.

Hanley, Anne G. 2005. *Native Capital: Financial Institutions and Economic Development in Sao Paulo, Brazil, 1850–1905*. Stanford: Stanford University Press.

Harris, Ron. 2000. *Industrializing English Law: Entrepreneurship and Business Organization, 1720–1844*. Cambridge: Cambridge University Press.

Hassett, Kevin A., and John R. Lott. 2009. "Is Newspaper Coverage of Economic Events Politically Biased? Analyzing the Impact of Partisan Control of the Presidency and Congress on Media Coverage, 1985 to 2004." Mimeo.

Haubrich, Joseph G. 1990. "Nonmonetary Effects of Financial Crises: Lessons from the Great Depression in Canada." *Journal of Monetary Economics* 25: 223–52.

Hawke, John D., Jr. 1988. "Paul A. Volcker and Domestic Bank Regulatory Policy." Presentation at the annual meeting of the American Economic Association. December 28.

Hawtrey, Ralph. 1932. *The Art of Central Banking*. London: Frank Cass.

———. 1938. *A Century of Bank Rate*. London: Longmans, Green.

Hayek, Friedrich A. 1939. "Introduction." In Henry Thornton, *An Inquiry into the Nature and Effects of the Paper Credit of Great Britain*, 11–64. London: Allen & Unwin.

———, ed. 1978. "Introduction." In Henry Thornton, *An Enquiry into the Nature and Effects of the Paper Credit of Great Britain*. Fairfield, NJ: Augustus M. Kelley.

Haynes, Hopton. 1700. "Brief Memoirs Relating to the Silver and Gold Coins of England, with an Account of the Corruption of the Hammer'd Monys and the Reform of the Late Grand Coynage at the Tower and the Free Country Mints." Lans. MS. DCCCI. British Museum.

Hellman, Thomas F., Kevin C. Murdock, and Joseph E. Stiglitz. 2000. "Liberalization, Moral Hazard in Banking, and Prudential Regulation." *American Economic Review* 90: 147–65.

Hernández-Murillo, Rubén, Andra C. Ghent, and Michael T. Owyang. 2012. "Did Affordable Housing Legislation Contribute to the Subprime Securities Boom?" Federal Reserve Bank of St. Louis Working Paper 2012-005.

Hoffman, Philip, Gilles Postel-Vinay, and Jean-Laurent Rosenthal. 2007. *Surviving Large Losses: Financial Crises, the Middle Class, and the Development of Capital Markets*. Cambridge, MA: Belknap Press.

Holloway, Thomas. 1980. *Immigrants on the Land: Coffee and Society in São Paulo, 1886–1934*. Chapel Hill: University of North Carolina Press.

Honohan, Patrick and Daniela Klingebiel. 2003. "The Fiscal Cost Implications of an Accommodating Approach to Banking Crises." *Journal of Banking and Finance* 27: 1539–1560.

Horvik, Tord, and Solveig Aas. 1981. "Demilitarization in Costa Rica: A Farewell to Arms." *Journal of Peace Research* 4: 333–51.

Horvitz, Paul. 1991. "The Causes of Texas Bank and Thrift Failures." In *If Texas Were Chile: A Primer on Bank Regulation*, ed. Phillip L. Brock, 131–60. San Francisco: Sequoia Institute.

Hughes, Jonathan R. T. 1960. *Fluctuations in Trade, Industry, and Finance: A Study of British Economic Development, 1850–1860*. Oxford: Oxford University Press.

Hughes, Joseph P., and Loretta Mester. 2013. "Who Said Large Banks Don't Experience Scale Economies? Evidence from a Risk-Return-Driven Cost Function." Federal Reserve Bank of Philadelphia Working Paper 13–13, April.

Hurst, James W. 1973. *A Legal History of Money in the United States, 1774–1970*. Lincoln: University of Nebraska Press.

Husock, Howard. 2000. "The Trillion-Dollar Bank Shakedown That Bodes Ill for Cities." *City Journal* (Winter). www.city-journal.org/html/10_1_the_trillion_dollar.html, accessed August 1, 2013.

———. 2008. "The Financial Crisis and the CRA." *City Journal* (October). www.city-journal.org/2008/eon1030hh.html, accessed August 1, 2013.

Hutchcroft, Paul D. 1998. *Booty Capitalism: The Politics of Banking in the Philippines*. Ithaca, NY: Cornell University Press.

Huybens, Elisabeth, Astrid Luce Jordan, and Sangeeta Pratap. 2005. "Financial Market Discipline in Early-Twentieth-Century Mexico." *Journal of Economic History* 65: 757–78.

Igan, Deniz, Prachi Mishra, and Thierry Tressel. 2012. "A Fistful of Dollars: Lobbying and the Financial Crisis." In *NBER Macroeconomics Annual 2011, Volume 26*, 195–230. Cambridge, MA: National Bureau of Economic Research.

Independent Bankers Association of America v. Smith, 534 F.2d 921. D.C. Circuit Court of the United States.

International Monetary Fund. n.d. *International Financial Statistics*. http://elibrary-data.imf.org/FindDataReports.aspx?d=33061&e=169393, accessed August 1, 2013.

———. 2012a. "Brazil: Financial System Stability Assessment." IMF Country Report 12/206.

———. 2012b. "World Economic Outlook Database, October 2012 Update." www.imf.org/external/pubs/ft/weo/2012/02/weodata/download.aspx, accessed March 25, 2013.

IPEA (Instituto de Pesquisa Econômica Aplicada, Brazil). n.d. www.ipeadata.gov.br.

Izquierdo, Rafael. 1995. *La política hacendaría del desarrollo estabilizador, 1958–1970*. Mexico City: Fondo de Cultura Económica.

Jaffee, Dwight. 2010. "Reforming the U.S. Mortgage Market through Private Market Incentives." Paper presented at conference "Past, Present and Future of the Government Sponsored Enterprises." Federal Reserve Bank of St. Louis. November 17.

Jaffee, Dwight, and John M. Quigley. 2007. "Housing Subsidies and Homeowners: What Role for Government-Sponsored Enterprises?" *Brookings-Wharton Papers on Urban Affairs* 103–49.

———. 2009. "Housing Policy, Mortgage Policy, and the Federal Housing Administration." Mimeo.

———. 2011. "The Future of the Government Sponsored Enterprises: The Role for Government in the US Mortgage Market." National Bureau of Economic Research Working Paper 17685.

James, Marquis, and Bessie R. James. 1954. *Biography of a Bank: The Story of Bank of America NT&SA*. New York: Harper & Bros.

Jayaratne, Jith, and Philip E. Strahan. 1996. "The Finance Growth Nexus: Evidence from Bank Branch Deregulation." *Quarterly Journal of Economics* 111: 639–68.

Jeidels, Otto. 1905. *Das Verhältnis der deutschen Grossbanken zur Industrie mit besonderer Berücksichtigung der Eisenindustrie*. Leipzig: Duncker & Humblot.

Jiménez, Gabriel, Steven Ongena, Jose-Luis Peydro, and Jesus Saurina. 2007. "Hazardous Times for Monetary Policy: What Do Twenty-Three Million Bank Loans Say about the Effects of Monetary Policy on Credit Risk-Taking?" Tilburg University Center Discussion Paper 2007-75.

Jobst, Clemens P., and Pilar Nogues-Marco. 2013. "European Commercial Finance, 1700–1815." In *Handbook of Key Global Financial Markets, Institutions, and Infrastructure*, vol. 1, *Globalization of Finance: An Historical View*, ed. Gerard Caprio, 95–108. London: Elsevier.

Johnson, Joseph F. 1910. *The Canadian Banking System*. Washington, DC: National Monetary Commission, 61st Congress, 2nd Session. Senate Document 583.

Johnson, Simon, and James Kwak. 2010. *13 Bankers: The Wall Street Takeover and the Next Financial Meltdown*. New York: Pantheon.

Johnson, Simon, Peter Boone, Alasdair Breach, and Eric Friedman. 2000a. "Corporate Governance in the Asian Financial Crisis." *Journal of Financial Economics* 58: 141–86.

Johnson, Simon, Rafael La Porta, Florencio López-de-Silanes, and Andrei Shleifer. 2000b. "Tunneling." *American Economic Review* 90: 22–27.

Jones, Eric. 1981. *The European Miracle: Environments, Economics, and Geopolitics in the History of Europe and Asia*. New York: Cambridge University Press.

Jones, Geoffrey. 1993. *British Multinational Banking, 1830–1990*. Oxford: Clarendon Press.

Jones, Matthew T., and Maurice Obstfeld. 2001. "Saving, Investment, and Gold: A Reassessment of Historical Current Account Data." In *Money, Capital Mobility, and Trade: Essays in Honor of Robert Mundell*, ed. Guillermo A. Calvo, Rudi Dornbusch, and Maurice Obstfeld, 303–64. Cambridge, MA: MIT Press.

Jordà, Óscar, Moritz Schularick, and Alan M. Taylor. 2011. "Financial Crises, Credit Booms, and External Imbalances: 140 Years of Lessons." *IMF Economic Review* 59: 340–78.

Jornal do commercio (Rio de Janeiro). Various dates.

Kaufman, Henry. 2011. Remarks at the Foreign Policy Association Statesman Dinner, December 6. Retrieved from www.fpa.org/ckfinder/userfiles/files/Statesman%20Dinner_Kaufman_2011.pdf.

Keefer, Philip. 2008. "Beyond Legal Origin and Checks and Balances: Political Credibility, Citizen Information, and Financial Sector Development." In *Political Institutions and Financial Development*, ed. Stephen Haber, Douglass C. North, and Barry R. Weingast, 125–55. Stanford: Stanford University Press.

Keeley, Michael C. 1990. "Deposit Insurance, Risk, and Market Power in Banking." *American Economic Review* 80: 1183–1200.

Keogh, Daire, and Kevin Whelan. 2001. *Acts of Union: The Causes, Contexts, and Consequences of the Act of Union*. Dublin: Four Courts Press.

Kerr, Andrew W. 1884. *History of Banking in Scotland*. Glasgow: David Bryce & Son.

Keyssar, Alexander. 2000. *The Right to Vote: The Contested History of Democracy in the United States*. New York: Basic Books.

Khandelwal, Amit K., Peter K. Schott, and Shang-Jin Wei. 2012. "Trade Liberalization and Embedded Institutional Reform: Evidence from Chinese Exporters." Mimeo. October.

Kiff, John. 2009. "Canadian Residential Mortgage Markets: Boring but Effective?" International Monetary Fund Working Paper 09/130.

Kindleberger, Charles P., and Robert Z. Aliber. 2011. *Manias, Panics, and Crashes: A History of Financial Crises*. New York: Palgrave Macmillan.

King, Robert G., and Ross Levine. 1993. "Finance and Growth: Schumpeter Might Be Right." *Quarterly Journal of Economics* 108: 717–37.

King, Wilfred T. C. 1936. *History of the London Discount Market*. London: George Routledge & Sons.

Klein, Herbert H., and Ben Vinson III. 2007. *African Slavery in Latin America and the Caribbean.* 2nd ed. New York: Oxford University Press.

Knight, Alan. 1986. *The Mexican Revolution: Porfirians, Liberals, and Peasants.* New York: Cambridge University Press.

Kroszner, Randall. 1999. "Is It Better to Forgive Than to Receive? Repudiation of the Gold Indexation Clause in Long-Term Debt During the Great Depression." Mimeo.

Kroszner, Randall, and Raghuram Rajan. 1994. "Is the Glass-Steagall Act Justified? A Study of the US Experience with Universal Banking before 1933." *American Economic Review* 84: 810–32.

Kroszner, Randall S., and Philip E. Strahan. 1999. "What Drives Deregulation? Economics and Politics of the Relaxation of Bank Branching Restrictions." *Quarterly Journal of Economics* 114: 1437–67.

Krueger, Anne O. 1974. "The Political Economy of the Rent-Seeking Society." *American Economic Review* 64: 291–303.

Krueger, Anne O., and Aaron Tornell. 1999. "The Role of Bank Restructuring in Recovering from Crises: Mexico, 1995–1998." National Bureau of Economic Research Working Paper 7042.

Krugman, Paul. 2008. "Fannie, Freddie and You." *New York Times.* July 14, 2008.

Kryzanowski, Lawrence, and Gordon S. Roberts. 1993. "Canadian Banking Solvency, 1922–1940." *Journal of Money, Credit and Banking* 25: 361–76.

Kulikoff, Allan. Forthcoming. "'Such Things Ought Not To Be': The American Revolution and the First National Great Depression." In *The World of the American Revolutionary Republic: Land, Labor, and the Conflict for a Continent,* ed. Andrew Shankman. New York: Routledge.

Kynaston, David. 1995. "The Bank of England and the Government." In *The Bank of England: Money, Power and Influence, 1694–1994,* ed. Richard Roberts and David Kynaston, 19–55. Oxford: Oxford University Press.

"Labour Party Conference: Ed Miliband's speech in full." 2011. *Daily Telegraph.* September27.www.telegraph.co.uk/news/politics/ed-miliband/8791870/Labour-Party-Conference-Ed-Milibands-speech-in-full.html, accessed March 8, 2013.

Laeven, Luc. 2001. "Insider Lending and Bank Ownership: The Case of Russia." *Journal of Comparative Economics* 29: 207–29.

Laeven, Luc, and Fabian Valencia. 2010. "Resolution of Banking Crises: The Good, the Bad, and the Ugly." International Monetary Fund Working Paper 10/146.

———. 2012. "Systemic Banking Crises Database: An Update." International Monetary Fund Working Paper 12/163.

Lamoreaux, Naomi R. 1991. "Bank Mergers in Late Nineteenth Century New England: The Contingent Nature of Structural Change." *Journal of Economic History* 51: 537–57.

———. 1994. *Insider Lending: Banks, Personal Connections, and Economic Development in Industrial New England.* New York: Cambridge University Press.

Landes, David S. 1999. *The Wealth and Poverty of Nations: Why Some Are So Rich and Some So Poor.* New York: W. W. Norton.

———. 2000. *Revolution in Time: Clocks and the Making of the Modern World.* Cambridge, MA: Harvard University Press.

Lane, Carl. 1997. "For a 'Positive Profit': The Federal Investment in the First Bank of the United States, 1792–1802." *William and Mary Quarterly* 54: 601–12.

La Porta, Rafael, Florencio López-de-Silanes, and Guillermo Zamarripa. 2003. "Related Lending." *Quarterly Journal of Economics* 118: 231–68.

La Porta, Rafael, Florencio Lopez-de-Silanes, Andrei Shleifer, and Robert W. Vishny. 1997. "Legal Determinants of External Finance." *Journal of Finance* 52: 1131–50.

———. 1998. "Law and Finance." *Journal of Political Economy* 106: 1113–55.

Law, John. 1705. "Money and Trade Considered." In *Great Bubbles*, ed. Ross B. Emmett, 1:168–231. London: Pickering & Chatto.

Leach, H. Derrick. 1969. "Canadian Chartered Banks." *Financial Analysts Journal* 25: 133–40.

Lee, Soo Jin. 2010. "Performance Comparisons across Merger Cohorts: The US Banking Industry after Branching Deregulation." Working Paper, Columbia University.

Lees, Francis A., James M. Botts, and Rubens Penha Cysne. 1990. *Banking and Financial Deepening in Brazil*. New York: Palgrave Macmillan.

Leff, Nathaniel. 1997. "Economic Development in Brazil, 1822–1913." In *How Latin America Fell Behind: Essays on the Economic Histories of Brazil and Mexico, 1800–1914*, ed. Stephen Haber, 34–64. Stanford: Stanford University Press.

Levi, Darrel. 1987. *The Prados of São Paulo, Brazil: An Elite Family and Social Change, 1840–1930*. Athens: University of Georgia Press.

Levi, Margaret. 1997. *Consent, Dissent, and Patriotism*. New York: Cambridge University Press.

Levine, Ross, and Sara Zervos. 1998. "Stock Markets, Banks, and Economic Growth." *American Economic Review* 88: 537–58.

Lewis, Michael. 2010. *The Big Short: Inside the Doomsday Machine*. New York: W. W. Norton.

Libecap, Gary. 1998. "The Great Depression and the Regulating State: Federal Government Regulation of Agriculture, 1884–1970." In *The Defining Moment: The Great Depression and the American Economy in the Twentieth Century*, ed. Michael D. Bordo, Claudia Goldin, and Eugene N. White, 181–226. Chicago: University of Chicago Press.

Lichtblau, Eric. 2012. "Gingrich's Deep Ties to Fannie Mae and Freddie Mac." *New York Times*. February 3.

Lindblom, Charles. 1977. *Politics and Markets: The World's Political-Economic Systems*. New York: Basic Books.

Lindert, Peter H. 1994. "The Rise of Social Spending, 1880–1930." *Explorations in Economic History* 31: 1–37.

———. 2004. *Growing Public*, vol. 1, *The Story: Social Spending and Economic Growth since the Eighteenth Century*. Cambridge: Cambridge University Press.

Lindert, Peter H., and Jeffrey G. Williamson. Forthcoming. "American Incomes before and after the Revolution." *Journal of Economic History*.

Lipset, Seymour Martin. 1960. *Political Man: the Social Bases of Politics*. Garden City, NY: Anchor Books.

Lobo, Eulália Maria Lahmeyer. 1978. *História do Rio de Janeiro: Do capital comercial ao capital industrial e financeiro*. Rio de Janeiro: IBMEC.

Lockhart, James. 1972. *Men of Cajamarca: Social and Biographical Study of the First Conquerors of Peru*. Austin: University of Texas Press.

Lucinda, Cláudio. 2010. "Competition in the Brazilian Loan Market: An Empirical Analysis." *Estudos económicos* 40: 831–58.

Ludlow, Leonor. 1985. "La construction de un banco: El Banco Nacional de México, 1881–1884." In *Banca y poder en Mexico, 1800–1925*, ed. Leonor Ludlow and Carlos Marichal, 299–346. Mexico: Grijalbo.

———. 2003. "El Banco Mercantil de Veracruz, 1898–1906." In *La banca regional en México, 1870–1930*, ed. Mario Cerutti and Carlos Marichal, 134–67. Mexico: Fondo de Cultura Económica.

Luna Argudín, María. 2006. *El congreso y la política mexicana, 1857–1911*. Mexico: Colegio de México and Fondo de Cultura Económica.

Mackey, Michael W. 1999. "Report of Michael W. Mackey on the Comprehensive Evaluation of the Operations and Function of the Fund for the Protection of Bank Savings (FOBAPROA) and the Quality of Supervision of the FOBAPROA Program, 1995–1998." Unpublished report.

Maddison, Angus. 2001. *The World Economy: A Millennial Perspective*. Paris: Organisation for Economic Cooperation and Development.

Magaloni, Beatriz. 2006. *Voting for Autocracy: The Politics of Party Hegemony and its Demise in Mexico*. New York: Cambridge University Press.

Majewski, John. 2004. "Jeffersonian Political Economy and Pennsylvania's Financial Revolution from below, 1800–1820." Mimeo.

Marchant, Anyda. 1965. *Viscount Mauá and the Empire of Brazil: A Biography of Irineu Evangalista de Sousa, 1813–1889*. Berkeley: University of California Press.

Marichal, Carlos. 1985. "El nacimiento de la Banca Mexicana en el contexto latinoamericano: problemas de periodización." In *Banca y poder en México, 1800–1925*, ed. Leonor Ludlow and Carlos Marichal, 231–66. Mexico: Grijalbo.

———. 2002. "The Construction of Credibility: Financial Market Reform and the Renegotiation of Mexico's External Debt in the 1880s." In *The Mexican Economy, 1870–1930: Essays on the Economic History of Institutions, Revolution, and Growth*, ed. Jeff L. Bortz and Stephen Haber, 93–120. Stanford: Stanford University Press.

Markiewicz, Dana. 1993. *The Mexican Revolution and the Limits of Agrarian Reform, 1915–1946*. Boulder, CO: Lynne Rienner.

Marks, Bruce. 1998. "NACA, National Non-profit Activist Group, Testifies in Support of the NationsBank Merge with Bank of America." www.federalreserve.gov/bankinforeg/publicmeetings/19980709_Panel5.PDF, accessed May 23, 2013.

———. n.d. "Testimony of Bruce Marks, Chief Executive Officer, Neighborhood Assistance Corporation of America (NACA)." House Committee on Financial Services. http://archives.financialservices.house.gov/banking/91200mar.pdf, accessed October 29, 2012.

Marshall, Monty, and Keith Jaggers. 2011. "Polity IV Project: Political Regime Characteristics and Transitions, 1800–2011." Data set available at www.systemicpeace.org/inscr/inscr.htm.

Marsilio, Claudio. 2013. "Genoese Finance, 1348–1700." In *Handbook of Key Global Financial Markets, Institutions, and Infrastructure*, vol. 1, *Globalization of Finance: An Historical View*, ed. Gerard Caprio, 123–32. London: Elsevier.
Martin, Stephen, and David Parker. 1995. "Privatization and Economic Performance throughout the UK Business Cycle." *Managerial and Decision Economics* 16: 225–37.
Martínez, Javier, and Alvaro Díaz. 1996. *Chile: The Great Transformation*. Geneva: United Nations Institute for Social Development.
Martínez Peria, María Soledad, and Sergio L. Schmukler. 2001. "Do Depositors Punish Banks for Bad Behavior? Market Discipline, Deposit Insurance, and Banking Crisis." *Journal of Finance* 56: 1029–51.
Mason, Joseph R., and Joshua Rosner. 2007a. "How Resilient Are Mortgage Backed Securities to Collateralized Debt Obligation Market Disruptions?" Mimeo.
———. 2007b. "Where Did the Risk Go? How Misapplied Bond Ratings Cause Mortgage Backed Securities and Collateralized Debt Obligation Market Disruptions." Mimeo.
Matthews, Philip W. 1921. *The Bankers' Clearing House: What It Is and What It Does*. London: Sir I. Pitman.
Matutes, Carmen, and Xavier Vives. 2000. "Imperfect Competition, Risk Taking, and Regulation in Banking." *European Economic Review* 44: 1–34.
Maurer, Noel. 2002. *The Power and the Money: The Mexican Financial System, 1876–1932*. Stanford: Stanford University Press.
Maurer, Noel, and Andrei Gomberg. 2004. "When the State is Untrustworthy: Public Finance and Private Banking in Porfirian Mexico." *Journal of Economic History* 64: 1087–1107.
Maurer, Noel, and Stephen Haber. 2007. "Related Lending and Economic Performance: Evidence from Mexico." *Journal of Economic History* 67: 551–81.
May, Thomas E. 1896. *The Constitutional History of England since the Accession of George the Third: 1760–1860*. 3 vols. London: Longmans, Green.
Mayer, Christopher, Karen Pence, and Shane M. Sherlund. 2009. "The Rise in Mortgage Defaults." *Journal of Economic Perspectives* 23: 27–50.
McCarty, Nolan, Keith T. Poole, and Howard Rosenthal. 2006. *Polarized America: The Dance of Ideology and Unequal Riches*. Cambridge, MA: MIT Press.
———. 2013. *Political Bubbles: Financial Crises and the Failure of American Democracy*. Princeton: Princeton University Press.
McGrane, Reginald C. 1924. *The Panic of 1837: Some Financial Problems of the Jacksonian Era*. Chicago: University of Chicago Press.
McGroarty, Patrick. 2013. "Somali Banking Starts from Ground Up." *Wall Street Journal*. April 21. http://online.wsj.com/article/SB10001424127887324763404578433253051605678.html.
McInnis, Edgar. 1959. *Canada: A Political and Social History, Revised and Enlarged*. Toronto: Rinehart.
McIvor, R. Craig. 1958. *Canadian Monetary, Banking, and Fiscal Development*. Toronto: Macmillan Co. of Canada.

McKay, Collins. 2008. *The Duke of Queensberry and the Union of Scotland and England: James Douglas and the Act of Union of 1707*. London: Cambria Press.
McKinnon, Ronald I. 1973. *Money and Capital in Economic Development*. Washington, DC: Brookings Institution.
McLean, Bethany. 2005. "The Fall of Fannie Mae." *Fortune*. January 24.
———. 2012. "The Meltdown Explanation That Melts Away." Reuters, March 19. http://blogs.reuters.com/bethany-mclean/2012/03/19/the-meltdown-explanation-that-melts-away/.
McLean, Bethany, and Joe Nocera. 2010. *All the Devils Are Here: The Hidden History of the Financial Crisis*. Steamboat Springs, CO: Portfolio Publications.
McQuerry, Elizabeth. 1999. "The Banking Sector Rescue in Mexico." *Federal Reserve Bank of Atlanta Economic Review* 84 (3): 14–29.
Meltzer, Allan H. 2003. *A History of the Federal Reserve*, vol. 1, *1913–1951*. Chicago: University of Chicago Press.
Meltzer, Allan H., and Scott F. Richard. 1981. "A Rational Theory of the Size of Government." *Journal of Political Economy* 89: 914–27.
Merton, Robert C. 1977. "An Analytic Derivation of the Cost of Deposit Insurance and Loan Guarantees: An Application of Modern Option Pricing Theory." *Journal of Banking & Finance* 1: 3–11.
Mexico. INEGI (Instituto Nacional de Estadística Geografia e Informática). n.d. *Estadisticas históricas de México*. http://biblioteca.itam.mx/recursos/ehm.html, accessed March 18, 2013.
———. 2009. *Estadisticas históricas de México*. Mexico City: INEGI.
Mexico. Secretaria del Estado y del Despacho de Hacienda y Crédito Público y Comercio. 1913. *Anuario de estadística fiscal, 1912–13*. Mexico, D.F.: Imprenta del Gobierno.
Meyer Cosío, Rosa María. 1985. "Empresarios, crédito, y especulación." In *Banca y poder en México, 1800–1925*, ed. Leonor Ludlow and Carlos Marichal, 99–118. Mexico: Grijalbo.
Mian, Atif, Amir Sufi, and Francesco Trebbi. 2010a. "The Political Economy of the Subprime Mortgage Credit Expansion." National Bureau of Economic Research Working Paper 16107.
———. 2010b. "The Political Economy of the U.S. Mortgage Default Crisis." *American Economic Review* 100: 1967–98.
Minsky, Hyman P. 1975. *John Maynard Keynes*. New York: Columbia University Press.
Miron, J. 1986. "Financial Panics, the Seasonality of the Nominal Interest Rate, and the Founding of the Fed." *American Economic Review* 76: 125–40.
Mitchell, Wesley C. 1903. *A History of the Greenbacks: With Special Reference to the Economic Consequences of their Issue; 1862–65*. Chicago: University of Chicago Press.
Mitton, Todd. 2002. "A Cross-Firm Analysis of the Impact of Corporate Governance on the East Asian Financial Crisis." *Journal of Financial Economics* 64: 215–41.
Moggridge, Donald E. 1972. *British Monetary Policy, 1924–1931: The Norman Conquest of $4.86*. London: Cambridge University Press.

Mokyr, Joel. 1990. *The Lever of Riches: Technological Creativity and Economic Progress.* New York: Oxford University Press.

Moody's Investors Service. 2008. *Global Bank Rating Methodology: Transparent/Predictive/Consistent.* www.moodys.com/sites/products/TopicAttachments/GBRM/Global_Bank_Rating_Methodology_Brochure.pdf, accessed August 1, 2013.

Moore, Barrington. 1966. *Social Origins of Dictatorship and Democracy: Lord and Peasant in the Making of the Modern World.* Boston: Beacon.

Morgan, Donald P., Bertrand Rime, and Philip E. Strahan. 2004. "Bank Integration and State Business Cycles." *Quarterly Journal of Economics* 119: 1555–84.

Morgan, Edmund S. 1975. *American Slavery, American Freedom: The Ordeal of Colonial Virginia.* New York: W. W. Norton.

Morgenson, Gretchen. 2011. "Slapped Wrists at WaMu." *New York Times.* December 17. www.nytimes.com/2011/12/18/business/in-a-wamu-settlement-with-the-fdic-slapped-wrists.html?ref=washingtonmutualinc.

Morgenson, Gretchen, and Joshua Rosner. 2011. *Reckless Endangerment: How Outsized Ambition, Greed, and Corruption Led to Economic Armageddon.* New York: Henry Holt.

Morris, Ian. 2011. *Why the West Rules—for Now: The Patterns of History, and What They Reveal about the Future.* New York: Farrar, Straus and Giroux.

Morton, Walter A. 1978. *British Finance, 1930–1940.* Madison: University of Wisconsin Press.

Moss, David, and Sarah Brennan. 2004. "Regulation and Reaction: The Other Side of Free Banking in Antebellum New York." Harvard Business School Working Paper 04-038.

Munn, Charles W. 1981. *The Scottish Provincial Banking Companies, 1747–1864.* Edinburgh: John Donald Publishers.

Munro, John H. 2013. "*Rentes* and the European Financial Revolution." In *Handbook of Key Global Financial Markets, Institutions, and Infrastructure,* vol. 1, *Globalization of Finance: An Historical View,* ed. Gerard Caprio, 235–45. London: Elsevier.

Murillo, José Antonio. 2002. "La banca en México: Privatización, crisis, y reordenamiento." Banco de México Working Paper.

———. 2005. "La banca después de la privatización: Auge, crisis y reordenamiento." In *Cuando el estado se hizo banquero: consecuencias de la nacionalización bancaria en México,* ed. Gustavo del Angel-Mobarak, Carlos Bazdresch, and Francisco Suárez Dávila, 247–304. Mexico City: Fondo de Cultura Económica.

Murphy, Anne L. 2009. *The Origins of English Financial Markets: Investment and Speculation before the South Sea Bubble.* Cambridge: Cambridge University Press.

Musacchio, Aldo. 2009a. "Drawing Links between Corporate Governance and Networks: Bankers in the Corporate Networks of Brazil, Mexico, and the United States circa 1910." *Entreprises et histoire* 54: 16–36.

———. 2009b. *Experiments in Financial Democracy: Corporate Governance and Financial Development in Brazil, 1882–1950.* Cambridge: Cambridge University Press.

NACA (Neighborhood Assistance Corporation of America). n.d. "Purchase Program." www.nacalynx.com/nacaWeb/purchase/purchaseProgram.aspx?language=, accessed October 29, 2012.

Nader, Ralph. 2001. "How Fannie and Freddie Influence the Political Process." In *Serving Two Masters, yet Out of Control: Fannie Mae and Freddie Mac*, ed. Peter J. Wallison, 110–19. Washington DC: AEI Press.

Nakane, Márcio, and Daniela Weintraub. 2005. "Bank Privatization and Productivity: Evidence for Brazil." *Journal of Banking and Finance* 29: 2259–89.

Nathan, Alli, and Edwin H. Neave. 1989. "Competition and Contestability in Canada's Financial System: Empirical Results." *The Canadian Journal of Economics/ Revue canadienne d'économique* 22: 576–94.

National Community Reinvestment Coalition 2007a. *CRA Manual*. www.community-wealth.org/_pdfs/tools/cdfis/tool-ncrc-cra-manual.pdf, accessed March 21, 2013.

———. 2007b. *CRA Commitments*. http://community-wealth.org/_pdfs/articles-publications/cdfis/report-silver-brown.pdf, accessed March 21, 2013.

Neal, Larry. 1990. *The Rise of Financial Capitalism: International Capital Markets in the Age of Reason*. New York: Cambridge University Press.

———. 1998. "The Financial Crisis of 1825 and the Restructuring of the British Financial System." *Review, Federal Reserve Bank of St. Louis*. 80: 53–76.

Neal, Larry, and Stephen Quinn. 2001. "Networks of Information, Markets, and Institutions in the Rise of London as a Financial Center, 1660–1720." *Financial History Review* 8: 7–26.

Neal, Larry, and Eugene N. White. 2012. "The Glass-Steagall Act in Historical Perspective." *Quarterly Review of Economics and Finance* 52: 104–13.

Negrin, José Luis. 2000. "Mecanismos para compartir información crediticia: Evidencia internacional y la experiencia mexicana." Dirección General de Investigación Económica, Banco de México, Working Paper no. 2000–05. Mexico City: Banco de México.

Ness, Walter P. 2000. "Reducing Government Bank Presence in the Brazilian Financial System: Why and How." *Quarterly Review of Economics and Finance* 40: 71–84.

Neufeld, Edward P. 2001. "Adjusting to Globalization: Challenges for the Canadian Banking System." In *The State of Economics in Canada: Festschrift in Honour of David Slater*, ed. Patrick Grady and Andrew Sharpe, 325–51. Ottawa: Center for the Study of Living Standards.

Ng, Kenneth. 1988. "Free Banking Laws and Barriers to Entry in Banking, 1838–1860." *Journal of Economic History* 48: 877–89.

Nichols, Mark W., and Jill M. Hendrickson. 1997. "Profit Differentials between Canadian and U.S. Commercial Banks: The Role of Regulation." *Journal of Economic History* 57: 674–96.

North, Douglass C., and Barry R. Weingast. 1989. "Constitutions and Commitment: The Evolution of Institutions Governing Public Choice in 17th Century England." *Journal of Economic History* 49: 803–32.

Nourse, Edwin G., Joseph S. Davis, and John D. Black. 1937. *Three Years of the Agricultural Adjustment Administration*. Washington, DC: Brookings Institution.

Obstfeld, Maurice, and Alan M. Taylor. 2004. *Global Capital Markets: Integration, Crisis, and Growth*. Cambridge: Cambridge University Press.

O'Halloran, Sharyn, and Geraldine McAllister. 2012. "Delegation and the Regulation of Finance in the United States since 1950." Mimeo.

O'Hara, Maureen, and Wayne Shaw. 1990. "Deposit Insurance and Wealth Effects: The Value of Being 'Too Big to Fail.'" *Journal of Finance* 45: 1587–1600.

Olson, Mancur. 1965. *The Logic of Collective Action: Public Goods and the Theory of Groups*. Cambridge, MA: Harvard University Press.

Olveda, Jaime. 2003. "Bancos y banqueros en Guadalajara." In *La banca regional en México, 1870–1930*, ed. Mario Cerutti and Carlos Marichal, 291–320. Mexico City: Fondo de Cultura Económica.

Oñate, Abdiel. 1998. "La crisis de 1907–1908 y el sistema bancario mexicano." In *La banca en México, 1820–1920*, ed. Leonor Ludlow and Carlos Marichal, 181–200. Mexico City: Instituto Mora.

O'Rourke, Kevin H., and Jeffrey G. Williamson. 2000. *Globalization and History: The Evolution of a Nineteenth-Century Atlantic Economy*. Cambridge, MA: MIT Press.

Pak, Susie J. 2013. *Gentlemen Bankers: The World of J. P. Morgan*. Cambridge, MA: Harvard University Press.

Park, Haelim. 2012. "The Conservatism of British Banks in the Interwar Period Re-examined." Mimeo.

Patrick, Hugh T. 1967. "Japan, 1868–1914." In Rondo E. Cameron, with the collaboration of Olga Crisp, Hugh T. Patrick, and Richard Tilly, *Banking in the Early Stages of Industrialization*, 239–89. New York: Oxford University Press.

Patterson, Edward Lloyd Stewart. 1917. *Banking Principles and Practice*. New York: Alexander Hamilton Institute.

Pei, Minxin. 2006. *China's Trapped Transition: The Limits of Developmental Autocracy*. Cambridge, MA: Harvard University Press.

Peláez, Carlos Manuel. 1975. "The Establishment of Banking Institutions in a Backward Economy: Brazil, 1800–1851." *Business History Review* 49: 446–72.

Peláez, Carlos Manuel, and Wilson Suzigan. 1976. *Historia monetária do Brasil: Análise da política, comportamento e instituiçoes monetárias*. Brasília: Editora Universidade de Brasília.

Perkins, Edwin. 1987. "Lost Opportunities for Compromise in the Bank War: A Reassessment of Jackson's Veto Message." *Business History Review* 61: 531–50.

———. 1994. *American Public Finance and Financial Services, 1700–1815*. Columbus: Ohio State University Press.

Petersen, Mitchell, and Raghuram G. Rajan. 2002. "Does Distance Still Matter? The Information Revolution in Small Business Lending." *Journal of Finance* 57: 2533–70.

Pezzolo, Luciano. 2013. "Venetian Finance, 1400–1797." In *Handbook of Key Global Financial Markets, Institutions, and Infrastructure*, vol. 1, *Globalization of Finance: An Historical View*, ed. Gerard Caprio, 301–17. London: Elsevier.

Philippovich, Eugen von. 1911. *History of the Bank of England and Its Financial Services to the State*. Washington, DC: National Monetary Commission, 61st Congress, 2nd Session, Senate Document 591.

Phillips, John A., and Charles Wetherell. 1995. "The Great Reform Act of 1832 and the Political Modernization of England." *American Historical Review* 100: 411–36.

Pincus, Steve. 2009. *1688: The First Modern Revolution*. New Haven: Yale University Press.

Pinto, Edward J. 2011. "Government Housing Policies in the Lead-up to the Financial Crisis: A Forensic Study." American Enterprise Institute. www.aei.org/files/2011/02/05/Pinto-Government-Housing-Policies-in-the-Lead-up-to-the-Financial-Crisis-Word-2003-2.5.11.pdf, accessed March 21, 2013.

Pinto, Edward J., and Peter Wallison. 2011. "Why the Left is Losing the Argument over the Financial Crisis." *The American: The Online Magazine of the American Enterprise Institute*. December 27. www.american.com/archive/2011/december/why-the-left-is-losing-the-argument-over-the-financial-crisis, accessed August 1, 2013.

Plumb, John H. 1967. *The Growth of Political Stability in England: 1675–1725*. London: Macmillan.

Potash, Robert A. 1983. *Mexican Government and Industrial Development in the Early Republic: The Banco de Avio*. Amherst: University of Massachusetts Press.

Prasad, Eswar, and Shang-Jin Wei. 2007. "Understanding the Structure of Cross-Border Capital Flows: The Case of China." In *China's Financial Transition at a Crossroads*, ed. Charles W. Calomiris, 144–92. New York: Columbia University Press.

Pressnell, Leslie S. 1956. *Country Banking in the Industrial Revolution*. Oxford: Clarendon Press.

Prins, Nomi. 2009. *It Takes a Pillage: Behind the Bailouts, Bonuses, and Backroom Deals from Washington to Wall Street*. Hoboken, NJ: John Wiley and Sons.

Qian, Yingyi, and Barry R. Weingast. 1997. "Federalism as a Commitment to Preserving Market Incentives." *Journal of Economic Perspectives* 11: 83–92.

Quinn, Stephen. 1997. "Goldsmith-Banking: Mutual Acceptances and Inter-banker Clearing in Restoration London." *Explorations in Economic History* 34: 411–32.

———. 2008. "Securitization of Sovereign Debt: Corporations as a Sovereign Debt Restructuring Mechanism in Britain, 1694 to 1750." Mimeo.

———. 2013. "Dutch Bank Finance, 1600–1800." In *Handbook of Key Global Financial Markets, Institutions, and Infrastructure*, vol. 1, *Globalization of Finance: An Historical View*, 64–72, ed. Gerard Caprio. London: Elsevier.

Quinn, Stephen, and William Roberds. 2009. "An Economic Explanation of the Early Bank of Amsterdam, Debasement, Bills of Exchange, and the Emergence of the First Central Bank." In *The Origin and Development of Financial Markets and Institutions from the Seventeenth Century to the Present*, ed. Jeremy Atack and Larry Neal, 32–70. Cambridge: Cambridge University Press.

———. 2010. "How Amsterdam Got Fiat Money." Federal Reserve Bank of Atlanta Working Paper 2010-17.

Quintyn, Marc, and Geneviève Verdier. 2010. "'Mother, Can I Trust the Government?' Sustained Financial Deepening: A Political Institutions View." International Monetary Fund Working Paper 10/210.

Rajan, Raghuram G. 2010. *Fault Lines: How Hidden Fractures Still Threaten the World Economy*. Princeton: Princeton University Press.

Rajan, Raghuram, and Luigi Zingales. 1998. "Financial Dependence and Growth." *American Economic Review* 88: 559–86.

Rajan, Uday, Amit Seru, and Vikrant Vig. 2010. "Statistical Default Models and Incentives." *American Economic Review* 100: 506–10.

Ramirez, Carlos D. 1995. "Did J. P. Morgan's Men Add Liquidity? Corporate Investment, Cash Flow, and Financial Structure at the Turn of the Twentieth Century." *Journal of Finance* 50: 661–78.

———. 1999. "Did Glass-Steagall Increase the Cost of External Finance for Corporate Investment? Evidence from Bank and Insurance Company Affiliations." *Journal of Economic History* 59: 372–96.

———. 2002. "Did Banks' Security Affiliates Add Value? Evidence from the Commercial Banking Industry during the 1920s." *Journal of Money, Credit and Banking* 34: 393–411.

Ramirez, P., and F. Rosende. 1992. "Responding to Collapse: The Chilean Banking Legislation after 1983." In *If Texas Were Chile: A Primer on Banking Reform*, ed. Philip Brock, 193–216. San Francisco: Institute for Contemporary Studies.

Ramseyer, J. Mark, and Frances M. Rosenbluth. 1998. *The Politics of Oligarchy: Institutional Choice in Imperial Japan*. New York: Cambridge University Press.

Ratnovski, Lev, and Rocco Huang. 2009. "Why Are Canadian Banks More Resilient?" IMF Working Paper 09/152.

Razo, Armando. 2008. *Social Foundations of Limited Dictatorship: Networks and Private Protection during Mexico's Early Industrialization*. Stanford: Stanford University Press.

Redish, Angela. 1984. "Why Was Specie Scarce in Colonial Economies? An Analysis of the Canadian Currency, 1796–1830." *Journal of Economic History* 44: 713–28.

———. 2003. "The Mortgage Market in Upper Canada: Window on a Pioneer Economy." In *Finance, Intermediaries, and Economic Development*, ed. Stanley Engerman, Philip Hoffman, Jean-Laurent Rosenthal, and Kenneth Sokoloff, 111–31. Cambridge: Cambridge University Press.

Reid, Margaret. 1982. *The Secondary Banking Crisis, 1973–1975: Its Causes and Course*. London: Macmillan.

Reinhart, Carmen, and Kenneth Rogoff. 2009. *This Time Is Different: Eight Centuries of Financial Folly*. Princeton: Princeton University Press.

———. 2011. "From Financial Crash to Debt Crisis." *American Economic Review* 101: 1676–1706.

Reynolds, Clark W. 1970. *The Mexican Economy: Twentieth-Century Structure and Growth*. New Haven: Yale University Press.

Richards, R. D. 1958. *The Early History of Banking in England*. London: Frank Cass.

Richardson, Gary, and William Troost. 2006. "Monetary Intervention Mitigated Banking Panics during the Great Depression: Quasi-Experimental Evidence from the Federal Reserve District Border in Mississippi, 1929 to 1933." National Bureau of Economic Research Working Paper 12591.

Riefler, Winfield W. 1930. *Money Rates and Money Markets in the United States*. New York: Harper and Brothers.

Riesser, Jacob. 1911. *The Great German Banks and their Concentration, in Connection with the Economic Development of Germany.* Washington, DC: U.S. Government Printing Office.

Riguzzi, Paolo. 2002. "The Legal System, Institutional Change, and Financial Regulation in Mexico, 1870–1910: Mortgage Contracts and Long Term Credit." In *The Mexican Economy, 1870–1930*, ed. Jeffrey Bortz and Stephen Haber, 120–60. Stanford: Stanford University Press.

Riker, William H. 1982. *Liberalism against Populism: A Confrontation between the Theory of Democracy and the Theory of Social Choice.* San Francisco: W. H. Freeman.

Roberts, Richard O. 1958. "Bank of England Branch Discounting, 1826–59." *Economica* 25: 230–45.

Roberts, Richard, Brian Reading, and Leigh Skene. 2009. "Sovereign Rescues: How the Forgotten Financial Crisis of 1914 Compares with 2008–2009." London: Lombard Street Research.

Robinson, James A. 2006. "Debt Repudiation and Risk Premia: The North-Weingast Thesis Revisited." Mimeo.

Rockoff, Hugh. 1974. "The Free Banking Era: A Reexamination." *Journal of Money, Credit, and Banking* 6: 141–67.

———. 1984. *Drastic Measures: A History of Wage and Price Controls in the United States.* New York: Cambridge University Press.

———. 1985. "New Evidence on Free Banking in the United States." *American Economic Review* 75: 886–89.

———. 2000. "Banking and Finance, 1789–1914." In *The Cambridge Economic History of the United States*, ed. Stanley Engerman and Robert Gallman, 643–84. New York: Cambridge University Press.

Rodden, Jonathan A. 2006. *Hamilton's Paradox: The Promise and Peril of Fiscal Federalism.* New York: Cambridge University Press.

Rodríguez López, María Guadalupe. 2003. "Paz y bancos en Durango durante el Porfiriato." In *La banca regional en Mexico, 1870–1930*, ed. Mario Cerutti and Carlos Marichal, 254–90. Mexico City: Fondo de Cultura Económica.

Romer, Thomas, and Barry R. Weingast. 1991. "Political Foundations of the Thrift Debacle." In *Politics and Economics in the 1980s*, ed. Alberto Alesina and Geoffrey Carliner, 175–214. Chicago: University of Chicago Press.

Romero Ibarra, Maria Eugenia. 2003. "El banco del estado de Mexico, 1897–1914." In *La banca regional en Mexico, 1870–1930*, ed. Mario Cerutti and Carlos Marichal, 216–51. Mexico City: Fondo de Cultura Económica.

Rose, Jonathan, and Kenneth Snowden. 2012. "The New Deal and the Origins of the Modern American Real Estate Loan Contract in the Building and Loan Industry." Mimeo.

Rothbard, Murray N. 2012. *The Panic of 1819: Reactions and Politics.* La Vergne, TN: BN Publishing.

Rousseau, Peter L. 1999. "Finance, Investment, and Growth in Meiji-Era Japan." *Japan and the World Economy* 11: 185–98.

———. 2003. "Historical Perspectives on Financial Development and Economic Growth." *Federal Reserve Bank of St. Louis Review* 84: 81–105.

Rousseau, Peter, and Richard Sylla. 2003. "Financial Systems, Economic Growth, and Globalization." In *Globalization in Historical Perspective*, ed. Michael Bordo, Alan Taylor, and Jeffrey Williamson, 373–413. Chicago: University of Chicago Press.

———. 2004. "Emerging Financial Markets and Early U.S. Growth." *Explorations in Economic History* 42: 1–26.

Rousseau, Peter L., and Paul Wachtel. 1998. "Financial Intermediation and Economic Performance: Historical Evidence from Five Industrialized Countries." *Journal of Money, Credit, and Banking* 30: 657–78.

Santarosa, Veronica A. 2012. "Financing Long-Distance Trade without Banks: The Joint Liability Rule and Bills of Exchange in 18th-Century France." Mimeo.

Schlesinger, Jacob, and Michael Schroeder. 1999. "Law Requiring Banks to Aid Poor Is Being Attacked by Phil Gramm." *Wall Street Journal*. July 27.

Schularick, Moritz, and Alan M. Taylor. 2012. "Credit Booms Gone Bust: Monetary Policy, Leverage Cycles, and Financial Crises, 1870–2008." *American Economic Review* 102: 1029–61.

Schulz, John. 2008. *The Financial Crisis of Abolition*. New Haven: Yale University Press.

Schuster, Felix. 1923. *The Bank of England and the State*. London: Longmans, Green.

Schwartz, Anna Jacobson. 1947. "The Beginning of Competitive Banking in Philadelphia, 1782–1809." *Journal of Political Economy* 55: 417–31.

———. 1992. "The Misuse of the Fed's Discount Window." *Federal Reserve Bank of St. Louis Review* 74: 58–69.

Schweikart, Larry. 1987. *Banking in the American South from the Age of Jackson to Reconstruction*. Baton Rouge: Louisiana State University Press.

———. 1988. "Jacksonian Ideology, Currency Control, and 'Central Banking': A Reappraisal." *Historian* 51: 78–102.

Seiler, Robin. 2001. "Estimating the Value and Allocation of Federal Subsidies." In *Serving Two Masters, yet Out of Control: Fannie Mae and Freddie Mac*, ed. Peter J. Wallison, 8–39. Washington, DC: AEI Press.

Shaffer, Sherrill. 1993. "A Test of Competition in Canadian Banking." *Journal of Money, Credit and Banking* 25: 49–61.

Shaw, Edward S. 1973. *Financial Deepening in Economic Development*. New York: Oxford University Press.

Shaw, George Bernard. 1903. *Man and Superman*. New York: Brentano's.

Sheppard, David K. 1971. *The Growth and Role of UK Financial Institutions, 1880–1962*. London: Routledge.

Sherman, Jill. 2013. "Buyers of New Homes Boosted by 95% Mortgage Guarantee." *Times*. March 20. www.thetimes.co.uk/tto/business/budget2013/article3717878.ece.

Smith, Bruce D. 1985a. "American Colonial Monetary Regimes: The Failure of the Quantity Theory and Some Evidence in Favour of an Alternate View." *Canadian Journal of Economics* 18: 531–65.

———. 1985b. "Some Colonial Evidence on Two Theories of Money: Maryland and the Carolinas." *Journal of Political Economy* 93: 1178–1211.

Smith, Peter H. 1991. "Mexico since 1946: Dynamics of an Authoritarian Regime." In *Mexico since Independence*, ed. Leslie Bethell, 321–96. New York: Cambridge University Press.

Sola, Lourdes, Christopher da Cunha Bueno Garman, and Moíses S. Marques. 2001. "Central Bank Reform and Overcoming the Moral Hazard Problem: The Case of Brazil." *Brazilian Journal of Political Economy* 21: 40–64.

Solt, Eric. 2009. "Standardizing the World Income Inequality Database." *Social Science Quarterly* 90: 231–42. Updated data set (version 3.1) available at http://myweb.uiowa.edu/fsolt/swiid/swiid.html.

Sorkin, Andrew R. 2009. *Too Big to Fail*. New York: Penguin Group.

Spooner, John D. 1979. "Smart People, Smart Money: Meet a Stockbroker's Round Table of Financial Sages." *Atlantic Monthly*. June.

Spruyt, Hendrik. 1994. *The Sovereign State and Its Competitors*. Princeton: Princeton University Press.

Stasavage, David. 2002. "Credible Commitment in Early Modern Europe: North and Weingast Revisited." *Journal of Law, Economics, and Organization* 18: 155–86.

———. 2003. *Public Debt and the Birth of the Democratic State: France and Great Britain, 1688–1789*. New York: Cambridge University Press.

———. 2007. "Partisan Politics and Public Debt: The Importance of the 'Whig Supremacy' for Britain's Financial Revolution." *European Review of Economic History* 11: 123–53.

Statistics Canada. 1983. *Historical Statistics of Canada*. 2nd ed. Toronto: Statistics Canada.

Stein, Stanley J. 1957. *The Brazilian Cotton Textile Manufacture: Textile Enterprise in an Underdeveloped Area*. Cambridge, MA: Harvard University Press.

———. 1958. *Vassouras: A Brazilian Coffee County*. Cambridge, MA: Harvard University Press.

Stevens, Donald Fithian. 1991. *Origins of Instability in Early Republican Mexico*. Durham, NC: Duke University Press.

Stigler, George. 1971. "The Theory of Economic Regulation." *Bell Journal of Economics and Management Science* 2: 3–18.

Stiglitz, Joseph E., Jonathan M. Orszag, and Peter R. Orszag. 2002. "Implications of the New Fannie Mae and Freddie Mac Risk-based Capital Standard." Fannie Mae Papers I. 2.

Strouse, Jean. 1999. *Morgan: American Financier*. New York: Random House.

Stulz, Rene M. 2005. "The Limits of Financial Globalization." *Journal of Finance* 60: 1595–1638.

Suárez Dávila, Francisco. 2010. *La reprivatización bancaria fracasada: Una tragedia nacional en tres actos*. Mexico: Centro de Estudios Espinosa Yglesias.

Summerhill, William R. 2003. *Order against Progress: Government, Foreign Investment, and Railroads in Brazil, 1854–1913*. Stanford: Stanford University Press.

———. 2008. "Credible Commitment and Sovereign Default Risk: Two Markets and Imperial Brazil." In *Political Institutions and Financial Development*, ed. Stephen Haber, Douglass North, and Barry Weingast, 226–58. Stanford: Stanford University Press.

Summerhill, William R. Forthcoming. *Inglorious Revolution: Political Institutions, Sovereign Debt, and Financial Underdevelopment in Imperial Brazil.* New Haven: Yale University Press.

Sussman, Nathan, and Yishay Yafeh. 2006. "Institutional Reform, Financial Development, and Sovereign Debt: Britain 1690–1790." *Journal of Economic History* 66: 906–35.

Swagel, Phillip. 2009. "The Financial Crisis: An Inside View." *Brookings Papers on Economic Activity* 40: 1–78.

Swanson, W. W. 1914. "Present Problems in Canadian Banking." *American Economic Review* 4: 304–14.

Sylla, Richard. 1975. *The American Capital Market, 1846–1914.* New York: Arno.

———. 2000. "Experimental Federalism: The Economics of American Government, 1789–1914." In *The Cambridge Economic History of the United States*, vol. 2, *The Long Nineteenth Century*, ed. S. L. Engerman and R. E. Gallman, 483–541, 924–30. Cambridge: Cambridge University Press.

———. 2008. "The Political Economy of Early U.S. Financial Development." In *Political Institutions and Financial Development*, ed. Stephen Haber, Douglass C. North, and Barry R. Weingast, 60–91. Stanford: Stanford University Press.

Sylla, Richard, and Peter L. Rousseau. 2003. "Financial Systems, Economic Growth, and Globalization." In *Globalization in Historical Perspective*, ed. M. D. Bordo, A. M. Taylor, and J. G. Williamson, 373–413. Chicago: University of Chicago Press.

———. 2005. "Emerging Financial Markets and Early US Growth." *Explorations in Economic History* 42: 1–26.

Sylla, Richard, John B. Legler, and John J. Wallis. 1987. "Banks and State Public Finance in the New Republic, 1790–1860." *Journal of Economic History* 47: 391–403.

Taylor, Alan M. 1998. "On the Costs of Inward-Looking Development: Price Distortions, Growth, and Divergence in Latin America." *Journal of Economic History* 58: 1–28.

Taylor, John B. 2009. *Getting Off Track: How Government Actions and Interventions Caused, Prolonged, and Worsened the Financial Crisis.* Stanford: Hoover Institution Press.

Temin, Peter. 1968. "The Economic Consequences of the Bank War." *Journal of Political Economy* 76: 257–74.

Temin, Peter, and Hans-Joachim Voth. 2013. *Prometheus Shackled: Goldsmith Banks and England's Financial Revolution after 1700.* New York: Oxford University Press.

Tenenbaum, Barbara A. 1986. *The Politics of Penury: Debts and Taxes in Mexico, 1821–1856.* Albuquerque: University of New Mexico Press.

Theimer, Sharon, and Pete Yost. 2009. "Did ACORN Get Too Big for Its Own Good?" Associated Press. www.msnbc.msn.com/id/32925682/ns/politics-more_politics/t/did-acorn-get-too-big-its-own-good/, accessed March 6, 2013.

Thomas, William. 1978. *The Finance of British Industry, 1918–1976.* London: Methuen.

Thorne, Roland G. 1986. *The History of Parliament*. London: Secker & Warburg.

Thornton, Henry. 1802. *An Enquiry into the Nature and Effects of the Paper Credit of Great Britain*. London: John Hatchard.

Tilly, Charles. 1975. "Reflections on the History of European State-Making." In *The Formation of National States in Western Europe*, ed. Charles Tilly and Gabriel Ardant, 3–84. Princeton: Princeton University Press.

———. 1990. *Coercion, Capital and European States: AD 990–1992*. Cambridge, MA: Blackwell.

Tilly, Richard H. 1966. *Financial Institutions and Industrialization in the Rhineland, 1815–1870*. Madison: University of Wisconsin Press.

———. 1967. "Germany." In Rondo E. Cameron, with the collaboration of Olga Crisp, Hugh T. Patrick, and Richard Tilly, *Banking in the Early Stages of Industrialization*, 151–82. New York: Oxford University Press.

———. 1982. "Mergers, External Growth, and Finance in the Development of Large Scale Enterprise in Germany, 1880–1913." *Journal of Economic History* 42: 629–58.

———. 1986. "Germany Banking, 1850–1914: Development Assistance for the Strong." *Journal of Economic History* 15: 113–52.

———. 1992. "An Overview of the Role of the Large German Banks up to 1914." In *Finance and Financiers in European History, 1880–1960*, ed. Youssef Cassis, 92–112. New York: Cambridge University Press.

———. 2010. "Banking Crises in Three Countries, 1800–1933: An Historical and Comparative Perspective." *Bulletin of the GHI* 46: 77–89.

Tiratsoo, Nick, and Jim Tomlinson. 1998. *The Conservatives and Industrial Efficiency, 1951–1964: Thirteen Wasted Years?* London: Routledge.

Tomlinson, Jim. 1994. "British Economic Policy since 1945." In *The Economic History of Britain since 1700*, ed. Roderick Floud and Deirdre McCloskey, 3: 255–83. Cambridge: Cambridge University Press.

Topik, Steven. 1980. "State Enterprise in a Liberal Regime: The Banco do Brasil, 1905–1930." *Journal of Interamerican Studies and World Affairs* 22: 4.

———. 1987. *The Political Economy of the Brazilian State, 1889–1930*. Austin: University of Texas Press.

Trevelyan, George M. 1922. *British History in the Nineteenth Century (1782–1901)*. London: Longmans, Green.

Triner, Gail D. 2000. *Banking and Economic Development: Brazil, 1889–1930*. New York: Palgrave.

Unal, Haluk, and Miguel Navarro. 1999. "The Technical Process of Bank Privatization in Mexico." *Journal of Financial Services Research* 16: 61–83.

Uniform Law Conference of Canada. n.d. "Harmonization of the Federal Bank Act Security and the Provincial Secured Transaction Regimes." Uniform Law Conference of Canada. www.ulcc.ca/en/cls/ppsa-bp1.html, accessed March 9, 2012.

United States Bureau of Economic Analysis. Various dates. *Banking and Monetary Statistics*. Washington, DC.

United States Bureau of the Census. 1975. *Historical Statistics of the United States, Colonial Times to 1970*. Washington, DC: U.S. Government Printing Office.

United States Department of the Treasury. 2008. *Blueprint for a Modernized Financial Regulatory Structure*. Washington, DC: Department of the Treasury.

United States General Accounting Office. 1996. *Financial Audit: Resolution Trust Corporation's 1995 and 1994 Financial Statements*. Washington, DC. July.

United States House of Representatives. 2008. Committee on Oversight and Government Reform, 110th Congress, 2nd Session. "Hearing: The Role of Fannie Mae and Freddie Mac in the Financial Crisis." Serial Number 110-180.

———. 2010. Committee on Oversight and Government Reform. 111th Congress, Staff Report. "Follow the Money: ACORN, SEIU and Their Political Allies." February 18.

United States Senate. 1828. *Reports of the Secretary of the Treasury of the United States Prepared in Obedience to the Act of the 10th May, 1800*. Washington, DC: Duff Green.

———. 1991. *Secondary Mortgage Markets and Redlining: Hearing before the Subcommittee on Consumer and Regulatory Affairs of the Committee on Banking, Housing, and Urban Affairs, United States Senate, One Hundred Second Congress, first session, February 28, 1991*. Washington, DC: U.S. Government Printing Office.

———. 2011. Committee on Homeland Security and Governmental Affairs, Permanent Subcommittee on Investigations. "Wall Street and the Financial Crisis: The Anatomy of a Financial Collapse." April 13.

Urdapilleta, Eduardo, and Constantinos Stephanou. 2009. "Banking in Brazil: Structure, Performance, Drivers, and Policy Implications." World Bank Policy Research Working Paper 4809.

Valadão, Marcos Aurélio Pereira, and Ivo T. Gico Jr. 2009. "The (Not So) Great Depression of the 21st Century and Its Impact on Brazil." Catholic University of Brasilia Working Paper No. 0002/09.

Velde, François. 2013. "John Law and His Experiment with France, 1715–1726." In *Handbook of Key Global Financial Markets, Institutions, and Infrastructure*, vol. 1, *Globalization of Finance: An Historical View*, ed. Gerard Caprio, 169–74. London: Elsevier.

Vittas, Dimitri, Patrick Frazer, and Thymi Metaxas-Vittas. 1988. *The Retail Banking Revolution: An International Perspective*. London: Lafferty.

Von Mettenheim, Kurt. 2006. "Still the Century of Government Savings Banks? The Caixa Econômica Federal." *Brazilian Journal of Political Economy* 26:39–57.

Vreeland, Edward B. 1910. *Interviews on the Banking and Currency Systems of Canada*. National Monetary Commission 61st Congress, 2nd Session, Senate Document 584.

Walker, David. 1986. *Kinship, Business, and Politics: The Martinez del Rio Family in Mexico, 1824–1867*. Austin: University of Texas Press.

Walker, Edmund. 1923. "Canadian Banking." *Annals of the American Academy of Political and Social Science* 107: 136–48.

Wallis, John J., Richard Sylla, and Arthur Grinath. 2004. "Sovereign Debt and Repudiation: The Emerging-Market Debt Crisis in the United States, 1839–1843." National Bureau of Economic Research Working Paper 10753.

Wallis, John J., Richard Sylla, and John B. Legler. 1994. "The Interaction of Taxation and Regulation in Nineteenth-Century U.S. Banking." In *The Regulated Economy: A Historical Approach to Political Economy,* ed. Claudia Goldin and Gary Libecap, 121–44. Chicago: University of Chicago Press.

Wallison, Peter J. 2001. *Serving Two Masters, yet Out of Control: Fannie Mae and Freddie Mac.* Washington, DC: AEI Press.

———. 2011. *Dissent from the Majority Report of the Financial Crisis Inquiry Commission.* Washington, DC: AEI Press.

Wallison, Peter J., and Charles Calomiris. 2009. "The Last Trillion-Dollar Commitment: The Destruction of Fannie Mae and Freddie Mac." *Journal of Structured Finance* 15: 71–80.

Wang, Ta-Chen. 2006. "Courts, Banks, and Credit Market in Early American Development." PhD diss., Stanford University.

Washington Times. 2009. "GOP Uses ACORN to Fight Redlining Law." October 12. www.washingtontimes.com/news/2009/oct/12/gop-uses-acorn-fight-bank-redlining-law/print/.

Weaver, S. Roy. 1913. "Canadian Banking Legislation." *Journal of Political Economy* 21: 136–42.

Weicher, John C. 2001. "Setting GSE Policy through Charters, Laws, and Regulations." In *Serving Two Masters, yet Out of Control: Fannie Mae and Freddie Mac,* ed. Peter J. Wallison, 120–38. Washington, DC: AEI Press.

Weingast, Barry R. 1995. "The Economic of Political Institutions: Market Preserving Federalism and Economic Development." *Journal of Law, Economics, and Organization* 11: 1–31.

———. 1997. "The Political Foundations of Democracy and the Rule of Law." *American Political Science Review* 91: 245–63.

Wettereau, James O. 1942. "The Branches of the First Bank of the United States." *Journal of Economic History* 2: 66–100.

Whale, P. Barrett. 1930. *Joint Stock Banking in Germany.* London: Macmillan.

Wheelock, David C. 2006. "What Happens to Banks When House Prices Fall? U.S. Regional Housing Busts of the 1980s and 1990s." *Federal Reserve Bank of St. Louis Review* 88: 413–29.

Wheelock, David C., and Paul Wilson. 2012. "Do Large Banks have Lower Costs? New Estimates of Returns to Scale for U.S. Banks." *Journal of Money, Credit, and Banking* 44: 171–99.

White, Eugene N. 1983. *The Regulation and Reform of the American Banking System, 1900–1929.* Princeton: Princeton University Press.

———. 1984a. "Voting for Costly Regulation: Evidence from the Banking Referenda in Illinois, 1924." *Southern Economic Journal* 51: 1084–98.

———. 1984b. "A Reinterpretation of the Banking Crisis of 1930." *Journal of Economic History* 44: 119–38.

———. 1985. "The Merger Movement in Banking, 1919–1933." *Journal of Economic History* 45: 285–91.

———. 1986. "Before the Glass–Steagall Act: An Analysis of the Investment Banking Activities of National Banks." *Explorations in Economic History* 23: 33–55.

———. 2011. "Implementing Bagehot's Rule in a World of Derivatives: The Banque de France as a Lender of Last Resort in the Nineteenth Century." In *Monetary and Banking History: Essays in Honour of Forrest Capie,* ed. Geoffrey Wood, Terence C. Mills, and Nicholas Crafts, 72–87. London: Routledge.

White, Eugene N. Forthcoming. "Lessons from the Great American Real Estate Boom and Bust of the 1920s." In *Housing and Mortgage Markets in Historical Perspective,* ed. Price Fishback, Kenneth Snowden, and Eugene N. White. Chicago: Chicago University Press.

White, Horace. 1902. "Branch Banking: Its Economies and Advantages." *Sound Currency* 9: 51–64.

White, Lawrence H. 1984. *Free Banking in Britain: Theory, Experience, and Debate, 1800–1845.* London: Cambridge University Press.

White, Lawrence J. 1991. *The S&L Debacle: Public Policy Lessons for Bank and Thrift Regulation.* Oxford: Oxford University Press.

———. 1992. "The Community Reinvestment Act: Good Intentions Headed in the Wrong Direction." *Fordham Urban Law Journal* 20: 281–92.

Wicker, Elmus. 1985. "Colonial Monetary Standards Contrasted: Evidence from the Seven Years' War." *Journal of Economic History* 45: 869–84.

Wilcox, James A. 2009. "Underwriting, Mortgage Lending, and House Prices, 1996–2008." *Business Economics* 44: 189–200.

Williamson, Steven. 1989. "Bank Failures, Financial Restrictions, and Aggregate Fluctuations: Canada and the United States, 1870–1913." *Federal Reserve Bank of Minneapolis Quarterly Review* (Summer): 20–40.

Willit, Virgil. 1930. *Selected Articles on Chain, Group and Branch Banking.* New York: H. W. Wilson.

Winton, J. R. 1982. *Lloyds Bank 1918–1969.* Oxford: Oxford University Press.

Wood, Gordon S. 1991. *The Radicalism of the American Revolution.* New York: Alfred A. Knopf.

World Bank. 2012. "Financial Structure Dataset." September 2012 update. http://go.worldbank.org/X23UD9QUX0.

Wright, Gavin. 1986. *Old South, New South: Revolutions in the Southern Economy since the Civil War.* New York: Basic Books.

Wurgler, Jeffrey. 2000. "Financial Markets and the Allocation of Capital." *Journal of Financial Economics* 58: 187–214.

Ziegler, Dieter. 1990. *Central Bank, Peripheral Industry: The Bank of England and the Provinces, 1826–1913.* Leicester: Leicester University Press.

编后记

以史为镜，可以知兴替。《人为制造的脆弱性》一书被英国《金融时报》和麦肯锡推荐为“2014 年最好的 18 本商业书”之一。《金融之王》的作者利雅卡特·艾哈迈德对本书赞誉有加：“如果你正在寻找几个世纪以来银行业发展的丰富史料以及政治在其中扮演的角色，本书所做的研究无出其右者，不愧为经典之作。”历经近一年时间的翻译和反复校对，由廖岷、杨东宁和周叶菁主译的《人为制造的脆弱性》中文版终于完稿付梓。

因本书涉及多个国家，时间跨度长，信息量大，知识点多，需要政治、经济、金融历史的铺垫，翻译难度较大。所幸，本书的翻译还得到了黄鑫鑫、王浩、金秀芳、潘元济、郭陆健、寇宏、周蔚、郭辰、杨正宇、陈小屋、童谣、封畅的大力帮助，他们与译者一起参与翻译、审校、编辑工作，在此表示感谢。作为一本学术译著，译者们在翻译过程中力求忠实原著，准确如实地向读者呈现原著的观点，供读者研究。当然，“译”无止境，再好的译作也有可改善的余地，因此恳请广大读者批评指正。

编　者
2015 年 7 月